XIXe siècle

Marceline Desbordes-Valmore
Alexandre Dumas
Victor Hugo
Gérard de Nerval
Jules Barbey d'Aurevilly
Charles Baudelaire
Émile Zola
Paul Verlaine
Guy de Maupassant
Arthur Rimbaud
Edmond Rostand

Littérature étrangère
Sœurs Brontë, Mary Shelley (anglais)

- Romantisme
- Réalisme
- Impressionnisme
- Symbolisme

- **Empire napoléonien** (1804-1814)
- **Restauration** (1814-1830) Louis XVIII - Charles X
- **Monarchie de Juillet** (1830-1848) Louis-Philippe
- **IIe République** (1848-1852)
- **IInd Empire** (1852-1870) Napoléon III
- **IIIe République** (1870-1940)

- Liberté de la presse (1881)
- Instruction obligatoire (1882)
- Développement industriel
- Libéralisme, socialisme
- Enracinement de la démocratie en France
- Essor de la bourgeoisie

XXe siècle XXIe siècle

Guillaume Apollinaire
Charles Péguy
Jules Supervielle
Georges Bernanos
Louis Aragon
Aimé Césaire
Boris Vian
François Cheng

Littérature étrangère
Aldous Huxley (anglais)

- Cubisme
- Surréalisme
- Affiches
- Cinéma
- Prêt-à-porter
- Design

- **Première guerre mondiale** (1914-1918)
- **Deuxième guerre mondiale** (1939-1945)
- **IVe République** (1946-1958)
- **Décolonisation**
- **Ve République** (1958-20..)

- « Belle Époque » (1900-1914)
- Loi de séparation de l'Église et de l'État (1905)
- Reconstruction de la France après la guerre
- Exode rural et modernisation technique
- Équipement automobile, TSF, cinéma,
- Nouveaux matériaux (plastique), nouvelles technologies

Français 4^e^

Directrices d'ouvrage

Cécile Hussherr
Maître de conférences
en Littérature comparée,
Université Paris Est - Marne-la-Vallée,
EA 4120 : Littérature, Savoirs et Arts

Agnès de Ferluc
Agrégée de Lettres modernes
Académie de Paris

Marie Blieck
Professeur agrégé
Collège Jean Macé (92)

Auteurs

Sylvie Anahory
Professeur certifié
Collège-Lycée Saint Joseph (81)

Delphine Barbirati
Professeur certifié
Collège Jacques Prévert (73)

Christine Bolou-Chiaravalli
Professeur agrégé
Lycée Théodore Deck (68)

Sophie Brohard
Professeur certifié
Collège Communautaire (59)

Janine Bury-Conrad
Professeur d'Histoire des Arts

Anne-Sophie de Chauvigny
Professeur certifié
Collège Jean Macé (92)

Virginie Darriet-Féréol
Professeur certifié
Collège Montesquieu (33)

Romain Enriquez
Agrégé de Lettres modernes
Académie de Paris

Stanisław Eon du Val
Professeur certifié
Collège La Clé Saint-Pierre (78)

Sophie Fortin
Professeur agrégé
Collège Jacques Prévert (22)

Olivier Godet
Professeur certifié
Collège Chantereine (95)

Philippe Godiveau
Professeur certifié
Collège Jean Moulin (28)

Cécile Lambert
Agrégée de Lettres modernes
Académie de Paris

Aurélie Langlais
Professeur certifié
Collège Pierre Brossolette (77)

Davilla Lebdiri
Professeur certifié
Lycée l'Initiative (75)

Natalia Leclerc
Professeur agrégé
Lycée Aristosseno (Italie)

Dominique Letellier-Lazure
Professeur certifié
Collège Jean Monnet (62)

Servane Michel
Agrégée de Lettres modernes
Académie de Paris

Isabelle d'Orsetti
Agrégée de Lettres modernes
Académie de Paris

Delphine Paon
Professeur agrégé
Lycée Guillaume Apollinaire (94)

Nathalie de la Perrelle
Professeur certifié
Collège Anceau de Garlande (77)

Roger Riba
Professeur certifié
Collège René Cassin (06)

Karine Rivière
Agrégée de Grammaire
Académie de Paris

Anne Sippel
Professeur certifié
Collège Alain-Fournier (57)

Julien Téchoueyres
Professeur certifié
Collège les Renardières (92)

Sophie-Charlotte Tixier
Professeur certifié
Collège Mon Plaisir (77)

Marie-Claude Toulza
Professeur certifié
Collège Charles Péguy (75)

Floriane Tourneur
Professeur certifié
Collège de l'Albe (57)

Co-auteurs

Sophie Allain
Professeur certifié
Collège Diderot (25)

Hanane Aziz
Professeur certifié
Collège Evariste Galois (93)

Sylvie Beltra
Professeur certifié
Formatrice IUFM
Collège René Cassin (06)

France Benainous Guntz
Professeur certifié
Académie de Paris

Jérémy Bigerel
Professeur certifié
Collège Émilie Carles (55)

Sonia Boutinet-Collot
Professeur certifié
Collège Montesquieu (33)

Cécilia Bove
Professeur certifié
Collège les Bleuets (51)

Camille Brunet
Professeur certifié
Collège de Guinette (91)

Adeline Buisson
Professeur certifié
Collège Jean Rostand (45)

Céline Cadiou
Professeur certifié
Collège Jean Mermoz (71)

Amélie de Carvalho
Professeur agrégé
Collège Colette (78)

Christelle Celik
Professeur certifié
Lycée Français de Majunga (Madagascar)

Chantal Chive
Professeur agrégé
Collège Lakanal (09)

Christiane Chyderiotis
Professeur agrégé
Collège Jean Charcot (69)

Chantal Compagnot
Professeur certifié
Collège Saint Simon (78)

Cécile Debricon
Professeur agrégé
Collège Jean Renoir (18)

Françoise Delaunay
Professeur certifié
Collège Jacques Prévert (49)

Isabelle Didierjean
Professeur agrégé
Collège Jeanne d'Arc (45)

Tatiana Dumas
Professeur agrégé
Collège du Haut Allier (43)

Luc Dumont
Professeur certifié
Collège les Hauts Grillets (78)

Sylvain Dumont
Professeur certifié
Collège Montesquieu (11)

Anne Dumont-Védrines
Professeur certifié
Collège les Mailheuls (11)

Valérie Duterme
Professeur certifié
Collège les Bleuets (51)

Jean Foret-Bruno
Professeur certifié
Collège Saint Simon (78)

Claudine Foury
Professeur certifié
Collège du Haut Allier (43)

Peggy François
Professeur certifié
Collège Moulin Blanc (83)

Blandine Frémondière
Professeur agrégé
Collège Clément Janequin (49)

Marielle Gaget
Professeur certifié
Collège la Roche (63)

Laurence Gillardo
Professeur certifié
Collège des Baous (06)

Isabelle Goncalves
Professeur certifié
Collège Louis Pasteur (15)

Véronique Guillaume
Professeur certifié
Collège Guy de Maupassant (87)

Alexandra Jacob
Professeur certifié
Collège Saint Simon (78)

Christian Jeorge
Professeur certifié
Collège de Goulaine (44)

Dorota Kluska
Professeur certifié
Collège la Pierre Aiguille (38)

Corinne Kuhlmann
Professeur certifié
Collège Saint Joseph de la Madeleine (13)

Jean-Luc Laschamp
Professeur certifié
Collège Louise Michel (60)

Sylvie Laurent
Professeur certifié
Collège Joachim Barrande (43)

Marie-José León
Professeur certifié
Collège Colette (78)

Gaëlle Leroux
Professeur certifié
Collège Victor Hugo (95)

Caroline Lewandowski
Professeur certifié
Collège Saint-Joseph du Montcel (60)

Joëlle Martin
Professeur certifié
Collège Jean Rostand (18)

Patrick Mirat
Professeur certifié
Collège des Trois Vallées (24)

Vincent Molmy
Professeur certifié
Collège Jean Monnet (62)

Claire Mouret
Professeur certifié
Lycée Notre Dame (21)

Anne-Catherine Mourgue
Professeur certifié
Collège Darius Milhaud (78)

Céline Mouysset-Pech
Professeur certifié
Collège Mon Plaisir (77)

Anne-Laure Navarro
Professeur certifié
Collège Rosa Parks (36)

Pascale le Noach
Professeur certifié
Collège Colette (78)

Sandrine Noyer
Professeur certifié
Collège Saint Joseph (49)

Ombeline Orlowski
Professeur certifié
Collège Colette (78)

Guillaume Pernin
Professeur certifié
Collège Charles Hermite (57)

Aurélie Pieterwas
Professeur certifié
Collège Darius Milhaud (78)

Marie Pourriot-Gauthier
Professeur certifié
Collège Victor Hugo (45)

Geneviève Renard
Professeur certifié
Collège Notre-Dame de la Tramontane (06)

Alexandre Roffarè
Professeur certifié
Collège Ernest Gabard (64)

Betty Rosner
Professeur certifié
Collège de Goulaine (44)

Isabelle Roussigné
Professeur certifié
Collège Jules Ferry (95)

Johanne Sardin
Professeur certifié
Collège Charles Desvergnes (45)

Adeline Serra
Professeur certifié
Collège Victor Hugo (94)

Sylvie Sisakoun
Professeur agrégé
Collège Charles Péguy (75)

Sylvie Telle-Riollet
Professeur certifié
Collège Alain-Fournier (36)

Valérie Togni-Domange
Professeur certifié
Collège Jean Rostand (18)

Christine Tourneux
Professeur certifié
Collège Diderot (25)

Nathalie Vaidis
Professeur certifié
Collège Anatole France (63)

Christine Vallin
Professeur certifié
Collège Jean Mermoz (71)

Lionel Vighier
Professeur certifié
Collège Colette (78)

Sandra Wils
Professeur agrégé
Collège Hélène Boucher (75)

Comité scientifique et pédagogique

Jean-Yves Guérin
Professeur de Littérature française
Université de Paris 3 - Sorbonne nouvelle

Monique Legrand
Inspectrice Pédagogique Régionale
Académie de Versailles

Aurélie Loiseleur
Maître de conférences
en Littérature française
Université de Nantes

Devenez co-auteur
auteur@lelivrescolaire.fr

1 Figures féminines, du portrait élogieux à la caricature

Objectif : Comprendre le rôle du portrait en littérature à travers diverses figures féminines.

2 Les poètes et le temps, du Moyen Âge au XVIIe siècle

Objectifs : Découvrir le regard que les poètes portent sur le temps.
Étudier les lieux communs servant à évoquer la fuite du temps.

3 Le théâtre à l'âge classique : *Le Cid* de Pierre Corneille (1660)

Objectifs : Découvrir une pièce du patrimoine et en retenir certains extraits.
Comprendre le travail de Corneille, qui compose son œuvre à partir de sources historiques et des règles du théâtre tragi-comique et tragique.

4 La lettre aux XVIIe et XVIIIe siècles

Objectifs : Savoir distinguer différents types de lettres.
Identifier et maîtriser les codes d'écriture d'une lettre.

5 Le fantastique au XIXe siècle : une nouvelle intégrale de Guy de Maupassant, *La Morte*

Objectifs : Lire une nouvelle et analyser sa structure narrative.
Comprendre les caractéristiques du fantastique.

6 Le roman au XIXe siècle : ***Les Misérables*** de Victor Hugo (1862)

Objectifs : Se familiariser avec un grand roman du XIXe siècle.
Découvrir une forme narrative plus complexe que la nouvelle.

7 Souvenirs émus : le lyrisme revisité par la poésie des XIXe et XXe siècles

Objectifs : Savoir définir et reconnaître le lyrisme.
Observer son évolution au cours des siècles.

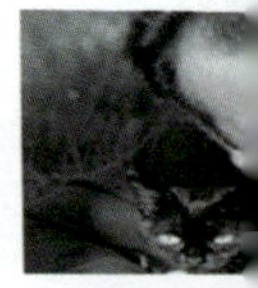

8 Le théâtre au XIXe siècle : *Cyrano de Bergerac* d'Edmond Rostand (1897)

Objectifs : Découvrir un héros aux multiples visages pris dans une histoire d'amour peu commune. Cerner les spécificités du théâtre du XIXe siècle par rapport au théâtre du XVIIe siècle *(chap. 3)*.

9 Littérature et progrès technique (XIXe-XXe siècles)

Objectifs : Réfléchir aux liens entre la littérature et le monde à travers l'exemple du progrès technique. Comprendre comment un objet en apparence étranger à la littérature devient un symbole littéraire et culturel grâce à l'art de l'écrivain.

Étude de la langue
Grammaire

Les classes grammaticales (ou natures) des mots

Les fonctions des mots et groupes de mots dans la proposition

Grammaire de la phrase

Étude de la langue
Orthographe

Étude de la langue

Conjugaison

Les modes personnels

Les modes impersonnels

Les voix et les formes

LA STRUCTURE DE L'OUVRAGE : UN CHOIX PÉDAGOGIQUE

1. Logique pédagogique des chapitres

Dans le respect des nouveaux programmes, nous avons conçu neuf chapitres de littérature. Pour permettre à l'élève de se repérer, nous avons privilégié l'**organisation chronologique des chapitres**, sans que cela nuise à l'**identification des genres littéraires et des grands axes du programme**.

Chaque chapitre comporte un objectif, décliné pour chaque étude de texte. Ces chapitres proposent tantôt un groupement de textes, tantôt la lecture d'extraits d'une même œuvre. Dans ce cas, nous avons privilégié l'appropriation de chefs-d'œuvre du patrimoine littéraire français qui nous semblent pouvoir marquer des élèves de quatrième. Le professeur pourra compléter la **lecture analytique** des extraits choisis par la lecture de l'œuvre intégrale. Une bibliographie comprenant notamment des **références de littérature de jeunesse** permettra au professeur de conseiller des **lectures cursives complémentaires**, facultatives ou obligatoires.

Pour compléter l'acquisition du vocabulaire (que favorise l'étude des textes eux-mêmes), nous avons prévu différents exercices de lexique et d'expression. À l'oral, le professeur peut s'appuyer sur les exercices proposés pour permettre à ses élèves de s'exprimer de manière argumentée, personnellement ou en s'insérant dans un dialogue à interlocuteurs multiples. À l'écrit, il est libre de choisir les exercices qui conviendront au niveau de sa classe, pour parvenir graduellement à la rédaction d'un texte cohérent d'une quarantaine de lignes, comme le préconisent les programmes.

Nous avons souhaité accorder une place de choix à l'**Histoire des Arts**. Nous lui avons donc consacré deux doubles-pages par chapitre. Un premier dossier aborde les éléments essentiels liés au chapitre et un second, plus inattendu, élargit l'horizon artistique de l'élève, invitant à des **prolongements interdisciplinaires** au-delà des bornes chronologiques du chapitre. De plus, dès la double page d'ouverture et tout au long de la partie **Textes et Images**, **chaque illustration est assortie d'au moins une question « Lecture d'image »** qui invite à l'étudier pour elle-même. Nous espérons ainsi susciter des questionnements spécifiques concernant l'œuvre d'art, les conditions de son élaboration et celles de sa réception, tout en éduquant à l'analyse de l'image.

2. Lien de la partie langue avec les chapitres

Les parties **Littérature** et **Langue** se partagent le volume du manuel. Conformément au souhait de nombreux enseignants, nous avons privilégié une **approche progressive de la langue** qui intègre également la consolidation des acquis. Ainsi, l'élève construira petit à petit sa connaissance de la langue sur des bases solides.

La partie langue comprend deux ensembles : **Grammaire** d'un côté et **Orthographe et Conjugaison** de l'autre. Ces ensembles sont étroitement liés et comportent chacun trente leçons. La partie Langue a été conçue pour fonctionner avec les chapitres, comme le suggère leur sommaire. Les enseignants qui ont l'habitude de travailler de **manière décloisonnée**, par séquences, pourront tout à fait associer les chapitres et les leçons de langue, à raison de trois ou quatre leçons de Grammaire et trois ou quatre leçons d'Orthographe et de Conjugaison par chapitre. Dans cet esprit, nous avons ménagé un va-et-vient à double sens entre les chapitres et la langue :

› des chapitres vers la langue : les consignes d'expression écrite et d'expression orale privilégient le réinvestissement des notions étudiées, indiquées dans le sommaire du chapitre ;
› de la langue vers les chapitres : certains exemples et une partie des exercices font référence au chapitre associé à la leçon.

L'enseignant qui préfère étudier la langue et la littérature de **manière dissociée**, comme le suggèrent les nouveaux programmes (« les séances consacrées à l'étude de la langue [...] peuvent dorénavant ne plus être étroitement articulées avec les autres composantes de l'enseignement du français ») pourra ménager, chaque semaine, une heure de littérature, une heure d'expression orale et écrite, une heure de grammaire, une heure de conjugaison et d'orthographe : la partie langue peut s'étudier sur un calendrier de trente semaines (une leçon de Grammaire, une leçon d'Orthographe ou de Conjugaison par semaine) de même que les chapitres qui, sur environ trois semaines, fournissent la matière hebdomadaire aux séances consacrées à la littérature et à l'expression.

Quelle que soit l'approche retenue par l'enseignant, la présentation des leçons permet à l'élève de les consulter afin de combler ses lacunes ou de remédier à une hésitation. Chaque leçon comprend une partie « Observons », un encadré « Retenons », des exercices d'entraînement progressifs, un ou plusieurs exercices de production écrite et, le cas échéant, une dictée.

Et pour que l'étude de la langue soit ludique, de nombreuses fiches sont agrémentées d'un dessin humoristique de Soph', elle-même enseignante. L'élève trouvera et mémorisera les messages grammaticaux véhiculés par le texte de ses vignettes.

3. Favoriser la structuration des connaissances et des compétences.

Pour aider l'élève à organiser son savoir et à développer son autonomie, nous avons placé, en fin de manuel, des **fiches méthodologiques et lexicales**. Il pourra s'y référer régulièrement pour la préparation de ses travaux écrits et oraux. Le contenu de ces fiches tient compte des objectifs récapitulés dans le sommaire de chaque chapitre : comprendre et écrire des lettres, connaître des règles de versification, maîtriser les connecteurs spatiaux et temporels, etc., et s'accorde aux exigences de la **préparation du brevet des collèges.** Dans cette perspective, le professeur trouvera en ligne neuf propositions d'évaluation liées à chaque chapitre, au format d'une épreuve de brevet.

Tous les élèves doivent désormais faire **valider leurs compétences dans un livret personnel** avant la fin de leur classe de troisième. Néanmoins, cette validation, décidée collégialement par les professeurs, est préparée tout au long du collège par des notes ou des commentaires ponctuels évaluant des exercices précis. Nous avons cherché à faciliter le suivi de cette évaluation : un tableau situé en fin d'ouvrage donne une vision d'ensemble des compétences qui peuvent être travaillées à partir du manuel. De fait, en cours de français, on travaille bien évidemment prioritairement la maîtrise de la langue française (compétence 1), et l'acquisition d'une culture humaniste (compétence 5). Cependant, de même que le soin apporté à la qualité de l'expression excède le cours de français, de même le professeur de français sollicite les compétences sociales et civiques de ses élèves (compétence 6) : à l'oral, par l'adoption d'attitudes d'écoute et de respect, à l'écrit, lors de sujets de réflexion. Pareillement, certains exercices sont plus appropriés pour susciter autonomie et initiative (compétence 7) des élèves. La maîtrise des techniques de l'information et de la communication (compétence 4) peut être travaillée à l'occasion des exercices identifiés par une vignette « B2i ». Dans chaque chapitre de littérature du livre papier en effet, au moins deux exercices pour la préparation du Brevet Informatique et Internet, de difficulté progressive, renvoient sur le site Internet pour y réaliser différents types de travaux, qui permettent de varier les approches pédagogiques de l'étude de la langue et des œuvres.

Ce référencement est effectué de manière très précise en ligne. Tout professeur qui crée un exercice supplémentaire peut d'ailleurs mentionner l'item du socle commun qui y est particulièrement travaillé. Enfin, toujours en ligne, une grille permet de faire valider individuellement l'acquisition de ces compétences par le professeur. Cette grille est accessible aux professeurs d'autres matières, l'Histoire - Géographie - Éducation civique, par exemple, pour faciliter la concertation des enseignants d'une même classe.

Votre manuel numérique gratuit sur www.lelivrescolaire.fr

Pour tous : le contenu du livre ainsi que ses compléments numériques en ligne gratuitement.

Textes et images, langue, exercices, synthèses : l'intégralité du livre est disponible sur notre site web.

Histoire des Arts — Deux synthèses d'Histoire des Arts par chapitre sont disponibles sur le site Internet.

Chaque chapitre est accompagné d'une proposition d'évaluation finale, conçue en fonction des exigences du brevet des collèges.

B2i — Lorsqu'un exercice est signalé par le pictogramme B2i, il vous suffit de vous rendre sur la page correspondante du manuel numérique pour découvrir le détail de l'activité proposée et les fichiers ou références nécessaires à sa réalisation.

S — De nombreux exercices permettent aux élèves de travailler les items du socle commun de compétences et aux enseignants de suivre leur progression.

Pour les élèves : révisez vos cours et faites vos exercices de façon interactive.

Faites vos exercices interactifs

- Tous les exercices du livre papier sont réalisables en ligne dans un format interactif.
- Lorsque vous faites un exercice, votre professeur reçoit la réponse et peut vous envoyer la correction ainsi que votre note.
- Consultez votre livret de compétences en ligne.

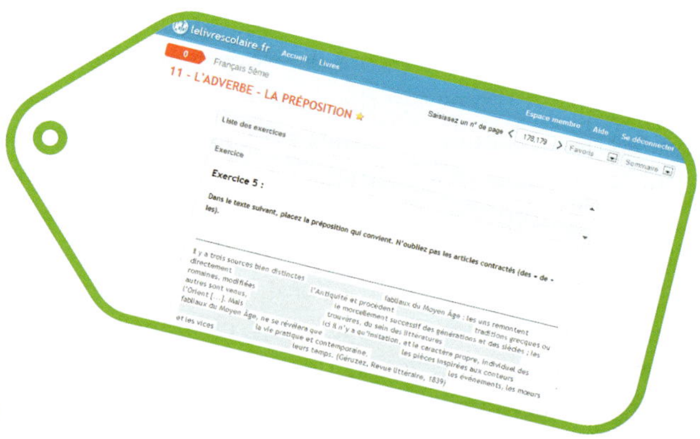

Des cours et exercices supplémentaires

- Votre manuel numérique intègre les cours mis en ligne par votre professeur.
- Retrouvez des dizaines d'exercices supplémentaires pour vous entraîner de façon interactive.
- Consultez les ressources des autres manuels *www.lelivrescolaire.fr*.

Pour le professeur : personnalisez votre manuel et évaluez vos élèves sur *www.lelivrescolaire.fr.*

Accédez au contenu de votre manuel

- Accédez en quelques clics aux ressources pédagogiques que vous souhaitez vidéoprojeter ou travailler avec un TBI.
- Des dizaines de cours et d'exercices supplémentaires sont disponibles gratuitement.
- Un corrigé vous est proposé pour chaque question et chaque exercice.

Personnalisez votre manuel scolaire

- En quelques clics, vous insérez vos cours personnalisés ainsi que tous types d'exercices (QCM, textes à trou, mots croisés, etc.).
- Vous retrouvez vos contenus à tout moment sur le site. Vous pouvez les emporter avec vous sur une clé USB.
- Vous pouvez partager vos contenus avec vos élèves ou vos collègues. Des contenus supplémentaires, que d'autres professeurs ont décidé de partager, sont accessibles librement.

Évaluez vos élèves en ligne

- Vos élèves font leurs exercices en ligne et vous recevez leurs réponses sur ***www.lelivrescolaire.fr***.
- Vous pouvez corriger les exercices directement en ligne, ou imprimer les réponses et les corriger à la main.
- Pour chaque élève, un tableau vous permet de valider les compétences du socle commun. De nombreux exercices du manuel y sont reliés.

1

FIGURES FÉMININES, DU PORTRAIT ÉLOGIEUX À LA CARICATURE

Comprendre le rôle du portrait en littérature à travers diverses figures féminines.

Textes et images

Histoire des Arts

Lexique : Termes péjoratifs et mélioratifs (qualités morales et physiques), mots de la même famille.

Expression orale : Présenter un personnage féminin (exposé préparé, mise en scène d'un extrait de roman, description improvisée).

Expression écrite : Rédiger un portrait.

Étude de la langue

Grammaire :

Mémo-fiche : les classes grammaticales (n° 1), Mémo-fiche : les déterminants (1/2) : les articles, les déterminants démonstratifs, possessifs, numéraux (n° 2).

Orthographe :

Homophones 1 et 2 (n°s 1 et 2), Quelques préfixes : *ad-*, *bi(s)-*, *com-*, *dé(s)-*, *sous-*, *trans-*,… (n° 3), Les suffixes en *-et/-ette*, *-ot/-ote/-otte*, *-oir/-oire*,… (n° 4).

Étude d'une tête féminine

Léonard de Vinci, ***Tête de jeune fille échevelée*** (ou « ***La Scapigliata*** »), vers 1508, terre d'ombre, terre verdie et blanc de céruse sur bois, 24,7 x 21 cm, Galleria Nazionale, Parme

Lecture d'image

1) Quel est le genre de cette œuvre?

2) Que ressentez-vous en observant cette œuvre? Selon vous, que regarde la femme?

3) Faites une recherche sur Léonard de Vinci: quel tableau à la renommée internationale a-t-il peint? Observez les points communs et les différences entre ces deux œuvres du même artiste. Qu'est-ce qui semble les unir?

4) Observez attentivement la position de la tête et l'orientation du regard. Quelles impressions avez-vous?

5) **Exercice d'expression écrite:** imaginez que vous devez décrire ce tableau à quelqu'un qui ne l'a jamais vu. Rédigez un paragraphe en décrivant la forme du visage, la coiffure, la position de la tête, l'orientation du regard, et l'expression qui semble s'en dégager.

6) Nous ne connaissons pas la femme représentée. De plus, le dessin peut sembler inachevé. Pourtant, pouvez-vous désigner dans la liste suivante les traits de caractère ou les expressions qui semblent se dégager de ce tableau: douceur, flegme, impertinence, moquerie, tendresse, tristesse, vivacité...?

Compléments sur le site

› Fiche-méthode n° 12 du manuel de 5e: étudier ou rédiger un portrait.
› Synthèse d'histoire des Arts.
› Proposition d'évaluation finale (de type brevet).
› Pages supplémentaires sur des portraits féminins.

UNE PRINCESSE REMARQUABLE

Madame de La Fayette (1634-1693) est une femme de lettres française de la petite noblesse du XVIIe siècle. Elle fréquenta les salons littéraires de l'époque, notamment celui de Melle de Scudéry, et s'essaya à la littérature avec une première nouvelle, ***La Princesse de Montpensier***. Ses écrits s'inspirent de son expérience à la cour, entre histoire et fiction romanesque. C'est en écrivant ***La Princesse de Clèves*** en 1678 qu'elle offrit le premier roman psychologique français.

*L'action de **La Princesse de Clèves** se passe au XVIe siècle, sous le règne du roi Henri II. Mme de Chartres assure seule l'éducation de sa fille selon des règles rigoureuses. L'ayant jusqu'alors protégée du monde de la cour, un monde d'apparences rempli de dangers, elle accompagne sa fille de quinze ans pour la première fois à la cour du roi, au château du Louvre.*

Il parut alors une beauté à la cour, qui attira les yeux de tout le monde, et l'on doit croire que c'était une beauté parfaite, puisqu'elle donna de l'admiration dans un lieu où l'on était si accoutumé à voir de belles personnes. Elle était de la même maison que le vidame[1] de Chartres, et une des plus grandes héritières de France. Son père était mort jeune, et l'avait laissée sous la conduite de madame de Chartres, sa femme, dont le bien, la vertu[2] et le mérite étaient extraordinaires. Après avoir perdu son mari, elle avait passé plusieurs années sans revenir à la cour. Pendant cette absence, elle avait donné ses soins à l'éducation de sa fille ; mais elle ne travailla pas seulement à cultiver son esprit et sa beauté ; elle songea aussi à lui donner de la vertu et à la lui rendre aimable[3]. La plupart des mères s'imaginent qu'il suffit de ne parler jamais de galanterie[4] devant les jeunes personnes pour les en éloigner. Madame de Chartres avait une opinion opposée ; elle faisait souvent à sa fille des peintures de l'amour ; elle lui montrait ce qu'il a d'agréable pour la persuader plus aisément sur ce qu'elle lui en apprenait de dangereux ; elle lui contait le peu de sincérité des hommes, leurs tromperies et leur infidélité, les malheurs domestiques[5] où plongent les engagements ; et elle lui faisait voir, d'un autre côté, quelle tranquillité suivait la vie d'une honnête femme, et combien la vertu donnait d'éclat et d'élévation à une personne qui avait de la beauté et de la naissance[6]. Mais elle lui faisait voir aussi combien il était difficile de conserver cette vertu, que[7] par une extrême défiance[8] de soi-même, et par un grand soin de s'attacher à ce qui seul peut faire le bonheur d'une femme, qui est d'aimer son mari et d'en être aimée.

Cette héritière était alors un des grands partis qu'il y eût en France ; et quoiqu'elle fût dans une extrême jeunesse, l'on avait déjà proposé plusieurs mariages. Madame de Chartres, qui était extrêmement glorieuse, ne trouvait presque rien digne de sa fille ; la voyant dans sa seizième année, elle voulut la mener à la cour. Lorsqu'elle arriva, le vidame alla au-devant d'elle ; il fut surpris de la grande beauté de mademoiselle de Chartres, et il en fut surpris avec raison. La blancheur de son teint et ses cheveux blonds lui donnaient un éclat que l'on n'a jamais vu qu'à elle ; tous ses traits étaient réguliers, et son visage et sa personne étaient pleins de grâce et de charmes.

Madame de La Fayette,
La Princesse de Clèves (1re partie), 1678

1. **vidame :** titre de noblesse.
2. **vertu :** habitude qu'a prise un individu de bien se comporter.
3. **aimable :** qui mérite d'être apprécié, agréable.
4. **galanterie :** aventure amoureuse.
5. **domestique :** lié à la maison (d'après le latin *domus*).
6. **naissance :** avoir de la naissance, c'est être né dans une famille noble.
7. **que :** *(vieux)* sauf.
8. **défiance :** méfiance.

Questions sur le texte

A. Une femme à la grande beauté physique

1) Qui est le personnage principal de ce récit?

2) Relevez précisément les expressions qui le désignent: quelles remarques pouvez-vous faire?

3) À votre avis, pour quelles raisons fait-on le portrait de ce personnage?

4) Relevez les éléments de sa description physique: quelle impression se dégage de cette personne?

5) À quel moment dans le texte le narrateur fait-il son portrait physique? À quoi le reste de l'extrait est-il consacré?

B. La beauté morale: l'honnête femme

6) Quels éléments du portrait sont caractéristiques du XVIIe siècle?

7) Qui est le narrateur? De quel point de vue se place-t-il pour réaliser ce portrait?

C. Mme de Chartres, une éducatrice hors pair

8) a. Ce texte ne fait pas seulement le portrait de la jeune fille: qui est également décrit? b. Ce second personnage est-il décrit par un portrait physique? Justifiez votre réponse en citant le texte.

9) Selon vous, quel est le rang social de ces personnes?

Lexique

1) Cherchez les définitions des qualités suivantes et précisez si elles sont plutôt morales ou physiques (ou les deux à la fois): *aisance, beauté, brio, délicatesse, distinction, éclat, élégance, générosité, grâce, harmonie, magnificence, panache, politesse, prestance, raffinement, savoir-vivre, talent, virtuosité, vivacité.*
Formez les adjectifs correspondants lorsque c'est possible.

2) En vous aidant des leçons d'orthographe n° 3 et n° 4, dites quels préfixes et suffixes on peut repérer dans les mots suivants: « attira » (l.1) « admiration » (l.2), « accoutumé » (l.2) « conduite » (l.4), « défiance » (l.16).

Lecture d'image

1) Commentez le costume, la coiffure et le regard de l'actrice.

2) Comment parvient-elle, par sa posture et son regard, à incarner la princesse de Clèves?

3) Comment ce personnage est-il mis en avant (observez le cadrage, l'angle de vue, la lumière et le jeu des couleurs)?

4) Quels traits de son caractère transparaissent?

◀ Marina Vlady dans le film de Jean Delannoy, ***La Princesse de Clèves***, 1961

Expression écrite

Rédigez le portrait d'une héroïne de notre époque qui aurait les mêmes qualités que Mlle de Chartres. Décrivez-la arrivant pour la première fois dans un lieu de votre choix. Veillez à réutiliser au moins cinq expressions de l'exercice de lexique (noms ou adjectifs). Vous décrirez notamment sa démarche, ses vêtements, sa coiffure et les réactions qu'elle suscite.

Expression orale

1. Adapter son mode de lecture à la nature du texte proposé et à l'objectif poursuivi

Lisez le premier paragraphe de ce texte en mettant en valeur le mystère qui plane autour de l'identité de la jeune femme. Pour parvenir à une lecture expressive, vous vous aiderez de la ponctuation. N'oubliez pas de bien articuler le texte et de varier la vitesse de lecture.

CÉLÉBRATION DE LA BEAUTÉ FÉMININE

Charles Baudelaire (1821-1867) fut à l'origine de la modernité poétique. Orphelin de père, il détestait son beau-père qui l'encouragea à embarquer pour Calcutta afin de l'éloigner de ses mauvaises fréquentations parisiennes. Arrivé sur l'île Bourbon, actuelle île de la Réunion, il décida de renoncer à l'Inde et de rentrer en métropole. Ce voyage exacerba sa sensibilité et l'initia à la poésie de l'exotisme, que l'on retrouva plus tard dans ses ***Fleurs du Mal*** ou ses ***Petits Poèmes en prose***, ses deux recueils les plus célèbres.

La femme à laquelle Baudelaire s'adresse ici, à la demande de son mari, est Mme Autard de Bragard, une dame créole (le terme désigne à l'époque une femme blanche née dans les îles, qu'on appellerait aujourd'hui franco-mauricienne). Ce couple de colons, d'origine française, l'avait accueilli lors d'une escale sur l'île Maurice pour une quinzaine de jours.
La beauté de la femme qu'il célèbre devient aussi exotique que le paysage qui l'environne, sans perdre la majesté raffinée des dames des cours anciennes.

À une dame créole

Au pays parfumé que le soleil caresse,
J'ai connu, sous un dais[1] d'arbres tout empourprés[2]
Et de palmiers d'où pleut sur les yeux la paresse,
Une dame créole aux charmes ignorés.

Son teint est pâle et chaud ; la brune enchanteresse
A dans le cou des airs noblement maniérés ;
Grande et svelte en marchant comme une chasseresse,
Son sourire est tranquille et ses yeux assurés.

Si vous alliez, Madame, au vrai pays de gloire,
Sur les bords de la Seine ou de la verte Loire,
Belle digne d'orner les antiques manoirs,

Vous feriez, à l'abri des ombreuses retraites,
Germer mille sonnets dans le cœur des poètes,
Que vos grands yeux rendraient plus soumis que vos noirs[3].

Charles Baudelaire, « À une dame créole », écrit en 1841 sur l'île Bourbon, ***Les Fleurs du Mal***, poème LXI, 1857

▲ Madame Autard de Bragard

1. **dais :** ouvrage de bois de métal ou de pierre qui soutient une tenture, souvent élevé au-dessus d'un trône, d'un autel.
2. **empourprés :** de couleur pourpre (rouge vif).
3. **vos noirs :** à cette époque, l'esclavage est aboli à l'île Maurice, pas à La Réunion. Baudelaire salua plus tard son abolition proclamée par la IIe République en 1848 *(voir votre manuel d'Histoire).*

Questions sur le texte

1) Relevez toutes les façons dont la personne décrite est nommée. Qu'est-ce que ces dénominations ont en commun ?

2) Quelle partie du corps le poète s'attache-t-il à décrire ? Pourquoi selon vous ?

3) Quel type d'adjectifs le poète utilise-t-il pour la qualifier ? Quelle image de cette femme est ainsi créée ?

4) En vous appuyant sur un relevé précis des expressions du texte, dites ce qui caractérise cette femme.

5) À qui s'adresse ce poème ? Qui parle ?

6) a. Vers 1 à 8 : à quel lieu est associée la dame dans les quatrains (aidez-vous de la biographie et du chapeau) ? À partir du vers 9, dans les tercets, où le poète imagine-t-il la dame ? **b.** Quelle influence cette femme a-t-elle ? D'où lui vient ce pouvoir ?

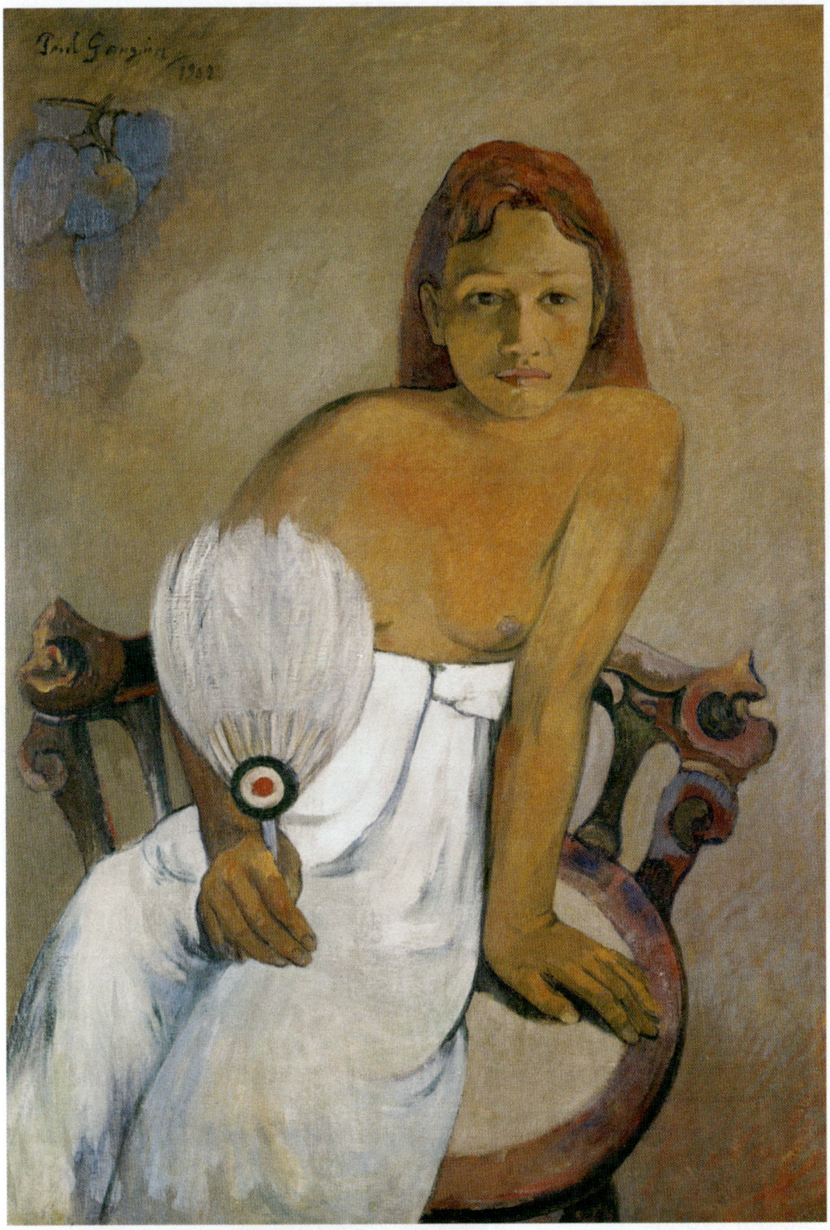

▲ Paul Gauguin, ***Femme à l'éventail***, 1902, huile sur toile, 92 x 73 cm, Museum Folkwang, Essen

Expression orale

1. Développer de façon suivie un propos en public sur un sujet déterminé

Présentez à l'oral un personnage féminin que vous appréciez particulièrement : une amie, un personnage historique, une actrice, une héroïne de fiction, une maman... Attention à maîtriser votre temps de parole en ne dépassant pas cinq minutes d'intervention.

Expression écrite

À la manière de Baudelaire, rédigez un poème en l'honneur de la femme que vous aurez choisie de présenter à l'oral. Soulignez son influence sur le lieu dans lequel elle vit et l'harmonie avec ce qui l'entoure. Vos vers doivent rimer mais ne seront pas nécessairement de longueur égale. Vous emploierez, comme Baudelaire, des déterminants possessifs *(voir leçon de grammaire n° 2)*.

Lexique

- En observant le tableau de Gauguin, énumérez toutes les parties du visage que l'on peut s'attacher à décrire et trouvez plusieurs adjectifs qualificatifs pour les caractériser.

Lecture d'image

1) Quelle impression cette femme dégage-t-elle ?
2) Comment son portrait est-il cadré ?
3) Comment l'exotisme est-il suggéré ? (Observez le travail sur les couleurs)
4) Quels liens pouvez-vous faire avec le poème ?

Compléments sur le site

› Découvrez d'autres tableaux de Paul Gauguin.

1 CAMILLE CLAUDEL, DU PORTRAIT DE L'ARTISTE À SES SCULPTURES

Donner corps à une femme : ce défi littéraire a son pendant dans les arts visuels.
Depuis l'Antiquité, on a vu produire de splendides statues de femmes nues ou richement vêtues, majoritairement exécutées par des hommes, rivalisant d'habileté.
À la charnière des XIXe et XXe siècles, Camille Claudel s'est également consacrée à cette entreprise avec talent. Sa force de caractère et la puissance de ses sculptures en ont fait une artiste reconnue pour sa singularité.

Qui était Camille Claudel ? Comment réalisait-elle ses portraits de femmes ?

1 Portrait de Camille Claudel, photographie de César

▲ Portrait de Camille Claudel par César, photographie vers 1885, 15,5 x 10,3 cm

2 Portrait de Camille Claudel, scupture de Rodin

▲ Auguste Rodin, ***La Pensée*** (portrait de Camille Claudel), 1886-1889, sculpture sur marbre, 74 x 43 x 46 cm, musée d'Orsay, Paris

3 Un article fort élogieux

Deux yeux magnifiques d'un vert pâle qui évoque les jeunes pousses des forêts. [...] Au moment même où le regard vous attire, un geste instinctif de l'artiste semble arrêter l'élan de sympathie, et l'on reste avec cette impression bizarre d'une nature profondément personnelle, qui vous attire par sa grâce et vous repousse par sa sauvagerie. Tout le caractère de Mademoiselle Claudel est dans ce retrait un peu farouche. [...] La fillette qui sculptait dans la glaise d'une tuilerie des figurines étonnantes est devenue [...] par son tempérament original, la sensibilité et la beauté de son art, [...] une figure complète du génie féminin.

Gabriel Reval, ***Femina***, 5 mai 1903 (extrait d'un article)

4 Portrait de l'artiste au travail

▲ Photographie anonyme de Camille Claudel, parue dans le magazine féminin ***Femina***, 1903

5. Portrait d'une jeune enfant

▲ Camille Claudel, ***La Petite Châtelaine***, 1896, sculpture sur marbre, haut. 44 cm, Roubaix

6. Un groupe de femmes

▲ Camille Claudel, ***Les Causeuses***, 1895, sculpture en plâtre (détail), 114 x 163 x 72 cm, musée Rodin, Paris

Questions

A. Portraits de Camille Claudel

1) Doc. 1 et 2 : Décrivez les documents 1 et 2 (nature, cadrage...) et dites ce que vous pouvez en déduire sur Camille Claudel. Les documents peuvent-ils être considérés comme des portraits ? Pourquoi ?

2) Doc. 1 : Observez la première photographie : comment caractériseriez-vous le regard de la jeune artiste ?

3) Doc. 4 : Que regarde Camille Claudel ? Par quel biais pouvez-vous voir l'artiste au travail ?

4) Réalisez une recherche sur Camille Claudel : où a-t-elle terminé sa vie ? Pour quelles raisons ?

B. Figures féminines en sculpture

5) Doc. 6 et 7 : a. Quelles sont les particularités de ces statues réalisées par Camille Claudel ? b. Laquelle vous semble construite sur une asymétrie, ce qui lui donne du mouvement ?

6) Doc. 5 à 7 : Quels mots de cette liste peuvent caractériser ces objets : *bas-relief, buste, effigie, modelage, sculpture, statue en ronde-bosse, taille directe* ?

7) Doc. 5 à 7 : Quels matériaux sont utilisés dans les sculptures présentées ici ? Sont-ils réputés faciles à travailler ? En 1897, Camille Claudel reproduit ***Les Causeuses*** en onyx : recherchez à quoi ressemble cette matière.

7. Portrait d'une femme agenouillée

▲ Camille Claudel, ***La Profonde Pensée ou l'Intimité***, 1899, sculpture sur bronze, musée Sainte-Croix, Poitiers

UNE JEUNE FILLE DE CARACTÈRE

Charlotte Brontë (1816-1855) est une romancière anglaise. Elle connut une enfance austère affectée par la mort précoce de sa mère et de deux de ses sœurs. Institutrice puis gouvernante, elle finit par s'adonner à son besoin d'écrire. Ses sœurs Anne et Emily sont aussi connues pour leurs romans. Elle se maria mais mourut jeune, probablement enceinte. Dans ***Jane Eyre***, son chef-d'œuvre, elle met en scène une femme à la grande force de caractère, très indépendante pour son époque.

Jane Eyre, jeune fille orpheline, est devenue préceptrice d'une certaine Adèle. Elle va enfin rencontrer M. Rochester, le tuteur d'Adèle, mystérieux propriétaire du manoir où elle se trouve depuis trois mois. Mme Fairfax, l'intendante des lieux, la convie au moment du thé.

« Voilà Mlle Eyre, » dit tranquillement Mme Fairfax.

Il s'inclina, mais sans cesser de regarder le chien et l'enfant.

« Que Mlle Eyre s'asseye, » dit-il. Son salut roide[1] et contraint, son ton impatient, bien que cérémonieux, semblaient ajouter : « Que diable cela me fait-il, que Mlle Eyre soit ici ou ailleurs ? pour le moment, je ne suis pas disposé[2] à causer avec elle. »

Je m'assis sans embarras. Une réception d'une exquise politesse m'aurait sans doute rendue très confuse. Je n'aurais pas pu y répondre avec la moindre élégance ou la moindre grâce, mais cette brutalité fantasque[3] ne m'imposait aucune obligation, au contraire, en acceptant cette boutade[4], j'avais l'avantage. D'ailleurs, l'excentricité[5] du procédé était piquante, et je désirais en connaître la suite. [...]

« Voulez-vous passer cette tasse à M. Rochester ? me dit Mme Fairfax. Adèle pourrait la renverser. »

Je fis ce qu'elle me demandait. Lorsqu'il prit la tasse de mes mains, Adèle, pensant le moment favorable pour faire une demande en ma faveur, s'écria :

« N'est-ce pas, monsieur, qu'il y a un cadeau pour Mlle Eyre dans votre petit coffre ?

— Qui parle de cadeau ? dit-il d'un air renfrogné ; vous attendiez-vous à un présent, mademoiselle Eyre ? Aimez-vous les présents ? »

Et il examinait mon visage avec des yeux qui me parurent sombres, irrités et perçants.

« Je ne sais, monsieur, je ne puis guère en parler par expérience ; un cadeau passe généralement pour une chose agréable.

— Généralement ; mais vous, qu'en pensez-vous ?

— Je serais obligée d'y réfléchir quelque temps, monsieur, avant de vous donner une réponse satisfaisante. Un présent a bien des aspects, et il faut les considérer tous avant d'avoir une opinion.

— Mademoiselle Eyre, vous n'êtes pas aussi naïve qu'Adèle ; dès qu'elle me voit, elle demande un cadeau à grands cris ; vous, vous battez les buissons.

— C'est que j'ai moins confiance qu'Adèle dans mes droits ; elle peut invoquer le privilège d'une vieille connaissance et de l'habitude, car elle m'a dit que de tout temps vous lui aviez donné des jouets ; quant à moi, je serais bien embarrassée de me trouver un titre, puisque je suis étrangère et que je n'ai rien fait qui mérite une marque de reconnaissance.

— Oh ! ne faites pas la modeste ; j'ai examiné Adèle, et j'ai vu que vous vous êtes donné beaucoup de peine avec elle ; elle n'a pas de grandes dispositions[6], et en peu de temps vous l'avez singulièrement améliorée.

— Monsieur, vous m'avez donné mon cadeau, et je vous en remercie. La récompense la plus enviée de l'instituteur, c'est de voir louer les progrès de son élève.

— Oh ! oh ! », fit M. Rochester ; et il but son thé en silence.

Charlotte Brontë, ***Jane Eyre***, chap. 13, 1847,
trad. de l'anglais par Mme Lesbazeilles-Souvestre, 1862

1. **roide :** (vieilli) raide.
2. **disposé :** prêt, dans un état d'esprit favorable à ce moment-là.
3. **fantasque :** qui résulte d'envies bizarres, inexplicables.
4. **boutade :** (ici) caprice, acte qui résulte d'une mauvaise humeur.
5. **excentricité :** acte extravagant, original, inattendu.
6. **dispositions :** capacités, facilités.

Questions sur le texte

1) Comment ce portrait est-il réalisé ? Où se trouvent les informations nécessaires à la description du personnage ?

2) Qui est le narrateur de ce texte ? Justifiez votre réponse en citant le texte.

3) Relevez les éléments qui permettent de décrire le statut social de la jeune femme.

4) Quels traits de caractère M. Rochester lui prête-t-il ?

5) Que remarquez-vous à propos de la forme des phrases qu'il utilise ? Que devine-t-on de lui indirectement ?

6) Relisez les répliques de Mlle Eyre : quels mots indiquent une grande pondération (modération) ?

Lexique

1) Classez les noms suivants selon qu'ils expriment des qualités ou des défauts. Ensuite, recherchez l'adjectif qualificatif qui leur correspond.
Amabilité, arrogance, avarice, bonté, charité, courage, curiosité, égoïsme, fourberie, franchise, générosité, honnêteté, humilité, hypocrisie, impolitesse, irritabilité, jalousie, loyauté, médisance, volonté.

2) En vous aidant des leçons d'orthographe n° 1 et n° 2, recopiez la phrase suivante en choisissant la bonne orthographe : Mme Fairfax convie Mlle Eyre *(des / dès)* que le thé est *(près / prêt)*. *(Plutôt / Plus tôt)* que de l'accueillir chaleureusement, M. Rochester se montre impoli *(quand/quant/qu'en)* elle arrive. Il prétend que *(l'ai / lait / laid / les)* cadeaux *(qu'il a / qui la / qui l'a)* rapportés ne lui sont pas destinés. *(On n' / On)* est pas *(sur / sûr)* qu'il lui conserve *(tant / temps / tend(s) / t'en)* de dédain par la suite.

Lecture d'image

1) a. Quels sont les personnages représentés dans ce tableau ?
b. Quelle atmosphère se dégage du tableau ? Quel moment est représenté ?

2) Quels éléments du tableau contribuent à représenter l'idéal de vie caractéristique de la culture anglaise ?

Expression écrite

Imaginez et rédigez le portrait physique de M. Rochester. Vous vous mettrez à la place de Mlle Eyre le décrivant alors qu'elle le regarde boire son thé. Elle émet également des suppositions sur son caractère : vous réemploierez au moins deux mots du premier exercice de lexique.

Expression orale

Par groupes, proposez une mise en scène de cet extrait. Vous pourrez jouer cette scène, la mimer, ou encore proposer une image fixe.

William Hogarth, ***La Famille Strode***, vers 1738, huile sur toile, 87 x 91,5 cm, Tate Gallery, Londres

RAILLÉE POUR SON APPARENCE

Issu d'une famille de la bourgeoisie provençale (son père était ingénieur), Émile Zola (1840-1902) devint orphelin très jeune et connut des débuts difficiles comme journaliste littéraire et politique, après avoir échoué au bac scientifique. Très vite, il choisit de recourir à la littérature et au roman pour dépeindre la vie de ses contemporains, surtout dans les classes sociales les plus misérables. Il élabora un cycle de vingt romans dont les personnages sont issus d'une même famille : les Rougon-Macquart. Cela fit de lui le chef de file d'un nouveau mouvement littéraire, le naturalisme. Il cherchait à expliquer les comportements humains par l'importance de l'hérédité, du milieu social et des conditions d'existence. À la fin de sa vie, il s'illustra en défendant le capitaine Dreyfus (accusé à tort d'espionnage par l'armée et le gouvernement) avec la publication de la célèbre lettre ouverte « J'Accuse » dans le journal ***L'Aurore***, ce qui lui valut l'exil.

Denise, âgée de vingt ans, a quitté la région du Cotentin pour chercher un travail à Paris. Elle vient d'être embauchée au « Bonheur des dames », un grand magasin de luxe, bien que ce dernier soit le concurrent direct du petit magasin de son oncle. C'est son premier jour de travail. Émue, elle a enfilé la robe de soie noire qui sert d'uniforme aux vendeuses : c'est la première fois qu'elle porte une étoffe aussi précieuse. Elle arrive dans son rayon au beau milieu d'une querelle entre ses collègues (dont Clara, Marguerite et mademoiselle Cugnot) sous le regard de leur responsable, madame Aurélie.

Mais l'entrée de Denise réconcilia ces demoiselles. Elles la regardèrent, puis se sourirent. Pouvait-on se fagoter de la sorte ! La jeune fille alla gauchement s'inscrire au tableau de ligne[1], où elle se trouvait la dernière. Cependant, madame Aurélie [...] ne put s'empêcher de dire :

— Ma chère, deux comme vous tiendraient dans votre robe. Il faudra la faire rétrécir... Et puis, vous ne savez pas vous habiller. Venez donc, que je vous arrange un peu.

Et elle l'emmena devant une des hautes glaces, qui alternaient avec les portes pleines des armoires, où étaient serrées les confections[2]. La vaste pièce, entourée de ces glaces et de ces boiseries de chêne sculpté, garnie d'une moquette rouge à grands ramages[3], ressemblait au salon banal d'un hôtel, que traverse un continuel galop de passants. Ces demoiselles complétaient la ressemblance, vêtues de leur soie réglementaire, promenant leurs grâces marchandes, sans jamais s'asseoir sur la douzaine de chaises réservées aux clientes seules. [...] Plusieurs risquaient des bijoux, des bagues, des broches, des chaînes ; mais leur coquetterie, le luxe dont elles luttaient, dans l'uniformité imposée de leur toilette, était leurs cheveux nus, des cheveux débordants, augmentés de nattes et de chignons quand ils ne suffisaient pas, peignés, frisés, étalés.

— Tirez donc la ceinture par-devant, répétait madame Aurélie. Là, vous n'avez plus de bosse dans le dos, au moins... Et vos cheveux, est-il possible de les massacrer ainsi ! Ils seraient superbes, si vous vouliez.

C'était en effet, la seule beauté de Denise. D'un blond cendré, ils lui tombaient jusqu'aux chevilles ; et, quand elle se coiffait, ils la gênaient, au point qu'elle se contentait de les rouler et de les retenir en un tas, sous les fortes dents d'un peigne de corne. Clara, très ennuyée par ces cheveux, affectait d'en rire, tellement ils étaient noués de travers, dans leur grâce sauvage. Elle avait appelé d'un signe une

Questions sur le texte

1) Relevez les éléments du portrait de Denise qui montrent qu'elle n'est pas coquette. Quelle contradiction est ainsi créée ? Quel sentiment ce personnage fait-il naître chez le lecteur ?

2) Comment Denise est-elle accueillie à son arrivée ?

3) Quelles remarques pouvez-vous faire sur les répliques de Denise ?

4) Quel type de phrase utilise Madame Aurélie lorsqu'elle s'adresse à Denise ? Pourquoi ?

5) Qu'est-ce que cela montre du caractère de Denise ?

6) Comment sont désignés les cheveux de Denise ? Pourquoi Clara les appelle-t-elle ainsi ?

7) Comment sont décrites les autres vendeuses du magasin ? (Citez quelques exemples du texte.) Quelle partie de leur corps peuvent-elles soigner ?

8) Quels éléments montrent que les vendeuses sont en concurrence entre elles ?

9) Que font les vendeuses lorsqu'elles s'entendent ? Précisez quelle vendeuse finit par se désolidariser du groupe et pourquoi.

vendeuse du rayon de la lingerie, une fille à figure large, l'air agréable. Les deux rayons, qui se touchaient, étaient en continuelle hostilité; mais ces demoiselles s'entendaient parfois pour se moquer des gens.

— Mademoiselle Cugnot, voyez donc cette crinière, répétait Clara, que Marguerite poussait du coude, en feignant aussi d'étouffer de rire.

Seulement, la lingère n'était pas en train de plaisanter. Elle regardait Denise depuis un instant, elle se rappelait ce qu'elle avait souffert elle-même, les premiers mois, dans son rayon.

— Eh bien! quoi? dit-elle. Toutes n'en ont pas, de ces crinières!

Et elle retourna à la lingerie, laissant les deux autres gênées. Denise, qui avait entendu, la suivit d'un regard de remerciement, tandis que madame Aurélie lui remettait un cahier de notes de débit[4] à son nom, en disant:

— Allons, demain, vous vous arrangerez mieux...

Émile Zola, ***Au Bonheur des dames***, 1883, extrait du chap. 4

Lexique

1) Classez ces adjectifs qualificatifs selon qu'ils expriment un point de vue mélioratif, dépréciatif ou neutre: *agréable, apathique, arrogante, belle, brune, cruelle, désagréable, détestable, exquise, faraude, grande, hâbleuse, hâlée, idéale, maléfique, perfide, ravissante, superbe, venimeuse.*

2) Dites à quel champ lexical appartient chacune de ces listes. Parmi ces mots, lesquels trahissent une opinion négative?

a. *une bicoque, un bouge, une cabane, une cahute, un château, une demeure, un gourbi, une maison, une masure, un taudis.*

b. *un accoutrement, des atours, un chiffon, un complet, un ensemble, une fripe, des frusques, une guenille, un habit, un haillon, des hardes, des nippes, une parure, une tenue, une toilette, un vêtement.*

1. **tableau de ligne:** tableau qui indique dans quel ordre les employées sont responsables de la vente.
2. **confection:** industrie du vêtement, par extension: les vêtements fabriqués en prêt-à-porter, par opposition au sur-mesure.
3. **ramages:** motif de rameaux, de feuillages, de fleurs.
4. **cahier de notes de débit:** cahier où l'on note la quantité vendue d'une marchandise proposée au détail.

▲ Pierre-Auguste Renoir, ***Portrait de Julie Manet***, 1894, huile sur toile, 55 x 46 cm, Musée Marmottan Monet, Paris

Lecture d'image

Qu'est-ce qui fait écho au portrait de Denise dans ce tableau de Renoir?

B2i

Analysez la caricature d'une autre femme ridiculisée dans sa profession à travers les postures, les regards, les lignes de force de l'image. Mesurez la complémentarité du dessin et de la légende. Réutilisez le vocabulaire du portrait.

Expression écrite

De retour chez elle, le soir, Denise fait le portrait de ses collègues à son oncle, Baudu, et à son petit frère, Jean. Rédigez cette description.

Expression orale

Improvisation: le professeur vous attribue le nom d'une personnalité féminine (indiqué sur un papier ou légendant une photographie). Sans préparer ce travail à l'avance, vous devez la décrire précisément sans utiliser de noms ou de prénoms... et faire deviner à vos camarades de qui il s'agit.

CAPRICES DES FEMMES ET CRITIQUE SOCIALE

Charles-Louis de Secondat, baron de La Brède et de Montesquieu (1689-1755), est un philosophe du siècle des Lumières. Avant d'être homme de lettres, il avait suivi une brève carrière d'avocat à la cour de Bordeaux. À la mort de son oncle, il reçut un héritage important qui lui permit de laisser sa charge pour se consacrer à l'écriture. Ses nombreux voyages inspirèrent ses œuvres, notamment celles qui étudient l'homme et les sociétés comme ***L'Esprit des lois***. Son succès fut immédiat avec les ***Lettres persanes*** et son travail fut reconnu de son vivant.

Publié anonymement en 1721, le recueil épistolaire des ***Lettres persanes*** *rend compte de la correspondance de deux personnages persans en visite en Europe. Leur regard amusé sur la société occidentale du* XVIII*e siècle constitue une critique implicite des Européens et de leur mode de vie.*

RICA À RHÉDI
À Venise.

Je trouve les caprices de la mode, chez les Français, étonnants. Ils ont oublié comment ils étaient habillés cet été ; ils ignorent encore plus comment ils le seront cet hiver : mais surtout on ne saurait croire combien il en coûte à un mari, pour mettre sa femme à la mode.

Que me servirait de te faire une description exacte de leur habillement et de leurs parures ? Une mode nouvelle viendrait détruire tout mon ouvrage, comme celui de leurs ouvriers ; et, avant que tu eusses reçu ma lettre, tout serait changé.

Une femme qui quitte Paris pour aller passer six mois à la campagne en revient aussi antique[1] que si elle s'y était oubliée trente ans. Le fils méconnaît le portrait de sa mère, tant l'habit avec lequel elle est peinte lui parait étranger ; il s'imagine que c'est quelque Américaine qui y est représentée, ou que le peintre a voulu exprimer quelqu'une de ses fantaisies.

Quelquefois les coiffures montent insensiblement ; et une révolution les fait descendre tout à coup. Il a été un temps que leur hauteur immense mettait le visage d'une femme au milieu d'elle-même : dans un autre, c'était les pieds qui occupaient cette place ; les talons faisaient un piédestal, qui les tenait en l'air. Qui pourrait le croire ? Les architectes ont été souvent obligés de hausser, de baisser et d'élargir leurs portes, selon que les parures des femmes exigeaient d'eux ce changement ; et les règles de leur art ont été asservies à ces fantaisies. On voit quelquefois sur un visage une quantité prodigieuse de mouches[2], et elles disparaissent toutes le lendemain.

Autrefois les femmes avaient de la taille, et des dents ; aujourd'hui il n'en est pas question. Dans cette changeante nation, quoi qu'en dise le critique, les filles se trouvent autrement faites que leurs mères. Il en est des manières et de la façon de vivre comme des modes : les Français changent de mœurs selon l'âge de leur roi. Le monarque pourrait même parvenir à rendre la nation grave, s'il l'avait entrepris. Le prince imprime le caractère de son esprit à la cour, la cour à la ville, la ville aux provinces. L'âme du souverain est un moule qui donne la forme à toutes les autres.

De Paris, le 8 de la lune de Saphar[3], 1717.

Montesquieu, ***Lettres persanes***, 1721, lettre XCIX

1. **antique :** (ici) démodé, désuet.
2. **mouche :** grain de beauté, voire faux grain de beauté collé sur le visage pour souligner la blancheur du teint, selon la mode aristocratique de l'époque.
3. **Saphar :** deuxième mois du calendrier islamique ; Montesquieu choisit ce détail de couleur locale pour rendre ses personnages plus crédibles.

Questions sur le texte

A. Les femmes et la mode

1) Relevez les différents éléments évoquant la mode dans la France de l'époque.

2) Quelles personnes sont touchées par la mode? Observez les déterminants *(aidez-vous de la leçon de grammaire n° 2).*

3) Quelle est, selon Rica, la spécificité de la mode française? (relisez le 1er paragraphe). Que signifie le mot qu'il emploie pour condamner la mode? En quoi Rica précise-t-il ainsi ce qu'il pense à propos de la mode et des Français?

B. L'exagération au service de la critique

4) Relevez les compléments circonstanciels de temps: que remarquez-vous?

5) Quels autres couples d'antonymes pouvez-vous trouver dans la lettre?

6) Que pense Rica de tous ces changements? Pourquoi?

C. Le pouvoir de la mode, le pouvoir du roi

7) Dans le dernier paragraphe, quelles autres traditions semblent étonner Rica?

Lexique

Parmi la liste suivante, réunissez les mots de la même étymologie que les mots *habit*, *mode*, *parer* et *toilette.*

a. *habiller, habile, habillage, habituer, habilleur.*

b. *modèle, modem, modique, moderne, modiste, modeste.*

c. *parure, parade, paravent, préparer, parement, parent.*

d. *toilettes, toiletter, étoiler, toile.*

Lecture d'image

1) L'époque des toilettes montrées sur cette gravure est-elle la même que celle de Montesquieu?

2) Pensez-vous que la lettre de Rica puisse s'appliquer à certains aspects de ces tenues? Lesquels en particulier?

Expression écrite

Une femme de la cour de France, de retour d'un pays étranger, raconte à une amie ce qu'elle a découvert de la mode. Rédigez la lettre qu'elle envoie à cette amie.

Expression orale

Par deux, convenez du choix d'un pays (qui peut être imaginaire). Précisez les habitudes alimentaires, vestimentaires, les lieux d'habitation et autres éléments pour vous accorder sur son univers. Jouez ensuite un dialogue entre deux amis venus de ce pays et surpris de ce qu'ils ont découvert en France.

▲ Anonyme, ***La Mode en France entre 1774 et 1780***, années 1870, image au pochoir

B2i Documentez-vous pour comprendre une caricature, et analysez les procédés mis en œuvre pour qu'elle soit parodique. Découvrez aussi ce que signifie la parodie d'un texte.

2 CARICATURES DE COQUETTES, SOUS L'EMPIRE DES CRINOLINES (XIXe SIÈCLE)

La caricature par Montesquieu de la versatilité et de la sophistication des coquettes peut s'appliquer à bien des époques. Ce raffinement des tenues féminines se prête remarquablement à des caricatures visuelles. Ainsi, la forme particulière de la crinoline, sous-vêtement fort élégant mais bien gênant, à la mode notamment dans le Paris moderne et luxueux du Second Empire, a suscité de nombreuses caricatures.

Comment l'exagération et l'humour d'un dessin permettent-ils de porter un regard critique sur une mode ?

1 Qu'est-ce qu'une crinoline ?

▲ Représentation d'une crinoline, gravure, 1856, extrait de ***Punch magazine***

B2i Analysez une autre caricature de Daumier où la France apparaît comme une figure féminine. Présentez-la à l'oral.

2 Une vision étonnante de la crinoline

▲ Honoré Daumier, « Manière d'utiliser les jupons nouvellement mis à la mode », planche nº 294 de la série ***Actualités***, lithographie publiée dans ***Le Charivari***, le 16 avril 1856, 26,8 x 21,7 cm, BnF, Paris

Questions

1) Doc. 1 : En observant le document 1, expliquez ce qu'est une crinoline.

2) Décrivez la façon dont est réalisé le document 1 et dites à quel autre domaine de savoir il fait référence.

3) Doc. 2 : Quel effet produit le titre donné par Honoré Daumier à sa gravure ?

4) Doc. 2 et 3 : À quoi les crinolines servent-elles aussi selon ces images ? Est-ce vrai ?

5) Doc. 2 et 3 : Quel est le but de ces dessins ?

6) Doc. 4 : En observant le document 4, dites ce qui semble constituer les inconvénients de la crinoline.

7) Synthèse des documents : En vous appuyant sur les quatre documents, proposez une définition de la caricature.

3 La crinoline et ses usages

◀ *Avantages remarquables des crinolines pour les jeunes mamans*, gravure tirée du ***Harper's Weekly*** (New York), 1857

4 Des inconvénients de la crinoline

◀ *La crinoline gâche la danse*, chromolithographie, XIXe siècle

SYNTHÈSE DU CHAPITRE

L'art littéraire a cherché, comme les arts figuratifs, à représenter hommes et femmes, et en particulier ce qui fait la spécificité de telle ou telle personne. Dans la vie courante, on connaît le plus souvent l'aspect extérieur d'un être (son physique, son comportement) avant de connaître son intériorité en dialoguant avec lui. L'originalité de la littérature, par rapport au portrait visuel, est qu'elle peut prétendre nous faire entrer dans l'esprit des personnages qu'elle présente, en rapportant leurs pensées. De même que le jugement sur le caractère d'une personne est soumis au point de vue de chacun et peut être partial, un auteur peut choisir de faire passer un message, d'orienter la vision d'un personnage.

Fonction du portrait

La rédaction d'un portrait peut poursuivre des objectifs variés : on cherche à faire l'**éloge** du protagoniste (texte 2), ou à l'inverse à le **blâmer**, à susciter un sentiment chez le lecteur (de la pitié, du rire…) à l'aide de mots connotés (vocabulaire péjoratif ou mélioratif), à relever les aspects positifs de sa vie (dans l'éloge funèbre). Si l'auteur force le trait et déforme la réalité de façon très accentuée, il s'agit alors d'une **caricature**. Parfois ciblée sur un personnage, elle est souvent construite autour d'un type de personnage : la femme, le bourgeois, le dévot… (texte 5). La ridiculisation peut amuser le lecteur, pour l'inciter à changer son propre comportement.

Organiser un portrait

Tracer des portraits est une activité très ancienne (par exemple pour représenter les traits d'un souverain) souvent renouvelée (l'invention de la photographie les a multipliés). Dans un portrait littéraire, on peut analyser certains éléments qui se retrouvent dans les arts visuels : le rapport au réel (le portrait reflète-t-il le modèle au plus vrai ou est-il au contraire **stylisé** ?), la **posture** de la personne représentée (est-elle prise sur le vif ?), le **décor** (souvent choisi avec minutie afin de symboliser des aspects du personnage, qui donne des indices pour une approche plus intime de la personnalité du sujet représenté).

Plusieurs genres littéraires peuvent contenir des portraits. Dans un roman par exemple, on décrit souvent les personnages afin de les présenter, de montrer leur caractère, d'expliquer leur comportement. Le lecteur peut se les imaginer, qu'ils soient crédibles ou non. La description physique d'un personnage permet au lecteur de se représenter mentalement son apparence. Elle peut être organisée pour aider le lecteur à créer du sens en mimant le trajet de l'œil observant quelqu'un (de haut en bas, de la vision d'ensemble au détail…). L'auteur peut également le décrire en mouvement, rapporter ses actions lors de sa vie de tous les jours. Il peut enfin choisir de « laisser parler » le personnage : les paroles qu'il prononce révèlent son caractère (texte 3).

Il nous faut nous demander qui dresse le portrait étudié. Est-ce un personnage extérieur à l'histoire, un acteur du récit (ce qui nous renseigne sur ce que les personnages pensent les uns des autres), le personnage décrit (autoportrait) ? Un portrait peut aussi se livrer à l'analyse psychologique des décisions, sentiments, réactions prêtés à un personnage principal (texte 1), ou croiser plusieurs dimensions à la fois : le physique, le psychologique et le milieu social (texte 4).

Techniquement, pour enrichir le portrait par des informations précises, on peut recourir notamment à des expansions du nom (adjectifs qualificatifs épithètes, compléments du nom, propositions subordonnées relatives).

Suggestions de lectures complémentaires

Découvrez les autres portraits de cet ouvrage :

› **Portrait en paroles d'un héros**, Corneille, ***Le Cid***, I, 5-6 *(chapitre 3, texte 2).*
› **Portrait d'un couple sinistre**, les Thénardier, Hugo, ***Les Misérables*** *(chapitre 6, texte 1).*
› **Portraits d'enfants : Cosette et Gavroche**, Hugo, ***Les Misérables*** *(chapitre 6, textes 1 et 7).*
› **Portrait de la belle inaccessible** dans la bouche de celui qui l'aime, Rostand, ***Cyrano de Bergerac***, I, 5 *(chapitre 8, texte 2).*

Saurez-vous poursuivre cette liste ?

Prolongement

Pierre Desproges (1939-1988) fut animateur radio. Voici l'une de ses chroniques, dans laquelle, avec un humour caustique, il décrit une femme de façon bien caricaturale.

À trente ans, Ophélie Labourette supplantait dans la hideur et la disgrâce les culs de cynocéphales les plus tourmentés. Elle était intensément laide de visage et de corps, et le plus naturellement du monde, c'est-à-dire sans que jamais le moindre camion ne l'eût emboutie, ni qu'un seul virus à séquelles déformantes n'y creusât jamais ses ravages. Elle était vilaine par la grâce de Dieu, marquée à vie au saut de l'utérus.

Jaillissant de sa tête en poire cloutée de deux globules aux paupières à peine ouvrables, elle imposait un pif grumeleux, patatoïde et rouge vomi, qu'un duvet noir d'adolescent ingrat séparait d'une fente imprécise qui pouvait faire illusion et passer pour une bouche aux moments de clapoter. Autour de ce masque immettable, elle entretenait toute une chignonnerie de poils à balai de crin qui se hérissaient sur les tempes au temps chaud pour cacher en vain les pavillons de détresse de ses oreilles boursouflées dont seule la couleur, identique à celle du nez, apportait un semblant d'harmonie, au demeurant regrettable, à cette informité.

Le corps était, si l'on peut dire, à l'avenant. Court et trapu, sottement cylindrique, sans hanches ni taille, ni seins, ni fesses. Une histoire ratée, sans aucun rebondissement. De ce tronc morne s'étiraient quatre branches maigrelettes, précocement parcheminées et flasques, endeuillées par endroits d'un pelage incertain. Les membres inférieurs, plus particulièrement, insultaient le regard. N'était leur position dans l'espace (l'une au-dessus de l'autre) rien ne permettait de discerner la jambe de la cuisse. L'une et l'autre, affûtées dans le même moule à bâtons, s'articulaient au milieu par la protubérance insolite d'un galet rotulien trop saillant. Un trait, un point, un trait, c'étaient des jambes de morse. Moins affriolantes que bien des prothèses. Avec, pour seul point commun avec les jambes des femmes, une certaine aptitude à la marche.

La Providence, dans un de ces élans sournois de sa méchanceté gratuite qui l'incite à faire éclore les plus belles roses sur les plus écœurants fumiers, avait cru bon d'égarer, au milieu de toute cette bassesse, une perle rare d'une éclatante beauté. Ophélie Labourette avait une voix magnifique.

Pierre Desproges, ***Chroniques de la haine ordinaire***,
« La belle histoire du crapaud-boudin » (28 mai 1986)

2 LES POÈTES ET LE TEMPS, DU MOYEN ÂGE AU XVIIe SIÈCLE

Découvrir le regard que les poètes portent sur le temps.
Étudier les lieux communs servant à évoquer la fuite du temps.

Textes et images

Histoire des Arts

Lexique : Locutions latines et expressions françaises sur le temps, la nostalgie et la mélancolie.
Expression orale : Lire et réciter un poème avec expressivité.
Expression écrite : Écrire de courts textes et poèmes sur le temps.
Glossaire : Repérer des figures de style simples et s'en inspirer pour enrichir un texte.

Étude de la langue

Grammaire :

Mémo-fiche : les déterminants (2/2) : les déterminants indéfinis, interrogatifs, exclamatifs (n° 3), L'adjectif qualificatif : emplois et degrés (n° 4), Les pronoms (n° 5).

Orthographe :

Le pluriel des noms composés (n° 5), Orthographe des déterminants numéraux (n° 6), *Nul, tel, quel, tel quel, quelque* (n° 7).

Allégorie des trois âges de la vie

▲ Tiziano Vecellio dit Le Titien, ***Les Trois Âges de l'homme***, vers 1512, huile sur toile, National Gallery, Edimbourg

Lecture d'image

1) a. Le titre de ce tableau est ***Les Trois Âges de l'homme***: quels sont ces trois âges? b. Observez la composition du tableau et identifiez les personnages qui représentent chacun des trois âges de la vie.

2) En art, une **allégorie** est la représentation concrète d'une idée abstraite: en quoi peut-on dire que les personnages représentés dans ce tableau sont une allégorie du « temps qui passe »?

3) a. Quelle est l'attitude des deux personnages de gauche? b. Observez les sous-titres du sommaire de ce chapitre: quel est celui auquel on peut relier ces deux personnages de gauche? Justifiez votre réponse.

4) a. Qu'est-ce que le personnage isolé du second plan tient dans ses mains? b. Qu'est-ce que cela symbolise? c. D'après vous, pourquoi celui-ci est-il seul alors que les personnages représentant les autres âges de la vie sont en groupe? À quoi associez-vous cet âge?

5) Recherchez un texte ou une chanson qui évoquent le temps dans la vie de l'homme et présentez-les à la classe.

Compléments sur le site

- Synthèse d'histoire des Arts.
- Proposition d'évaluation finale (de type brevet).
- Pages supplémentaires sur « les poètes et le temps ».
- Étude des formes poétiques dans le manuel de 5e, chap. 5, p. 78-93.

A. LE TEMPS D'AIMER LE TEMPS DU TROUBLE : LES AMANTS SE RÉPONDENT

Autour de la vie et de l'œuvre de **Louise Labé** (1524-1566) plane un grand mystère. Cette Lyonnaise, que l'on surnomma « La Belle Cordière » parce qu'elle était fille et femme de cordiers, a nourri de nombreuses légendes : elle aurait notamment reçu une éducation exceptionnelle pour une femme de l'époque (apprenant le grec et le latin). Cette femme moderne qui fréquentait les cercles intellectuels lyonnais aurait également eu une liaison adultère avec le poète Olivier de Magny. Mais tout ce que nous savons d'elle reste hypothétique et son existence a même récemment été mise en doute ! Sa poésie, inspirée par les modèles italiens de la Renaissance[1], exprime un lyrisme marqué par la violence du désir et de la passion.

Poète mineur, **Olivier de Magny** (1529-1561) est surtout connu pour avoir été, selon la légende, l'amant de Louise Labé. Il aurait également côtoyé Joachim du Bellay lors d'un séjour diplomatique à Rome. Sa poésie, classique et conventionnelle, est inspirée par celle des poètes de la Pléiade[2].

Ô beaux yeux bruns, ô regards détournés,
Ô chauds soupirs, ô larmes répandues,
Ô noires nuits vainement[3] attendues,
Ô jours luisants[4] vainement retournés :

Ô tristes pleins[5], ô désirs obstinés,
Ô temps perdu, ô peines dépendues[6],
Ô mille morts en mille rets[7] tendues,
Ô pires maux contre moi destinés.

Ô ris[8], ô front, cheveux, bras, mains et doigts :
Ô luth[9] plaintif, viole, archet et voix :
Tant de flambeaux[10] pour ardre[11] une femelle[12] !

De toi me plains, que tant de feux portant,
En tant d'endroits d'iceux mon cœur tâtant[13],
N'en ait sur toi volé quelque étincelle.

Louise Labé, ***sonnet II***, 1555
(orthographe modernisée)

Ô beaux yeux bruns, ô regards détournés,
Ô chauds soupirs, ô larmes épandues,
Ô noires nuits vainement[3] attendues,
Ô jours luisants[4] vainement retournés :

Ô tristes pleins[5], ô désirs obstinés,
Ô temps perdu, ô peines dépendues[6],
Ô mille morts en mille rets[7] tendues,
Ô pires maux contre moi destinés.

Ô pas épars[14], ô trop ardente[15] flamme
Ô douce erreur, ô pensées de mon âme
Qui çà, qui là, me tournez nuit et jour[16].

Ô vous mes yeux, non plus yeux mais fontaines,
Ô dieux, ô cieux, et personnes humaines,
Soyez pour Dieu témoins de mon amour.

Olivier de Magny, ***Les Soupirs***,
sonnet LV, 1556

1. **les modèles italiens de la Renaissance :** la poésie française du XVIe siècle s'est grandement inspirée du renouveau poétique italien de la fin du Moyen Âge, notamment du poète Pétrarque qui a inspiré nombre d'images figées (les « feux » amoureux par exemple).
2. **Pléiade :** le mot vient du grec *pleiados* qui signifiait « constellation de sept étoiles » ; de même, ils étaient sept poètes à former ce groupe : Joachim du Bellay, Pierre de Ronsard, Baïf, Pontus de Tyard, Jodelle, Belleau, Peletier du Mans. Ils cherchèrent à enrichir la langue française, ils rejetèrent les formes poétiques médiévales comme les ballades ou les rondeaux et leur préférèrent notamment le sonnet.
3. **vainement :** inutilement.
4. **luisant :** brillant.
5. **pleins :** *(vieux)* plaintes.
6. **dépendu :** *(vieux)* perdu.
7. **rets :** filets (comprendre des « pièges »).
8. **ris :** sourires.
9. **luth, viole (de gambe) :** instruments de musique du Moyen Âge qui accompagnaient la poésie. Le luth a supplanté la lyre antique comme instrument symbolique de la poésie tandis que la viole était pratiquée par les troubadours.
10. **flambeaux :** feux.
11. **ardre :** brûler. Au sens figuré, « désirer ardemment ».
12. **femelle :** sens latin, « petite femme ».
13. **en tant d'endroits d'iceux mon cœur tâtant :** tu touches mon cœur en tant d'endroits par tes feux (tes qualités mais aussi la flamme amoureuse qu'elles suscitent en moi).
14. **épars :** éparpillés.
15. **ardent :** brûlant *(voir note 11)*.
16. **me tournez nuit et jour :** me tourmentez nuit et jour.

Questions sur les textes

A. Deux sonnets en miroir

1) Lisez attentivement ces deux poèmes, puis comparez-les en mentionnant ce qui les unit et ce qui les distingue.

2) Après avoir lu les biographies des deux auteurs et pris en compte les liens qui les unissaient, comment interprétez-vous les ressemblances entre les deux textes?

3) a. Comparez le vers 11 du texte 1 et le vers 9 du texte 2: quels mots appartiennent à la même famille? Quelle métaphore retrouve-t-on? b. Bien qu'ils aient recours à la même métaphore, lequel de ces deux vers crée une image plus forte que l'autre? Quelle figure de style sert à créer cet effet? c. Dans la composition du mot « femelle » qui, à l'époque n'avait pas la connotation péjorative d'aujourd'hui, quelle est la valeur du suffixe *-elle*? A quel autre groupe nominal du vers exprimant également une quantité s'oppose le choix de ce mot plutôt que celui plus attendu de « dame » ou de « femme »?

B. Le trouble amoureux

4) a. Quel mot ouvre les huit premiers vers? b. Quelle est la classe grammaticale de ce mot? c. En quoi l'emploi de ce mot nous renseigne-t-il sur le genre et la tonalité de ce texte?

5) a. Observez le travail sur les sonorités. Relevez les mots comportant le son [n] aux vers 3 et 4, les sons [s] et [t] au vers 5, les sons [p] et [d] au vers 6, le son [m] aux vers 7 et 8. Ces effets de répétition et de contraste insistent sur le ressassement et le trouble. b. Au vers 9 du sonnet de Louise Labé, relevez les parties du corps de l'homme aimé énumérées en un blason (poème célébrant une partie du corps humain, en général de la femme). Quelles sont les autres causes de trouble de la jeune femme?

6) Dans les vers 3 et 4, observez la structure des phrases et les rapports qu'entretiennent les mots entre eux. Le sentiment semble-t-il ici porter le poète à l'action?

Expression écrite

Écriture à quatre mains

En vous mettant en binôme, vous composerez vous aussi deux poèmes en miroir ayant un sujet commun (l'amour, la joie, la peine ou l'attente) qui se feront écho.

› Votre poème devra comporter un quatrain et un tercet: le quatrain sera identique, le tercet différera.

› Le quatrain sera également une invocation: chaque vers commencera par l'interjection « Ô » et se fera sous forme énumérative.

› Vous emploierez le champ lexical des sentiments (douleur ou joie). Aidez-vous de la fiche-lexique n° 9.

› De même que l'image de la fontaine chez Olivier de Magny répond à celle des feux utilisée par Louise Labé, vous emploierez dans les tercets une métaphore qui sera en lien avec celle choisie par votre camarade.

Expression orale

La lecture expressive

Lire un texte, c'est déjà en donner une interprétation: afin de mettre en valeur les contrastes entre ces deux sonnets, vous vous entraînerez à lire celui de Louise Labé sur un ton plaintif et celui d'Olivier de Magny sur un ton plus ferme, puisqu'il proteste, alléguant sa bonne foi. Vous pourrez répartir à cet effet la classe en deux groupes (par exemple les filles et les garçons).

Lexique

1) L'hyperbole *(voir fiche-lexique n° 1)*

Réécrivez les phrases suivantes en remplaçant les mots en gras par une expression de sens plus fort.

a. *Depuis qu'il neige, les gens* ***ont froid****.*

b. *Comme elle n'a pas eu le temps de déjeuner, elle* ***a faim****.*

c. *Le train de son mari a du retard, cela fait* ***longtemps*** *qu'elle l'attend à la gare.*

d. *C'est un garçon* ***vraiment très grand****!*

2) Les suffixes diminutifs

a. Le suffixe -elle de « femelle » a la valeur d'un diminutif: une « femelle » est, au sens étymologique issu du latin, une « petite femme », de même qu'une « ruelle » est une « petite rue ». D'autres suffixes permettent de former ce que l'on appelle des diminutifs.

b. Parmi la liste de mots proposés, choisissez le suffixe suivant qui convient afin d'obtenir le diminutif correspondant: *-et, -eau, - ette, -ot, -otin, -elet.*

Attention: certains mots vont subir une modification morphologique! Mots proposés: *fourche, aigre, île, maison, diable, amour, balcon, loup.*

Compléments sur le site

› Étude d'autres poèmes de Louise Labé.

PROFITER DU TEMPS PRÉSENT : *CARPE DIEM*

L'œuvre de Pierre de Ronsard (1524-1585) est influencée par sa grande connaissance de la culture et de la civilisation antiques. D'abord promis à la carrière militaire, il se tourna finalement vers la littérature à cause de sa surdité. « Prince des poètes » et poète des princes (il fut le poète officiel d'Henri II et de Charles IX), Ronsard fut le chef de file de la Pléiade. Sa poésie, qui se nourrit des auteurs antiques, mêle louange de l'amour et méditation sur la mort. S'il a aussi écrit de grands poèmes héroïques comme ***La Franciade***, dans ses ***Amours*** en revanche, les femmes (Cassandre, Marie et Hélène) sont les inspiratrices de sa poésie et il les encourage à profiter de la vie présente.

Quand vous serez bien vieille, au soir, à la chandelle,
Assise auprès du feu, dévidant[1] et filant[2],
Direz, chantant mes vers, en vous émerveillant :
Ronsard me célébrait du temps que j'étais belle.

Lors[3], vous n'aurez servante oyant[4] telle nouvelle,
Déjà sous le labeur[5] à demi sommeillant,
Qui au bruit de mon nom ne s'aille réveillant,
Bénissant[6] votre nom de louange[7] immortelle.

Je serai sous la terre et fantôme sans os :
Par les ombres myrteux[8] je prendrai mon repos :
Vous serez au foyer[9] une vieille accroupie,

Regrettant mon amour et votre fier dédain[10].
Vivez, si m'en croyez, n'attendez à demain :
Cueillez dès aujourd'hui les roses de la vie.

Pierre de Ronsard, « Sonnets pour Hélène », *Les Amours*, II, 24, 1578

1. **dévider :** dérouler.
2. **filer :** former un fil à partir de brins.
3. **lors :** alors.
4. **oyant :** entendant (participe présent de *ouïr*).
5. **labeur :** travail.
6. **bénir :** dire du bien de.
7. **louange :** compliment.
8. **myrteux :** référence mythologique au bois de myrte (plante liquoreuse) qui accueillait les amants célèbres aux Enfers.
9. **foyer :** celui du feu qui crépite dans la cheminée.
10. **dédain :** mépris.

Lexique

Vers 5 : à l'aide de la leçon d'orthographe n° 7, expliquez la graphie de *telle*. Comment reformuler cette phrase en français actuel ?

Questions sur le texte

A. Les assauts du temps

1) a. En vous aidant des indications précisant l'origine du poème (dans le paratexte), identifiez le « vous » qui en est le destinataire. **b.** De quelle nature sont les rapports entre le poète et la destinataire du poème ? Appuyez-vous sur la biographie et sur le vers 12.

2) a. Quel est le temps dominant du texte ? Relevez-en les occurrences. **b.** En choisissant ce temps et ce mode verbal, quelle image de la dame le poète veut-il donner ?

3) a. Qui parle dans le vers 4 ? Quel est le type de discours employé ? **b.** Dans ce même vers, quel temps est employé ? Qu'implique cette rupture temporelle ?

B. Les conseils donnés à l'aimée

4) a. Quel pronom personnel intervient au vers 9 ? Quelle image de la mort est donnée dans ce vers ? **b.** Quels vers du poème peuvent être rapprochés du genre pictural de la vanité *(voir le dossier d'Histoire des Arts 1, p. 40)* ? **c.** Quelle est la fonction de cette projection dans le futur ?

5) a. Dans les deux derniers vers, le poète change de mode et de temps verbal : quels sont ce temps et ce mode ? **b.** En utilisant ce mode, que souhaite-t-il provoquer auprès de son destinataire ? **c.** L'expression latine *Carpe diem* du poète Horace signifie « cueille le jour », c'est-à-dire « profite du jour présent » : montrez en quoi ces deux vers font écho à cette expression. Selon vous, que sont « les roses de la vie » ?

LE TEMPS DE L'AMOUR ET SES ÉCUEILS

Pierre de Marbeuf (1596-1645) appartient à la mouvance des poètes baroques qui cherchaient à créer une dimension spectaculaire dans leurs poèmes. Sa poésie fait souvent intervenir la nature ; peut-être peut-on y voir un lien avec son métier de maître des eaux et des forêts.

Et la mer et l'amour ont l'amer[1] pour partage,
Et la mer est amère, et l'amour est amer[1],
L'on s'abîme[2] en l'amour aussi bien qu'en la mer,
Car la mer et l'amour ne sont point sans orage.

Celui qui craint les eaux qu'il demeure au rivage,
Celui qui craint les maux[3] qu'on souffre pour aimer,
Qu'il ne se laisse pas à l'amour enflammer,
Et tous deux ils seront sans hasard de naufrage.

La mère de l'amour eut la mer pour berceau,
Le feu sort de l'amour, sa mère sort de l'eau,
Mais l'eau contre ce feu ne peut fournir des armes.

Si l'eau pouvait éteindre un brasier[4] amoureux,
Ton amour qui me brûle est si fort douloureux,
Que j'eusse éteint son feu de la mer de mes larmes.

Pierre de Marbeuf, poème connu sous le titre « À Philis », *Recueil des vers de M. de Marbeuf*, 1628

1. **amer :** (vers 1) *n.m.* repère servant à naviguer en des passages difficiles. (vers 2) *adj.* au goût aigre, âpre, peu agréable (sens concret) mais aussi triste, blessé, acerbe.
2. **s'abîmer :** tomber, se jeter dans un gouffre.
3. **maux :** souffrances.
4. **brasier :** littéralement, un « feu de braises ». Au sens figuré, dans le vocabulaire amoureux, la fièvre, la passion.

Expression écrite

Dans ce sonnet baroque, la virtuosité de la plume de Marbeuf repose surtout sur les jeux phoniques entre des mots aux sons proches tels que « l'amer », « l'amour », « la mère », « la mer », « amère » (figure de style appelée *paronomase*).
À vous de créer un lien entre deux éléments et de jouer sur la paronomase et les homophones : vous rédigerez quelques vers ou un court paragraphe dont l'écriture sera fondée sur des mots différents mais aux sonorités proches.

Expression orale

L'antithèse *(voir fiche lexique n° 1)*
Dans les citations suivantes, identifiez les mots qui s'opposent et qui permettent de créer des antithèses.
› **1)** « Paris est tout petit, c'est là sa vraie grandeur » (Jacques Prévert)
› **2)** « Cet homme dont j'admire le génie et dont j'abhorre le despotisme » (Chateaubriand)
› **3)** « À vaincre sans péril, on triomphe sans gloire » (Corneille)
› **4)** « Je n'ai jamais vu un enfant sans penser qu'il deviendrait vieillard, ni un berceau sans songer à une tombe » (Flaubert)
› **5)** « Un noble s'il vit chez lui dans sa province, il vit libre mais sans appui ; s'il vit à la cour, il est protégé mais il est esclave » (La Bruyère)

Questions sur le texte

A. Les risques amoureux

1) a. Que compare le poète ? **b.** Dans les vers 1 à 8, relevez les trois ressemblances établies par le poète qui justifient le parallélisme évoqué dès le vers 1.

2) a. Observez les vers 9 et 10 : quelle déesse mythologique est évoquée par la périphrase « la mère de l'amour » ? **b.** À quel moment de la vie de cette déesse fait référence l'expression « la mer pour berceau » ? **c.** En quoi est-il habile d'insister sur cet événement ?

3) Quelle vision de l'amour est donnée dans ce poème ?

B. Un poème baroque

4) a. Observez les sonorités du poème : le poème est construit sur des phénomènes d'écho et des jeux sonores entre les mots, relevez-les. **b.** Quels effets sont ainsi créés ?

5) a. Outre l'eau, lequel des quatre autres éléments est évoqué ? Relevez-en les mentions. **b.** Quel rapport entretiennent ces deux éléments ? **c.** Lier cet élément à l'amour, cela vous semble-t-il original ou attendu ?

6) Observez la construction (et l'ordre des mots) des vers 1, 2, 3, 6 et 7 : que constatez-vous ? Quel est l'effet créé ?

7) Que pensez-vous de l'image finale du poème « la mer de mes larmes » ?

1 LES ÂGES DE LA VIE DANS LA PEINTURE

Comme chez les écrivains, le thème du temps est récurrent chez les peintres et les sculpteurs *(voir aussi p. 35)*. Il est en effet l'expression d'un des aspects mystérieux de la vie, parfois angoissant : le déroulement du temps. Pour l'exprimer, lui donner corps et sens, les artistes ont souvent choisi de peindre l'homme dans les trois principales étapes de sa vie, âges qui composent les étapes symboliques de l'évolution d'un homme : l'enfance, la maturité et la vieillesse.

Comment représenter les âges de la vie ? Que nous révèlent les différentes représentations du regard porté sur le temps qui passe ?

1. Allégorie du Moyen Âge : les âges de l'homme

▲ Enluminure anonyme du manuscrit ***De proprietatibus rerum***, texte de Barthélémy l'Anglais, XVe siècle, BnF, Paris

2. Les trois âges de la vie et la mort

▲ Hans Baldung, ***Les Trois Âges de la vie et la mort***, 1510, huile sur toile, 48 x 32 cm, Kunsthistorisches Museum, Vienne

Questions (1/2)

1) **Doc. 1 :** Quels sont les différents âges de la vie représentés ?

2) **Doc. 1 :** Observez les objets tenus par les personnages : que symbolisent-ils ? Quel âge est mis en valeur ?

3) **Doc. 2 : a.** Quels sont les objets que tiennent la femme et la mort ? **b.** Justifiez la présence de ces deux objets dans le tableau : selon vous, quel est leur rôle ?

4) **Doc. 2 :** Pourquoi pourrions-nous qualifier cette représentation de « macabre » ? Comment est représentée la mort ?

5) **Doc. 2 :** Observez les lignes de force et les regards : où convergent-ils ?

6) **Doc. 5 :** Sur quel aspect l'énigme de la Sphinge (ou Sphinx) joue-t-elle pour évoquer les âges de la vie ? Quels termes rendent la réponse plus difficile à trouver ?

3 La vie, une vanité

▲ Frans Hals, ***Jeune homme tenant un crâne*** (vanité), 1626-1628, huile sur toile, 92 x 88 cm, National Gallery, Londres

4 Les trois âges de la femme

▲ Gustav Klimt, ***Les Trois Âges de la femme***, 1905, huile sur toile, 180 x 180 cm, galerie nationale d'Art moderne, Rome

5 L'énigme de la Sphinge

Elle avait appris des Muses une énigme, et se tenait sur le mont Phicium. Voici l'énigme : « qu'est-ce qui n'a qu'une seule voix et qui a d'abord quatre pieds, puis deux, puis trois ? » [...] Œdipe [ayant entendu cela] trouva la solution, et dit que l'énigme posée par la Sphinge désignait l'homme. En effet, lorsqu'il est enfant, il a quatre pieds, car il se déplace à quatre pattes ; adulte, il marche sur deux pieds ; quand il est vieux, il a trois pieds, lorsqu'il s'appuie sur son bâton.

Apollodore, ***Bibliothèque***, III, 5,
traduit du grec ancien par Delphine Meunier

Questions (2/2)

7) Doc. 3 : Quel âge de la vie le personnage représenté symbolise-t-il ?

8) Doc. 3 : Quel rôle joue le crâne ?

9) Doc. 3 : a. Que semble pointer la main droite ? **b.** Qui se sent ainsi concerné ?

10) Doc. 3 : a. En vous référant au texte 7 du chapitre *(p. 47)*, intitulé « *Vanitas vanitatum* », dites en quoi on peut qualifier ce tableau de « vanité ». **b.** Vous compléterez votre réponse par un travail de recherche sur le sens du terme « vanité » en peinture.

11) Doc. 4 : a. Observez la couleur de la peau du personnage de gauche : que pensez-vous du choix du peintre ? Qu'a-t-il pu vouloir exprimer en le représentant ainsi ? **b.** Comment interprétez-vous le fait qu'il ait le visage caché entre les mains ?

12) Doc. 4 : Expliquez, en vous appuyant sur des éléments précis, pour quelle raison on peut dire que la peinture des corps est plus réaliste et crue qu'allégorique.

B. LA FUITE DU TEMPS LE TEMPS DE L'OUBLI

De la vie de **Rutebeuf** (mort en 1285), nous ne savons que peu de choses, même son nom véritable nous est inconnu : le surnom « rustebeuf » signifie « bœuf vigoureux ». Après une enfance en Champagne, ce poète qui fut d'abord un clerc[1] aurait ensuite mené à Paris une carrière de jongleur. Sa poésie est souvent satirique[2], notamment envers les moines et les ordres religieux, mais également empreinte de lyrisme : ses complaintes traitent souvent des conditions difficiles de la vie du poète, sans cesse à la recherche de protecteurs.

Que sont mes amis devenus	*Que sunt mi ami devenu*
Qui m'étaient si liés,	*Que j'avoie si pres tenu*
Que j'avais tant aimés ?	*Et tant amei ?*
Je les crois bien clairsemés[3] ;	*Je cuit qu'il sunt trop cleir semei ;*
Faute d'engrais :	*Il ne furent pas bien femei,*
Les voilà maintenant disparus.	*Si sunt failli.*
Ces amis-là ne m'ont pas bien traité :	*Iteil ami m'ont mal bailli,*
Jamais, de tout le temps que Dieu multipliait	*C'onques, tant com Diex m'assailli*
Mes épreuves et difficultés,	*En maint costei,*
Un seul ne vint à mes côtés.	*N'en vi . I. soul en mon ostei.*
Le vent, je crois, me les a enlevés,	*Je cui li vens les m'at ostei,*
L'amitié est morte ;	*L'amours est morte :*
Ce sont amis que vent emporte,	*Se sont amis que vens emporte,*
Or il ventait devant ma porte :	*Et il ventoit devant ma porte,*
Et le vent les a emportés	*Ces enporta,*
Aucun ne m'a jamais réconforté	*C'onques nuns ne m'en conforta*
Ni ne m'a donné un peu de son bien.	*Ne riens dou sien ne m'aporta.*
De cela je retiens	*Ice m'aprent*
Que le peu que nous avons, un ami nous le prend ;	*Qui auques at, privei le prent ;*
Mais c'est trop tard qu'il se repent	*Et cil trop a tart ce repent*
Celui qui a mis	*Qui trop a mis*
Trop d'argent à se faire des amis,	*De son avoir a faire amis,*
Car pas un de sincère, même à demi	*Qu'il nes trueve entiers[4] ne demis*
Ne lui offre une aide opportune.	*A lui secorre.*
Je cesserai donc de courir la Fortune	*Or lairai donc Fortune corre,*
Et je m'appliquerai à retrouver mon bien	*Si attendrai a moi rescorre,*
Si j'y parviens.	*Se jou puis faire.*

Rutebeuf, ***La Complainte Rutebeuf***, vers 110 à 136, deuxième moitié du XIIIe siècle, traduit de l'ancien français par Julien Téchoueyres et Agnès de Ferluc

1. **clerc :** *(ici)* étudiant qui étudie les matières ecclésiastiques, lettré.
2. **satirique :** qui met en œuvre une critique moqueuse.
3. **clairsemés :** éparpillés et rares. Rutebeuf esquisse ici une métaphore agricole. Il a mal soigné ses amis ou ses efforts envers eux ont porté peu de fruits.
4. **entier :** *(en ancien français)* sincère ; il y a donc un jeu de mots dans ce vers.

Questions sur le texte

A. Le poète abandonné

1) a. Que regrette d'abord le poète ? b. Par quelle métaphore exprime-t-il ce regret ?

2) Quel type de phrase est répété, sans variation, à deux reprises dans cet extrait du poème ? Qu'est-ce que cette répétition nous révèle de l'état d'esprit du poète ?

3) Quel est le champ lexical qui domine ? Pourquoi ?

B. Une plainte contre l'oubli

4) a. À quel verbe est lié le nom « complainte » ? Essayez de définir, simplement, ce que peut être un poème qu'on nomme *complainte*. b. Quels éléments du poème semblent justifier le choix du mot *complainte* dans le titre ?

5) Les amis dont parle le poète sont ses « protecteurs ». a. Qu'est-ce que cela nous apprend sur les conditions matérielles de la vie des poètes au Moyen Âge ? b. Qu'est-ce que le poète regrette le plus : le temps qui a passé ou la perte d'argent liée à l'abandon de ses amis ?

Maître de l'Échevinage, ***Allégorie de la roue de la Fortune***, enluminure du manuscrit de ***De Civitate Dei*** d'Augustin d'Hippone, XVe siècle, BnF, Paris

Lecture d'image

1) *Fortuna*, en latin, signifiait « le destin » (on garde des traces de ce sens aujourd'hui) : a. Quel personnage de l'image représente la Fortune ? b. Que fait ce personnage ?

2) a. Sur la roue, à quel endroit siège le personnage représentant les puissants ? Qui est-ce ? b. Où est en revanche le personnage incarnant les mendiants ? À quoi le reconnaît-on ?

3) a. Que signifie l'expression « la roue tourne » ? b. En quoi peut-on lier cette expression à cette allégorie de la Fortune ?

Expression écrite

Dire le temps qui passe à partir d'une métaphore météorologique

Comme Rutebeuf l'a fait avec le vent, choisissez un élément de la nature (l'air, l'eau, le feu, la terre) et reliez-le au temps qui passe. Vous rédigerez, soit sous la forme d'un court paragraphe, soit sous la forme d'une strophe, un écrit sur le temps qui passe à partir de la métaphore choisie.

› Votre écrit commencera par une question qui reprendra le vers de Rutebeuf « Que sont mes… devenus » : vous aurez néanmoins le droit de changer le mot « amis ».

› Vous emploierez le champ lexical correspondant à l'élément de la nature choisi (par exemple, Rutebeuf emploie un verbe lié à l'action du vent, « emporter ») pour exprimer l'idée métaphorique du temps qui passe.

Lexique

Le mot « temps » peut avoir le sens de « période, époque », ou d'« instant, moment », et a aussi un sens météorologique. Recherchez les différences de sens entre les expressions suivantes et décrivez brièvement différentes situations où elles pourraient s'appliquer :

a. *C'était le bon temps ! / Prendre du bon temps.*
b. *Être dans l'air du temps. / Vivre de l'air du temps.*
c. *Les temps sont durs. / Il fait gros temps.*
d. *Autres temps, autres mœurs. / Chaque chose en son temps.*
e. *La nuit des temps. / Un temps mort.*

Compléments sur le site

› Quels chanteurs ont interprété ce poème ?

LE TEMPS DE LA NOSTALGIE

François Villon (1431-1463) mena une vie particulièrement sombre : fréquentant les tavernes en compagnie de malfaiteurs, il fut à plusieurs reprises emprisonné pour vol, et tua même un prêtre au cours d'une bagarre… Torturé puis condamné à mort, il fut finalement banni, composa sa dernière œuvre, ***Le Testament***, puis on perdit définitivement sa trace. Sa poésie, très variée, est à la fois parodique[1] et lyrique.

Dites-moi où, n'[2]en quel pays,
Est Flora la belle Romaine,
Archipiades, ne[2] Thaïs,
Qui fut sa cousine germaine,
Echo, parlant quand bruit on mène
Dessus rivière ou sur étang,
Qui beauté eut trop plus qu'humaine[3] ?
Mais où sont les neiges d'antan[4] ?

Où est la très sage[5] Héloïs,
Pour qui fut châtré et puis moine
Pierre Abélard à Saint-Denis ?
Pour son amour eut cette essoine[6].
Semblablement, où est la reine
Qui commanda que Buridan[7]
Fût jeté en un sac en Seine ?
Mais où sont les neiges d'antan ?

La reine Blanche comme un lis[8]
Qui chantait à voix de sirène,
Berthe au grand pied, Bétrix, Alis
Haramburgis qui tint le Maine,
Et Jeanne, la bonne Lorraine
Qu'Anglais brûlèrent à Rouen ;
Où sont-elles, où, Vierge souveraine ?
Mais où sont les neiges d'antan ?

Prince, n'enquerrez[9] de semaine
Où elles sont, ni de cet an,
Que ce refrain ne vous remaine[10] :
Mais où sont les neiges d'antan[11] ?

François Villon, « Ballade des dames du temps jadis », extrait du ***Testament***, 1461

1. **parodique :** qui se moque d'un genre littéraire.
2. **n' ; ne :** et *(aux vers 1 et 3)*.
3. **trop plus qu'humaine :** bien plus qu'humaine.
4. **antan :** au sens strict, « l'an passé », au sens large, « autrefois ».
5. **sage :** au sens premier du terme, savante (Héloïse était une érudite, aimée d'Abélard).
6. **essoine :** épreuve, peine.
7. **Buridan :** philosophe français du XIVe siècle. La légende veut que, précipité du haut de la tour de Nesle alors qu'il prenait part à une orgie des princesses de Bourgogne, il tomba providentiellement dans une barque chargée de foin.
8. **lis (ou lys) :** fleur blanche, symbole de pureté, de la Vierge Marie mais aussi de la famille royale française (les lis : le « royaume de France »).
9. **enquerrez :** du verbe *enquérir*, demander.
10. **remaine :** ramener.
11. **traduction de la dernière strophe :** « Ne demandez jamais où elles sont sans que je vous ramène à ce refrain-là ».

Lexique

Nostalgie ou mélancolie ?

La nostalgie est le regret d'une époque passée tandis que la mélancolie est un sentiment de tristesse sans cause identifiable. Dans les extraits suivants, s'agit-il de nostalgie ou de mélancolie ?

a. « Ô lac ! L'année à peine a fini sa carrière,
Et près des flots chéris qu'elle devait revoir,
Regarde ! Je viens seul m'asseoir sur cette pierre
Où tu la vis s'asseoir ! » (Alphonse de Lamartine)

b. « Il pleure dans mon cœur comme il pleut sur la ville » (Paul Verlaine)

c. « Sur ce sentiment inconnu dont l'ennui, la douceur m'obsèdent, j'hésite à apposer le nom, le beau nom grave de tristesse » (Françoise Sagan)

d. « Quand reverrai-je hélas de mon petit village,
Fumer la cheminée, et en quelle saison
Reverrai-je le clos de ma pauvre maison,
Qui m'est une province, et beaucoup davantage ? »
(Joachim du Bellay)

Questions sur le texte

A. L'élégie des dames

1) Qui sont les « dames du temps jadis » évoquées dans le titre?

2) Dans chacune des trois premières strophes, un point commun rassemble les figures féminines évoquées. Reliez chaque strophe à l'un des thèmes suivants: la politique, l'amour (aux conséquences funestes pour l'homme qui les aimait), la beauté.

3) À quel élément naturel sont associées métaphoriquement les figures féminines évoquées? Pourquoi, selon vous, le poète a-t-il choisi cette métaphore?

B. La hantise du temps qui passe: *Ubi sunt*?

4) a. Quel type de phrase est dominant? Quel adverbe, répété, ouvre un grand nombre de ces phrases? b. En quoi ces effets de répétition renforcent-ils le sentiment exprimé sur le temps qui passe? Quel est ce sentiment?

5) a. La ballade est une forme poétique fixe du Moyen Âge: quels éléments, selon vous, peuvent en être constitutifs *(voir aussi p. 150)*? b. À quelle autre forme artistique la ballade vous fait-elle penser? c. Cette forme poétique vous semble-t-elle bien choisie pour exprimer la fuite du temps?

Expression orale

Qui suis-je?

Identifiez les femmes historiques ou mythiques suivantes évoquées dans la « Ballade des dames du temps jadis »: Berthe, Blanche de Castille, Echo, Flora, Héloïse, Jeanne d'Arc.

› **a.** Je suis une nymphe condamnée par Junon à répéter les dernières paroles que j'entends.

› **b.** Je suis la mère de Charlemagne et j'ai de grands pieds.

› **c.** Je me suis courageusement opposée aux Anglais lors de la guerre de Cent Ans.

› **d.** J'aimais Abélard avec lequel j'ai entretenu une correspondance passionnée.

› **e.** Je suis une courtisane romaine: les Romains instituèrent les Floralies en mon honneur car je leur avais légué mes richesses.

› **f.** Je suis une reine de France réputée pour ma sagesse et ma beauté, mon fils est saint Louis.

Lecture d'image

5. Être sensible aux enjeux esthétiques et humains d'une œuvre artistique

1) Qui est la jeune femme ici représentée? Recherchez pourquoi elle est associée à la méditation sur le sens de la vie et au repentir.

2) Quelle est l'atmosphère créée par la lumière?

3) Répertoriez les différents objets présents: en quoi peut-on dire qu'ils sont symboliques de la « fuite du temps »?

▲ Georges de La Tour, ***La Madeleine à la veilleuse***, XVIIe siècle, huile sur toile, 128 x 94 cm, Musée du Louvre, Paris

Compléments sur le site

› Quels chanteurs ont interprété ce poème?

LE TEMPS DU SOUVENIR

Pierre de Ronsard : *voir biographie du texte 2, p. 38.*

Ce sonnet est dédié à une mystérieuse inconnue. Il exprime le souvenir ineffaçable d'une première rencontre éblouissante qui continue d'illuminer la réalité présente, malgré le passage du temps.

L'an se rajeunissait en sa verte jouvence[1]
Quand je m'épris[2] de vous, ma Sinope[3] cruelle ;
Seize ans étaient la fleur de votre âge nouvelle[4],
Et votre teint sentait encore son enfance.

Vous aviez d'une infante[5] encor[6] la contenance,
La parole, et les pas ; votre bouche était belle,
Votre front et vos mains dignes d'une Immortelle,
Et votre œil, qui me fait trépasser[7] quand j'y pense.

Amour, qui ce jour-là si grandes beautés vit,
Dans un marbre, en mon cœur d'un trait les écrivit ;
Et si pour le jourd'hui vos beautés si parfaites

Ne sont comme autrefois, je n'en suis moins ravi[8],
Car je n'ai pas égard à cela que vous êtes[9],
Mais au doux souvenir des beautés que je vis.

Pierre de Ronsard, « L'an se rajeunissait en sa verte jouvence », ***Second livre des Amours***, XXX, 1560

1. **jouvence :** jeunesse.
2. **s'éprendre de :** tomber amoureux de quelqu'un.
3. **Sinope :** surnom formé sur le grec, signifiant « qui éblouit les yeux ».
4. **nouvelle :** qualifie la fleur.
5. **infante :** fillette.
6. **encor :** encore (orthographe longtemps acceptée en poésie, non modernisée car sinon le vers n'aurait plus douze, mais treize syllabes).
7. **trépasser :** mourir.
8. **Je n'en suis moins ravi :** je n'en suis pas moins comblé, enchanté.
9. **je n'ai pas égard… :** je ne m'attache pas à ce que vous êtes.

Expression écrite

Souvenez-vous !
Écrivez une liste de souvenirs marquants sous la forme d'une énumération. Vous pourrez évoquer des rencontres importantes, des petits faits de la vie, des moments aimés, des personnes disparues… Après chaque souvenir énoncé, vous reviendrez à la ligne et évoquerez le souvenir suivant en commençant toujours par la même formule, reprise en anaphore : « Je me souviens… ». Aidez-vous des leçons de grammaire pour contrôler l'emploi des déterminants (n° 3), des adjectifs qualificatifs (n° 4) et des pronoms (n° 5).

B2i Rétablissez la graphie moderne des termes d'un « sonnet à Marie » de Ronsard. Écoutez-en deux lectures, expliquez votre préférence.

Questions sur le texte

A. La dame d'autrefois

1) Quelle saison est évoquée dans le vers 1 ? À quoi cette saison est-elle propice ?

2) a. Quelle étape du processus amoureux le poète évoque-t-il dans la première strophe du sonnet ? b. Dans le vers 9, il évoque à nouveau ce moment : quel type de mot est absent devant le nom « Amour » ? À quoi cela contribue-t-il ?

B. Le rôle du souvenir

3) Quels sont les temps dominants dans les deux premiers quatrains et le premier tercet ? Que permettent-ils d'évoquer ?

4) a. Quel temps est employé dans le dernier tercet ? b. Comment interprétez-vous la disproportion entre la place accordée aux temps du passé et celle accordée au présent ? c. Le poète vit-il son amour au présent ou au passé ?

5) Quelle est l'arme du poète face à la fuite du temps ?

LE TEMPS DES RUINES : *VANITAS VANITATUM*

La vie de Joachim du Bellay (1522-1560) fut celle d'un humaniste : né en Anjou, il fit son droit à Poitiers avant de suivre à Paris, aux côtés de Ronsard, les cours de Dorat, illustre professeur de grec. Avec ses condisciples Ronsard et Peletier du Mans, il formait le noyau dur de la Pléiade *(voir p. 36, note 2)*. Fervent défenseur de la langue française, il contribua à la rendre aussi riche que le latin et le grec. Sa poésie, souvent nostalgique du pays d'enfance (son plus célèbre recueil s'intitule ***Les Regrets***), est notamment marquée par sa fascination pour Rome, où il a séjourné comme diplomate. La ville réputée pour son patrimoine antique et les bâtiments témoignant de la puissance papale est alors en pleine reconstruction, suite au saccage ordonné par Charles Quint en 1527.

Nouveau venu, qui cherches Rome en Rome
Et rien de Rome en Rome n'aperçois,
Ces vieux palais, ces vieux arcs que tu vois,
Et ces vieux murs, c'est ce que Rome on nomme.

Vois quel orgueil, quelle ruine et comme
Celle qui mit le monde sous ses lois,
Pour dompter[1] tout, se dompta quelquefois,
Et devint proie au temps[2], qui tout consomme[3].

Rome de Rome est le seul monument,
Et Rome Rome a vaincu seulement.
Le Tibre[4] seul, qui vers la mer s'enfuit,

Reste de Rome. Ô mondaine inconstance[5] !
Ce qui est ferme est par le temps détruit,
Et ce qui fuit au temps fait résistance.

Joachim du Bellay, « Nouveau venu, qui cherches Rome en Rome », ***Les Antiquités de Rome***, 1558

1. **dompter :** dresser.
2. **proie au temps :** proie du temps.
3. **consommer :** consumer.
4. **Tibre :** fleuve qui traverse Rome.
5. **mondaine inconstance :** instabilité du monde.

Lexique

Les locutions latines sur le temps

Tout au long du chapitre, nous avons fait la connaissance d'expressions latines exprimant un sentiment particulier sur le temps qui passe. Maintenant que ces expressions vous sont plus familières, retrouvez-en les équivalents français :
Où sont passés ceux qui nous précédèrent ? / Vanité des vanités, tout est vanité / La peur de la mort / Manière de vivre, compromis / Souviens-toi que tu es mortel / Après la mort / Profite du jour présent / Le temps qui passe (ou la fuite du temps)

a. *Carpe diem*
b. *Tempus fugit*
c. *Vanitas vanitatum, et omnia vanitas*
d. *Ubi sunt qui ante nos fuerunt ?*
e. *Memento mori*
f. *Post mortem*
g. *Modus vivendi*
h. *Timor mortis*

Questions sur le texte

A. Rome, de la gloire aux ruines

1) Qui peut désigner le « nouveau venu » dont parle le premier vers ?

2) Quel sentiment éprouve ce « nouveau venu » qui découvre Rome ? Pourquoi éprouve-t-il ce sentiment ?

3) a. Que désigne la périphrase du vers 6 : « Celle qui mit le monde sous ses lois » ? b. Quel effet est créé par le choix du mot *orgueil* et par le fait de faire de Rome le sujet du verbe *dompter* ? Quelle image le poète donne-t-il ainsi de la ville ?

B. Vanité des vanités

4) Quels sont les deux ennemis de Rome évoqués dans le deuxième quatrain ?

5) Quels mots sont particulièrement répétés dans la première strophe ? Qu'est-ce que ces répétitions révèlent de l'état d'esprit du poète ?

6) Quel mot du sonnet justifie qu'on puisse l'associer à l'expression *vanitas vanitatum, et omnia vanitas* (« vanité des vanités, tout est vanité ») ?

2 L'ART DE MESURER LE TEMPS : L'ÉVOLUTION DES HORLOGES

De nos jours, que le temps soit parfaitement chronométré semble banal. L'art de mesurer le temps a cependant subi des évolutions considérables, voire des révolutions. Toutefois, dès l'Antiquité, avec moins de moyens technologiques, les hommes avaient déjà imaginé des instruments de mesure remarquables.

Comment l'art de mesurer le temps a-t-il évolué au fil de l'histoire et des découvertes technologiques ?

1 Une horloge antique : la clepsydre

▲ Reconstitution d'une clepsydre, musée de l'Agora antique d'Athènes

2 Un cadran solaire

▲ Ange au cadran solaire de la cathédrale de Chartres, sculpture du XIIIe siècle

3 Une horloge astronomique

▲ Horloge astronomique de la cathédrale de Strasbourg, XIVe siècle

4 Une horloge au cadran décimal, ornée d'un motif républicain

◀ Cadran d'horloge républicaine, fin du XVIIIe siècle

Questions (1/2)

1) **Doc. 1 :** Le mot *clepsydre* vient du grec, la deuxième partie du mot est formée sur la racine grecque *hydr-*. **a.** Quels autres mots français sont formés sur cette racine grecque ? **b.** Par conséquent, quel est l'élément qui, dans une clepsydre, mesure l'écoulement du temps ?

2) **Doc. 1 : a.** À quel autre instrument de mesure du temps le fonctionnement de la clepsydre peut-il faire penser ? **b.** En quoi les clepsydres sont-elles moins précises que les horloges ?

3) **Doc. 2 :** Sur certains cadrans solaires apparaît la devise *Vulnerant omnes, ultima necat* : « Toutes blessent, la dernière tue. » Que signifie-t-elle ?

5. Une horloge monumentale de l'ère industrielle

▲ Horloge de la gare de Lyon, inaugurée pour l'Exposition universelle de 1900, Paris, 2007, photographie de Marilane Borges

6. Vision d'un poète

Horloge ! dieu sinistre, effrayant, impassible[1],
Dont le doigt nous menace et nous dit : « Souviens-toi !
[...]
Souviens-toi que le Temps est un joueur avide[2]
Qui gagne sans tricher, à tout coup ! c'est la loi.
Le jour décroît ; la nuit augmente, souviens-toi !
Le gouffre a toujours soif ; la clepsydre[3] se vide.

Tantôt sonnera l'heure où le divin Hasard,
Où l'auguste[4] Vertu, ton épouse encor vierge,
Où le repentir même (oh ! la dernière auberge !),
Où tout te dira : Meurs, vieux lâche ! il est trop tard ! »

1. **impassible :** qui ne laisse voir aucune émotion.
2. **avide :** dont le désir est immodéré.
3. **clepsydre :** *voir doc. 1.*
4. **auguste :** vénérable.

Charles Baudelaire, ***Les Fleurs du Mal***, « L'Horloge », 1857

B2i Visionnez une mise en image du texte de Baudelaire et analysez les choix effectués.

7. Une horloge universelle

▲ Horloge universelle, Erich John, 1969, Berlin

Questions (2/2)

4) Recherchez le sens des devises latines suivantes : **a.** *Horas non numero, nisi serenas.* **b.** *Nil novi sub sole.* **c.** *Hora fugit stat jus.* **d.** *Soli soli soli.* **e.** *Da laborem dabo fructus.*

5) Doc. 3 : L'horloge de Strasbourg est munie d'automates. À midi, les douze apôtres défilent en saluant le Christ et un coq chante trois fois : pourquoi ces symboles ?

6) Doc. 4 : a. Qui est la jeune fille représentée ? Que symbolise-t-elle ? À quelle période de l'histoire de France associez-vous cette horloge ? **b.** Pourquoi était-il important pour la République de s'approprier « les horloges » ? **c.** Contre quelle autre institution la République s'inscrivait-elle ainsi ?

7) Doc. 5 : Pourquoi est-il important d'insérer une horloge dans l'architecture d'une gare ?

8) Doc. 6 : a. Comment l'horloge est-elle figurée ici ? **b.** Pourquoi les mots *Temps* et *Vertu* ont-ils une majuscule dans le poème ?

9) Doc. 7 : Sur le cylindre en aluminium figurent vingt-quatre chiffres associés aux noms des principales villes mondiales : à quoi ce classement correspond-il ?

SYNTHÈSE DU CHAPITRE

L'écoulement du temps dans la vie humaine est un thème particulièrement prisé par les poètes de toutes les époques, qui en ont fait des évocations touchantes, graves ou crues, résignées ou tourmentées.
Tout au long du Moyen Âge et plus encore à partir de la Renaissance, ils reprennent souvent des citations d'écrivains antiques.

Les « lieux communs » sur le temps

L'invitation à profiter des plaisirs de la vie avant que la jeunesse ne soit passée est joliment résumée par l'expression du poète romain Horace : ***Carpe diem*** (« Cueille le jour », c'est-à-dire : « Profite du temps présent », ***Odes***, Ier siècle av. J.-C.). Il faut boire, manger et s'amuser en cette vie, car cela ne sera plus possible après la mort. C'est souvent l'homme qui invite la femme qu'il aime à profiter du temps présent, et à répondre à son amour (rôle néanmoins endossé par une femme, Louise Labé, dans le texte 1). Ronsard a repris ce lieu commun dans des poèmes célèbres (texte 2). L'expérience est parfois douloureuse et le bilan des moments passés se teinte d'amertume, ce que Marbeuf sait souligner avec une virtuosité baroque (texte 3).

Fugit irreparabile tempus : « le temps s'enfuit, de façon irréparable » écrivait Virgile (***Géorgiques***, Ier siècle av. J.-C.). Ne lui résistent ni les vaines actions ni les faux amis (texte 4). Villon a exprimé la détresse devant la mort dans son long ***Testament***, en reprenant le thème médiéval de l'***Ubi sunt qui ante nos fuerunt?*** (« où sont passés ceux qui nous précédèrent ? », texte 5). L'homme que « la peur de la mort » tourmente (***Timor mortis conturbat me***, extrait d'une prière pour les morts) se rassure avec l'idée que la mort, sort inévitable et commun à tout homme, délivre des peines de la vie. Dans l'amour, la **mémoire** des moments heureux soutient cependant une **fidélité** qui pourrait chanceler à l'heure de la vieillesse (texte 6).

Memento mori : « rappelle-toi que tu vas mourir » : on prétend que, dans la Rome antique, un esclave était chargé de répéter cette phrase au général romain dont on fêtait le triomphe. Cette phrase désigne toutes les œuvres d'art qui rappellent aux hommes qu'ils vont mourir et que toutes leurs entreprises ne sont que **vanité** (c'est-à-dire vides et orgueilleuses). ***Vanitas vanitatum, et omnia vanitas***, disait l'Ecclésiaste (« Vanité des vanités, tout est vanité », ***Livre de l'Ecclésiaste***, I, verset 2). Les **ruines** font méditer sur l'inconstance de la fortune et la fragilité des choses humaines (texte 7). Elles inspirent **nostalgie** et **mélancolie** et suscitent souvent la question : « si tout est vain, qu'est-ce qui mérite d'être vécu ? »

Pourquoi choisir la poésie pour évoquer le temps

Pour écrire un poème, mais aussi pour le lire ou le réciter, il faut prendre du temps. Un poème écrit peut être mémorisé, conservé ou transmis, et permet de garder le souvenir de ce qu'on aurait peut-être oublié : certains poètes se vantent ainsi d'« immortaliser » leur dame (texte 2). Les jeux de répétitions peuvent enfin évoquer les regrets lancinants de ce que le temps menace d'emporter. Une forme poétique comme la **ballade**, par son refrain entêtant, s'y prête avec grâce.

Ces poèmes se parent d'images, parfois devenues stéréotypes. Ainsi, Ronsard aime à prendre la beauté éphémère des **roses** comme point de comparaison pour évoquer celle des femmes. Les métaphores météorologiques, telles celles du **vent** qui souffle (texte 4) ou de la **neige** évanescente (texte 5), sont également un heureux moyen d'exprimer les changements causés par le temps.

Suggestions de lectures complémentaires

- Maurice Scève, « Comme Hécate », ***Délie***, 1544.
- Louise Labé, « Je vis, je meurs », ***Sonnets***, 8, 1555.
- Philippe Desportes, « Le temps léger s'enfuit sans m'en apercevoir », ***Les Amours de Cléonice***, sonnet XXI, 1583.
- Jean de Sponde, « Mais si faut-il mourir », ***Méditations sur les psaumes et essais de quelques poèmes chrétiens***, 1588.
- Jean-Baptiste Chassignet, « Nous n'entrons point d'un pas plus avant dans la vie... », ***Mespris de la vie et consolation contre la mort***, XLIV, 1594.
- Pierre Corneille, « Stances à Marquise », 1658.

Prolongement

La méditation sur le temps prend d'autres formes que la poésie. Connu pour ses oraisons funèbres des grands personnages de la cour de Louis XIV, Bossuet (1627-1704) fut le précepteur du Dauphin et rédigea d'importants ouvrages. Grand personnage de l'Église catholique de l'époque, il croyait que la vie humaine conditionnée par le temps ne finit pas à la mort mais se prolonge dans l'éternité. Il n'en accorda pas moins d'importance à la vie terrestre et à la manière de bien la conduire, en s'appuyant sur la sagesse biblique.

Le prince doit savoir connaître les occasions et les temps

C'est une des principales parties de la science des affaires, qui toutes dépendent de là. « Chaque chose a son temps, et tout passe sous le ciel dans l'espace qui lui est marqué. Il y a le temps de naître, et le temps de mourir ; le temps de planter, et le temps d'arracher ; le temps de blesser, et le temps de guérir ; le temps de bâtir, et le temps d'abattre ; le temps de pleurer, et le temps de rire ; le temps d'amasser, et le temps de répandre ; le temps de couper, et le temps de coudre (c'est-à-dire le temps de s'unir, et le temps de rompre) ; le temps de parler, et le temps de se taire ; le temps de guerre, et le temps de paix. Dieu même fait tout en certains temps[1]. »

Si toutes choses dépendent du temps, la science des temps est donc la vraie science des affaires, et le vrai ouvrage du sage. Aussi est-il écrit « que le cœur du sage connaît le temps, et règle sur cela son jugement[1]. »

C'est pourquoi il faut dans les affaires beaucoup d'application et de travail, « chaque affaire a son temps et son occasion ; et la vie de l'homme est pleine d'affliction, parce qu'il ne sait point le passé, et il n'a point de messager qui lui annonce l'avenir. Il ne peut rien sur les vents ; il n'a point de pouvoir sur la mort ; il ne peut différer quand on vient lui faire la guerre[1] ». Nul ne fait ce qu'il veut : une force majeure domine partout : les moments passent rapidement et avec une extrême précipitation ; qui les manque, manque tout.

Jacques-Bénigne Bossuet, ***Politique***, V,
9e proposition (extrait), pub. posth. 1709

1. Citations du livre de l'***Ecclésiaste*** (chap. III, versets 1 à 8 ; chap. VIII, verset 5 ; id., versets 6 à 8).

3

LE THÉÂTRE À L'ÂGE CLASSIQUE : *LE CID* DE PIERRE CORNEILLE (1660)

Découvrir une pièce du patrimoine et en retenir certains extraits.
Comprendre le travail de Corneille, qui compose son œuvre à partir de sources historiques et des règles du théâtre tragi-comique et tragique.

Textes et images

Histoire des Arts

Lexique : Mots concrets, mots abstraits. Le vocabulaire et la langue du XVIIe siècle *(voir fiches-lexique n° 5 et n° 6).*

Expression orale : Réciter et jouer des extraits de théâtre, donner son avis sur les décisions des héros.

Expression écrite : Imaginer des suites de textes.

Étude de la langue

Grammaire :

Les pronoms indéfinis (n° 6), Le pronom réfléchi (n° 7), L'adverbe (n° 8).

Orthographe :

Accord du verbe et du sujet : cas particuliers (n° 8), Révisions générales des acquis d'orthographe (n° 9), Synthèse et exercices : orthographe d'usage (n° 10).

Pierre Corneille (né en 1606 à Rouen et mort à Paris en 1684) se mit à écrire assez jeune des pièces de théâtre, genre qui avait du succès à l'époque. Sa première comédie, ***Mélite*** (1629), le fit connaître et il abandonna alors son métier d'avocat pour se consacrer au théâtre, passant progressivement de la comédie à la tragédie. ***L'Illusion comique*** en 1636, ***Le Cid*** surtout, en 1637, puis ***Horace*** en 1641 ou encore ***Polyeucte*** en 1643, furent de véritables triomphes. Il épousa en 1640 Marie de Lempérière qui lui donna six enfants. Malgré quelques moments de disgrâce, il fut considéré comme la référence du théâtre français pendant de longues années et fut élu à l'Académie française en 1647. Mais un jeune auteur, Jean Racine, finit par lui voler la vedette. Humilié, Corneille cessa d'écrire pour la scène et s'adonna à la traduction de textes religieux.

Avant l'entrée en scène

▲ Corneille, *Le Cid*, mise en scène de Francis Huster, avec Francis Huster (don Rodrigue), Palais des Rois de Majorque, Perpignan, 1993

Lecture d'image

1) À votre avis, cette photographie a-t-elle été prise sur la scène, pendant la représentation? Justifiez votre réponse en vous appuyant sur des détails.

2) Selon vous, ce comédien joue-t-il un personnage important de la pièce? Justifiez votre réponse de plusieurs manières.

3) Décrivez le costume du comédien. Vers quelle époque se déroule l'histoire de cette pièce?

4) Observez les références de l'image, et notamment les noms qui y sont présents. Pourquoi le même nom revient-il deux fois?

Compléments sur le site

- Synthèses d'histoire des Arts.
- Proposition d'évaluation finale (de type brevet).
- Pages supplémentaires sur *Le Cid*.

B2i À partir de quelles sources Corneille a-t-il créé le personnage du Cid? À l'aide d'outils informatiques, repérez qui était ce héros et notez les variantes des récits le concernant.

ENTRER DANS L'ŒUVRE

La scène est à Séville (ville d'Andalousie), au XIe siècle. Chimène, fille du Comte de Gormas, s'entretient avec Elvire, sa gouvernante[1].

Acte I, scène 1 – Chimène, Elvire

Chez Chimène.

CHIMÈNE. — Elvire, m'as-tu fait un rapport bien sincère ?
Ne déguises-tu rien[2] de ce qu'a dit mon père ?
ELVIRE. — Tous mes sens à moi-même en sont encor[3] charmés[4] :
Il estime Rodrigue autant que vous l'aimez,
Et si je ne m'abuse à lire[5] dans son âme,
Il vous commandera de répondre à sa flamme[6].
CHIMÈNE. — Dis-moi donc, je te prie, une seconde fois
Ce qui te fait juger qu'il approuve mon choix ;
Apprends-moi de nouveau quel espoir j'en dois prendre ;
Un si charmant discours ne se peut trop entendre ;
Tu ne peux trop promettre aux feux de notre amour
La douce liberté de se montrer au jour[7].
Que t'a-t-il répondu sur la secrète brigue[8]
Que font auprès de toi don[9] Sanche et don Rodrigue ?
N'as-tu point trop fait voir quelle inégalité
Entre ces deux amants me penche[10] d'un côté ?
ELVIRE. — Non, j'ai peint votre cœur dans une indifférence
Qui n'enfle d'aucun d'eux ni détruit l'espérance[11],
Et sans les voir d'un œil trop sévère ou trop doux,
Attend l'ordre d'un père à choisir un époux.
Ce respect l'a ravi, sa bouche et son visage
M'en ont donné sur l'heure[12] un digne témoignage,
Et puisqu'il vous en faut encor faire un récit,
Voici d'eux et de vous ce qu'en hâte il m'a dit :
« Elle est dans le devoir, tous deux sont dignes d'elle,
Tous deux formés d'un sang noble, vaillant, fidèle,
Jeunes, mais qui font lire aisément dans leurs yeux
L'éclatante vertu[13] de leurs braves aïeux.
Don Rodrigue surtout n'a trait en son visage[14]
Qui d'un homme de cœur[15] ne soit la haute image,
Et sort d'une maison[16] si féconde en guerriers,
Qu'ils y prennent naissance au milieu des lauriers[17].
La valeur de son père en son temps sans pareille,
Tant qu'a duré sa force, a passé pour merveille ;
Ses rides sur son front ont gravé ses exploits,
Et nous disent encor ce qu'il fut autrefois.
Je me promets du fils ce que j'ai vu du père ;
Et ma fille, en un mot, peut l'aimer et me plaire. »

1. **gouvernante :** femme chargée de l'éducation des enfants dans l'aristocratie.
2. **ne déguises-tu rien :** ne me caches-tu rien ?
3. **encor :** encore *(voir p. 46, note 6)*.
4. **charmés :** envoûtés, ensorcelés.*
5. **si je ne m'abuse à lire :** si je ne me trompe pas en lisant.
6. **flamme :** amour.*
7. **vers 11-12 :** tu ne me répéteras jamais assez qu'un jour notre amour pourra se montrer aux yeux de tous.
8. **secrète brigue :** intrigue (ici, pour obtenir la main de Chimène).
9. **don (féminin *doña*) :** titre donné aux nobles espagnols.
10. **me penche :** me fait pencher.
11. **qui [...] espérance :** qui n'augmente ni ne détruit l'espérance d'aucun d'eux.
12. **sur l'heure :** à l'instant.
13. **vertu :** courage, vaillance.*
14. **n'a trait en son visage :** n'a pas un trait de son visage.
15. **cœur :** courage.*
16. **maison :** famille.
17. **lauriers :** symboles de victoire.
18. **conseil :** assemblée de nobles dont le rôle est de conseiller le roi.
19. **a tranché :** a interrompu.
20. **n'est pas fort balancée :** n'hésite pas.
21. **élire un gouverneur :** choisir la personne chargée de l'éducation de son fils.
22. **c'est lui que regarde :** c'est le père de Chimène qui est concerné par.
23. **souffrir :** permettre.
24. **a résolu :** a décidé.
25. **l'affaire :** la demande en mariage.
26. **s'il prendra bien son temps :** s'il saura saisir l'occasion.
27. **content :** satisfait.
28. **revers :** malheur.
29. **déçu :** détrompé.
30. **issue :** conclusion.

* cf. fiche-lexique n° 6

Il allait au conseil[18], dont l'heure qui pressait
A tranché[19] ce discours qu'à peine il commençait ;
Mais à ce peu de mots je crois que sa pensée
Entre vos deux amants n'est pas fort balancée[20].
Le roi doit à son fils élire un gouverneur[21],
Et c'est lui que regarde[22] un tel degré d'honneur ;
Ce choix n'est pas douteux, et sa rare vaillance
Ne peut souffrir[23] qu'on craigne aucune concurrence.
Comme ses hauts exploits le rendent sans égal,
Dans un espoir si juste il sera sans rival ;
Et puisque don Rodrigue a résolu[24] son père
Au sortir du conseil à proposer l'affaire[25],
Je vous laisse à juger s'il prendra bien son temps[26],
Et si tous vos désirs seront bientôt contents[27].
CHIMÈNE. — Il semble toutefois que mon âme troublée
Refuse cette joie, et s'en trouve accablée :
Un moment donne au sort des visages divers,
Et dans ce grand bonheur je crains un grand revers[28].
ELVIRE. — Vous verrez cette crainte heureusement déçue[29].
CHIMÈNE. — Allons, quoi qu'il en soit, en attendre l'issue[30].

Pierre Corneille, ***Le Cid***, 1660, I, 1 (intégralité de la scène)

Expression écrite

À la fin de la scène, Chimène craint un « grand revers ». Imaginez la suite de sa tirade, dans laquelle elle exprimerait plus précisément ce qu'elle craint. Vous pouvez essayer de faire des rimes, mais sans vous soucier de la longueur des vers. Gardez à l'esprit que le plus important est le sens de votre tirade.

Lecture d'image

1) Observez les costumes, la position des personnages et les visages. Quel est selon vous, leur statut social ? Qui est la servante, qui est la maîtresse ?

2) La représentation du *Cid* évoquée ci-dessous a eu lieu au **Festival d'Avignon** en 1949. Ce festival existe-t-il toujours ?

Questions sur le texte

1) a. Qui sont les deux personnages présents sur scène ? b. Ces personnages se tutoient-ils ou se vouvoient-ils ? c. Qu'en déduisez-vous sur leur relation (nuancez) ?

A. L'intrigue amoureuse

2) Qui sont les deux prétendants de Chimène ? Lequel des deux Chimène préfère-t-elle ?

3) a. De qui le mariage de Chimène dépend-il ? b. Lequel des deux prétendants ce personnage préfère-t-il ? Pour quelles raisons ?

4) Relisez le vers 56. a. Quel sentiment Chimène exprime-t-elle ? b. En quoi est-ce étonnant vu ce qui précède ?

B. L'intrigue politique

5) Relisez les vers 43 à 48. Quelle décision le roi doit-il prendre ? En quoi cela concerne-t-il le père de Chimène ?

6) Synthétisez sous forme de schéma les relations entre les différents personnages évoqués. À quel milieu social les personnages appartiennent-ils ? Justifiez.

C. Les choix d'écriture de Corneille

7) Comment Corneille s'y prend-il pour donner les informations nécessaires de la manière la moins artificielle possible ? Observez de manière plus précise les vers 7 et 9, ainsi que le type des phrases prononcées par Chimène (aidez-vous de la ponctuation).

8) Montrez, en vous appuyant sur des éléments du texte, que la conversation entre Chimène et Elvire semble avoir commencé avant le lever du rideau.

▲ Corneille, ***Le Cid***, mise en scène de Jean Vilar, avec Nathalie Nerval et Hélène Gerber, Cour d'honneur du Palais des Papes, Festival d'Avignon, Avignon, 1949

LA NAISSANCE D'UN HÉROS CORNÉLIEN

Contrairement à ce qui était prévu, le roi a choisi le vieux don Diègue (père de Rodrigue), comme gouverneur de son fils. Jaloux, le Comte (père de Chimène) provoque don Diègue et lui donne un soufflet[5]. Celui-ci dégaine son épée, mais le Comte le désarme immédiatement. Don Diègue est humilié, son honneur est piétiné. Il va alors trouver son fils pour lui confier son épée.

Acte I, scène 5 – Don Diègue, don Rodrigue

DON DIÈGUE. — Rodrigue, as-tu du cœur[1] ?
DON RODRIGUE. — Tout autre que mon père
L'éprouverait sur l'heure[2].
DON DIÈGUE. — Agréable colère !
Digne ressentiment[3] à ma douleur bien doux !
Je reconnais mon sang[4] à ce noble courroux ;
Ma jeunesse revit en cette ardeur si prompte.
Viens, mon fils, viens, mon sang, viens réparer ma honte ;
Viens me venger.
DON RODRIGUE. — De quoi ?
DON DIÈGUE. — D'un affront si cruel,
Qu'à l'honneur de tous deux il porte un coup mortel :
D'un soufflet[5]. L'insolent en eût perdu la vie ;
Mais mon âge a trompé ma généreuse envie ;
Et ce fer[6] que mon bras ne peut plus soutenir,
Je le remets au tien pour venger et punir.
Va contre un arrogant éprouver ton courage :
Ce n'est que dans le sang qu'on lave un tel outrage ;
Meurs, ou tue. Au surplus, pour ne te point flatter[7],
Je te donne à combattre un homme à redouter ;
Je l'ai vu, tout couvert de sang et de poussière,
Porter partout l'effroi dans une armée entière.
J'ai vu par sa valeur cent escadrons rompus ;
Et pour t'en dire encor quelque chose de plus,
Plus que brave soldat, plus que grand capitaine,
C'est...
DON RODRIGUE. — De grâce, achevez.
DON DIÈGUE. — Le père de Chimène.
DON RODRIGUE. — Le...
DON DIÈGUE. — Ne réplique point, je connais ton amour,
Mais qui peut vivre infâme est indigne du jour[8] ;
Plus l'offenseur est cher, et plus grande est l'offense.
Enfin tu sais l'affront, et tu tiens la vengeance[9] :
Je ne te dis plus rien. Venge-moi, venge-toi ;
Montre-toi digne fils d'un père tel que moi.
Accablé des malheurs où le destin me range[10],
Je vais les déplorer. Va, cours, vole, et nous venge.

1. **cœur :** courage.*
2. **l'éprouverait sur l'heure :** en aurait la preuve immédiatement.
3. **ressentiment :** réaction.
4. **sang :** ma lignée, ma descendance.
5. **soufflet :** gifle.
6. **fer :** épée.*
7. **flatter :** mentir.
8. **mais [...] jour :** mais celui qui peut vivre sans honneur est indigne de vivre.
9. **tu tiens la vengeance :** tu tiens (avec mon épée) le moyen de nous venger.
10. **où le destin me range :** auxquels le destin me soumet.
11. **jusques :** orthographe possible pour des raisons métriques.
12. **feu (ou flamme) :** amour.*
13. **maîtresse :** personne aimée.
14. **infâme :** personne qui a perdu son honneur.
15. **trépas :** mort.

* cf. fiche-lexique n° 6

Expression écrite

Écrivez une scène de conflit verbal qui se passerait de nos jours, dans laquelle un jeune homme, pour soutenir l'honneur familial, provoquerait et défierait un personnage plus âgé, ou plus respecté.
› Commencez par imaginer le sujet du conflit. Lors de la rédaction de votre scène, essayez de faire monter progressivement la tension entre les personnages. Vous veillerez à ne jamais tomber dans l'insulte, ni dans la grossièreté.
› Ensuite, apprenez cette scène et jouez-la devant vos camarades.

Expression orale

Si vous étiez à la place de Rodrigue, accepteriez-vous la demande de don Diègue ? Justifiez votre réponse en donnant différents arguments.

Acte I, scène 6 – Don Rodrigue

Percé jusques[11] au fond du cœur
D'une atteinte imprévue aussi bien que mortelle,
Misérable vengeur d'une juste querelle,
Et malheureux objet d'une injuste rigueur,
Je demeure immobile, et mon âme abattue
Cède au coup qui me tue.
Si près de voir mon feu[12] récompensé,
Ô Dieu, l'étrange peine !
En cet affront mon père est l'offensé,
Et l'offenseur le père de Chimène !
[...]
Il faut venger un père, et perdre une maîtresse[13].
L'un m'anime le cœur, l'autre retient mon bras.
Réduit au triste choix ou de trahir ma flamme,
Ou de vivre en infâme[14],
[...]
Il vaut mieux courir au trépas[15].
Je dois à ma maîtresse aussi bien qu'à mon père ;
J'attire en me vengeant sa haine et sa colère ;
J'attire ses mépris en ne me vengeant pas.
À mon plus doux espoir l'un me rend infidèle,
Et l'autre indigne d'elle.
Mon mal augmente à le vouloir guérir ;
Tout redouble ma peine.
Allons, mon âme ; et puisqu'il faut mourir,
Mourons du moins sans offenser Chimène. [...]

Pierre Corneille, ***Le Cid***, 1660, I, 5 et 6, vers 261 à 300 ; vers 303 à 306 ; vers 321 à 330

Questions sur le texte

A. Scène 5 : un coup de théâtre

1) a. Que révèle don Diègue à son fils ? **b.** Que lui demande-t-il ? Pourquoi ? **c.** À quelles valeurs fait-il appel ?

2) Que fait don Diègue aux vers 271-272 ? Quelle est la valeur symbolique de ce geste ?

B. La stratégie argumentative de don Diègue

3) a. v. 261. Pourquoi don Diègue aborde-t-il ainsi son fils ? En quoi cette question est-elle un « piège » tendu à Rodrigue ? **b.** Sa stratégie fonctionne-t-elle ? **c.** Pourquoi don Diègue retarde-t-il tellement le moment de révéler l'identité de la personne dont Rodrigue devra se venger ?

4) De quelle manière désigne-t-il le Comte au vers 282 ? Pourquoi ?

5) Quels pronoms complètent le verbe *venger* aux vers 267, 287 et 290 ? Expliquez en quoi le changement de pronom fait partie de l'argumentation de don Diègue.

C. Scène 6 : les stances de Rodrigue

6) Que sont des **stances** ? Quel sentiment Rodrigue exprime-t-il dans cette scène ?

7) Quelle que soit la décision qu'il prendra, son amour pour Chimène se trouve dans une impasse. Connaissez-vous l'expression « un dilemme cornélien » ? Quel est ici le dilemme de Rodrigue (vers 322) ?

8) a. Les craintes de Chimène dans l'extrait précédent se confirment-elles ? **b.** Rodrigue a-t-il dans cette scène la stature d'un héros ?

Lexique

Relevez les vers où est employé le mot *sang* dans la scène 5. Expliquez les différentes significations du mot.

Lecture d'image

1) À quel moment de la scène 5 de l'acte I cette image correspond-elle ?

2) Observez les mains des comédiens. Qui tient l'épée ? En quoi ce choix de mise en scène est-il intéressant ?

◀ Corneille, ***Le Cid***, mise en scène de Thomas Le Douarec, avec Olivier Benard (don Rodrigue) et Jean-Pierre Bernard (don Diègue), Théâtre Comédia, Paris, 2009

1 BAROQUE ET CLASSICISME

À l'époque où Corneille rédige ***Le Cid*** coexistent deux sensibilités artistiques, que l'on nommera plus tard « baroque » et « classicisme ». Si les œuvres baroques se caractérisent par une tendance au foisonnement, au mouvement, et laissent libre cours à l'imagination et à l'improvisation, le classicisme, au contraire, va naître d'une volonté de proposer des œuvres épurées, harmonieuses, équilibrées.

Comment se traduisent dans l'art (peinture, architecture, musique et poésie) les différences de sensibilité et de valeur entre ces deux mouvements ?

1 Le baroque dans l'architecture : une église

▲ Vue intérieure de l'église de Wies (Bavière), Dominikus Zimmermann (architecte), 1745-1754

2 Le baroque dans l'architecture : une place

▲ Piazza sant'Ignazio (place Saint-Ignace) à Rome, Filippo Raguzzini (architecte), 1727-1728

3 Le baroque en peinture

▲ Pierre-Paul Rubens, ***L'Érection de la Croix***, 1610-1611, triptyque, huile sur panneau de bois, panneau central 460 x 340 cm, volets 460 x 150 cm, cathédrale Notre-Dame, Anvers

4 Quelques éléments d'opposition entre baroque et classicisme

Baroque	Classicisme
Instabilité, déséquilibre, irrégularité	Stabilité, équilibre, symétrie, régularité
Lignes courbes, spirales, tourbillons	Lignes droites, verticalité, horizontalité
Mouvement, changement, dynamisme, désordre	Fixité, harmonie, unité, ordre
Foisonnement, profusion, démesure, mélanges	Sobriété, simplicité, mesure, limites
Imagination, rêve, illusion	Vraisemblable
Cœur, sentiments	Raison, intellect
Fantaisie	Respect des règles

5. Le classicisme en peinture

▲ Nicolas Poussin, ***Eliezer et Rebecca***, 1648, huile sur toile, 118 × 197 cm, Musée du Louvre, Paris

6. Le classicisme dans la peinture de paysage

▲ Claude Gellée dit le Lorrain, ***Énée à Délos***, 1672, huile sur toile, 100 x 134 cm, National Gallery, Londres

7. Le classicisme en architecture

▲ Pierre Patel, ***Vue du Château de Versailles***, 1668, huile sur toile, 115 x 161 cm, musée national du Château, Versailles

Compléments sur le site

5. Établir des liens entre les œuvres (littéraires, artistiques) pour mieux les comprendre

› Le baroque et le classicisme en musique et en poésie.

Questions

1) Doc. 1 : Pourquoi peut-on dire que cette église est baroque ? Donnez plusieurs raisons, en vous aidant du cours *(sur le site)* et du document 4.

2) Doc. 3 : a. Observez la répartition des personnages dans ce triptyque, en comparant avec le tableau de Poussin **(doc. 5)**. Quelle différence remarquez-vous ? **b.** Les postures dans lesquelles se trouvent les personnages donnent-elles une impression de stabilité ou de déséquilibre ? de fixité ou de mouvement ? Donnez un ou deux exemples précis. **c.** Regardez plus attentivement les personnages qui soulèvent la croix. En quoi peut-on dire que la forme de leurs corps correspond à l'esthétique baroque ? **d.** Que remarquez-vous juste à gauche du soleil ? Que risque-t-il de se passer ? Quel pourrait être le lien symbolique avec le sujet du tableau (intitulé ***L'Érection de la Croix***) ?

3) Doc. 2 : a. Qu'est-ce que cet immeuble a d'étonnant ? **b.** Aimeriez-vous y habiter ? Pourquoi ? **c.** Comparez la façade de cet immeuble à celle du château de Versailles **(doc. 7)** : quelles différences de formes observez-vous ?

4) Doc. 7 : En quoi le château de Versailles, vu de l'extérieur, est-il un bon exemple d'architecture classique ? Observez le château mais aussi les jardins qui l'entourent. Aidez-vous du cours *(sur le site)* et du tableau **(doc. 4)** pour répondre.

5) Doc. 5 et 6 : a. Quel sentiment général se dégage des tableaux de Poussin et du Lorrain, si vous les comparez au tableau de Rubens **(doc. 3)** ? **b.** Analysez la composition de ces deux tableaux classiques. Les lignes directrices sont-elles plutôt droites ou courbes ? verticales et horizontales, ou obliques ? Observez plus précisément la position des corps et les éléments d'architecture.

DES MOTS, UN MORT

Défendre l'honneur de sa famille est pour Rodrigue un devoir. Il choisit de l'assumer et part venger son père.

Acte II, scène 2 – Le Comte, don Rodrigue

La place devant le palais royal.

DON RODRIGUE. — À moi, comte, deux mots.
LE COMTE. — Parle.
DON RODRIGUE. — Ôte-moi d'un doute.
Connais-tu bien don Diègue ?
LE COMTE. — Oui.
DON RODRIGUE. — Parlons bas ; écoute.
Sais-tu que ce vieillard fut la même vertu[1],
La vaillance et l'honneur de son temps ? Le sais-tu ?
LE COMTE. — Peut-être.
DON RODRIGUE. — Cette ardeur que dans les yeux je porte,
Sais-tu que c'est son sang ? le sais-tu ?
LE COMTE. — Que m'importe ?
DON RODRIGUE. — À quatre pas d'ici je te le fais savoir[2].
LE COMTE. — Jeune présomptueux[3] !
DON RODRIGUE. — Parle sans t'émouvoir[4].
Je suis jeune, il est vrai ; mais aux âmes bien nées
La valeur n'attend point le nombre des années.
LE COMTE. — Te mesurer à moi ! qui t'a rendu si vain[5],
Toi qu'on n'a jamais vu les armes à la main !
DON RODRIGUE. — Mes pareils à deux fois ne se font point [connaître[6],
Et pour leurs coups d'essai veulent des coups de maître.
LE COMTE. — Sais-tu bien qui je suis ?
DON RODRIGUE. — Oui ; tout autre que moi

1. **la même vertu :** la vertu même, le courage incarné.
2. **à quatre pas d'ici… :** Rodrigue veut entraîner le Comte un peu à l'écart pour qu'ils se battent en duel.
3. **présomptueux :** prétentieux.
4. **sans t'émouvoir :** sans t'agiter.
5. **vain :** vaniteux, prétentieux.
6. **mes pareils […] connaître :** les hommes comme moi montrent leur valeur dès la première occasion.
7. **palmes :** symbole de victoire.
8. **téméraire :** personne qui agit avec audace, jusqu'à l'imprudence.
9. **cœur :** courage.*
10. **Castille :** région du centre de l'Espagne, gouvernée par don Fernand.
11. **mouvements :** élans (de la passion).
12. **magnanime :** généreuse, noble.
13. **haute vertu :** grand courage.*
14. **s'intéresser :** s'émouvoir.
15. **qui :** celui qui.
16. **dégénérer :** devenir indigne.
17. **qui :** s'il.

* cf. fiche-lexique n° 6

Questions sur le texte

1) Pourquoi Rodrigue vient-il parler au Comte ? Que veut-il ? Par quel choix est-il sorti du dilemme auquel il était confronté dans l'extrait précédent ?

2) Le Comte accepte-t-il dans un premier temps ? Pourquoi ? Quels sont ses arguments ?

3) À quel moment change-t-il d'avis ? Pourquoi ? Citez le texte pour répondre.

4) Quels sentiments le Comte éprouve-t-il pour Rodrigue ?

5) Rodrigue tutoie le Comte : que cherche-t-il à lui montrer ?

6) a. Qu'est-ce qu'une « maxime » ? Proposez une définition. **b.** Relevez dans cet extrait quatre phrases, ou morceaux de phrases, qui font penser à des maximes. À quelles valeurs renvoient-elles ? **c.** Pourquoi Corneille choisit-il de mettre des maximes dans sa pièce ? **d.** Cherchez d'autres auteurs de maximes.

7) a. À quoi peut-on s'attendre à la fin de cette scène ? **b.** À votre avis, la « suite logique » de cet affrontement sera-t-elle représentée sur scène ? Pour répondre, recherchez dans la fiche-lexique n° 3 *(en fin d'ouvrage)* ce qu'est l'exigence de bienséance.

8) a. Observez les premiers vers de cet extrait, et expliquez pourquoi ils sont disposés de manière inhabituelle. **b.** Quel rythme cela crée-t-il ? **c.** En quoi ce rythme est-il bien adapté au contenu de la scène ?

Au seul bruit de ton nom pourrait trembler d'effroi.
Les palmes[7] dont je vois ta tête si couverte
Semblent porter écrit le destin de ma perte.
J'attaque en téméraire[8] un bras toujours vainqueur,
Mais j'aurai trop de force, ayant assez de cœur[9].
À qui venge son père il n'est rien impossible.
Ton bras est invaincu, mais non pas invincible.
LE COMTE. — Ce grand cœur qui paraît aux discours que tu tiens
Par tes yeux, chaque jour, se découvrait aux miens ;
Et croyant voir en toi l'honneur de la Castille[10],
Mon âme avec plaisir te destinait ma fille.
Je sais ta passion, et suis ravi de voir
Que tous ses mouvements[11] cèdent à ton devoir ;
Qu'ils n'ont point affaibli cette ardeur magnanime[12] ;
Que ta haute vertu[13] répond à mon estime ;
Et que, voulant pour gendre un cavalier parfait,
Je ne me trompais point au choix que j'avais fait.
Mais je sens que pour toi ma pitié s'intéresse[14] ;
J'admire ton courage, et je plains ta jeunesse.
Ne cherche point à faire un coup d'essai fatal ;
Dispense ma valeur d'un combat inégal ;
Trop peu d'honneur pour moi suivrait cette victoire :
À vaincre sans péril, on triomphe sans gloire.
On te croirait toujours abattu sans effort ;
Et j'aurais seulement le regret de ta mort.
DON RODRIGUE. — D'une indigne pitié ton audace est suivie :
Qui[15] m'ose ôter l'honneur craint de m'ôter la vie !
LE COMTE. — Retire-toi d'ici.
DON RODRIGUE. — Marchons sans discourir.
LE COMTE. — Es-tu si las de vivre ?
DON RODRIGUE. — As-tu peur de mourir ?
LE COMTE. — Viens, tu fais ton devoir, et le fils dégénère[16]
Qui[17] survit un moment à l'honneur de son père.

Pierre Corneille, ***Le Cid***, 1660, II, 2 (intégralité de la scène) (v. 397 à 442)

Lexique

Relisez le vers 438. Expliquez de manière précise la différence de sens qu'il y a entre « invaincu » et « invincible ». Quelle image ce vers donne-t-il de Rodrigue ?

Expression écrite

Le père de Rodrigue a assisté au duel entre le Comte et son fils. Imaginez le récit qu'il en fait au roi, en une vingtaine de lignes ou de vers. Contrôlez soigneusement votre orthographe à l'aide des leçons nos 8, 9 et 10.

Expression orale

Mettez-vous par deux. Apprenez la scène par cœur et entraînez-vous à la jouer en mettant le ton et en réfléchissant à la gestuelle des personnages, à leurs déplacements sur la scène, à l'expression de leur visage.

Lecture d'image

1) Dans le théâtre classique, toute violence doit être bannie de la scène ; par conséquent, les duels ne sont pas censés être représentés. Quel effet produit ici la transgression de la règle de **bienséance** par le metteur en scène ?

2) Observez le groupe de musiciens. Regardez plus précisément les mains des deux personnages au centre, ainsi que celles de la femme à droite de l'image : que font ces trois personnes ? Quel type de musique semblent-elles jouer ? En quoi ce type de musique vous semble-t-il correspondre à la pièce ?

◀ Corneille, ***Le Cid***, mise en scène de Thomas Le Douarec, avec Gilles Nicoleau (don Rodrigue) et Philippe Maymat (don Gormas), Théâtre Marigny, Paris, 1999

DE LA JOUTE VERBALE À L'AVEU DE L'AMOUR

Le duel entre Rodrigue et le Comte s'est soldé par la mort du Comte. Chimène, apprenant la mort de son père, vient demander justice au roi : pour elle, seule la mort de Rodrigue peut venger celle de son père. Don Diègue prend la défense de son fils en rappelant que c'est lui qui avait demandé à Rodrigue de le venger, et que par conséquent c'est lui qui devrait être tué (Acte II).
De retour chez elle, Chimène se confie à Elvire. C'est alors qu'elle aperçoit Rodrigue, venu se livrer à elle pour qu'elle puisse venger son père.

[...]
DON RODRIGUE. — N'épargnez point mon sang ; goûtez, sans [résistance,
La douceur de ma perte et de votre vengeance.
CHIMÈNE. — Hélas !
DON RODRIGUE. — Écoute-moi.
CHIMÈNE. — Je me meurs.
DON RODRIGUE. — Un moment.
CHIMÈNE. — Va, laisse-moi mourir.
DON RODRIGUE. — Quatre mots seulement ;
Après, ne me réponds qu'avecque cette épée.
CHIMÈNE. — Quoi ? du sang de mon père encor[1] toute trempée !
DON RODRIGUE. — Ma Chimène...
CHIMÈNE. — Ôte-moi cet objet odieux
Qui reproche[2] ton crime et ta vie à mes yeux.
DON RODRIGUE. — Regarde-le plutôt pour exciter ta haine,
Pour croître ta colère, et pour hâter ma peine.
CHIMÈNE. — Il est teint de mon sang.
DON RODRIGUE. — Plonge-le dans le mien,
Et fais-lui perdre ainsi la teinture du tien.
CHIMÈNE. — Ah ! quelle cruauté, qui tout en un jour[3] tue
Le père par le fer, la fille par la vue !
Ôte-moi cet objet, je ne le puis souffrir[4] :
Tu veux que je t'écoute, et tu me fais mourir !
[...]
Ah ! Rodrigue ! il est vrai, quoique ton ennemie,
Je ne puis te blâmer d'avoir fui l'infamie[5] ;
Et, de quelque façon qu'éclatent mes douleurs,
Je ne t'accuse point, je pleure mes malheurs.
Je sais ce que l'honneur, après un tel outrage,
Demandait à l'ardeur d'un généreux courage :
Tu n'as fait le devoir que[6] d'un homme de bien ;
Mais aussi, le faisant, tu m'as appris le mien.
Ta funeste[7] valeur m'instruit par ta victoire ;
Elle a vengé ton père et soutenu ta gloire :
Même soin me regarde[8], et j'ai, pour m'affliger,

1. **encor :** orthographe admise au XVIIe siècle *(voir p. 46, note 6).*
2. **reproche :** rappelle douloureusement.
3. **tout en un jour :** en un seul jour.
4. **je ne le puis souffrir :** je ne peux supporter de le voir.
5. **infamie :** honte, déshonneur.
6. **tu n'as fait le devoir que :** tu n'as rien fait d'autre que le devoir.
7. **funeste :** qui apporte le malheur, la mort.
8. **même soin me regarde :** le même devoir m'attend.
9. **ton intérêt :** l'intérêt (l'amour) que j'ai pour toi.
10. **bien :** bonheur.
11. **allègement :** soulagement.
12. **de lâches [...] punition :** des sentiments qui me feraient renoncer à ton châtiment.
13. **de quoi [...] entretienne :** malgré tout ce que notre amour me dit en ta faveur.
14. **générosité :** au XVIIe siècle, vertu d'une âme bien née qui a le sens de l'honneur *(voir aussi vers 270, p. 56).*

– Ma gloire à soutenir, et mon père à venger.
– Hélas ! ton intérêt[9] ici me désespère.
– Si quelque autre malheur m'avait ravi mon père,
– Mon âme aurait trouvé dans le bien[10] de te voir
— L'unique allègement[11] qu'elle eût pu recevoir ;
– Et contre ma douleur j'aurais senti des charmes,
– Quand une main si chère eût essuyé mes larmes.
– Mais il me faut te perdre après l'avoir perdu ;
– Cet effort sur ma flamme à mon honneur est dû ;
— Et cet affreux devoir, dont l'ordre m'assassine,
– Me force à travailler moi-même à ta ruine.
– Car enfin n'attends pas de mon affection
– De lâches sentiments pour ta punition[12].
– De quoi qu'en ta faveur notre amour m'entretienne[13],
— Ma générosité[14] doit répondre à la tienne :
– Tu t'es, en m'offensant, montré digne de moi ;
– Je me dois, par ta mort, montrer digne de toi.
[...]
— DON RODRIGUE. — Que je meure !
CHIMÈNE. — Va-t'en.
DON RODRIGUE. — À quoi te résous-tu ?
– CHIMÈNE. — [...] Malgré des feux si beaux, qui troublent ma [colère,
– Je ferai mon possible à bien venger mon père ;
– Mais, malgré la rigueur d'un si cruel devoir,
– Mon unique souhait est de ne rien pouvoir.

Pierre Corneille, ***Le Cid***, 1660, III, 4, vers 853 à 868, vers 905 à 932, vers 980 à 984

Lexique

1) Recherchez l'étymologie du mot *passion*. Sachant qu'en latin *cum* veut dire *avec*, *ensemble*, que veut dire *éprouver de la compassion pour quelqu'un* ?

2) Cherchez d'autres mots commençant par *cum* (que l'on trouve en français moderne sous la forme *co-*, *col-*, *com-*, *con-* ou *cor-*) et essayez d'expliquer étymologiquement le sens des mots que vous avez trouvés. Aidez-vous au besoin de la leçon d'orthographe nº 3.

Remarque : Le terme « passion » est utilisé dans son sens étymologique, lorsque pour évoquer les derniers instants de la vie de Jésus on parle de « passion du Christ ». Cet épisode célèbre de la Bible a beaucoup inspiré les artistes, et notamment les peintres. Vous en avez un exemple avec le chef-d'œuvre de Rubens dans la page « Histoire des arts : baroque et classicisme », p. 58.

Questions sur le texte

S 5. Être sensible aux enjeux esthétiques et humains d'un texte littéraire

A. De la joute verbale...

1) a. Pourquoi Rodrigue vient-il voir Chimène ?
b. En quoi cette démarche est-elle courageuse ?

2) Au début de la scène (qui n'est pas reproduit dans votre manuel), Chimène est choquée de voir Rodrigue chez elle, après ce qu'il a fait. Dans l'extrait que vous avez ici, quel objet lui fait tout particulièrement horreur ? Pourquoi ?

3) Cherchez la définition du « registre pathétique ». En quoi cette scène est-elle pathétique ? Pour répondre, appuyez-vous sur les champs lexicaux présents dans l'extrait.

B. ... à l'aveu de l'amour

4) Relisez attentivement le début de la tirade de Chimène (du vers 905 au vers 911). En veut-elle vraiment à Rodrigue pour ce qu'il a fait ? Expliquez sa réaction.

5) Chimène et Rodrigue sont-ils liés par une « passion amoureuse » ?

6) a. Relisez la deuxième partie de la tirade de Chimène (du vers 911 au vers 932). Qu'est-ce que Chimène veut dire aux vers 931 et 932 ? Pourquoi faudrait-il que Rodrigue meure ? Expliquez, de la manière la plus claire possible, le lien entre l'amour et la mort exprimé dans ces deux vers. b. Relevez les pronoms réfléchis dans les propos de Chimène *(leçon de grammaire nº 7)*. Que soulignent-ils ?

7) a. Relisez la fin de l'extrait à partir du vers 981 : Chimène est-elle décidée à accomplir son devoir ? b. Quel aveu fait-elle à Rodrigue dans le dernier vers ? Expliquez.

◀ Corneille, ***Le Cid***, mise en scène d'Alain Ollivier, avec Thibaut Corrion (don Rodrigue) et Claire Sermonne (Chimène), Théâtre Gérard Philipe, Saint Denis, 2007

Lecture d'image

1) Observez la position des corps, et plus particulièrement celle des visages et des mains. Quel sentiment entre les deux personnages cela révèle-t-il ?

2) Où se trouve l'épée par rapport aux personnages ? En vous appuyant sur votre réponse à la question précédente, expliquez pourquoi le metteur en scène a choisi de la placer là.

3) Si vous deviez mettre en scène le début de l'extrait, que feriez-vous de cette épée ? Où la mettriez-vous ? Pourquoi ?

Expression orale

Rodrigue et Chimène sont-ils responsables de la situation dans laquelle ils se trouvent ? Auraient-ils pu l'éviter ?
Divisez la classe en deux groupes, l'un défendant le couple d'amoureux, l'autre rendant Rodrigue et Chimène responsables de cette situation. Chaque groupe devra préparer des arguments et les présenter oralement.

LE RÉCIT DU COMBAT : QUAND RODRIGUE DEVIENT LE CID

Rodrigue ne regrette pas d'avoir vengé son père, néanmoins il est anéanti ; puisqu'il ne pourra jamais épouser Chimène, il ne songe plus qu'à mourir. Son père l'incite à aller combattre les Maures qui menacent d'envahir Séville. Ainsi, soit il mourra dignement au combat, soit il reviendra couvert de gloire, ce qui pourrait lui permettre de forcer le pardon du roi et l'amour de Chimène. Rodrigue accepte et il remporte une victoire écrasante sur les Maures. De retour à Séville, le roi lui demande de raconter ses exploits.

Acte IV, scène 3 – Le Roi, don Diègue, don Arias, don Rodrigue, don Sanche

Chez le roi

[...]

DON RODRIGUE. — Sous moi[1] donc cette troupe s'avance,
Et porte sur le front une mâle assurance[2].
Nous partîmes cinq cents ; mais par un prompt renfort
Nous nous vîmes trois mille en arrivant au port,
Tant, à nous voir marcher avec un tel visage,
Les plus épouvantés reprenaient de courage !
J'en cache les deux tiers, aussitôt qu'arrivés,
Dans le fond des vaisseaux[3] qui lors[4] furent trouvés ;
Le reste, dont le nombre augmentait à toute heure,
Brûlant d'impatience, autour de moi demeure,
Se couche contre terre, et sans faire aucun bruit
Passe une bonne part d'une si belle nuit.
Par mon commandement la garde en fait de même,
Et se tenant cachée, aide à mon stratagème ;
Et je feins hardiment[5] d'avoir reçu de vous
L'ordre qu'on me voit suivre et que je donne à tous.
Cette obscure clarté qui tombe des étoiles
Enfin avec le flux[6] nous fait voir trente voiles ;
L'onde s'enfle dessous[7], et d'un commun effort
Les Maures et la mer montent jusques au port.
On les laisse passer ; tout leur paraît tranquille ;
Point de soldats au port, point aux murs de la ville.
Notre profond silence abusant[8] leurs esprits,
Ils n'osent plus douter de nous avoir surpris ;
Ils abordent sans peur, ils ancrent, ils descendent,
Et courent se livrer aux mains qui les attendent.
Nous nous levons alors, et tous en même temps
Poussons jusques[9] au ciel mille cris éclatants.
Les nôtres, à ces cris, de nos vaisseaux répondent ;
Ils paraissent[10] armés, les Maures se confondent[11],
L'épouvante les prend à demi descendus ;
Avant que de combattre ils s'estiment perdus.

1. **sous moi :** sous mes ordres.
2. **mâle assurance :** assurance virile, courageuse.
3. **vaisseau :** bateau.
4. **lors :** alors.
5. **hardiment :** avec audace.
6. **le flux :** marée montante.
7. **l'onde s'enfle dessous :** la mer se gonfle sous les bateaux.
8. **abuser :** tromper.
9. **jusques :** jusque (*voir p. 56, note 6*).
10. **paraître :** (*ici*) surgissent.
11. **se confondre :** (*ici*) s'affoler dans la confusion.

Expression orale

Apprenez par cœur un extrait de cette belle tirade, du vers 1273 au vers 1304 (ou plus, si vous y parvenez). Quand vous passerez, vous aurez le droit d'avoir le texte près de vous, mais il s'agit de le connaître assez bien pour pouvoir le réciter et non pas le lire. Mettez le ton pour passionner votre auditoire par votre récit (ménagez du suspense, variez le volume de votre voix), et mettez en valeur la qualité poétique de ce texte en faisant entendre les effets de rythme et de sonorités.

Expression écrite

Racontez avec autant de détails et de grandiloquence que Rodrigue un événement sportif ou un jeu que vous auriez remporté (combat de judo, match de football, course, etc.). Jouez sur le décalage parodique entre le ton solennel de votre récit et la dimension moins sérieuse de votre sujet. Lisez-le ensuite à la classe.

Ils couraient au pillage, et rencontrent la guerre ;
Nous les pressons sur l'eau, nous les pressons sur terre,
Et nous faisons courir des ruisseaux de leur sang,
Avant qu'aucun résiste ou reprenne son rang.
Mais bientôt, malgré nous, leurs princes les rallient[12],
Leur courage renaît, et leurs terreurs s'oublient :
La honte de mourir sans avoir combattu
Arrête leur désordre, et leur rend leur vertu[13].
Contre nous de pied ferme ils tirent leurs alfanges[14],
De notre sang au leur font d'horribles mélanges.
Et la terre, et le fleuve, et leur flotte, et le port,
Sont des champs de carnage où triomphe la mort.
Ô combien d'actions, combien d'exploits célèbres[15]
Sont demeurés sans gloire au milieu des ténèbres,
Où chacun, seul témoin des grands coups qu'il donnait,
Ne pouvait discerner où le sort inclinait[16] !
J'allais de tous côtés encourager les nôtres,
Faire avancer les uns et soutenir les autres,
Ranger ceux qui venaient, les pousser à leur tour,
Et ne l[17]'ai pu savoir jusques au point du jour.
Mais enfin sa clarté montre notre avantage ;
Le Maure voit sa perte, et perd soudain courage :
Et voyant un renfort qui nous vient secourir,
L'ardeur de vaincre cède à la peur de mourir.
Ils gagnent leurs vaisseaux, ils en coupent les câbles,
Poussent jusques aux cieux des cris épouvantables,
Font retraite en tumulte, et sans considérer[18]
Si leurs rois avec eux peuvent se retirer.
Pour souffrir[19] ce devoir leur frayeur est trop forte ;
Le flux les apporta, le reflux[20] les remporte ;
Cependant que leurs rois, engagés parmi nous[21],
Et quelque peu[22] des leurs, tous percés de nos coups,
Disputent[23] vaillamment et vendent bien leur vie.
À se rendre moi-même en vain je les convie[24] :
Le cimeterre[25] au poing ils ne m'écoutent pas ;
Mais voyant à leurs pieds tomber tous leurs soldats,
Et que seuls désormais en vain ils se défendent,
Ils demandent le chef ; je me nomme, ils se rendent.
Je vous les envoyai tous deux en même temps ;
Et le combat cessa faute de combattants.

12. **rallier :** rejoindre.
13. **vertu :** courage.*
14. **alfange :** sabre à large lame recourbée.
15. **célèbres :** *(ici)* remarquables, qui auraient mérité d'être célèbres.
16. **ne pouvait [...] inclinait :** ne pouvait se rendre compte en faveur de qui la chance tournait.
17. **l' :** renvoie à « Où le sort inclinait ».
18. **considérer :** vérifier.
19. **souffrir :** supporter, assumer.
20. **reflux :** marée descendante.
21. **engagés parmi nous :** luttant au milieu de nos guerriers.
22. **quelque peu :** quelques-uns.
23. **disputer :** *(ici)* combattre.
24. **à se rendre [...] convie :** moi-même je les invite à se rendre, mais sans succès.
25. **cimeterre :** synonyme d'*alfange*.

* cf. fiche-lexique n° 6

B2i

Créez une carte heuristique en ligne pour faire une synthèse de vos connaissances en matière de vocabulaire théâtral.
Analysez des saynètes parodiant le texte du *Cid* (IV, 3).

Compléments sur le site

› Découvrez d'autres textes sur la légende du Cid.

Lexique

Cherchez la définition des termes suivants et classez-les selon le degré de violence qu'ils expriment : *affrontement, algarade, altercation, bagarre, chicane, combat, démêlé, différend, dispute, duel, explication, querelle.*

À peine le récit terminé, Chimène est annoncée. Rodrigue s'éclipse et le roi décide de mettre Chimène à l'épreuve pour connaître ses sentiments réels : il prétend que Rodrigue, revenu victorieux de son combat contre les Maures, vient de succomber à ses blessures. Chimène défaille, révélant ainsi publiquement son amour pour Rodrigue. Le roi la rassure alors et rétablit la vérité, mais il demande à Chimène de pardonner à l'assassin de son père. Face à Chimène qui tente en vain de nier les évidences et refuse son pardon, le roi impose un compromis : Rodrigue se battra en duel et Chimène devra épouser le vainqueur. Don Sanche, qui aime Chimène, lui propose de se battre pour elle, contre Rodrigue.

Acte V

Rodrigue se rend une seconde fois chez Chimène, pour lui dire qu'il perdra volontairement le duel ; ainsi, la mort de son père sera vengée, comme elle le souhaitait. Chimène supplie alors Rodrigue de remporter le combat, car sinon elle devra épouser don Sanche, qu'elle n'aime pas. Devant cet aveu d'amour, Rodrigue laisse éclater sa joie et remporte le duel. Le roi demande donc à Chimène d'accepter Rodrigue comme époux. Celle-ci se soumet à la volonté du roi, mais demande simplement un délai afin de faire le deuil de son père. Le roi accepte et invite Rodrigue à partir combattre les Maures.

Quatrain final

LE ROI DON FERNAND. *[à Rodrigue]*
— Espère en ton courage, espère en ma promesse ;
Et possédant déjà le cœur de ta maîtresse,
Pour vaincre un point d'honneur qui combat [contre toi,
Laisse faire le temps, ta vaillance et ton roi.

Pierre Corneille, ***Le Cid***, 1660, IV, 3, vers 1257 à 1328 et V, 7, vers 1837 à 1840

▲ ***Le Cid***, film d'Anthony Mann, avec Charlton Heston (don Rodrigue), 1961

Lecture d'image

1) L'adaptation d'Anthony Mann pour le cinéma est-elle fidèle au texte de Corneille? Justifiez votre réponse.

2) Demandez-vous si la mise en scène théâtrale du texte écrit par Corneille est plus ou moins intéressante que la représentation qu'on peut en faire au cinéma. Justifiez votre réponse.

Questions sur le texte

1) Qui appelle-t-on les Maures au Moyen Âge? Faites une recherche, et expliquez pourquoi ils sont les ennemis du Cid, chevalier espagnol du Moyen Âge.

2) Résumez la bataille en quelques phrases, en expliquant le stratagème imaginé par Rodrigue.

3) **a.** Le registre épique est le registre de l'épopée. Cherchez ce qu'est une épopée et donnez un exemple d'épopée célèbre. **b.** Après avoir vérifié le sens du mot « hyperbole », relevez des exemples d'hyperboles dans les vers 1283 à 1300. **c.** En vous aidant de ces réponses, expliquez en quoi le récit de Rodrigue est un récit épique.

4) Pourquoi la bataille n'est-elle pas montrée sur scène, mais simplement racontée par Rodrigue? En vous aidant du cours d'Histoire des Arts sur le baroque et le classicisme *(sur le site)*, expliquez pourquoi ce choix correspond mieux à l'esthétique classique qu'à l'esthétique baroque.

5) À quel temps les verbes sont-ils principalement conjugués? Quelle est la valeur de ce temps dans cet extrait? *(pour répondre, aidez-vous de la leçon de conjugaison n° 14 p. 270)* Quel effet cela produit-il?

6) Cherchez en quoi consiste un « oxymore » dans la fiche-lexique n° 1. Cet extrait contient l'oxymore le plus célèbre de la langue française : trouvez-le dans les vers 1273 à 1276 et expliquez l'effet produit.

7) Véritable « morceau de bravoure » pour le comédien qui joue Rodrigue, cette longue tirade a été particulièrement travaillée par Corneille. Parmi les trois extraits suivants, choisissez-en deux et montrez le travail du poète, en analysant les sonorités (assonances, allitérations, paronymie), les images (personnification, métaphores), les effets de parallélisme, de répétition (anaphores), etc. Essayez de trouver le plus de choses possibles à dire ! Vous pouvez utiliser (en plus de ce que vous avez en mémoire) la fiche-lexique n° 1 et vos cours.
a. 1275-6 (« L'onde s'enfle dessous, et d'un commun effort / Les Maures et la mer montent jusques au port. »)
b. 1290-1 (« Nous les pressons sur l'eau, nous les pressons sur terre, / Et nous faisons courir des ruisseaux de leur sang ») **c.** 1299-1300 (« Et la terre, et le fleuve, et leur flotte, et le port, / Sont des champs de carnage où triomphe la mort. »)

8) Expliquez en quoi la victoire de Rodrigue permet au roi de changer son point de vue sur lui.

2 LES ORIGINES ANTIQUES DE LA TRAGÉDIE : ARCHITECTURE DE THÉÂTRES

Les mots ***tragédie*** et ***comédie*** sont d'origine grecque, et le théâtre du XVIIe siècle s'inspire de celui de l'Antiquité. Pourtant, le sens et le lieu des représentations ont bien changé. Dans l'Antiquité en effet, la représentation théâtrale est un divertissement d'ordre religieux, une fête codifiée. On sacrifie aux dieux avant la représentation : à Apollon pour les tragédies et à Dionysos pour les comédies. *Tragos* désigne le sacrifice et *komos*, le cortège, le banquet.

Quelles étaient les conditions de la représentation théâtrale dans l'Antiquité grecque et romaine ?

1 Un exemple de théâtre grec : le théâtre d'Épidaure

▲ Théâtre d'Épidaure (Grèce), IVe ou IIIe siècle av. J.-C., photographie de Fingalo, 2007

2 Un exemple de théâtre romain : le théâtre d'Orange

▲ Vue générale du théâtre antique d'Orange (France), photographie de Gromelle Grand Angle, 2007

3 Un autre exemple de théâtre romain : le théâtre antique d'Arles

▲ Vue panoramique du théâtre antique d'Arles (France), Ier siècle av. J.-C., photographie de Matthew Lamble, 2008

4 L'évolution architecturale du théâtre antique

Le théâtre grec est construit en hémicycle autour d'une scène circulaire. Il profite de la topographie du terrain, plus ou moins en pente ou accidenté. En creusant, on peut donc construire des gradins en pierre qui épousent la forme du terrain. La scène est ouverte vers les spectateurs comme on le voit dans les théâtres d'Epidaure ou de Delphes.

Le théâtre romain est bâti cette fois dans la ville. De ce fait l'architecture est contrainte à un espace plus réduit. Il est souvent très pentu, ce qui permet un nombre de spectateurs plus important (comme au cinéma). L'espace est plus fermé que dans le théâtre grec car les Romains inventent un mur de scène, le *frons scenae*, souvent orné de statues (par exemple celle de l'empereur Auguste à Orange).

Stanislaw Eon du Val et Sylvie Anahory

5 Masques tragique et comique

▲ Représentations de masques tragique et comique, mosaïque romaine du IIe siècle av. J.-C. (détail), trouvée dans la villa d'Hadrien, Tivoli, conservée aux musées du Capitole, Rome

6 Organisation des théâtres antiques

Schéma d'un théâtre grec

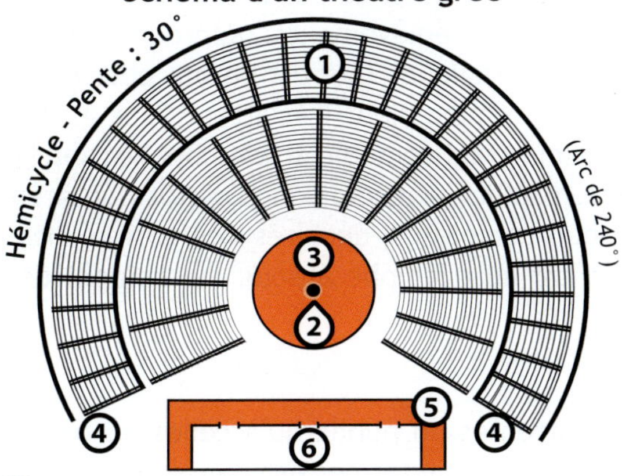

1. Les gradins, appelés *THEATRON* ou *KOILON*.
2. Le *THYMÉLÈ*, petit autel consacré à Dionysos.
3. *L'ORCHESTRA*, lieu où se met le chœur (composé de personnages qui chantent et dansent au cours de la pièce).
4. Le *PARODOS*, entrée latérale par laquelle le public puis le chœur pénètrent dans le théâtre.
5. La scène, appelée le *PROSKENION*, où jouent les acteurs.
6. La *SKÈNÈ*, qui correspond aux coulisses, aux vestiaires.

Schéma d'un théâtre romain

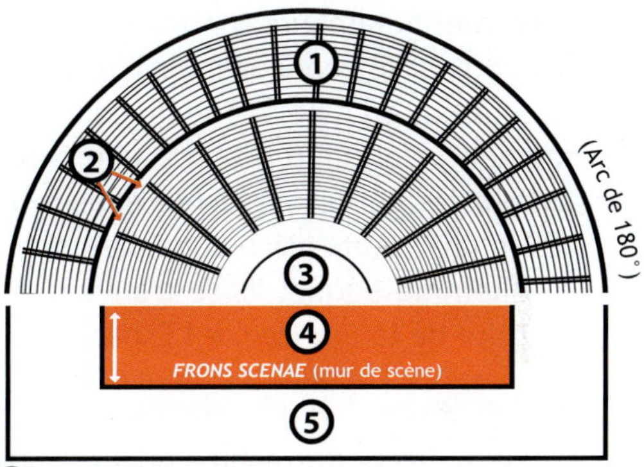

1. La *CAVEA* correspond au *THEATRON* en grec.
2. Les *VOMITORIA* (vomitoires) sont les corridors voûtés qui permettent au public d'accéder directement à sa place dans les gradins.
3. *L'ORCHESTRA* comporte désormais des fauteuils réservés aux Sénateurs.
4. Le *PROSCENIUM* est la scène, plus profonde que le *PROSKENION* grec.
5. Les *COULISSES* ou *MAGASINS*, qui correspondent à la *SKÈNÈ* grecque, où sont déposés costumes et accessoires.

Questions

1) a. Quelle différence majeure observez-vous entre les théâtres antiques (grec et romain) et les théâtres d'aujourd'hui? **b.** À votre avis, quelle conséquence cela a-t-il sur le moment de la journée où se déroulent les représentations?

2) Doc. 1, 2 et 3: Observez les photographies des théâtres. Dans quel type d'espace les théâtres sont-ils situés? Quelle différence remarquez-vous entre les théâtres grecs et romains?

3) Doc. 5 : À votre avis, pourquoi les comédiens utilisaient-ils des masques pour jouer?

4) Doc. 6 : a. Observez la forme des gradins : quelle différence remarquez-vous entre le théâtre grec et le théâtre romain? **b.** Dans le théâtre grec, que trouve-t-on juste au pied des gradins, au centre? Par quoi cela est-il remplacé dans le théâtre romain? **c.** Le spectacle se déroule-t-il au même endroit dans le théâtre grec et dans le théâtre romain?

SYNTHÈSE DU CHAPITRE

Le XVIIe siècle est le grand siècle du théâtre. À titre d'exemple, à l'époque, dix pour cent des Parisiens vont régulièrement au théâtre et certains, tous les jours ! Les personnes au pouvoir s'y intéressent : Louis XIII et Richelieu (son « premier ministre »), puis Louis XIV sont des spectateurs assidus ; Louis XIII monte parfois sur scène pour jouer la comédie, et Richelieu, fin connaisseur, aime inventer des canevas de pièces. Leur goût pour l'art dramatique a aussi une dimension politique : si tant de gens aiment le théâtre, il faut pouvoir le contrôler, voire s'en servir pour renforcer l'ordre social, l'autorité et le prestige du roi. Beaucoup d'argent est investi pour favoriser la création de pièces. En contrepartie on impose de nombreuses règles et la censure est sévère.

Le Cid : d'une tragi-comédie baroque à une tragédie classique ?

Une œuvre de jeunesse vouée au triomphe

Auteur de pièces de théâtre à succès, Corneille excelle à comprendre les goûts du public. Pour ***Le Cid***, il reprend la pièce de Guillén de Castro, intitulée ***Las Mocedades del Cid*** (***La Jeunesse du Cid***, 1618), qui a pour thème les exploits et amours de Rodrigo Diaz de Bivar, un chevalier espagnol du Moyen Âge, surnommé « El Cid » (de l'arabe *Sidi*, « seigneur »). Autant d'ingrédients pour une intrigue passionnante. Corneille fait de sa pièce une **tragi-comédie**, le genre alors à la mode. Correspondant à **l'esthétique baroque**, la tragi-comédie se caractérise par de nombreux **rebondissements** (amours contrariées, trahisons, combats sanglants, enlèvements, quiproquos…), mêle les lieux et les époques, ainsi que les registres comique et tragique. Tout est permis pour tenir le spectateur en haleine ; seule contrainte : que l'histoire se termine bien. Très attentif aux goûts du moment, Corneille propose une pièce plus épurée qu'une tragi-comédie traditionnelle : intrigue simplifiée, action resserrée dans le temps et l'espace, conflits psychologiques plutôt que scènes de combat, dimension comique limitée, personnages plus complexes, déchirés intérieurement par le **dilemme** auquel ils se trouvent confrontés. ***Le Cid*** est un triomphe absolu, au moment de la victoire de la France sur l'Espagne, en 1637.

Un jeune homme désireux de prouver sa valeur

Cependant, Corneille s'adapte plus facilement aux attentes du public qu'à celles du pouvoir. Étroitement lié à Richelieu, il est l'un des cinq auteurs « officiels », formés et financés par celui-ci. Mais c'est aussi un jeune homme d'à peine trente ans, sûr de son talent, peu soucieux des recommandations des doctes, ces érudits âgés nommés par Richelieu pour contrôler la production littéraire et imposer l'esthétique classique. On retrouve ce désir d'indépendance dans l'intrigue même de la pièce. En effet, ***Le Cid*** oppose en quelque sorte la jeunesse à la vieillesse, censée détenir l'autorité, et cette lutte tourne rapidement à l'avantage de la première. Rodrigue est un tout jeune homme qui cherche à prouver sa force et son courage pour trouver sa place dans le monde des adultes. Il le fait certes avec panache, mais en passe aussi par le refus de se soumettre au roi. Ainsi, en tuant le Comte en duel pour venger son père et sauver son honneur, il se fait justice tout seul au lieu de demander justice au roi. Quand il part combattre les Maures, il ne le fait pas sur demande du roi, mais il le décide seul et lève sa propre armée. Cependant, à la fin de la pièce, le roi parvient à prendre le dessus et à faire respecter sa décision de marier Rodrigue et Chimène afin de restaurer la paix entre ses seigneurs. Son autorité est donc enfin (r)établie.

La querelle du *Cid* ou la transition du baroque vers le classicisme

Les règles du théâtre de l'époque sont strictes : on recherche par exemple **l'unité d'action, de temps et de lieu**. Face à ce jeune auteur un peu trop provocateur, les reproches des doctes ne se font pas attendre : il n'a pas assez respecté les **règles classiques**, notamment la **bienséance** et la

vraisemblance : comment une jeune femme respectable peut-elle épouser l'assassin de son père ? Corneille y répond par le mépris et la situation s'envenime : c'est ce que l'on a appelé la « querelle du Cid », véritable affaire d'État, puisqu'on demande à Richelieu de trancher. Pour les défenseurs de Corneille, la pièce ne peut pas être mauvaise, puisqu'elle connaît un immense succès populaire. L'Académie française, chargée par Richelieu de prononcer le jugement, donne plutôt raison aux adversaires du ***Cid***. Affecté, Corneille modifie sa pièce en 1648 puis en 1660, pour la rendre plus conforme aux règles classiques (version la plus connue, ici proposée).

Suggestions de lectures complémentaires

- Magali Wiéner, ***Le Théâtre à travers les âges***, 2000.
- Pierre Corneille, Jean-Louis Mennetier, Christophe Billard, Oliv', ***Le Cid : la bande dessinée***, Éditions Petit à Petit, 2006.

Pièces de théâtre (du répertoire français)

- Pierre Corneille, ***Le Menteur***, 1643.
- Jean Racine, ***Phèdre***, 1677.
- Victor Hugo, ***Ruy Blas***, 1838.
- Émile Roudié, ***D'Artagnan et Cyrano***, 1935.

Prolongement

La figure du ***Cid*** a inspiré de nombreux poètes. Si Corneille en a donné la version dramatique la plus brillante, Georges Fourest (1867-1945) traite le cœur de l'intrigue avec familiarité et humour dans ce sonnet parodique.

« Le Cid »

Le palais de Gormaz, comte et gobernador,
est en deuil : pour jamais dort couché sous la pierre
l'hidalgo dont le sang a rougi la rapière
de Rodrigue, appelé le Cid Campeador.

Le soir tombe. Invoquant les deux saints Paul et Pierre,
Chimène, en voiles noirs, s'accoude au mirador
et ses yeux dont les pleurs ont brûlé la paupière
regardent, sans rien voir, mourir le soleil d'or...

Mais un éclair, soudain, fulgure en sa prunelle :
sur la plaza Rodrigue est debout devant elle !
Impassible et hautain, drapé dans sa capa,

le héros meurtrier à pas lents se promène :
« Dieu ! soupire à part soi la plaintive Chimène,
« qu'il est joli garçon l'assassin de Papa ! »

Georges Fourest, « Le Cid », ***la Négresse blonde***, 1909

▲ Gravure représentant l'actrice Rachel dans le rôle de Chimène, XIXe siècle

4

LA LETTRE AUX XVIIe ET XVIIIe SIÈCLES

Savoir distinguer différents types de lettres.
Identifier et maîtriser les codes d'écriture d'une lettre.

Textes et images

Histoire des Arts

Lexique : Les différentes formes de correspondance écrite *(voir fiche-lexique n° 4)*.
Expression orale : Présenter les résultats d'une recherche ou d'un sondage.
Expression écrite : Écrire une lettre personnelle ou administrative, accompagner son CV d'une lettre de motivation *(voir fiches-méthode n° 2 et n° 3)*.

Étude de la langue

Grammaire :

Prépositions et conjonctions (n° 9), Mémo-fiche : mots interrogatifs et mots exclamatifs, interjections, onomatopées (n° 10), Mémo-fiche : les fonctions liées au verbe, les fonctions liées au nom (n° 11).

Orthographe et conjugaison :

Synthèse et exercices : les accords à ne pas oublier (n° 11), Analyser un verbe (n° 12), Mémo-fiche : valeur des modes et des temps (n° 13).

La lettre aux XVIIe et XVIIIe siècles : un véritable phénomène de société

Johannes Vermeer, ***La Maîtresse et la servante***, vers 1666-1667, huile sur toile, 90,2 x 78,4 cm, Frick Collection, New York

Lecture d'image

1) Quel est l'élément qui est mis en valeur par le tableau ? Par quels moyens est-il présenté comme un élément important ?

2) Qui sont les deux personnages présents sur le tableau ? À quoi reconnaît-on leur origine sociale et leur rôle ?

3) Qu'est-ce que ce tableau nous apprend sur les pratiques épistolaires au XVIIe siècle (milieu social / importance de la lettre) ?

4) Les deux personnages sont des femmes. Que peut-on en conclure sur l'image attachée à l'activité épistolaire ? Selon vous, cela reflète-t-il la réalité et cela a-t-il changé par la suite ? (Pour justifier votre réponse, feuilletez le chapitre, en regardant rapidement les textes et les illustrations).

Compléments sur le site

- Synthèses d'histoire des arts.
- Proposition d'évaluation finale (de type brevet).
- Pages supplémentaires sur la correspondance.

A. LA LETTRE INTIME : UN BEAU TÉMOIGNAGE D'AMOUR MATERNEL

La Marquise de Sévigné, née Marie de Rabutin-Chantal (1629-1696), était issue d'une ancienne famille très cultivée de la noblesse de Bourgogne. Devenue orpheline très tôt, puis veuve (son mari fut tué en duel), elle se consacra à ses enfants, proche surtout de sa fille à qui elle voua une affection immense. Femme d'esprit et femme du monde, elle fréquenta beaucoup la cour de Louis XIV et fut l'amie intime de grands personnages politiques (Turenne, Fouquet) ou d'artistes de l'époque (Corneille, La Fontaine). Ses talents d'épistolière la rendirent célèbre malgré elle, et les nombreuses lettres qu'elle écrivit constituent une véritable œuvre littéraire, précieuse chronique des événements et des mœurs de son siècle.

Madame de Sévigné est séparée de sa fille, lorsque celle-ci se marie et part vivre à Grignan. Elle la voit peu, mais lui écrit des lettres très fréquentes et émouvantes durant de nombreuses années. Elle rédige celle-ci à la suite d'un voyage fait à Grignan.

À MADAME DE GRIGNAN
À Montélimar, jeudi 5 octobre 1673

Voici un terrible jour, ma chère fille ; je vous avoue que je n'en puis plus. Je vous ai quittée dans un état qui augmente ma douleur. Je songe à tous les pas que vous faites et à tous ceux que je fais, et combien il s'en faut qu'en marchant toujours de cette sorte, nous puissions jamais nous rencontrer. Mon cœur est en repos quand il est auprès de vous : c'est son état naturel, et le seul qui peut lui plaire. Ce qui s'est passé ce matin me donne une douleur sensible, et me fait un déchirement dont votre philosophie sait les raisons : je les ai senties et les sentirai longtemps. J'ai le cœur et l'imagination tout remplis de vous ; je n'y puis penser sans pleurer, et j'y pense toujours : de sorte que l'état où je suis n'est pas une chose soutenable ; comme il est extrême, j'espère qu'il ne durera pas dans cette violence. Je vous cherche toujours, et je trouve que tout me manque, parce que vous me manquez. Mes yeux qui vous ont tant rencontrée depuis quatorze mois ne vous trouvent plus. Le temps agréable qui est passé rend celui-ci douloureux, jusqu'à ce que j'y sois un peu accoutumée ; mais ce ne sera jamais assez pour ne pas souhaiter ardemment de vous revoir et de vous embrasser. Je ne dois pas espérer mieux de l'avenir que du passé. Je sais ce que votre absence m'a fait souffrir ; je serai encore plus à plaindre, parce que je me suis fait imprudemment une habitude nécessaire de vous voir. Il me semble que je ne vous ai point assez embrassée en partant : qu'avais-je à ménager ? Je ne vous ai point assez dit combien je suis contente de votre tendresse ; je ne vous ai point assez recommandée à M. de Grignan ; je ne l'ai point assez remercié de toutes ses politesses et de toute l'amitié qu'il a pour moi ; j'en attendrai les effets sur tous les chapitres : il y en a où il a plus d'intérêt que moi, quoique j'en sois plus touchée que lui. Je suis déjà dévorée de curiosité ; je n'espère plus de consolation que de vos lettres, qui me feront encore bien soupirer. En un mot, ma fille, je ne vis que pour vous. Dieu me fasse la grâce de l'aimer quelque jour comme je vous aime. Je songe aux pichons[1], je suis toute pétrie[2] de Grignan ; je tiens partout. Jamais un voyage n'a été si triste que le nôtre ; nous[3] ne disons pas un mot.

Adieu, ma chère enfant, aimez-moi toujours : hélas ! nous revoilà dans les lettres. Assurez Monsieur l'Archevêque de mon respect très tendre, et embrassez le Coadjuteur[4] ; je vous recommande à lui. Nous avons encore dîné à vos dépens. Voilà M. de Saint-Geniez qui vient me consoler. Ma fille, plaignez-moi de vous avoir quittée.

Madame de Sévigné, *Lettres*

1. **pichons :** en provençal, les petits enfants.
2. comme la pâte « pétrie » dont les éléments sont bien mélangés.
3. **nous :** Madame de Sévigné voyage en compagnie de deux abbés.
4. **le Coadjuteur :** le frère du Comte de Grignan.

Questions sur le texte

1) Observez cette lettre et relevez les différents éléments qui permettent de préciser la situation d'énonciation : qui est l'expéditrice ? Qui est la destinataire ? Quels liens les unissent ? Où et quand la lettre a-t-elle été écrite ? Vous pouvez vous aider de la leçon de grammaire n° 26.

2) Quel est le thème principal abordé dans cette lettre ? Relevez une phrase où il apparaît nettement.

3) a. Quel est l'objectif de cette lettre et pourquoi a-t-elle été écrite ? b. Quels sentiments veut-elle susciter chez la destinataire ?

4) Les lettres de Madame de Sévigné ont été rassemblées et publiées après sa mort. À votre avis, cette lettre était-elle destinée à être publiée et lue par un public au départ ? Justifiez votre réponse.

Lexique

1) La langue du XVIIe siècle *(aidez-vous de la fiche-lexique no 5 en fin d'ouvrage)*

a. Analysez le verbe « puis » dans l'expression « je n'en puis plus » (l.1) : Quel est son infinitif ? Peut-on écrire cette forme en français moderne ou a-t-elle été remplacée par une autre forme ? Laquelle ?

b. Quel est le sens de l'adverbe « jamais » (l.3) ? A-t-il le même sens qu'aujourd'hui ?

c. Observez la négation « ne ... point » : combien de fois revient-elle dans le texte ? Quelle autre négation emploierait-on plutôt aujourd'hui ? Cette forme contemporaine est-elle présente dans le texte ?

2) Le vocabulaire du sentiment et de la souffrance

a. Relevez dans un tableau à deux colonnes tous les noms communs ou adjectifs qualificatifs qui renvoient au champ lexical de l'amour maternel, et tous les noms communs ou adjectifs qualificatifs qui renvoient au champ lexical de la souffrance sentimentale.

b. Que pouvez-vous en conclure sur l'importance de ces deux champs lexicaux ici ?

B2i

Apprenez à mettre en page et à envoyer une lettre personnelle ou administrative à partir d'un ordinateur en prenant comme modèles les lettres proposées sur le site ***lelivrescolaire.fr***.

Lecture d'image

1) À l'aide des différents éléments représentés sur le tableau, reconstituez ce qui s'est passé et ce qui a conduit à l'évanouissement du personnage assis en bleu. Précisez ce que fait l'autre personne.

2) Quels sont les éléments du tableau qui rendent la scène vivante et théâtrale ?

3) Quels éléments de ce tableau sont en lien avec l'écriture des lettres ?

4) Pouvez-vous dire ce qu'est la boîte posée sur la table à droite de l'image ? *(Aidez-vous du dossier d'Histoire des arts pages 78-79).*

Compléments sur le site

› Une deuxième lettre de Madame de Sévigné à sa fille.

Expression orale

Apportez des lettres ou des cartes postales personnelles avec l'autorisation de vos parents. Lisez-les à voix haute, vos camarades doivent deviner la situation d'énonciation : qui parle à qui, de quoi, quand, où, et quels sont les liens entre expéditeur et destinataire (ami, famille) d'après le contenu des lettres. Faites attention à adapter le ton et l'attitude de lecture selon la situation de communication de la lettre : ton familier, amical, neutre, formel, respectueux…

Expression écrite

Imaginez le contenu de la lettre qui a provoqué l'évanouissement de la jeune femme du tableau. Respectez la présentation et la mise en page de la lettre personnelle, sur le modèle de celle de Madame de Sévigné *(voir fiche-méthode n° 3)*. Veillez à indiquer tous les éléments nécessaires pour préciser la situation d'énonciation : qui parle ? À qui ? Quels sont les liens entre les personnages ? Où et quand la lettre est-elle écrite ? De quoi parle la lettre ? Utilisez au moins trois mots appartenant au champ lexical des sentiments. Veillez à ne commettre aucune erreur d'accord *(voir leçon d'orthographe n° 11)*.

▲ Marguerite Gérard, ***La Mauvaise Nouvelle***, 1804, huile sur toile, 64 x 51 cm, Musée du Louvre, Paris

LA LETTRE DE RUPTURE : « IL FAUT VOUS QUITTER ET NE PENSER PLUS À VOUS »

Gabriel Joseph de Lavergne, comte de Guilleragues (1628-1685) fut un journaliste, diplomate et écrivain. Il commença sa carrière à Bordeaux, puis à la cour du Roi de France, et fut nommé ambassadeur auprès du sultan de Constantinople, où il se fit remarquer par son courage. Il écrivit les ***Lettres portugaises*** ou ***Lettres de la religieuse portugaise***, qu'il présenta d'abord comme le témoignage d'une passion authentique entre une religieuse portugaise et un officier français, en se désignant uniquement comme le traducteur des lettres originales perdues. Cette fiction provoqua le succès des lettres que l'on crut authentiques jusqu'en 1950, à cause de leur qualité : on les trouvait sincères et saisissantes et l'on ne pensait pas qu'un homme ait pu les écrire en peignant si bien les sentiments d'une femme amoureuse et abandonnée. On fit toutes sortes de conjectures sur les deux personnages avant de découvrir la vérité.

Une religieuse portugaise, séduite et abandonnée par un homme, lui écrit cinq lettres d'amour, dont la dernière est une lettre de rupture qui montre le désespoir de l'amante trompée et abandonnée.

Je vous écris pour la dernière fois, et j'espère vous faire connaître, par la différence des termes et de la manière de cette lettre, que vous m'avez enfin persuadée que vous ne m'aimiez plus, et qu'ainsi je ne dois plus vous aimer : je vous renverrai donc par la première voie tout ce qui me reste encore de vous. Ne craignez pas que je vous écrive ; je ne mettrai pas même votre nom au-dessus du paquet ; j'ai chargé de tout ce détail Doña Brites[1], que j'avais accoutumée[2] à des confidences bien éloignées de celles-ci ; ses soins me seront moins suspects que les miens, elle prendra toutes les précautions nécessaires afin de pouvoir m'assurer que vous avez reçu le portrait et les bracelets que vous m'avez donnés. Je veux cependant que vous sachiez que je me sens, depuis quelques jours, en état de brûler et de déchirer ces gages de votre amour qui m'étaient si chers, mais je vous ai fait voir tant de faiblesse que vous n'auriez jamais cru que j'eusse pu devenir capable d'une telle extrémité[3]. [...]

Je demeure d'accord que vous avez de grands avantages sur moi, et que vous m'avez donné une passion qui m'a fait perdre la raison ; mais vous devez en tirer peu de vanité : j'étais jeune, j'étais crédule[4], on m'avait enfermée dans ce couvent depuis mon enfance, je n'avais vu que des gens désagréables, je n'avais jamais entendu les louanges que vous me donniez incessamment ; il me semblait que je vous devais les charmes et la beauté que vous me trouviez et dont vous me faisiez apercevoir[5], j'entendais dire du bien de vous, tout le monde me parlait en votre faveur, vous faisiez tout ce qu'il fallait pour me donner de l'amour[6]. Mais je suis enfin revenue de cet enchantement, vous m'avez donné de grands secours, et j'avoue que j'en avais un extrême besoin. En vous renvoyant vos lettres, je garderai soigneusement les deux dernières que vous m'avez écrites, et je les relirai encore plus souvent que je n'ai lu les premières, afin de ne retomber plus dans mes faiblesses. Ah ! qu'elles me coûtent cher [...] ! Je connais bien que je suis encore un peu trop occupée de mes reproches et de votre infidélité, mais souvenez-vous que je me suis promis un état plus paisible, et que j'y parviendrai, ou que je prendrai contre moi quelque résolution extrême[7] que vous apprendrez sans beaucoup de déplaisir ; mais je ne veux plus rien de vous, je suis une folle de redire les mêmes choses si souvent, il faut vous quitter et ne penser plus à vous, je crois même que je ne vous écrirai plus ; suis-je obligée de vous rendre un compte exact de tous mes divers mouvements ?

Guilleragues, ***Lettres portugaises***, 1669

1. **Doña Brites** est une amie et une confidente de la religieuse, probablement religieuse comme elle.
2. **accoutumée :** habituée.
3. **extrémité :** résolution ferme et décidée.
4. **crédule :** naïf, qui croit facilement tout ce qu'on lui dit.
5. **apercevoir :** m'apercevoir.
6. **donner de l'amour :** *(ici)* inspirer de l'amour.
7. la religieuse veut dire par là qu'elle songe à la mort.

Questions sur le texte

1) À l'aide de la leçon de conjugaison n° 12, analysez dans un tableau tous les verbes conjugués du début du deuxième paragraphe jusqu'à « Ah ! qu'elles me coûtent cher ! » (l.20).

2) a. D'après votre relevé, quels sont les temps verbaux qui renvoient à des événements du passé racontés par la religieuse ? b. Quels sont ceux qui renvoient au moment où la religieuse écrit la lettre ? c. Quelle est la valeur des temps verbaux pour chacun de ces deux moments ? *(leçon de conjugaison n° 13)*

3) Quels sont les différents moyens que la religieuse emploie dans sa lettre pour se convaincre qu'elle n'aime plus l'homme à qui elle écrit ?

4) a. D'après la lecture de cette lettre, est-on certain que la religieuse n'est plus amoureuse comme elle le dit et qu'elle va faire ce qu'elle annonce, c'est-à-dire rompre avec l'homme et ne plus avoir aucun contact avec lui ? b. Justifiez votre réponse en relevant des passages du texte qui le prouvent.

5) Les lettres de la religieuse forment un roman épistolaire écrit par un auteur du nom de Guilleragues. Ce sont donc de fausses lettres. Pourtant, on a cru très longtemps que la religieuse était un personnage réel et que l'histoire était vraie. Quels sont les éléments de cette lettre qui donnent une impression authentique et qui peuvent expliquer l'erreur des lecteurs ?

Lecture d'image

1) Où se trouve la lettre dans le tableau ?

2) Avec quel autre élément peut-on confondre la lettre ? Pourquoi ?

3) Pour quelle raison le peintre a-t-il fait le choix de ne pas la mettre en évidence ?

4) Observez le visage de la jeune femme. a. Quelles sont les émotions que son visage exprime ? b. À votre avis, a-t-elle déjà lu la lettre ? c. Sa réaction vous semble-t-elle appropriée ?

◀ Alfred Stevens, ***La Lettre de rupture***, vers 1867, huile sur toile, musée d'Orsay, Paris

Lexique

1) Le vocabulaire du raisonnement et de l'argumentation

a. Relevez les verbes de volonté, de jugement ou de pensée utilisés par la religieuse dans sa lettre. b. Relevez les connecteurs logiques, les adverbes et les conjonctions marquant des liens logiques *(voir les fiches méthodologiques correspondantes et la leçon de grammaire n° 9)*. c. Ces éléments sont-ils nombreux ? Pourquoi ? d. Cela révèle-t-il la solidité ou la faiblesse de la résolution prise par la religieuse ? Pourquoi, d'après vous ?

2) Histoire et évolution du sens d'un mot : le mot « enchantement »

Cherchez dans un dictionnaire étymologique le sens ancien du mot « enchantement ». Cherchez son sens actuel dans un dictionnaire de langue. En comparant les deux définitions, que remarquez-vous ?

Expression écrite

Faites des recherches sur le vocabulaire de la passion et de la rupture amoureuses, en préparation d'une rédaction en classe : notez sur une feuille au moins cinq mots de chacun des deux lexiques en recopiant leur définition.

› En classe : imaginez et écrivez la réponse de l'homme à la lettre de la religieuse. Vous pouvez choisir d'écrire une réponse positive (lettre de passion) ou négative (lettre de rupture). Selon votre choix, vous utiliserez dans votre lettre une série de cinq mots empruntés soit au lexique de la rupture soit à celui de la passion.

Expression orale

6. S'intégrer et coopérer dans un projet collectif

Organisez un sondage sur la concurrence entre la lettre et les nouvelles formes de communication écrite (e-mail ou autre).

› En classe, imaginez un questionnaire *(voir modèle sur **lelivrescolaire.fr**)*. Demandez à deux personnes choisies dans votre entourage d'y répondre. En classe, par groupes de cinq, analysez et commentez les résultats, en réalisant un tableau qui les collecte. Présentez un résumé statistique et argumenté sur l'utilisation de la lettre et de l'e-mail (ou autre).

1 L'UNIVERS DES ÉPISTOLIERS : ENTRÉE DANS L'ATELIER D'ÉCRITURE DE LA LETTRE

Avant l'invention du téléphone ou d'Internet, la lettre est le seul moyen de communiquer à distance. L'écriture et la lecture des lettres sont des éléments de la vie quotidienne qui suscitent des pratiques et des outils variés. Du pli cacheté à l'e-mail, du secrétaire à l'écritoire de voyage, en voici quelques-uns.

Comment ont évolué la lettre et les pratiques liées à son écriture, comment ont été créées sans cesse de nouvelles formes de communication ?

1 Une lettre typique des XVIIe et XVIIIe siècles

▲ ***Lettre de Benjamin Franklin à Mme Helvétius***, 1780, à propos de Voltaire, conservée au musée de la Coopération franco-américaine

2 Vers la lettre moderne : plusieurs inventions du XIXe siècle

▲ Premières marques postales avec timbres oblitérés, 1830 et 1849, musée de la Poste, Paris

3 Un meuble du XVIIIe siècle, spécialement conçu pour écrire des lettres

▲ ***Bonheur du jour*** (petit secrétaire et coiffeuse), style Louis XVI, meuble en bois, 1770, château de Talcy (Loir-et-Cher)

Questions (1/2)

1) Doc. 1 et 2 : Observez et décrivez les différentes lettres et l'évolution de leur apparence. Quand apparaît l'enveloppe ? Quand apparaît le timbre ?

2) Doc. 1 : Décrivez ce que vous voyez. Qu'est-ce que la tache ronde et sombre sur le papier et quel est son rôle ? Qu'est-ce qu'un sceau ?

3) Doc. 2 : Regardez l'adresse sur l'enveloppe : en quoi diffère-t-elle d'une adresse moderne *(voir fiche-méthode n° 3)* ?

4) Doc. 1 et 2 : La poste est créée au XIXe siècle sous sa forme moderne. Comment acheminait-on les lettres avant ? Renseignez-vous sur l'histoire de la poste sur le site : ***histoirepostale.com***.

5) Doc. 1, 2 et 4 : Quelles sont, selon vous, les différences et les ressemblances entre une lettre et un e-mail *(voir aussi fiche-lexique n° 4)* ?

4 De la lettre à l'e-mail : la naissance d'Internet

Le réseau Internet n'a pas d'abord été conçu pour véhiculer des correspondances privées. Pourtant, c'est l'e-mail qui fut le premier moteur de son développement !

L'ancêtre d'Internet, **Arpanet**, fut créé en 1969 par une agence du ministère de la Défense américain (l'ARPA), pour étudier le partage de données stratégiques entre ordinateurs dans l'hypothèse d'un désastre nucléaire. Cependant, les scientifiques eurent vite la tentation de l'utiliser pour véhiculer des messages… En 1971, l'ingénieur **Tomlinson** mit au point le premier programme de courrier électronique avec deux fonctions : envoyer les messages et les lire. C'était un usage local, sur un seul ordinateur. En 1972, Tomlinson envoya le premier e-mail d'une machine à une autre, à l'aide d'une troisième invention : un programme de transfert de fichiers.

Si ces programmes primitifs ont disparu, sa quatrième innovation est toujours présente : pour créer des adresses électroniques qui relient deux informations (expéditeur ou destinataire d'un côté et adresse de la boîte e-mail de l'autre), il fallait un signe particulier, qui relie, en les séparant, ces deux informations dans une seule ligne d'adresse ; un signe qui n'ait aucune chance de se retrouver dans les adresses elles-mêmes. Tomlinson choisit l'**arobase (@)**, un des symboles les moins utilisés du clavier, sans avoir conscience qu'il créait une icône si puissante qu'aujourd'hui elle symbolise à elle seule le réseau Internet. Un an plus tard, le courrier électronique représentait les trois quarts du trafic de l'Arpanet !

Cécile Lambert

5 Écrire en voyage

▲ Écritoire de voyage aux initiales « JV » ayant appartenu à Jules Verne (1828-1905), acajou, fabriqué en 1885

6 Le secrétaire : un meuble servant à conserver les lettres

◀ Giuseppe Maggiolini, secrétaire amovible (fermé), marqueterie sur un meuble en noyer, 1790, Stupinigi, Italie

Questions (2/2)

6) Doc. 3, 5 et 6 : Quels sont les différents objets représentés ici et quelle est leur fonction ?

7) Doc. 3 et 6 : Cherchez dans un dictionnaire l'origine et le sens des noms *bonheur du jour* et *secrétaire*.

8) Doc. 4 : D'après ce texte, comment est né Internet et quelle est la cause principale de son développement ?

9) Doc. 6 : Quelle évolution intéressante a connu le mot *secrétaire* ? De nos jours, désigne-t-il seulement un meuble ?

10) Doc. 5 : L'écritoire de voyage est une sorte de mallette comportant tout ce qu'il faut pour écrire et transporter des lettres. Comment fonctionne cette écritoire de voyage ? De quels éléments se compose-t-elle ?

11) Doc. 5 : L'e-mail est la forme moderne de la lettre : quelle pourrait être selon vous la forme moderne ou la version numérique de l'écritoire de voyage ?

12) Doc. 5 et 6 : On peut repérer une serrure en haut de l'écritoire et du secrétaire : pourquoi se ferment-ils à clef ? Que pouvez-vous en conclure sur la manière dont on protège le contenu des lettres ?

B. ENTRE L'INTIME ET LE MONDAIN : L'HISTOIRE D'UNE BROUILLE PHILOSOPHIQUE

François Marie Arouet, dit Voltaire (1694-1778), eut une vie extrêmement riche qui couvrit tout le XVIIIe siècle. Il est considéré comme le philosophe des Lumières françaises par excellence, honoré ou détesté. Il fut poète, dramaturge, essayiste, historien, souvent avec une ironie brillante. Connu pour ses prises de position dans diverses entreprises philosophiques, contre le fanatisme religieux et l'absolutisme politique (affaires Calas et La Barre), en faveur de la tolérance, il participa à l'***Encyclopédie*** avec Diderot et d'Alembert, grande entreprise qui visait à rassembler tout le savoir théorique et technique connu en un seul ouvrage, en plusieurs volumes successifs, selon l'ordre alphabétique. Il lut et écrivit beaucoup, voyagea, et s'intéressa à tous les domaines. Ses œuvres restées célèbres sont ***Candide*** et le ***Dictionnaire philosophique***. Sa correspondance, qui rassemble plus de vingt mille lettres, constitue un document précieux sur le siècle des Lumières.

Chaque jour, Voltaire écrit plusieurs lettres dans lesquelles il traite de tous les sujets possibles. La lettre que voici est écrite à sa nièce, Madame Denis, alors que Voltaire est depuis un peu plus de deux ans en Prusse, à la cour du roi Frédéric II. D'abord amis, le philosophe et le roi se brouillent petit à petit, ce qui conduira Voltaire à quitter la cour du roi l'année suivante. Dans cette lettre, Voltaire exprime son amertume, sa colère et sa désillusion devant le comportement de Frédéric II.

À Berlin, le 18 décembre 1752.

Comme je n'ai pas dans ce monde-ci cent cinquante mille moustaches[1] à mon service, je ne prétends point du tout faire la guerre. Je ne songe qu'à déserter honnêtement, à prendre soin de ma santé, à vous revoir, à oublier ce rêve de trois années.

Je vois bien qu'*on a pressé l'orange*[2] ; il faut penser à sauver l'écorce. Je vais me faire, pour mon instruction, un petit dictionnaire à l'usage des rois.

Mon ami signifie *mon esclave.*

Mon cher ami veut dire *vous m'êtes plus qu'indifférent.*

Entendez par : *je vous rendrai heureux, je vous souffrirai*[3] *tant que j'aurai besoin de vous.*

Soupez avec moi ce soir signifie *je me moquerai de vous ce soir.*

Le dictionnaire peut être long ; c'est un article à mettre dans l'*Encyclopédie.*

Sérieusement, cela serre le cœur. Tout ce que j'ai vu est-il possible ? Se plaire à mettre mal ensemble ceux qui vivent ensemble avec lui ! Dire à un homme les choses les plus tendres, et écrire contre lui des brochures, et quelles brochures ! Arracher un homme à sa patrie par les promesses les plus sacrées, et le maltraiter avec la malice la plus noire ! que de contrastes ! Et c'est là l'homme qui m'écrivait tant de choses philosophiques, et que j'ai cru philosophe ! et je l'ai appelé *le Salomon*[4] *du Nord* !

Vous vous souvenez de cette belle lettre qui ne vous a jamais rassurée. *Vous êtes philosophe,* disait-il : *je le suis de même.* Ma foi, Sire, nous ne le sommes ni l'un ni l'autre.

Ma chère enfant, je ne me croirai tel que quand je serai avec mes pénates[5] et avec vous. L'embarras est de sortir d'ici [...].

Voltaire, « Lettre à Madame Denis », *Correspondance*

1. les « moustaches » désignent les militaires.
2. anecdote célèbre : parlant de Voltaire qu'il avait fait venir à sa cour, le roi Frédéric II aurait dit un jour : « on presse l'orange, et puis lorsqu'on n'en a plus besoin, on la jette ». Ce propos, su par Voltaire, est en partie à l'origine de la brouille entre les deux hommes.
3. souffrir : supporter contre son gré, tolérer.
4. Salomon : roi d'Israël (Xe siècle av. J.-C.), réputé pour sa sagesse et sa justice. Son histoire est racontée dans la ***Bible*** (Livre des Rois). Il est aussi cité dans le ***Coran*** (27e sourate).
5. pénates : dieux domestiques qui symbolisaient le foyer chez les anciens Romains. Voltaire exprime par cette expression son désir d'être auprès des siens.

Questions sur le texte

1) Reconstituez la situation d'énonciation de cette lettre. Qui écrit à qui, où et quand? Quel thème traite-t-elle?

2) a. Qui est le troisième personnage qui n'est pas nommé directement ici, mais dont Voltaire critique le comportement? (Aidez-vous du chapeau d'introduction pour répondre) b. À travers quelles paroles apparaît-il ici même s'il n'est pas nommé?

3) Observez le texte depuis « mon ami » jusqu'à « je me moquerai de vous ce soir » (l. 6 à 9). a. Comment les quatre phrases sont-elles construites? b. Dans chaque phrase, quelle est l'expression prononcée par Frédéric II? c. Que veut-elle vraiment dire, quelle est sa signification implicite (ce que Voltaire révèle et dénonce)? d. Comment s'appelle la figure de style qui consiste à employer un mot ou une phrase de sens contraire à ce qu'on veut dire en réalité?

4) a. Observez la fin du texte: quel est le signe de ponctuation qui revient sans cesse et le type de phrase utilisé? b. Quel sentiment Voltaire exprime-t-il donc ici?

5) Voltaire utilise dans sa lettre de nombreux effets détournés visant à faire passer son message. Ce sont des moyens de critique ou de dénonciation polémique. Cherchez le sens de *polémique*.

Lecture d'image

1) Que représente ce tableau?

2) Identifiez le roi, en bleu au centre de la table, et Voltaire, en rose, qui est situé à deux places à sa droite. a. Comment sont-ils représentés? b. Ont-ils l'air d'être en bons termes?

3) Émettez des hypothèses sur l'identité des autres personnages présents.

4) Comment décririez-vous l'ambiance du dîner? Sur quels éléments pouvez-vous appuyer votre réponse?

5) Ce tableau vous semble-t-il en accord avec le contenu de la lettre de Voltaire?

6) Que pouvez-vous par ailleurs en déduire sur l'atmosphère qui règne à la cour de Prusse et qui se retrouve dans certains salons au XVIIIe siècle?

Lexique

1) L'emploi de l'italique

a. Pourquoi certaines phrases sont-elles en italique dans ce texte?

b. Quels autres signes utiliserait-on aujourd'hui à la place de certains de ces italiques?

2) Les références du texte à la philosophie des Lumières

a. Expliquez le sens de l'expression « le Salomon du Nord » utilisée ici par Voltaire pour désigner le roi Frédéric II.

b. Faites des recherches sur l'œuvre philosophique appelée l'***Encyclopédie*** *(aidez-vous de votre livre d'Histoire)*.

c. Constituez une liste des œuvres écrites par Voltaire (cela s'appelle une bibliographie). À quelle œuvre écrite après le séjour à Berlin et à Potsdam (1749-1753) le « dictionnaire » mentionné dans le texte peut-il renvoyer?

Expression écrite

Voltaire est parti de la cour après la brouille. Le roi écrit à l'un de ses amis pour lui annoncer la nouvelle. Dans sa lettre, vous imaginerez trois moments: le récit du départ de Voltaire et ses circonstances, la description de la brouille (en inventant un sujet de brouille possible), et la réaction du roi: se juge-t-il coupable, cherche-t-il à se justifier ou est-il heureux du départ de Voltaire? Vous construirez la lettre selon les codes épistolaires *(voir fiche-méthode nº 4)* et vous ferez attention au niveau de langage: c'est un roi qui parle.

Expression orale

Faites une recherche sur les salons littéraires: quels sont les salons célèbres, quelles sont les activités que l'on y pratique, quelles sont les personnes qui les fréquentent aux XVIIe et XVIIIe siècles? Présentez un bref exposé sur la question.

◂ Adolph von Menzel, ***Tafelrunde (Voltaire à la cour de Frédéric II de Prusse)***, 1850, huile sur toile, original détruit dans un incendie

C. LA LETTRE MONDAINE : « COMMENT PEUT-ON ÊTRE PARISIEN ? »

Charles-Louis de Secondat, baron de Montesquieu (1698-1755) : *voir biographie au chapitre 1, texte 5, page 28.*

Rica, un jeune Persan en voyage à travers l'Europe, écrit à son ami Ibben pour lui présenter les mœurs des habitants de Paris.

RICA À IBBEN, à Smyrne.

Nous sommes à Paris depuis un mois, et nous avons toujours été dans un mouvement continuel. Il faut bien des affaires avant qu'on soit logé, qu'on ait trouvé les gens à qui on est adressé, et qu'on se soit pourvu des choses nécessaires, qui manquent toutes à la fois.

Paris est aussi grand qu'Ispahan[1]. Les maisons y sont si hautes qu'on jurerait qu'elles ne sont habitées que par des astrologues. Tu juges bien qu'une ville bâtie en l'air, qui a six ou sept maisons les unes sur les autres, est extrêmement peuplée, et que, quand tout le monde est descendu dans la rue, il s'y fait un bel embarras.

Tu ne le croirais pas peut-être : depuis un mois que je suis ici, je n'y ai encore vu marcher personne. Il n'y a point de gens au monde qui tirent mieux parti de leur machine que les Français : ils courent ; ils volent. Les voitures lentes d'Asie, le pas réglé de nos chameaux, les feraient tomber en syncope. Pour moi, qui ne suis point fait à ce train, et qui vais souvent à pied sans changer d'allure, j'enrage quelquefois comme un chrétien : car encore passe qu'on m'éclabousse depuis les pieds jusqu'à la tête ; mais je ne puis pardonner les coups de coude que je reçois régulièrement et périodiquement. Un homme qui vient après moi, et qui me passe[2], me fait faire un demi-tour, et un autre, qui me croise de l'autre côté, me remet soudain où le premier m'avait pris ; et je n'ai pas fait cent pas, que je suis plus brisé que si j'avais fait dix lieues[3].

Ne crois pas que je puisse, quant à présent, te parler à fond des mœurs et des coutumes européennes : je n'en ai moi-même qu'une légère idée, et je n'ai eu à peine que le temps de m'étonner.

[...]

Je continuerai à t'écrire, et je t'apprendrai des choses bien éloignées du caractère et du génie persan. C'est bien la même terre qui nous porte tous deux ; mais les hommes du pays où je vis, et ceux du pays où tu es, sont des hommes bien différents.

De Paris, le 4 de la lune de Rebiab 2[4], 1712

Montesquieu, « lettre X »,
Lettres persanes, 1721

Expression orale

1. Participer à un débat, à un échange verbal

Les coutumes des autres régions de France :

› Parlez des voyages que vous avez faits dans différentes régions de France, et racontez ce que vous avez trouvé drôle, amusant ou étonnant lors de ces voyages par rapport à l'endroit où vous vivez.

› Cherchez quelles sont les coutumes ou les traditions de votre région ou d'autres régions de France. Les trouvez-vous attachantes, amusantes, étranges ?

› Que pensez-vous de ces coutumes différentes selon les régions ? Sont-elles positives ou négatives ? Pourquoi ?

1. **Ispahan :** capitale de l'empire persan (c'est aujourd'hui une ville d'Iran).
2. **passer :** dépasser.
3. **lieue :** à l'origine, c'est la distance que peut parcourir un homme à pied ou à cheval en une heure, elle a varié entre 3 et 4 km. Ici dix lieues : 30-40 km.
4. **Rebiab 2 :** le mois de juin.

Questions sur le texte

A. La fiction épistolaire

1) Cette lettre est censée être écrite par un Persan, Rica, dans la fiction mise en place par Montesquieu. Relevez tous les éléments de la lettre qui montrent que c'est un étranger qui écrit ou qui renvoient à des notions étrangères.

2) a. Au début du texte, Rica présente les habitudes parisiennes. Qu'apporte le fait de passer par le regard d'un étranger pour présenter Paris? b. Pourquoi Montesquieu choisit-il de faire parler ici un Persan, Rica, à propos de Paris? Quels peuvent être les effets et les buts produits par cette mise en scène?

3) a. Relevez les comparaisons utilisées par Rica dans sa description des coutumes françaises. b. Quel est l'effet produit par ces images?

B. L'ironie

4) a. Cherchez la définition de l'ironie. b. Peut-on dire que ce texte est ironique? Si oui, relevez les différents moyens qui sont utilisés pour provoquer l'ironie ici. c. De quel type d'ironie s'agit-il? Trouvez deux adjectifs qualificatifs pour la caractériser.

5) a. Trouvez-vous que cette présentation des Parisiens soit plutôt exagérée ou plutôt fidèle? b. À votre avis, pourrait-on écrire le même type de texte sur les Parisiens aujourd'hui?

Lexique

1) Créer la surprise par l'exagération

Relevez le champ lexical de la surprise et de l'étrangeté dans ce texte. Repérez les termes intensifs et dites s'ils vous semblent fréquents ou non: «si ... que», «bien», etc.

2) Commentez l'expression «j'enrage quelquefois comme un chrétien»: pourquoi cette expression peut-elle surprendre dans la bouche de Rica? Rica est-il chrétien? Quelle est vraisemblablement sa religion? Pourquoi cette expression peut-elle être drôle? Pourquoi peut-elle aussi être une critique de la part de Montesquieu à l'égard des chrétiens?

3) L'humour / l'ironie / la satire

Montesquieu et Voltaire *(texte précédent)*, malgré leurs divergences, sont des représentants de ce qu'on appelle «la philosophie des Lumières»: ils cherchent à lutter contre les préjugés en dénonçant les comportements scandaleux de leur temps. Pour cela ils font appel à l'intelligence du lecteur en utilisant des procédés de dénonciation subtils: l'humour, l'ironie et la satire, pour exercer la raison et le jugement des lecteurs.

a. Cherchez la définition de ces trois notions: *humour, ironie, satire*. b. Quelles ressemblances y a-t-il entre elles? Quelles différences peut-on néanmoins faire entre humour, ironie et satire? c. Ici, quelles notions pourraient s'appliquer au texte de Montesquieu?

Lecture d'image

1) a. Quelle est l'identité du personnage représenté ici? b. Quels sont les éléments de son portrait qui renvoient à son origine étrangère?

2) La gravure représente un personnage venant d'une culture étrangère à l'Occident. a. La représentation de l'étranger vous semble-t-elle fidèle ou caricaturale? Pourquoi? b. Vous semble-t-elle faite avec soin et minutie ou à la va-vite, selon des préjugés?

3) D'après cette gravure, expliquez comment les hommes du siècle des Lumières considèrent l'étranger.

Expression écrite

› Vous êtes en voyage et vous écrivez une lettre à un ami: choisissez une coutume réelle ou imaginaire d'un pays de votre choix, et décrivez-la à votre ami.

› Vous veillerez à adopter un point de vue distant et à utiliser l'humour et la surprise. Vous respecterez les codes de la lettre *(voir fiche-méthode n° 3)*.

▲ François Boucher, d'après Watteau, ***Persan à mi-corps, assis de trois-quarts, un turban sur la tête***, XVIIIe siècle, eau-forte pure, épreuve du 1er état, 31 x 24 cm, collection du baron Edmond de Rothschild, département des Arts graphiques, Musée du Louvre, Paris

UNE NOUVELLE EXTRAORDINAIRE !

Marquise de Sévigné, née Marie de Rabutin-Chantal (1629-1696) : *voir biographie au chapitre 4, texte 1, page 74.*

Vivant à Paris et fréquentant la cour du roi, la Marquise de Sévigné est au courant des événements mondains de la capitale qu'elle communique à sa famille ou à ses amis de province, en utilisant la lettre à la manière d'une gazette de presse. Ici elle écrit à son cousin.

À MONSIEUR DE COULANGES.
À Paris, ce lundi 15 décembre 1670.

Je m'en vais vous mander[1] la chose la plus étonnante, la plus surprenante, la plus merveilleuse, la plus miraculeuse, la plus triomphante, la plus étourdissante, la plus inouïe, la plus singulière, la plus extraordinaire, la plus incroyable, la plus imprévue, la plus grande, la plus petite, la plus rare, la plus commune, la plus éclatante, la plus secrète jusqu'aujourd'hui, la plus brillante, la plus digne d'envie : enfin une chose dont on ne trouve qu'un exemple dans les siècles passés, encore cet exemple n'est-il pas juste ; une chose que l'on ne peut pas croire à Paris (comment la pourrait-on croire à Lyon[2] ?) ; une chose qui fait crier miséricorde à tout le monde ; une chose qui comble de joie Mme de Rohan et Mme d'Hauterive[3] ; une chose enfin qui se fera dimanche, où ceux qui la verront croiront avoir la berlue ; une chose qui se fera dimanche, et qui ne sera peut-être pas faite lundi. Je ne puis me résoudre à la dire ; devinez-la : je vous le donne en trois. Jetez-vous votre langue aux chiens ? Eh bien ! il faut donc vous la dire : M. de Lauzun épouse dimanche au Louvre, devinez qui ? je vous le donne en quatre, je vous le donne en dix, je vous le donne en cent. Mme de Coulanges dit : « Voilà qui est bien difficile à deviner ; c'est Mme de La Vallière. — Point du tout, Madame. — C'est donc Mlle de Retz ? — Point du tout, vous êtes bien provinciale. — Vraiment, nous sommes bien bêtes, dites-vous, c'est Mlle Colbert. — Encore moins. — C'est assurément Mlle de Créquy[4]. — Vous n'y êtes pas. Il faut donc à la fin vous le dire : il épouse, dimanche, au Louvre, avec la permission du Roi, Mademoiselle, Mademoiselle de…, Mademoiselle…, devinez le nom : il épouse Mademoiselle, ma foi ! par ma foi ! ma foi jurée ! Mademoiselle[5], la grande Mademoiselle ; Mademoiselle, fille de feu Monsieur[6] ; Mademoiselle, petite-fille de Henri IV ; Mlle d'Eu, Mlle de Dombes, Mlle de Montpensier, Mlle d'Orléans[7], Mademoiselle, cousine germaine du Roi ; Mademoiselle, destinée au trône ; Mademoiselle, le seul parti de France qui fût digne de Monsieur[8].

Voilà un beau sujet de discourir[9]. Si vous criez, si vous êtes hors de vous-même, si vous dites que nous avons menti, que cela est faux, qu'on se moque de vous, que voilà une belle raillerie, que cela est bien fade à imaginer ; si enfin vous nous dites des injures : nous trouverons que vous avez raison ; nous en avons fait autant que vous.

Adieu : les lettres qui seront portées par cet ordinaire[10] vous feront voir si nous disons vrai ou non.

Madame de Sévigné, ***Lettres***

1. mander : transmettre, communiquer.
2. Monsieur de Coulanges se trouve à Lyon.
3. ces deux femmes avaient épousé des personnes de condition inférieure à la leur.
4. ces quatre femmes sont les plus beaux partis de l'époque.
5. Mademoiselle : ce titre avec une majuscule désignait la fille aînée du frère du roi. Ici il s'agit de Mademoiselle de Montpensier, qu'on surnommait la Grande Mademoiselle.
6. Monsieur : le titre de Monsieur avec une majuscule était donné au frère aîné du roi. Ici, il s'agit de Gaston d'Orléans récemment décédé, frère de Louis XIII.
7. ce sont tous les titres de noblesse de Mademoiselle.
8. Monsieur : ici, il s'agit de Philippe d'Orléans, le frère de Louis XIV, le roi régnant à l'époque de Mme de Sévigné.
9. sujet de discourir : sujet de conversation.
10. courrier ordinaire : courrier assurant un service régulier et partant à dates fixes.

Questions sur le texte

1. Repérer les informations dans un texte à partir des éléments explicites et des éléments implicites nécessaires

1) Relevez tous les éléments de la lettre permettant de préciser la situation d'énonciation.

A. La construction de l'information

2) a. À quel moment apparaît vraiment l'information principale que la lettre est censée transmettre à ses destinataires? b. Suivant quels procédés de retardement de l'information la lettre est-elle construite? c. Quel effet Mme de Sévigné cherche-t-elle à produire en utilisant ces procédés?

3) La lettre est adressée à des destinataires identifiés. a. Pensez-vous que ce soit une lettre très personnelle ou qu'elle puisse être lue à d'autres personnes que les destinataires? Comparez-la notamment avec la première lettre de Mme de Sévigné dans ce chapitre (p. 74). b. D'après son contenu, de quel autre type de texte informatif ou événementiel qui n'appartient pas au domaine de la lettre se rapproche-t-elle? Qu'est-ce que cela nous apprend sur la fonction des lettres au XVIIe siècle?

B. La complicité et l'humour

4) a. Quels sont les différents moyens utilisés par Madame de Sévigné pour rendre sa lettre drôle, vive et humoristique? b. Étudiez l'utilisation de l'expression « Mademoiselle » : quel est le jeu de mots ou la devinette que Mme de Sévigné construit avec cette expression? c. Quels sont les mots exclamatifs et interrogatifs utilisés *(voir leçon de grammaire n° 10)*?

▲ Jean-Baptiste Siméon Chardin, ***Une femme occupée à cacheter une lettre***, v. 1732, huile sur toile, 146 x 147 cm, Schloss Sanssouci, Bildergalerie, Potsdam

Lecture d'image

1) a. Quelle est l'activité qui est ici précisément dépeinte et quel est son but? b. Quels sont les outils nécessaires à cette activité?

2) Pourquoi y a-t-il ici deux personnages et quels sont leurs rôles respectifs? Qui a écrit la lettre? Quel est le rôle de l'homme?

3) a. Comment voyageait une lettre aux XVIIe et XVIIIe siècles? À votre avis, la poste existait-elle déjà? b. Faites des recherches sur le cachet, le sceau et l'histoire de la poste, par exemple sur le site ***histoirepostale.com***.

Expression orale

Cherchez une anecdote extraordinaire dans des journaux ou des magazines. Vous raconterez cette histoire devant la classe. Essayez de ménager autant de suspense que dans la lettre de Madame de Sévigné. Pensez à adapter le ton et le niveau de langue.

Expression écrite

Sur le modèle de la lettre de Madame de Sévigné, écrivez à un ami pour lui raconter une nouvelle extraordinaire. Vous ferez toutes les modifications nécessaires pour adapter le ton de la lettre, mais vous essaierez de garder le même suspense et de n'annoncer l'événement qu'à la fin de la lettre. Utilisez des mots interrogatifs et exclamatifs *(voir leçon de grammaire n° 10)*.

B2i Identifiez et comparez les formes modernes de communication et d'échange de nouvelles : l'e-mail, le forum, le blog et le chat.

Lexique

Les expressions avec le mot *lettre*

a. Cherchez la définition des différentes expressions suivantes : *lettre de cachet, lettre de change, lettre ouverte, lettres patentes, lettre de recommandation*. Ces expressions désignent-elles toutes des lettres ou d'autres types de textes? b. Cherchez des expressions françaises utilisant le mot *lettre*, classez-les en deux colonnes selon que *lettre* a le sens de « lettre de l'alphabet » ou de « texte épistolaire ».
Ex. : *prendre tout au pied de la lettre, suivre quelque chose à la lettre, acquérir ses lettres de noblesse*, etc.

2 PEINDRE LA SENSIBILITÉ

La peinture est un art utilisé d'abord pour rendre compte d'événements publics ou faire le portrait de grands personnages. À partir du XVIIIe siècle, on s'intéresse à la vie privée et à l'intimité en développant une approche nouvelle. On s'efforce de peindre avec délicatesse le mouvement et les petites choses de la vie : le quotidien, le corps et ses émotions, les sentiments. Analysons ici cette période de transition qui prépare le romantisme ou le réalisme du XIXe siècle.

Comment se manifeste un nouvel intérêt pour les sentiments dans la peinture du XVIIIe siècle ?

1 Boucher : la scène de genre et l'ambiance pastorale

▲ François Boucher, ***Le Billet doux***, 1754, huile sur toile, 95 x 127 cm, National Gallery, Londres

2 Watteau : scènes galantes et intimes

▲ Jean-Antoine Watteau, ***La Gamme d'amour***, v. 1712, huile sur toile, National Gallery, Londres

3 Greuze : le portrait délicat et plein d'émotion

◄ Greuze, ***La Jeune Fille qui pleure son oiseau mort***, 1759, huile sur toile, Musée du Louvre, Paris

4 Fragonard : la libération du mouvement et de la couleur

▲ Jean-Honoré Fragonard, ***Le Verrou***, v. 1776-1779, huile sur toile, 71 x 92 cm, Musée du Louvre, Paris

5. L'avis de Diderot sur la peinture de son époque : quelques conseils aux peintres

Cent fois j'ai été tenté de dire aux jeunes élèves que je trouvais sur le chemin du Louvre[1] avec leurs portefeuilles sous le bras : [...] Demain, allez à la guinguette[2] ; et vous verrez l'action vraie de l'homme en colère. Cherchez les scènes publiques ; soyez observateurs dans les rues, dans les jardins, dans les marchés, dans les maisons, et vous y prendrez des idées justes du vrai mouvement dans les actions de la vie.

Si dans un tableau la vérité des lumières se joint à celle de la couleur, tout est pardonné, du moins dans le premier instant. Incorrections de dessin, manques d'expression, pauvreté de caractères, vices d'ordonnance, on oublie tout ; on demeure extasié, surpris, enchaîné, enchanté. [...] Que celui qui n'a pas étudié et senti les effets de la lumière et de l'ombre dans les campagnes, au fond des forêts, sur les maisons des hameaux, sur les toits des villes, le jour, la nuit, laisse là les pinceaux ; surtout qu'il ne s'avise pas d'être paysagiste.

Ah si un sacrifice, une bataille, un triomphe, une scène publique pouvait être rendue avec la même vérité dans tous ses détails qu'une scène domestique de Greuze ou de Chardin[3] !

Denis Diderot, ***Essai sur la peinture*** (extraits), 1795

1. les futurs peintres étaient formés dans une école de dessin installée au Louvre (qui n'était pas encore un musée mais était déjà un lieu fréquenté par les artistes) pour acquérir de bonnes techniques de peinture.
2. guinguette : café populaire, souvent en plein air, où l'on peut boire et danser.
3. Greuze *(voir le tableau de Greuze sur cette double page)* et Chardin *(voir l'illustration du texte 5)* sont deux peintres du XVIIIe siècle admirés de Diderot qui loue le naturel et la fidélité de leur peinture, notamment dans la justesse des attitudes et des caractères représentés.

6. Portrait de Diderot par Van Loo

▲ Louis-Michel Van Loo, ***Portrait de M. Diderot***, 1767, huile sur toile, 81 x 65 cm, Musée du Louvre, Paris

Questions (1/2)

1) Doc. 1 à 4 : Quelles sont les différentes scènes représentées par ces tableaux ? Quels en sont les points communs ?
2) Doc. 1 à 4 : À quel genre de peinture a-t-on affaire : peinture officielle, historique, mythologique, scènes de paysages, scènes d'intérieur, scènes privées ?
3) Doc. 1 et 2 : Comparez ces deux tableaux. Que pouvez-vous dire sur la construction de la scène dans les deux cas ? Quels sont les éléments mis en avant et les éléments qui servent plutôt de décor ? La scène est-elle simple et dépouillée, ou riche de nombreux détails ?
4) Doc. 1 et 2 : Ces tableaux vous semblent-ils naturels et réalistes, c'est-à-dire relevant d'une technique picturale qui cherche à représenter les choses dans leur réalité, sans les idéaliser ? Pourquoi ? Quels autres adjectifs qualificatifs peut-on leur appliquer ?
5) Doc. 3 : Cette scène représente un événement triste. Comment Greuze la rend-il à la fois émouvante et délicate ?
6) Doc. 4 : Le tableau est construit pour donner l'impression de vécu, de vivacité et de mouvement : quels sont les éléments qui permettent d'obtenir ces effets ? (Étudiez notamment la composition du tableau, ses lignes de force, l'attitude et les gestes des personnages.)

Questions (2/2)

7) Doc. 4 : Cherchez ce qu'est la technique du clair-obscur. Ensuite, observez la façon dont le peintre utilise ici la lumière et les couleurs.
8) Doc. 5 : a. Dans les deux premiers paragraphes, quels sont les deux éléments sur lesquels insiste Diderot ? **b.** Dans quels tableaux les retrouvez-vous ?
9) Doc. 5 : Comment et où travaillaient les peintres à l'époque de Diderot ?
10) Doc. 5 : Lisez le troisième paragraphe : quels sont les deux genres de peinture que Diderot oppose ? Lequel préfère-t-il ?

SYNTHÈSE DU CHAPITRE

Une lettre est un **écrit adressé à quelqu'un pour lui communiquer quelque chose** *(voir fiches-méthode n° 2 et n° 3 pour l'organisation des lettres écrites au quotidien, pour les affaires courantes)*. Certaines lettres particulièrement remarquables d'un point de vue littéraire ont été conservées et publiées. Depuis l'Antiquité, ces lettres publiées (que l'on dit parfois appartenir au « **genre épistolaire** ») se partagent en deux grands ensembles : correspondance authentique et correspondance fictive.

La **correspondance authentique** n'est pas d'emblée destinée à la publication par l'auteur qui la compose. Mais l'histoire littéraire a retenu des noms d'épistoliers célèbres qu'elle considère comme de grands écrivains pour la beauté de leur style et la valeur culturelle de leurs lettres (qui témoignent d'une époque précise) surtout lorsqu'il s'agit de personnages importants et célèbres. On peut citer Cicéron, Madame de Sévigné (textes 1 et 5), Voltaire (texte 3), Denis Diderot, George Sand...

La correspondance peut aussi être **fictive** : on trouve des **romans par lettres** ainsi que le genre spécifique de la **lettre philosophique**. Leur apogée se situe au XVIIIe siècle, mais ils existent également depuis l'Antiquité (***Héroïdes*** d'Ovide ou ***Lettres à Lucilius*** de Sénèque). La structure par lettres a de nombreux avantages pour développer une fiction littéraire (texte 4) : **derrière le masque** des expéditeurs et des destinataires des lettres, elle permet d'aborder de multiples thèmes et de tenir des **propos complexes et contradictoires** d'une lettre à l'autre. C'est une forme agréable à lire, qui peut être lue par morceaux ou en intégralité.

On trouve enfin la **correspondance publique** comprenant la **lettre officielle** et la **lettre ouverte**. Elles sont **authentiques**, mais **publiables** et lisibles par un grand nombre de personnes. Ces formes se développent surtout au XIXe siècle, avec l'essor de la presse et de la société d'opinion (lettre de Zola dans ***l'Aurore*** pour la défense du capitaine Dreyfus). La séparation de ces grands ensembles n'est pas toujours nette.

L'épistolier peut jouer à dissimuler le caractère fictif d'un roman par lettres pour faire croire à l'authenticité des lettres, et leur donner une valeur de vérité, de testament (texte 2). C'est une pratique courante dans le roman par lettres du XVIIIe siècle : l'auteur prétend avoir découvert ou hérité d'un manuscrit authentique qu'on lui aurait confié pour l'éditer, et dont il ne serait que le traducteur ou l'intermédiaire pour le public (texte 4). À l'inverse, l'épistolier qui écrit une correspondance authentique peut soigner son style et prévoir de publier son œuvre dans un cercle plus ou moins restreint : Madame de Sévigné sait que certaines de ses lettres sont lues dans les salons de ses ami(e)s, et Voltaire retravaille le style de ses lettres pour les publier en volume.

Au XVIIe siècle, l'épistolaire devient un genre essentiel : dans la société de cour puis la société mondaine, les classes aisées échangent leurs opinions sur tous les sujets, notamment par lettre. Plus particulièrement au XVIIIe siècle, le renouveau de la République des lettres (nom donné à la communauté mondiale des hommes savants en relation les uns avec les autres) développe la volonté de communication des lettrés. La prise en compte de l'importance nouvelle accordée à l'individu, l'espace privé, l'expression de la sensibilité favorisent l'usage de la lettre, qui est le seul moyen de communication écrite à distance à cette époque.

La lettre doit aussi son extraordinaire développement jusqu'à nos jours à l'évolution des supports : elle bénéficie de l'invention de l'imprimerie, qui entraîne la production et l'amélioration du papier, de l'encre. La lettre acquiert une valeur particulière, écrite à la main et donc plus personnelle. Elle bénéficie également de l'organisation progressive du système du courrier (messagers à cheval et relais de poste, puis système moderne de la poste, qui se constitue vraiment à partir du XIXe siècle). Avec le développement des nouvelles technologies, la lettre se trouve à une période charnière : si l'e-mail représente une forme moderne de lettre (à la différence que sa réception est immédiate), d'autres formes d'échanges (*chat*, réseau social) la concurrencent sérieusement, en la forçant à se réinventer pour perdurer.

Suggestions de lectures complémentaires

Correspondance d'auteurs

- Colette, ***Lettres aux petites fermières***, 1992.
- Calamity Jane, ***Lettres à sa fille***, 2007.
- Vincent Van Gogh, ***Lettres à son frère Théo***, 2005.

Romans épistolaires ou contenant des lettres

- Honoré de Balzac, ***Mémoires de deux jeunes mariées***, 1841.
- Rolande Causse, ***La Lettre brûlée***, 1987.
- Catherine Cuenca, ***La Marraine de guerre***, 2002.
- Isoko Hatano, ***L'Enfant d'Hiroshima***, 2010.
- Jean-Marie Gustave Le Clézio, ***Lullaby***, 2007.
- John Marsden, ***Les Lettres de l'intérieur***, 1993.
- Eric-Emmanuel Schmitt, ***Oscar et la dame rose***, 2002.
- Fred Uhlman, ***La Lettre de Conrad*** (suite de ***L'Ami retrouvé***), publié en français en 2003.

Prolongement : le placet, une lettre officielle et administrative du XVIIe siècle

Ce placet est écrit par Molière au roi, pour lui demander d'accorder une grâce à l'un de ses amis médecins. Il s'agit de lui donner un meilleur emploi.
Sur un ton plaisant et plein d'humour, Molière fait d'abord cette demande pour son ami, et en profite au passage pour remercier le roi de l'avoir autorisé à rejouer sa pièce de théâtre ***Tartuffe***.
Suite à la querelle déclenchée par la pièce, qui mettait en scène un religieux hypocrite s'introduisant dans la maison d'une famille bourgeoise pour vivre chez eux en parasite, les adversaires de Molière avaient demandé au roi d'interdire la pièce, qui selon eux attaquait la morale.
Molière avait écrit deux placets au Roi pour lui demander de lever l'interdiction. Il a obtenu gain de cause puisque la « grande résurrection de Tartuffe » a précisément lieu le 5 février 1669, jour de composition de ce troisième placet relatif à la pièce.

Troisième placet présenté au roi

Le 5 février 1669.
Sire,
Un fort honnête médecin, dont j'ai l'honneur d'être le malade, me promet et veut s'obliger pardevant notaires de me faire vivre encore trente années, si je puis lui obtenir une grâce de Votre Majesté. Je lui ai dit, sur sa promesse, que je ne lui demandais pas tant, et que je serais satisfait de lui pourvu qu'il s'obligeât de ne me point tuer. Cette grâce, Sire, est un canonicat de votre chapelle royale de Vincennes, vacant par la mort de…

Oserais-je demander encore cette grâce à Votre Majesté le propre jour de la grande résurrection de ***Tartuffe****, ressuscité par vos bontés ? Je suis, par cette première faveur, réconcilié avec les dévots ; et je le serais, par cette seconde, avec les médecins. C'est pour moi, sans doute, trop de grâce à la fois ; mais peut-être n'en est-ce pas trop pour Votre Majesté, et j'attends, avec un peu d'espérance respectueuse, la réponse de mon placet.*

Jean-Baptiste Poquelin, dit Molière

5

LE FANTASTIQUE AU XIXe SIÈCLE : UNE NOUVELLE INTÉGRALE DE GUY DE MAUPASSANT, *LA MORTE*

Lire une nouvelle et analyser sa structure narrative.
Comprendre les caractéristiques du fantastique.

Textes et images

Histoire des Arts

Lexique : Le vocabulaire de la peur, du jour et de la nuit, des impressions et illusions, les modalisateurs *(voir fiche-méthode n° 4)*.

Expression orale : Lire de façon expressive, imaginer des péripéties supplémentaires.

Expression écrite : Écrire des passages de nouvelle fantastique, écriture d'imitation : composer des épitaphes.

Étude de la langue

Grammaire :

Le sujet (n° 12), Le complément d'objet (n° 13), Verbes d'état et attributs (n° 14), Le complément d'agent (n° 15).

Conjugaison :

Formation et valeurs des temps simples de l'indicatif (n° 14), Formation et valeurs des temps composés de l'indicatif (n° 15), Formation et valeurs du conditionnel présent et passé (n° 16), Formation et valeurs du subjonctif et de l'impératif (n° 17).

Guy de Maupassant (1850-1893) travailla d'abord pour les ministères de la Marine et de l'Instruction Publique à Paris, puis abandonna ce poste afin de devenir journaliste et écrivain. Il connut le succès dès 1880 avec sa nouvelle ***Boule de Suif***; il rédigea ensuite près de trois cents contes et nouvelles, qu'il situa très souvent en Normandie, sa terre natale. Sa santé se dégradant, il craignit de perdre son inspiration et fut en proie à des crises d'angoisse proches de la folie. Il fut interné en 1891 dans une clinique où il mourut en 1893.

Représentation dramatique et symbolique de la mort

▲ Arnold Böcklin, ***L'Île des morts***, 1886, huile sur toile, 80 x 150 cm, Museum der bildenden Künste, Leipzig

Lecture d'image

1) Quelles impressions se dégagent de ce tableau? Quelles couleurs distinguez-vous? Qu'est-ce qui est représenté? Qu'est-ce que le peintre a placé au centre de son œuvre?

2) Les arbres de l'île sont des cyprès: recherchez ce qu'ils symbolisent.

3) Les peintres symbolistes utilisent de nombreuses références à la mythologie grecque: savez-vous qui est Charon? ce qu'est le Styx?

Compléments sur le site

- Synthèses d'histoire des arts.
- Proposition d'évaluation finale (de type brevet).
- Pages supplémentaires sur la nouvelle et le fantastique.

RÊVERIES SUR LA LANDE NORMANDE

Jules Barbey d'Aurevilly (1808-1889) fit ses premiers pas dans l'écriture avec le journalisme en 1832. Un an plus tard, ses études de droit achevées, il écrivit beaucoup mais sans trouver d'éditeur : il publia ses nouvelles dans diverses revues de l'époque. Ses récits connurent un large succès mais suscitèrent aussi des polémiques. Il cultiva une personnalité provocatrice. Il s'éteignit à Paris, âgé de quatre-vingts ans.

*Avec **L'Ensorcelée**, Barbey d'Aurevilly revient à ses origines normandes en ouvrant son récit dans un paysage caractéristique du fantastique : un voyageur et son guide s'aventurent dans une lande à la nuit tombée. Blessée, la jument du voyageur se trouve dans l'impossibilité de continuer son chemin et contraint les deux compagnons à s'arrêter. Enveloppés dans le brouillard de la nuit, privés de lumière par l'absence de lune, ils entendent au loin des cloches sonner les douze coups de minuit. Intrigué par cette messe de minuit inhabituelle, l'étranger demande des explications à son guide qui lui parlera d'une mystérieuse messe des morts… Le roman s'ouvre par une description du lieu dans lequel ils se trouvent.*

La lande de Lessay est une des plus considérables de cette portion de la Normandie qu'on appelle la presqu'île du Cotentin. Pays de culture, de vallées fertiles, d'herbages verdoyants, de rivières poissonneuses, le Cotentin, cette Tempé de la France, cette terre grasse et remuée, a pourtant, comme la Bretagne, sa voisine, la Pauvresse-aux-Genêts, de ces parties stériles et nues où l'homme passe et où rien ne vient, sinon une herbe rare et quelques bruyères bientôt desséchées. Ces lacunes de culture, ces places vides de végétation, ces terres chauves pour ainsi dire, forment d'ordinaire un frappant contraste avec les terrains qui les environnent. Elles sont à ces pays cultivés des oasis arides, comme il y a dans les sables du désert des oasis de verdure. Elles jettent dans ces paysages frais, riants et féconds, de soudaines interruptions de mélancolie, des airs soucieux, des aspects sévères. Elles les ombrent d'une estompe[1] plus noire… Généralement ces landes ont un horizon assez borné[2]. Le voyageur, en y entrant, les parcourt d'un regard et en aperçoit la limite. De partout, les haies des champs labourés les circonscrivent[3]. Mais, si, par exception, on en trouve d'une vaste largeur de circuit, on ne saurait dire l'effet qu'elles produisent sur l'imagination de ceux qui les traversent, de quel charme bizarre et profond elles saisissent les yeux et le cœur. Qui ne sait le charme des landes ?… Il n'y a peut-être que les paysages maritimes, la mer et ses grèves, qui aient un caractère aussi expressif et qui vous émeuvent davantage. Elles sont comme les lambeaux[4], laissés sur le sol, d'une poésie primitive et sauvage que la main et la herse de l'homme ont déchirée. Haillons sacrés qui disparaîtront au premier jour sous le souffle de l'industrialisme moderne ; car notre époque, grossièrement matérialiste et utilitaire, a pour prétention de faire disparaître toute espèce de friche et de broussailles aussi bien du globe que de l'âme humaine. Asservie aux idées de

Questions sur le texte

A. Les landes

1) Quel lieu évoque le narrateur ? Quelle est sa crainte à propos de l'avenir de ce lieu ?

2) Quel pouvoir attribue-t-on à ces espaces ?

B. Des paysages contrastés

3) En relisant les 8 premières lignes (jusqu'à « oasis de verdure »), relevez dans un tableau les mots qui décrivent la Normandie et ceux qui décrivent les landes.

4) Quels champs lexicaux sont associés à chacune de ces terres ?

5) Quel est l'effet créé par ces deux descriptions ? Relevez les termes qui soulignent les contrastes entre les deux types de paysage dans : « Elles jettent dans ces paysages frais, riants et féconds, de soudaines interruptions de mélancolie, des airs soucieux, des aspects sévères » (l.8-10).

C. Des lieux symboliques

6) Quelles sont les particularités des landes sans limite ?

7) Comment agissent ces lieux tourmentés sur celui qui y passe ?

8) D'après le narrateur, les landes sont un contre-symbole de la connaissance et de la civilisation : qu'abritent-elles ?

rapport, la société, cette vieille ménagère qui n'a plus de jeune que ses besoins et qui radote de ses lumières, ne comprend pas plus les divines ignorances de l'esprit, cette poésie de l'âme qu'elle veut échanger contre de malheureuses connaissances toujours incomplètes, qu'elle n'admet la poésie des yeux, cachée et visible sous l'apparente inutilité des choses. Pour peu que cet effroyable mouvement de la pensée moderne continue, nous n'aurons plus, dans quelques années, un pauvre bout de lande où l'imagination puisse poser son pied pour rêver, comme le héron sur une de ses pattes. Alors, sous ce règne de l'épais génie des aises physiques qu'on prend pour de la Civilisation et du Progrès, il n'y aura ni ruines, ni mendiants, ni terres vagues, ni superstitions comme celles qui vont faire le sujet de cette histoire, si la sagesse de notre temps veut bien nous permettre de la raconter.

Jules Barbey d'Aurevilly, ***L'Ensorcelée***,
publication par épisodes en 1852, édition en 1854

1. **estompe :** petit rouleau qui sert à ombrer le trait d'un fusain, d'un crayon afin de le rendre moins net.
2. **borné :** restreint, limité, étroit.
3. **circonscrire :** délimiter précisément un espace, ici les landes.
4. **lambeaux :** fragments déchirés, endommagés.

Expression orale

À l'oral, imaginez le type d'événements étranges qui peuvent se produire dans les landes.

Expression écrite

En un paragraphe, développez une des hypothèses émises à l'oral.

Lecture d'image

1) Quelle impression est créée par les couleurs de ce tableau ? À quels mots du texte peut-on l'associer ?
2) À quoi ce paysage vous fait-il penser ?
3) Quelles traces de vie distinguez-vous ?
4) Monterfil est situé non loin de la Normandie, en Ille-et-Vilaine. Ce lieu passe pour appartenir au pays de Brocéliande. Recherchez quelles légendes y sont associées. *(Aidez-vous de la page 20 du manuel de 5e en ligne).*

Lexique

1) Recherchez dans un dictionnaire les différents sens du mot *fantastique*.
2) Écrivez une phrase en utilisant le mot *fantastique* dans chacun de ses sens.

B2i

Écrivez une nouvelle fantastique dont chaque chapitre s'achève sur un choix à faire pour le lecteur qui devient acteur de son parcours.

▲ François Blin, ***Le Matin dans la lande, souvenir de Monterfil***, fin du XIXe siècle, huile sur toile, 131 x 227 cm, musée des Beaux-Arts, Rennes

UN NARRATEUR QUI INSPIRE CONFIANCE

Maupassant écrivit de nombreux romans et nouvelles réalistes mais, à la fin de sa carrière, le déclin de sa santé, ses peurs et angoisses lui inspirèrent plus d'une trentaine de nouvelles fantastiques dans lesquelles il développa son goût pour l'étrange et l'inexplicable.
La nouvelle « La Morte » a d'abord été publiée dans le journal ***Gil Blas****, un quotidien de la fin du XIXe siècle qui a participé à la diffusion de nombreux textes de Maupassant mais aussi d'écrivains français de l'époque (tels Émile Zola ou encore Jules Barbey d'Aurevilly). « La Morte » est parue pour la première fois dans l'édition du 31 mai 1887 puis elle a été éditée dans le recueil* ***La Main gauche*** *en 1889.*

Je l'avais aimée éperdument ! Pourquoi aime-t-on ? Est-ce bizarre de ne plus voir dans le monde qu'un être, de n'avoir plus dans l'esprit qu'une pensée, dans le cœur qu'un désir, et dans la bouche qu'un nom : un nom qui monte incessamment, qui monte, comme l'eau d'une source, des profondeurs de l'âme, qui monte aux lèvres, et qu'on dit, qu'on redit, qu'on murmure sans cesse, partout, ainsi qu'une prière.

Je ne conterai point notre histoire. L'amour n'en a qu'une, toujours la même. Je l'avais rencontrée et aimée. Voilà tout. Et j'avais vécu pendant un an dans sa tendresse, dans ses bras, dans sa caresse, dans son regard, dans ses robes, dans sa parole, enveloppé, lié, emprisonné dans tout ce qui venait d'elle, d'une façon si complète que je ne savais plus s'il faisait jour ou nuit, si j'étais mort ou vivant, sur la vieille terre ou ailleurs.

Et voilà qu'elle mourut. Comment ? Je ne sais pas, je ne sais plus.

Elle rentra mouillée, un soir de pluie, et le lendemain, elle toussait. Elle toussa pendant une semaine environ et prit le lit.

Que s'est-il passé ? Je ne sais plus.

Des médecins venaient, écrivaient, s'en allaient. On apportait des remèdes ; une femme les lui faisait boire. Ses mains étaient chaudes, son front brûlant et humide, son regard brillant et triste. Je lui parlais, elle me répondait. Que nous sommes-nous dit ? Je ne sais plus. J'ai tout oublié, tout, tout ! Elle mourut, je me rappelle très bien son petit soupir, son petit soupir si faible, le dernier.

La garde dit : « Ah ! » Je compris, je compris ! Je n'ai plus rien su. Rien. Je vis un prêtre qui prononça ce mot : « Votre maîtresse. » Il me sembla qu'il l'insultait. Puisqu'elle était morte on n'avait plus le droit de savoir cela. Je le chassai. Un autre vint qui fut très bon, très doux. Je pleurai quand il me parla d'elle.

On me consulta sur mille choses pour l'enterrement. Je ne sais plus.

Je me rappelle cependant très bien le cercueil, le bruit des coups de marteau quand on la cloua dedans. Ah ! mon Dieu !

Elle fut enterrée ! enterrée ! Elle ! dans ce trou ! Quelques personnes étaient venues, des amies. Je me sauvai. Je courus.

Je marchai longtemps à travers des rues. Puis je rentrai chez moi. Le lendemain je partis pour un voyage.

Guy de Maupassant, *La Morte*

Questions sur le texte

A. Le témoignage d'un personnage

1) Qui est le narrateur de cette nouvelle?

2) À qui le narrateur s'adresse-t-il?

3) Qui sont les personnages? Que sait-on d'eux? Commentez.

4) Résumez l'histoire en deux lignes: comment le narrateur rapporte-t-il son état d'esprit?

B. Des repères incertains

5) En quoi la réaction du narrateur peut-elle sembler étrange? De quoi se souvient-il?

6) Comparez la longueur des phrases entre le début et la fin du texte: que constatez-vous?

7) a. Observez les temps des verbes et rétablissez la chronologie des différents événements. Aidez-vous des leçons de conjugaison nos 14 et 15. b. Relevez les compléments de temps qui situent l'action: quand a-t-elle eu lieu?

8) Dans le deuxième paragraphe, le narrateur a perdu ses repères: lesquels?

Lexique

1) Cherchez la définition des mots *impression*, *sensation*, *sentiment*. Répartissez ensuite les mots suivants dans ces catégories: *amitié, amour, bonheur, déjà-vu, étouffement, goût, haine, odorat, ouïe, peur, toucher, vue.*

2) Retrouvez les expressions formées sur le verbe *savoir* et synonymes des suivantes: « c'est-à-dire », « être reconnaissant », « connaître parfaitement », « règles de vie en société », « pratique aisée d'un art ».

Expression écrite

Mettez-vous à la place d'un personnage imaginaire évoquant devant un de ses proches les transports de la passion amoureuse ou les souffrances du deuil dans un court monologue. Vous insisterez sur les sentiments éprouvés tout en laissant deviner la situation par quelques détails.

Expression orale

Lisez ce texte de façon expressive en liant des effets de voix à la ponctuation.

Lecture d'image

1) Quelle impression se dégage du portrait de cette femme? Décrivez les éléments picturaux qui contribuent à cet effet.

2) Cette femme pourrait-elle être un personnage de la nouvelle « La Morte »? Pourquoi?

Compléments sur le site

› Accédez à l'enregistrement audio de cette nouvelle et de nombreux autres textes sur le site ***litteratureaudio.com.***

◂ Gustav Klimt, ***Portrait de Serena Lederer***, 1899, huile sur toile, 190 x 85 cm, Metropolitan Museum, New York

LA COMPOSITION DU CADRE FANTASTIQUE

Hier, je suis rentré à Paris.

Quand je revis ma chambre, notre chambre, notre lit, nos meubles, toute cette maison où était resté tout ce qui reste de la vie d'un être après sa mort, je fus saisi par un retour de chagrin si violent que je faillis ouvrir la fenêtre et me jeter dans la rue. Ne pouvant plus demeurer au milieu de ces choses, de ces murs qui l'avaient enfermée, abritée, et qui devaient garder dans leurs imperceptibles fissures mille atomes d'elle, de sa chair et de son souffle, je pris mon chapeau, afin de me sauver. Tout à coup, au moment d'atteindre la porte, je passai devant la grande glace du vestibule qu'elle avait fait poser là pour se voir, des pieds à la tête, chaque jour, en sortant, pour voir si toute sa toilette allait bien, était correcte et jolie, des bottines à la coiffure.

Et je m'arrêtai net en face de ce miroir qui l'avait souvent reflétée. Si souvent, si souvent, qu'il avait dû garder aussi son image.

J'étais là debout, frémissant, les yeux fixés sur le verre, sur le verre plat, profond, vide, mais qui l'avait contenue tout entière, possédée autant que moi, autant que mon regard passionné. Il me sembla que j'aimais cette glace — je la touchai —, elle était froide ! Oh ! le souvenir ! le souvenir ! miroir douloureux, miroir brûlant, miroir vivant, miroir horrible, qui fait souffrir toutes les tortures ! Heureux les hommes dont le cœur, comme une glace où glissent et s'effacent les reflets, oublie tout ce qu'il a contenu, tout ce qui a passé devant lui, tout ce qui s'est contemplé, miré dans son affection, dans son amour ! Comme je souffre !

Je sortis et, malgré moi, sans savoir, sans le vouloir, j'allai vers le cimetière. Je trouvai sa tombe toute simple, une croix de marbre, avec ces quelques mots : « Elle aima, fut aimée, et mourut. »

Elle était là, là-dessous, pourrie ! Quelle horreur ! Je sanglotais, le front sur le sol.

J'y restai longtemps, longtemps. Puis je m'aperçus que le soir venait. Alors un désir bizarre, fou, un désir d'amant désespéré s'empara de moi. Je voulus passer la nuit près d'elle, dernière nuit, à pleurer sur sa tombe. Mais on me verrait, on me chasserait. Comment faire ? Je fus rusé. Je me levai et me mis à errer dans cette ville des disparus.

Guy de Maupassant, ***La Morte*** (suite)

Questions sur le texte

A. Le deuil

1) Où se déroule l'histoire ?

2) Quelle réaction a le narrateur en rentrant chez lui ? Pourquoi ?

3) Que symbolise le miroir d'après lui ?

4) Relevez le champ lexical de la souffrance. Quel effet crée-t-il ?

B. Fuir une douleur insoutenable

5) a. Qu'est-ce qui est inquiétant dans le comportement du narrateur ? Justifiez votre réponse en citant le texte. b. l.53 : « On me verrait, on me chasserait ». Aidez-vous de la leçon de conjugaison n° 16 pour indiquer la valeur du temps et du mode de ces verbes. Puis, à l'aide de la leçon de grammaire n° 12, précisez quels sont les sujets des verbes de cette phrase. Pourquoi cela accentue-t-il l'isolement du narrateur ?

C. Des désirs bizarres

6) Quand cette errance a-t-elle lieu ?

7) Où se termine l'histoire ? Par quelle périphrase ce lieu est-il désigné ?

8) Quels sentiments sont exprimés par les différents types de phrases utilisés à la fin du texte ?

▲ Léon Spilliaert, ***Autoportrait à la lune***, 1908, encre de Chine et crayon de couleur sur papier, 48 x 63 cm, musées royaux des Beaux-Arts de Belgique, Bruxelles

Lecture d'image

1) Quelle impression est créée par les couleurs utilisées?
2) Quelle partie du personnage est la plus inquiétante? Pourquoi?

Lexique

Précisez si les mots ou expressions suivants désignent le jour ou la nuit: *aube, aurore, chant du coq, couchant, crépuscule, déclin, dès potron minet, diurne, entre chien et loup, lever, nocturne, nuit, obscurité, pointe du jour, ténèbres, vespéral*. Indiquez leur classe grammaticale.

Expression écrite

Réécrivez et modifiez l'extrait suivant en le rendant inquiétant. Travaillez sur l'expression des sentiments, la ponctuation et les modalisateurs *(aidez-vous de la fiche-méthode n° 4)*.

« La forêt de Brocéliande est une des plus anciennes forêts de France. Elle abrite de nombreuses espèces animales et végétales. Le soir venu, la forêt s'endort, laissant le visiteur dans le calme du lieu. »

Expression orale

Imaginez que le personnage distingue autre chose que son propre reflet dans le miroir. Décrivez ce qu'il voit, à l'oral, en jouant la scène: vous êtes vous-même face au miroir.

Compléments sur le site

› Accédez à un site dédié à Maupassant et à son œuvre.

L'ATMOSPHÈRE FANTASTIQUE

J'allais, j'allais. Comme elle est petite cette ville à côté de l'autre, celle où l'on vit ! Et pourtant comme ils sont plus nombreux que les vivants, ces morts. Il nous faut de hautes maisons, des rues, tant de place, pour les quatre générations qui regardent le jour en même temps, boivent l'eau des sources, le vin des vignes et mangent le pain des plaines.

Et pour toutes les générations des morts, pour toute l'échelle de l'humanité descendue jusqu'à nous, presque rien, un champ, presque rien ! La terre les reprend, l'oubli les efface. Adieu !

Au bout du cimetière habité, j'aperçus tout à coup le cimetière abandonné, celui où les vieux défunts achèvent de se mêler au sol, où les croix elles-mêmes pourrissent, où l'on mettra demain les derniers venus. Il est plein de roses libres, de cyprès vigoureux et noirs, un jardin triste et superbe, nourri de chair humaine.

J'étais seul, bien seul. Je me blottis dans un arbre vert. Je m'y cachai tout entier, entre ces branches grasses et sombres.

Et j'attendis, cramponné au tronc comme un naufragé sur une épave.

Quand la nuit fut noire, très noire, je quittai mon refuge et me mis à marcher doucement, à pas lents, à pas sourds, sur cette terre pleine de morts.

J'errai longtemps, longtemps, longtemps. Je ne la retrouvais pas. Les bras étendus, les yeux ouverts, heurtant des tombes avec mes mains, avec mes pieds, avec mes genoux, avec ma poitrine, avec ma tête elle-même, j'allais sans la trouver. Je touchais, je palpais comme un aveugle qui cherche sa route, je palpais des pierres, des croix, des grilles de fer, des couronnes de verre, des couronnes de fleurs fanées ! Je lisais les noms avec mes doigts, en les promenant sur les lettres. Quelle nuit ! quelle nuit ! Je ne la retrouvais pas !

Pas de lune ! Quelle nuit ! J'avais peur, une peur affreuse dans ces étroits sentiers, entre deux lignes de tombes ! Des tombes ! des tombes ! des tombes. Toujours des tombes ! À droite, à gauche, devant moi, autour de moi, partout, des tombes ! Je m'assis sur une d'elles, car je ne pouvais plus marcher tant mes genoux fléchissaient. J'entendais battre mon cœur ! Et j'entendais autre chose aussi ! Quoi ? un bruit confus innommable ! Était-ce dans ma tête affolée, dans la nuit impénétrable, ou sous la terre mystérieuse, sous la terre ensemencée de cadavres humains, ce bruit ? Je regardais autour de moi !

Combien de temps suis-je resté là ? Je ne sais pas. J'étais paralysé par la terreur, j'étais ivre d'épouvante, prêt à hurler, prêt à mourir.

Guy de Maupassant, *La Morte* (suite)

Questions sur le texte

A. Terre des vivants, terre des morts

1) Pourquoi le narrateur utilise-t-il le pronom *nous* (l.56)?

2) Relevez les mots qui marquent la négation. Pourquoi sont-ils si nombreux?

3) Quels sens utilise-t-il pour construire la description du lieu? Pourquoi la vue n'est-elle pas mentionnée?

4) À quelles villes le narrateur fait-il référence dans les deux premiers paragraphes? Qu'est-ce qui les oppose?

5) À quoi les deux cimetières dont il est question font-ils référence? Quels objets sont caractéristiques du cimetière?

6) Commentez l'expression « nourri de chair humaine ».

B. Gagné par la peur

7) Avec qui et à quel moment le narrateur se promène-t-il?

8) Quels sentiments éprouve-t-il? Pourquoi?

9) Repérez les mots répétés. Quel est l'effet produit?

10) Relevez cinq attributs du sujet ainsi qu'un complément d'agent introduit avec *par (voir leçons de grammaire n° 14 et n° 15)*. Commentez le choix de la voix passive pour le verbe construit par ce complément d'agent.

11) En quoi les dernières lignes du passage soulignent-elles l'affolement irrationnel du narrateur?

Lexique

1) Classez les mots en fonction du degré de peur qu'ils expriment: *affolement, angoisse, appréhension, aversion, crainte, effroi, épouvante, frayeur, frousse* (fam.), *hantise, horreur, inquiétude, intimidation, menace, panique, phobie, terreur, trouble.*

2) À partir de ces noms, formez lorsque c'est possible les adjectifs qualificatifs qui signifient: « qui fait peur », puis « qui a peur » (par exemple, pour *effroi*: effrayant / effrayé).

Expression écrite

1. Manifester, par des moyens divers, sa compréhension de textes variés

Exposez en quelques lignes ce que pourrait être le bruit entendu par le narrateur: décrivez ce bruit et évoquez ce qui pourrait se passer. Vous reprendrez la première personne et emploierez au moins quatre attributs du sujet.

Expression orale

› Lisez la deuxième moitié du texte (j'errai longtemps... prêt à mourir) en variant votre débit de lecture. Vous lirez en allant de plus en plus vite afin de traduire l'angoisse et l'inquiétude croissant chez le narrateur.

› Décrivez en détail un des objets du cimetière qui effraient le narrateur.

Lecture d'image

Quels éléments du texte retrouvez-vous dans ce tableau? La même impression se dégage-t-elle des deux œuvres?

▲ Caspar David Friedrich, ***L'Abbaye de Eichwald***, 1809-1810, huile sur toile, 110 x 171 cm, Ancienne galerie nationale, Berlin

1 LE CAUCHEMAR DANS L'ART

L'extrait de la nouvelle de Maupassant se déroule la nuit, dans un lieu abandonné et inconnu, qui remplit le narrateur d'épouvante. Ces éléments peuvent faire penser que le narrateur est en proie à un cauchemar, thème qui a intéressé de nombreux auteurs d'œuvres fantastiques. Inquiétant et nocturne, il peut mener à toutes sortes de rêveries incontrôlées.

Comment représenter le phénomène abstrait qu'est le cauchemar ?

1 Une peinture : l'une des plus célèbres représentations du cauchemar

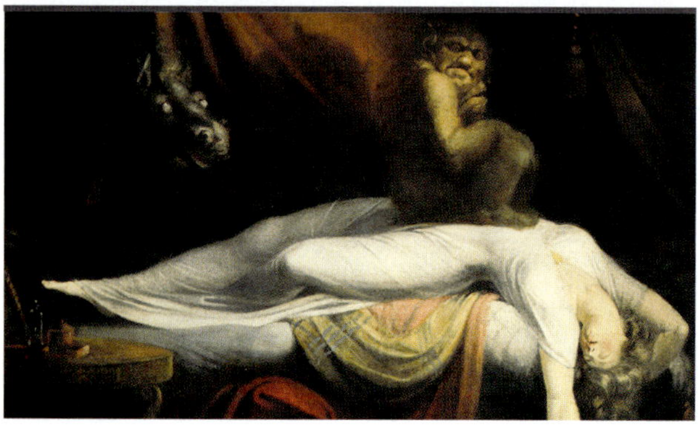

▲ Johann Heinrich Füssli, ***Le Cauchemar***, 1781, huile sur toile, 101 x 127 cm, Institute of Fine Arts, Detroit, Michigan

3 Une sculpture

▲ Eugène Thivier, ***Le Cauchemar***, 1894, marbre blanc, musée des Augustins, Toulouse

2 Une gravure : quand la raison s'endort, les monstres se déchaînent

▲ Francisco de Goya, ***Le Sommeil de la raison engendre des monstres***, 1797-1798, gravure, série des Caprices, Museum of Fine Arts, Boston, Massachusetts

Questions (1/2)

A. Le tableau de Füssli

1) Doc. 1 : Observez le tableau de Füssli : comment a-t-il travaillé les couleurs ?

2) Doc. 1 : Quels personnages voyez-vous ? À qui vous font-ils penser ? Que font-ils ?

3) Doc. 1 : Analysez le jeu des regards : à votre avis, que voit la jeune femme endormie ?

B. La gravure de Goya

4) Doc. 2 : Quelles créatures pouvez-vous voir sur cette gravure ? Quelles différences constatez-vous entre le premier plan et l'arrière-plan ? Que connaissez-vous de ces animaux ?

5) Doc. 2 : Que symbolisent tous ces volatiles ? Sur quel jeu de couleur Goya se base-t-il pour exprimer sa pensée ?

4 Une représentation spiritualiste du cauchemar

▲ Louis Janmot, ***Le Poème de l'âme : le Cauchemar***, XIXe siècle, huile sur toile, 113 x 143 cm, musée des Beaux-Arts, Lyon

Ce tableau appartient à un cycle de tableaux accompagné d'un long poème, intitulé « Le Poème de l'âme », qui raconte symboliquement le cheminement d'une âme à travers différentes épreuves. Le personnage est représenté dès l'enfance, toujours aux côtés d'une compagne féminine.

Questions (2/2)

C. Variations sur les représentations artistiques du cauchemar

6) Doc. 3 : Quel est l'animal qu'a sculpté E. Thivier ? Que fait sa victime au moment où il l'attaque ?

7) Doc. 1, 2 et 3 : Quels points communs pouvez-vous trouver entre ces documents ? Comment peut-on représenter le cauchemar ?

8) Doc. 4 : Quelles différences observez-vous entre ce tableau et les trois œuvres précédemment analysées ? Accordez toute votre attention aux couleurs, aux personnages, à ce qu'ils font.

9) Doc. 4 : Quel lieu est représenté ? Où se trouvent ces personnes ? Décrivez la construction du lieu.

10) Doc. 5 : Quels personnages sont mis en scène dans ce cauchemar ? Quelles particularités ont-ils ?

11) Doc. 5 : Quels attributs sont liés au cavalier ? Quelles couleurs sont associées au cheval ? Que symbolisent ces deux personnages ?

12) Doc. 5 : Recherchez l'étymologie du nom *cauchemar*. À quoi ce nom est-il associé ? Quels documents y font directement référence ?

5 Le cauchemar vu par un poète

Cauchemar

J'ai vu passer dans mon rêve
— Tel l'ouragan sur la grève[1],
D'une main tenant un glaive
Et de l'autre un sablier,

Ce cavalier

Des ballades d'Allemagne
Qu'à travers ville et campagne,
Et du fleuve à la montagne,
Et des forêts au vallon,

Un étalon

Rouge-flamme et noir d'ébène,
Sans bride, ni mors, ni rêne,
Ni hop ! ni cravache, entraîne
Parmi des râlements sourds

Toujours ! toujours !

Un grand feutre à longue plume
Ombrait son œil qui s'allume
Et s'éteint. Tel, dans la brume,
Éclate et meurt l'éclair bleu

D'une arme à feu.

Comme l'aile d'une orfraie[2]
Qu'un subit orage effraie,
Par l'air que la neige raie,
Son manteau se soulevant

Claquait au vent,

Et montrait d'un air de gloire
Un torse d'ombre et d'ivoire,
Tandis que dans la nuit noire
Luisaient en des cris stridents

Trente-deux dents.

1. **grève :** terrain de gravier et de sable, souvent en bord de mer.
2. **orfraie :** oiseau similaire à un aigle, rapace.

Paul Verlaine, ***Poèmes saturniens***, « Eaux fortes », II, 1866

L'IRRUPTION DU SURNATUREL ET LA CHUTE DE LA NOUVELLE

Et soudain il me sembla que la dalle de marbre sur laquelle j'étais assis remuait. Certes, elle remuait, comme si on l'eût soulevée. D'un bond je me jetai sur le tombeau voisin, et je vis, oui, je vis la pierre que je venais de quitter se dresser toute droite ; et le mort apparut, un squelette nu qui, de son dos courbé, la rejetait. Je voyais, je voyais très bien, quoique la nuit fût profonde. Sur la croix je pus lire : « Ici repose Jacques Olivant, décédé à l'âge de cinquante et un ans. Il aimait les siens, fut honnête et bon, et mourut dans la paix du Seigneur. »

Maintenant le mort aussi lisait les choses écrites sur son tombeau. Puis il ramassa une pierre dans le chemin, une petite pierre aiguë, et se mit à les gratter avec soin, ces choses. Il les effaça tout à fait, lentement, regardant de ses yeux vides la place où tout à l'heure elles étaient gravées ; et du bout de l'os qui avait été son index, il écrivit en lettres lumineuses comme ces lignes qu'on trace aux murs avec le bout d'une allumette :

« Ici repose Jacques Olivant, décédé à l'âge de cinquante et un ans. Il hâta par ses duretés la mort de son père dont il désirait hériter, il tortura sa femme, tourmenta ses enfants, trompa ses voisins, vola quand il le put et mourut misérable. »

Quand il eut achevé d'écrire, le mort immobile contempla son œuvre. Et je m'aperçus, en me retournant, que toutes les tombes étaient ouvertes, que tous les cadavres en étaient sortis, que tous avaient effacé les mensonges inscrits par les parents sur la pierre funéraire, pour y rétablir la vérité.

Et je voyais que tous avaient été les bourreaux de leurs proches, haineux, déshonnêtes, hypocrites, menteurs, fourbes, calomniateurs, envieux, qu'ils avaient volé, trompé, accompli tous les actes honteux, tous les actes abominables, ces bons pères, ces épouses fidèles, ces fils dévoués, ces jeunes filles chastes[1], ces commerçants probes[2], ces hommes et ces femmes dits irréprochables.

Ils écrivaient tous en même temps, sur le seuil de leur demeure éternelle, la cruelle, terrible et sainte vérité que tout le monde ignore ou feint[3] d'ignorer sur la terre.

Questions sur le texte (1/2)

A. La révélation de vérités inattendues (l.85 à 107)

1) Quel connecteur temporel indique qu'il va y avoir une rupture dans l'histoire *(voir fiche-méthode n° 1)* ?

2) Relevez le champ lexical de la vue. Est-ce un sens fiable ? Pourquoi ?

3) Quels événements vous semblent particulièrement incroyables ?

4) Relevez les éléments qui constituent le portrait du nouveau personnage de cet extrait. Que vient-il faire ?

5) Combien y a-t-il de revenants ? À qui s'opposent-ils ?

6) Relevez les deux épitaphes dont il est question. Que remarquez-vous ?

B. La chute de la nouvelle (l.108 à 114)

7) Quel déterminant est employé pour désigner la tombe vers laquelle le narrateur se dirige ? Quel effet est ainsi créé ?

8) Quels sentiments éprouve le narrateur ?

9) Quels champs lexicaux entrent en opposition ? Faites le relevé dans un tableau.

10) Dans ce dernier extrait, relevez les modalisateurs *(voir fiche-méthode n° 4)* : quel effet produisent-ils ?

11) Qu'est-ce qui vous semble contradictoire dans les propos du narrateur ?

12) À quel monde semble appartenir la vérité ? Quel problème cela peut-il poser au narrateur ?

Je pensai qu'*elle* aussi avait dû la tracer sur sa tombe.

Et sans peur maintenant, courant au milieu des cercueils entrouverts, au milieu des cadavres, au milieu des squelettes, j'allai vers elle, sûr que je la trouverais aussitôt.

Je la reconnus de loin, sans voir le visage enveloppé du suaire[4].

Et sur la croix de marbre où tout à l'heure j'avais lu : « Elle aima, fut aimée, et mourut. », j'aperçus : « Étant sortie un jour pour tromper son amant, elle eut froid sous la pluie, et mourut. »

Il paraît qu'on me ramassa, inanimé, au jour levant, auprès d'une tombe.

Guy de Maupassant, ***La Morte*** (suite et fin)

1. **chaste :** qui s'abstient des plaisirs charnels.
2. **probe :** honnête, droit, intègre.
3. **feindre :** faire semblant.
4. **suaire :** voile servant à couvrir le visage d'un mort.

Questions sur le texte (2/2)

13) À la fin du texte, dans quel état se trouve le narrateur ? Qui le retrouve ? Commentez « inanimé ».

14) En quoi la fin de cette nouvelle est-elle doublement surprenante ?

B2i Réalisez à deux une carte heuristique en ligne permettant de récapituler les grandes caractéristiques du fantastique.

Lexique

Classez les mots suivants en trois colonnes, selon que le terme est neutre ou a une connotation positive ou négative : *apparition, cauchemar, chimère, délire, démence, déraison, divagation, égarement, folie, hallucination, illusion, mirage, phantasme, rêve, vision.*

Lecture d'image

1) Décrivez les personnages de ce tableau (inspiré d'un roman de Chateaubriand).

2) Quels éléments évoquent un enterrement ?

3) Observez le jeu de lumière : à quel moment se déroule cet enterrement selon vous ? Qui est ainsi mis en valeur ? Quel type d'épitaphe pourrait-on imaginer ?

▲ Anne-Louis Girodet, *Les Funérailles d'Atala*, 1808, huile sur toile, 207 x 267 cm, Musée du Louvre, Paris

Expression écrite

› Racontez un événement en utilisant un moyen de le rendre fantastique. Vous ne serez pas certain de ce que vous aurez vu.

› À la manière des épitaphes du texte (inscriptions funéraires sur une pierre tombale, qui commencent souvent par « Ici repose » ou « Ci-gît »), rédigez les épitaphes de certains personnages connus, historiques (éventuellement à l'aide de votre manuel d'histoire).

Expression orale

Inventez le témoignage oral du narrateur racontant son aventure à celui qui l'a ramassé sur une tombe.

2 ÉTUDE D'AFFICHES DE FILMS

Tim Burton est aujourd'hui un réalisateur connu et reconnu du public, notamment pour la spécificité de son univers. Ses personnages sont souvent en décalage avec notre monde et même si les histoires semblent parfois totalement extravagantes, elles comportent toujours une analyse de notre société.
Une affiche de film obéit à des codes particuliers. Comparons quelques compositions qui ont servi à promouvoir ses films dans plusieurs pays du globe.

Comment représenter le fantastique à travers une affiche de film ?

1. *L'Étrange Noël de Monsieur Jack*

◀ Affiche de ***L'Étrange Noël de Monsieur Jack***, film de Tim Burton, 1993

2 *Sleepy Hollow*

▲ Affiche de ***Sleepy Hollow***, film de Tim Burton, 1999

3 *Les Noces funèbres*

▲ Fond de l'affiche des ***Noces funèbres***, film de Tim Burton, 2005

Compléments sur le site

› Analyser une affiche de théâtre ou de cinéma *(voir fiche-méthode n° 9 du manuel de 5e en ligne)*

Questions

A. Les affiches de films

1) En observant les couleurs dominantes et les formes représentées sur ces affiches, pouvez-vous déduire le genre de film auquel appartiennent ces illustrations ?

2) Quel élément de ces affiches apporte de la lumière ? À quoi est-il souvent associé ?

3) Quelles sont les caractéristiques physiques des personnages représentés ?

4) Quel effet ces affiches cherchent-elles à produire sur celui qui les regarde ?

5) Quelle est la fonction d'une affiche de cinéma ? Quel message véhicule-t-elle ?

B. L'univers de Tim Burton

6) Cherchez le synopsis (résumé) de chacun de ces films. En quoi le titre et l'image choisis pour ces affiches illustrent-ils efficacement leur fil directeur ?

7) Cherchez d'autres titres de films du même réalisateur. Renseignez-vous sur les résumés et essayez de retrouver la ou les affiches qui ont servi à les promouvoir.

SYNTHÈSE DU CHAPITRE

La littérature s'est toujours nourrie de légendes et de contes faisant intervenir des forces magiques, mais le développement de la littérature fantastique au XIXe siècle est sans précédent. Initié en Allemagne à la fin du XVIIIe siècle (puis avec les célèbres *Contes* de Hoffman), ce courant connaît son âge d'or en France dans la deuxième moitié du XIXe siècle. On peut y voir une remise en cause du règne de la raison et de la transparence et une inquiétude devant les progrès de la science et de l'industrialisation, qui suscite le désir d'explorer sphères inconnues et sciences occultes.

Thèmes fantastiques les plus courants

Le fantastique se caractérise par l'intrusion de l'irrationnel dans la réalité quotidienne, il suscite une **hésitation** entre une interprétation rationnelle, raisonnable (mais à laquelle certains détails résistent) et une interprétation surnaturelle. On remarque un certain nombre de thèmes récurrents.

Pour faire surgir l'événement fantastique, est souvent mis en place un **cadre inquiétant**: **lieu** (cimetière, vieille bâtisse, lande déserte comme dans le texte 1) et **moment** particuliers (crépuscule ou nuit du texte 4), **conditions météorologiques** troubles ou agitées (brouillard, tempête, orage). Tout cela contribue à créer un sentiment d'**isolement** et de **confusion**.

Les frontières entre la raison et la folie, la vie et la mort se brouillent. Les **apparitions** (fantômes, revenants, ou encore **double** du personnage) se retrouvent souvent dans les textes fantastiques. De même, on constate que l'inanimé peut y prendre vie (objets ou morts-vivants qui s'animent comme dans le texte 5). Le lecteur peut se demander s'il s'agit d'**hallucinations**, thème suggéré dans le texte 3 avec le miroir qui semble contenir l'image de la personne disparue. Certains objets ou personnages semblent doués de pouvoirs étranges.

Procédés d'écriture du fantastique

Puisque le fantastique joue sur **l'ambiguïté**, le lecteur ne doit pas avoir de réponses à ses différentes interrogations. Afin de créer le doute chez le lecteur, les auteurs choisissent souvent un **narrateur à la première personne** du singulier (texte 2): le lecteur s'identifie facilement à ce personnage et accorde du crédit à sa parole car la première personne donne l'illusion de la proximité du narrateur et de l'authenticité du récit. En racontant son histoire, le narrateur utilise un **vocabulaire des sensations et des perceptions** riche afin que le lecteur puisse éprouver les mêmes impressions que lui.

Souvent en **état second ou choqué**, il se trouve face à des événements inexplicables. La peur suscitée par le récit repose sur la gradation des émotions car on glisse du cadre réaliste vers le fantastique en éprouvant d'abord un sentiment d'inquiétude puis un sentiment de peur pour finir par la terreur. Notre raison remet finalement en cause le surnaturel du récit car le narrateur insuffle le doute au lecteur: il utilise des **modalisateurs** qui prouvent que rien n'est sûr, et que c'est peut-être lui qui a tout imaginé, ou cauchemardé.

Sont souvent utilisées des **figures de style** comme la **personnification** lorsque les objets s'animent, ou encore des **comparaisons ou métaphores** qui créent des analogies entre les deux mondes, réel et surnaturel.

Suggestions de lectures complémentaires

- Recueil de nouvelles fantastiques: ***La Dimension fantastique***, Librio, Tomes 1 (1996) à 4 (2007).
- Des nouvelles réalistes, de Maupassant ou Zola notamment.
- Recueil de nouvelles à chute: ***Nouvelles à chute***, Magnard, 2004.

Prolongement

Johann Wolfgang von Goethe (1749-1832), auteur romantique allemand, reprend dans ce poème une légende nordique : il fait allusion à une créature maléfique, l'*Erlkönig* en allemand, qui vit dans les forêts et conduit les voyageurs vers leur mort. ***Le Roi des Aulnes*** est d'abord un personnage légendaire mais il a inspiré de nombreux artistes comme Johann Gottfried von Herder et Paul Verlaine *(voir p. 101)*. Ce poème de Goethe fut mis en musique par Schubert.

Quel est ce chevalier qui file si tard dans la nuit et le vent ?
C'est le père avec son enfant ;
Il serre le petit garçon dans son bras,
Il le serre bien, il lui tient chaud.

« Mon fils, pourquoi caches-tu avec tant d'effroi ton visage ?
– Père, ne vois-tu pas le Roi des Aulnes ?
Le Roi des Aulnes avec sa traîne et sa couronne ?
– Mon fils, c'est un banc de brouillard.

– Cher enfant, viens, pars avec moi !
Je jouerai à de très beaux jeux avec toi,
Il y a de nombreuses fleurs de toutes les couleurs sur le rivage,
Et ma mère possède de nombreux habits d'or.

– Mon père, mon père, et n'entends-tu pas,
Ce que le Roi des Aulnes me promet à voix basse ?
– Sois calme, reste calme, mon enfant !
C'est le vent qui murmure dans les feuilles mortes.

– Veux-tu, gentil garçon, venir avec moi ?
Mes filles s'occuperont bien de toi
Mes filles mèneront la ronde toute la nuit,
Elles te berceront de leurs chants et de leurs danses.

– Mon père, mon père, et ne vois-tu pas là-bas
Les filles du Roi des Aulnes dans ce lieu sombre ?
– Mon fils, mon fils, je vois bien :
Ce sont les vieux saules qui paraissent si gris.

– Je t'aime, ton joli visage me charme,
Et si tu ne veux pas, j'utiliserai la force.
– Mon père, mon père, maintenant il m'empoigne !
Le Roi des Aulnes m'a fait mal ! »

Le père frissonne d'horreur, il galope à vive allure,
Il tient dans ses bras l'enfant gémissant,
Il arrive à grand-peine à son port ;
Dans ses bras l'enfant était mort.

Johann Wolfgang von Goethe, ***Le Roi des Aulnes***, 1782,
traduction de Charles Nodier

6 LE ROMAN AU XIXe SIÈCLE : *LES MISÉRABLES* DE VICTOR HUGO (1862)

Se familiariser avec un grand roman du XIXe siècle.
Découvrir une forme narrative plus complexe que la nouvelle.

Textes et images

Histoire des Arts

Lexique : Souffrance et indignation, misère et bonheur, justice et loi.
Expression orale : Imaginer des épisodes mettant en scène des personnages du roman, jouer un procès fictif.
Expression écrite : Écrire un résumé *(voir fiches-méthode n° 5 et n° 6)*, un dialogue et un monologue, transposer au discours rapporté.

Étude de la langue

Grammaire :

Les compléments circonstanciels (n° 16), Les expansions du nom : l'épithète, le complément du nom, le complément de l'antécédent (n° 17), L'apposition (n° 18).

Conjugaison :

Synthèse : la concordance des temps dans le discours indirect (n° 18),
Les particularités de conjugaison des verbes du 3e groupe (n° 19),
Autres particularités de conjugaison à connaître (n° 20).

Victor Hugo (1802-1885) écrivit des œuvres célèbres dans tous les genres : roman (***Le Dernier Jour d'un condamné***, ***Notre-Dame de Paris***), poésie (***Les Châtiments***, ***Les Contemplations***, ***La Légende des siècles***), théâtre (***Hernani***, ***Ruy Blas***). Il s'engagea aussi politiquement, notamment contre la peine de mort. Il écrivit ***Les Misérables*** (1862) en exil, où il demeura vingt ans pour s'être opposé au Second Empire. Plus d'un million de personnes assistèrent à ses funérailles officielles.

Les personnages des *Misérables*

▲ Affiche du film ***Les Misérables*** réalisé par Jean-Paul Le Chanois, 1958 (détail)

Lecture d'image

1) Observez l'affiche. Quel personnage est mis en valeur ? Par quels moyens ? Pourquoi, d'après vous ?

2) Décrivez les personnages, leur expression, leur regard et la façon dont ils sont éclairés. Quelles hypothèses pouvez-vous élaborer concernant leur caractère et leurs relations ?

3) a. Effectuez une recherche sur les films inspirés par ***Les Misérables***. Quels acteurs célèbres ont incarné Jean Valjean ? b. Quand la comédie musicale tirée de ce film a-t-elle été réalisée ? Peut-elle donner autant de détails que le roman ? A-t-elle eu du succès ?

Compléments sur le site

› Synthèses d'histoire des arts.
› Proposition d'évaluation finale (de type brevet).
› Pages supplémentaires sur le roman au XIXe siècle et sur Victor Hugo.
› L'œuvre intégrale et le discours de Victor Hugo sur la misère.

PORTRAITS DE « MISÉRABLES »

Cosette est une petite fille qui est née sans que sa mère, Fantine, ne soit mariée. Cela est jugé immoral au XIXe siècle, Fantine a donc dû la cacher pour pouvoir trouver un emploi. Elle l'a ainsi mise en pension chez des aubergistes, les Thénardier. Malheureusement, ceux-ci profitent de la situation et demandent toujours plus d'argent à Fantine qui sombre dans la misère. Les années passent et Cosette grandit sans revoir sa mère.

A

Les lecteurs ont peut-être, dès sa première apparition, conservé le souvenir de cette Thénardier grande, blonde, rouge, grasse, charnue[1], carrée, énorme et agile ; elle tenait, nous l'avons dit, de la race de ces sauvagesses colosses[2] qui se cambrent dans les foires avec des pavés pendus à leur chevelure [...]. Elle avait pour domestique Cosette ; une souris au service d'un éléphant. Tout tremblait au son de sa voix, les vitres, les meubles et les gens. [...] Elle avait de la barbe. [...] Quand on l'entendait parler, on disait : C'est un gendarme ; quand on la regardait boire, on disait : C'est un charretier[3] ; quand on la voyait manier Cosette, on disait : C'est le bourreau. [...]

Le Thénardier était un homme petit, maigre, blême[4], anguleux, osseux, chétif[5], qui avait l'air malade et qui se portait à merveille ; sa fourberie commençait là. Il souriait habituellement par précaution, et était poli à peu près avec tout le monde, même avec le mendiant auquel il refusait un liard[6]. Il avait le regard d'une fouine[7] [...].

Cet homme et cette femme, c'était ruse et rage mariés ensemble, attelage hideux et terrible.

Tels étaient ces deux êtres. Cosette était entre eux, subissant leur double pression, comme une créature qui serait à la fois broyée par une meule[8] et déchiquetée par une tenaille. L'homme et la femme avaient chacun une manière différente ; Cosette était rouée de coups, cela venait de la femme ; elle allait pieds nus l'hiver, cela venait du mari.

Cosette montait, descendait, lavait, brossait, frottait, balayait, courait, trimait, haletait, remuait des choses lourdes, et, toute chétive, faisait les grosses besognes. Nulle pitié ; une maîtresse farouche, un maître venimeux. La gargote[9] Thénardier était comme une toile où Cosette était prise et tremblait. [...] La pauvre enfant, passive, se taisait.

Victor Hugo, ***Les Misérables***, 1862,
Tome II, livre III, chapitre 2

1. **charnu :** bien en chair, gros.
2. **colosse :** très grande statue ou personne.
3. **charretier :** les conducteurs de charrette étaient réputés pour leur grossièreté.
4. **blême :** très pâle.
5. **chétif :** d'apparence faible.
6. **liard :** ancienne monnaie valant très peu (quart d'un sou).
7. **fouine :** petit carnivore réputé rusé et cruel.
8. **meule :** cylindre plat et tournant servant à écraser (par exemple dans un moulin).
9. **gargote :** restaurant à bas prix et de mauvaise qualité.

Questions sur les textes

A. Une situation odieuse

1) a. Caractérisez physiquement et moralement les Thénardier en choisissant quelques citations du texte A. Quels sont leurs points communs et leurs différences ?
b. Comment traitent-ils Cosette ? Relevez dans le texte B les détails qui soulignent la faiblesse physique et morale de Cosette.

B. Émouvoir et dénoncer

2) Pensez-vous que cela puisse correspondre à une réalité au XIXe siècle ? et à notre époque ? Comment interprétez-vous l'abondance des détails dans les textes ?
3) Identifiez la figure de style des lignes 17 à 18 (texte A) et 9 à 11 (texte B). Quel effet produit-elle ici ?
4) Relevez et commentez les comparaisons et les métaphores des textes.

B

Cosette était laide. Heureuse, elle eût peut-être été jolie. Nous avons déjà esquissé cette petite figure sombre. Cosette était maigre et blême. Elle avait près de huit ans, on lui en eût donné à peine six. Ses grands yeux enfoncés dans une sorte d'ombre profonde étaient presque éteints à force d'avoir pleuré. Les coins de sa bouche avaient cette courbe de l'angoisse habituelle, qu'on observe chez les condamnés et chez les malades désespérés. Ses mains étaient, comme sa mère l'avait deviné, « perdues d'engelures[10] » [...]. Tout son vêtement n'était qu'un haillon[11] qui eût fait pitié l'été et qui faisait horreur l'hiver. Elle n'avait sur elle que de la toile trouée ; pas un chiffon de laine. On voyait sa peau çà et là, et l'on y distinguait partout des taches bleues ou noires qui indiquaient les endroits où la Thénardier l'avait touchée. [...] Toute la personne de cette enfant, son allure, son attitude, le son de sa voix, ses intervalles entre un mot et l'autre, son regard, son silence, son moindre geste, exprimaient et traduisaient une seule idée : la crainte.

Victor Hugo, ***Les Misérables***, 1862,
Tome II, livre III, chapitre 8

10. **engelures** : inflammations et crevasses douloureuses causées par le froid.
11. **haillon** : vêtement déchiré.

Lexique

Relevez dans les deux textes les expressions traduisant les sentiments du narrateur. Cherchez dix adjectifs qualificatifs exprimant l'indignation, dont cinq formés sur le préfixe ***in-*** (attention à d'éventuels changements orthographiques).

Expression orale

Préparez un exposé oral sur un personnage d'enfant maltraité à partir de l'œuvre littéraire de votre choix (conte de fées, roman réaliste, littérature de jeunesse...). Après avoir présenté de façon neutre l'œuvre et la situation du personnage, vous en lirez un passage représentatif, puis exprimerez vos réactions dans un registre courant ou soutenu en employant le vocabulaire de la pitié ou de l'indignation.

Expression écrite

Sur le modèle du portrait de Cosette, dressez le portrait d'un enfant trop gâté. La description sera réaliste et critique : chaque élément doit être caractéristique de la situation et de l'attitude du personnage. Employez énumérations, comparaisons et métaphores.

Lecture d'image

Observez la gravure, en particulier le rapport de proportions entre le personnage et les éléments du décor. Quel est l'effet produit ? Quelles hypothèses pouvez-vous formuler sur la situation de l'enfant ? Quels sentiments inspire-t-elle *(voir aussi le poème « Melancholia », p. 142)* ? À quel personnage de conte l'enfant fait-elle penser ?

▲ Illustration d'Émile Bayard pour ***Les Misérables***, Édition Hugues, 1879/1882

LE FORÇAT ET L'ÉVÊQUE (1/2)

L'évêque de Digne, Monseigneur Myriel, est surnommé Monseigneur Bienvenu en raison de sa grande générosité. Beaucoup jugent même qu'il est saint. Il veut que sa porte reste toujours ouverte, même si sa sœur et sa servante, Madame Magloire, ont peur des voleurs. Un soir d'octobre 1815, celles-ci sont terrorisées parce qu'elles ont entendu dire qu'un homme effrayant, d'aspect sordide et misérable, erre dans les rues.

En ce moment, on frappa à la porte un coup assez violent.

— Entrez, dit l'évêque.

La porte s'ouvrit.

[...] Un homme entra.

[...] Il avait son sac sur l'épaule, son bâton à la main, une expression rude, hardie, fatiguée et violente dans les yeux. Le feu de la cheminée l'éclairait. Il était hideux. C'était une sinistre apparition.

Madame Magloire n'eut pas même la force de jeter un cri. Elle tressaillit, et resta béante[1].

[...] L'évêque fixait sur l'homme un œil tranquille.

[...] l'homme appuya ses deux mains à la fois sur son bâton [...] et, sans attendre que l'évêque parlât, dit d'une voix haute :

— Voici. Je m'appelle Jean Valjean. Je suis un galérien. J'ai passé dix-neuf ans au bagne. Je suis libéré depuis quatre jours et en route pour Pontarlier qui est ma destination. Quatre jours que je marche depuis Toulon. Aujourd'hui j'ai fait douze lieues[2] à pied. Ce soir en arrivant dans ce pays, j'ai été dans une auberge, on m'a renvoyé à cause de mon passeport jaune[3] que j'avais montré à la mairie. Il avait fallu. J'ai été à une autre auberge. On m'a dit : Va-t-en ! Chez l'un, chez l'autre. Personne n'a voulu de moi. J'ai été à la prison, le guichetier n'a pas ouvert. J'ai été dans la niche d'un chien. Le chien m'a mordu et m'a chassé, comme s'il avait été un homme, on aurait dit qu'il savait qui j'étais [...]. Là, dans la place, j'allais me coucher sur une pierre, une bonne femme m'a montré votre maison et m'a dit : Frappe là. J'ai frappé. [...]. Je suis très fatigué, douze lieues à pied, j'ai bien faim. Voulez-vous que je reste ?

— Madame Magloire, dit l'évêque, vous mettrez un couvert de plus.

L'homme fit trois pas et s'approcha de la lampe qui était sur la table. — Tenez, reprit-il, comme s'il n'avait pas bien compris, ce n'est pas ça. Avez-vous entendu ? Je suis un galérien. Un forçat. Je viens des galères. — Il tira de sa poche une grande feuille de papier jaune qu'il déplia. — Voilà mon passeport. [...] « Jean Valjean, forçat libéré, natif de... » — cela vous est égal... — « est resté dix-neuf ans au bagne. Cinq ans pour vol avec effraction. Quatorze ans pour avoir tenté de s'évader quatre fois. Cet homme est très dangereux. » Voilà. Tout le monde m'a jeté dehors. Voulez-vous me recevoir, vous ? Est-ce une auberge ? voulez-vous me donner à manger et à coucher ? avez-vous une écurie ?

— Madame Magloire, dit l'évêque, vous mettrez des draps blancs au lit de l'alcôve[4].

Questions sur le texte

A. Un accueil extraordinaire

1) Comment Jean Valjean se présente-t-il ? Pourquoi tient-il deux fois le même discours ?

2) Quel effet Jean Valjean produit-il sur Madame Magloire, sur le lecteur et sur l'évêque ? En quoi l'attitude de ce dernier est-elle surprenante ? Citez le texte.

3) Quel effet l'attitude de l'évêque a-t-elle sur Jean Valjean ? Citez le texte.

B. Un accueil juste

4) En quoi Jean Valjean inspire-t-il la pitié ?

5) Recherchez les sens du mot *charité*. En quoi l'évêque en fait-il preuve ?

6) Commentez ces exclamations de Jean Valjean « un forçat ! vous m'appelez monsieur ! vous ne me tutoyez pas ! » (l.35-36).

[...] L'évêque se tourna vers l'homme :

— Monsieur, asseyez-vous et chauffez-vous. Nous allons souper dans un instant, et l'on fera votre lit pendant que vous souperez.

Ici l'homme comprit tout à fait. L'expression de son visage jusqu'alors sombre et dure s'empreignit de stupéfaction, de doute, de joie, et devint extraordinaire. Il se mit à balbutier comme un homme fou : — Vrai ? quoi ? vous me gardez ? vous ne me chassez pas ! un forçat ! vous m'appelez monsieur ! vous ne me tutoyez pas !

Victor Hugo, ***Les Misérables***, 1862,
Tome I, livre II, chapitre 3

1. **béant :** (ici) avec la bouche grand ouverte.
2. **lieue :** ancienne mesure de distance, environ quatre kilomètres *(voir p. 82, note 3)*.
3. **passeport jaune :** pièce d'identité que les anciens forçats devaient présenter en arrivant dans une ville.
4. **alcôve :** renfoncement dans un mur où l'on peut mettre un lit.

Lexique

Recherchez le sens des mots *bagne*, *forçat*, *galères*. Quelle peine évoquent-ils ? Existe-t-elle encore en France ? Quel est l'autre sens de *galère* ?

Lecture d'image

1) Quels éléments du tableau permettent d'identifier Jean Valjean ?

2) Observez les couleurs. Qu'évoquent respectivement la gamme chaude et la gamme froide ? Interprétez ce contraste.

3) Que semble ressentir Valjean ? Comment pensez-vous qu'il agira par la suite ? Vous pouvez proposer plusieurs interprétations.

4) Que révèle le titre du tableau des intentions qu'avait Paul Gaugin en réalisant cette œuvre ? Comparez-la avec l'***Autoportrait en Christ au Mont des Oliviers***, p. 153 du manuel de 5e *(en ligne)*.

▲ Paul Gauguin, ***Autoportrait en Jean Valjean*** ou ***Les Misérables***, 1888, huile sur toile, 45 x 55 cm, musée Van Gogh, Amsterdam

Expression écrite

Des années plus tard, l'évêque rapporte la scène. Réécrivez le récit de Valjean au discours indirect, du début à « voulez-vous que je reste ? », en commençant par « Il me dit qu'il s'appelait Jean Valjean ».

Expression orale

Jouez la scène. Commencez par transformer le texte en dialogue de théâtre : reportez-vous au texte original (Livre I, Tome II, chapitre 3), résumez chaque paragraphe en quelques phrases (certains peuvent être supprimés) et rédigez des didascalies (en reprenant toutes les indications concernant les gestes, attitudes et mouvements des personnages, et en en inventant d'autres). Jouez en soulignant les variations des émotions des personnages. Vous devez être capable de justifier vos choix d'interprétation.

LE FORÇAT ET L'ÉVÊQUE (2/2)

Jean Valjean est bouleversé par l'accueil de l'évêque. Pourtant, il se réveille au milieu de la nuit et, repris par un mauvais instinct, dérobe les coûteux couverts en argent qu'il a vus pendant le dîner. Le lendemain matin, l'évêque constate le vol.

On frappa à la porte.

— Entrez, dit l'évêque.

La porte s'ouvrit. Un groupe étrange et violent apparut sur le seuil. Trois hommes en tenaient un quatrième au collet[1]. Les trois hommes étaient des gendarmes ; l'autre était Jean Valjean. [...]

Cependant monseigneur Bienvenu s'était approché aussi vivement que son grand âge le lui permettait.

— Ah ! vous voilà ! s'écria-t-il en regardant Jean Valjean. Je suis aise[2] de vous voir. Et bien mais ! je vous avais donné les chandeliers aussi, qui sont en argent comme le reste et dont vous pourrez bien avoir deux cents francs. Pourquoi ne les avez-vous pas emportés avec vos couverts ?

Jean Valjean ouvrit les yeux et regarda le vénérable évêque avec une expression qu'aucune langue humaine ne pourrait rendre.

— Monseigneur, dit le brigadier de gendarmerie, ce que cet homme disait était donc vrai ? Nous l'avons rencontré. Il allait comme quelqu'un qui s'en va. Nous l'avons arrêté pour voir. Il avait cette argenterie...

— Et il vous a dit, interrompit l'évêque en souriant, qu'elle lui avait été donnée par un vieux bonhomme de prêtre chez lequel il avait passé la nuit ? Je vois la chose. Et vous l'avez ramené ici ? C'est une méprise.

[...] Les gendarmes lâchèrent Jean Valjean qui recula.

— Est-ce que c'est vrai qu'on me laisse ? dit-il d'une voix presque inarticulée et comme s'il parlait dans le sommeil.

— Oui, on te laisse, tu n'entends donc pas ? dit un gendarme.

— Mon ami, reprit l'évêque, avant de vous en aller, voici vos chandeliers. Prenez-les.

Il alla à la cheminée, prit les deux flambeaux d'argent et les apporta à Jean Valjean. [...]

Jean Valjean tremblait de tous ses membres. Il prit les deux chandeliers machinalement et d'un air égaré[3].

— Maintenant, dit l'évêque, allez en paix. [...]

Jean Valjean était comme un homme qui va s'évanouir.

L'évêque s'approcha de lui, et lui dit à voix basse :

— N'oubliez pas, n'oubliez jamais que vous m'avez promis d'employer cet argent à devenir honnête homme.

Questions sur le texte

C. Le renversement de situation

7) Que s'attend-on à ce que l'évêque dise à la vue du « groupe étrange et violent » ? Que dit-il ? Est-ce vrai ?

8) Pourquoi l'évêque agit-il ainsi ? Que symbolise le don des chandeliers ?

9) D'habitude, dans quel cas parle-t-on d'acheter l'âme de quelqu'un ? Commentez cette référence.

10) Que manifestent les pleurs de Jean Valjean ?

Lignes 35 à 38 : Relevez les compléments circonstanciels de temps *(leçon de grammaire n° 16)* et une apposition *(leçon n° 18)*. Quel effet produisent-ils ?

11) Selon vous, pourquoi Jean Valjean vole-t-il Petit-Gervais ? Pourquoi Victor Hugo le rend-il coupable une nouvelle fois au lieu de le rendre immédiatement bon ?

12) Comparez le début de ce texte et celui du texte précédent. Que remarquez-vous ?

Jean Valjean, qui n'avait aucun souvenir d'avoir rien promis, resta interdit[4]. L'évêque avait appuyé sur ces paroles en les prononçant. Il reprit avec une sorte de solennité :

— Jean Valjean, mon frère, vous n'appartenez plus au mal, mais au bien. C'est votre âme que je vous achète ; je la retire aux pensées noires et à l'esprit de perdition[5], et je la donne à Dieu.

En quittant l'évêque, Jean Valjean est très perturbé et erre dans la campagne. En lui luttent la rage qu'il a accumulée au bagne et l'effet de l'attitude de l'évêque. Il croise un enfant pauvre, Petit-Gervais, qui est tout heureux d'avoir une pièce de quarante sous. La pièce tombe, et Jean Valjean, instinctivement, pose le pied dessus. L'enfant réclame et pleure, mais Jean Valjean ne réagit pas. Plusieurs heures après, en revenant à lui, Jean Valjean se rend compte qu'il a commis un acte horrible en volant ce petit orphelin. Paniqué, il se met alors à chercher Petit-Gervais pour lui rendre sa pièce, mais en vain.

Ses jarrets[6] fléchirent brusquement sous lui comme si une puissance invisible l'accablait tout à coup du poids de sa mauvaise conscience ; il tomba épuisé sur une grosse pierre, les poings dans ses cheveux et le visage dans ses genoux, et il cria : « Je suis un misérable ! »

Alors son cœur creva et il se mit à pleurer. C'était la première fois qu'il pleurait depuis dix-neuf ans.

Victor Hugo, ***Les Misérables***, 1862,
Tome I, livre II, chapitres 12 et 13

1. **tenir quelqu'un au collet :** le retenir par le col.
2. **aise :** content.
3. **égaré :** perdu.
4. **interdit :** *(ici)* si étonné qu'il ne sait que dire.
5. **esprit de perdition :** qui détourne l'âme de Dieu. Vient du diable.
6. **jarret :** arrière du genou.

▲ Victor Hugo, ***Tête de profil à droite*** (détail), 1864-1869, plume et lavis, 226 x 150 cm, BnF, Paris

Lecture d'image

Quelle émotion ce portrait suggère-t-il ? Pour caractériser le personnage, cherchez dix adjectifs qualificatifs synonymes.

Lexique

Recherchez les différents sens de *misérable* et proposez-en des synonymes. Quel en est le sens dans ce passage ? Comment interprétez-vous le fait que ce soit le titre du roman, sachant que Victor Hugo avait d'abord pensé à ***Les Misères*** ?

Expression écrite

Rédigez un prolongement du passage : imaginez que Jean Valjean retrouve Petit-Gervais et lui rend sa pièce. Rédigez leur dialogue : Jean Valjean s'explique, l'enfant manifeste différentes émotions que vous exprimerez avec précision.

Expression orale

Lisez le dialogue entre Jean Valjean, l'évêque et les gendarmes à haute voix de façon expressive. Variez le plus possible l'intonation selon les interlocuteurs et les indications du texte. Quand le texte ne précise pas le ton, c'est à vous de l'imaginer.

Compléments sur le site

› Retrouvez l'œuvre picturale de Victor Hugo.

1 L'ESSOR DE LA PRESSE AU XIXe SIÈCLE

Grâce à des progrès techniques et à l'augmentation de l'alphabétisation du peuple, les journaux deviennent au XIXe siècle un moyen très important de diffuser les nouvelles. Souvent illustrés, ils cherchent à attirer des lecteurs de plus en plus nombreux. Ils jouent un grand rôle politique (malgré la censure) et stimulent également la littérature avec le développement du roman-feuilleton. On parle de « l'âge d'or de la presse écrite ».

Quelles sont les caractéristiques de la presse écrite ? Quelles fonctions peut-elle remplir ?

1 Les artistes et la presse

▲ Pierre-Auguste Renoir, ***Claude Monet lisant***, 1872, huile sur toile, 286 x 350 cm, musée Marmottan Monet, Paris

2 Dates importantes

› **1814 :** utilisation de l'énergie de la vapeur dans les imprimeries.
› **vers 1832 :** invention par Samuel Morse du télégraphe électrique, qui accélère la diffusion des nouvelles.
› **1836 :** invention de la publicité qui permet une baisse des prix. Invention du « roman-feuilleton » : un journal publie, extrait par extrait, ***La Vieille fille*** de Balzac.
› **années 1840 :** invention et diffusion de la presse rotative.
› **1848 :** discours de Victor Hugo à l'Assemblée nationale pour défendre la liberté de la presse.
› **1862 :** parution des ***Misérables***. Hugo veut que son roman soit populaire mais refuse de le faire paraître en feuilleton.
› **1881 :** loi sur la liberté de la presse.

Compléments sur le site

› Discours de Victor Hugo sur la liberté de la presse.
› Exercices sur les articles de journaux apparaissant dans le roman.

Questions

1) Doc.1 : En peignant ce tableau, quelle image Renoir donne-t-il de la presse ?

2) Doc. 3 : Quelle est ici la fonction de la presse ? Sur ***Gallica***, le site de la BnF, vous pouvez lire dans ce numéro de ***L'Univers illustré*** l'article consacré à cette représentation des ***Misérables*** (pages 195, 196 et 198 du journal). Comment appelle-t-on un article de journal qui commente une œuvre ?

3) Doc. 5 : Qui est la personne caricaturée en haut à gauche du dessin ? Comment l'interprétez-vous ? Sélectionnez quelques premières pages de journaux contemporains. Nommez-en les différentes zones. Que constatez-vous en comparant leur maquette à celle des journaux du XIXe siècle ?

4) Doc. 4 : Quel mode de diffusion des romans cette affiche présente-t-elle ? Justifiez votre réponse en observant le texte de l'affiche. Quels en sont les avantages ? Quelle est la fonction de cette affiche ?

5) Doc. 6 : Que fait cet enfant ? Est-ce autorisé aujourd'hui en France ? Cherchez comment Victor Hugo a pris position sur cette question.

3 Informer

L'UNIVERS ILLUSTRÉ

LES MISÉRABLES VICTOR HUGO

▲ ***L'Univers illustré***, nº 1201, 30 mars 1878

L'affiche est celle d'une représentation des ***Misérables*** *(drame de Charles Hugo d'après le roman de son père, Théâtre de la Porte Saint-Martin, 22 mars 1878)*

4 Divertir

▲ Affiche datant des années 1890 pour la parution en feuilleton de ***La Reine Margot***, roman d'Alexandre Dumas publié pour la première fois en 1845

5 Critiquer

Numéro 17. 24 Janvier 1852.

LE JOURNAL POUR RIRE

Journal d'images, journal comique, critique, satirique et moqueur,

LANTERNE MAGIQUE DES AUTEURS ET JOURNALISTES,

Par NADAR.

› **La manchette :** nom du journal, genre, date, numéro, adresse du siège social, prix, moyens de s'abonner, nom du fondateur.

› **La tribune :** titre de l'article le plus important.

› **Le ventre :** centre de la page, avec le ou les articles de première page.

◀ *Le Journal pour rire*, nº 17, 24 janvier 1852, BnF, Paris

6 La vente des journaux à la criée

▲ Horace William Petherick, ***Scènes de rue à Londres*** (détail), illustration d'un livre pour enfants, Londres, 1875

LA FORCE DE JEAN VALJEAN

Décidé à devenir bon après sa rencontre avec Mgr Myriel, Jean Valjean a sauvé deux enfants dans un incendie à Montreuil-sur-Mer. Il est acclamé par la population et personne ne pense à lui demander son passeport. Il prend alors le nom de Monsieur Madeleine et une nouvelle vie commence pour lui. Il invente un procédé de fabrication très intéressant qui le rend riche, et il devient le bienfaiteur de toute la région. Mais quelqu'un se doute de sa véritable identité : l'inspecteur de police Javert, homme impitoyable qui est persuadé qu'un voleur ne peut pas devenir honnête. Il recherche Jean Valjean pour le renvoyer au bagne à perpétuité, à cause du vol de Petit-Gervais et de sa dissimulation sous une fausse identité. Un jour, Jean Valjean, alias M. Madeleine, passe sur le lieu d'un accident : un vieil homme (qui le déteste), le père Fauchelevent, est écrasé sous sa charrette. Si personne n'agit rapidement, le vieil homme va mourir.

— Écoutez, reprit Madeleine, il y a encore assez de place sous la voiture pour qu'un homme s'y glisse et la soulève avec son dos. Rien qu'une demi-minute, et l'on tirera le pauvre homme. Y a-t-il ici quelqu'un qui ait des reins[1] et du cœur[2] ? Cinq louis d'or[3] à gagner !

Personne ne bougea dans le groupe.

[...] — Ce n'est pas la bonne volonté qui leur manque, dit une voix.

M. Madeleine se retourna, et reconnut Javert. Il ne l'avait pas aperçu en arrivant.

Javert continua :

— C'est la force. Il faudrait être un terrible homme pour faire la chose de lever une voiture comme cela sur son dos.

Puis, regardant fixement M. Madeleine, il poursuivit en appuyant sur chacun des mots qu'il prononçait :

— Monsieur Madeleine, je n'ai jamais connu qu'un seul homme capable de faire ce que vous demandez là.

Madeleine tressaillit.

Javert ajouta avec un air d'indifférence, mais sans quitter des yeux Madeleine :

— C'était un forçat.

— Ah ! dit Madeleine.

— Du bagne de Toulon.

Madeleine devint pâle.

Cependant la charrette continuait à s'enfoncer lentement.

1. **reins :** *(ici)* force.
2. **cœur :** *(ici)* courage *(voir p. 56, n. 1)*.
3. **louis d'or :** ancienne monnaie de grande valeur.
4. **râler :** émettre un bruit rauque en respirant.
5. **cric :** instrument à manivelle servant à soulever de grands poids.

▲ Illustration de Gustave Brion pour ***Les Misérables***, Édition Hugues, 1879/1882

Questions sur le texte

A. Un exploit physique et moral

1) Pourquoi peut-on s'attendre à ce que le père Fauchelevent meure ?

2) Recherchez des personnages dont la force est légendaire. Selon vous, pourquoi Victor Hugo a-t-il doté Jean Valjean d'une telle force ?

B. La dramatisation de la scène

3) À quel dilemme M. Madeleine est-il confronté ? Relevez quelques citations qui soulignent la gravité des enjeux et servent ainsi à dramatiser cette hésitation.

4) Quels éléments rendent spectaculaire le moment où M. Madeleine soulève la charrette ? Commentez en particulier l'emploi de l'imparfait dans « la charrette se soulevait lentement, les roues sortaient à demi de l'ornière ».

5) Montrez, par des citations, que Javert reste fidèle à son opinion sur Jean Valjean alors que le père Fauchelevent change radicalement de point de vue.

Le père Fauchelevent râlait[4] et hurlait :

— J'étouffe ! Ça me brise les côtes ! Un cric[5] ! quelque chose ! Ah !

Madeleine regarda autour de lui :

— Il n'y a donc personne qui veuille gagner vingt louis et sauver la vie à ce pauvre vieux ?

Aucun des assistants ne remua. Javert reprit :

— Je n'ai jamais connu qu'un homme qui pût remplacer un cric. C'était ce forçat.

— Ah ! voilà que ça m'écrase ! cria le vieillard.

Madeleine leva la tête, rencontra l'œil de faucon de Javert toujours attaché sur lui, regarda les paysans immobiles, et sourit tristement. Puis, sans dire une parole, il tomba à genoux, et avant même que la foule eût eu le temps de jeter un cri, il était sous la voiture.

Il y eut un affreux moment d'attente et de silence.

On vit Madeleine presque à plat ventre sous ce poids effrayant essayer deux fois en vain de rapprocher ses coudes de ses genoux. [...]

Les assistants haletaient. Les roues avaient continué de s'enfoncer, et il était déjà devenu presque impossible que Madeleine sortît de dessous la voiture.

Tout à coup on vit l'énorme masse s'ébranler, la charrette se soulevait lentement, les roues sortaient à demi de l'ornière. On entendit une voix étouffée qui criait :

– Dépêchez-vous ! aidez !

C'était Madeleine qui venait de faire un dernier effort.

Ils se précipitèrent. Le dévouement d'un seul avait donné de la force et du courage à tous. La charrette fut enlevée par vingt bras. Le vieux Fauchelevent était sauvé.

Madeleine se releva. Il était blême, quoique ruisselant de sueur. Ses habits étaient déchirés et couverts de boue. Tous pleuraient. Le vieillard lui baisait les genoux et l'appelait le bon Dieu. Lui, il avait sur le visage je ne sais quelle expression de souffrance heureuse et céleste, et il fixait son œil tranquille sur Javert qui le regardait toujours.

Victor Hugo, ***Les Misérables***, 1862,
Tome I, livre V, chapitre 6

Expression écrite

Résumez le texte en vous reportant aux fiches-méthode n° 5 et n° 6. Vous contrôlerez avec soin la conjugaison des verbes à l'aide des leçons de conjugaison n° 19 et n° 20.

Lecture d'image

Identifiez et décrivez ce personnage (ses vêtements, son attitude, son expression, son regard). Quel effet l'illustrateur a-t-il voulu produire ?

Lexique

Commentez la formulation « je ne sais quelle expression de souffrance heureuse et céleste » (l.49). Que remarquez-vous dans l'expression « souffrance heureuse » ? Rappelez ce que sont un oxymore et une prétérition. Comment Victor Hugo donne-t-il l'impression que Jean Valjean n'est pas un homme comme les autres ?

Expression orale

Racontez à la classe une histoire captivante : en arrivant à Montreuil-sur-Mer, Jean Valjean voit que deux enfants sont enfermés dans une maison en feu et se précipite pour les sauver. Dramatisez votre récit pour tenir votre auditoire en haleine, en vous exprimant dans un registre courant ou soutenu. Vous pouvez préparer quelques notes en détaillant les étapes du récit, mais l'essentiel en sera improvisé. Vous devrez choisir de vous exprimer avec des verbes en suivant le système du passé ou du présent, et vous y tenir.

B2i

Vous êtes journaliste et assistez à l'exploit de Jean Valjean : rédigez un article.

« UNE TEMPÊTE SOUS UN CRÂNE »

Retournement de situation ! Un jour, Javert apprend à M. Madeleine que le « vrai » Jean Valjean a été arrêté et va être renvoyé au bagne. Il s'agit d'un vagabond, le père Champmathieu. Notre héros est sauvé, à condition de laisser l'autre homme se faire condamner à sa place. Que doit-il faire ?

Après tout, s'il y a du mal pour quelqu'un, ce n'est aucunement de ma faute. [...] De quoi est-ce que je vais me mêler ? Cela ne me regarde pas. Comment ! je ne suis pas content ! Mais qu'est-ce qu'il me faut donc ? Le but auquel j'aspire depuis tant d'années, le songe de mes nuits, l'objet de mes prières au ciel, la sécurité, je l'atteins ! C'est Dieu qui le veut. [...] C'est décidé, laissons aller les choses !

[...] Il se leva de sa chaise, et se mit à marcher dans la chambre. — Allons, dit-il, n'y pensons plus. Voilà une résolution prise ! — Mais il ne sentit aucune joie.

Au contraire.

On n'empêche pas plus la pensée de revenir à une idée que la mer de revenir à un rivage. Pour le matelot, cela s'appelle la marée ; pour le coupable, cela s'appelle le remords. Dieu soulève l'âme comme l'océan.

[...] Il se demanda sévèrement ce qu'il avait entendu par ceci : « Mon but est atteint ! » Il se déclara que sa vie avait un but en effet. Mais quel but ? cacher son nom ? tromper la police ? Était-ce pour une chose si petite qu'il avait fait tout ce qu'il avait fait ? Est-ce qu'il n'avait pas un autre but, qui était le grand, qui était le vrai ? Sauver, non sa personne, mais son âme. Redevenir honnête et bon. Être un juste ! [...]

— Eh bien, dit-il, prenons ce parti ! faisons notre devoir ! sauvons cet homme !

[...] Et puis tout à coup il pensa à la Fantine[1].

[...] Ici une crise nouvelle se déclara.

[...] — Ah çà, j'étais fou, j'étais absurde, qu'est-ce que je parlais donc de me dénoncer ? [...] Beaux scrupules qui sauvent un coupable et qui sacrifient des innocents, qui sauvent un vieux vagabond, lequel n'a plus que quelques années à vivre au bout du compte et ne sera guère plus malheureux au bagne que dans sa masure[2], et qui sacrifient toute une population, mères, femmes, enfants ! Cette pauvre petite Cosette qui n'a que moi au monde et qui est sans doute en ce moment toute bleue de froid dans le bouge[3] de ces Thénardier [...].

Il se leva, il se remit à marcher. Cette fois il lui semblait qu'il était content.

1. **Fantine :** ancienne ouvrière tombée dans la prostitution, elle est ruinée et gravement malade ; Jean Valjean l'a prise sous sa protection et lui a promis d'aller lui chercher sa fille Cosette chez les Thénardier *(voir p. 110)*.
2. **masure :** maison menaçant de tomber en ruines.
3. **bouge :** logement sale et obscur.

Questions sur le texte

A. Le dilemme

1) Que signifie « poignant » (deuxième extrait, l.6) ? Cherchez des mots de la même famille. Reformulez l'expression « poignant dilemme ».

2) Quelle alternative Jean Valjean doit-il trancher ? Relevez ses décisions successives en citant une phrase par étape.

3) a. Relevez les aspirations de Jean Valjean et classez-les selon qu'elles visent le bonheur ou le devoir. b. Citez et expliquez la phrase du second texte qui résume son dilemme. c. Quel est le critère le plus important, selon lui ? À votre avis, comment agira-t-il à la fin ?

B. La souffrance

4) Quels types de phrases Jean Valjean utilise-t-il ? Que cela traduit-il de son état d'esprit ?

5) Qu'est-ce qu'un « scrupule » ? Commentez l'exclamation « beaux scrupules ! » (l.19).

6) Commentez les passages du premier extrait, l.1 à l.4 et l.20 à l.22. Ces propos sont-ils légitimes ? Que révèlent-ils de l'état d'esprit de Jean Valjean ?

Jean Valjean décide donc de ne pas se dénoncer, et de faire fondre les chandeliers donnés par l'évêque pour effacer toutes les traces de sa vraie identité. Mais il entend alors une voix qui l'interpelle et lui dit qu'il n'est qu'un misérable s'il laisse accuser un innocent. Or l'idée de retourner au bagne est horrible.

Se dénoncer, grand Dieu ! se livrer ! Il envisagea avec un immense désespoir tout ce qu'il faudrait quitter, tout ce qu'il faudrait reprendre. Il faudrait donc dire adieu à cette existence si bonne, si pure, si radieuse, à ce respect de tous, à l'honneur, à la liberté ! [...] au lieu de cela, la chiourme[4], le carcan[5], la veste rouge[6], la chaîne au pied, la fatigue, le cachot, le lit de camp, toutes ces horreurs connues ! À son âge, après avoir été ce qu'il était ! [...]

Et, quoi qu'il fît, il retombait toujours sur ce poignant dilemme[7] qui était au fond de sa rêverie : — rester dans le paradis, et y devenir démon ! rentrer dans l'enfer, et y devenir ange !

[...] Hélas ! toutes ses irrésolutions[8] l'avaient repris. Il n'était pas plus avancé qu'au commencement.

Victor Hugo, ***Les Misérables***, 1862,
Tome I, livre VII, chapitre 3

4. **chiourme :** ensemble des forçats d'un bagne.
5. **carcan :** collier de fer attachant un prisonnier à un poteau.
6. **veste rouge :** élément de l'uniforme du forçat.
7. **dilemme :** obligation de faire un choix difficile entre deux possibilités dont aucune n'est satisfaisante *(voir p. 57)*.
8. **irrésolution :** incertitude, doute.

Lecture d'image

1) Observez les couleurs et la composition de cette image. Quels sentiments éveille-t-elle ?

2) Quel est le titre du dessin ? Comment le comprenez-vous ? Quelle figure de style reconnaissez-vous ?

3) Comment et pourquoi pouvez-vous rapprocher cette tempête en mer de la destinée de Jean Valjean ? Appuyez-vous sur votre connaissance de l'ensemble du roman. Relevez également un passage de cet extrait pour justifier votre réponse.

4) Avec ce dessin, Victor Hugo évoque sa propre « destinée ». Cherchez dans sa biographie des éléments pouvant justifier ce rapprochement.

▲ Victor Hugo, ***Ma destinée***, 1867, plume, lavis d'encre et gouache, maison de Victor Hugo, Paris

Lexique

1) Décomposez le mot *bonheur*, cherchez son origine et expliquez son sens.

2) Expliquez la différence entre **le bonheur** et le contentement, et commentez ce que dit Jean Valjean après avoir une nouvelle fois sacrifié son bonheur pour accomplir un devoir : « *Il y avait de la joie partout sur moi, le fond de mon âme restait noir. Ce n'est pas assez d'être heureux, il faut être content.* » (Tome V, livre 7, chapitre 1).

3) En petit groupe, classez les mots de la liste ci-dessous dans un tableau à cinq colonnes. Indiquez pour chaque émotion son **intensité** (par une à trois croix), si elle est **durable** (ou éphémère), de **cause** interne (issue de la personne elle-même, ou externe, entièrement causée par les circonstances) et si elle est ou non **morale** (liée aux notions de bien et de mal).
allègre, béat, comblé, content, enchanté, euphorique, gai, heureux, joyeux, radieux, ravi, réjoui, satisfait. Vous débattrez ensuite de vos hypothèses en classe entière.

Expression écrite

Rédigez un monologue intérieur au sujet d'un dilemme.
Vous avez commis un vol et un innocent est accusé à votre place. Vous ne savez que faire : vous dénoncer ou vous taire. Commencez par trouver des arguments en faveur de chaque option, puis organisez-les au brouillon. Vous écrirez votre texte au présent, à la première personne et en utilisant des phrases interrogatives et exclamatives.

Expression orale

Vous êtes l'un des personnages du roman. Racontez un épisode particulièrement heureux de votre vie. Utilisez le champ lexical du bonheur pour exprimer vos émotions de manière nuancée.

LE DOUTE DE JAVERT

L'inspecteur de police Javert est toujours à la poursuite de Jean Valjean. C'est un homme dur et effrayant, « composé de deux sentiments très simples, et relativement très bons, mais qu'il fai[t] presque mauvais à force de les exagérer : le respect de l'autorité, la haine de la rébellion ». « Javert sérieux était un dogue ; lorsqu'il riait, c'était un tigre ». Lors de l'insurrection républicaine à Paris en juin 1832 contre la Monarchie de Juillet, il vient sur une barricade pour espionner les révolutionnaires, mais est reconnu et arrêté ; il va être exécuté. Or Jean Valjean est présent et, au lieu de le tuer, le délivre en secret. Plus tard, Javert retrouve par hasard Jean Valjean ; il commence par suivre la loi en l'arrêtant. Mais ensuite, il ne peut pas s'empêcher de libérer cet homme qui lui a sauvé la vie. Javert, qui avait toujours été si sûr de lui, est alors, selon Victor Hugo, « déraillé ».

Javert souffrait affreusement.

[...] Que faire maintenant ? Livrer Jean Valjean, c'était mal ; laisser Jean Valjean libre, c'était mal. Dans le premier cas, l'homme de l'autorité tombait plus bas que l'homme du bagne ; dans le second, un forçat montait plus haut que la loi et mettait le pied dessus.

[...] Jean Valjean le déconcertait. Tous les axiomes[1] qui avaient été les points d'appui de toute sa vie s'écroulaient devant cet homme. La générosité de Jean Valjean envers lui Javert l'accablait. [...] Javert sentait que quelque chose d'horrible pénétrait dans son âme, l'admiration pour un forçat.

[...] Vingt fois, quand il était dans cette voiture face à face avec Jean Valjean, le tigre légal avait rugi en lui. Vingt fois, il avait été tenté de se jeter sur Jean Valjean, de le saisir et de le dévorer, c'est-à-dire de l'arrêter. [...] il avait voulu passer outre, agir, appréhender l'homme, et, alors comme à présent, il n'avait pas pu ; et chaque fois que sa main s'était convulsivement levée vers le collet de Jean Valjean, sa main, comme sous un poids énorme, était retombée, et il avait entendu au fond de sa pensée une voix, une étrange voix qui lui criait : — C'est bien. Livre ton sauveur. Ensuite fais apporter la cuvette de Ponce-Pilate[2], et lave-toi les griffes.

[...] Toutes sortes de nouveautés énigmatiques s'entr'ouvraient devant ses yeux. Il s'adressait des questions, et il se faisait des réponses, et ses réponses l'effrayaient. Il se demandait : Ce forçat, ce désespéré, que j'ai poursuivi jusqu'à le persécuter, et qui m'a eu sous son pied, et qui pouvait se venger, et qui le devait tout à la fois pour sa rancune[3] et pour sa sécurité, en me laissant la vie, en me faisant grâce, qu'a-t-il fait ? Son devoir. Non. Quelque chose de plus. Et moi, en lui faisant grâce à mon tour, qu'ai-je fait ? Mon devoir. Non. Quelque chose de plus. Il y a donc quelque chose de plus que le devoir ? Ici il s'effarait[4] ; [...] depuis qu'il avait l'âge d'homme et de fonctionnaire, il mettait dans la police à peu près toute sa religion, étant [...] espion comme on est prêtre. Il avait un supérieur, M. Gisquet ; il n'avait guère songé jusqu'à ce jour à cet autre supérieur, Dieu.

Ce chef nouveau, Dieu, il le sentait inopinément, et en était troublé.

[...] Quoi qu'il en fût, et c'était toujours là qu'il en revenait, un fait pour lui dominait tout, c'est qu'il venait de commettre une infraction épouvantable. [...] Il venait de voler aux lois un homme qui leur appartenait. Il avait fait cela. Il ne se comprenait plus. Il n'était pas sûr d'être lui-même [...]. Il fallait désormais être un autre homme. [...] Il n'avait plus de raison d'être.

Situation terrible ! être ému.

Être le granit, et douter ! être la statue du châtiment fondue tout d'une pièce dans le moule de la loi, et s'apercevoir subitement qu'on a sous sa mamelle de bronze quelque chose d'absurde et de désobéissant qui ressemble presque à un cœur !

Victor Hugo, ***Les Misérables***, 1862,
Tome V, livre IV, chapitre 1

1. **axiome :** évidence qui fonde un raisonnement.
2. **Ponce Pilate :** gouverneur romain connu pour avoir fait crucifier Jésus-Christ à la demande de la foule. Convaincu de l'innocence de ce dernier, il se serait lavé les mains en public pour montrer qu'il ne se jugeait pas responsable de l'exécution. Ici, sa cuvette symbolise l'hypocrisie du meurtrier qui ne veut pas avoir de sang sur les mains.
3. **rancune :** ressentiment, désir de vengeance.
4. **s'effarer :** devenir très troublé.

Questions sur le texte

A. Loi des hommes, loi de Dieu

1) Pourquoi Javert trouve-t-il qu'il aurait dû arrêter Jean Valjean ?

2) Qu'est-ce qui l'a empêché de le faire ?

3) Quelle est la différence entre « légal » et « juste » ?

B. Déconstruction d'une identité

4) Relevez des indices montrant que Javert est divisé.

5) « Livre ton sauveur. Ensuite fais apporter la cuvette de Ponce-Pilate » (l.14) : à qui Jean Valjean est-il comparé ? Expliquez « La générosité de Jean Valjean envers lui Javert l'accablait » (l.6).

6) Relevez un champ lexical et une figure de style soulignant la violence du doute de Javert.

Lexique

Classez les verbes suivants dans un tableau de quatre colonnes (interdiction, permission, suggestion, obligation) : *astreindre, autoriser, commander, conseiller, contraindre, défendre, empêcher, exiger, forcer, imposer, interdire, intimer, obliger, ordonner, permettre, préconiser, prescrire, prohiber, prôner, proposer, proscrire, recommander, suggérer.*

Expression écrite

Écrivez un dialogue argumentatif.
Pierre et Jean se sont gravement disputés parce que Pierre, après avoir copié sur Jean lors d'un devoir, a accusé Jean d'être le coupable. Jean a été puni. Il veut se venger de Pierre. Théo, leur ami commun, dialogue avec Jean pour le convaincre de pardonner à Pierre. Rédigez ce dialogue en soignant l'enchaînement des arguments.

Expression orale

6. Règles fondamentales de la démocratie et de la justice
Mettez en scène le procès de Javert. Imaginez que ses supérieurs hiérarchiques apprennent qu'il a laissé Jean Valjean libre. Un jugement est organisé pour savoir s'il faut punir cette faute professionnelle. En vous appuyant sur la fiche d'ECJS sur l'organisation de la justice, répartissez-vous les rôles dans la classe et défendez vos arguments en respectant la procédure.

Lecture d'image

Décrivez le tableau. Quels sentiments suscite-t-il en vous ?

▲ Vincent Van Gogh, ***Champ de blé aux corbeaux***, 1890, huile sur toile, 103 × 50 cm, musée Van Gogh, Amsterdam

GAVROCHE, UNE « PETITE GRANDE ÂME »

Gavroche est le fils des Thénardier (voir p. 110), *qui ne l'aiment pas et ne s'occupent pas de lui. C'est un « gamin de Paris », un enfant joyeux, insolent et pauvre qui vit dans la rue. Pour Victor Hugo, « le gamin est un être qui s'amuse, parce qu'il est malheureux ».*

A

Huit ou neuf ans environ après les événements racontés dans la deuxième partie de cette histoire, on remarquait sur le boulevard du Temple et dans les régions du Château-d'Eau un petit garçon de onze à douze ans qui eût assez correctement réalisé cet idéal du gamin ébauché plus haut, si, avec le rire de son âge sur les lèvres, il n'eût pas eu le cœur absolument sombre et vide. [...] Pourtant il avait un père et une mère. Mais son père ne songeait pas à lui et sa mère ne l'aimait point. C'était un de ces enfants dignes de pitié entre tous qui ont père et mère et qui sont orphelins.

[...] C'était un garçon bruyant, blême, leste[1], éveillé, goguenard[2], à l'air vivace et maladif. Il allait, venait, chantait, jouait à la fayousse[3], grattait les ruisseaux, volait un peu, mais comme les chats et les passereaux[4], gaîment[5], riait quand on l'appelait galopin, se fâchait quand on l'appelait voyou. Il n'avait pas de gîte[6], pas de pain, pas de feu, pas d'amour ; mais il était joyeux parce qu'il était libre.

Victor Hugo, ***Les Misérables***, 1862,
Tome III, livre I, chapitre 13

1. **leste :** qui se déplace avec facilité et légèreté.
2. **goguenard :** moqueur.
3. **fayousse :** jeu consistant à introduire le plus possible de cailloux dans un trou.
4. **passereau :** moineau, ou autres petits oiseau.
5. **gaîment :** on écrit aujourd'hui *gaiement*.
6. **gîte :** lieu où l'on dort (en particulier pour les lièvres).
7. **taquiner :** s'amuser sans méchanceté à agacer quelqu'un.
8. **giberne :** sac ou boîte où les soldats rangent leurs cartouches.
9. **fée :** *(ici)* enchanté, magique.
10. **camard :** qui a le nez plat et écrasé. Par dérision, caractérise la mort *(voir p. 167)*.
11. **feu follet :** petite flamme apparaissant brièvement au-dessus d'un marécage.
12. **Antée :** personnage mythologique qui tire sa force du sol, étant le fils de Gaïa, la déesse de la Terre.
13. **pygmée :** *(ici)* homme de très petite taille (en référence à un peuple africain).
14. **Voltaire :** philosophe des Lumières au XVIIIe siècle, considéré comme un précurseur de la Révolution de 1789 *(voir p. 80)*.

Questions sur les textes

A. Un personnage gai

1) Quel est le principal trait de caractère de Gavroche ? Expliquez « riait quand on l'appelait galopin, se fâchait quand on l'appelait voyou » (l. 9).

2) a. Dans l'extrait A, recherchez les expansions du nom *(leçon de grammaire n° 17)*. Lesquelles caractérisent Gavroche ? b. Relevez le champ lexical du divertissement.

3) Dans le second extrait, observez le rythme du texte et l'organisation des phrases. Que remarquez-vous ? Comptez les syllabes de la phrase « on le visait sans cesse, on le manquait toujours » (l. 3). De quoi s'agit-il ?

B. Une scène pathétique

4) Quels éléments du portrait de Gavroche inspirent la pitié ?

5) Relevez le champ lexical de la guerre. Quel effet produit-il ?

6) Relevez des indices annonçant que Gavroche est vulnérable.

7) À votre avis, pourquoi le temps verbal change-t-il entre le premier paragraphe (à l'imparfait) et le second (au passé simple) ? Pourquoi revenir à l'imparfait dans la dernière phrase ?

C. Un personnage mythique

8) Comment le texte crée-t-il l'impression que Gavroche est un personnage surnaturel ?

9) À votre avis, pourquoi Victor Hugo fait-il chanter Gavroche ? Proposez au moins trois interprétations de ce choix.

10) En quoi Gavroche est-il encore un symbole de nos jours ?

11) Comparez les conditions d'existence et le caractère de Gavroche avec ceux de Cosette *(voir pages 110-111)*. Comparez le courage de Gavroche et celui de Jean Valjean *(voir pages 118-119)*.

Gavroche participe avec enthousiasme à l'émeute de 1832. Mais les insurgés manquent de munitions. Gavroche s'élance soudain de la barricade pour ramasser les cartouches inutilisées des soldats tués. Au début, il est masqué par la fumée, mais il avance de plus en plus ; les soldats ennemis l'aperçoivent et se mettent à tirer. Il continue sans se soucier des balles, en chantant.

B

Le spectacle était épouvantable et charmant. Gavroche, fusillé, taquinait[7] la fusillade. Il avait l'air de s'amuser beaucoup. C'était le moineau becquetant les chasseurs. Il répondait à chaque décharge par un couplet. On le visait sans cesse, on le manquait toujours. Les gardes nationaux et les soldats riaient en l'ajustant. Il se couchait, puis se redressait, s'effaçait dans un coin de porte, puis bondissait, disparaissait, reparaissait, se sauvait, revenait, ripostait à la mitraille par des pieds de nez, et cependant pillait les cartouches, vidait les gibernes[8] et remplissait son panier. Les insurgés, haletants d'anxiété, le suivaient des yeux. La barricade tremblait ; lui, il chantait. Ce n'était pas un enfant, ce n'était pas un homme ; c'était un étrange gamin fée[9]. On eût dit le nain invulnérable de la mêlée. Les balles couraient après lui, il était plus leste qu'elles. Il jouait on ne sait quel effrayant jeu de cache-cache avec la mort ; chaque fois que la face camarde[10] du spectre s'approchait, le gamin lui donnait une pichenette.

Une balle pourtant, mieux ajustée ou plus traître que les autres, finit par atteindre l'enfant feu follet[11]. On vit Gavroche chanceler, puis il s'affaissa. Toute la barricade poussa un cri ; mais il y avait de l'Antée[12] dans ce pygmée[13] ; pour le gamin toucher le pavé, c'est comme pour le géant toucher la terre ; Gavroche n'était tombé que pour se redresser ; il resta assis sur son séant, un long filet de sang rayait son visage, il éleva ses deux bras en l'air, regarda du côté d'où était venu le coup, et se mit à chanter.

Je suis tombé par terre,
C'est la faute à Voltaire[14]*,*
Le nez dans le ruisseau,
C'est la faute à…

Il n'acheva point. Une seconde balle du même tireur l'arrêta court. Cette fois il s'abattit la face contre le pavé, et ne remua plus. Cette petite grande âme venait de s'envoler.

Victor Hugo, ***Les Misérables***, 1862,
Tome V, livre I, chapitre 15

▲ Illustration d'Émile Bayard pour ***Les Misérables***, Édition Hugues, 1879/1882

Expression écrite

Rédigez un prolongement de la scène : le soldat qui a tué Gavroche justifie ensuite son geste auprès de l'un de ses pairs qui ne le comprend pas. Écrivez leur dialogue, chacun argumentant son point de vue. Vous pouvez proposer plusieurs hypothèses.

Lecture d'image

1) Quels éléments (vêtements, décor) montrent que cet enfant mène une vie misérable ?

2) a. Quelle est pourtant l'expression de Gavroche ?
b. Qu'est-ce qui est attaché à la queue du chat qui s'enfuit dans les égouts ? À votre avis, qui a pu faire cela et dans quel but ?

Expression orale

Récitez de mémoire le second extrait à 4. Apprenez l'un des passages suivants : **1.** Du début à « *son panier* » l.6 ; **2.** De « *les insurgés* » l.6 à « *une pichenette* » l.10 ; **3.** De « *Une balle* » l.11 à « *chanter* » l.15 ; **4.** De « *Je suis tombé* » l.16 à la fin. Selon le passage choisi, vous veillerez à exprimer : **1.** l'énergie et le jeu ; **2.** l'inquiétude mêlée à l'impression d'invulnérabilité ; **3.** le retour au réel ; **4.** le tragique de la mort.

Lexique

Cherchez au moins cinq synonymes de *courage*. Lequel qualifie le mieux, selon vous, l'attitude de Gavroche ?

2 ROMANTISME ET RÉALISME : PEINDRE LA RÉVOLUTION

Le romantisme et le réalisme sont deux mouvements artistiques majeurs du XIXe siècle. Ils s'expriment dans toute l'Europe et dans tous les arts. Ils présentent de grandes différences, mais ont un point commun : les artistes veulent être modernes et donner à leurs œuvres la force de la vérité, et non l'élégance stéréotypée des œuvres académiques. Tous deux ont créé le scandale.

Comment ces deux mouvements qui ont révolutionné l'art représentent-ils la révolution politique ? Quelles sont leurs caractéristiques ?

1 Répression de la révolte

▲ Francisco de Goya, ***Los Fusilamientos del tres de mayo***, 1814, huile sur toile, 266 × 345 cm, musée du Prado, Madrid

Les 2 et 3 mai 1808, le peuple de Madrid se révolte contre l'armée française qui occupe le pays. Mais l'insurrection est rapidement et férocement réprimée par les Français, et de nombreux insurgés sont exécutés. Ces événements marquent cependant le début de la guerre d'indépendance de l'Espagne, et ils sont encore commémorés de nos jours à Madrid.

2 La Liberté guidant le peuple

▲ Eugène Delacroix, ***La Liberté guidant le peuple***, 1830, huile sur toile, 325 × 260 cm, Musée du Louvre, Paris

Les 27, 28 et 29 juillet 1830, le peuple parisien se révolte contre le roi Charles X, qui abdique. Mais cela n'aboutit pas à la proclamation de la République : un autre roi, Louis-Philippe d'Orléans, monte sur le trône. Il donne cependant un peu plus de droits au peuple et reprend certains symboles de la Révolution de 1789.

B2i À partir d'une analyse du tableau de Delacroix, étudiez comment la figure de la Liberté est mise en valeur.

3 Points de repère : le romantisme

Première moitié du XIXe siècle.

› **Vision de la réalité :** idéalisée.
› **Vision de l'homme :** émotions personnelles intenses et complexes.
Importance du sujet, du « moi ». L'homme vu comme un héros aspirant à la grandeur.
› **Vision de la nature :** immense et sauvage, elle dépasse l'homme
(voir les œuvres de Caspar David Friedrich, par exemple p. 99).
› **Vision de l'Histoire :** grand mouvement des origines vers l'avenir.
Espoir de changement. Importance de la révolte et de la Révolution française.
› **Sources d'inspiration :** mythes et légendes, Moyen Âge, exotisme, Napoléon Ier.
› **Méthode :** recours au rêve et à l'imagination plutôt qu'à l'observation objective.
› **Traitement de la lumière :** plutôt concentrée, elle attire le regard sur certains motifs.
› **Composition :** plutôt pyramidale. Les lignes de force vont vers l'horizon.

4 Après la répression d'une émeute

▲ Ernest Meissonier, ***La Barricade,*** 1848, huile sur toile, 29 x 22 cm, Musée du Louvre, Paris

En juin 1848, une émeute ouvrière est sévèrement réprimée par le gouvernement de la Seconde République (proclamée en février 1848).

5 Exécution d'un empereur

▲ Édouard Manet, ***L'Exécution de Maximilien de Habsbourg***, 1867, huile sur toile, 252 x 305 cm, Städtische Kunsthalle, Mannheim

En 1864, un prince autrichien de la famille des Habsbourg, Maximilien, devient empereur du Mexique, grâce à l'appui de gouvernants européens (dont Napoléon III). Mais bientôt ceux-ci cessent de le soutenir. Les Mexicains se révoltent et Maximilien est renversé et exécuté.

6 Points de repère : le réalisme

Seconde moitié du XIXe siècle.

› **Vision de la réalité :** objective, sans idéalisation.
› **Vision de l'homme :** détermination de la condition sociale et économique. Importance du type et du milieu. L'homme comme victime.
› **Vision de la nature :** domestiquée par l'homme.
› **Vision de l'Histoire :** importance du moment présent. Peu d'espoir de changement.
› **Sources d'inspiration :** le travail, la condition sociale (paysans, ouvriers, petite bourgeoisie de province).
› **Méthode :** raison, observation et science.
› **Traitement de la lumière :** plus diffuse, elle donne autant de présence à tous les motifs.
› **Composition :** plutôt horizontale. L'horizon est fermé.

Questions

1) Doc. 2 : a. Observez le tableau de Delacroix. Qu'est-ce qui en fait le dynamisme ? b. Quel est le personnage qui attire le regard ? Décrivez-le. Recherchez ce qu'est une allégorie et expliquez le titre du tableau. Quel symbole ce personnage évoque-t-il ? c. En quoi le tableau présente-t-il un mélange de réalité et d'idéal ? d. Quelle vision de la révolution en émane ? e. De quel personnage des ***Misérables*** pouvez-vous rapprocher le jeune garçon ? En observant les dates des deux œuvres, dites qui de Delacroix ou de Hugo a inspiré l'autre artiste.

2) Doc. 1 et 5 : a. Quels points communs concernant le motif et la composition des deux tableaux permettent de dire que Manet imite Goya ? b. Relevez les différences entre les deux tableaux. En quoi sont-ils respectivement romantique et réaliste ? c. L'empereur Maximilien a été exécuté par des républicains mexicains. Pourtant, Manet a représenté les soldats du tableau avec un uniforme français. Selon vous, pourquoi cette provocation ?

3) Doc. 4 : Quelle image ce tableau donne-t-il de la révolte ? Justifiez votre réponse.

SYNTHÈSE DU CHAPITRE

Le XIXe siècle est l'époque de l'**essor du roman**. ***Les Misérables*** (1862) en est l'un des meilleurs exemples, du fait de son ampleur et de ses **personnages inoubliables**.

C'est un roman **réaliste** représentant l'ensemble de la société et contenant d'abondantes **réflexions** sur des thèmes comme la politique, la justice ou l'Histoire. Commencé en 1845 sous la Restauration, puis délaissé douze ans et repris en 1860, lorsque Victor Hugo s'est exilé de la France de Napoléon III, le roman reflète les évolutions politiques de l'auteur, passé par le royalisme et le bonapartisme avant de devenir **républicain**. Roman **engagé**, il vise à dénoncer les effets de la pauvreté. Pour Victor Hugo, les « misérables » sont, le plus souvent, des victimes de la société. Le lecteur ressent de la **pitié** pour des personnages comme Cosette et Gavroche (texte 7). Il ressent aussi de l'**admiration** pour l'honnêteté d'un Jean Valjean, dont la lutte constitue le cœur de ce **roman d'apprentissage** : il s'efforce de se protéger de la police, incarnée par Javert, et de sauver son âme, grâce à l'exemple de Monseigneur Myriel dont la bonté est remarquable (textes 2 et 3). La **dimension religieuse** du combat entre le bien et le mal est importante. Les personnages sont complexes et sont confrontés à des **dilemmes** (texte 5) : même Javert est déchiré par le doute (texte 6). Certains personnages ignobles comme les Thénardier inspirent au contraire l'**indignation** (texte 1).

Les Misérables est également une œuvre **romantique** pleine de **contrastes** et d'**images** saisissantes. Le souffle **épique** qui l'anime se manifeste notamment dans la longue évocation de la bataille de Waterloo. Les scènes hugoliennes ont une importante force **dramatique** et ménagent du suspense (texte 4).

Le travail sur la **langue**, y compris sur l'argot, rappelle que Victor Hugo est l'un des plus grands poètes de la langue française, et ses analyses des **sentiments**, comme le remords, la peur ou l'amour, montrent sa **sensibilité**.

La richesse et la profondeur des ***Misérables*** expliquent le **succès** jamais démenti de ce roman qui a inspiré de nombreuses adaptations : **films** de Frank Lloyd (1917), Jean-Paul Le Chanois (1958, voir la page d'ouverture), Robert Hossein (1982, avec Lino Ventura), Claude Lelouch (1995, avec Jean-Paul Belmondo), **téléfilm** de Josée Dayan (2000, avec Gérard Depardieu et John Malkovich), célèbre **comédie musicale** de Claude-Michel Schönberg et Alain Boublil (1980, version anglaise en 1985).

Suggestions de lectures complémentaires

Grands romans du XIXe siècle

- Honoré de Balzac, ***Eugénie Grandet***, 1833, ***Le Père Goriot***, 1835.
- Alexandre Dumas, ***Le Comte de Monte-Cristo***, 1844.
- Paul Féval, ***Le Bossu***, 1857.
- Théophile Gautier, ***Le Capitaine Fracasse***, 1863.
- Victor Hugo, ***Notre-Dame de Paris***, 1831, ***Claude Gueux***, 1834.
- Alexandre Pouchkine, ***La Fille du Capitaine***, 1836.
- Stendhal, ***La Chartreuse de Parme***, 1839.

Des enfants inoubliables

- Anonyme, ***La Vie de Lazarillo de Tormes***, 1554.
- Charles Dickens, ***Oliver Twist***, 1838, ***David Copperfield***, 1850.
- Rudyard Kipling, ***Le Livre de la jungle***, 1894.
- Hector Malot, ***Sans Famille***, 1878.
- Louis Pergaud, ***La Guerre des boutons***, 1912.
- Jules Renard, ***Poil de carotte***, 1894.
- Vikas Swarup, ***Les Fabuleuses Aventures d'un Indien malchanceux qui devint milliardaire***, 2005.
- Mark Twain, ***Les Aventures de Tom Sawyer***, 1876, ***Les Aventures de Huckleberry Finn***, 1884.
- José Mauro de Vasconcelos, ***Mon bel oranger***, 1968.

Prolongement

Les romanciers ménagent souvent des rebondissements inattendus dans le parcours de leurs héros. Voici un extrait de l'un des romans les plus célèbres d'Alexandre Dumas (1802-1870). En 1815, Edmond Dantès, victime d'un complot, est injustement emprisonné sur l'île d'If. Il y rencontre un autre prisonnier, l'abbé Faria, qui devient son mentor et ami, et lui lègue un trésor. Mais en 1829 l'abbé meurt. Dantès, épris de liberté comme Jean Valjean, a alors une idée désespérée pour s'échapper et se venger ; le cœur battant, il prend la place du corps dans le linceul, comptant se laisser enterrer hors de la prison et ensuite creuser jusqu'à l'air libre. Enfin, les fossoyeurs viennent et l'emportent. Mais au lieu de descendre les escaliers, ils se mettent à les monter.

Tout à coup, l'air frais et âpre de la nuit l'inonda. Dantès reconnut le mistral. Ce fut une sensation subite, pleine à la fois de délices et d'angoisses.

[Il] *entendit déposer près de lui un corps lourd et retentissant ; au même moment, une corde entoura ses pieds d'une vive et douloureuse pression.*

[...] *On fit cinquante pas à peu près, puis on s'arrêta pour ouvrir une porte, puis on se remit en route. Le bruit des flots se brisant contre les rochers sur lesquels est bâti le château arrivait plus distinctement à l'oreille de Dantès à mesure que l'on avança.*

[...] *On fit encore quatre ou cinq pas en montant toujours, puis Dantès sentit qu'on le prenait par la tête et par les pieds et qu'on le balançait.*

« Une, dirent les fossoyeurs.

— Deux.

— Trois ! »

En même temps, Dantès se sentit lancé, en effet, dans un vide énorme, traversant les airs comme un oiseau blessé, tombant, tombant toujours avec une épouvante qui lui glaçait le cœur. Quoique tiré en bas par quelque chose de pesant qui précipitait son vol rapide, il lui sembla que cette chute durait un siècle. Enfin, avec un bruit épouvantable, il entra comme une flèche dans une eau glacée qui lui fit pousser un cri, étouffé à l'instant même par l'immersion.

Dantès avait été lancé dans la mer, au fond de laquelle l'entraînait un boulet de trente-six[1] *attaché à ses pieds.*

La mer est le cimetière du château d'If.

1. **boulet de trente-six :** de trente-six livres.

Alexandre Dumas, ***Le Comte de Monte-Cristo***, 1844
chapitre 20 « Le cimetière du château d'If »

7 SOUVENIRS ÉMUS : LE LYRISME REVISITÉ PAR LA POÉSIE DES XIXe ET XXe SIÈCLES

Savoir définir et reconnaître le lyrisme.
Observer son évolution au cours des siècles.

Textes et images

Histoire des Arts

Lexique : Les principaux phénomènes de versification *(voir fiche-lexique n° 2)*, le passé, la parole.

Expression orale : Réciter un poème avec précision et expressivité.

Expression écrite : Raconter des souvenirs personnels, historiques, littéraires et musicaux.

Étude de la langue

Grammaire :
Mémo-fiche : distinction des compléments introduits par une préposition (n° 19), Phrase simple et phrase complexe (n° 20), Proposition principale et proposition subordonnée (n° 21), La proposition subordonnée relative (n° 22).

Conjugaison et Orthographe :
Verbes irréguliers : *pouvoir, devoir, valoir, paraître* (n° 21), La formation du participe passé (n° 22), Le participe passé : règles d'accord et cas complexes (n° 23).

Le poète emploie les charmes de sa lyre pour ressusciter une figure de son passé

▲ Jean-Baptiste-Camille Corot, ***Orphée ramenant Eurydice des enfers***, 1861, huile sur toile, 112,3 x 137,1 cm, Museum of Fine Arts, Houston, Texas

Lecture d'image

1) Observez le titre du tableau : quels sont les deux personnages que vous voyez au premier plan ? Quel est l'objet que le héros tient en main ? Faites une recherche pour raconter l'épisode mythique évoqué ici.

2) Distinguez le premier plan et l'arrière-plan du tableau : par quels moyens picturaux sont-ils différenciés ?

3) Quels sont les deux « mondes » ainsi opposés ? Quel élément du mythe est représenté à l'arrière-plan ?

4) Cette localisation vous semble-t-elle réaliste (elle crée un effet de réel) ou onirique (elle donne une impression de rêve) ?

5) Recherchez dans un dictionnaire le(s) sen(s) de l'adjectif *lyrique*. Quels sont les liens du lyrisme avec le mythe d'Orphée ?

Compléments sur le site

- Synthèses d'histoire des arts.
- Proposition d'évaluation finale (de type brevet).
- Pages supplémentaires sur la poésie.

A. EN GUISE D'INTRODUCTION : LE MONDE DANS UN POÈME

À l'écart des grands courants poétiques du XXe siècle, **Jules Supervielle** (1884-1960) fut l'auteur d'une poésie très personnelle, tournée vers les mystères du monde intérieur, à la fois hantée par l'angoisse et émerveillée par la beauté de l'existence.

Ce poème en forme de bilan exalte en une série de vers courts la mission, le pouvoir et les ressources du langage poétique, qui peut rassembler les moments heureux d'une existence. Écrit dans le chaos de la Seconde Guerre mondiale, alors que Jules Supervielle vient de subir un arrêt cardiaque, il célèbre les forces de la vie.

C'est beau d'avoir élu
Domicile vivant
Et de loger le temps
Dans un cœur continu,
Et d'avoir vu ses mains
Se poser sur le monde
Comme sur une pomme
Dans son petit jardin,
D'avoir aimé la terre,
La lune et le soleil,
Comme des familiers
Qui n'ont pas leurs pareils,
Et d'avoir confié
Le monde à sa mémoire
Comme un clair cavalier
À sa monture noire,
D'avoir donné visage
À ces mots : femme, enfants,
Et servi de rivage
À d'errants[1] continents,
Et d'avoir atteint l'âme
À petits coups de rame
Pour ne l'effaroucher[2]
D'une brusque approchée.
C'est beau d'avoir connu
L'ombre sous le feuillage
Et d'avoir senti l'âge
Ramper sur le corps nu,
Accompagné la peine
Du sang noir dans nos veines
Et doré son silence
De l'étoile Patience,
Et d'avoir tous ces mots
Qui bougent dans la tête,
De choisir les moins beaux
Pour leur faire un peu fête,
D'avoir senti la vie,
Hâtive et mal aimée,
De l'avoir enfermée
Dans cette poésie.

1. **errant :** à la dérive.
2. **effaroucher :** effrayer, faire fuir.

Jules Supervielle, « Hommage à la vie », 1943, ***1939-1945***

Questions sur le texte

1) En observant le titre du poème, le choix des mots et le nombre de syllabes, diriez-vous que ce poème est complexe ou qu'il recherche la simplicité ?

2) a. Combien y a-t-il de phrases complètes dans ce long poème ? **b.** Comment appelle-t-on le phénomène qui consiste à faire courir une phrase sur plusieurs vers ? Quel effet cela crée-t-il chez le lecteur ?

3) Quelles sont les deux grandes parties du poème ? Si la première est un « hommage à la vie », à quoi la seconde partie pourrait-elle rendre hommage ?

4) Ce poème évoque des expériences passées. Relevez les participes passés dans le poème et donnez les infinitifs présents correspondants *(aidez-vous des leçons de conjugaison n° 22 et 23)*. Quel est celui qui est répété ?

5) Relevez un complément introduit par la proposition *dans*, et donnez sa fonction *(en vous aidant de la leçon de grammaire n° 19)*. Renouvelez l'exercice avec les prépositions *sur*, *à* et *de*.

Expression écrite

5. Connaître et pratiquer diverses formes d'expression à visée littéraire

› Choisissez un sujet auquel vous voulez rendre hommage (une personne connue ou non, une œuvre d'art...) et écrivez à votre tour un poème de 10-15 vers qui commence par « c'est beau », en verts courts et réguliers, avec des phrases et des mots simples.

› Imaginez un dialogue entre le poète et son petit-fils qui lui demande des détails sur sa vie passée (en une trentaine de lignes).

› Rédigez, à l'imparfait, la description d'un lieu où le poète a pu vivre (jardin, bord de mer, maison...). Vous vous attacherez à faire ressortir le calme et la tranquillité de ce lieu.

Expression orale

Apprenez par cœur ce poème et récitez-le à la classe. Pendant la récitation d'un élève, les autres l'écouteront attentivement pour l'évaluer selon les critères suivants :

› texte lu entièrement (/10) ;

› diction claire, rythmée, d'une voix forte (/5) ;

› variation du ton adaptée au message du poème, en pensant à regarder l'auditoire (/5).

▲ Visiteurs devant une peinture de Marc Chagall (***La Vie***, 1964, huile sur toile), photographie de 2005, Hervé Champollion / AKG Images

B. DÉCRIRE UN PHÉNOMÈNE DE RÉMINISCENCE

Son célèbre poème « El Desdichado » et la folie qui finit par l'emporter en ont fait un des premiers poètes maudits du siècle, mais **Gérard de Nerval** (1808-1855) fut aussi un romantique fasciné par le Moyen Âge, amoureux des vieilles chansons de nos campagnes.

La réminiscence (phénomène ou souvenir confus qui ressurgit de lui-même ou que l'on fait remonter à la mémoire) de Nerval est un voyage dans le temps à travers lequel il se découvre une vie antérieure dans un passé lointain.

Il est un air pour qui je donnerais
Tout Rossini[1], tout Mozart et tout Weber[2],
Un air très vieux, languissant et funèbre,
Qui pour moi seul a des charmes secrets !

Or, chaque fois que je viens à l'entendre,
De deux cents ans mon âme rajeunit :
C'est sous Louis treize ; et je crois voir s'étendre
Un coteau[3] vert, que le couchant jaunit,

Puis un château de brique à coins de pierre,
Aux vitraux teints de rougeâtres couleurs,
Ceint[4] de grands parcs, avec une rivière
Baignant ses pieds, qui coule entre des fleurs ;

Puis une dame, à sa haute fenêtre,
Blonde aux yeux noirs, en ses habits anciens,
Que, dans une autre existence[5] peut-être,
J'ai déjà vue... — et dont je me souviens !

Gérard de Nerval, « Fantaisie »,
Odelettes, 1833

1. **Rossini :** compositeur italien du XIXe siècle, célèbre pour ses opéras.
2. **Weber :** (prononcer « Wèbre ») compositeur allemand du début du XIXe siècle, célèbre pour ses opéras.
3. **coteau :** colline peu élevée.
4. **ceint :** entouré.
5. **dans une autre existence :** Gérard de Nerval, comme dans l'antique religion orphique *(voir le mythe d'Orphée évoqué p. 131)*, est porté à croire que les âmes se réincarnent.

Expression écrite

› Sur le modèle de « Fantaisie », choisissez une chanson que vous aimez et écrivez, dans un texte en prose d'au moins quinze lignes, les émotions qu'elle vous suggère, les lieux qu'elle vous évoque, les moments qu'elle vous rappelle...

› Résumez le texte de Gérard de Nerval en employant au moins trois des verbes suivants, sous une forme conjuguée : *pouvoir, devoir, valoir, paraître (aidez-vous de la leçon de conjugaison n° 21).*

Lexique

Relevez tous les mots du poème qui indiquent qu'on se trouve dans un passé reculé.

Questions sur le texte

1) Quel est le sujet du poème ? Comment appelle-t-on le phénomène qui consiste à retrouver un passé qu'on croyait perdu ?

2) Qu'est-ce qui fait naître ici ce phénomène ? Quel domaine artistique est concerné ?

3) Observez les strophes 2 et 3 : le poète décrit-il un souvenir de son temps ou d'une autre époque ? Relevez des mots qui se rapportent au passé. Comment progresse la réminiscence, de strophe en strophe, dans l'ensemble du poème ?

4) Quel retournement provoque le dernier vers du poème ? Quel est le sujet de la phrase ? Sommes-nous toujours dans un passé très ancien ? Qui pourrait être la « dame » du poète ?

5) Quel mythe vous rappelle l'histoire d'un homme partant à la recherche d'une femme qui est morte ? Quel lien peut-on établir avec la musique ?

Marceline Desbordes-Valmore (1786-1859), poétesse et actrice française, connut une vie douloureuse, marquée par la perte de plusieurs êtres chers (orpheline de mère très jeune, elle perdit aussi trois de ses quatre enfants). Ses poèmes firent l'admiration de Balzac, Baudelaire et Verlaine. Elle influença ce dernier dans le choix de ses thèmes et dans ses recherches formelles, en essayant de composer des poèmes avec des vers en nombre impair de syllabes.

N'écris pas. Je suis triste, et je voudrais m'éteindre.
Les beaux étés sans toi, c'est la nuit sans flambeau.
J'ai refermé mes bras qui ne peuvent t'atteindre,
Et frapper à mon cœur, c'est frapper au tombeau.
N'écris pas !

N'écris pas. N'apprenons qu'à mourir à nous-mêmes.
Ne demande qu'à Dieu... qu'à toi, si je t'aimais !
Au fond de ton absence écouter que tu m'aimes,
C'est entendre le ciel sans y monter jamais.
N'écris pas !

N'écris pas. Je te crains ; j'ai peur de ma mémoire ;
Elle a gardé ta voix qui m'appelle souvent.
Ne montre pas l'eau vive à qui ne peut la boire.
Une chère écriture est un portrait vivant.
N'écris pas !

N'écris pas ces doux mots que je n'ose plus lire :
Il semble que ta voix les répand sur mon cœur ;
Que je les vois brûler à travers ton sourire ;
Il semble qu'un baiser les empreint sur mon cœur.
N'écris pas !

Marceline Desbordes-Valmore,
« Les séparés », ***Poésies posthumes***, 1860

▲ ***Marceline Desbordes-Valmore***, détail du plafond du théâtre de Douai

B2i Alternez enregistrements, écoutes et écriture pour cerner la dimension personnelle de la lecture poétique.

Questions sur le texte

1) À qui parle la poétesse et que demande-t-elle ? Comment considère-t-elle l'écriture et la lecture ? Pourquoi écrit-elle un poème à ce sujet ?

2) Observez le titre du poème. Qui sont les « séparés » ? Comment appelle-t-on une œuvre littéraire qui s'inspire de la vie de l'auteur ? À quoi ce titre peut-il faire référence dans la vie de la poétesse ? Quel sera probablement le ton de ce poème lyrique ?

3) Quelle expression est répétée ? Combien de fois et à quelle occasion revient-elle dans le poème ? Comment appelle-t-on cette façon de répéter un mot ou une expression à la même place ? Quel effet cela crée-t-il ?

4) Le poème de Supervielle (p. 132) était tourné vers l'exaltation de la vie ; qu'en est-il du poème de Marceline Desbordes-Valmore ?

Expression orale

1. Formuler clairement un propos simple

› Citez trois types d'événements qui peuvent susciter la tristesse. Faites ensuite une phrase pour détailler chacun de ces événements.

› Le poème de Marceline Desbordes-Valmore est très expressif. Lisez les deux premières strophes lentement, en variant le ton, en respectant la pause à la césure de l'alexandrin *(voir fiche-lexique n° 2 sur la versification)* et en faisant ressortir la ponctuation (virgules, points d'exclamation, points de suspension, tiret). Puis procédez de même sur l'ensemble du poème que vous apprendrez par cœur.

C. MONTRER LA VALEUR INSPIRATRICE DU SOUVENIR

Le désir incessant de mouvement et de voyage qui a donné son aspect légendaire à la vie d'Arthur Rimbaud (1854-1891), compagnon de route de Paul Verlaine, se retrouve dans la « révolution poétique » qu'il mit en œuvre, introduisant des thèmes subversifs (menaçant l'ordre établi) et des tours familiers dans des poèmes d'une apparente simplicité.

Bien que ce souvenir d'enfance passe comme une ombre fugitive, Rimbaud emploie son art à lui restituer toute sa fraîcheur passée.

J'ai embrassé l'aube d'été.

Rien ne bougeait encore au front des palais. L'eau était morte. Les camps d'ombres ne quittaient pas la route du bois. J'ai marché, réveillant les haleines vives et tièdes, et les pierreries regardèrent, et les ailes[1] se levèrent sans bruit.

La première entreprise[2] fut, dans le sentier déjà empli de frais et blêmes éclats, une fleur qui me dit son nom.

Je ris au wasserfall[3] blond qui s'échevela[4] à travers les sapins : à la cime argentée je reconnus la déesse[5].

Alors, je levai un à un les voiles. Dans l'allée, en agitant les bras. Par la plaine, où je l'ai dénoncée au coq. À la grand'ville elle fuyait parmi les clochers et les dômes, et courant comme un mendiant sur les quais de marbre, je la chassais[6].

En haut de la route, près d'un bois de lauriers, je l'ai entourée avec ses voiles amassés, et j'ai senti un peu son immense corps. L'aube et l'enfant tombèrent au bas du bois.

Au réveil il était midi.

Arthur Rimbaud, « Aube », ***Illuminations***, 1886

1. **ailes :** (ici) peut-être celles de la déesse de la nuit.
2. **entreprise :** à qui je m'adressais.
3. **wasserfall :** cascade (mot allemand).
4. **[s']écheveler :** [s'] ébouriffer, [se] dépeigner.
5. **la déesse :** sans doute Aurore, la déesse de l'aube dans la mythologie gréco-romaine, qui ouvre les portes du jour. Couverte de voiles, elle est appelée par Homère « l'enfant du matin ».
6. **chasser :** (ici) pourchasser, poursuivre.

Expression orale

Le poème « Aube » est fait de subtils changements de tons d'un paragraphe à l'autre. Mettez-vous par groupes de quatre et lisez chacun un paragraphe (2, 3, 4, 5 et 6) en faisant varier le ton suivant le sens que vous lui prêtez : enjoué, euphorique, inquiet, pathétique...

B2i — Analysez une adaptation imagée du poème de Hugo « Demain, dès l'aube ».

Questions sur le texte

1) Lisez attentivement le deuxième paragraphe en prêtant attention aux temps des verbes. À quel autre genre littéraire fait penser ce début ? Que décrit le poète ?

2) a. Relevez les différents sujets des phrases dans les trois paragraphes suivants (3, 4, 5) et les différents verbes d'action et décrivez la progression du poète. Est-il passif ou actif ? b. Quel est le ton de ce passage ? Comparez avec « l'Hommage à la vie » de Supervielle (p. 132).

3) Regardez l'avant-dernier paragraphe. Montrez, en citant les procédés de style utilisés, qu'on assiste à un changement de ton.

4) Que pensez-vous de la dernière phrase ? Que nous apprend-elle rétrospectivement (après-coup) sur la réalité de la scène décrite ? Quel sentiment, typique de la poésie lyrique, peut alors ressentir le poète à son sujet ?

Si Paul Verlaine (1844-1896) fut marqué à vie par sa rencontre avec Arthur Rimbaud, leur relation fut brève et connut une fin dramatique ; aspirant à calmer ses angoisses en se rapprochant de sa femme, il se convertit au catholicisme et se recommanda à Dieu dans ***Sagesse***.

Verlaine se fait ici proche de Jésus-Christ, frère de souffrance pour tous les hommes. Bien que très personnel, ce texte concerne tout homme.

Mon Dieu m'a dit : « Mon fils, il faut m'aimer. Tu vois
Mon flanc percé, mon cœur qui rayonne et qui saigne,
Et mes pieds offensés que Madeleine[1] baigne
De larmes, et mes bras douloureux sous le poids

De tes péchés, et mes mains ! Et tu vois la croix,
Tu vois les clous, le fiel[2], l'éponge et tout t'enseigne
À n'aimer, en ce monde amer où la chair règne,
Que ma Chair et mon Sang[3], ma parole et ma voix.

Ne t'ai-je pas aimé jusqu'à la mort moi-même,
Ô mon frère en mon Père, ô mon fils en l'Esprit[4],
Et n'ai-je pas souffert, comme c'était écrit ?

N'ai-je pas sangloté ton angoisse suprême
Et n'ai-je pas sué la sueur de tes nuits,
Lamentable ami qui me cherches où je suis ? »

Paul Verlaine, « Mon Dieu m'a dit... », ***Sagesse***, 1880

Expression écrite

Verlaine fait allusion à des moments précis de la vie du Christ telle qu'elle est racontée dans la ***Bible***. À partir des éléments qu'il nous donne dans les deux premières strophes et de passages du ***Nouveau Testament***, résumez avec vos propres mots l'épisode de la Crucifixion.

Lexique

Relevez les mots qui appartiennent au champ lexical de la douleur dans la première strophe du poème de Verlaine.

1. Madeleine : personnage de la ***Bible*** (Luc, 7, 36-50). Ancienne courtisane, elle se jette aux pieds de Jésus, inonde ses pieds de ses larmes, qu'elle essuie avec ses cheveux, embrasse et oint de parfum. Elle est aussi présente au pied de la croix *(voir aussi tableau p. 45)*.
2. fiel : liquide amer produit par le foie, bile ; dans la ***Bible*** (Matthieu, 27, 34-48), les soldats donnent à boire à Jésus sur sa croix du vin mêlé de fiel, puis lui tendent au bout d'un bâton une éponge imbibée de vinaigre.
3. Chair et Sang : dans l'Eucharistie catholique, le pain et le vin deviennent la chair et le sang de Jésus.
4. vers 10 : allusion au mystère chrétien de la Trinité.

Compléments sur le site

› Récit : Madeleine essuyant les pieds de Jésus.
› Récit de la Passion de Jésus selon l'Evangile de Matthieu.

Questions sur le texte

1) Qui parle dans le poème ? À qui s'adresse-t-il ? Comment l'appelle-t-il ?
2) Quelle est la forme du poème ?
3) « N'ai-je pas souffert, comme c'était écrit » : à quel livre, à quel épisode fait-il ici référence ? La description est-elle réaliste, symbolique, les deux à la fois ?
4) Les deux dernières strophes commencent par deux interrogations. S'agit-il de véritables questions auxquelles le poète doit répondre, ou de demandes de confirmation ? Comment appelle-t-on ce type particulier de questions ? À quoi servent-elles ici : interroger, émouvoir, démontrer... ?
5) « Lamentable ami » : que signifie ici le mot « lamentable » et qui est désigné ici ? Recherchez le poète antérieur à Verlaine qui utilise l'expression « mon semblable, mon frère », non pas pour se désigner lui-même, mais pour désigner le lecteur.
6) Que peut-on en déduire sur les rapports du poète et du lecteur ?

1 L'IMPRESSIONNISME VU PAR LES POÈTES DE L'ÉPOQUE

Le terme « impressionnisme » est à l'origine péjoratif : il apparaît sous la plume d'un journaliste du ***Charivari*** qui tourne en dérision le tableau de Monet, ***Impression au soleil levant***, présenté à l'Exposition de 1874. La caricature de Pif présentée ici est issue du même journal, sept ans après... Le poème de Laforgue illustre quant à lui l'ambiguïté des rapports qu'entretient la littérature, et en particulier la poésie, avec le mouvement impressionniste, ce mouvement qui cherchait à représenter des impressions fugitives, des phénomènes mobiles.

Quelles sont les caractéristiques de l'impressionnisme ? Comment un poème peut-il rendre compte de ce style pictural ?

1. L'impressionnisme selon Laforgue

Aquarelle en cinq minutes

Oh ! oh ! le temps se gâte,
L'orage n'est pas loin,
Voilà que l'on se hâte
De rentrer les foins !...

L'abcès[1] perce !
Vl'à l'averse !
Ô grabuges[2]
Des déluges !....

Oh ! ces ribambelles
D'ombrelles !....

Oh ! cett' Nature
En déconfiture ! ....

Sur ma fenêtre
Un fuchsia[3]
À l'air paria[4]
Se sent renaître....

Jules Laforgue, ***Le Décadent littéraire***, 25 septembre 1886

1. **abcès :** infection, amas de pus sous la peau.
2. **grabuge :** dispute, querelle bruyante.
3. **fuchsia :** fleur de couleur rose foncé.
4. **paria :** personne exclue d'un groupe.

2. Meules de foin par Millet

▲ Jean-François Millet, ***Meules : Automne***, 1868-1874, huile sur toile, 85 x 110 cm, Metropolitan Museum of Art, New York

Questions

1) Doc. 1 : Comment qualifier le niveau de langue et le ton du poème de Laforgue ? Vous vous appuierez sur des exemples précis.

2) Doc. 1 : Le poète décrit un tableau : à quel mouvement artistique fait-il allusion ? Quelle vision de ce courant est donnée ? Cherche-t-il à l'imiter par des procédés littéraires ?

3) Doc. 2 à 5 : Quels sont les points communs de ces tableaux impressionnistes ?

4) En quoi répondent-ils au poème de Laforgue quant au thème et à la technique ? Lequel vous paraît le plus « ressemblant » au poème ? Quels procédés, dans la couleur ou la forme, vous donnent cette impression ?

5) Après avoir vu plusieurs tableaux impressionnistes, comment jugez-vous la vision qu'en donnait Laforgue dans le poème, fidèle ou trompeuse ?

6) Doc. 6 : De qui cette caricature de presse se moque-t-elle et pourquoi ? En quoi les personnages sont-ils comiques ? Quelle est la particularité, la nouveauté des tableaux impressionnistes selon le caricaturiste ?

7) Comparez l'ironie du caricaturiste à celle de Jules Laforgue : les deux hommes formulent-ils les mêmes critiques à l'encontre de l'impressionnisme ?

3. Meules de foin par Van Gogh

▲ Vincent Van Gogh, ***Meules de foin sous un ciel pluvieux***, 1890, huile sur toile, 64 x 52 cm, musée Kroller-Muller, Oterlo

4. Meules de foin par Monet

▲ Claude Monet, ***Meules de foin, à la fin de l'été***, 1891, huile sur toile, 60 x 100 cm, musée d'Orsay, Paris

5. Ombrelle et fleurs aux vives couleurs

▲ Claude Monet, ***Les Coquelicots***, 1873, huile sur toile, 50 x 65 cm, musée d'Orsay, Paris

6. Une autre vision ironique de l'impressionnisme

AUX IMPRESSIONNISTES.

— Qu'est-ce que vous faites là ?
— On m'a dit qu'il y avait beaucoup de talent dans ce tableau-là... Je regarde si on ne l'a pas exposé du mauvais côté...

▲ Croquis de Pif, paru dans ***Le Charivari***, 10 avril 1881

Compléments sur le site

› Synthèse d'Histoire des Arts.

D. ÉLARGIR LE SOUVENIR PERSONNEL À LA MÉMOIRE D'UN PEUPLE

Anticlérical et socialiste, Charles Péguy (1873-1914) se convertit tardivement au catholicisme et exprima son rejet de la modernité. Il fut fasciné par la figure de Jeanne d'Arc, qu'il célébra dans des œuvres théâtrales ou poétiques passionnées, aux accents mystiques.

Ce poème à la tonalité épique ravive le souvenir de Jeanne d'Arc, toujours ardent en France et particulièrement dans la région du Centre-Loire dont Péguy est originaire.

Le long du coteau[1] courbe et des nobles vallées
Les châteaux sont semés comme des reposoirs[2],
Et dans la majesté des matins et des soirs
La Loire et ses vassaux[3] s'en vont par ces allées.

Cent vingt châteaux lui font une suite courtoise,
Plus nombreux, plus nerveux, plus fins que des palais.
Ils ont nom Valençay, Saint-Aignan et Langeais,
Chenonceau et Chambord, Azay, le Lude, Amboise.

Et moi j'en connais un dans les châteaux de Loire
Qui s'élève plus haut que le château de Blois,
Plus haut que la terrasse où les derniers Valois
Regardaient le soleil se coucher dans sa gloire.

La moulure est plus fine et l'arceau[4] plus léger.
La dentelle de pierre est plus dure et plus grave.
La décence[5] et l'honneur et la mort qui s'y grave
Ont inscrit leur histoire au cœur de ce verger[6].

Et c'est le souvenir qu'a laissé sur ces bords
Une enfant qui menait son cheval vers le fleuve[7].
Son âme était récente et sa cotte[8] était neuve.
Innocente elle allait vers le plus grand des sorts.

Car celle qui venait du pays tourangeau[9],
C'était la même enfant qui quelques jours plus tard,
Gouvernant d'un seul mot le rustre[10] et le soudard[11],
Descendait devers[12] Meung ou montait vers Jargeau.

Charles Péguy, poème paru dans le journal *L'Opinion*, le 25 novembre 1912

▲ Photographie du château de Chinon, vu de la rive gauche de la Vienne, 2007

1. **coteau** : colline peu élevée *(voir p. 134)*.
2. **reposoir** : autel dressé sur le parcours d'une procession.
3. **vassal (pl. : vassaux)** : homme placé sous la dépendance d'un seigneur (suzerain) au Moyen Âge. Ici, allusion aux affluents du fleuve.
4. **arceau** : courbure d'une voûte.
5. **décence** : respect des convenances, pudeur.
6. **verger** : terrain planté d'arbres fruitiers. Le val de Loire est connu comme le « jardin de la France ».
7. le château évoqué est celui de Chinon, où la cour de Charles VII s'était retirée pendant la guerre de Cent Ans. En mars 1429, Jeanne d'Arc vint y rencontrer le roi (de la dynastie des Valois) pour le convaincre de libérer Orléans et de se faire sacrer à Reims. À sa demande furent livrées les batailles de Jargeau puis de Meung, pour chasser les troupes anglaises.
8. **cotte** : tunique en mailles de fer pour protéger un guerrier.
9. **tourangeau** : de Touraine.
10. **rustre** : homme grossier.
11. **soudard** : soldat brutal et grossier.
12. **devers** : (vieux) vers.

Questions sur le texte

1) Quel paysage est décrit dans les premières strophes ? Comment qualifieriez-vous cette description, en observant le nombre de mètres (syllabes) utilisé, le rythme, le vocabulaire ?

2) a. À quelle époque est-il fait référence ? Relevez les termes et les expressions qui la désignent. b. Quelle image le poète donne-t-il de ces temps lointains : glorieux, assombris… ?

3) Relevez un mot qui est employé à dix reprises dans le poème. Quelle est sa nature grammaticale ? Quel effet doit-il produire chez le lecteur ? Dans l'avant-dernière strophe, cette répétition n'est pas tout à fait la même : qu'est-ce qui change, et pourquoi ?

4) Observez le contraste entre les quatre premières et les deux dernières strophes : comparez les sujets des phrases, les adjectifs qualificatifs. Parmi les personnages évoqués, qui paraît être le plus puissant ? Repérez les vers qui citent des noms de lieux, contribuant à renforcer le lien entre les deux parties du poème.

5) Qui est cette « enfant » dont parle le poète ? À quel épisode de l'histoire de France fait-il allusion ? Montrez que cette description est stylisée : elle reprend de grands épisodes de manière allusive, indirecte, en faisant appel à la connaissance supposée du lecteur.

6) Quelle image le poète donne-t-il de l'héroïne : violente, courageuse, pure… ? Justifiez votre opinion en vous appuyant sur le texte.

▲ Affiche du film *Jeanne d'Arc*, réalisé par Victor Fleming avec Ingrid Bergman, 1948

Expression écrite

Choisissez un épisode de l'histoire de France (le sacre de Napoléon, une journée à la Cour de Louis XIV…) et, comme dans les trois premières strophes, en utilisant des verbes à l'imparfait, imaginez le cadre et le climat qui conviendraient le mieux à cet épisode.

Expression orale

Le poème de Péguy est en alexandrins classiques, parfaitement réguliers. Récitez le poème en suivant la cadence des alexandrins, quitte à l'exagérer, et en prenant garde de respecter les liaisons.

Lecture d'image

1) Qui retrouve-t-on sur cette image ? Dans quelle posture ? Quelle image nous en est donnée : sainte combattant pour Dieu ou guerrière combattant pour son roi et son pays ? Par quels procédés le photographe y arrive-t-il ?

2) Comparez cette image avec celle qu'en donne le poème de Péguy.

E. ÉMOUVOIR POUR DÉFENDRE UNE CAUSE

Reconnu dès son époque comme un « grand homme » tant pour son engagement politique que pour l'extraordinaire profusion de son œuvre littéraire, Victor Hugo (1802-1885) incarna la poésie française dans tous ses aspects, lyrique, polémique, épique et dramatique *(voir aussi p. 109)*.

Hugo médite ici avec pitié sur le sort des enfants au travail, pour mieux inciter à un engagement en leur faveur.

Melancholia

[...] Où vont tous ces enfants dont pas un seul ne rit ?
Ces doux êtres pensifs que la fièvre maigrit ?
Ces filles de huit ans qu'on voit cheminer seules ?
Ils s'en vont travailler quinze heures sous des meules ;
Ils vont, de l'aube au soir, faire éternellement
Dans la même prison le même mouvement.
Accroupis sous les dents d'une machine sombre,
Monstre hideux qui mâche on ne sait quoi dans l'ombre,
Innocents dans un bagne, anges dans un enfer,
Ils travaillent. Tout est d'airain[1], tout est de fer.
Jamais on ne s'arrête et jamais on ne joue.
Aussi quelle pâleur ! la cendre est sur leur joue.
Il fait à peine jour, ils sont déjà bien las.
Ils ne comprennent rien à leur destin, hélas !
Ils semblent dire à Dieu : « Petits comme nous sommes,
Notre père, voyez ce que nous font les hommes ! »
O servitude infâme imposée à l'enfant !
Rachitisme[2] ! travail dont le souffle étouffant
Défait ce qu'a fait Dieu ; qui tue, œuvre insensée,
La beauté sur les fronts, dans les cœurs la pensée,
Et qui ferait — c'est là son fruit le plus certain ! —
D'Apollon un bossu, de Voltaire un crétin[3] !
Travail mauvais qui prend l'âge tendre en sa serre,
Qui produit la richesse en créant la misère,
Qui se sert d'un enfant ainsi que d'un outil !
Progrès dont on demande : « Où va-t-il ? que veut-il ? »
Qui brise la jeunesse en fleur ! qui donne, en somme,
Une âme à la machine et la retire à l'homme ! [...]

Victor Hugo, ***Les Contemplations***, Livre III (extrait), 1856

1. **airain :** bronze (alliage de cuivre et d'étain), réputé pour sa dureté.
2. **rachitisme :** maladie de la croissance et des os qui touche les jeunes enfants.
3. **crétin :** *(ici)* personne atteinte de crétinisme, maladie causant une déficience intellectuelle.

Expression orale

Apprenez par cœur et récitez les vers 10 à 25 du poème de Hugo : exprimez-vous clairement, avec fermeté, n'hésitez pas à faire des gestes comme si vous dénonciez le travail des enfants devant une assemblée politique, et modulez votre voix en fonction de vos gestes.

Lexique

Quelle est la figure de style employée dans les vers « Accroupis sous les dents d'une machine sombre, Monstre hideux qui mâche on ne sait quoi dans l'ombre » ? Expliquez cette image.

Questions sur le texte

1) Quel est le thème du poème ? Quel est le ton employé ? Comment appelle-t-on ce type de poésie ?

2) Relevez les marques de l'engagement du poète dans son discours : ponctuation, vocabulaire... Comment implique-t-il le lecteur ? Quel sentiment cherche-t-il à susciter en lui ?

3) À qui s'adresse le poète au début ? Comment cet interlocuteur est-il présenté dans la première strophe ?

4) Au v. 26, le poète emploie le mot « progrès ». Est-ce lui qui parle, ou fait-il allusion à un discours extérieur ? Lequel ?

5) Cherchez dans un dictionnaire l'étymologie du mot « travail » et relevez les éléments qui, dans le texte, s'y rapportent. Comment appelle-t-on ce procédé d'amplification ou d'exagération *(voir fiche-lexique n° 1)* ?

6) Le poète emploie-t-il beaucoup de propositions subordonnées relatives ? *(Aidez-vous de la leçon de grammaire n° 22 pour justifier votre réponse)*

Aussi bien dans son activité politique que dans son œuvre poétique, l'une des plus originales du XXe siècle, **Aimé Césaire** (1913-2008) a dénoncé la violence et les humiliations subies par les populations colonisées, et œuvré pour faire reconnaître la « négritude » comme une culture autonome.

Riche de la formation intellectuelle qu'il a reçue en métropole, le poète rêve de revenir chez lui en Martinique pour devenir le porte-parole des siens.

Partir. Mon cœur bruissait de générosités emphatiques[1].
Partir... j'arriverais lisse et jeune dans ce pays mien
et je dirais à ce pays dont le limon[2] entre dans la composition de ma chair :
« J'ai longtemps erré et je reviens vers la hideur[3] désertée de vos plaies ».

Je viendrais à ce pays mien et je lui dirais :
« Embrassez-moi sans crainte... Et si je ne sais que parler, c'est pour vous que je parlerai ».
Et je lui dirais encore :
« Ma bouche sera la bouche des malheurs qui n'ont point de bouche, ma voix,
la liberté de celles qui s'affaissent au cachot du désespoir. »

Et venant je me dirais à moi-même :
« Et surtout mon corps aussi bien que mon âme,
gardez-vous de vous croiser les bras en l'attitude stérile du spectateur,
car la vie n'est pas un spectacle, car une mer de douleurs n'est pas un proscenium[4],
car un homme qui crie n'est pas un ours qui danse... »

Aimé Césaire, ***Cahier d'un retour au pays natal***, 1947

1. **emphatique :** immense, exagéré.
2. **limon :** dépôt de terre formé par les eaux. Allusion à l'origine biblique de l'homme que Dieu façonne avec de la terre : le poète veut dire qu'il est fils de sa terre.
3. **hideur :** laideur repoussante.
4. **proscenium :** avant-scène, dans le théâtre de l'Antiquité *(voir p. 69)*.

Questions sur le texte

1) Relevez trois métaphores et expliquez comment elles renforcent le caractère pathétique du poème.

2) Quel est le temps verbal principal du poème et quelles valeurs lui sont attachées ? Que peut-on en déduire sur la fonction de cette poésie : décrire, raconter, imaginer ?...

3) Ce poème fait-il seulement appel à la compassion ? Résumez avec des mots simples le message de la dernière strophe.

Lexique

Relevez les mots appartenant au champ lexical de la **parole**. À qui paraît s'adresser le poète à la fin de l'extrait ? À qui d'autre s'adresse-t-il en réalité ?

Expression écrite

Aimé Césaire comme Victor Hugo ont connu l'éloignement de leur pays, l'un pour ses études, l'autre à cause d'un exil. Imaginez que vous avez dû quitter un pays en guerre. Écrivez en une vingtaine de vers libres un poème de soutien et d'espoir adressé à vos connaissances qui y sont restées.

▲ Aimé Césaire, Ministère de la Culture,

2 LES POÈTES MIS EN MUSIQUE OU COMMENT UNE POÉSIE DEVIENT CHANSON

La poésie et la chanson sont liées par une histoire commune. De nombreux chanteurs ont été tentés de mettre un poème en chanson : Jacques Brel, Léo Ferré, Jean Ferrat, Georges Brassens… Curieusement, Georges Brassens utilisa la même musique pour adapter deux poèmes de Louis Aragon et Francis Jammes.

Comment la musique et le chant mettent-ils un poème en valeur ?

1 Un poème d'Aragon mis en musique et chanté par Brassens en 1954

Il n'y a pas d'amour heureux

Rien n'est jamais acquis à l'homme, ni sa force
Ni sa faiblesse, ni son cœur. Et quand il croit
Ouvrir ses bras, son ombre est celle d'une croix
Et quand il croit serrer son bonheur, il le broie
Sa vie est un étrange et douloureux divorce

Il n'y a pas d'amour heureux

Sa vie, elle ressemble à ces soldats sans armes
Qu'on avait habillés pour un autre destin
À quoi peut leur servir de se lever matin
Eux qu'on retrouve au soir désœuvrés incertains
Dites ces mots « Ma vie « et retenez vos larmes

Il n'y a pas d'amour heureux

Mon bel amour, mon cher amour, ma déchirure
Je te porte dans moi comme un oiseau blessé
Et ceux-là sans savoir nous regardent passer
Répétant après moi les mots que j'ai tressés
Et qui, pour tes grands yeux, tout aussitôt [moururent

Il n'y a pas d'amour heureux

Le temps d'apprendre à vivre il est déjà trop tard
Que pleurent dans la nuit nos cœurs à l'unisson
Ce qu'il faut de malheur pour la moindre chanson
Ce qu'il faut de regrets pour payer un frisson
Ce qu'il faut de sanglots pour un air de guitare

Il n'y a pas d'amour heureux

Il n'y a pas d'amour qui ne soit à douleur
Il n'y a pas d'amour dont on ne soit meurtri
Il n'y a pas d'amour dont on ne soit flétri
Et pas plus que de toi l'amour de la patrie
Il n'y a pas d'amour qui ne vive de pleurs

Il n'y a pas d'amour heureux
Mais c'est notre amour à tous deux

Louis Aragon, ***La Diane française***, 1946

Compléments sur le site

› Les adaptations de Georges Brassens.

Questions

1) Doc. 1 : Ce poème est-il seulement un poème d'amour ? En vous aidant de la date du poème, dites à quelle réalité historique il peut faire référence. Comment cela explique-t-il la conception de l'amour que se fait le poète ?

2) Doc. 2 : Observez le titre du recueil de Francis Jammes et rapprochez-le du poème de Verlaine *(p. 137)*. Quel est le lien entre la prière du poète et la série de malheurs et de souffrances qu'il décrit ?

3) Doc. 1 et 2 : Quelles résonances entretiennent ces deux poèmes, dans les procédés de style et les thèmes, pour que Georges Brassens ait choisi de les chanter sur la même musique ? Quelle différence dans la longueur des vers observez-vous ? Cela pose-t-il problème au chanteur ?

4) Comment appelle-t-on les répétitions des mêmes mots ou expressions en début de vers ? Relevez-en dans chacun des poèmes. Quel effet créent-elles ?

5) Quels sont les éléments communs à la poésie et à la chanson ?

6) Voici des titres de chansons de Georges Brassens. Recherchez si le texte a été écrit par lui ou repris d'un grand poète : *Auprès de mon arbre, Ballade des dames du temps jadis, Chanson pour l'Auvergnat, Les Copains d'abord, La Légende de la nonne, Le Petit Cheval.*

2 Un poème de Jammes mis en musique et chanté par Brassens en 1956

Prière à Marie

Par le petit garçon qui meurt près de sa mère
Tandis que des enfants s'amusent au parterre
Et par l'oiseau blessé qui ne sait pas comment
Son aile tout à coup s'ensanglante et descend
Par la soif et la faim et le délire ardent

Je vous salue, Marie.

Par les gosses battus, par l'ivrogne qui rentre
Par l'âne qui reçoit des coups de pied au ventre
Et par l'humiliation de l'innocent châtié
Par la vierge vendue qu'on a déshabillée
Par le fils dont la mère a été insultée

Je vous salue, Marie.

Par la vieille qui, trébuchant sous trop de poids
S'écrie : « Mon Dieu ! » par le malheureux dont les [bras
Ne purent s'appuyer sur une amour humaine
Comme la Croix du Fils sur Simon de Cyrène
Par le cheval tombé sous le chariot qu'il traîne

Je vous salue, Marie.

Par les quatre horizons qui crucifient le monde
Par tous ceux dont la chair se déchire ou succombe
Par ceux qui sont sans pieds, par ceux qui sont sans [mains
Par le malade que l'on opère et qui geint
Et par le juste mis au rang des assassins

Je vous salue, Marie.

Par la mère apprenant que son fils est guéri
Par l'oiseau rappelant l'oiseau tombé du nid
Par l'herbe qui a soif et recueille l'ondée
Par le baiser perdu par l'amour redonné
Et par le mendiant retrouvant sa monnaie

Je vous salue, Marie.

Francis Jammes, ***Les Mystères douloureux***, 1905

3 Portrait du chanteur

4 Brève biographie du chanteur

› **1921 :** naissance à Sète, son père est maçon.
› **1936 :** rencontre avec Alphonse Bonnafé, professeur de lettres.
« *On était des brutes, on s'est mis à aimer [les] poètes. Et puis, grâce à ce prof, je me suis ouvert à quelque chose de grand.* »
› **1940 :** peu doué pour les études. Départ pour Paris, où il travaille comme ouvrier tourneur chez Renault.
« [J'ai voulu lire les poètes pour essayer d']*ornementer un petit peu mon esprit de manière à écrire des chansons un peu meilleures que celles qu'on entendait quotidiennement à la radio.* »
› **1945 :** achète sa première guitare.
Débuts difficiles, compose des chansons.
› **1953 :** premier disque 33 tours. Tournées.
Il devient célèbre et sort douze albums de chansons de sa composition.
› **1981 :** mort de Georges Brassens.

◀ Georges Brassens et son chat, photographie de 1960

SYNTHÈSE DU CHAPITRE

Malgré son étymologie ancienne, le mot « lyrisme » n'apparaît qu'en 1829 dans une lettre du poète romantique Alfred de Vigny. Selon lui, le **lyrisme** ne consiste pas seulement à exprimer ses sentiments ou ses impressions personnelles : par son aspiration à un idéal esthétique (la beauté) ou moral (la vérité, la justice, le bien), le poète acquiert une dimension universelle et exemplaire qui permet au lecteur de s'identifier à lui.

Les modèles antiques du lyrisme

Le romantisme reprend la légende grecque d'**Orphée**, regardé comme l'inventeur de la poésie, et qui aurait eu le pouvoir d'enchanter les bêtes sauvages par les accents de sa lyre.

Même si les poètes des XIXe et XXe siècles ne s'y réfèrent pas toujours explicitement, il faut aussi mentionner les ***Psaumes*** de la ***Bible***, exemple antique d'une poésie personnelle, qui dit « je » en faisant part à Dieu de ses états d'âme tout en étant suffisamment ouverte pour que chacun puisse s'y reconnaître, et qui ont été composés pour être accompagnés d'une lyre.

La dimension musicale de la poésie est redécouverte au XIXe siècle et les poètes se livrent à tout un travail sur les sonorités (assonances, allitérations…). On assiste à un regain d'intérêt pour les formes fixes classiques : sonnets, chansons…

Les thèmes lyriques aux XIXe et XXe siècles

La poésie lyrique est marquée par le culte de la nature et l'aspiration à l'amour sublime, mais qui s'accompagne d'un sentiment de mélancolie pouvant aller jusqu'à l'angoisse devant les changements du monde moderne et la difficulté pour une âme poétique d'y trouver sa place. En témoignent les apostrophes et invocations, les exclamations, les interrogations que le poète lyrique lance au Ciel, à la nature ou à l'humanité.

Au milieu d'un monde qui change, où l'Histoire est indécise, les poètes du XIXe siècle se recentrent sur leur propre expérience dans une poésie qui se veut authentique et qui aurait la spontanéité et le souffle du **génie**. Elle se doit d'exprimer **émotions**, **impressions** et **sentiments**, et de saisir ce qui vient du **cœur**, sans théories abstraites ni raffinements superflus. Ces poètes ne forment pas un groupe, car chacun cherche à cultiver sa propre sensibilité. Ce n'est pas le romantisme qui a inventé le lyrisme, mais ce courant le redécouvre, en le tournant parfois vers une exaltation du moi qui n'a pas vraiment de précédent.

Heureuse et enthousiaste comme chez Supervielle (texte 1) et Péguy (texte 6), ou au contraire plongée dans les malheurs de l'exil comme chez Hugo ou Césaire (textes 7 et 8), à tonalité amoureuse (textes 2 et 3), onirique (texte 4), religieuse (texte 5), politique (texte 7), l'expérience personnelle peut emprunter des formes variées : Nerval écrit une « odelette », Rimbaud un poème en prose, Césaire une poésie en vers libres. Mais chez tous on retrouve un même désir d'élévation, soit qu'ils immortalisent un souvenir personnel ou national (Nerval, Péguy, Hugo), soit qu'ils chantent et enchantent leurs souffrances (Rimbaud, Desbordes-Valmore) soit qu'ils cherchent à édifier le lecteur (Verlaine ou Césaire).

Suggestions de lectures complémentaires

- Guillaume Apollinaire, « Le Pont Mirabeau », ***Alcools***, 1913.
- Charles Baudelaire, « La vie antérieure » ou « Harmonie du soir », ***Les Fleurs du Mal***, 1857.
- Victor Hugo, « J'ai cueilli cette fleur pour toi », ***Les Contemplations***, Livre V, XXIV, 1856.
- Alphonse de Lamartine, « Le Lac », ***Méditations poétiques***, 1820.
- Paul Verlaine, « Mon rêve familier », ***Poèmes saturniens***, 1866.

Prolongement vers la poésie contemporaine

D'origine chinoise, écrivant pendant longtemps dans sa langue maternelle bien qu'il s'installe en France dans sa jeunesse et demande rapidement la nationalité française, François Cheng (né en 1929) est un poète entre deux mondes, réunis par un sens universel de la beauté et du sacré. Membre de l'Académie française, il a reçu le Prix de la Francophonie en 2001 pour l'ensemble de son œuvre.

Nous voici dans l'abîme,
Tu en restes l'énigme.

Si Tu dis un seul mot,
Et nous serons sauvés.
Tu restes muet encore,

Jusqu'au bout sembles sourd.
Nos cœurs ont trop durci,
En nous l'horreur sans fond.
Viendrait-elle de nous

Une lueur de douceur ?
Si nous disons un mot,
Et Tu seras sauvé.
Nous restons muets encore,

Jusqu'au bout restons sourds.
Te voici dans l'abîme,
Nous en sommes l'énigme.

Poème de François Cheng extrait de François Cheng, Kim En Joong,
« Prière à la Transcendance », ***Vraie lumière née de vraie nuit***, Éditions du Cerf, 2009

8

LE THÉÂTRE AU XIXe SIÈCLE : *CYRANO DE BERGERAC* D'EDMOND ROSTAND (1897)

Découvrir un héros aux multiples visages pris dans une histoire d'amour peu commune. Cerner les spécificités du théâtre du XIXe siècle par rapport au théâtre du XVIIe siècle (chap. 3).

Textes et images

Histoire des Arts

Lexique : Vocabulaire du théâtre et lexique des sentiments *(voir fiches-lexique n° 3 et n° 9)*, vocabulaire de la laideur et de la beauté, les expressions sur le nez, les expressions précieuses.

Expression orale : Réciter et mettre en scène pour exprimer des sentiments.

Expression écrite : Écrire des saynètes de théâtre, un acrostiche, un portrait.

Étude de la langue

Grammaire :

Les propositions subordonnées complétives (n° 23), Les propositions subordonnées et le discours indirect (n° 24), Synthèse : le discours indirect (n° 25).

Conjugaison :

Les formes en *-ant* : participe, gérondif et adjectif verbal (n° 24), L'infinitif (n° 25), La voix active et la voix passive (n° 26).

Compléments sur le site

- Lire l'œuvre intégrale, pistes de questions sur la pièce, recherches sur l'auteur.
- Synthèses d'histoire des arts.
- Proposition d'évaluation finale (de type brevet).
- Pages supplémentaires sur ***Cyrano de Bergerac*** et le théâtre.

Edmond Rostand (1868-1918) naquit dans une famille aisée de Marseille. Il renonça à des études de droit pour se consacrer entièrement à ses travaux littéraires (poésie et dramaturgie). Marié à une poétesse, Rosemonde Gérard, dont il eut deux enfants, il connut la gloire en 1897 grâce à la première représentation de ***Cyrano de Bergerac***, à Paris, au Théâtre de la Porte Saint-Martin. Pourtant, quelques minutes avant la pièce, Rostand pressentait un fiasco et demandait pardon à la troupe de l'avoir entraînée dans « cette effrayante aventure ». Le soir même il recevait la Légion d'Honneur. En 1900, son nouveau drame, ***L'Aiglon***, monté avec Sarah Bernardt, fut aussi un succès et lui ouvrit les portes de l'Académie française. Rostand mourut à Paris de la grippe espagnole.

Une affiche de la pièce

▲ Affiche illustrée par Lucien Métivet pour la tournée en province en 1898 de la pièce de théâtre ***Cyrano de Bergerac*** d'Edmond Rostand

« C'est à l'âme
de CYRANO
que je voulais
dédier ce poème.

Mais puisqu'elle a
passé en vous,
COQUELIN,
c'est à vous
que je le dédie. »

(E. Rostand,
dédicace de la pièce)

Lecture d'image

A. L'affiche de la pièce

1) Repérez sur l'affiche le titre de la pièce et son auteur (et metteur en scène). Est-ce l'affiche de la première représentation de la pièce ? Comment le savez-vous ?

2) Décrivez la composition de cette affiche (couleurs et traits utilisés, taille des éléments, leur répartition sur la page...) afin de souligner les éléments qui sont mis en valeur.

3) Repérez sur l'affiche le genre théâtral auquel se rattache la pièce ***Cyrano de Bergerac***. Reconnaissez-vous un des genres théâtraux prônés par le théâtre classique ? Expliquez.

4) Combien d'actes la pièce compte-t-elle ? Repérez le titre donné à chacun de ces actes sur l'affiche et précisez, quand vous le pouvez, dans quels lieux ils se déroulent. La règle de l'unité de lieu du théâtre classique du XVIIe siècle est-elle donc respectée ? Expliquez.

B. La dédicace de la pièce

5) Cyrano et Coquelin sont-ils des êtres imaginaires ou réels ? Justifiez votre réponse.

6) Menez des recherches biographiques afin d'être capable de répondre aux questionnaires du site ***cyranodebergerac.fr*** (rubrique quiz) a. sur le Savinien Cyrano de Bergerac historique b. sur le comédien Coquelin aîné qui joua le premier le rôle de Cyrano.

LA POÉSIE AU SERVICE DE L'ÉPÉE

Nous sommes au théâtre de l'Hôtel de Bourgogne, après une représentation que le poète Cyrano, célèbre pour son aversion de la médiocrité humaine, a interrompue en forçant le comédien principal, Montfleury, à quitter la scène. Certains dans le public n'apprécient pas du tout son intervention et le lui disent. Cyrano provoque alors en duel le Vicomte de Valvert et compose une ballade (poème composé de trois strophes terminées par un refrain et clos par l'envoi, une strophe plus courte) tout en se battant. Son ami Le Bret assiste aussi à la scène.

[...]
CYRANO, *récitant comme une leçon.* — La ballade, donc, [se compose de trois
Couplets de huit vers...
LE VICOMTE, *piétinant.* — Oh !
CYRANO, *continuant.* — Et d'un envoi de quatre...
LE VICOMTE. — Vous...
CYRANO. — Je vais tout ensemble en faire une [et me battre,
Et vous toucher, monsieur, au dernier vers.
LE VICOMTE. — Non !
CYRANO. — Non ?
Déclamant. « Ballade du duel qu'en l'hôtel bourguignon
Monsieur de Bergerac eut avec un bélître[1] ! »
LE VICOMTE. — Qu'est-ce c'est que ça, s'il vous plaît ?
CYRANO. — C'est le titre.
LA SALLE, *surexcitée au plus haut point.*
— Place ! — Très amusant ! — Rangez-vous ! — Pas de bruits !
Tableau. Cercle de curieux au parterre, les marquis et les officiers mêlés aux bourgeois et aux gens du peuple ; les pages grimpés sur des épaules pour mieux voir. Toutes les femmes debout dans les loges. À droite, De Guiche et ses gentilshommes. À gauche, Le Bret, Ragueneau, Cuigy, etc.
CYRANO, *fermant une seconde les yeux.*
— Attendez ! ... je choisis mes rimes... Là, j'y suis.

1. **un belître :** mendiant, *(injurieux)* coquin.
2. **feutre :** mon chapeau.
3. **calfeutrer :** protéger.
4. **mon espadon :** grande et large épée à double tranchant.
5. **Céladon :** personnage de l'amoureux dans ***L'Astrée***, un roman du XVIIe siècle d'Honoré d'Urfé.
6. **Scaramouche :** personnage typique de la *Commedia dell'Arte.*
7. **Myrmidon :** homme de petite taille (en référence à un peuple grec mythique).
8. **larder :** piquer, transpercer.
9. **maheutre :** manche rembourrée de l'épaule au coude.
10. **bedon :** *(fam.)* ventre rebondi.
11. **pleutre :** homme sans courage, lâche.
12. **Laridon :** nom donné par Jean de La Fontaine à un chien qui ne quittait pas la cuisine (Livre VIII, 24).
13. **quarter :** terme d'escrime correspondant à la quatrième des huit positions classiques d'attaque ou de parade.
14. **escarmoucher :** combattre par petites touches.

Questions sur le texte

A. La mise en place du duel

1) Qui sont les deux hommes qui s'affrontent dans cette scène ? Pourquoi ?

2) En quoi le duel qui s'annonce va-t-il être original ? Justifiez votre réponse en citant le texte.

3) Repérez qui assiste au duel. Où cela est-il précisé ? Cette foule semble-t-elle répartie selon un ordre ?

4) Retrouvez dans la fiche-lexique n° 3 le procédé utilisé ici qui fait des spectateurs de l'Hôtel de Bourgogne le public d'un nouveau spectacle. En quoi cela rend-il la scène plus intéressante encore pour le public de la pièce de Cyrano ?

B. De la supériorité des mots sur les actes

5) Quelle expression rythme le duel ? Que souligne-t-elle ?

6) Comment le duel se termine-t-il ? Cette fin respecte-t-elle la règle de bienséance prônée par le théâtre classique du XVIIe siècle ? Expliquez.

7) Relevez les étapes du duel que miment les vers de Cyrano. En quoi son propos est-il profondément méprisant à l'égard de son adversaire ?

8) Le vicomte réussit-il à tenir tête aux attaques verbales de Cyrano ? Justifiez votre réponse.

C. Le héros Cyrano

9) Détaillez les réactions de la salle à l'issue du combat. Quel est le seul personnage à ne pas se réjouir de la victoire de Cyrano ? Comment l'expliquez-vous ?

10) Comment vous apparaît Cyrano à la fin de cet extrait ? Définissez-le en quatre adjectifs qualificatifs.

Il fait ce qu'il dit, à mesure
Je jette avec grâce mon feutre[2],
Je fais lentement l'abandon
Du grand manteau qui me calfeutre[3],
Et je tire mon espadon[4],
Élégant comme Céladon[5],
Agile comme Scaramouche[6],
Je vous préviens, cher Myrmidon[7],
Qu'à la fin de l'envoi, je touche !
Premiers engagements de fer
Vous auriez bien dû rester neutre ;
Où vais-je vous larder[8], dindon ? ...
Dans le flanc, sous votre maheutre[9] ? ...
Au cœur, sous votre bleu cordon ? ...
Les coquilles tintent, ding-don !
Ma pointe voltige : une mouche !
Décidément... c'est au bedon[10],
Qu'à la fin de l'envoi, je touche.
Il me manque une rime en eutre...
Vous rompez, plus blanc qu'amidon ?
C'est pour me fournir le mot pleutre[11] !
Tac ! je pare la pointe dont
Vous espériez me faire don :
J'ouvre la ligne, — je la bouche...
Tiens bien ta broche, Laridon[12] !
À la fin de l'envoi, je touche
Il annonce solennellement
ENVOI. — Prince, demande à Dieu pardon !
Je quarte[13] du pied, j'escarmouche[14],
Je coupe, je feinte...
Se fendant.
Hé ! là donc
Le vicomte chancelle ; Cyrano salue.
À la fin de l'envoi, je touche.
Acclamations. Applaudissements dans les loges. Des fleurs et des mouchoirs tombent. Les officiers entourent et félicitent Cyrano. Ragueneau danse d'enthousiasme. Le Bret est heureux et navré. Les amis du vicomte le soutiennent et l'emmènent.

Edmond Rostand, ***Cyrano de Bergerac***, 1897, I, 4, vers 400 à 437

Expression écrite

Imaginez que le vicomte ait autant de verve poétique que Cyrano et qu'il soit capable de se défendre. Vous inventerez une tirade de réponse du vicomte usant du même ton que celle de Cyrano et réinvestissant le champ lexical du combat repéré dans l'exercice ci-contre.

▲ Affiche du film ***Scaramouche***, film américain de George Sidney, 1952

Lexique

Quels termes du texte renvoient au champ lexical du combat à l'épée ? Citez-en d'autres que vous connaissez depuis l'étude des romans de chevalerie.

Lecture d'image

a. Dans quelle réplique Cyrano se compare-t-il à Scaramouche ? Précisez le point commun de la comparaison. Recherchez des détails sur le personnage de Scaramouche. **b.** En quoi cette affiche illustre-t-elle clairement les ingrédients nécessaires au succès d'un film de cape et d'épée ? **c.** Recherchez d'autres films de cape et d'épée, d'autres romans de ce type et des héros « fines lames » sur le site ***cyranodebergerac.fr***.

B2i Analysez une image d'Épinal représentant Cyrano.

Compléments sur le site

› Exploitation publicitaire de cette scène de Cyrano : Publicité pour Nike et le maillot de l'équipe de France de football (2011).

CONFIDENCES À UN AMI FIDÈLE

Le poète Le Bret prend à part son ami Cyrano pour le ramener à la raison et comprendre le motif réel de sa haine pour le comédien Montfleury. Un nouveau Cyrano se découvre alors devant nos yeux.

LE BRET, *haussant les épaules*. — [...] Mais enfin, à moi, le motif de ta haine
Pour Montfleury, le vrai, dis-le-moi !
CYRANO, *se levant*. — Ce Silène[1],
Si ventru que son doigt n'atteint pas son nombril,
Pour les femmes encor se croit un doux péril,
Et leur fait, cependant qu'en jouant il bredouille,
Des yeux de carpes avec ses gros yeux de grenouilles ! ...
Et je le hais depuis qu'il se permit, un soir,
De poser son regard, sur celle... Oh ! j'ai cru voir
Glisser sur une fleur une longue limace !
LE BRET, *stupéfait*. — Hein ? Comment ? Serait-il possible ? ...
CYRANO, *avec un rire amer*. — Que j'aimasse ? ...
Changement de ton et gravement.
J'aime.
LE BRET. — Et peut-on savoir ? Tu ne m'as jamais dit ? ...
CYRANO. — Qui j'aime ? ... Réfléchis, voyons. Il m'interdit
Le rêve d'être aimé même par une laide,
Ce nez qui d'un quart d'heure en tous lieux me précède ;
Alors moi, j'aime qui ? ... Mais cela va de soi !
J'aime — mais c'est forcé ! — la plus belle qui soit !
LE BRET. — La plus belle ? ...
CYRANO. — Tout simplement, qui soit au monde !
La plus brillante, la plus fine,
Avec accablement.
la plus blonde !

Lexique

1) Recherchez un maximum d'adjectifs qualificatifs exprimant la laideur, d'une part, et la beauté, d'autre part. Puis vous élargirez votre recherche à d'autres formes d'expression du contraste : la grandeur et la petitesse, la lumière et l'obscurité, la gentillesse et la méchanceté...

2) Expliquez la métaphore : « J'ai cru voir / Glisser sur une fleur une longue limace ! » en précisant le comparé, le comparant et le point commun rapprochant ces deux éléments. Imaginez à votre tour des métaphores traduisant le dégoût. Vous pourrez, pour cela, réutiliser certains adjectifs qualificatifs trouvés dans l'exercice précédent.

Questions sur le texte

A. Une scène de confidence

1) Quel lien unit Cyrano à Le Bret ? Justifiez.

2) Quelles sont les deux raisons données par Cyrano pour expliquer sa haine à l'encontre du comédien Montfleury ?

B. Portrait de Roxane

3) Relevez les adjectifs qualificatifs dont use Cyrano pour dépeindre la femme qu'il aime. Sous quelle forme apparaissent-ils ?

4) Relevez d'autres éléments décrivant Roxane : en quoi révèlent-ils l'amour sans bornes qu'éprouve Cyrano ? Explicitez notamment les références à Diane et Vénus.

C. La personnalité complexe de Cyrano

5) Qu'est-ce qui, selon Le Bret, donne une chance à Cyrano de voir son amour partagé ? Qu'est-ce qui, au contraire, empêche Cyrano de croire en l'amour ? Citez-le.

6) Roxane est souvent rapprochée du soleil dans la pièce. À quel astre Cyrano est-il associé ? En quoi cela annonce-t-il l'impossibilité de leur amour ?

7) En quoi cette scène modifie-t-elle totalement l'image qui était apparue du héros de la pièce à la scène précédente, image d'un héros doté d'une absolue confiance en lui et d'une répartie sans faille ? En quoi la photographie ci-contre confirme-t-elle votre propos ?

LE BRET. — Eh, mon Dieu, quelle est donc cette femme ? …
CYRANO. — Un danger
Mortel sans le vouloir, exquis sans y songer,
Un piège de nature, une rose muscade
Dans laquelle l'amour se tient en embuscade !
Qui connaît son sourire a connu le parfait.
Elle fait de la grâce avec rien, elle fait
Tenir tout le divin dans un geste quelconque,
Et tu ne saurais pas, Vénus[2], monter en conque[3],
Ni toi, Diane[4], marcher dans les grands bois fleuris,
Comme elle monte en chaise et marche dans Paris ! …
LE BRET. — Sapristi ! Je comprends. C'est clair !
CYRANO. — C'est diaphane[5].
LE BRET. — Magdeleine Robin, ta cousine !
CYRANO. — Oui, — Roxane.
LE BRET. — Eh bien ! mais c'est au mieux ! Tu l'aimes ? Dis-le-lui !
Tu t'es couvert de gloire à ses yeux aujourd'hui !
CYRANO. — Regarde-moi, mon cher, et dis quelle espérance
Pourrait bien me laisser cette protubérance[6] !
Oh ! Je ne me fais pas d'illusion ! — Parbleu,
Oui, quelquefois, je m'attendris, dans le soir bleu ;
J'entre en quelque jardin où l'heure se parfume ;
Avec mon pauvre grand diable de nez je hume[7]
L'avril ; je suis des yeux, sous un rayon d'argent,
Au bras d'un cavalier, quelque femme, en songeant
Que pour marcher, à petits pas, dans de la lune,
Aussi moi j'aimerais au bras en avoir une,
Je m'exalte, j'oublie… et j'aperçois soudain
L'ombre de mon profil sur le mur du jardin !
LE BRET, *ému*. — Mon ami ! …

Edmond Rostand, ***Cyrano de Bergerac***, 1897, I, 5, vers 483 à 527

1. **Silène :** personnage de la mythologie grecque, laid et bedonnant.
2. **Vénus :** déesse de l'amour.
3. **une conque :** une grande coquille.
4. **Diane :** déesse de la chasse et de la lune.
5. **diaphane :** transparent.
6. **cette protubérance :** excroissance, bosse. Cyrano désigne ainsi son nez.
7. **humer :** sentir.

B2i Prenez la place de Le Bret pour écrire à Cyrano sur le site ***dialogus2.org*** : vous répondra-t-il ?

Expression orale

Répartissez la classe en deux groupes. L'un apprend par cœur la scène du duel en vers *(voir p. 150-151)*, l'autre la scène ci-contre. Jouez ensuite les deux extraits l'un après l'autre pour faire apparaître d'un côté la force, de l'autre la fragilité du personnage de Cyrano.

Expression écrite

1) À la suite de cette conversation, Le Bret rejoint le pâtissier Ragueneau et lui confie son inquiétude à l'égard de leur ami commun en lui révélant l'amour qui le ronge. Vous imaginerez leur dialogue, en prose, où la double personnalité de Cyrano devra être dessinée, Ragueneau ne semblant connaître que l'aspect flamboyant du héros. Vous accorderez une attention toute particulière à la mise en page du dialogue théâtral en n'oubliant pas d'y insérer des didascalies.

2) Cherchez des **interprètes célèbres** du personnage de Cyrano qui ont su rendre compte, depuis sa première représentation en 1897, de l'ambivalence du personnage, capable de se battre à mort pour ses principes et de renoncer à tout par amour. (Vous trouverez notamment des illustrations de ces interprètes dans ce manuel.) Puis écrivez un court portrait d'un de ces acteurs en décrivant notamment son costume et sa façon de jouer.

▲ *Cyrano de Bergerac*, Acte I, scène 5, Centre dramatique de Tours, mise en scène de Gilles Bouillon avec Christophe Brault (Cyrano), 2010

1 L'ART DE LA GASTRONOMIE FRANÇAISE, POÉTIQUE ET THÉÂTRAL

Dans la pièce de Rostand, le personnage de Ragueneau, le pâtissier-poète chez qui Cyrano donne rendez-vous à Roxane, symbolise cette harmonie de la cuisine et de la poésie que l'art culinaire tend à développer depuis le XVIIe siècle dans le raffinement de plus en plus poussé des recettes et la présentation des plats, l'embellissement des tables et même la mise en scène des repas.

En quoi peut-on considérer la gastronomie comme un art à part entière ?

1 Ragueneau, pâtissier et poète, Acte II, scène 2

Le patissier-poète Ragueneau, ami de Cyrano, s'interrompt, alors qu'il écrivait, pour donner des consignes à ses pâtissiers en plein travail. La poésie et la pâtisserie s'entremêlent alors dans ses paroles.

RAGUENEAU, *cessant d'écrire et levant la tête.* –
Sur les cuivres, déjà, glisse l'argent de l'aube !
Étouffe en toi le dieu qui chante, Ragueneau !
L'heure du luth viendra, – c'est l'heure du fourneau !
Il se lève. – À un cuisinier.
Vous, veuillez m'allonger cette sauce, elle est courte !
LE CUISINIER. – De combien ?
RAGUENEAU. – De trois pieds.
Il passe.
LE CUISINIER. – Hein !
PREMIER PATISSIER. – La tarte !
DEUXIÈME PATISSIER. – La tourte !
RAGUENEAU, *devant la cheminée.*
– Ma Muse, éloigne-toi, pour que tes yeux charmants
N'aillent pas se rougir au feu de ces sarments !
À un pâtissier, lui montrant des pains.
Vous avez mal placé la fente de ces miches
Au milieu la césure, – entre les hémistiches !
À un autre, lui montrant un pâté inachevé.
À ce palais de croûte, il faut, vous, mettre un toit...
À un jeune apprenti, qui, assis par terre, embroche des volailles.
Et toi, sur cette broche interminable, toi,
Le modeste poulet et la dinde superbe,
Alterne-les, mon fils, comme le vieux Malherbe
Alternait les grands vers avec les plus petits,
Et fais tourner au feu des strophes de rôtis !
UN AUTRE APPRENTI, *s'avançant avec un plateau recouvert d'une assiette.*
– Maître, en pensant à vous, dans le four, j'ai fait cuire
Ceci, qui vous plaira, je l'espère.
Il découvre un plateau, on voit une grande lyre de pâtisserie.
RAGUENEAU, *ébloui.* – Une lyre !

Edmond Rostand, ***Cyrano de Bergerac***,
Acte II, scène 2, vers 616 à 632

2 Ragueneau à l'œuvre

▲ Edmond Rostand, ***Cyrano de Bergerac***, Acte II, scène 2, mise en scène de Jérôme Savary, avec Armand Meffre (Ragueneau), Paris, théâtre Mogador, 1983

Questions (1/2)

A. La poésie en cuisine

1) Doc. 1 et 2 : Relevez toutes les références poétiques de l'extrait de ***Cyrano*** et définissez-les. Vous expliquerez notamment les références à « la Muse » et au luth en vous appuyant sur la mythologie grecque.

2) Doc. 1 et 2 : En quoi cette scène met-elle en valeur la double passion de Ragueneau ? Citez le texte pour illustrer votre réponse.

B. L'art de la cuisine française

3) Le XVIIe siècle consacre la France comme modèle européen de l'art culinaire. En effet, si le peuple ne cherche souvent qu'à se procurer sa ration quotidienne de pain, à la cour du roi, les recettes, les plats et la composition des menus se complexifient d'une manière remarquable. **a.** Recherchez à quoi ressemblait un menu servi à la Cour du roi Louis XIV (combien de plats, de quels types...) ?

3 Repas de noces au XIXe siècle

▲ Albert Fourié, ***Repas de noces à Yport***, 1886, huile sur toile, (257 x 356 cm), musée des Beaux-Arts, Rouen

5 Présentation d'un dessert gastronomique

▲ Photographie d'un dessert gastronomique, XXIe siècle

4 La pièce montée du mariage d'Emma et Charles Bovary

On avait été chercher un pâtissier à Yvetot pour les tourtes et les nougats. Comme il débutait dans le pays, il avait soigné les choses ; et il apporta, lui-même, au dessert, une pièce montée qui fit pousser des cris. À la base, d'abord c'était un carré de carton bleu figurant un temple avec portiques, colonnades et statuettes de stuc tout autour dans des niches constellées d'étoiles en papier doré ; puis se tenait au second étage un donjon en gâteau de Savoie, entouré de menues fortifications en angélique, amandes, raisins secs, quartiers d'oranges ; et enfin, sur la plate-forme supérieure, qui était une prairie verte où il y avait des rochers avec des lacs de confiture et des bateaux en écales de noisettes, on voyait un petit Amour, se balançant à une escarpolette de chocolat, dont les deux poteaux étaient terminés par deux boutons de rose naturelle, en guise de boules, au sommet.

Extrait de Gustave Flaubert, ***Madame Bovary***, 1856

Compléments sur le site

› Découvrez le festin de Trimalcion, dans l'Antiquité romaine (Pétrone, ***Satiricon***).
› Lisez un menu de la cour de Louis XIV, p. 166 du manuel d'histoire de 5e.

Questions (2/2)

b. Quel objet fait son apparition sur la table française, symbolisant un plus grand raffinement dans la manière de se tenir à table ?

4) Faites des recherches sur **François Vatel**, grand cuisinier du XVIIe siècle. Indiquez notamment pour quels grands hommes de l'Histoire il a travaillé et quel destin tragique fut le sien.

C. La mise en scène de l'assiette et des repas

5) **Doc. 3 et 4 :** Quel cadre commun au texte et au tableau repérez-vous ? En quoi est-il un moment propice à des repas particulièrement élaborés ?

6) **Doc. 4 :** Relevez dans le texte les éléments expliquant pourquoi les invités poussent des cris en voyant la pièce montée. Vous soulignerez notamment la mise en scène du dessert.

D. L'art de la gastronomie française aujourd'hui

7) **Doc. 5 :** Cherchez la définition du mot ***gastronomie***. Ne prend-elle en compte que la cuisine des aliments ou intègre-t-elle également la décoration ? Justifiez en donnant des exemples.

8) Le 16 novembre 2010, la gastronomie française est entrée dans le Patrimoine culturel immatériel de l'Humanité, la France étant le premier pays ainsi honoré pour son génie de l'art culinaire. Cherchez autour de vous quels éléments (émissions, activités...) soulignent l'importance donnée à la gastronomie en France et l'écho qu'elle trouve auprès de la population française.

9) En quoi cette **alliance du beau et du bon** dans l'assiette vous semble-t-elle significative d'un art de vivre ? Imaginez à votre tour une assiette, un plat ou une pâtisserie composés avec art. Vous en offrirez une description détaillée exploitant notamment les cinq sens (évoquez des goûts, des couleurs, des parfums...).

PREMIÈRE RENCONTRE ENTRE CYRANO ET SON RIVAL, CHRISTIAN

Acte II. Cyrano attend en secret, chez son ami le pâtissier Ragueneau, sa cousine Roxane qui doit lui faire un aveu. Alors que Cyrano croit à un aveu d'amour qui le concerne, elle lui dévoile sans détour son amour pour le jeune Christian, nouvelle recrue de la troupe des Gascons dont Cyrano fait aussi partie, et lui demande de le protéger, ce que Cyrano, malheureux mais généreux, accepte. Mais tandis que Cyrano commence à raconter, devant tous les Gascons, l'exploit qu'il a accompli la nuit précédente, les interruptions de Christian perturbent le récit attendu.

Tous rapprochent leurs escabeaux, se groupent autour de lui, tendent le col. Christian s'est mis à cheval sur une chaise .

1064 CYRANO. — Eh bien ! donc je marchais tout seul, à leur rencontre. [...]
1071 Mordious[1] ! on n'y voyait pas plus loin...
CHRISTIAN. — Que son nez.

Silence. Tout le monde se lève lentement. On regarde Cyrano avec terreur. Celui-ci s'est interrompu, stupéfait. Attente.

CYRANO. — Qu'est-ce que c'est que cet homme-là ?
UN CADET, *à mi-voix.* — C'est un homme
Arrivé ce matin.
CYRANO, *faisant un pas vers Christian.* — Ce matin ?
CARBON, *à mi-voix.* — Il se nomme
Le baron de Neuvil...
CYRANO, *vivement, s'arrêtant.* — Ah ! c'est bien...

Il pâlit, rougit, a encore un mouvement pour se jeter sur Christian. — Je...
Puis, il se domine, et dit d'une voix sourde. Très bien...

Il reprend.

1. **mordious :** variante de l'interjection « morbleu ».
2. **gueux :** miséreux, fripon.
3. **nasarde :** pichenette sur le nez ; affront.
4. **Ventre-Saint-Gris :** juron familier.
5. **aviné :** ivre.
6. **estomaquer :** frapper quelqu'un à l'estomac.
7. **empaler :** transpercer, embrocher.

Questions sur le texte

A. La structure de la scène

1) Cette scène est composée de phrases de Cyrano interrompues et complétées par des mots de Christian. Cherchez dans la fiche-lexique nº 3 consacrée au théâtre le nom donné à une alternance de répliques très courtes. Quel est l'effet produit sur la mise en scène ?

2) Résumez l'exploit que Cyrano a accompli la nuit précédente à la Porte de Nesle en recherchant les éléments de son récit disséminés dans cette scène.

3) Relevez toutes les interventions de Christian en précisant bien les expressions liées au nez qu'il utilise. En quoi peuvent-elles être considérées comme des insultes déguisées ?

4) Quels autres signes soulignent la volonté de Christian de ne pas avoir l'air impressionné par Cyrano et la troupe des Gascons ? Que recherche-t-il en fait en provoquant Cyrano ?

B. Les attentes des Gascons

5) Décrivez le comportement de l'assemblée des Gascons au fur et à mesure de la scène. Montrez qu'ils se comportent comme une troupe véritablement unie.

6) Comment les Gascons pensent-ils que la scène va se poursuivre ?

C. Cyrano se maîtrise

7) Relevez sur deux colonnes, dans les didascalies de cette scène, d'une part les signes de colère de Cyrano face aux interventions de Christian, d'autre part la maîtrise de soi dont il fait preuve à chaque insulte déguisée de Christian.

8) Quelle sera, selon vous, l'issue de cette scène ? Expliquez.

Je disais donc…
Avec un éclat de rage dans la voix.
Mordious ! …
Il continue d'un ton naturel.
que l'on n'y voyait rien.
Stupeur. On se rassied en se regardant.
Et je marchais, songeant que pour un gueux[2] fort mince
J'allais mécontenter quelque grand, quelque prince,
Qui m'aurait sûrement…
CHRISTIAN. — Dans le nez…
Tout le monde se lève. Christian se balance sur sa chaise.
CYRANO, *d'une voix étranglée.* — Une dent,
Qui m'aurait une dent… et qu'en somme, imprudent,
J'allais fourrer…
CHRISTIAN. — Le nez…
CYRANO. — Le doigt… entre l'écorce
Et l'arbre, car ce grand pouvait être de force
À me faire donner…
CHRISTIAN. — Sur le nez…
CYRANO, *essuyant la sueur à son front.* — Sur les doigts.
Mais j'ajoutai : Marche, Gascon, fais ce que dois !
Va, Cyrano ! Et ce disant, je me hasarde,
Quand, dans l'ombre, quelqu'un me porte…
CHRISTIAN. — Une nasarde[3].
CYRANO. — Je la pare et soudain me trouve…
CHRISTIAN. — Nez à nez…
CYRANO, *bondissant vers lui.*
— Ventre-Saint-Gris[4] !
Tous les Gascons se précipitent pour voir ; arrivé sur Christian, il se maîtrise et continue.
Avec cent braillards avinés[5]
[…] Et je charge !
J'en estomaque[6] deux ! J'en empale[7] un tout vif !
Quelqu'un m'ajuste : Paf ! et je riposte…
CHRISTIAN. — Pif !
CYRANO, *éclatant.* — Tonnerre ! Sortez tous !
Tous les cadets se précipitent vers les portes.

Edmond Rostand, ***Cyrano de Bergerac***, 1897, II, 9, vers 1064, 1071 à 1087, 1090 à 1092

Lexique

Serez-vous aussi inventifs que Christian sur le thème du nez ? **a.** Trouvez un autre sens du mot *nez* qui exploite les qualités olfactives de ce mot. **b.** Cherchez des synonymes du mot *nez* dans différents niveaux de langage. **c.** Trouvez le maximum d'expressions utilisant le nom *nez* d'une part au sens propre, d'autre part au sens figuré.

▲ Détail d'une illustration de Mich (1881-1923) pour une carte postale publicitaire, vers 1910

Lecture d'image

a. Quel est l'objectif de cette affiche publicitaire ? **b.** Observez le slogan de cette publicité. Que remarquez-vous ? **c.** Qui est le personnage au centre de l'affiche ? À quoi le reconnaissez-vous ? Son expression correspond-elle à son attitude dans notre extrait ?

Expression orale

› Dans la scène 4 de l'Acte I, le nez était déjà à l'honneur dans une longue tirade de Cyrano qui répondait à un homme tentant de l'insulter sur la longueur de son nez. Voici le début d'une longue variation sur le même thème :

CYRANO. – Ah ! Non ! c'est un peu court, jeune homme !
On pouvait dire… Oh ! Dieu ! … bien des choses en somme…
En variant le ton, – par exemple, tenez
Agressif : « Moi, monsieur, si j'avais un tel nez,
Il faudrait sur-le-champ que je me l'amputasse ! »
Amical : « Mais il doit tremper dans votre tasse
Pour boire, faites-vous fabriquer un hanap ! »
Descriptif : « C'est un roc ! … c'est un pic ! … c'est un cap !
Que dis-je, c'est un cap ? … C'est une péninsule ! »

Imaginez à votre tour différentes reformulations en adaptant le propos de Cyrano aux tonalités suivantes : curieux, tendre, admiratif, ou épique, fantastique, tragique, ou encore avec un accent local.

Compléments sur le site

› La tirade du nez, Acte I, scène 4, à apprendre par cœur.

TRIO AU BALCON

Christian, peu à l'aise avec les mots et l'expression des sentiments, a tout de même réussi à se rapprocher de Roxane, grâce aux lettres enflammées que Cyrano l'a aidé à écrire. Christian désire ardemment un rendez-vous avec sa bien-aimée. Il a d'abord tenté de parler seul à Roxane, de nuit, alors que celle-ci se trouvait sur le balcon de sa chambre mais la trop grande simplicité de ses propos a déçu sa belle. Il fait alors une nouvelle tentative, aidé par Cyrano qui lui souffle ses répliques.

Roxane, Christian, Cyrano, d'abord caché sous le balcon.

CHRISTIAN. — Je voudrais vous parler.
CYRANO, *sous le balcon, à Christian.*
— Bien. Bien. Presque à voix basse.
ROXANE. — Non ! Vous parlez trop mal. Allez-vous-en !
CHRISTIAN. — De grâce ! ...
ROXANE. — Non ! Vous ne m'aimez plus !
CHRISTIAN, *à qui Cyrano souffle ses mots.*
— M'accuser, – justes dieux !
De n'aimer plus... quand... j'aime plus !
ROXANE, *qui allait refermer sa fenêtre, s'arrêtant.*
— Tiens, mais c'est mieux !
CHRISTIAN, *même jeu.*
— L'amour grandit bercé dans mon âme inquiète...
Que ce... cruel marmot prit pour... barcelonnette[1] !
ROXANE, *s'avançant sur le balcon.*
— C'est mieux ! — Mais, puisqu'il est cruel, vous fûtes sot
De ne pas, cet amour, l'étouffer au berceau !
CHRISTIAN, *même jeu.* — Aussi l'ai-je tenté, mais tentative nulle
Ce... nouveau-né, Madame, est un petit... Hercule[2].
ROXANE. — C'est mieux !

1. **barcelonnette :** petit berceau, supendu et mobile.
2. **Hercule :** demi-dieu grec réputé pour sa force.
3. **stranguler :** étrangler.
4. **avoir la goutte à l'imaginative :** (expression précieuse forgée par Roxane) avoir une maladie qui freine l'imagination.

Questions sur le texte

A. Roxane distante (v. 1362 à 1365)

1) Citez ce qui, dans ce début de scène, prouve que Roxane ne veut plus entendre les déclarations d'amour de Christian.

2) Lorsque Roxane déclare : « Vous parlez trop mal », que comprenez-vous de la manière dont Roxane envisage une déclaration d'amour ? Qu'est-ce qui, ensuite, la conduit à écouter Christian malgré sa réticence initiale ?

3) Roxane est présentée dès le début de la pièce comme une **précieuse**. Cherchez comment se comportaient ces personnes selon la mode du XVIIe siècle. Cela confirme-t-il l'impression qu'elle nous donne dans ce troisième acte ?

B. Le trio au balcon (v. 1366 à 1373)

4) Pourquoi Christian s'exprime-t-il avec lenteur ? Détaillez la façon dont les trois personnages présents dans cette scène doivent se placer pour que l'illusion soit possible.

5) En quoi les questions posées par Roxane permettent-elles à l'entretien de se poursuivre ?

6) Comment Cyrano justifie-t-il ensuite cette lenteur auprès de Roxane puis la reprise d'un débit de parole normal ?

C. L'issue de la scène

7) Citez les mots et attitudes de Roxane qui soulignent qu'elle a été totalement séduite par les paroles de Cyrano.

8) Pourquoi Cyrano refuse-t-il de céder aux propositions de Roxane et insiste-t-il sur le fait de rester « sans se voir » ?

9) Dans cette scène, quelle dimension de l'amour est finalement célébrée : spirituelle ou physique ? Justifiez votre réponse en rappelant ce que chacun des trois personnages symbolise dans cette réflexion sur la beauté de l'âme et du corps.

CHRISTIAN, *même jeu.* — De sorte qu'il... strangula[3] comme rien...
Les deux serpents... Orgueil et... Doute.
ROXANE, *s'accoudant au balcon.*
— Ah ! c'est très bien.
Mais pourquoi parlez-vous de façon peu hâtive ?
Auriez-vous donc la goutte à l'imaginative[4] ?
CYRANO, *tirant Christian sous le balcon et se glissant à sa place.*
— Chut ! Cela devient trop difficile ! ...
ROXANE. — Aujourd'hui...
Vos mots sont hésitants. Pourquoi ?
CYRANO, *parlant à mi-voix, comme Christian.*
— C'est qu'il fait nuit,
Dans cette ombre, à tâtons, ils cherchent votre oreille.
ROXANE. — Les miens n'éprouvent pas difficulté pareille.
CYRANO. — Ils trouvent tout de suite ? oh ! cela va de soi,
Puisque c'est dans mon cœur, eux, que je les reçois ;
Or, moi, j'ai le cœur grand, vous, l'oreille petite.
D'ailleurs vos mots à vous descendent : ils vont plus vite,
Les miens montent, Madame : il leur faut plus de temps !
ROXANE. — Mais ils montent bien mieux depuis quelques instants.
CYRANO. — De cette gymnastique, ils ont pris l'habitude !
ROXANE. — Je vous parle en effet d'une vraie altitude !
CYRANO. — Certes, et vous me tueriez si de cette hauteur
Vous me laissiez tomber un mot dur sur le cœur !
ROXANE, *avec un mouvement.*
— Je descends !
CYRANO, *vivement.* — Non !
ROXANE, *lui montrant le banc qui est sous le balcon.*
— Grimpez sur le banc, alors, vite !
CYRANO, *reculant avec effroi dans la nuit.*
— Non !
ROXANE. — Comment... non ?
CYRANO, *que l'émotion gagne de plus en plus.*
— Laissez un peu que l'on profite...
De cette occasion qui s'offre... de pouvoir
Se parler doucement, sans se voir.
ROXANE. — Sans se voir ?

Edmond Rostand, ***Cyrano de Bergerac***, 1897, III, 7, vers 1362 à 1393

▲ ***Cyrano de Bergerac***, mise en scène de Petrika Ionesco, Théâtre du Châtelet, Paris, 2009

Lecture d'image

1) À quelle étape de la scène correspond cette image ?

2) La scène de balcon est un lieu commun de la littérature amoureuse. Cherchez comment elle est utilisée dans les trois œuvres suivantes : la tragédie ***Roméo et Juliette*** de Shakespeare (1597), Acte II, scène 2 ; l'opéra bouffe ***Don Giovanni*** de W.A. Mozart (1787), Acte II ; le film ***West Side Story*** de J. Robbins et R. Wise (1961), Acte III scène 10.

Plus sur www.lelivrescolaire.fr

Expression orale

› Imaginez la mise en scène de la scène 7 de l'Acte III en donnant de l'ampleur aux déplacements des personnages. Vous devrez d'abord détailler le travail du metteur en scène en réalisant des schémas progressifs de prise de possession de l'espace scénique. Puis vous jouerez la scène à trois.

S 1. Adapter sa prise de parole à la situation de communication

› Racontez en quelques phrases ce qui se passe dans cette scène, en plusieurs versions :

a. d'abord comme si vous la racontiez à un(e) ami(e) sur un ton familier,

b. puis comme si vous la présentiez aux informations sur un ton courant,

c. enfin sur un ton soutenu, comme pour un examen (ou comme pour la rapporter à des précieuses aimant le beau langage).

Expression écrite

› Imaginez la fin de la scène dans laquelle va ré-intervenir Christian. Vous tiendrez compte de la finesse d'esprit des différents protagonistes, de la proposition sous-entendue d'un baiser de Roxane et des sentiments des deux prétendants ici rassemblés.

› Transposez les vers 1374-1375 au discours indirect. Aidez-vous des leçons de grammaire n° 24 et n° 25.

› Imaginez une scène de balcon de nos jours, entre une jeune fille sortie sur le balcon de sa chambre, dans l'appartement de ses parents, et un jeune homme lui déclarant son amour. Il utilise dans un premier temps un niveau de langage familier, puis, face aux résistances de la jeune fille, de plus en plus recherché. Vous rédigerez le dialogue sous la forme d'une saynète de théâtre.

Compléments sur le site

Approfondissez vos connaissances sur la préciosité.

Lexique

1) Pour les précieuses, l'importance accordée au langage est primordiale. Rejetant les mots trop simples ou vulgaires, elles parlent une langue travaillée, utilisant de nombreuses figures de style comme les **périphrases**, les hyperboles ou les métaphores, recherchant à la fois la précision et le superlatif. Traduisez les périphrases précieuses suivantes dans un langage plus simple : « Contentez, s'il vous plaît, l'envie que ce siège a de vous embrasser ! », « donner dans l'amour permis », « l'instrument de la propreté », « la mère des soupçons », « les trônes de la pudeur », « le flambeau de la nuit ».

2) Imaginez des **formulations précieuses** pour exprimer les idées suivantes : « Apportez-moi un peigne, que je démêle mes cheveux », un éventail, se farder, le lit, la musique, la nuit, une perruque.

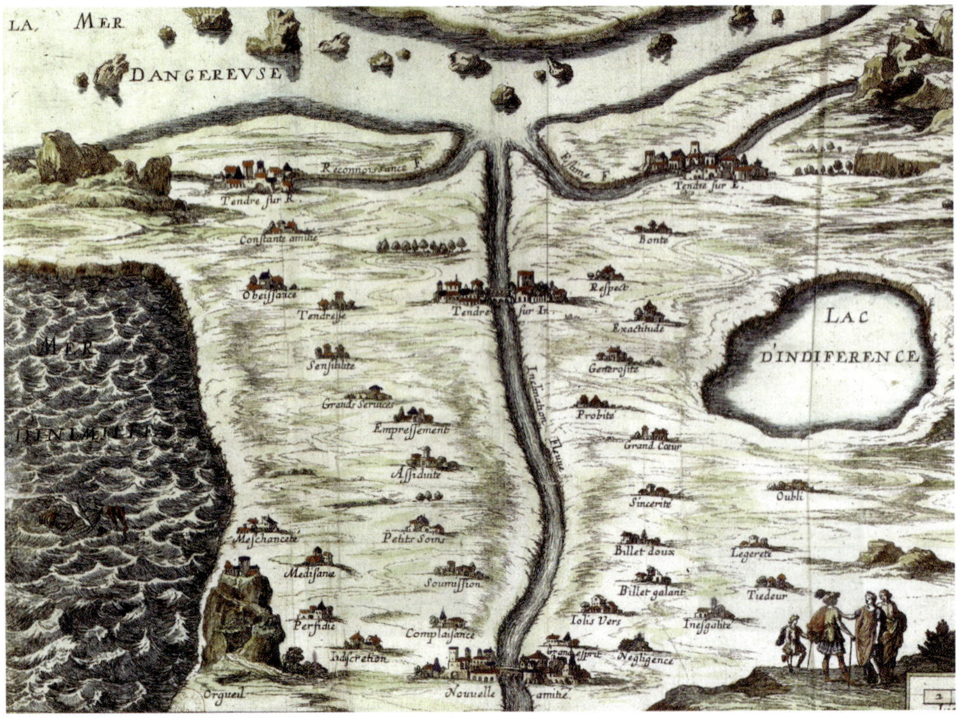

◄ François Chauveau, ***La Carte du Tendre ou carte du pays de Tendre***, 1654, gravure, BnF, Paris

La Carte du Tendre est la carte d'un pays imaginaire appelé « Tendre », imaginé au XVIIe siècle et inspiré par un roman de Madeleine de Scudéry par différentes personnalités. Sous forme de villages et de chemins, cette carte allégorique représente les différentes étapes de la vie amoureuse et ses obstacles selon les Précieuses de l'époque. Elle indique comment rejoindre le village de « Tendre-sur-Inclination », proche mais distinct de « Tendre-sur-Reconnaissance » et de « Tendre-sur-Estime », à partir de « Nouvelle-Amitié ».

L'AVEU À ROXANE

L'Acte V s'ouvre, quatorze ans plus tard, sur le couvent où Roxane s'est retirée depuis que Christian est mort au combat, emportant avec lui le secret de l'amour que Cyrano portait à Roxane, et ne lui ayant laissé, semble-t-il, qu'une lettre d'adieu, en réalité écrite par Cyrano. Toujours fidèle à sa cousine, celui-ci lui rend une visite amicale chaque semaine. Mais le soir du 26 septembre, date de cette scène, Cyrano arrive en retard, mortellement blessé au crâne suite à une embuscade préparée par un de ses nombreux ennemis. Il a masqué sa blessure sous son chapeau. Il tressaille à l'évocation de la lettre précieusement conservée par Roxane.

CYRANO. — Sa lettre ! ... N'aviez-vous pas dit qu'un jour, peut-être,
Vous me la feriez lire ?
ROXANE. — Ah ! vous voulez ? ... Sa lettre ?
CYRANO. — Oui... Je veux... Aujourd'hui...
ROXANE, *lui donnant le sachet pendu à son cou.*
— Tenez !
CYRANO, *le prenant.* — Je peux ouvrir ?
ROXANE. — Ouvrez... lisez ! ...
Elle revient à son métier[1], le replie, range ses laines.
CYRANO, *lisant.* — « Roxane, adieu, je vais mourir ! ... »
ROXANE, *s'arrêtant, étonnée.*
— Tout haut ?
CYRANO, *lisant.*
— « C'est pour ce soir, je crois, ma bien-aimée !
« J'ai l'âme lourde encore d'amour inexprimée,
« Et je meurs ! jamais plus, jamais mes yeux grisés,
« Mes regards dont c'était... »
ROXANE. — Comme vous la lisez,
Sa lettre !
CYRANO, *continuant.* — « ...dont c'était les frémissantes fêtes,
« Ne baiseront au vol les gestes que vous faites
« J'en revois un petit qui vous est familier
« Pour toucher votre front, et je voudrais crier... »
ROXANE, *troublée.* — Comme vous la lisez, — cette lettre !
La nuit vient insensiblement.
CYRANO. — « Et je crie
« Adieu ! ... »
ROXANE. — Vous la lisez...
CYRANO. — « Ma chère, ma chérie,
« Mon trésor... »
ROXANE, *rêveuse.* — D'une voix...
CYRANO. — « Mon amour... »
ROXANE. — D'une voix...
Elle tressaille.
Mais... que je n'entends pas pour la première fois !
Elle s'approche tout doucement, sans qu'il s'en aperçoive, passe derrière le fauteuil se penche sans bruit, regarde la lettre. — L'ombre augmente.
CYRANO. — « Mon cœur ne vous quitta jamais une seconde,

1. **son métier :** métier à broder, c'est-à-dire machine servant à travailler les textiles.

« Et je suis et serai jusque dans l'autre monde
« Celui qui vous aima sans mesure, celui... »
ROXANE, *lui posant la main sur l'épaule.*
— Comment pouvez-vous lire à présent ? Il fait nuit.
Il tressaille, se retourne, la voit là tout près, fait un geste d'effroi, baisse la tête. Un long silence. Puis, dans l'ombre complètement venue, elle dit avec lenteur, joignant les mains
Et pendant quatorze ans, il a joué ce rôle
D'être le vieil ami qui vient pour être drôle !
CYRANO. — Roxane !
ROXANE. — C'était vous.
CYRANO. — Non, non, Roxane, non !
ROXANE. — J'aurais dû deviner quand il disait mon nom !
CYRANO. — Non ! ce n'était pas moi ! [...]
ROXANE. — Vous m'aimiez ! [...]
CYRANO. — Non, non, mon cher amour, je ne vous aimais pas !
ROXANE. — Ah ! que de choses qui sont mortes... qui sont nées !
Pourquoi vous être tu pendant quatorze années,
Puisque sur cette lettre où, lui, n'était pour rien,
Ces pleurs étaient de vous ?
CYRANO, *lui tendant la lettre.*
— Ce sang était le sien.

Edmond Rostand, ***Cyrano de Bergerac***, 1897, V, 5, vers 2436 à 2459 et 2466 à 2471

Lexique

Champ lexical des sentiments

1) Relevez dans le texte un verbe, un nom simple et un nom composé de la famille du nom *amour*.

2) Vous chercherez ensuite d'autres mots, de natures variées (verbe, nom, adjectif qualificatif), appartenant au champ lexical de l'amour *(voir fiche-lexique n° 9)*.

Questions sur le texte

A. Le contenu de la lettre

1) Que contient cette lettre qu'il est si important pour Cyrano d'entendre résonner ?

2) Depuis combien de temps Roxane vit-elle retirée loin de la société des hommes ? (Précisez ce qui s'est passé depuis la scène du balcon.) Comment appelle-t-on un tel saut dans le temps ? Cela respecte-t-il la règle d'unité de temps prônée par le théâtre classique du XVIIe siècle ?

3) À quel signe voit-on l'importance que Roxane donne à la lettre d'adieu de Christian ?

4) Citez des éléments de cette lettre qui soulignent la force de l'amour que ressentait et ressent encore Cyrano pour Roxane.

B. La prise de conscience progressive de Roxane

5) Comment Roxane comprend-elle qui est l'auteur de cette lettre ?

6) Dans quelles circonstances Roxane a-t-elle déjà, sans le savoir, entendu la voix de Cyrano lui faire une déclaration d'amour ?

C. La mise en scène de l'aveu à Roxane

7) Pourquoi, selon vous, Cyrano veut-il absolument lire cette lettre ce jour et pourquoi n'aurait-elle pu être lue à un meilleur moment ?

8) Expliquez, en vous appuyant sur le dernier vers de l'extrait, en quoi Cyrano reste tout de même fidèle au pacte conclu avec Christian.

9) a. Dans les didascalies, quelle est la nature des formes en *-ant* utilisées *(aidez-vous de la leçon de conjugaison n° 24)* ? b. Relevez les infinitifs du texte *(voir leçon de conjugaison n° 25)*.

▲ Edmond Rostand, ***Cyrano de Bergerac***, Acte V, scène finale, mise en scène de Jérôme Savary, avec Francis Huster (Cyrano) et Cristiana Reali (Roxane), Théâtre national de Chaillot, Paris, 1997

Lecture d'image

1) Qui sont les deux acteurs français qui interprètent ici les rôles de Cyrano et Roxane ?

2) a. Comment la douleur physique de Cyrano et sa mort prochaine sont-elles rendues visibles ? b. Comment s'exprime la douleur de Roxane ?

3) Quel objet appartenant à Cyrano reste sur scène ? Que symbolise-t-il ?

Expression écrite

Cyrano fait ici ses adieux à Roxane. Rédigez un **acrostiche** que Roxane aurait pu à son tour dédier à Cyrano, en utilisant par exemple le mot *amour, adieu,…* (Un acrostiche est un poème particulier : les initiales de chaque vers, lues verticalement, composent un mot ou une expression qui se rapporte au sujet du poème). Aidez-vous au besoin d'un dictionnaire des rimes (papier ou web, par exemple ***dicodesrimes.com***) pour faire rimer vos vers, qui n'ont pas besoin d'être de longueur régulière.

B2i

Cherchez les occurrences des mots de la famille de « beau » dans ***Cyrano de Bergerac*** grâce à un moteur de recherche spécifique.

Expression orale

De l'écrit à l'oral

À votre tour de lire une lettre à haute voix en mettant le ton. Vous choisirez une lettre du chapitre 4 ou une lettre célèbre à laquelle votre voix donnera toute sa force. Vous choisirez la ou les émotions que vous souhaitez faire passer à votre auditoire en présentant la lettre choisie. Demandez ensuite aux autres élèves de la classe s'ils ont identifié votre intention.

2 L'ARCHITECTURE THÉÂTRALE DU XVIIe AU XIXe SIÈCLE

La pièce présente le point de vue d'un dramaturge du XIXe siècle sur le théâtre du XVIIe siècle : analysons donc l'évolution de l'architecture théâtrale française en partant de la disposition des anciennes salles de Jeu de Paume, telle celle de l'Hôtel de Bourgogne, jusqu'au théâtre à l'italienne dont l'Opéra Garnier ou la Comédie française sont de bons exemples à Paris.

Comment la disposition et le comportement des spectateurs évoluent-ils depuis l'époque de Cyrano jusqu'à celle du dramaturge Edmond Rostand ?

1 Didascalie initiale de *Cyrano de Bergerac*

La salle de l'Hôtel de Bourgogne, en 1640. Sorte de hangar de jeu de paume aménagé et embelli pour des représentations.

La salle est un carré long ; on la voit en biais, de sorte qu'un de ses côtés forme le fond qui part du premier plan, à droite, et va au dernier plan, à gauche, faire angle avec la scène qu'on aperçoit en pan coupé.

Cette scène est encombrée, des deux côtés, le long des coulisses, par des banquettes. Le rideau est formé par deux tapisseries qui peuvent s'écarter. Au-dessus du manteau d'Arlequin, les armes royales. On descend de l'estrade dans la salle par de longues marches. De chaque côté de ces marches, la place des violons. Rampe de chandelles...

Deux rangs superposés de galeries latérales : le rang supérieur est divisé en loges. Pas de sièges au parterre, qui est la scène même du théâtre ; au fond de ce parterre, c'est-à-dire à droite, premier plan, quelques bancs formant gradins et, sous un escalier qui monte vers des places supérieures et dont on ne voit que le départ, une sorte de buffet orné de petits lustres, de vases fleuris, de verres de cristal, d'assiettes de gâteaux, de flacons, etc.

Au fond, au milieu, sous la galerie de loges, l'entrée du théâtre. Grande porte qui s'entrebâille pour laisser passer les spectateurs. Sur les battants de cette porte, ainsi que dans plusieurs coins et au-dessus du buffet, des affiches rouges sur lesquelles on lit : La Clorise.

Au lever du rideau, la salle est dans une demi-obscurité, vide encore. Les lustres sont baissés au milieu du parterre, attendant d'être allumés.

Edmond Rostand, ***Cyrano de Bergerac***, 1897, Acte I, scène 1

2 Gravure de l'Hôtel de Bourgogne, 1767

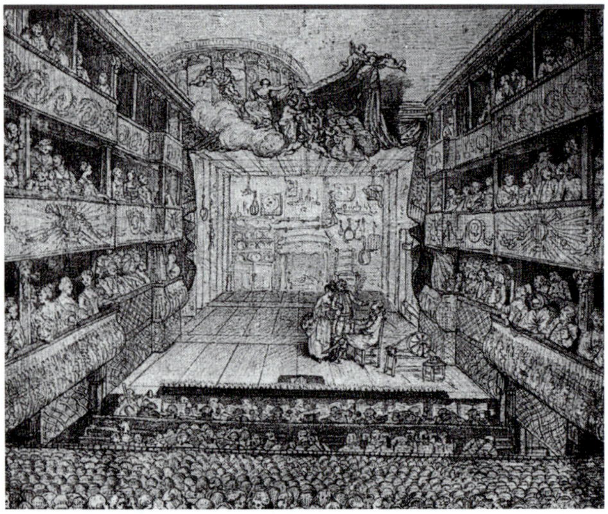

▲ Anonyme, ***L'Intérieur de l'Hôtel de Bourgogne***, gravure, XVIIe siècle

Questions (1/2)

A. L'architecture théâtrale au XVIIe siècle (doc. 1 à 3)

À l'époque de Savinien Cyrano de Bergerac, le théâtre est tout juste remis à l'honneur. Aux XVe et XVIe siècles, des tréteaux éphémères sont dressés dans les rues devant les églises ou sur les places publiques pour accueillir des représentations. Puis, les salles de jeu de paume sont utilisées comme lieu abrité pour jouer les spectacles.

1) Doc. 1 : Dans ***Cyrano de Bergerac***, la scène 1 de l'Acte I débute par une longue didascalie. Qu'est-ce qu'une didascalie ? Pourquoi Edmond Rostand en propose-t-il une si longue pour débuter sa pièce ?

2) Doc. 1 et 2 : Précisez le nom du lieu où va se dérouler l'action de la pièce. Quelle forme avait une salle de « jeu de paume » au XVIIe siècle et en quoi consistait ce jeu ?

3) Doc. 1 et 3 : Précisez les différentes parties qui constituent la salle du théâtre au XVIIe siècle. La place des spectateurs dépendant entièrement de leur niveau social, indiquez comment ils se répartissent dans la salle.

3. Schéma d'une salle de théâtre à l'époque de Savinien de Bergerac

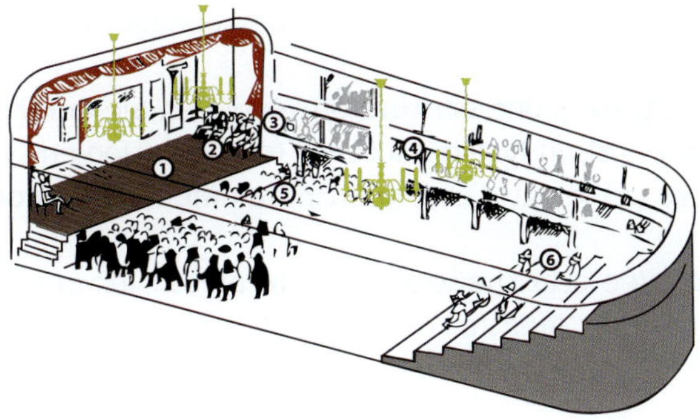

*1. Sur la **scène** pourvue d'un décor se déroule le spectacle.*
*2. Des spectateurs de marque ont leur **place assise** sur la scène.*
*3. Les **loges** et les **galeries**, sur le pourtour du rectangle de la salle, sont occupées par les plus riches : nobles, grands bourgeois et femmes élégantes.*
*4. L'éclairage de la salle est assuré par des **lustres** dont les chandelles sont allumées au début du spectacle et changées entre chaque acte. Leur cire coule parfois sur les spectateurs.*
*5. Les autres membres du public (bourgeois, laquais, parfois aussi personnes du peuple) restent debout dans le **parterre**.*
*6. Au fond de la salle, des **gradins** : le public y est loin de la scène, mais assis.*

4. L'Opéra Garnier à Paris, construit sur le modèle des théâtres à l'italienne, 1860

▲ Salle de l'Opéra Garnier à Paris, 1860, photographie de 2009

Compléments sur le site

D'autres étapes de l'histoire du théâtre :
› au Moyen Âge *(voir p. 54-55 du manuel de français de 5e).*
› dans l'Antiquité *(voir chapitre 3, p. 68).*

Questions (2/2)

4) Doc. 1 : Expliquez comment la salle est éclairée pendant le spectacle. Quel rapport cela a-t-il avec la répartition des différents types de spectateurs dans la salle ?

5) Doc. 3 : Recherchez quelle était l'attitude des spectateurs du XVIIe siècle pendant les représentations (Une lecture rapide de l'ensemble des didascalies de l'Acte I de Cyrano pourra vous être très utile).

B. L'architecture théâtrale au XIXe siècle (doc. 4)

À l'époque d'Edmond Rostand, plusieurs théâtres à l'italienne ont été construits en France, notamment à Paris, l'Opéra Garnier en étant un exemple éloquent (doc.4). Le principe de ce type architectural de « théâtre à l'italienne » est apparu en Italie au XVIe siècle (le plus ancien exemple est le Théâtre Olympique de Vicence, conçu par l'architecte Palladio vers 1580) et s'est diffusé en Europe et notamment en France jusqu'au XIXe siècle. Il rappelle les structures de théâtre antique *(voir chapitre 3, p. 68)*. Il a toutefois des dimensions plus modestes et est entièrement couvert, les spectateurs étant assis face à la scène et au décor dans une salle en forme de fer à cheval. Quatre étages de places assises s'y accumulent généralement, où les spectateurs viennent pour voir et être vus.

6) a. Quelles sont les couleurs et les matières dominantes dans la salle de l'Opéra Garnier ? Quel est l'effet produit ? **b.** Quel élément central sur scène utilise la même couleur ? En quoi marque-t-il une ou des étapes importantes de la représentation ?

7) Quelle différence essentielle remarque-t-on dans la façon dont les places assises sont disposées dans la salle par rapport à l'Hôtel de Bourgogne (page ci-contre) ? Pourquoi ?

8) Localisez sur l'image ci-dessus les différentes parties du théâtre : l'orchestre, les baignoires, les loges, la scène (côté jardin et côté cour), la corbeille, les premier et deuxième balcons et le poulailler. Puis cherchez comment s'y répartissaient les différentes classes sociales au XIXe siècle.

9) La salle Richelieu de la Comédie française est un autre exemple célèbre de théâtre à l'italienne. **a.** Quelle est sa date de construction ? **b.** Recherchez les lieux qui accueillirent la troupe de la Comédie française avant qu'elle ne s'installe dans cette salle. **c.** Cherchez-les noms d'autres célèbres salles de théâtre à l'italienne en Europe.

SYNTHÈSE DU CHAPITRE

Cyrano de Bergerac **est une pièce de théâtre particulièrement riche qui a surpris le public et les critiques de la fin du XIXe siècle par son originalité, loin des genres prônés par le théâtre classique du XVIIe siècle, tels la comédie ou la tragédie.**

Cette « comédie héroïque » reprend de nombreux éléments du drame romantique (genre théâtral du XIXe siècle refusant certaines règles classiques, qui met en scène des personnages contrastés dans des intrigues complexes). On y trouve :

- d'une part, un langage travaillé avec finesse à travers une écriture en vers – en **alexandrins** pour la plus grande part (vers de douze syllabes) – et un **lyrisme** intense (cf. définition en synthèse du chapitre 7) permettant au personnage principal d'exprimer, notamment, un **amour** profond ;
- d'autre part, une attention particulière accordée à la **théâtralité** de la pièce : les personnages jouent sans cesse des rôles pour masquer leur identité réelle ou obtenir ce qu'ils souhaitent. Ils assistent aussi à des spectacles à l'intérieur même de la pièce, selon une **mise en abyme** chère à Edmond Rostand.

Cette importance donnée à la dimension théâtrale de l'œuvre est d'ailleurs remarquable lorsque l'on observe l'alternance de **scènes d'intimité** (célébrant l'amour et l'amitié : textes 2, 4 et 5) et de scènes particulièrement **dynamiques** (multipliant le nombre de protagonistes et soulignant la grandeur du héros : textes 1 et 3) où de nombreuses **didascalies** détaillent toujours la mise en scène (Histoire des Arts n° 2).

Le personnage de Cyrano de Bergerac

Le personnage de **Cyrano de Bergerac**, qui prononce à lui seul plus de la moitié des 2600 vers de la pièce, est avant tout ce poète du XVIIe siècle dont Edmond Rostand modèle l'image en respectant bon nombre de détails de sa biographie, tels la taille de son nez et la rigueur de ses valeurs morales.

C'est un grand idéaliste, qui tente d'**atteindre le sublime** à la fois dans ses sentiments et ses actes. Il impressionne le spectateur par sa grande dextérité à l'épée ainsi que par sa grandiloquence, sa capacité d'improvisation et son esprit poétique. Il le touche aussi par le complexe qu'il éprouve en raison de la laideur de son nez et par cette abnégation totale qui le pousse à cacher l'amour qu'il ressent pour sa cousine Roxane jusqu'au moment de sa mort.

La force du personnage principal est notamment mise en valeur par le trio qu'il constitue avec **Roxane**, précieuse, maintenue dans l'illusion totale de la perfection du beau **Christian** de Neuvillette dont elle se croit éprise en raison des discours raffinés que lui souffle Cyrano. Le bonheur n'est consenti qu'aux deux jeunes et beaux amoureux tandis que le laid Cyrano est relégué au rang d'ami et confident. Seule la fin de la pièce remet **la beauté de l'esprit et celle du corps** à leur juste place en levant la généreuse imposture qui domine toute la pièce.

Les interprètes célèbres de Cyrano

- Constant Coquelin pour la première représentation de 1897 ;
- Denis d'Inès, Jules Leitner, Charles Monval, Pierre Dux au début du XXe siècle ;
- mais aussi Francis Huster, Jacques Weber, Gérard Depardieu, Denis Podalydès à la fin du XXe siècle… ;
- et n'oublions pas que ce fut Sarah Bernhardt qui joua la première le rôle de Roxane…

Suggestions de lectures complémentaires

Une adaptation en littérature de jeunesse

- François Charles, ***Cyrano Junior***, 1993.

Des adaptations en bande dessinée

- Edmond Rostand, ***Cyrano de Bergerac***, adapté par Jacques Weber, Éditions Vents d'Ouest, 1986.
- Edmond Rostand, ***Cyrano de Bergerac***, adapté par F. Juteau, Éditions Petit à Petit, 2007.

Prolongement

Face à sa mort imminente, entouré de ses vrais amis (Le Bret et Ragueneau, qui connaissent ses faiblesses) et de Roxane, sous la lune qui lui est si chère (référence au ***Voyage dans la lune*** écrit par le vrai Cyrano de Bergerac), Cyrano fait ses adieux. Il décide de se lever pour ne pas attendre la mort passivement, pour livrer, seul, son dernier combat, ce combat qu'il a mené toute sa vie durant, contre tous les maux de l'homme et de la société. Ses derniers mots (*ultima verba*), consacrés à « [s]on panache », évoquent à la fois son chapeau orné d'une plume et sa bravoure, traits physique et moral qui ont défini ce héros chevaleresque de cape et d'épée tout au long de la pièce.

CYRANO, *est secoué d'un grand frisson et se lève brusquement.*
— Pas là ! non ! pas dans ce fauteuil !
On veut s'élancer vers lui.
Ne me soutenez pas ! — Personne !
Il va s'adosser à l'arbre.
Rien que l'arbre !
Silence.
Elle vient. Je me sens déjà botté de marbre,
Ganté de plomb !
Il se raidit.
Oh ! mais !... puisqu'elle est en chemin,
Je l'attendrai debout,
Il tire l'épée.
Et l'épée à la main !
LE BRET. — Cyrano !
ROXANE, *défaillante.* — Cyrano !
Tous reculent épouvantés.
CYRANO. — Je crois qu'elle regarde...
Qu'elle ose regarder mon nez, cette Camarde !
Il lève son épée.
Que dites-vous ?... C'est inutile ?... Je le sais !
Mais on ne se bat pas dans l'espoir du succès !
Non ! non, c'est bien plus beau lorsque c'est inutile !
Qu'est-ce que c'est que tous ceux-là ! — Vous êtes mille ?
Ah ! je vous reconnais, tous mes vieux ennemis !
Le Mensonge ?
Il frappe de son épée le vide.
Tiens, tiens ! — Ha ! ha ! les Compromis,
Les Préjugés, les Lâchetés !...
Il frappe.
Que je pactise ?
Jamais, jamais ! — Ah ! te voilà, toi, la Sottise !
Je sais bien qu'à la fin vous me mettrez à bas ;
N'importe : je me bats ! je me bats ! je me bats !
Il fait des moulinets immenses et s'arrête haletant.
Oui, vous m'arrachez tout, le laurier et la rose !
Arrachez ! Il y a malgré vous quelque chose
Que j'emporte, et ce soir, quand j'entrerai chez [Dieu,
Mon salut balaiera largement le seuil bleu,
Quelque chose que sans un pli, sans une tache,
J'emporte malgré vous,
Il s'élance l'épée haute.
Et c'est...
L'épée s'échappe de ses mains, il chancelle, tombe dans les bras de Le Bret et de Ragueneau.
ROXANE, *se penchant sur lui et lui baisant le front.*
— C'est ?...
CYRANO, *rouvre les yeux, la reconnaît et dit en souriant.* — Mon panache.

RIDEAU

Edmond Rostand, ***Cyrano de Bergerac***, 1897, Acte V, scène finale

9

LITTÉRATURE ET PROGRÈS TECHNIQUE (XIXe-XXIe SIÈCLES)

Réfléchir aux liens entre la littérature et le monde à travers l'exemple du progrès technique. Comprendre comment un objet en apparence étranger à la littérature devient un symbole littéraire et culturel grâce à l'art de l'écrivain.

Textes et images

Lexique : Repérer le vocabulaire technique, la fantaisie verbale, le vocabulaire des sens.

Expression orale : Présenter un exposé, jouer avec les mots.

Expression écrite : S'initier au paragraphe argumenté, rédiger en employant le vocabulaire du jugement *(voir fiches-méthode)*.

Étude de la langue

Grammaire :

Synthèse : l'énonciation (n° 26), Les propositions subordonnées circonstancielles de temps (n° 27), Les propositions subordonnées circonstancielles de cause et de conséquence (n° 28), Les propositions subordonnées circonstancielles de but et de comparaison (n° 29).

Conjugaison :

La forme impersonnelle (n° 27), La forme pronominale : verbes de forme pronominale (n° 28), La forme pronominale : verbes mis à la forme pronominale (n° 29), Mémo-fiche : révision générale : analyser un verbe (groupe, mode, temps, voix, forme, personne) (n° 30).

Jusqu'où le progrès ira-t-il ?

◀ « Un homme peut-il fabriquer un autre homme ? » : robot travaillant avec un menuisier, une du ***Petit Journal*** du 19 mai 1935, collection Kharbine-Tapabor

Compléments sur le site

› Une activité sur les représentations de l'électricité.
› Des textes de Voltaire et Rousseau sur le luxe et le progrès.
› Proposition d'évaluation finale (de type brevet).
› Pages supplémentaires sur la littérature et le progrès technique.

Lecture d'image

1) Analysez la composition de l'illustration : qui sont les deux personnages représentés ? Où se trouvent-ils ? Quelle est leur occupation ?

2) La légende dit : « ces deux hommes travaillent... » **a.** Peut-on qualifier d'« hommes » les deux personnages ? Quel effet cette phrase produit-elle ? **b.** Qu'est-ce qui les rapproche et qu'est-ce qui les oppose sur cette illustration (disposition, visages des personnages) ?

3) Lisez la suite de la légende. **a.** Que pensez-vous de la question qui est posée ? Qu'y répondriez-vous personnellement ? **b.** Selon vous, quel est le message de cette affiche au sujet du progrès technique ? Justifiez votre réponse.

A. TECHNIQUES INDUSTRIELLES ET TRANSPORTS LE TRAIN

Émile Zola (1840-1902) : *voir biographie au chapitre 1, texte 4, p. 26.*

*Dans **La Bête humaine**, Zola met en scène le monde des chemins de fer de la fin du XIXe siècle. Il peint la vie des cheminots, une vie rythmée par les horaires et le passage des trains.*
Jacques, conducteur de train, est venu voir sa tante Phasie qui est mariée à Misard, un garde-barrière. Ils vivent dans une maison isolée près de la voie ferrée, et la tante Phasie soupçonne son mari de vouloir l'empoisonner pour lui voler son argent.

La nuit était tombée, et tous deux, en se tournant vers la fenêtre, ne distinguèrent plus que confusément Misard causant avec un autre homme. Six heures venaient de sonner, il remettait le service à son remplaçant, le stationnaire de nuit. Il allait être libre enfin, après ces douze heures passées dans cette cabane, meublée seulement d'une petite table, sous la planchette des appareils, d'un tabouret et d'un poêle, dont la chaleur trop forte l'obligeait à tenir presque constamment la porte ouverte.

« Ah ! le voici, il[1] va rentrer », murmura tante Phasie, reprise de sa peur.

Le train annoncé arrivait, très lourd, très long, avec son grondement de plus en plus haut. Et le jeune homme dut se pencher pour se faire entendre de la malade, ému de l'état misérable où il la voyait se mettre, désireux de la soulager.

« Écoutez, marraine, s'il a vraiment de mauvaises idées, peut-être que ça l'arrêterait, de savoir que je m'en mêle… Vous feriez bien de me confier vos mille francs. »

Elle eut une dernière révolte.

« Mes mille francs ! pas plus à toi qu'à lui !… Je te dis que j'aime mieux crever ! »

À ce moment, le train passait, dans sa violence d'orage, comme s'il eût tout balayé devant lui. La maison en trembla, enveloppée d'un coup de vent. Ce train-là, qui allait au Havre, était très chargé, car il y avait une fête pour le lendemain dimanche, le lancement d'un navire. Malgré la vitesse, par les vitres éclairées des portières, on avait eu la vision des compartiments pleins, les files de têtes rangées, serrées, chacune avec son profil. Elles se succédaient, disparaissaient. Que de monde ! encore la foule, la foule sans fin, au milieu du roulement des wagons, du sifflement des machines, du tintement du télégraphe[2], de la sonnerie des cloches ! C'était comme un grand corps, un être géant couché en travers de la terre, la tête à Paris, les vertèbres tout le long de la ligne, les membres s'élargissant avec les embranchements, les pieds et les mains au Havre et dans les autres villes d'arrivées. Et ça passait, ça passait, mécanique, triomphal, allant à l'avenir avec une rectitude[3] mécanique, dans l'ignorance volontaire de ce qu'il restait de l'homme, aux deux bords, cachés et toujours vivaces, l'éternelle passion et l'éternel crime.

Émile Zola, ***La Bête humaine***, 1890, chap. 2

1. **il :** la tante Phasie parle ici de son mari, Misard.
2. **télégraphe :** appareil permettant de communiquer des nouvelles, rapidement et à distance, par l'intermédiaire de signaux codés utilisant des impulsions électriques. Il était utilisé notamment pour transmettre les informations entre les gares.
3. **rectitude :** qualité de ce qui est droit, droiture.

B2i S **6. S'engager dans un projet individuel**
Réalisez un exposé sur un tableau du musée d'Orsay en lien avec le texte de Zola. Accompagnez votre exposé d'une présentation en trois diapositives.

Questions sur le texte

A. L'irruption du train

1) Ce passage du roman de Zola est construit autour de deux grands thèmes. **a.** Repérez quels sont ces thèmes, en résumant chacun d'eux par une phrase courte. **b.** Lequel relève de la narration? Lequel relève plutôt de la description? **c.** Lequel de ces deux thèmes vous semble le plus important ici? Justifiez votre réponse.

2) **a.** À quels endroits du texte intervient la description du train? Relevez les lignes des passages concernés. **b.** Pourquoi selon vous n'est-elle pas commencée dès le début du texte? Quel effet cette technique de retardement de la description permet-elle?

B. Une fureur conquérante

3) Dans le dernier paragraphe, relevez les comparaisons et les métaphores utilisées pour décrire le train. À quoi est-il comparé dans chacune de ces images utilisées pour le décrire?

4) Relevez le vocabulaire qui appartient au champ lexical du bruit. Pourquoi peut-on dire que la présence de ce champ lexical enrichit la description du train?

C. Le propos sur le progrès

5) Après avoir lu ce texte, quels sont les sentiments que vous éprouvez vis-à-vis du train ainsi décrit? L'image qui est donnée du train vous paraît-elle plutôt positive ou négative?

6) **a.** À quelle forme sont les verbes: « il y avait » (l.17) et « il restait » (l.25)? Quel est leur sujet réel (ou logique)? Aidez-vous de la leçon de conjugaison n° 27. **b.** Relevez les six verbes à la forme pronominale *(voir leçons de conjugaison n° 28 et n° 29)*. Sont-ils essentiellement pronominaux?

Expression écrite

À la manière de Zola, choisissez un moyen de transport et donnez-en une description fascinante et symbolique.

› Vous le décrirez en utilisant au moins trois comparaisons et deux métaphores.

› Vous utiliserez le lexique de la grandeur et de la taille (qu'il soit grand ou petit).

› Vous porterez un jugement soit positif soit négatif sur ce moyen de transport.

Aidez-vous pour cela des fiches-lexique sur les figures de style *(n° 1)* et sur le vocabulaire du jugement *(n° 9)*.

Lexique

Ce roman de Zola cherche à présenter une vision réaliste et concrète de la vie et de la nature humaine en utilisant un vocabulaire scientifique, juste et précis pour désigner des réalités quotidiennes ou des choses techniques. Zola s'est documenté sur le monde du chemin de fer avant d'écrire ce roman et on retrouve des traces de ce travail ici dans le lexique.

a. Relevez dans le texte le vocabulaire technique et précis qui forme le champ lexical du chemin de fer. Quelle est l'impression produite par l'emploi de ces mots dans le texte?

b. L'expression « mille francs » revient plusieurs fois dans le texte. À l'époque de Zola, un franc valait environ deux euros: cette somme vous paraît-elle élevée (surtout pour des personnages ouvriers)? Quelle est l'impression provoquée par le fait que les personnages parlent aussi directement de crime et d'argent?

Lecture d'image

1) Comparez les deux documents ci-contre: la photo de la gare et celle du musée. Quels sont les éléments qui ont été conservés dans le musée et qui rappellent l'ancienne gare?

2) Faites des recherches pour savoir quels sont les types de tableaux conservés au musée d'Orsay sur le site du musée. Quel siècle en particulier est représenté? Cela coïncide-t-il avec l'époque du chemin de fer?

3) À votre avis, pour quelles raisons a-t-on choisi d'installer le musée d'Orsay dans une ancienne gare?

◀ En haut: photographie de la gare d'Orsay, XIXe siècle
En bas: photographie du musée d'Orsay, XXe siècle

UN TOUR EN MOTO

Originaire de l'Artois (où se situent ses romans), Georges Bernanos (1888-1948) reçut une éducation catholique et monarchiste. Croyant fervent et exigeant, il développa une œuvre personnelle et engagée réfléchissant au problème du péché et de la puissance du mal (par exemple dans ***Sous le soleil de Satan***). Son intransigeance le mena à un parcours peu commun. D'abord proche de l'Action Française (extrême-droite monarchiste), il s'en détacha devant les horreurs de la guerre (la Grande Guerre de 1914-1918 puis la guerre d'Espagne) en critiquant le comportement de l'extrême-droite (et de certains catholiques). Il s'engagea dans la Résistance aux côtés du Général de Gaulle qui souhaita utiliser ses talents de pamphlétaire. Après 1945, il dénonça les hypocrisies et les compromissions d'un monde déshumanisé et perverti par la recherche d'un progrès technique et économique sans conscience. Il refusa la Légion d'Honneur et une place à l'Académie et s'éloigna de la France.

Un jeune curé de campagne fait la rencontre soudaine, sur la route, d'un jeune homme à motocyclette, qui devient son ami et lui fait faire un tour sur sa machine.

J'allais donc vers Mézargues lorsque j'ai entendu, très loin derrière moi, ce bruit de sirène, ce grondement qui s'enfle et décroît[1] tour à tour selon les caprices du vent, ou les sinuosités de la route. Depuis quelques jours il est devenu familier, ne fait plus lever la tête à personne. On dit simplement : « C'est la motocyclette de M. Olivier. » — Une machine allemande, extraordinaire, qui ressemble à une petite locomotive étincelante [...].

C'était comme un cri sauvage, impérieux[2], menaçant, désespéré. Presque aussitôt la crête, en face de moi, s'est couronnée d'une espèce de gerbe de flammes. — Le soleil frappant en plein sur les aciers polis — et déjà la machine plongeait au bas de la descente avec un puissant râle, remontait si vite qu'on eût pu croire qu'elle s'était élevée d'un bond. Comme je me jetais de côté pour lui faire place, j'ai cru sentir mon cœur se décrocher dans ma poitrine. Il m'a fallu un instant pour comprendre que le bruit avait cessé. Je n'entendais plus que la plainte aiguë des freins, le grincement des roues sur le sol. Puis ce bruit a cessé, lui aussi. Le silence m'a paru plus énorme que le cri.

M. Olivier était là devant moi, son chandail gris montant jusqu'aux oreilles, tête nue. Je ne l'avais jamais vu de si près. Il a un visage calme, attentif, et des yeux si pâles qu'on n'en saurait dire la couleur exacte. Ils souriaient en me regardant.

« Ca vous tente, monsieur le curé ? m'a-t-il demandé. [...]

— Pourquoi pas, monsieur ? » ai-je répondu.

Nous nous sommes considérés en silence. Je lisais l'étonnement dans son regard, un peu d'ironie aussi. À côté de cette machine flamboyante, ma soutane[3] faisait une tache noire et triste. Par quel miracle me suis-je senti à ce moment-là jeune, si jeune — ah ! oui, si jeune — aussi jeune que ce triomphal matin ? [...]

Oui, les choses m'ont paru simples tout à coup. Le souvenir n'en sortira plus de moi. Ce ciel clair, la fauve brume criblée d'or, les pentes encore blanches de gel, et cette machine éblouissante qui haletait doucement dans le soleil... J'ai compris que la jeunesse est bénie — qu'elle est un risque à courir — mais ce risque même est béni. [...]

J'ai grimpé tant bien que mal sur un petit siège assez mal commode et presque aussitôt la longue descente à laquelle nous faisions face a paru bondir derrière nous tandis que la haute voix du moteur s'élevait sans cesse jusqu'à ne plus donner qu'une seule note, d'une extraordinaire pureté. Elle était comme le chant de la lumière, elle était la lumière même, et je croyais la suivre des yeux dans sa courbe immense, sa prodigieuse ascension. Le paysage ne venait pas à nous, il s'ouvrait de toutes parts, et un peu au-delà du glissement hagard[4] de la route, tournait majestueusement sur lui-même, ainsi que la porte d'un autre monde.

1. **décroître :** diminuer.
2. **impérieux :** auquel il est impossible de résister, autoritaire.
3. **soutane :** habit du prêtre (longue robe noire boutonnée).
4. **hagard :** rempli d'égarement, effaré.

Georges Bernanos,
Journal d'un curé de campagne, 1936

Questions sur le texte

A. Le caractère extraordinaire du tour en moto

1) a. Décrivez les deux personnages présents dans la scène : cette rencontre et cet événement semblent-ils habituels pour ces personnages ? b. Relevez tous les noms et les adjectifs qualificatifs du texte qui appartiennent aux champs lexicaux de la surprise, de la grandeur et de l'extraordinaire : sont-ils nombreux ? c. Relevez toutes les expressions qui contiennent des pronoms démonstratifs *(voir leçon de grammaire n° 5)* et des moyens de comparaison : comment ces différents procédés permettent-ils de donner une description extraordinaire de l'expérience à moto ?

2) L'atmosphère du texte et la vision de cette machine sont-elles positives ou négatives ? Relevez deux phrases qui justifient votre réponse.

B. Un bouleversement intérieur

3) Relisez la fin du texte, à partir du dialogue entre les deux personnages. a. Insiste-t-on plus sur la description de la moto (comme sur celle du train dans le texte précédent de Zola) ou sur les sentiments éprouvés par les personnages ? b. Relevez deux sentiments que le narrateur éprouve, en citant à chaque fois une phrase du texte qui illustre votre réponse.

4) Observez cette phrase : « Le silence m'a paru plus énorme que le cri » (l.12) ainsi que la dernière phrase de l'extrait. Ce qu'elles décrivent correspond-il à la réalité ? Quel est l'effet produit ?

5) Précisez la fonction des propositions subordonnées suivantes *(voir leçons de grammaire n° 27 à 29)* :
a. « lorsque j'ai entendu ce bruit de sirène » (l.1).
b. « (si vite) qu'on eût pu croire qu'elle s'était élevée d'un bond » (l.9). c. « comme je me jetais de côté pour lui faire place » (l.9). d. « (si pâles) qu'on n'en saurait dire la couleur exacte » (l.14). e. « pour comprendre que le bruit avait cessé » (l.10). Pourquoi le verbe *comprendre* est-il ici à l'infinitif ?

Lecture d'image

1) Reconnaît-on immédiatement l'objet qui est au centre du tableau ? Dites ce que le peintre a voulu représenter ici (aidez-vous du titre).

2) a. Analysez la composition de l'image : comment le tableau est-il construit ? b. Le peintre cherche-t-il à représenter un objet statique ou un objet en mouvement ? Analysez notamment les couleurs et formes choisies.
c. Cette technique de peinture appartient à un mouvement plus vaste qui se nomme le **futurisme**. Recherchez en quoi ce tableau est futuriste. Cette démarche artistique vous semble-t-elle convaincante ?

3) À quelle forme d'art permettant de représenter un objet en mouvement ce tableau fait-il penser ?

▲ Luigi Russolo, ***Dinamismo di un automobile (Dynamisme d'une automobile)***, 1913, 140 x 104 cm, musée national d'Art moderne, Paris

Lexique

1) Les outils de la description : le champ lexical des sens
a. Relevez dans deux colonnes différentes tous les mots qui appartiennent au champ lexical de la vue et de la lumière, et tous ceux qui appartiennent au champ lexical de l'ouïe et du bruit. b. Quels éléments décrivent-ils surtout ?

2) Dans le dernier paragraphe, on retrouve ces deux champs lexicaux qui se mélangent. a. Que servent-ils tous les deux à décrire ? b. Pourquoi est-ce surprenant de retrouver le champ lexical de la lumière ici ?

Expression orale

Débat : Préparez des arguments pour défendre votre point de vue sur l'un des sujets suivants.
› Quel moyen de transport préférez-vous ? Pourquoi ?
› La vitesse vous semble-t-elle plutôt dangereuse ? (Prévoyez des arguments pour et des arguments contre).

Expression écrite

5. Être capable de porter un regard critique sur un fait, un document, une œuvre

Racontez la première fois où vous avez pris un moyen de transport nouveau en insistant sur les impressions que cette expérience a provoquées chez vous.
› Vous varierez les verbes de sentiment utilisés (au moins quatre) et vous aurez recours au champ lexical de la vue, du toucher, de l'odorat ou de l'ouïe (en utilisant au moins six mots issus de ces champs).
› Vous utiliserez le vocabulaire du jugement, positif ou négatif *(Aidez-vous des fiches-lexique n° 8 et n° 9)*.

B. LE PROGRÈS EN CHANSON : COMPLAINTE SUR LA SOCIÉTÉ DE CONSOMMATION

Originaire de la banlieue parisienne, Boris Vian (1920-1959) suivit une formation de philosophie et de mathématiques, il fut d'abord ingénieur, mais ses passions étaient le jazz et les réunions intellectuelles des cercles littéraires parisiens, dans les cafés de Saint-Germain-des-Prés. Provocateur et anti-conformiste, il s'intéressa à la culture anglo-saxonne et américaine (le jazz en musique, le polar en littérature) et publia des livres qui firent scandale, comme ***J'irai cracher sur vos tombes***, souvent sous pseudonyme. Devant l'échec de ses romans, fortement critiqués, il se consacra à la musique et écrivit des chansons polémiques dénonçant le militarisme (***Le Déserteur***) ou se moquant de la société de consommation (***La Complainte du progrès***).

La ville et la société moderne inspirent les écrivains, qui passent souvent par la chanson pour produire une réflexion mi-sérieuse, mi-amusée sur le progrès, comme dans ce texte de Vian.

Autrefois pour faire sa cour
On parlait d'amour
Pour mieux prouver son ardeur
On offrait son cœur
Maintenant c'est plus pareil
Ça change ça change
Pour séduire le cher ange
On lui glisse à l'oreille

Ah Gudule, viens m'embrasser, et je te donnerai...
Un frigidaire, un joli scooter, un atomixer
Et du Dunlopillo[1]
Une cuisinière, avec un four en verre
Des tas de couverts et des pelles à gâteau !
Une tourniquette pour faire la vinaigrette
Un bel aérateur pour bouffer les odeurs
Des draps qui chauffent
Un pistolet à gaufres
Un avion pour deux
Et nous serons heureux !

Autrefois s'il arrivait
Que l'on se querelle
L'air lugubre on s'en allait
En laissant la vaisselle
Maintenant que voulez-vous
La vie est si chère
On dit : « rentre chez ta mère »
Et on se garde tout

Ah Gudule, excuse-toi, ou je reprends tout ça...
Mon frigidaire, mon armoire à cuillères
Mon évier en fer, et mon poêle à mazout[2]
Mon cire-godasses, mon repasse-limaces
Mon tabouret-à-glace et mon chasse-filous !
La tourniquette à faire la vinaigrette
Le ratatine-ordures et le coupe-friture [...]

Boris Vian,
La Complainte du progrès, 1955

1. **Dunlopillo :** marque de literie.
2. **mazout :** liquide produit à partir du pétrole et utilisé comme combustible.

Expression écrite

Récrivez les strophes deux et quatre de la chanson en les modernisant.

› Remplacez les prénoms et les appareils électroménagers ou de cuisine qui sont cités par Boris Vian par des prénoms et des appareils numériques ou électroniques modernes. Vous choisirez au moins cinq appareils réels pour la strophe deux, et au moins trois appareils imaginaires avec des noms inventés sur le même principe que ceux de Boris Vian pour la strophe quatre.

› Vous ferez attention à respecter les rimes.

› Vous soulignerez tous les compléments d'objet.

Expression orale

Jeux sur les mots

Par petits groupes de quatre ou cinq. Chaque élève invente deux mots imaginaires, qu'il écrit sur deux morceaux de papier différents. On plie les bouts de papier et on les met dans un chapeau. Chacun tire alors deux bouts de papier et doit inventer une définition pour ces deux mots imaginaires. On fait ensuite un tour de table où chacun présente sa définition, et on élit le mot le plus réussi et la définition la plus appréciée du groupe que l'on présente ensuite à la classe.

Questions sur le texte

A. La forme de la chanson

1) a. À quoi voit-on que ce texte est une chanson (observez la mise en page du texte : repérez où se trouvent les couplets et le refrain ; notez les effets de répétition et les effets de variation) ? b. Repérez les rimes de ce texte. Pouvez-vous faire le schéma de ces rimes ? Aidez-vous de la fiche-lexique n° 2 sur la versification.

B. Des objets fantaisistes

2) a. En vous aidant de la leçon de grammaire n° 13, relevez tous les compléments d'objet présents dans les deuxième et quatrième paragraphes. b. Parmi les objets qu'ils désignent, quels sont ceux qui existent réellement et ceux qui n'existent pas ? (Aidez-vous d'un dictionnaire pour répondre, et notez la définition des mots que vous ne connaissiez pas.) c. Réfléchissez sur les objets choisis ici : quels effets produisent leurs noms à la lecture ? Pourquoi ?

C. L'espièglerie du ton

3) Étudiez la situation d'énonciation *(voir leçon de grammaire n° 26)* dans les deuxième et quatrième paragraphes. Les éléments « qui parle ? », « où ? », « quand ? » sont-ils facilement identifiables ? Cela permet-il de généraliser le propos (de l'adapter aisément à d'autres époques, d'autres lieux, d'autres personnes) ?

4) Quel est le ton de cette chanson sur le progrès et quel est le point de vue de l'auteur ici ? Est-ce plutôt un texte léger et humoristique ou une critique sérieuse et une dénonciation ? (Justifiez votre réponse). Quel commentaire pourriez-vous faire sur le titre de cette chanson : est-il sérieux ?

Lexique

1) Dans son œuvre, Boris Vian cherche à libérer le langage grâce à la fantaisie verbale, au jeu et à l'invention sur les mots, comme d'autres représentants de la littérature de cette époque, par exemple Raymond Queneau et l'OuLiPo. On le voit aussi dans cette chanson.
a. Quel est le registre de langue utilisé par l'auteur ? Justifiez votre réponse en relevant des expressions typiques du langage oral.
b. Quel est l'effet produit par ces expressions ici ?

2) **Les jeux de mots et la fantaisie verbale** *(voir aussi p. 137 du manuel de français de 5e, sur lelivrescolaire.fr)*
Boris Vian utilise beaucoup les jeux de mots comme le mot-valise, le calembour et l'anagramme.
› Un **mot-valise** est un mot imaginaire formé par contraction à partir de deux autres mots qui existent : par exemple, dans ***L'Écume des jours*** Boris Vian invente le « pianocktail » qui est un piano fabriquant des cocktails.
› Une **anagramme** est la permutation des lettres d'un mot permettant de former un nouveau mot : ex. : les lettres formant le nom de *Boris Vian* donnent *Bison Ravi* qui lui servait de pseudonyme et de surnom.
› Un **calembour** est un jeu de mots qui est utilisé pour donner un effet comique. Il est fondé sur l'homonymie ou l'homophonie (mots qui s'écrivent ou se prononcent de la même façon, mais différents par le sens), la paronymie (mots dont l'écriture ou la prononciation est très proche), ou encore la polysémie (mots ayant plusieurs sens) : ex. : *Demandez nos exquis mots* (à la place de *Demandez nos esquimaux*) ou *Elle était bonne pour moi, ma mère C'était une mère veilleuse* (à la place de *merveilleuse*)
a. Expliquez le mot-valise possible qu'il y a dans la chanson sur le mot « atomixer ». Quels sont les autres jeux sur les mots qui sont présents (jeux sur le sens, sur les sonorités) ?
b. Retrouvez les mots qui sont à l'origine des mots-valises suivants et essayez de deviner à partir d'eux le sens du mot-valise :
Mots existants : *courriel, franglais*
Mots imaginaires : *rhinoféros, éléphantasque*
c. Avec les lettres de votre prénom ou de votre nom, composez une anagramme.

Lecture d'image

a. Comment appelle-t-on ce type de tableau représentant des objets inanimés ? b. En quoi représente-t-il la société de consommation ? c. Donne-t-il une vision plutôt positive ou négative de la vie moderne ? Justifiez votre réponse en analysant les couleurs, les formes, la construction du tableau, l'atmosphère qui s'en dégage. d. Vous semble-t-il proche de la vision développée dans la chanson de Vian ? Quelles sont les ressemblances et les différences ?

▲ Tom Wesselmann, ***Still Life #30***, 1963, huile et collage sur toile, 122 x 167,5 x 10 cm, Museum of Modern Art, New York

B2i

Découvrez une œuvre d'art contemporain qui intègre des objets techniques et analysez le travail de l'artiste pour transformer ces objets en œuvres d'art.

C. SCIENCE ET DÉMESURE *FRANKENSTEIN* : LA NAISSANCE D'UN MONSTRE À FORME HUMAINE

Femme de lettres anglaise, Mary Shelley (1797-1851) venait d'une famille d'écrivains et de philosophes et reçut une éducation très complète et très libre pour une femme de son temps (politique, philosophie, arts…). Elle est surtout connue pour son roman ***Frankenstein ou le Prométhée moderne***, considéré rétrospectivement comme le premier roman de science-fiction. L'idée du roman naquit en 1816 lors d'un séjour près de Genève avec son futur mari l'écrivain Percy Shelley, le poète Lord Byron, et d'autres amis. Ils passèrent leur temps à écrire, à faire du bateau sur le lac, à discuter durant des nuits d'histoires de fantômes allemandes et de recherches sur la réanimation de la matière morte, ce qui donna à Byron l'idée de proposer à chacun d'écrire sa propre histoire fantastique. ***Frankenstein*** naquit de ce concours, et connut un succès immense, en partie parce que le personnage de son auteur, une toute jeune femme, tranche avec le contenu de l'histoire.

Victor Frankenstein est un brillant savant qui a étudié la philosophie, les sciences de la nature et la chimie, et qui poursuit le rêve de donner vie à la matière morte grâce à la science. Après des années de travail acharné, nuit et jour, dans son laboratoire, il parvient à donner la vie à une créature qui a l'apparence d'un être humain.

Ce fut par une sinistre nuit de novembre que je parvins à mettre un terme à mes travaux. Avec une anxiété qui me rapprochait de l'agonie, je rassemblai autour de moi les instruments qui devaient donner la vie et introduire une étincelle d'existence dans cette matière inerte qui gisait à mes pieds. Il était une heure du matin et la pluie frappait lugubrement contre les vitres. Ma bougie allait s'éteindre lorsque tout à coup, au milieu de cette lumière vacillante, je vis s'ouvrir l'œil jaune stupide[1] de la créature. Elle se mit à respirer et des mouvements convulsifs[2] lui agitèrent les membres.

Comment pourrais-je décrire mon émoi[3] devant un tel prodige ? Comment pourrais-je dépeindre cet être horrible dont la création m'avait coûté tant de peines et tant de soins ? Ses membres étaient proportionnés et les traits que je lui avais choisis avaient quelque beauté. Quelque beauté ! Grand Dieu ! Sa peau jaunâtre, tendue à l'extrême, dissimulait à peine ses muscles et ses artères. Sa longue chevelure était d'un noir brillant et ses dents d'une blancheur de nacre. Mais ces avantages ne formaient qu'un contraste plus monstrueux avec ses yeux stupides dont la couleur semblait presque la même que celle, blême, des orbites. Il avait la peau ridée et les lèvres noires et minces.

Les avatars[4] multiples de l'existence ne sont pas aussi variables que les sentiments humains. J'avais, pendant deux ans, travaillé sans répit pour donner la vie à un corps inanimé. Et, pour cela, j'avais négligé mon repos et ma santé. Ce but, j'avais cherché à l'atteindre avec une ardeur immodérée[5] — mais maintenant que j'y étais parvenu, la beauté de mon rêve s'évanouissait et j'avais le cœur rempli d'épouvante et de dégoût. Incapable de supporter la vue de l'être que j'avais créé, je sortis de mon laboratoire et longtemps je tournai en rond dans ma chambre à coucher, sans trouver le sommeil.

Mary Shelley, ***Frankenstein, or the Modern Prometheus***, traduit sous le titre ***Frankenstein***, Éditions Diogène Ebooks, 1817

1. **stupide :** qui est dénué d'intelligence, qui ne comporte aucun sens.
2. **mouvement convulsif :** mouvement nerveux, provoqué par des contractions violentes, involontaires et mécaniques des muscles.
3. **émoi :** trouble qui naît d'une émotion violente, comme l'appréhension ou la peur par exemple.
4. **avatar :** métamorphose ou transformation, souvent en un sens négatif : malheur, événement néfaste.
5. **immodéré :** excessif, abusif, qui dépasse la mesure.

Questions sur le texte

A. Une aventure scientifique singulière

1) Analysez les temps utilisés dans le texte en répondant aux questions suivantes. a. En vous aidant de la leçon de conjugaison nº 30, relevez les verbes à l'imparfait, au passé simple, au plus-que-parfait, au présent de l'indicatif et au présent du conditionnel (classez-les en cinq colonnes). b. Quels temps sont les temps de la narration ? de la description ? du commentaire du narrateur ? c. Quelle est parmi ces trois composantes (narration, description, commentaire) celle qui domine ?

2) Relevez le champ lexical de la technique et de la science. Est-il important dans le texte ? Quels autres thèmes sont beaucoup plus développés ?

B. La description du monstre

3) a. Dans la description de la « créature », quels sont les éléments qui insistent sur son côté monstrueux ? b. Quelles parties de son corps sont particulièrement décrites ? Quel organe prend un aspect particulièrement saisissant ? c. Pourquoi la vision de la créature provoque-t-elle un choc chez son « créateur » : est-ce parce qu'il est totalement monstrueux et non humain, ou alors parce qu'il est mi-homme, mi-monstre ?

C. L'épouvante devant la réussite du prodige

4) Relisez le dernier paragraphe. a. Qu'est-ce qui est ici condamné ou critiqué ? b. Quel est le point de vue sur la science et sur les manipulations qui est développé ici ?

Lecture d'image

1) Quel personnage est représenté au centre de l'affiche ? Quelles en sont les caractéristiques humaines ? Qu'est-ce qui en fait un monstre ?

2) Par quel procédé est-il mis en valeur sur l'affiche ?

3) Le bas de l'affiche représente la naissance du monstre : à quelle invention nouvelle du XIXe siècle la machine représentée renvoie-t-elle ?

4) Quel sentiment ressentez-vous en regardant cette affiche ? Pourquoi ?

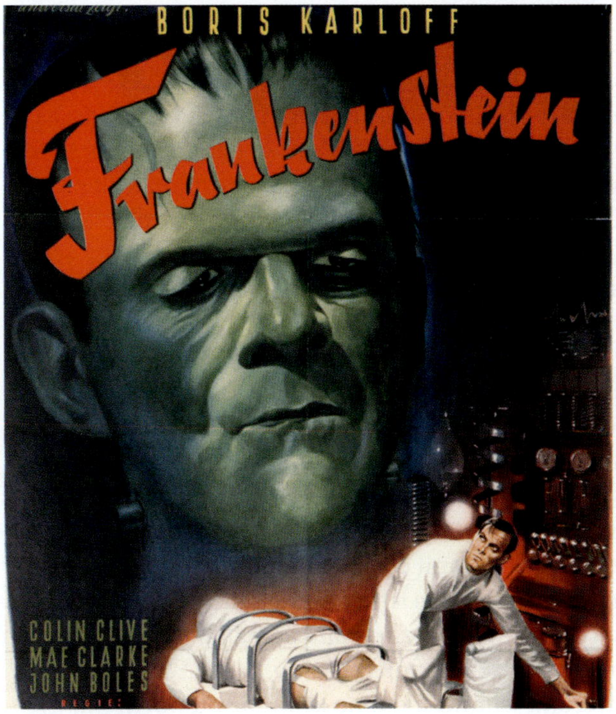

▲ Affiche du film ***Frankenstein*** réalisé en 1931 par James Whale d'après l'œuvre de Mary Shelley avec Boris Karloff.
Crédit : Coll. Perron/Kharbine-Tapabor

Lexique

L'ambiance particulière et les accents romantiques du passage

1) L'ambiance : dans le premier paragraphe, relevez tous les éléments qui installent une ambiance de science-fiction. À quelles autres histoires de science-fiction ce passage vous fait-il penser, avec la nuit et la présence de la bougie ?

2) Les accents romantiques : dans les premières lignes du deuxième paragraphe, quels sont les types de phrases utilisés ? Comment appelle-t-on le fait d'extérioriser des sentiments personnels à la première personne, qui se pratique aussi dans la poésie romantique *(vous pouvez vous aider du chapitre 7)* ?

Expression orale

Cherchez un autre personnage de monstre, mi-humain, mi-machine, dans la littérature, les arts ou le cinéma, et présentez un bref exposé à l'oral devant la classe en précisant son identité, les circonstances de sa naissance, et les éléments importants de son histoire.

Expression écrite

Imaginez la suite du texte : le monstre suit le professeur Frankenstein et il arrive dans sa chambre.
Votre texte comprendra deux parties : d'abord une description du monstre, où vous décrirez quatre particularités monstrueuses en utilisant des verbes à l'imparfait, et ensuite la narration de ce qui se déroule entre les deux personnages en utilisant des verbes au passé simple, avec une fin heureuse ou tragique, au choix. Vous utiliserez le champ lexical de l'horreur et de l'effroi (au moins cinq mots), en essayant de rendre votre texte le plus saisissant possible *(voir aussi fiche-lexique nº 9)*.

DES CERVEAUX PROGRAMMÉS MALGRÉ EUX

D'origine britannique, Aldous Huxley (1894-1963) comptait dans sa famille, côté paternel, de grands naturalistes et herboristes, et côté maternel, des littéraires. Adolescent, il perdit sa mère et devint presque aveugle suite à une maladie. Il entreprit néanmoins des études de littérature, et écrivit, d'abord pour gagner sa vie. Très cultivé et très doué, il fut un intellectuel marquant pour sa génération, qui s'intéressa à la psychologie, à la philosophie mystique et à l'étude des drogues et substances toxiques. Pacifiste et humaniste, il fut un observateur critique des usages de son temps. Il se préoccupa des applications potentiellement nuisibles à l'humanité du progrès scientifique, un sujet qu'il traita abondamment dans ses essais et ses romans, comme ***Le Meilleur des mondes***.

Nous sommes au début du chapitre 2, dans un monde imaginaire futuriste, où la reproduction et l'éducation des enfants sont assurées artificiellement, non par les parents mais par l'État dans des usines de manipulation génétique et technologique. Le Directeur de l'Incubation et du Conditionnement[1] (D.I.C.) fait visiter une de ces usines à des étudiants pour leur montrer le fonctionnement de ce système de reproduction et d'éducation des bébés.

Les infirmières se raidirent au garde-à-vous à l'entrée du D.I.C.

— Installez les livres, dit-il sèchement.

En silence, les infirmières obéirent à son commandement. Entre les vases de roses, les livres furent dûment disposés, une rangée d'in-quarto[2] enfantins, ouverts d'une façon tentante, chacun sur quelque image gaiement coloriée de bête, de poisson ou d'oiseau.

— À présent, faites entrer les enfants.

Elles sortirent en hâte de la pièce, et rentrèrent au bout d'une minute ou deux, poussant chacune une espèce de haute serveuse chargée, sur chacun de ses quatre rayons en toile métallique, de bébés de huit mois, tous exactement pareils [...], et tous (puisqu'ils appartenaient à la caste Delta[3]) vêtus de kaki.

— Posez-les par terre.

On déchargea les enfants.

— À présent, tournez-les de façon qu'ils puissent voir les fleurs et les livres.

Tournés, les bébés firent immédiatement silence, puis ils se mirent à ramper vers ces masses de couleur brillantes, ces formes si gaies et si vives sur les pages blanches. [...] De petites mains se tendirent, incertaines, touchèrent, saisirent, effeuillant les roses transfigurées, chiffonnant les pages illuminées des livres. Le directeur attendit qu'ils fussent tous joyeusement occupés. Puis :

— Observez bien, dit-il. Et, levant la main, il donna le signal.

L'Infirmière-Chef, qui se tenait à côté d'un tableau de commandes électriques à l'autre bout de la pièce, abaissa un petit levier.

Il y eut une explosion violente. [...]

Les enfants sursautèrent, hurlèrent ; leur visage était distordu de terreur.

— Et maintenant, cria le Directeur (car le bruit était assourdissant), maintenant, nous passons à l'opération qui a pour but de faire pénétrer la leçon bien à fond, au moyen d'une légère secousse électrique.

Il agita de nouveau la main, et l'Infirmière-Chef abaissa un second levier. Les cris des enfants changèrent soudain de ton. Il y avait quelque chose de désespéré, de presque dément, dans les hurlements perçants et spasmodiques qu'ils lancèrent alors. Leur petit corps se contractait et se raidissait : leurs membres s'agitaient en mouvements saccadés, comme sous le tiraillement de fils invisibles.

— Nous pouvons faire passer le courant dans toute cette bande de plancher, glapit le Directeur en guise d'explication, mais cela suffit, dit-il comme signal à l'infirmière.

Les explosions cessèrent, les sonneries s'arrêtèrent, le hurlement de la sirène s'amortit [...]

— Offrez-leur encore une fois les fleurs et les livres.

Les infirmières obéirent ; mais à l'approche des roses, à la simple vue de ces images gaiement coloriées du minet, du cocorico et du mouton noir qui fait bêê, bêê, les enfants se reculèrent avec horreur ; leurs hurlements s'accrurent soudain en intensité.

Aldous Huxley, ***Brave New World***, 1932, traduit en français sous le titre ***Le Meilleur des mondes*** par Jules Castier, 1933, chez Plon

1. **incubation :** désigne le processus de développement de l'embryon dans l'œuf. Dans le monde imaginé par Huxley, les bébés naissent artificiellement dans des œufs.
conditionnement : traitement physique ou psychologique exercé sur un individu pour qu'il développe certains réflexes forcés et obligatoires, en se soumettant à des règles et sans exercer sa volonté. Dans le monde imaginé par Huxley, les enfants sont éduqués par conditionnement.
2. **in-quarto :** format de livre spécifique, qui permet d'avoir des pages de grande dimension, formées de feuilles pliées en quatre.
3. dans ce monde, les habitants sont programmés avant leur naissance pour être plus ou moins intelligents, et socialement répartis en castes, selon un classement qui va des plus aux moins intelligents : Alphas, Betas, Gammas, Deltas et Epsilons.

Questions sur le texte

A. Un roman d'anticipation

1) a. Relevez le vocabulaire technique et scientifique présent dans le texte, et classez-le en deux catégories : vocabulaire existant dans le monde réel et vocabulaire spécialement créé par Aldous Huxley. **b.** L'univers de ce roman d'anticipation est-il une fiction totalement imaginaire, une reproduction fidèle du monde réel, ou un mélange d'éléments de fiction et de détails réels ? Justifiez.

B. Une leçon bien étrange

2) Comment sont présentés les différents personnages : le directeur, les infirmières, les enfants ? Lesquels sont sympathiques ? antipathiques ? Justifiez.

3) a. Quel est le but de cette leçon ? Quelle méthode d'éducation nous est présentée ? **b.** Les livres et les roses sont-ils décrits positivement ou négativement par l'auteur ? Décrit-il de la même manière la méthode d'éducation et les réactions des enfants ? **c.** Cette méthode vous semble-t-elle humaine ou inhumaine ? L'auteur la présente-t-il comme bonne ou critiquable ?

C. L'avertissement indirect

4) La fonction d'un roman d'anticipation : **a.** Quel est l'intérêt de construire un tel univers : est-il simplement fait pour divertir le lecteur ? **b.** Quel point de vue la fiction permet-elle d'apporter sur le monde réel ?

Lexique

Le roman d'anticipation : un genre érudit et documenté

1) Étudiez le terme « Delta » : **a.** À quelle langue est emprunté ce terme ? Que désigne-t-il dans cette langue ? **b.** Lisez la note 3 et cherchez ce que désignent les termes *alpha, beta, gamma, epsilon.*

2) Étudiez le terme *in-quarto* : **a.** Quelle est la langue utilisée ? **b.** Cherchez d'autres termes désignant d'autres formats de livres différents de l'*in-quarto*.

Expression écrite

Dans la suite du roman, le directeur explique aux étudiants pourquoi il emploie cette méthode d'éducation avec les bébés. Imaginez au choix le récit du directeur ou les réactions choquées d'un étudiant qui dénonce la barbarie de cette pratique. Trouvez quatre arguments différents pour étayer le point de vue que vous développerez.
Utilisez des connecteurs logiques et construisez votre texte en développant chaque argument avec des exemples *(voir fiche-méthode n° 1)*. Vous pouvez ensuite lire la suite du roman.

▲ ***En l'an 2000… à l'école***, chromo anonyme d'une série d'images « futuriste » éditée par l'imprimerie Villemard, 1912

Lecture d'image

a. Quelle est la scène représentée ici ? Expliquez ce qui se passe dans cette classe du futur. Comment fonctionne cette machine ? **b.** Quel message cette vignette veut-elle transmettre ?

SYNTHÈSE DU CHAPITRE

Le **progrès scientifique et le progrès technique** ont toujours existé et sont liés au **développement de l'humanité**, qui s'inscrit dans une **histoire** et dans un **devenir**. Dès l'Antiquité, les hommes ont inventé des **mythes**, des **légendes** et des **symboles** pour exprimer cette notion de progrès, en la présentant toujours de façon **complexe** et **ambivalente** : on trouve d'une part l'idée que le progrès technique et scientifique est en relation avec le progrès de la vie et des capacités humaines en général – c'est donc un phénomène **positif et naturel** –, d'autre part l'idée que ces avancées peuvent être **dangereuses, menaçantes et finalement se retourner contre l'homme**, puni de son orgueil et de son audace de se croire supérieur aux lois existantes, lois de la Nature ou lois divines.

Les mythes antiques sur le progrès

Le **mythe de l'âge d'or** est rapporté depuis l'Antiquité : cet âge béni de l'humanité et dépourvu d'idée de progrès aurait été suivi ensuite de plusieurs autres âges de plus en plus dégradés et de moins en moins idylliques, caractérisés par les changements dûs au progrès : **l'âge d'argent**, **d'airain** ou **de bronze**, puis **de fer**, qui serait l'âge actuel.

Dans la mythologie gréco-latine, **Héphaïstos/Vulcain**, dieu du feu, de la forge, des volcans, des métaux et des forgerons, est à la fois un dieu extrêmement ingénieux et utile (puisqu'il fabrique tous les objets dont les autres dieux ont besoin : bijoux des déesses, éclairs de foudre de Zeus/Jupiter…) mais aussi un dieu mal aimé, dont on se moque parce qu'il est laid, boiteux et trompé par son épouse, Aphrodite/Vénus, et qui vit séparé des autres, sous le volcan Etna.

Figure d'homme courageux mais trop ambitieux, **Prométhée** déroba le feu aux dieux de l'Olympe pour l'apporter aux hommes. Il en fut puni, éternellement condamné à se faire dévorer le foie par un aigle, attaché au sommet d'un mont.

Enfin, on rapporte l'histoire de **Dédale**, le constructeur génial du labyrinthe enfermant le Minotaure. Avec son fils **Icare**, il quitta l'île de Crète où il était retenu en fabriquant des ailes, ce qui était très ingénieux mais coûta la vie à Icare : ce dernier, trop orgueilleux, voulut s'approcher du soleil qui fit fondre la cire qui fixait ses ailes volantes, provoquant sa chute mortelle dans la mer.

Des créations littéraires modernes

Aux XVIIIe et XIXe siècles apparaît une littérature spécifique que l'on peut désigner comme de la « fiction à caractère scientifique » et qui s'explique par plusieurs facteurs. D'une part, grâce à l'accélération des avancées scientifiques et à la Révolution industrielle, la science et la technique prennent une place décisive dans la vie des hommes ; d'autre part on prend conscience que l'Histoire humaine est un devenir orienté vers une fin où le progrès, notamment scientifique, joue un grand rôle (sous l'influence des Lumières, d'Auguste Comte et de Victor Hugo en France). L'influence anglo-saxonne est souvent prégnante.

Les thèmes de prédilection de cette littérature sont :

› les **moyens de transport**, qui ont toujours fasciné les hommes : **moyens terrestres** avec l'invention de la **roue**, de l'**automobile**, de la **moto** (texte 2), du **chemin de fer** lié à la Révolution industrielle et à la conquête de l'Ouest américain (texte 1), **moyens maritimes** avec le **sous-marin** (voir Jules Verne avec ***Vingt Mille lieues sous les mers***, texte d'évaluation en ligne), **moyens aériens** avec le vieux rêve de pouvoir voler un jour (Icare a cédé la place aux **machines volantes** de Léonard de Vinci, aux **montgolfières** du XIXe siècle, à l'**avion** et à la **fusée**) ;

› les **moyens de communication**, avec le **téléphone**, la **télévision**, l'**ordinateur**, et, surtout dans les œuvres récentes, les manipulations possibles liées à l'**informatique** ;

› les **moyens techniques permettant de créer de l'énergie** et d'animer des objets, comme l'**électricité** qui a représenté une invention fascinante (texte 4), la création des automates puis

des robots et des machines, qui pousse à réfléchir sur l'homme, la création d'objets électriques (texte 3) qui ont bouleversé l'approche des tâches quotidiennes ;
› les avancées techniques dans le **domaine de la biologie, de la vie et de la médecine** (texte 5), qui rejoignent le thème du robot, avec les clones par exemple.

Suggestions de lectures complémentaires

Textes de littérature de jeunesse

- Christian Grenier, ***Virus LIV 3 ou la mort des livres***, 1998.
- Alain Grousset, ***La Guerre des livres***, 2009.
- Christian Lehmann, ***No Pasaran, le jeu***, 1996.
- Jules Verne, ***Voyages extraordinaires*** (***Cinq semaines en ballon***, ***Voyage au centre de la Terre***, ***De la Terre à la Lune***, ***Vingt mille lieues sous les mers***, ***Le Tour du monde en quatre-vingt jours***, ***L'Île mystérieuse***, etc.).

Œuvres littéraires (à lire par extraits)

- René Barjavel, ***La Nuit des temps***, 1968.
- Adolfo Bioy Casares, ***L'Invention de Morel***, 1940.
- Ray Bradbury, ***Fahrenheit 451***, 1953.
- Richard Matheson, ***Le Jeu du bouton***, 1970 (nouvelle d'épouvante, adaptée en film, ***The Box***).
- George Orwell, ***1984***, 1949.
- Douglas Preston et Lincoln Child, ***Le Piège de l'architecte***, 2000.
- Antoine de Saint-Exupéry, ***Vol de Nuit***, 1930.

Prolongement

Cette très courte nouvelle de Jacques Sternberg (1923-2006) imagine le destin inattendu d'un robot. Beaucoup trop efficace pour les tâches pour lesquelles il a été conçu, il finit par tomber amoureux d'un objet du passé, inutile et désuet.

« La perfection »

Ce n'était qu'un robot.

Mais on avait mis plus de vingt ans à le mettre au point et, quand il sortit des laboratoires, on le jugea tellement humain, tellement véridique qu'on le dota d'une carte d'identité et on l'inscrivit aux assurances sociales. Ses capacités étaient, bien entendu, pratiquement illimitées. Comme on ne pouvait pas le nommer P.D.G. de l'entreprise, ce qui aurait vexé celui qui en avait le titre, on en fit un délégué qui faisait la liaison entre les diverses succursales de cette firme à gros budget. En quelques mois, le robot délégué tripla le chiffre d'affaires. Puis, un jour, il disparut, sans donner signe de vie, sans laisser de trace. On envoya dix enquêteurs pour le retrouver, mais en vain. On ne le retrouva jamais. Pourtant le robot passait toutes ses journées dans un endroit bien précis d'une seule ville. Dans un musée, très exactement, devant une vitrine.

C'est là qu'il était tombé éperdument amoureux d'une ravissante petite pendule du xviiie siècle.

Jacques Sternberg, « La perfection », extrait de ***Contes glacés***, 1974, édition intégrale parue aux Éditions Mijade, 2009

Grammaire

Orthographe et conjugaison

◀ Louis-Michel Van Loo, ***Portrait de M. Diderot***, 1767, huile sur toile, 81 x 65 cm, Musée du Louvre, Paris

1 MÉMO-FICHE : LES CLASSES GRAMMATICALES

Observons

a) Dans chaque liste, repérez l'intrus du point de vue grammatical et justifiez votre choix :

1) vacances – maison – grand – fauteuil
2) partir – manger – aller – il
3) voler – joyeux – beau – remarquable
4) cet – laid – la – mes
5) je – un – le sien – celui-là

b) Dans les phrases suivantes, mettez les mots en vert au pluriel et faites les modifications nécessaires :

1) Elle **porte** un pull **bleu**.
2) **Il** parle énormément à sa **sœur**.
3) Pourquoi vends-tu mon **chapeau** ?
4) **Elle** est partie avec son **ami**.

Retenons

- Un mot a toujours la même **classe grammaticale** (on dit aussi **nature**), c'est-à-dire la même carte d'identité. On la trouve dans le dictionnaire, quand on cherche le sens du mot. En français, nous comptons dix classes grammaticales.

Les mots variables	Les mots invariables
nom	**adverbe** *(leçon n° 8)*
déterminant *(leçons n°s 2 et 3)*	**conjonction de coordination** *(leçon n° 9)*
adjectif qualificatif *(leçon n° 4)*	**conjonction de subordination** *(leçon n° 9)*
pronom *(leçons n°s 5, 6, 7)*	**préposition** *(leçon n° 9)*
verbe	**interjection et onomatopée** *(leçon n° 10)*

Les mots variables

- Les mots variables peuvent varier en genre, en nombre, en personne, en temps et en mode.

Classes grammaticales	Caractéristiques	Exemples
le nom	**a)** Le nom commun désigne des personnes, des animaux, des choses (objets mais aussi idées, faits...). Il est généralement précédé d'un déterminant, est variable en genre et en nombre. **b)** Le nom propre désigne des personnes ou des lieux uniques. Il comporte une majuscule initiale.	*L'**homme** / les **hommes*** ***Paris***
le **déterminant**	› Il est placé devant le nom qu'il détermine. › Il indique le genre et le nombre de ce nom. › Il existe différentes catégories de déterminants. *(voir leçon n° 2)*	***Son** ami / **ses** amies*
l'adjectif qualificatif	› Il précise un nom ou un pronom en exprimant une de ses caractéristiques. › Il s'accorde en genre et en nombre. *(voir leçon n° 4)*	*De **magnifiques** vacances*
le pronom	› Il désigne ou représente un nom, une personne, une réalité concrète ou abstraite. › Il varie en genre, en nombre et en personne. › Il existe différentes catégories de pronoms. *(voir leçons n° 5, 6 et 7)*	***Il** souhaite partir. **Je** ne **le** veux pas.*
le verbe	› Il existe des verbes d'action et des verbes d'état. › Le verbe varie selon sa conjugaison. *(voir leçon de conjugaison n° 12)*	*Il **parle** / Ils **parleront***

Les mots invariables

- Les mots invariables ne varient pas. Leur orthographe ne change donc jamais.

Classes grammaticales	Caractéristiques	Exemples
l'adverbe	Il modifie ou précise le sens d'un autre mot (verbe, adverbe, adjectif qualificatif), exprime une opinion (*oui, non, si*), relie ou introduit des propositions. *(voir leçons n°s 8 et 9)*	*Nous irons* ***rapidement*** *au travail.*
la conjonction de coordination	Elle relie deux éléments équivalents (mots, GN, propositions, phrases). *(voir leçon n° 9)*	*Il mange du pain* ***et*** *du beurre.*
la conjonction de subordination : *quand, parce que…*	› Elle introduit une proposition subordonnée. › Elle rattache la proposition subordonnée à la proposition dont elle dépend. *(voir leçon n° 9)*	*Il veut* ***que*** *tu viennes.*
la préposition	Elle introduit : › un nom, un GN ; › un pronom ; › un adverbe ; › un infinitif. *(voir leçon n° 9)*	*Je vais* ***dans*** *la cour.* *Il va* ***chez*** *lui.* *Elle passe* ***par*** *devant.* *Je suis là* ***pour*** *me reposer.*
a) l'interjection b) l'onomatopée	› Elle exprime un sentiment, une émotion. › Elle imite un son. *(voir leçon n° 10)*	***Ah*** *! Partez vite !* ***Boum*** *! C'est l'accident !*

Les cinq listes à retenir

- **les verbes d'état :** *être, paraître, sembler, devenir, demeurer, rester, avoir l'air, passer pour*, etc.
- **les pronoms relatifs :** *qui, que, quoi, dont, où, lequel* et ses composés.
- **les prépositions :** *à, dans, par, pour, en, vers, avec, de, sans, sous, sur*, etc. *
- **les conjonctions de coordination :** *mais, ou, et, donc, or, ni, car.* *
- **les conjonctions de subordination :** *quand, si, comme, que* et tous les composés de *que* (*dès que, pour que…*).

* Astuces mnémotechniques : *Adam part pour Anvers avec deux cents sous sûrs / Mais où est donc Ornicar ?*

Rappel : Un GN est un groupe de mots dont le noyau est un nom. Il comporte un nom précédé d'un déterminant et éventuellement des expansions *(voir leçon n° 17) : une princesse › une princesse remarquable.*

Exercices

1 La classe grammaticale proposée pour les mots en gras est-elle correcte ?

1) **Mon** voisin tond sa pelouse. › *déterminant*
2) Je suis plus **grande** que ma sœur. › *verbe*
3) Elles n'aiment pas la **confiture**. › *nom*
4) **Ils** ne sont pas heureux ici. › *déterminant*
5) **Achète** ce magnifique canapé ! › *pronom*
6) Cet homme semble **fort** dangereux. › *adjectif qualificatif*
7) **Quel** travail important il faut fournir ! › *déterminant*

2 Parmi ces mots, relevez ceux qui sont des noms. Comment les avez-vous reconnus ?

souffler – hamster – lever – chanter – renifler – cloître – fer – élaguer – posséder – scooter – croître – tablier – savoir

3 Recopiez chaque mot de la première colonne et indiquez en face la classe grammaticale à laquelle il appartient, en la choisissant dans la deuxième colonne.

› quand	› conjonction de coordination
› celles-ci	› verbe
› vert	› déterminant
› musique	› adjectif qualificatif
› dans	› préposition
› et	› adverbe
› prendre	› conjonction de subordination
› fréquemment	› pronom
› oh !	› nom
› mon	› interjection

4 Écriture : certains homonymes ne se distinguent que par leur classe grammaticale : ce sont des mots différents de sens, mais qui s'écrivent de la même manière. Inventez :

1) une phrase dans laquelle *sous* est une préposition et une phrase dans laquelle *sous* est un nom masculin pluriel.
2) une phrase dans laquelle *court* est un verbe et une phrase dans laquelle *court* est un adjectif qualificatif.
3) une phrase dans laquelle *colle* est un verbe et une phrase dans laquelle *colle* est un nom.

2 MÉMO-FICHE : LES DÉTERMINANTS (1/2) : LES ARTICLES, LES DÉTERMINANTS DÉMONSTRATIFS, POSSESSIFS, NUMÉRAUX

Observons

« Dans les **premiers** jours du mois d'octobre 1815, **une** heure environ avant **le** coucher **du** soleil, **un** homme qui voyageait à pied entrait dans la petite ville de Digne. Les rares habitants qui se trouvaient en **ce** moment à **leurs** fenêtres ou sur le seuil de leurs maisons regardaient **ce** voyageur avec **une** sorte d'inquiétude. » Victor Hugo, ***Les Misérables***.

1) Avec quel terme les mots en vert s'accordent-ils ? Quelle place occupent-ils l'un par rapport à l'autre ?
2) Justifiez vos réponses en donnant la classe grammaticale de chacun d'eux.

Retenons

- **Rappel :** Un déterminant est placé devant le nom ; il s'accorde en genre et en nombre avec le nom qu'il détermine.

L'article

Il faut distinguer l'**article défini**, qui désigne un élément connu ou identifiable, et l'**article indéfini**, qui désigne un élément non précisé.
L'**article partitif** indique que l'on prend une partie d'un ensemble indénombrable (que l'on ne peut compter).
› *du chocolat, de la confiture*

ARTICLES								
	Défini		Indéfini		Contracté		Partitif	
	M	F	M	F	Masculin		M	F
Singulier	le	la	un	une	[*de* + *le*] = du / de l'	[*à* + *le*] = au / à l'	du	de la / de l'
Pluriel	les		des / de / d'		[*de* + *les*] = des	[*à* + *les*] = aux	***	

Le déterminant possessif

Il renvoie au possesseur de l'élément désigné par le nom. Il indique la personne du possesseur, le genre et le nombre de l'objet possédé.

Possesseur	Objets possédés		
	Singulier		Pluriel
	Masculin	Féminin	Masculin et féminin
je	mon	ma	mes
tu	ton	ta	tes
il	son	sa	ses
nous	notre	notre	nos
vous	votre	votre	vos
ils	leur	leur	leurs

Le déterminant démonstratif

Il renvoie à quelqu'un ou quelque chose dont on a déjà parlé, que l'on peut montrer.

Masculin	Féminin	Pluriel
ce / cet	cette	ces

Le déterminant numéral

- Le **déterminant numéral cardinal** (les chiffres en mathématiques) indique le nombre de personnes ou d'objets. Il sert à compter.
Les déterminants numéraux cardinaux sont invariables sauf **vingt** et **cent**, qui prennent un « s » s'ils sont multipliés et s'ils ne sont suivis d'aucun chiffre *(voir leçon d'orthographe n° 6)*.
  › ***Une** heure environ avant le coucher du soleil, un homme qui voyageait à pied entrait dans la petite ville de Digne.*
- Le **déterminant numéral ordinal** indique le rang occupé par un élément dans un ensemble (premier, deuxième, troisième...). Il s'accorde en genre et en nombre avec le nom qu'il détermine.
  › « *Dans les **premiers** jours du mois d'octobre 1815...* »

Exercices

1 a) Donnez la classe grammaticale précise des mots en gras. b) Expliquez la différence de sens apportée par la modification intervenue sur la deuxième phrase.

1) **Un** soir, nous avons eu une dispute. › **Le** soir de son anniversaire, nous avons eu une dispute.
2) Le professeur demande de faire **des** exercices dans le cahier. › Le professeur demande de faire **les** exercices dans le cahier.
3) Ma sœur a acheté **une** robe. › Ma sœur a acheté **la** robe de ses rêves.
4) Paul lui a écrit **un** mot doux. › Paul lui a écrit **le** mot doux qui a fait la différence.
5) Nous trouverons **une** rivière. › Nous trouverons **la** rivière la plus profonde.

2 Soulignez les groupes nominaux comportant un article partitif que vous encadrerez.

1) Pour le déjeuner, nous avons prévu du poulet et du pain aux figues.
2) Nous espérons avoir de la chance dans cette entreprise.
3) J'ai découvert un trésor dans mon jardin, il y avait de l'or et de l'argent.
4) Ajoutez du sel à votre préparation.
5) On peut s'en sortir avec de la volonté.

3 Dans ces phrases se trouvent des déterminants numéraux. Relevez-les en précisant pour chacun s'ils indiquent le nombre (*déterminant numéral cardinal*) ou le rang (*déterminant numéral ordinal*).

1) Aujourd'hui, quand on a vingt-cinq ans, les larmes deviennent une chose si rare qu'on ne peut les donner à la première venue. (Dumas fils, ***La Dame aux camélias***)

2) La nature avare m'avait refusé le don précieux de la parole [...] je n'avais su de ma vie improviser quatre mots. (Anatole France, ***La Vie en fleur***)

3) Il éprouvait le besoin de commettre mille et une sottises. (René Boylesve, ***La Leçon d'amour dans un parc***)

4) Mme de Durfort ne vous a pas dit la millième partie des sentiments que j'ai pour vous. (Mme de Maintenon)

5) Son affaire avait été expédiée en deux temps trois mouvements. (Georges Courteline, ***Boubouroche***)

6) Malheur à l'homme qui, dans les premiers temps d'une liaison d'amour, ne croit pas que cette liaison doit être éternelle ! (Benjamin Constant)

7) Christophe Colomb découvrit l'île de la Martinique en 1502, au cours de son quatrième voyage.

4 Inventez des phrases dans lesquelles vous insérerez ces groupes nominaux en employant un déterminant possessif dont le possesseur est indiqué entre parenthèses.

Exemple : « *de nouveaux voisins* » (possesseur : nous)
› « Mes parents apprécient *nos nouveaux voisins* ».

1) une amie étrangère *(possesseur : je)*
2) une voiture allemande *(possesseur : il)*
3) des papiers administratifs *(possesseur : ils)*
4) des vacances exotiques *(possesseur : nous)*
5) un pull rayé *(possesseur : vous)*
6) un meuble ancien *(possesseur : ils)*
7) des peurs cachées *(possesseur : tu)*

5 Relevez tous les déterminants de ce texte en précisant leur catégorie.

Autrefois les femmes avaient de la taille, et des dents ; aujourd'hui il n'en est pas question. Dans cette changeante nation, quoi qu'en dise le critique, les filles se trouvent autrement faites que leurs mères. Il en est des manières et de la façon de vivre comme des modes : les Français changent de mœurs selon l'âge de leur roi. Le monarque pourrait même parvenir à rendre la nation grave, s'il l'avait entrepris.

Montesquieu, ***Lettres persanes***, Lettre XCIX

6 Écriture : Décrivez un endroit. Dans ce paragraphe, vous insérerez les noms proposés et vous ajouterez à ces noms tous les déterminants que vous avez appris dans la leçon :

valise – linge – cacahuètes – hôtel – arbres – femme – tableaux – vacances

3 MÉMO-FICHE : LES DÉTERMINANTS (2/2) : LES DÉTERMINANTS INDÉFINIS, INTERROGATIFS, EXCLAMATIFS

Observons

a) **Certains** poètes ont la même habitude : se promener tranquillement chaque matin.
b) **Aucun** poème ne serait assez beau aux yeux de quelques muses intransigeantes.
c) « **Quel** temps de chien ! – Il pleut, il neige. » (Théophile Gautier, ***La Bonne Soirée***).
d) **Quelle** femme ce poète chante-t-il avec tant d'enthousiasme ?

1) Dans les phrases **a** et **b**, peut-on remplacer les mots en vert ? Si oui, par quel mot ? Qu'apportait la version originale ?
2) Dans les phrases **c** et **d**, quel rapport peut-on établir entre le mot en vert et la ponctuation ?

Retenons

Les déterminants indéfinis

- **Sans indication de quantité** : *tel(le), tel(le)s*
- **Totalité** : *tout(e), tous, toute(s)*
- **Quantité égale à un** : *n'importe quel, je ne sais quel*
- **Quantité nulle** : *aucun(e), nul(le), pas un, pas une*
- **Distributif** : *chaque*
- **Quantité supérieure à deux** : *quelques, divers, certain(e)s, plusieurs, maint(e)s, beaucoup de, peu de, la plupart de, assez de, suffisamment de, tant de, trop de*

- Un déterminant indéfini peut se combiner avec un autre déterminant :
  › ***Tous les*** *enfants ont appris leur poème par cœur.*
- Avec les déterminants indéfinis de sens négatif (*aucun, nul*), il ne faut pas oublier la particule négative (*ne*) :
  › ***Aucun*** *poème* ***ne*** *serait assez beau pour elle.*
- *Chaque* est invariable. En effet, bien que « ***chaque*** » semble synonyme de « ***tous les*** », il envisage l'élément individuellement et reste donc singulier. Les autres déterminants s'accordent en genre et en nombre avec le nom auquel ils se rapportent :
  › *Certains poètes ont la même habitude : se promener tranquillement* ***chaque*** *matin.*
- ATTENTION : Ne pas confondre *quelque* (déterminant) et *quel que* (déterminant indéfini *quel* + *que*)
  - ***Quelque*** employé devant un GN au singulier signifie « *un certain* », « *un quelconque* ».
    › *On ne sait pas vraiment chanter son amour, ce doit être* ***quelque*** *trouble dû à la timidité.*

- ***Quelques*** employé devant un GN au pluriel signifie *plusieurs, certains*.
  - › *Les marins entendent au loin **quelques** bruits.*
- ***Quel que*** s'emploie uniquement avec le verbe *être* au subjonctif. ***Quel*** est un déterminant indéfini qui s'accorde en genre et en nombre avec le sujet inversé du verbe *être*.
  - › ***Quelles que** soient tes envies, il faut tout tenter pour réaliser tes rêves.*

Le déterminant interrogatif et exclamatif

- Le déterminant ***quel*** (*quelle, quels, quelles*) est :
  - **déterminant interrogatif** dans une phrase interrogative (une phrase de type interrogatif pose une question et se termine par un point d'interrogation) :
    - › ***Quel** temps fera-t-il demain ?*
  - **déterminant exclamatif** dans une phrase exclamative (une phrase de type exclamatif traduit les sentiments ou émotions du locuteur, elle se termine par un point d'exclamation) :
    - › « ***Quel** temps de chien !* » (Théophile Gautier, ***La Bonne Soirée***).

Exercices

1 Complétez les pointillés par un déterminant indéfini.

1) Le détective n'a ... piste pour le moment.
2) ... matin, elle prend le même bus à la même heure.
3) ... fille de la classe ne veut aller à la bibliothèque.
4) ... doute : vous êtes en retard !
5) ... élève qui arrive en retard doit passer au bureau des surveillants.
6) ... ses essais ont échoué.

2 Accordez le déterminant indéfini *tout* avec le nom qu'il détermine.

1) ... les nuits, il s'évade dans ses rêves.
2) ... l'équipe envisage d'abandonner ... les projets.
3) ... les problèmes ont été réglés grâce à ... vos efforts.
4) L'agent changera ... les ampoules de la salle.
5) ... le monde sera d'accord avec nous.

3 Ces phrases sont affirmatives. Mettez-les à la forme négative en employant les déterminants indéfinis de sens négatif *aucun* ou *nul*. Vous devrez absolument utiliser les deux dans l'exercice.

Exemple : *Elle veut tous les livres pour demain.*
› *Elle ne veut aucun livre pour demain.*

1) Tous les collègues d'Annie sont bouleversés par la nouvelle.
2) François voudrait des surprises comme cadeau.
3) Nous avons envie de manger une glace.
4) Chaque roman sera lu et commenté par mes soins.
5) Mes parents ont rencontré tous ses amis.
6) Paul ressent une grande attirance pour ce pays.

4 Complétez les phrases à l'aide du déterminant interrogatif ou exclamatif *quel*. Attention aux accords.

1) Mais ... amoureux pourrait s'emparer d'elle ?
Jamais je n'ai vu aussi impétueuse soûlarde.
(Paul Claudel, ***L'Endormie***)

2) Avec ... appréhension j'attendais la fin de la classe !
(André Gide, ***Si le grain ne meurt***)

3) Mais ... joie, ... raison de vivre, ... vie peuvent résister à cette vision ? (Marcel Proust, ***Pastiches et mélanges***)

4) ... amour filial, ... embrassements maternels !
Un seul moment d'une pareille félicité suffirait pour anéantir dans l'excès du bonheur tous les mondes.
(François-René de Chateaubriand, ***Les Natchez***)

5 Révision des déterminants : Dans cet extrait, relevez les déterminants que vous avez appris dans la leçon, puis donnez leur classe grammaticale précise.

La magnificence et la galanterie n'ont jamais paru en France avec tant d'éclat que dans les dernières années du règne de Henri second. Ce prince était galant, bien fait et amoureux : quoique sa passion pour Diane de Poitiers, duchesse de Valentinois, eût commencé il y avait plus de vingt ans, elle n'en était pas moins violente, et il n'en donnait pas des témoignages moins éclatants.

Madame de La Fayette,
La Princesse de Clèves (1re partie)

6 Écriture : Rédigez un paragraphe d'une dizaine de lignes sur l'un des thèmes suivants, en veillant à utiliser des déterminants indéfinis, interrogatifs et exclamatifs, que vous soulignerez.

1) Décrivez votre rencontre avec une femme hors du commun – par ses qualités, par sa beauté, en raison des liens ou de l'admiration que vous avez avec elle... *(Vous pouvez vous aider de la lecture des textes du chapitre 1)*

2) Imaginez l'annonce d'une nouvelle invention, supposée améliorer la vie quotidienne.

4 L'ADJECTIF QUALIFICATIF : EMPLOIS ET DEGRÉS

Observons

« Son visage était triste et beau :
À la lueur de mon flambeau,
Dans mon livre ouvert il vint lire.
Il pencha son front sur ma main,
Et resta jusqu'au lendemain,
Pensif, avec un doux sourire. »

Alfred de Musset, ***La Nuit de décembre***

1) Avec quel terme les mots en vert s'accordent-ils ? À quoi servent-ils ?
2) Quelle est, selon vous, leur classe grammaticale ?

Retenons

L'adjectif qualificatif

- **Caractéristiques de l'adjectif qualificatif**
  - Un adjectif qualificatif est un mot qui qualifie une personne, un animal ou une chose, qui le caractérise.
    › *Cette **voiture** est **superbe**.*
  - Plusieurs adjectifs qualificatifs peuvent caractériser un même nom.
    › *Il a écouté durant toute la nuit cette **belle** et **douce** **musique**.*
  - Certains adjectifs qualificatifs changent de sens selon la place qu'ils occupent :
    › *Elle s'est mariée avec un **homme** vraiment **grand**.* › « *grand* » = « de grande taille »
    › *Elle s'est mariée avec un **grand** **homme**.* › « *grand* » = « de grande importance »
- **Accord de l'adjectif qualificatif**
  - L'adjectif qualificatif s'accorde **en genre et en nombre** avec le ou les noms ou pronoms qu'il caractérise. Il se met au masculin pluriel si les genres des noms ou pronoms caractérisés sont différents.
    › Une **invitation** et une **fleur** ***exceptionnelles*** ; une **maison** et un **garage** ***neufs***.
  - Les adjectifs qualificatifs de couleur suivent des règles d'accord particulières : *une **veste** **marron**, une **robe** jaune **citron**,* mais *des **vêtements** **bleus**.*

Les adjectifs qualificatifs de couleur directement dérivés d'un nom sont invariables	marron, orange, café, prune, brique, crème, abricot, olive, bronze, tilleul, paille, citron, turquoise
Exceptions	rose, fauve, mauve, pourpre, écarlate, incarnat
Les adjectifs qualificatifs de couleur composés (dont la couleur est nuancée ou précisée par un adjectif ou un nom) sont invariables	Des yeux bleu clair Des peintures blanc cassé ou jaune paille

Les degrés de l'adjectif qualificatif

- On peut faire varier le degré d'une grande majorité des adjectifs qualificatifs. Pour cela, on place devant eux un adverbe : *guère, un peu, légèrement, assez, très, fort, tellement, plus... (que), aussi... (que)...* › *Il n'est **guère** aimable.*
- **Le comparatif**
  - Le comparatif établit une comparaison entre deux êtres ou deux choses. Il est formé de l'adjectif qualificatif précédé de *plus, aussi, moins,* en fonction du degré exprimé, et suivi de *que*. Il existe **trois degrés du comparatif** :
    › comparatif d'infériorité : Cette voiture est ***moins*** ***rapide*** ***que*** la voiture de mon père.
    › comparatif d'égalité : *Cette voiture est **aussi** **rapide** **que** la voiture de mon père.*
    › comparatif de supériorité : *Cette voiture est **plus** **rapide** **que** la voiture de mon père.*
  - On appelle **complément du comparatif** le groupe de mots introduit par *que* et qui suit le comparatif. Il peut être sous-entendu.
    › *Cette voiture est **plus** **rapide** **que la voiture de mon père**. / Cette voiture est **plus** **rapide**.*

- **Le superlatif**
  - **Le superlatif relatif**

Le superlatif exprime le plus haut degré d'une qualité attribuée à une personne ou à un objet dans un ensemble dont il ou elle fait partie. On parle alors de **superlatif relatif**.

› *Pierre est **le plus grand de sa classe**.* › Pierre est le plus grand relativement au groupe « classe » dont il fait partie.

- On appelle **complément du superlatif** le groupe de mots introduit par *de*, *d'entre*, *parmi*... qui suit le superlatif.

› *Pierre est **le plus grand de sa classe**.*

- **Le superlatif absolu**

Il désigne une qualité qui n'existe pas relativement à un groupe, mais dans l'absolu ; l'intensité est exprimée par un adverbe : *très*, *extrêmement*, *fort*, *totalement*, *entièrement* ou par le suffixe *-issime* ajouté à l'adjectif qualificatif.

› *Pierre est **très grand**. Il est même d'une taille **rarissime*** (= très rare) › Pierre est très grand dans l'absolu et pas seulement par rapport à un groupe.

ATTENTION : *Bon, petit, mauvais* ont un comparatif irrégulier : ***meilleur***, ***moindre***, ***pire***, et un superlatif relatif irrégulier : ***le meilleur***, ***le moindre***, ***le pire***.

Retrouvez le tableau du comparatif et du superlatif sur *lelivrescolaire.fr*.

Exercices

1 Complétez chacun de ces groupes nominaux avec l'adjectif qualificatif proposé.

1) **noir** › des pianos / une carrosserie
2) **rose pâle** › trois fleurs / cette ceinture
3) **prune** › une robe / des meubles
4) **blanc** › deux voitures / une lettre
5) **bleu** › un stylo / une trousse et un agenda

2 Relevez les adjectifs qualificatifs qui qualifient les noms en gras dans ce texte.

Dans le **pâté** énorme, il y avait encore, sur cette dernière **voie**, un vaste **terrain** en bordure, qu'il ne possédait point ; et cela suffisait à gâter son triomphe, il était torturé par le besoin de compléter sa conquête, de dresser là, comme apothéose, une **façade** monumentale. Tant que l'entrée d'honneur se trouverait rue Neuve-Saint-Augustin, dans une **rue** noire du vieux **Paris**, son **œuvre** demeurait infirme, manquait de logique ; il la voulait afficher devant le nouveau **Paris**, sur une de ces jeunes **avenues** où passait au grand **soleil** la cohue de la fin du siècle.

Émile Zola, ***Au Bonheur des Dames***

3 a) Relevez les adjectifs qualificatifs de ce texte. b) Précisez le nom qu'ils qualifient.

À ces mots, il tira de sa poche une main d'écorché ; cette main était affreuse, noire, sèche, très longue et comme crispée, les muscles, d'une force extraordinaire, étaient retenus à l'intérieur et à l'extérieur par une lanière de peau parcheminée, les ongles jaunes, étroits, étaient restés au bout des doigts ; tout cela sentait le scélérat d'une lieue.

Guy de Maupassant, ***La Main d'écorché***

4 Inventez des phrases dans lesquelles vous insérerez les adjectifs qualificatifs de l'exercice 3. Pensez à varier leur degré.

Exemple : « affreuse » › *Ta situation me paraît moins affreuse que la mienne.*

5 Complétez ces phrases en inventant un complément du comparatif. Variez sa classe grammaticale.

1) Il a toujours trouvé les vacances à l'étranger plus passionnantes ... 2) Ton bateau me semble moins rapide ... 3) Leur vocabulaire anglais paraissait aussi riche ... 4) Ailleurs, le ciel est plus bleu ... 5) À Dubaï, se trouve une tour plus élevée ... 6) Cette attraction est moins impressionnante ...

6 Complétez ces phrases en inventant un complément du superlatif. Variez sa classe grammaticale.

1) Cet arbre devient le plus grand ... 2) Victor est apparu comme le meilleur ... 3) Aujourd'hui, tu devras être la plus convaincante ... 4) Vos explications m'ont paru les plus claires ... 5) Les animaux les plus dangereux ... sont présents dans ce zoo. 6) L'an dernier, nous avons visité la plus belle baie ...

7 Portrait devinette ! Faites le portrait d'un(e) camarade de classe que vous appréciez, sans révéler son identité.

› Vous rédigerez deux paragraphes : dans le premier, vous caractériserez votre ami(e) physiquement, dans le second, psychologiquement.
› Vous emploierez des adjectifs qualificatifs variés et précis que vous soulignerez. Votre texte comportera au moins une dizaine de lignes.
› La classe devra deviner l'identité du ou de la camarade.

5 LES PRONOMS

Observons

« Souvenir, souvenir, que **me** veux-**tu** ? L'automne
Faisait voler la grive à travers l'air atone,
Et le soleil dardait un rayon monotone
Sur le bois jaunissant où la bise détone.

Nous étions seul à seule et marchions en rêvant,
Elle et **moi**, les cheveux et la pensée au vent. »

Paul Verlaine, « Nevermore »

1) Qui est désigné par les mots en vert ? Qui parle ? À qui ?
2) Les mots en vert sont appelés des pronoms personnels. Justifiez cette dénomination.

Retenons

Qu'est-ce qu'un pronom ?

- Un pronom est souvent l'équivalent d'un groupe nominal (pro-nom signifie « mis à la place d'un nom ») et évite sa répétition.
  › ***Vincent*** *est heureux car* ***il*** *peut aller jouer tranquillement.*
- Le pronom a les mêmes fonctions qu'un nom :
  › ***Je vous*** *parle.*
  je › sujet du verbe *parler* / *vous* › COI du verbe *parler*.

Reconnaître les différentes catégories de pronoms.

- **Pronoms représentants :**
  - **pronoms personnels** (de la 3e pers. du sg. et pl.) : *il(s), elle(s), le, la, les, lui, leur, se...*
  - **pronoms personnels adverbiaux :** *en, y.*
  - **pronoms démonstratifs :** *celui-ci, celles-là, cela, ce...*
  - **pronoms possessifs :** *le mien, les nôtres, le leur...*
  - **pronoms relatifs :** *qui, que, quoi, dont, où, quel* et ses composés...
  - **pronoms interrogatifs :** *qui ?, quoi ?, lequel ?...*
  - **pronoms numéraux :** *les deux, le quart, le tiers...*
  - **pronoms indéfinis :** *aucun(e), n'importe lequel...*
- **Pronoms nominaux, indices de la situation d'énonciation :**
  - **pronoms personnels** (de la 1re et 2e pers. du sg. et pl.) : *je, me, toi,...*
  - **pronoms indéfinis :** *personne, tout le monde...*

Retrouvez le détail de tous les pronoms sur *lelivrescolaire.fr*.

Éviter une répétition : les pronoms représentants

- Les pronoms représentants remplacent le plus souvent un nom ou un GN dans le but d'éviter les répétitions. Le mot ou groupe de mots remplacé s'appelle l'**antécédent** du pronom.
  › ***Paul*** *sonna à la porte.* ***Il*** *m'apportait des fleurs* : *Paul* est l'antécédent du pronom personnel *il*.
- L'antécédent du pronom peut aussi être un verbe à l'infinitif, un adjectif qualificatif, une proposition :
  › ***Que sa femme fût très belle****, Paul ne* ***l'****a jamais ignoré.*
- Dans certains cas, le pronom est situé avant son antécédent :
  › ***Elles*** *étaient très belles,* ***les fleurs*** *qu'il vous a offertes.*

Les pronoms, indices de la situation d'énonciation

- **Qu'est-ce que la situation d'énonciation ?**
  Un énoncé (un texte, un dialogue, un discours) est écrit ou dit dans un certain contexte. Définir la situation d'énonciation, c'est répondre à six questions : *qui ? quand ? où ?* mais aussi *à qui ? comment ? dans quel but ? (voir leçon n° 26)*
- **Les indices de la situation d'énonciation**
  Pour comprendre la situation d'énonciation, il faut repérer des indices, notamment les pronoms nominaux, c'est-à-dire des pronoms dont le référent n'est pas exprimé. Ils sont l'équivalent d'un nom.

› *Je te parle / Rien ne vaut l'aventure / Tout me plaît / Comment allez-vous?*

- la 1re personne renvoie au **locuteur** ou **émetteur** (celui qui parle);
- la 2e personne renvoie au **récepteur** (celui à qui l'on parle);
- la 3e personne renvoie à la **personne** ou la **chose dont on parle**.

› *J'ai deux livres qui pourraient t'intéresser. Dis-moi si tu veux que je te prête celui-ci ou celui-là! Je n'en aurai pas besoin avant un moment.*

Exercices

1 Voici des groupes de deux phrases. Vous remplacerez, dans la deuxième phrase, le GN répété par un pronom personnel.

Exemple: ***Ma mère a acheté un pull-over rouge. Je n'aime pas ce pull-over. › Je ne l'aime pas.***

1) Durant la tempête, la forêt a perdu des arbres. Les bûcherons ont abattu ces arbres.
2) Philippe a un vélo. Ce vélo va très vite.
3) Je rejoins ma meilleure amie au collège. Je me rends au collège tous les jours.
4) Olivier démarre son ordinateur. Son ordinateur possède les dernières mises à jour.
5) J'apprécie ce groupe. Je parle souvent de ce groupe à mes amis.

2 Reliez les deux phrases simples de l'exercice précédent en employant un pronom relatif.

Exemple: ***Ma mère a acheté un pull-over rouge. Je n'aime pas ce pull-over. › Ma mère a acheté un pull-over rouge que je n'aime pas.***

3 a) Dites si les mots en gras sont des déterminants ou des pronoms. b) Justifiez votre réponse.

1) **Je** sors **un** morceau de bœuf pour faire durer **le** temps, car **je** savais bien qu'**il** ne **l'**aimait pas. (Guy de Maupassant, ***Contes et nouvelles***)
2) Tant que **mon** petit pécule avait duré, **nos** relations s'étaient maintenues sur **un** pied tolérable. (Louis Reybaud, ***Jérôme Paturot…***)
3) Enfin **je** reviens à **moi**, je rouvre **les** yeux. Janvier et février ont passé comme **un** tourbillon. (Jules Michelet, ***Journal***)
4) Mademoiselle, **c'**est ainsi que Pierrotte appelait Mme Eyssette du temps qu'**elle** était jeune fille. (Alphonse Daudet, ***Le Petit Chose***)
5) **Ces** tristesses-là, mon ami, il y a beau temps que tout Constantinople **les** sait par le menu et **les** commente. (Claude Farrère, ***L'Homme qui assassina***)

4 a) Dites si *leur* est pronom personnel ou déterminant possessif. b) Justifiez votre réponse.

1) Ses enfants hériteront ce qu'il leur a donné, ce que nul ne pourrait leur ôter. (Charles Péguy, ***Le Porche du mystère…***)
2) «Plus ce vieillard est renommé, dit le commandant, plus il est utile de priver les rebelles de leur meilleur guide…» (François-René de Chateaubriand, ***Les Natchez***)
3) Ils oublient tout, leurs enfants, leurs affaires, leurs soucis pour regarder dans les remous ce petit flotteur qui bouge. (Guy de Maupassant, ***Contes et nouvelles***)
4) Elles ne voulaient pas le laisser partir sans qu'il prît quelque chose de chaud. Autrement, il leur rentrerait malade. (Émile Zola, ***Germinal***)
5) Ces gens-là […] je ne revenais pas de leur voir mener un pareil train. (Eugène-François Vidocq, ***Mémoires***)
6) Tous les matins, à six heures, la femme millionnaire, une vraie dame, était habillée ainsi que sa «demoiselle», prêtes à aider leur nièce et cousine par alliance. (Marcel Proust, ***Le Temps retrouvé***)

5 Dans les phrases suivantes, relevez les pronoms numéraux cardinaux et les pronoms numéraux ordinaux.

1) Un joueur qui se croit la possibilité de se retirer quand il voudra, met une carte encore, puis encore une, et ne se lève que ruiné. (Benjamin Constant, ***Journal intime***)
2) Le citoyen français dut travailler neuf jours et se reposer le dixième. (Henri Lacordaire, ***Conférence de Notre-Dame***)
3) Si l'on n'est plus que mille, eh bien, j'en suis! Si même
Ils ne sont plus que cent, je brave encor Sylla;
S'il en demeure dix, je serai le dixième;
Et s'il n'en reste qu'un, je serai celui-là!
(Victor Hugo, ***Les Châtiments***)

6 Imaginez des phrases qui contiendront l'antécédent et le pronom relatif proposés.

1) fantômes / que
2) papier / sur lequel
3) poésie / laquelle
4) femme / dont
5) volontés / que
6) sentiments / à propos desquels
7) maison / où

6 LES PRONOMS INDÉFINIS

Observons

a) « L'amour est un tyran qui n'épargne **personne**. » (I, 2)
b) « Cette marque d'honneur qu'il met dans ma famille
Montre à **tous** qu'il est juste... » (I, 3)
c) « Mais on doit ce respect au pouvoir absolu,
De n'examiner **rien** quand un roi l'a voulu.
À l'honneur qu'il m'a fait ajoutez-en **un autre**. » (I, 3)
d) « Il faut venger un père, et perdre une maîtresse :
L'un m'anime le cœur, **l'autre** retient mon bras. » (I, 6)

Pierre Corneille, ***Le Cid***

› Les mots en vert s'appellent des pronoms indéfinis.
Pourquoi leur donne-t-on ce nom ?

Retenons

Définition

- **Le pronom indéfini** peut représenter une personne ou une chose indéterminée. Il reprend donc un nom précédé d'un déterminant ou d'un article indéfini *(voir leçon n° 4)*.
  › ***Tous les enfants** de la classe sautent de joie car **chacun** d'entre eux a reçu un cadeau.*
- Certains pronoms peuvent être utilisés sans antécédent.
  › *L'amour est un tyran qui n'épargne **personne**.* (***Le Cid***, I, 2).

	Quantité nulle	Singularité	Pluralité	Totalité	Distributivité
Pronoms nominaux	personne, nul, rien	quelqu'un(e), n'importe qui, quelque chose	quelques-un(e)s, certain(e)s	tout le monde, tout	chacun
Pronoms représentants	aucun(e), nul(le), pas un(e)	(l')un(e), n'importe lequel	quelques-un(e)s, les un(e)s, certain(e)s, plusieurs	tous, toutes	chacun(e)

- Le pronom personnel ***on*** (3e personne du singulier) est indéfini. Il peut désigner :
  › les hommes en général : ***On** a toujours cherché la liberté.*
  › une (ou des) personne(s) indéterminée(s) : ***On** dit qu'il s'est enfui.*
- Dans un registe familier, il remplace *nous*.
  › ***On** est désolés d'être en retard ! **On** n'a pas vu le temps passer.*
- Certains pronoms sont suivis du **singulier** : *aucun, rien, personne, on, chacun, tout le monde.*
  › ***Personne** ne **veut** venir à cette soirée.*
- Et d'autres sont suivis du **pluriel** : *plusieurs, certains, beaucoup, la plupart, peu, trop.*
  › ***Certains sont** partis depuis très longtemps.*

Remarques

- *Autrui* (masculin singulier) ne représente que des personnes, il signifie « l'autre ».
  › ***Autrui** reste un étranger à nos yeux.*
- *Chacun* est toujours singulier.
  › ***Chacun** souhaite ton bonheur.*
- *L'un(e)... l'autre / les un(e)s... les autres / l'un(e)... un(e) autre / les un(e)s... d'autres* expriment une alternative.
  › ***L'un** m'anime le cœur, **l'autre** retient mon bras.*
- *Aucun* et *nul* sont toujours employés au singulier et se construisent avec une négation.
  › ***Nul** n'est censé ignorer la loi.*

Exercices

1 Complétez chaque phrase avec le pronom indéfini qui convient : *quelqu'un, beaucoup, quiconque, personne, tout le monde, autrui.*

1) ... souhaite comprendre le fonctionnement de cette machine doit en lire le mode d'emploi.
2) Mon voisin a vu ... dans son jardin la nuit dernière.
3) ... veut gagner à la loterie.
4) Elle va se promener tranquillement là où il n'y a ...
5) Ne faites pas à ... ce que vous ne voudriez pas que l'on vous fasse.
6) Claire a acheté des fruits et légumes, il y en a ... dans son panier.

2 Complétez ces phrases avec différents pronoms indéfinis de votre choix.

1) ... font énormément de bêtises, ... restent toujours sérieuses.
2) Pascal est vraiment très triste depuis que son amie est partie : il ne mange plus ..., ... ne réussit à lui remonter le moral.
3) Pour ..., l'avenir est parfois source de crainte.
4) ... suppose que le meurtrier s'est enfui depuis longtemps : ... en sont même convaincus.
5) Dans ce monde, ... est possible, ... peut rêver d'accomplir ...
6) J'ai une question très particulière, il faudra que je la pose à ...

3 Complétez ces phrases par *tout, tous, toute* ou *toutes*.

1) Je vous adore, vous êtes ... mes meilleures amies.
2) Tu ne sais pas me cacher tes problèmes. Dis-moi ... !
3) Ces vers sont magnifiques : je les connais ... par cœur.
4) Mon cousin a cuisiné une très bonne tarte. On l'a ... mangée !

4 Choisissez la forme verbale qui s'accorde avec le pronom indéfini sujet en gras.

1) Visité les nouveaux bâtiments dont **aucun** n'*est* / *sont* beau. (Julien Green, ***Journal***)
2) On confond généralement comme Buffon langue et style, parce que peu d'hommes ont besoin d'un art de volonté [...] et parce que **tout le monde** *a* / *ont* besoin d'humanité dans l'expression. (Max Jacob, ***Le Cornet à dés***)
3) **Certains**, qui *cachait* / *cachaient* jalousement un bonheur médiocre, me *regardait* / *regardaient* comme un parvenu. **Certains** *avait* / *avaient* pitié de moi. D'autres, plus conciliants, prétendaient que tout revient au même. (Jean Giraudoux, ***Simon le pathétique***)
4) **Autrui** nous *est* / *sont* indifférent et l'indifférence n'invite pas à la méchanceté. (Marcel Proust, ***La Prisonnière***)
5) **Plusieurs** d'entre eux *joignait* / *joignaient* à leur équipage de route une gourde. (Honoré de Balzac, ***Les Chouans***)
6) Les préjugés s'opposent à ce que **personne** *tente* / *tentent* de naviguer sur cette mer. (Alphonse de Lamartine, ***Voyage en Orient***)

5 Dites si les pronoms indéfinis en gras ont un antécédent. Si c'est le cas, lequel ? Si ce n'est pas le cas, à quoi renvoient-ils ?

S 1. Utiliser ses capacités de raisonnement, ses connaissances sur la langue, savoir faire appel à des outils appropriés pour lire

1) Avez-vous une recommandation ? – **Aucune**, Monsieur. Je pensais qu'il suffisait d'être gascon... (Joseph de Pesquidoux, ***Le Livre de raison***)
2) **Rien** ne vaut l'air de la campagne. (François-René de Chateaubriand, ***Mémoires***)
3) Je fais ce que je crois devoir faire, en toute conscience, et n'ai de compte à rendre **à qui que ce soit**. (Roger Martin du Gard)
4) Parmi vos paroissiens [...], en voyez-vous **quelqu'un** ou **quelqu'une** que je puisse inviter aussi ? (Guy de Maupassant, ***Contes et nouvelles***)
5) Elle porte sur trop de points à la fois pour pouvoir se concentrer sur **aucun**. (Émile Durkheim, ***De la division sociale du travail***)
6) Ne pas aimer quand on a reçu du ciel une âme faite pour l'amour, c'est se priver soi et **autrui** d'un grand bonheur. (Stendhal, ***De l'amour***)
7) J'avais envie d'embrasser **quelque chose**, **n'importe quoi** : c'était l'amour qui préparait son piège. (Guy de Maupassant, ***Contes et nouvelles***)

6 Retrouvez ou inventez quatre proverbes avec les pronoms indéfinis suivants : *nul, personne, tout, quiconque*. Vous pouvez utiliser un dictionnaire pour vous aider.

Exemple : « *Nul n'est censé ignorer la loi* ».

7 Écriture : Inventez cinq phrases dans lesquelles vous manifesterez vos regrets de ne plus être un enfant ou votre impatience de devenir adulte. Vous emploierez des pronoms indéfinis, démonstratifs et possessifs que vous soulignerez.

7 LE PRONOM RÉFLÉCHI

Observons

L'amant et le père de Chimène **se** sont disputés hier soir. Elle **s'**est évanouie de tristesse et sa nourrice **s'**est donc rapidement occupée d'elle. Dans cette intrigue, les actes **se** succèdent sans **se** ressembler. Nous, les spectateurs, nous **nous** délectons d'une telle histoire !

1) Qui est désigné par les mots en vert ?
2) Ces mots en vert sont appelés des pronoms réfléchis. Selon vous, pourquoi ?

Retenons

Le verbe pronominal et le pronom réfléchi

- Le verbe pronominal est un verbe qui est toujours précédé d'un pronom appelé **pronom réfléchi** :
  › *Ils* ***se*** *sont disputés* › ***se*** *disputer.*
- Le **pronom réfléchi** est un **pronom personnel**. Il varie selon les personnes : *me, te, se, nous, vous, se.* Il est de la même personne que le sujet du verbe et renvoie à ce sujet.
  › ***Nous*** ***nous*** *délectons d'une telle histoire.*
    › ***nous*** › pronom personnel 1re personne du pluriel, sujet du verbe *se délecter.*
    › ***nous*** › pronom personnel réfléchi 1re personne du pluriel, complément d'objet du verbe *se délecter.*

  Remarque : à l'impératif, le pronom réfléchi est placé après le verbe ; il a une forme particulière à la 2e personne du singulier › *dépêche-toi / dépêchons-nous / dépêchez-vous.*
- Le pronom réfléchi est complément d'objet du verbe *(voir leçon n° 13).*
  › *Les actes* ***se*** *succèdent.*
    › ***se*** › les actes succèdent à quoi ? › *aux actes*, représentés par le pronom *se.*
    › fonction de *se* › COI du verbe *se succéder.*

Les valeurs du pronom réfléchi

On parle de pronom « réfléchi » car on le rencontre dans des situations où il a vraiment une valeur réfléchie, c'est-à-dire qu'il renvoie comme un miroir au sujet du verbe. Mais il ne désigne pas seulement des valeurs réfléchies.
Sa valeur varie avec celles de la voix pronominale qui recouvre **quatre catégories** *(voir leçons de conjugaison nos 28 et 29)* :

- Valeur **réfléchie** : L'action faite par le sujet s'exerce sur lui-même. Le pronom renvoie donc au sujet lui-même. Il est COD du verbe.
  › *Je* ***me*** *vois dans le miroir* › *Je vois qui ? Moi* › ***me*** est COD du verbe.
- Valeur **réciproque** : L'action est faite par plusieurs sujets et s'exerce sur chacun d'eux. Le pronom indique un échange entre personnes. On peut compléter la phrase par *l'un(e) / l'autre ; les un(e)s / les autres ; entre eux.* Le sujet est donc pluriel ou correspond à un sujet collectif. Selon les verbes, le pronom est soit COD soit COI.
  › *Chien et chat* ***s'****entendent très bien dans cette maison* › *ils s'entendent l'un l'autre* › ***s'*** est COD du verbe *s'entendre.*
  › *Valérie et Régis* ***se*** *serrent la main* › *ils se serrent la main l'un à l'autre* › ***se*** est COI du verbe *se serrer.*
- Valeur **passive** : Souvent, l'être ou la chose qui provoque l'action n'est pas cité. Ces verbes peuvent être remplacés par un verbe à la voix passive. Le pronom est alors COD du verbe.
  › *Le disque* ***se*** *vend bien* › *le disque est bien vendu.*
  › *Les feuilles mortes* ***se*** *ramassent à la pelle* (Prévert) › *les feuilles mortes sont ramassées.*
- Valeur **essentiellement pronominale** :
  - Le verbe n'existe pas sans le pronom réfléchi : *s'évanouir, s'évertuer, se souvenir.* Le pronom fait corps avec le verbe et en est indissociable. Il fonctionne comme s'il était COD du verbe.
  - Le verbe change de sens quand il est utilisé sans pronom réfléchi. Le sens réfléchi est alors si atténué que la forme pronominale est souvent synonyme d'une forme non pronominale.
    › *Pauline s'attendait à les voir au restaurant hier soir* › *Pauline pensait les voir au restaurant hier soir.*
  - Pour l'accord du participe passé du verbe pronominal, *voir leçon d'orthographe n° 23 et de conjugaison n° 28.*

Remarque

- Il existe des constructions impersonnelles *(voir leçon n° 12)*. Dans ces dernières, le sujet réel est situé après le verbe. Ce verbe est assimilable à la voix pronominale avec une valeur passive *(voir leçons de conjugaison n° 27, n° 28 et n° 29)*.
  › *Il se dit des choses étonnantes durant les mariages.* › *Des choses étonnantes se disent durant les mariages.*
  › *On dit des choses étonnantes durant les mariages.*

Exercices

1 Dans chaque phrase, dites si les verbes en gras sont à la voix pronominale. Justifiez votre réponse.

1) Philippe et son épouse se sont **disputés** toute la soirée.
2) Mes voisins m'ont **refusé** l'accès à leur jardin.
3) Je te **soupçonne** de m'avoir **menti** sur ton identité.
4) L'élève aurait dû se **taire** !
5) Ses parents se sont **offert** un beau voyage.

2 Pour chaque verbe de la liste, inventez une première phrase dans laquelle le verbe sera à la forme non pronominale et une seconde phrase dans laquelle il sera à la forme pronominale, en veillant à utiliser le pronom adéquat.

demander – lever – douter – poursuivre – trouver – lancer – reprendre

3 Dites si les verbes pronominaux en gras ont une valeur réfléchie, réciproque ou passive.

1) Ils **se sont battus** comme des chiffonniers pendant longtemps. (Colette, ***Claudine à l'école***)
2) Dans les grands salons du rez-de-chaussée où des panneaux **s'effaçaient** tout le long de la boiserie blanche, il ne restait plus un meuble. (Alphonse Daudet, ***Robert Helmont***...)
3) La musique plate et les charmants pas de Mademoiselle Elssler lui causèrent un enchantement qui l'étonna. Il **se disait** vaguement qu'il ne jouirait pas longtemps encore de toutes ces belles choses, et à cause de cela elles ne lui donnaient pas d'humeur. (Stendhal, ***Lucien Leuwen***)
4) À demain le duel avec votre défaite !
Nous **nous rencontrerons**
Et nous **nous battrons**
Dans le parc solitaire
Près du cimetière ! (Guillaume Apollinaire, ***Casanova***)

4 Dans un tableau, vous relèverez les verbes pronominaux et vous préciserez la valeur de la forme pronominale.

1) Sa vie, calme en apparence, s'écoulait dans son ménage, entre un mari très occupé et deux enfants, qu'elle élevait en femme irréprochable.
(Guy de Maupassant, ***Contes et nouvelles***)
2) Il faut se méfier de l'eau qui dort.
3) Les comédiennes, ayant bu deux doigts de vin, pépiaient comme des perruches sur leurs bâtons et se complimentaient sur leurs succès réciproques. (Théophile Gautier, ***Le Capitaine Fracasse***)
4) On se souvient que Cosette était utile aux Thénardier de deux manières, ils se faisaient payer par la mère et ils se faisaient servir par l'enfant. (Victor Hugo, ***Les Misérables***)
5) Henry s'approcha d'elle et respira l'odeur qui s'échappait de tout son corps ; il se baissa pour lui parler en se penchant sur son épaule... (Gustave Flaubert, ***L'Éducation sentimentale***)
6) C'est une triste chose pour une jeune fille de s'apercevoir que son amant* n'est pas le premier des hommes et que tout le monde ne partage pas son admiration et son amour pour lui. (Alphonse Karr, ***Sous les tilleuls***)

* *son amant : l'homme qu'elle aime*

5 Donnez la fonction du pronom réfléchi en gras.

1) Après le dîner, on nous [les enfants] laissait **nous** évertuer dans la salle à manger, où nous faisions grand vacarme. (George Sand, ***Histoire de ma vie***)
2) Il **se** lave les mains et très simplement nous fait entrer. (Maurice Barrès, ***Cahiers***)
3) Bien souvent, l'intérêt a divisé les frères ; on ne **se** parlait plus. (Louis Ménard, ***Rêveries d'un païen mystique***)
4) Voilà des gens qui **se** sont haïs dès le moment qu'ils **se** sont vus. (Gabriel Sénac de Meilhan, ***L'Émigré***)

6 Écriture : Inventez un court dialogue entre deux personnages, fictifs ou réels, sur le thème suivant : un problème a lieu (ou a eu lieu) au sein de la classe. Vous devrez employer :
a) un verbe à la forme non pronominale ;
b) deux verbes à la forme pronominale : l'un de valeur réfléchie et l'autre de valeur réciproque ;
c) un verbe dans une construction impersonnelle.
Soulignez les verbes et précisez l'emploi qu'ils illustrent.

8 L'ADVERBE

Observons

a) Ton père a été blessé lors d'un duel. / Ton père a été mortellement blessé lors d'un duel.
b) Mon cœur bat pour Don Rodrigue. / Malheureusement, mon cœur bat pour Don Rodrigue !
c) Leur amour est mort. / Leur amour est mort aujourd'hui.
d) Chimène serait plus heureuse sans lui. / Chimène serait bien plus heureuse sans lui !

1) Relevez les mots qui ont été ajoutés. Sont-ce des mots variables ?
2) Pour chaque ensemble de phrases, expliquez leur différence de sens.

Retenons

Définition

- L'adverbe est un mot **invariable**. Il **précise** ou **modifie** le sens de plusieurs classes de mots.
  › *Mon cœur bat* ***fort*** *pour Don Rodrigue.* › *fort* modifie le verbe *battre.*
  › *Le serveur m'a donné un thé* ***très*** *chaud.* › *très* modifie l'adjectif qualificatif *chaud.*
  › *Chimène serait* ***bien*** *plus heureuse sans lui.* › *bien* modifie l'adverbe *plus.*
  › *Viendras-tu chez nous ?* ***Oui.*** › *oui* modifie la phrase qui précède.

Les adverbes de nuance circonstancielle

- Certains adverbes apportent une nuance circonstancielle au sein de la phrase ; en général, ils modifient un mot de la phrase. On distingue :
  - des adverbes de **temps** : *hier, aujourd'hui, demain, autrefois, maintenant, bientôt, désormais...*
  - des adverbes de **lieu** : *ici, là, ailleurs, loin, en avant, en haut, dessous, en, y...*
  - des adverbes de **quantité et d'intensité** : *trop, assez, moins, peu, beaucoup, autant, aussi, si...*
  - des adverbes de **manière** : *bien, mal, mieux,* et de nombreux adverbes en *-ment* : *prudemment, méchamment...*

- **Formation et orthographe de l'adverbe en *-ment***

Adjectif qualificatif d'origine	Formation	Exemples	Exceptions
Un adjectif qualificatif masculin qui se termine par une **consonne**.	› On forme l'adverbe à partir du féminin. › Certains adjectifs qualificatifs prennent un **accent aigu** sur le *-e-*.	› essentiel › essentielle › *essentiellement* doux › douce › *doucement* sec › sèche › *sèchement* › précis › *précisément*	gentil › *gentiment* bref › *brièvement*
Un adjectif qualificatif masculin qui se termine par une **voyelle**.	› On ajoute le suffixe *-ment*. › Certains adverbes prennent un **accent circonflexe** sur le *-u-*.	› facile › *facilement* absolu › *absolument* modéré › *modérément* › assidu › *assidûment*	gai › *gaiement*
Un adjectif qualificatif qui se termine par ***-ent***	L'adverbe se termine par *-emment*	récent › *récemment*	
Un adjectif qualificatif qui se termine par ***-ant***	L'adverbe se termine par *-amment*	suffisant › *suffisamment*	

Les adverbes d'opinion

- L'adverbe d'opinion modifie une proposition ou une phrase. Il peut remplacer toute une proposition. On distingue :
  - **l'adverbe d'affirmation :** *oui, certes, assurément, en vérité, si...*
    › *Ne viendras-tu pas ? –* ***Si.*** › *Si* remplace une proposition, *je viendrai.*
  - **l'adverbe de doute :** *peut-être, probablement, sans doute...*
    › *Elle est* ***sans doute*** *malade.*

- **l'adverbe ou la locution adverbiale de négation :** *non, ne... pas, ne... point, ne... plus, ne... jamais.*
  › *Elle **n'**est **jamais** malade.*
- **l'adverbe d'interrogation :** *quand? comment? où? pourquoi? est-ce que?* (en interrogation directe), *si* (en interrogation indirecte). Il introduit les propositions subordonnées interrogatives directes et indirectes.
  › ***Est-ce qu'**elle est malade? Je me demande **si** elle est malade.*
  › ***Quand** es-tu parti? J'aimerais savoir **quand** tu es parti.*

Les adverbes de liaison, ou connecteurs *(voir fiche-méthode nº 1)*

De nombreux adverbes permettent de relier deux phrases ou deux propositions, avec des nuances de sens différentes : *alors, puis, ensuite, enfin, en effet, ainsi, aussi, par conséquent, cependant, pourtant, de plus, d'abord.*

Exercices

1 Indiquez de quel adjectif qualificatif proviennent les adverbes suivants :

gravement – malheureusement – chaudement – intelligemment – activement – sincèrement – judicieusement

2 Formez l'adverbe issu des adjectifs qualificatifs suivants :

gentil – doux – gai – fréquent – vrai – premier – vif – immense – fin – galant – fraternel – indu

3 Vous inventerez des phrases dans lesquelles vous insérerez les mots suivants qui sont soit des noms, soit des adverbes. Vous soulignerez les adverbes.

glissement – lentement – grandement – fondement – grondement – étrangement – moment

4 Indiquez le mot ou groupe de mots modifié par l'adverbe en gras.

1) Les murs suent comme un homme qui a **trop** chaud. On a été obligé de faire du feu **partout**. (Gustave Flaubert, ***Correspondance***)

2) En certains jours, ils ne parlaient pas. **Quelquefois** ils causaient ; mais ils s'entendaient **admirablement** sans rien dire, ayant des goûts semblables et des sensations identiques. (Guy de Maupassant, ***Contes et nouvelles***)

3) Il était d'une humeur détestable. Tout ce monde « l'embêtait ». Et il semblait agacé par la longueur de la cérémonie. Est-ce qu'ils n'auraient pas **bientôt** fini? (Émile Zola, ***Son Excellence Eugène Rougon***)

4) L'abbé de Vèze emmena madame de La Chanterie pâle et **quasi** mourante.
(Honoré de Balzac, ***Mme de La Chanterie***)

5) Je ne suis jamais bien nulle part, et je crois toujours que je serais mieux **ailleurs** que là où je suis.
(Charles Baudelaire, ***Petits Poèmes en prose***)

6) Mieux vaut **tard** que jamais.

7) Je mangerais **volontiers** quelque chose, un rien, une volaille, un perdreau. (Honoré de Balzac, ***Eugénie Grandet***)

8) Je ne sépare point dans mes réflexions les exils d'avec les arrestations et les emprisonnements arbitraires. Car c'est **à tort** que l'on considère l'exil comme une peine plus douce. (Benjamin Constant, ***Principes de politique***)

5 Dans le texte ci-dessous, relevez les adverbes. Pour chacun d'eux, indiquez sa valeur (temps, lieu, doute...) et précisez le mot ou le groupe de mots qu'il modifie. Vous pouvez vous aider de la leçon.

1) Rodrigue aime éperdument Chimène. Malheureusement, les jeunes amants verront leurs projets contrariés : le Comte, fort insolemment, applique un soufflet à Don Diègue, père de Rodrigue. Immédiatement, ce digne vieillard demande très fermement à son fils de venger vite son honneur : « Va, cours, vole, et nous venge ». Peut-être Rodrigue provoquera-t-il le Comte en duel, mais il hésitera sans doute à perdre l'amour de Chimène : « Contre mon propre honneur mon amour s'intéresse ». Il se trouve désormais en proie à un dilemme cornélien.

2) Les spectateurs se demandent comment la situation va évoluer, si Rodrigue va obéir à son père ou s'il écoutera plutôt son cœur. Après de nombreuses péripéties, la pièce se termine bien : Chimène peut épouser Rodrigue. Elle a mal commencé mais s'est bien terminée.

6 Écriture : Employez ces adverbes dans des phrases que vous aurez inventées et en respectant les contraintes suivantes :

› « trop » modifie un adjectif qualificatif,
› « énormément » modifie un verbe,
› « très » modifie un adverbe,
› « souvent » modifie une phrase.

7 Écriture : Inventez un dialogue dans lequel les personnages s'interrogent l'un l'autre. Il faudra utiliser d'autres adverbes que *oui* et *non*.

9 PRÉPOSITIONS ET CONJONCTIONS

Observons

« Éloigné de vos yeux, Madame, par des soins
Impérieux (j'en prends tous les dieux à témoins),
Je languis et me meurs, comme c'est ma coutume
En pareil cas, et vais, le cœur plein d'amertume,
À travers des soucis où votre ombre me suit,
Le jour dans mes pensers, dans mes rêves la nuit. »

Paul Verlaine, « Lettre », ***Fêtes galantes***

1) Quel(s) groupe(s) de mots les mots en vert introduisent-ils ou relient-ils ?
2) Ces mots en vert ont-ils la même classe grammaticale ?

Retenons

Les prépositions et les conjonctions (de coordination et de subordination) sont des classes de mots invariables *(voir leçon n° 1)*.

Les prépositions

- Elles se trouvent devant un nom, un GN, un verbe à l'infinitif, avec lequel elles forment donc un complément. Elles introduisent ce complément et le relient au mot de la phrase dont il dépend. Ce complément peut être notamment :
  - un complément du nom › *un pot **en argile**, un pot **de confiture**.*
  - un complément d'objet indirect ou second › *Il demande un stylo **à sa mère**.*
  - un complément circonstanciel › *Je l'ai vu **dans mes rêves**.*
  - Rappel des principales prépositions › *à, dans, par, pour, en, vers, avec, de, sans, sous, sur* (Adam part pour Anvers avec deux cents sous sûrs).

Les conjonctions de coordination : *mais, ou, et, donc, or, ni, car*

- Et, ou, ni
  Et, ou et *ni* relient tous mots ou groupes de mots de même classe grammaticale :
  - *et* indique un ajout, il permet l'énumération. › *Je languis **et** me meurs.*
  - *ou* indique l'alternative, le choix entre deux possibilités. › *Je ne sais pas quelle couleur choisir : bleu **ou** rouge.*
  - *ni* indique deux négations qui se suivent. › *Nous ne voulons **ni** partir **ni** rester, nous ne voulons **pas** partir **ni** rester.*
- Mais, donc, or, car
  Mais, donc, or et *car* ne peuvent relier que des propositions.
  - *mais* indique l'opposition ou la restriction. › *Il est gentil **mais** agaçant.*
  - *donc* indique la conséquence, la conclusion. › *Il pleut, il faut **donc** que je prenne mon parapluie.*
  - *or* indique la transition, la poursuite d'un raisonnement. › *Tu étais malade hier, **or** il y avait un contrôle, donc tu n'as pas pu le faire.*
  - *car* indique la cause. › *Il pense acheter ce costume **car** c'est le moins cher du magasin.*

Les conjonctions de subordination : *quand, comme, que* et ses composés

- Elles organisent la phrase en hiérarchisant les propositions. Elles relient une proposition subordonnée à une proposition dont elle dépend. Elles introduisent la proposition subordonnée et en marquent le début.
  › *Je languis et me meurs, **comme c'est ma coutume en pareil cas**.*
  - *Que* se trouve après un verbe de pensée, de perception, de sentiment, pour introduire une proposition subordonnée complétive *(voir leçon n° 23)*. › *Je crois **qu'il est heureux**.*
  - *Quand* et *comme* introduisent une proposition subordonnée circonstancielle.
    › *Ils nous rejoindront **quand ils auront terminé leur travail**.* (CC de temps)
    › ***Comme il a eu une bonne note**, ses parents l'ont félicité.* (CC de cause)
- Remarque : on appelle locution conjonctive un groupe de mots comportant la conjonction de subordination *que* : *pendant que, sous prétexte que*, etc.

- **ATTENTION :** *Que* peut appartenir à différentes classes grammaticales. Il peut être :
  › **conjonction de subordination** *(voir leçon n° 23)* › *Il souhaite* ***que*** *tu partes immédiatement.*
  › **pronom relatif** *(voir leçon n° 22)* › *La maison* ***que*** *j'ai achetée correspond à celle de mes rêves.*
  › **pronom interrogatif** *(voir leçon n° 10)* › ***Que*** *fais-tu pour les vacances ?*

Exercices

1 a) Quels verbes de cette liste peuvent se construire avec une préposition ? Vous pourrez consulter le dictionnaire. b) Vous emploierez chacun d'eux dans une phrase. c) Vous soulignerez le complément que les prépositions introduisent.

se souvenir – se remémorer – différer – s'employer – persuader – exhorter – s'enquérir

2 Complétez ces phrases avec une conjonction de coordination en prêtant attention au sens et en variant la conjonction d'une phrase à l'autre.

1) Rester ... fuir : le choix lui est trop difficile.
2) Anthony n'a jamais voulu affronter ses problèmes, ... aujourd'hui il doit regarder la vérité en face.
3) Cet engin semble assez novateur : il possède un moteur hybride ... très ingénieux.
4) Ma famille a toujours aimé le soleil, ... ils ont tous décidé de partir pour les prochaines vacances dans le grand Nord.
5) Le temps pour notre randonnée ne paraît ... se calmer ... s'améliorer.
6) Où as-tu ... trouvé ce spécimen si rare ?

3 Réécrivez les phrases suivantes en remplaçant les conjonctions de subordination en gras par des prépositions. Vous effectuerez tous les changements nécessaires à cette transformation.

Exemple : ***Dès que Louis est arrivé dans la colonie de vacances, il a pris ses aises. › Dès son arrivée dans la colonie de vacances, Louis a pris ses aises.***

1) **Pour que** ses résultats s'améliorent, Cédric participe à l'aide aux devoirs.
2) De nombreuses personnes se sont endormies **pendant que** le spectacle avait lieu.
3) On ne participera pas au cross **puisqu'**il y a du mauvais temps.
4) **Même si** Julien a d'importantes difficultés, il a très bien réussi son devoir.

4 Dans un tableau, indiquez pour chaque phrase la nuance (temps / cause / conséquence / but) des conjonctions de subordination en gras.

1) Il était sans amertume **parce qu'**il pensait à autre chose. (François-René de Chateaubriand, ***Mémoires***)
2) **Quand** il entra dans la chambre conjugale, Mme Bombard n'y était pas. (Guy de Maupassant, ***Contes et nouvelles***)
3) Dis quelquefois la vérité, **afin qu'**on te croie quand tu mentiras. (Jules Renard, ***Journal***)
4) J'ai commencé à étudier mon examen avec trop de détails, **de sorte que** maintenant j'en suis encombré. (Gustave Flaubert, ***Correspondance***)
5) J'ai fait couper tous mes foins **sous prétexte qu'**ils étaient mûrs. Ils m'embêtaient. (Jules Renard, ***Journal***)
6) **Pendant qu'**elle la décachetait, ses mains tremblaient sur l'enveloppe. (Alfred de Musset, ***La Mouche***)
7) À quoi employez-vous donc vos journées ?... je ne vous paie pas **pour que** vous flâniez du matin au soir. (Octave Mirbeau, ***Le Journal d'une femme de chambre***)

5 Donnez la classe grammaticale des mots ou locutions en gras.

DON RODRIGUE
– Nous nous levons alors, **et** tous en même temps
Poussons jusques au ciel mille cris éclatants.
Les nôtres, **à** ces cris, **de** nos vaisseaux répondent ;
Ils paraissent armés, les Mores se confondent,
L'épouvante les prend à demi descendus ;
Avant que de combattre, ils s'estiment perdus.
Ils couraient au pillage, **et** rencontrent la guerre ;
Nous les pressons **sur** l'eau, nous les pressons **sur** terre,
Et nous faisons courir des ruisseaux **de** leur sang,
Avant qu'aucun résiste **ou** reprenne son rang.
Mais bientôt, **malgré** nous, leurs princes les rallient ;
Leur courage renaît, et leurs terreurs s'oublient
La honte de mourir **sans** avoir combattu
Arrête leur désordre, et leur rend leur vertu.
Contre nous de pied ferme ils tirent leurs alfanges ;
De notre sang au leur font d'horribles mélanges.
Et la terre, et le fleuve, et leur flotte, et le port,
Sont des champs de carnage où triomphe la mort.

Pierre Corneille, ***Le Cid***, IV, 3

6 Écriture : Inventez des phrases avec les conjonctions de subordination suivantes : *après que, avant que, depuis que, parce que, pour que, quoique*. Vous ferez attention au mode utilisé après chaque conjonction de subordination.

7 Écriture : Vous résumerez en prose l'extrait donné dans l'exercice 5. Dans ce résumé, vous utiliserez des prépositions, des conjonctions de coordination et de subordination. Vous les soulignerez de trois couleurs différentes. N'oubliez pas de varier votre vocabulaire.

10 MÉMO-FICHE : MOTS INTERROGATIFS ET MOTS EXCLAMATIFS, INTERJECTIONS, ONOMATOPÉES

Retenons

Les mots interrogatifs et exclamatifs

Pour exprimer l'interrogation

a) Le déterminant interrogatif (mot variable)

› Comme tout déterminant, il est placé devant un nom.
› En tant que déterminant interrogatif, il appartient à une phrase interrogative ou à une proposition interrogative indirecte.

› ***Quel*** *temps fera-t-il demain ?*
› *Je me demande* ***quel*** *temps il fera demain.*

b) Le pronom interrogatif (mot variable)

› Comme tout pronom, il est l'équivalent d'un groupe nominal.
› En tant que pronom interrogatif, il appartient à une phrase interrogative ou à une proposition interrogative indirecte.

› ***Qui*** *sera présent à la réunion de demain ?*
› *Je me demande* ***qui*** *sera présent à la réunion de demain.*

Pour exprimer l'interrogation

c) L'adverbe interrogatif (mot invariable)

› Il introduit une phrase interrogative partielle, c'est-à-dire que l'interrogation porte sur un élément de la phrase.
› Il appartient à une phrase interrogative ou à une proposition interrogative indirecte.
› Il peut avoir plusieurs nuances :

› Le lieu : ***Où*** *partez-vous aux prochaines vacances ? / Je ne sais* ***où*** *vous partez aux prochaines vacances.*
› Le temps : ***Quand*** *partez-vous exactement ? / Dites-moi* ***quand*** *vous partez exactement.*
› La quantité : ***Combien*** *de temps partez-vous ? / Je ne sais* ***combien*** *de temps vous partez.*
› La manière : ***Comment*** *y allez-vous ? / Dites-moi* ***comment*** *vous y allez.*
› La cause : ***Pourquoi*** *partez-vous si tôt ? / Je me demande* ***pourquoi*** *vous partez si tôt.*

Pour exprimer l'exclamation

a) Le déterminant exclamatif

› Comme tout déterminant, il est placé devant un nom.
› En tant que déterminant exclamatif, il appartient à une phrase exclamative.

› ***Quel*** *temps il fait aujourd'hui !*

b) L'adverbe exclamatif

› Il se place en début de phrase exclamative.
› *Comme, que, combien* :

› ***Comme*** *ce tableau est épatant !*
› ***Qu'****il est épatant !*

› *Ce que* est familier :
› ***Ce que*** *tu peux être idiot !*

› *Qu'est-ce que* est très familier :
› ***Qu'est-ce que*** *tu peux être bête !*

Pour exprimer l'exclamation

c) Interjections et onomatopées (mots invariables)

› Elles ont le plus souvent une valeur exclamative.

Les interjections et les onomatopées

Interjection	Onomatopée
› Elle peut exprimer un sentiment, une émotion, un ordre. › Elle est, en règle générale, suivie du point d'exclamation à l'écrit. Elle est parfois suivie d'un point d'interrogation : *Hein ?* › Elle indique une émotion, un sentiment.	› C'est une interjection particulière. › Elle imite un bruit particulier. › Certaines onomatopées sont inventées par celui qui les utilise et d'autres sont connues de tout le monde, selon le pays ou la langue.
› Voici quelques exemples : *Ah ! Aïe ! Ô ! Attention ! Diable ! Mon Dieu ! Par exemple ! Bon ! Mince ! Tout beau ! Bien ! Comment ! Gare !*	› Voici quelques exemples : *Atchoum ! Coin coin ! Dring ! Miam-miam ! Plouf ! Tic-tac ! Vlan ! Zzz...*

Remarque : Une même interjection peut marquer divers sentiments :
› *Oh ! déjà de retour !* › surprise
› *Oh ! que vous êtes belle !* › admiration
› *Oh ! que c'est douloureux !* › souffrance
Le mot qui suit une interjection ne prend pas de majuscule.

Exercices

1 Complétez les phrases avec un adverbe interrogatif afin d'obtenir la réponse en gras.

1) ... pars-tu si vite ? **Je pars au marché.**
2) ... ce livre coûte-t-il ? **Ce livre coûte cinq euros.**
3) Par ... faut-il passer pour se rendre rapidement en centre-ville ? **Il faut passer par la rocade.**
4) ... Olivier est-il en colère ? **Olivier est en colère parce qu'il s'est fâché avec sa sœur.**

2 Voici quelques onomatopées. Selon vous, que peuvent-elles signifier ? Inventez une phrase pour souligner leur emploi.

1) Chhhh
2) Rrrrrr
3) Splatch
4) Clic

3 a) Transformez ces phrases déclaratives en phrases interrogatives pour obtenir comme réponse les groupes de mots en gras.
b) Dites si les phrases interrogatives obtenues posent des questions totales ou partielles.

1) Pierre mange **deux tartines et un fruit** chaque matin.
2) Tu dois écrire sur ton cahier **une rédaction de vingt lignes.**
3) Elle ne peut venir à la fête **car elle est malade.**
4) Ce disque m'a coûté **douze euros.**
5) Mon petit frère s'appelle **Kévin.**
6) Il a travaillé **jusqu'à huit heures.**

4 Identifiez la classe grammaticale de *que / qu'*.

1) *Que* pensez-vous du film *que* nous sommes allés voir la semaine dernière ?
2) *Que* de complications dans le dénouement !
3) Je pensais *que* ce réalisateur appréciait les décors historiques, mais on a pu remarquer *que* ce n'était pas le cas dans ce film, *que* je conseillerai malgré tout.
4) À la fin du film, d'ailleurs, mon voisin m'a demandé : « *Que* cherche-t-il à nous dire ? ». Je lui ai répondu *qu'*un réalisateur ne cherche pas toujours à transmettre un message.

5 Écriture : Vous inventerez un dialogue dans lequel deux personnes discutent à propos d'un objet disparu. Est-ce une perte ? un vol ? un oubli ? En tout cas, elles tentent de régler le problème. Vous soulignerez les mots exprimant l'interrogation et l'exclamation que vous aurez employés.

6 a) Imaginez un dialogue entre Chimène et Rodrigue, après la mort de don Gomès. Vous y insérerez des onomatopées riches et variées.
b) Transposez ensuite le texte obtenu sous forme de bande dessinée.

7 Dictée préparée ou copie *(leçons n°s 6 à 10)* :

S 1. Écrire lisiblement un texte, spontanément ou sous la dictée, en respectant l'orthographe et la grammaire

Questions de préparation :
› Relevez les pronoms indéfinis.
› Relevez les adverbes selon le sens exprimé.
› Relevez les prépositions et le complément qu'elles introduisent.
› Relevez les mots exprimant l'interrogation et l'exclamation.
› Repérez les interjections employées et dites quelle émotion transparaît.

À la sortie du théâtre, deux spectateurs discutent à propos de la pièce. L'un demande à l'autre :

« Je suis d'avis que cette pièce est superbement mise en scène. Qu'en pensez-vous ?
– Oh ! Quelle étrange idée, monsieur ! Je connais tout particulièrement cette pièce. Mais là, ce soir, les comédiens n'ont pas réussi, selon moi, à transmettre la moindre émotion.
– Ah ! Pensez-vous sincèrement ce que vous dites ?
– Oui, vraiment, je n'ai pas du tout aimé le jeu des acteurs.
– J'aimerais savoir ce qui vous fait dire cela.
– Eh bien ! Les vers sont longs et intenses et l'intrigue est si passionnante que tout le monde y adhère spontanément. Ce soir, ce n'était pas du tout le cas.
– À votre avis peut-être. Pourtant, je m'y croyais entièrement grâce aux jeux de lumière et au décor.
– En bref, le plaisir est partagé sans être vécu de manière identique.
– Tant mieux ! La troupe de théâtre n'aura pas travaillé pour rien. »

11 MÉMO-FICHE : LES FONCTIONS LIÉES AU VERBE, LES FONCTIONS LIÉES AU NOM

Retenons

La fonction des mots dans la phrase

- Nous avons jusqu'ici étudié la **nature** ou **classe grammaticale des mots** *(leçons n° 1 à n° 10)*, qui nous permet de savoir à quelle catégorie appartient un mot donné. Nous allons maintenant étudier les fonctions.
- **La classe grammaticale d'un mot indique *ce qu'il est*, sa fonction indique *ce qu'il fait* dans la phrase.**

Pour mieux distinguer classe grammaticale, ou nature, et fonction d'un mot, on peut se souvenir de l'image suivante :

- Nous sommes tous des êtres humains dès notre naissance. C'est notre **nature** (la nature humaine). Nous appartenons à une catégorie dont nous ne changeons pas : de la classe « être humain », nous ne pouvons passer à la classe « girafe » ou à la classe « plante verte ».
  › C'est ce que nous sommes ! De même, un mot n'a qu'une seule classe grammaticale ou nature.
- En revanche, nous pourrons revêtir plusieurs **fonctions**, plusieurs métiers, plusieurs rôles dans notre vie : pompier, pharmacien ou maçon, hôtesse de l'air, avocat ou boulanger.
  › C'est ce que nous faisons ! De même, un mot va changer de fonction selon la façon dont il est utilisé.

- Dans la phrase, les fonctions se divisent en deux groupes : **les fonctions rattachées au verbe** et **les fonctions rattachées au nom**.
  - **Les fonctions rattachées au verbe** organisent la phrase dans son ensemble.
  - **Les fonctions rattachées au nom** se situent pour la plupart dans le groupe nominal (GN).

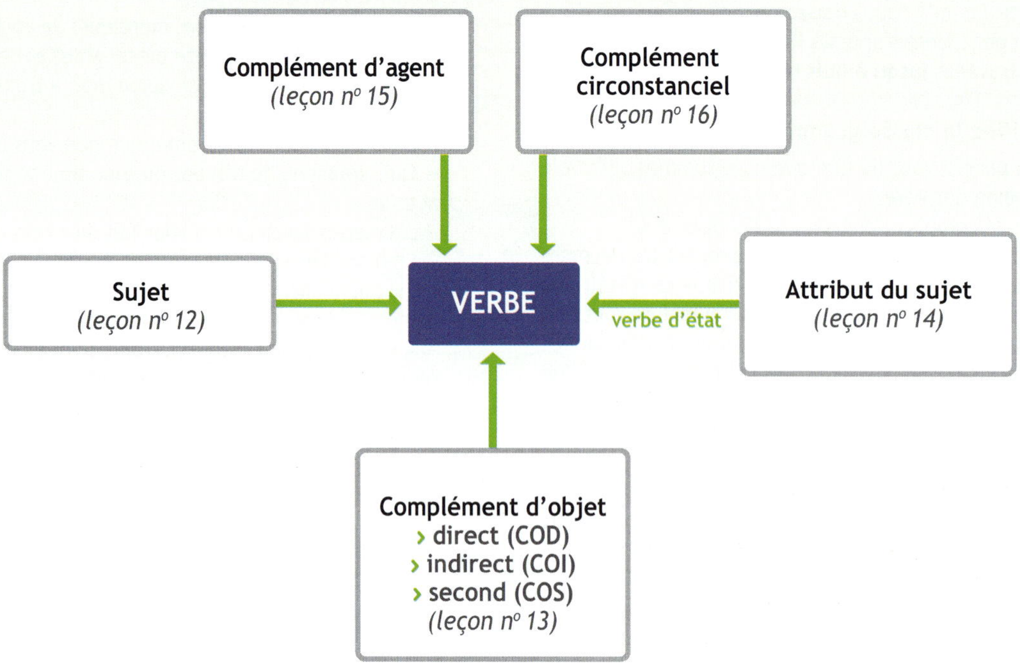

Exercices

1 **Fonctions liées au verbe : Analysez la fonction des groupes de mots en gras en précisant bien le verbe qu'ils complètent.**

1) Jean-Baptiste ne souhaitait nullement quitter **sa ferme natale**. 2) À la ferme, Jean-Baptiste était aidé **par ses enfants**. 3) **Ses enfants** aidaient beaucoup Jean-Baptiste. 4) **Tous les matins**, il devait traire les vaches. 5) Il était **courageux**. 6) Il pensait toujours **à ses bêtes**.

2 **Même consigne qu'en 1.**

1) Tu refuses mon aide **avec une violence étonnante** ! 2) Pourquoi voulez-**vous** que je vous aide ? 3) Ces trois vêtements ont été abîmés **par la nouvelle machine à laver**. 4) Habillée ainsi, cette vendeuse passerait pour **la nouvelle directrice du magasin**.

3 **Fonctions liées au nom : Analysez la fonction des mots ou groupes de mots en gras en précisant bien le nom qu'ils complètent.**

1) Il a toujours peur de tomber nez à nez avec les serpents **du champ voisin**. 2) Rien ne vaut un bon **petit** chocolat **chaud**. 3) Les dauphins sont souvent considérés comme très **intelligents**. 4) **Épuisée**, la jeune fille s'endormit au pied d'un arbre. 5) Les villageois, **qui avaient craint la destruction de leur lieu de vie**, furent soudain **soulagés**.

4 **a) Dans les phrases suivantes, indiquez si les mots ou groupes de mots en gras complètent un nom ou un verbe. b) Précisez leur fonction exacte.**

1) La rue des Capucines, **ce lieu inquiétant**, n'était jamais éclairée la nuit. 2) Je rêve souvent **de m'envoler** vers les étoiles. 3) La vie n'est pas **un long fleuve tranquille**. 4) **Tous les après-midi**, mes voisins allument leur téléviseur à quatorze heures pile. 5) Ce livre est celui **de Jean**.

5 **Écriture : Rédigez une scène d'action sur un sujet de votre choix. Pour que votre texte soit vivant, vous enrichirez les verbes de compléments d'objets, de compléments circonstanciels, de compléments d'agent.**

6 **Écriture : Rédigez une lettre dans laquelle vous relaterez un événement digne d'intérêt. Pour que votre description soit précise, vous enrichirez les noms ou groupes nominaux avec des épithètes, des attributs, des compléments du nom.**

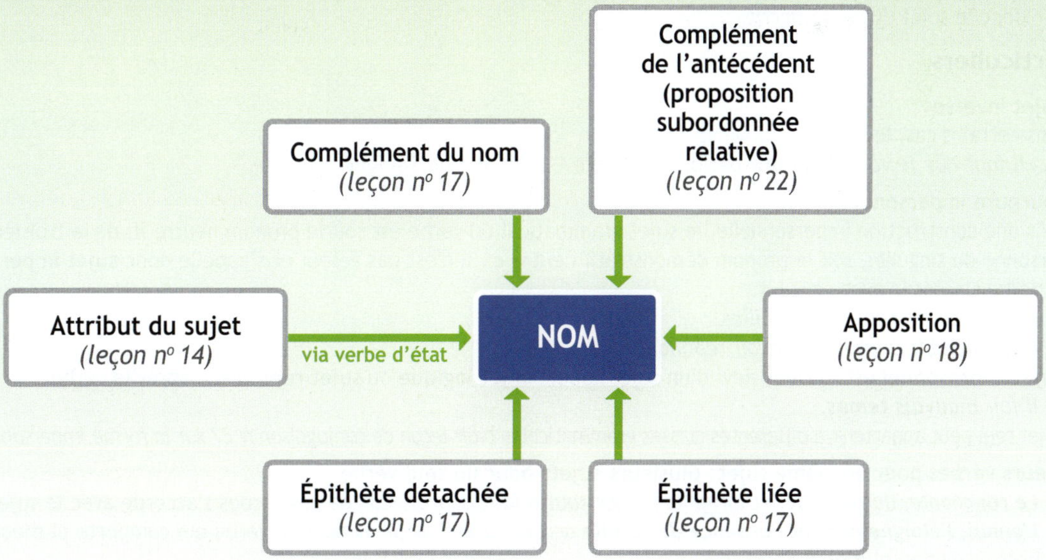

- **Remarque :** l'attribut du sujet dépend à la fois du nom et du verbe : il est lié à la fonction sujet, mais il est relié à ce dernier par un verbe d'état, auquel il est indispensable (on ne peut pas supprimer l'attribut après le verbe). On pourra donc l'analyser ainsi, à partir de l'exemple suivant :
  › *Pierre est heureux* › *heureux*, attribut du sujet *Pierre*, auquel il est relié par le verbe d'état *être*.

12 LE SUJET

Observons

Mme de Sévigné est triste : **sa fille** lui manque terriblement. **Elle** lui écrit donc tous les jours.

1) Quel rôle les mots ou groupe de mots en vert jouent-ils ?
2) À quel mot sont-ils directement liés ?
3) Si on les supprime, la phrase a-t-elle encore du sens ?

Retenons

La fonction sujet

- Dans une phrase, le sujet :
  - fait l'action exprimée par le verbe d'action
    › ***L'épistolière** observe la cour.*
    › ***Les événements mondains** passionnent Mme de Sévigné.*
  - est dans l'état exprimé par le verbe lorsque le verbe est un verbe d'état.
    › ***La comtesse de Guiault** semble inconsolable.*
- Le nombre (singulier ou pluriel) et la personne du sujet (1re, 2e, 3e) déterminent la conjugaison du verbe.

Identifier le sujet

- Pour trouver le sujet, il faut poser la question : « Qui est-ce qui ? » ou « Qu'est-ce qui ? » **avant le verbe.**
- La difficulté est ensuite de délimiter ce sujet : est-ce un mot seul ou un groupe de mots ?
  › *La célèbre épistolière qui correspond avec sa fille décrit la cour dans ses moindres détails.*
  › ***Qui est-ce qui** décrit la cour dans ses moindres détails ?* › ***la célèbre épistolière qui correspond avec sa fille*** est donc le sujet du verbe *décrit*.

Cas particuliers

- **Le sujet inversé**
  - Dans certains cas, le sujet se trouve après le verbe : on parle alors de sujet inversé.
    › *« Il faut que je vous conte une petite historiette », écrit **Mme de Sévigné** à sa fille.*
- **La tournure impersonnelle**
  - Dans une construction impersonnelle, le sujet grammatical du verbe est soit le pronom neutre ***il***, de la troisième personne du singulier, soit le pronom démonstratif neutre ***c'***. Il n'est pas acteur et s'appelle donc **sujet impersonnel**. Le verbe s'accorde avec ce sujet.
    › ***Il** pleut doucement sur Versailles.*
    › ***C'**est aimable à vous de m'avoir répondu.*

  Le **sujet impersonnel** est souvent suivi d'un sujet appelé **sujet logique** ou **sujet réel**, placé après le verbe.
    › ***Il** fait **mauvais temps**.*

  Ce sujet réel peut appartenir à différentes classes grammaticales *(voir leçon de conjugaison n° 27 sur la forme impersonnelle).*
- **Plusieurs verbes pour un même sujet ; plusieurs sujets pour un seul verbe**
  › ***Le roi** chante, danse, joue, et dirige la France tout à la fois.* › Chacun de ces verbes s'accorde avec le sujet.
  › ***L'ennui, l'éloignement et l'absence de sa fille** accablent Mme de Sévigné.* › Le verbe qui comporte plusieurs sujets se met au pluriel.
- **Le sujet dans une proposition subordonnée relative**
  - Quand le sujet est le pronom relatif *qui*, le verbe s'accorde en genre, en nombre et en personne avec l'antécédent de ce pronom.
    › *Le roi et la reine, **qui** ont quitté Versailles, attisent la curiosité.*
    › *Toi **qui** vis à la cour, décris-moi ce **qui** s'y passe : moi **qui** suis en province, je n'en sais rien.*
- **Pour d'autres cas particuliers, *voir leçon d'orthographe n° 11.***

Exercices

1 Dans les phrases suivantes, soulignez les sujets en prenant soin de bien les délimiter.

1) Les parents de Kenza ont été invités au restaurant par des amis. 2) Depuis son adolescence, chanter était son seul but dans la vie. 3) Au loin, dans la montagne, brûlaient les arbres séculaires. 4) Ma sœur, mon frère et mes parents ont passé Noël ensemble, sans moi. 5) La prochaine fois, vous ferez attention ! 6) Qui croient-ils coupable de ce crime ? 7) Qui vole un œuf, vole un bœuf.

2 Quel est le sujet des verbes ? Identifiez-le puis conjuguez le verbe à l'imparfait.

1) À cette époque *(courir)* les bruits les plus fous sur le roi. 2) Certains *(prétendre)* qu'il était malade. 3) Parmi eux se *(trouver)* son frère. 4) Vous et moi *(savoir)* qu'il avait des amis. 5) Les courtisans, qui *(chercher)* à lui plaire, lui *(donner)* toujours raison. 6) Il *(suffir)* de quelques jours à la cour pour comprendre son fonctionnement.

3 Reprenez les verbes de l'exercice 2, en les conjuguant cette fois au passé simple.

4 Recopiez le texte suivant, encadrez les verbes conjugués puis soulignez leur(s) sujet(s). Attention, certains sujets sont longs !

1) Monsieur le Vicomte,

J'ai trouvé chez moi, parmi de vieux papiers négligés, un petit manuscrit dont la lecture m'a vivement intéressée. C'est, à ce qu'il m'a paru, la copie d'une correspondance qu'on avait voulu soustraire aux profanations révolutionnaires, mais qu'on n'avait pu se résoudre à sacrifier tout à fait.

L'élégance et la pureté du style de ces lettres, les nobles sentiments dont elles sont remplies, et le tableau consolant et mélancolique qu'offre leur ensemble dans un espace de trente-trois années, me donnèrent le désir de les faire imprimer. [...]

2) Une seconde lecture de mon petit manuscrit me fit naître un doute qui changea mon projet.

Plusieurs passages de ces lettres dans lesquels se trouve votre nom me firent imaginer que la dame qui les avait écrites pouvait être votre parente.

Cette pensée me rendit le manuscrit bien plus précieux, et, quoiqu'il n'y eût point d'apparence que j'eusse jamais l'honneur de vous voir, je résolus de n'en disposer qu'après m'être assurée qu'il n'avait point d'intérêt pour vous.

Lettre de la marquise de V... à Chateaubriand, 15 mars 1816

5 Dans les phrases suivantes, remplacez chacun des noms noyaux des groupes sujets par un verbe à l'infinitif de sens équivalent.

Exemple : ***La marche en montagne lui plaisait beaucoup › Marcher en montagne lui plaisait beaucoup.***

1) La construction d'un gymnase devient une véritable priorité. 2) Le travail en groupe stimule l'inventivité. 3) La conduite en état d'ivresse est un acte irresponsable ! 4) La dépendance aux médicaments est un véritable problème médical. 5) La foi les a beaucoup aidés dans cette épreuve.

6 Fusionnez les deux phrases, en évitant les répétitions, à l'aide d'une proposition subordonnée relative introduite par *qui*.

Exemple : ***Je vous ai envoyé une lettre. Cette lettre ne semble pas être arrivée. › Je vous ai envoyé une lettre qui ne semble pas être arrivée.***

1) Ma chère, les secrets me hantent. Ces secrets sont trop lourds à porter. 2) Il faut que je vous parle d'une rencontre. Cette rencontre a bouleversé ma perception du roi. 3) Des proches du frère du roi m'ont présentée à cette personne. Ils m'ont demandé de garder le secret. 4) J'espère que vous saurez m'aider : vous êtes toujours de bon conseil.

7 Écriture : Construisez des phrases dans lesquelles chaque élément suivant sera sujet.

1) Mes amis et moi
2) Eux et toi
3) Chaque cours de français
4) Qui
5) Partir

8 Construisez des phrases sur le modèle des phrases suivantes :

a) Le sujet est commun à plusieurs **verbes** :

Ménalque **descend** son escalier, ouvre sa porte pour sortir, **s'aperçoit** qu'il est en bonnet de nuit et la **referme** (d'après Jean de La Bruyère, « Ménalque », ***Les Caractères***).

b) Plusieurs sujets sont communs à un seul **verbe** :

La Génisse, la Chèvre et leur sœur la Brebis, avec un fier Lion [...] **firent** société, dit-on, au temps jadis (Jean de La Fontaine, « La Génisse, la Chèvre et la Brebis en société avec le Lion », ***Fables***).

c) le sujet est inversé :

Le long d'un clair ruisseau **buvait** une colombe (Jean de La Fontaine, « La Colombe et la fourmi », ***Fables***).

d) la tournure est impersonnelle :

Il **faut** que je vous conte une petite historiette qui est très vraie et qui vous divertira (Mme de Sévigné, « Lettre à Pomponne », 1er décembre 1664).

13 LE COMPLÉMENT D'OBJET

Observons

« Le feu qui flambait jetait **des reflets rougeâtres** dans l'appartement, de sorte qu'on distinguait **les personnages de la tapisserie** et **les figures des portraits enfumés pendus à la muraille.** (...) Une terreur insurmontable s'empara **de moi.** »

Théophile Gautier, ***La Cafetière***

1) Que complètent les groupes de mots en gras ?
2) Peut-on les supprimer ? À quelle(s) question(s) répondent-ils ?

Retenons

Le verbe (rappel)

Seuls certains verbes se construisent avec un complément d'objet. D'après le schéma, pouvez-vous dire lesquels ?

VERBES

- **Verbes d'action**
  - Verbes intransitifs (sans CO) — *Je **dormais**.*
  - Verbes transitifs (avec CO)
    - Verbes transitifs directs — *Le maestro **leva** **sa baguette**.*
    - Verbes à double transitivité — *Elle **me** **tendit** **sa main**.*
    - Verbes transitifs indirects — *Une terreur insurmontable **s'empara** **de moi**.*
- **Verbes d'état** *(voir liste p. 210)*

Remarque : Un verbe intransitif peut être suivi d'un complément autre que le complément d'objet :
› *Je **dormais** **profondément**.*

Les Compléments d'Objet

- Avec un **verbe d'action transitif**, le sujet peut exercer son action sur une personne, un animal ou une chose, que l'on appelle **Complément d'Objet** parce qu'il désigne l'objet sur lequel s'exerce l'action exprimée par le verbe.
- Le verbe transitif **direct** est complété par un **Complément d'Objet Direct (COD)**. Le COD est directement relié au verbe, sans préposition. › *Le narrateur observe **un tableau**.*
  - Lorsque ce COD est un pronom, il est souvent placé avant le verbe. Il s'agit le plus souvent de *le / la / les* ou *que*.
    › *Le narrateur observe **un tableau**.* › *Le narrateur **l'**observe.* › *Le tableau **que** le narrateur observe.*
  - Pour trouver le COD, on prend d'abord le sujet et le verbe et on pose la question **qui / quoi ?** après le verbe.
    › *Le narrateur observe **quoi** ? un tableau* › *un tableau* est COD du verbe *observer*.
- Le verbe transitif **indirect** est complété par un **Complément d'Objet Indirect (COI)**. Le COI est indirectement relié au verbe : il est introduit par une préposition. › *Le narrateur parle **à la jeune fille**.*
  Pour trouver le COI, on prend d'abord le sujet et le verbe et on pose la question **de qui / de quoi ?**, **à qui / à quoi ?** après le verbe.
  › *Le narrateur parle **à qui** ? à la jeune fille* › *à la jeune fille* est COI du verbe *parler*.
- Lorsqu'un verbe est complété par deux compléments d'objet, le second s'appelle un **Complément d'Objet Second (COS)** car il est le second complément d'objet du verbe. On parle alors de ***verbe à double transitivité***.
  › *La voix avertit **la jeune fille** **du risque qu'elle courait**.*
  - Lorsqu'un pronom remplace un COI (ou un COS), la préposition peut disparaître. Pour éviter les erreurs, il faut reformuler la phrase.
    › *Elle **me** tendit sa main.* › *Elle tendit sa main **à moi**.* › *me* = COS

ATTENTION à ne pas confondre COD et attribut du sujet.
Pour éviter de les confondre, il faut regarder si le verbe est un verbe d'action transitif ou un verbe d'état.
- Si c'est un verbe d'action transitif, il introduit un COD. Ce COD ne désigne pas la même réalité que le sujet :
  › *Je remarquai* ***une jeune femme****.* › *Je* et *une jeune femme* sont deux personnes distinctes.
- Si le verbe est un verbe d'état, on peut le remplacer par *être* et il est suivi d'un attribut du sujet, soit un nom soit un adjectif qualificatif, qui désigne la même personne que le sujet.
  › *Cette jeune femme* ***paraissait distraite****.* › *Cette jeune femme* ***était distraite****.* › *distraite* est attribut du sujet *Cette jeune femme*, car *paraître* est un verbe d'état. *Distraite* fait référence au sujet et nous renseigne sur lui.

Exercices

1 Recopiez les verbes et écrivez entre parenthèses si ce sont des verbes d'action ou des verbes d'état.

1) Léa se sentait triste : sa meilleure amie ne passerait pas l'été avec elle.
2) Théo aime beaucoup le football : il ne semble heureux que lorsqu'il y joue !
3) Cette voiture a l'air superbe ! On dirait qu'elle sort du garage...
4) Le professeur paraissait particulièrement fatigué, ce jour-là.
5) Le professeur apparut au coin de la rue, derrière le groupe d'enfants.

2 Relevez les verbes et classez-les en deux catégories : transitifs et intransitifs.

1) Les flammes brûlaient tout sur leur passage.
2) Les feuilles tremblaient sous la puissance du vent.
3) La famillle chercha à se mettre à l'abri.
4) Chacun parlait à son voisin pour se rassurer.
5) Instinctivement, la main des parents caressait la tête des enfants.
6) Heureusement, la pluie tomba peu de temps après.

3 Relevez les pronoms compléments d'objet et précisez à chaque fois s'ils sont COD, COI ou COS.

1) La porte était fermée : une chaise la bloquait.
2) Voilà ton père, prends ce paquet et donne-le-lui.
3) Arthur avait trahi sa parole : son ami ne le lui a jamais pardonné.
4) Le médecin l'avait déjà soignée, mais Juliette restait malade.
5) Je suis d'accord : il doit absolument lui en parler.

4 Relevez les compléments d'objet en précisant à chaque fois s'ils sont directs, indirects ou seconds.

1) Une jeune femme proposa une tasse de café au voyageur épuisé.
2) Le garçon observa le serveur : il comptait sur lui.
3) La danse commença sans que le voyageur ne parlât à la charmante demoiselle.
4) Finalement, il lui tendit sa main et l'emporta dans une valse effrénée.
5) Théodore se souvint de cette nuit avec une vive émotion.

5 Complétez les phrases suivantes avec un COD ou un COI, selon les cas, en précisant entre parenthèses lequel des deux est utilisé.

1) Cela faisait bien longtemps que j'attendais ...
2) Sans oser l'aborder, j'observais ...
3) Chaque fois, je voulais ... parler.
4) Un jour, je me décidai ...
5) Mais c'était trop tard : elle avait rencontré ...

6 Les verbes de ces phrases sont employés avec un COD. Remplacez-les par un autre verbe, qui commandera un COI, en choisissant parmi les réponses proposées ci-dessous. N'oubliez pas la préposition !

› ***tient compte... ; renoncer... ; se séparait... ; téléphonait...***

1) Léa appelait sa meilleure amie tous les soirs.
2) En rendant son avis, le conseil de classe considère la situation particulière de cet élève.
3) En raison de la tempête, le groupe avait dû annuler sa tournée.
4) Elle a quitté son amie à regret.

7 Écriture : Les verbes suivants n'ont pas le même sens selon qu'ils sont transitifs ou intransitifs : écrivez deux phrases avec chacun d'eux, une où ils sont transitifs, l'autre où ils sont intransitifs.

fuir – brûler – avancer

8 Écriture : Les verbes suivants sont transitifs, mais leur sens change selon qu'ils sont en construction directe ou indirecte. Construisez deux phrases avec chacun d'eux, l'une avec un COD, l'autre avec un COI.

servir – tenir – manquer

14 VERBES D'ÉTAT ET ATTRIBUTS

Observons

Angéla **sembla** d'un seul coup **saisie par la fatigue.** Elle **paraissait** **à bout de force.**

1) Quels mots les les groupes de mots en vert complètent-ils ?
2) Par quels verbes pourriez-vous remplacer les verbes en gras ?

Retenons

L'attribut du sujet

- L'attribut du sujet exprime une caractéristique que l'on attribue au sujet, il indique son état.
- Seuls les verbes d'état (*être, paraître, sembler, devenir, demeurer, rester...*) sont suivis d'un attribut du sujet.

Sujet ← **Verbe d'état** → Attribut du sujet
Théodore ***demeurait*** *pensif*

- **ATTENTION :** On peut facilement confondre l'attribut du sujet avec certains compléments, car il occupe la même place qu'eux et qu'il est essentiel à la phrase.
  - Pour le reconnaître, il faut bien identifier le **verbe d'état**, qui le relie étroitement au sujet. En cas de doute, on peut remplacer le verbe d'état par ***être***.
  - L'attribut du sujet et le sujet désignent la même personne.
    › *L'enfant semblait heureuse.* › *heureuse* désigne *l'enfant*.
  - Certains verbes peuvent être utilisés comme verbes d'état ou comme verbes d'action.
    › *Théodore* ***tombait*** *amoureux.* › *Théodore* ***était*** *amoureux* : *tombait* est ici un **verbe d'état**, et *amoureux* est **attribut du sujet** *Théodore*.
    › *Théodore* ***tomba*** *de son lit.* › ~~*Théodore fut de son lit*~~ : *tomba* est ici un **verbe d'action**, et *de son lit* un **complément circonstanciel de lieu** (*voir leçon n° 17*) ; *lit* et *Théodore* désignent deux réalités différentes.
- **Liste alphabétique des principaux verbes d'état**
  apparaître, avoir l'air, demeurer (lorsqu'il exprime une continuité), *devenir, être* (auquel on peut ajouter : *être appelé, être choisi pour, être considéré comme...*), *paraître, passer pour, rester* (lorsqu'il exprime une continuité), *s'appeler, s'avérer, se faire, sembler, se montrer, se trouver, tomber* (malade, amoureux...)
- L'attribut du sujet est un adjectif qualificatif ou un nom (ou un GN). Lorsqu'il est adjectif qualificatif, il faut penser à l'accorder en genre et en nombre avec le sujet.

L'attribut du COD

- L'attribut du COD exprime une caractéristique du COD. Il est relié au COD par un verbe transitif direct dont dépend le COD.

Sujet ← **Verbe** → COD ← → Attribut du COD
Angéla ***rendait*** *Théodore* *fébrile*

Ce verbe a également une valeur d'état qui se voit lorsqu'on opère une transformation de la phrase en mettant le COD en position de sujet. › *Théodore était fébrile à cause d'Angéla.*

Exercices

1 Relevez les verbes conjugués des phrases suivantes puis notez entre parenthèses, pour chacun d'eux, s'il s'agit d'un verbe d'action ou d'un verbe d'état.

1) Il reste à Paris pour trois mois.
2) Il reste inquiet malgré la nouvelle.
3) Épuisée, elle tomba malade la semaine de Noël.
4) Épuisée, elle tomba de sa chaise en plein repas.
5) La nouvelle parut sur Internet quelques minutes plus tard.
6) La nouvelle parut surprenante : il fallait la vérifier.

2 Classez les éléments en gras selon qu'ils sont attributs du sujet ou COD.

1) Le projet devient **démesuré** depuis que la société a racheté **l'autoroute**.
2) Son grand-père est resté **un bon jardinier**.
3) Le bruit en ville pose **de nombreux problèmes**, mais le bruit demeure **un problème** lui-même.
4) Au football, le défenseur bloque **l'attaquant** ; s'il a la balle, le défenseur devient **attaquant**.

3 Relevez les attributs du sujet dans les phrases suivantes.

1) Le sport demeure sa seule véritable passion.
2) Il fut désigné chef de groupe une semaine à peine après son arrivée au centre.
3) Le directeur paraissait préoccupé : un problème de sabotage allait nuire à l'entreprise.
4) Malgré l'implication de ses camarades, il était tenu pour unique responsable des problèmes survenus.
5) Les résultats de l'opération s'avéraient exacts, chacun le reconnut.

4 Relevez les attributs du sujet dans les phrases suivantes.

1) À la nuit tombée, le jeune homme subitement devint pâle, il demeurait immobile sur son lit.
2) Il repensait à cette rencontre.
3) Était-elle réelle ?
4) Cette jeune femme avait l'air si vraie, et pourtant... le doute restait intact.
5) Et s'il avait simplement rêvé ?

5 Dans les phrases suivantes, relevez les COD et les attributs du COD.

1) À chaque minute, le regard de la jeune fille rendait le voyageur un peu plus heureux.
2) Ses amis, incrédules, jugeaient l'attitude de Théodore particulièrement étrange.
3) La nuit, le jeune homme imaginait sa conquête accrochée à son bras.

6 Dans les phrases suivantes, relevez les attributs du sujet et du COD.

1) Depuis mon enfance, je me voyais prêtre ; j'aurais refusé d'être roi ou poète. Ma vie fut un long noviciat, enfin mes supérieurs me jugèrent digne de prononcer mes vœux. Le jour venu, je me croyais un ange, et l'évêque me paraissait Dieu le Père penché sur l'éternité. J'aperçus soudain une jeune femme d'une grande beauté : je la voyais étincelante.

2) Elle était grande, son front s'étendait large et serein sur ses cils dont les arcs noirs faisaient paraître ses yeux plus verts. La flamme qui s'en échappait était-elle céleste ou infernale ? Pâle, chancelant, je tombai évanoui. Cette femme, c'était Clarimonde !

D'après Théophile Gautier, ***La Morte amoureuse***

7 a) Recopiez les phrases suivantes et entourez les verbes conjugués. b) Soulignez en vert les attributs du sujet, en bleu les CO, en rouge les CC. c) Précisez alors s'il s'agit de verbes d'action ou de verbes d'état.

1) Eva a avalé goulûment son potage.
2) Cet homme avait l'air très étrange.
3) Elle mourut pauvre, seule dans son lit.
4) Les ombres dansaient sur les murs.
5) Ces jeunes enfants avaient vécu heureux.
6) Sa grand-mère est morte en 1943 à Varsovie.

8 Écriture : Rédigez quatre phrases en associant un attribut du sujet et un sujet choisi dans les listes suivantes. Pensez à accorder les attributs avec leur sujet.

› **Sujets :** *Ma sœur et moi – Le groupe de professeurs – Léa et Lola – Tes amis et toi*

› **Attributs du sujet (à accorder) :** *étonné – satisfait – inquiet – inséparable*

9 Écriture : Rédigez des phrases en vous aidant des verbes de la liste que vous emploierez comme verbes d'état suivis d'un attribut du sujet.

tomber – vivre – demeurer – juger – rester – se montrer – se faire – se trouver – apparaître – repartir

15 LE COMPLÉMENT D'AGENT

Observons

a) Théodore fixait Angéla : sa beauté **envoûtait** le jeune homme. Elle le **possédait**.
b) Théodore fixait Angéla : le jeune homme **était envoûté** par sa beauté. Il **était possédé**.

1) Observez les verbes en vert des phrases en 1 : qui fait l'action ?
2) La situation change-t-elle vraiment en 2 ?
Quelles remarques pouvez-vous formuler sur l'ordre des mots ?

Retenons

Définition

- **Le complément d'agent** est un groupe nominal (ou son équivalent : un nom propre, un pronom) qui se trouve uniquement dans les phrases dont le verbe est à la voix passive *(voir leçon de conjugaison n° 26)*.

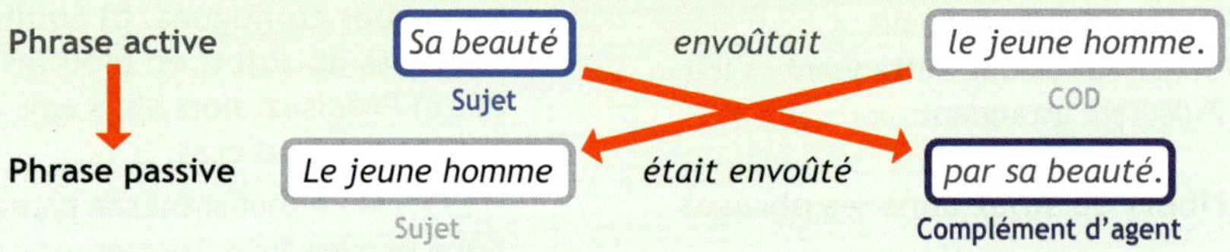

- Il indique l'**agent** (celui qui « agit ») de l'action exprimée par le verbe, tandis que le sujet subit l'action exprimée par le verbe.
  › *Le jeune homme était envoûté par **sa beauté**.* › ***La beauté*** est l'agent de l'action : c'est elle qui envoûte *Théodore*, sujet grammatical du verbe.
- Le plus souvent, le complément d'agent est introduit par la préposition *par*, mais on le trouve dans certains cas introduit par la préposition *de*.
  › *L'histoire d'Angéla était connue **de tous**.* › ***Tous** connaissaient l'histoire d'Angéla.*

Le complément d'agent non exprimé

- Parfois, l'agent de l'action n'est pas exprimé (agent inconnu, évident, qu'on ne veut pas révéler...). On utilise alors la phrase passive **sans complément d'agent**, qui correspond à la phrase active avec le pronom personnel sujet ***on***.
  › *Le lendemain matin, le foulard fut dérobé.* › Passif
  › *Le lendemain matin, **on** déroba le foulard.* › Actif
- Lorsque le sujet de la voix active est un pronom, le complément d'agent n'est pas exprimé à la voix passive.
  › ***Elle** le possédait.* › *Il était possédé.*
- **ATTENTION :** Il ne faut pas confondre le **complément d'agent** avec d'autres fonctions introduites elles aussi par une préposition *(voir leçon n° 19)*.
  - *Théodore était ébloui **par sa beauté**.* › Le verbe est à la voix passive et *sa beauté* est bien l'agent de l'action d'*éblouir*. Si l'on met la phrase à la voix active, ce complément d'agent devient sujet.
    › ***Sa beauté** éblouissait Théodore.*
  - *Théodore était ébloui **par moments**.* › Le verbe est à la voix passive sans complément d'agent exprimé ; *par moments* ne peut être un complément d'agent. Dans cette phrase, *par moments* répond à la question ***quand ?***, c'est donc un **CC de Temps**. Par ailleurs, la transformation de la voix passive en voix active ne fonctionne pas.

Exercices

1 Relevez les compléments d'agent (Attention : il y a un piège) et entourez pour chacun d'eux la préposition qui l'introduit.

1) Le car fut bloqué par la neige pendant plusieurs heures.
2) Ce professeur est en principe apprécié de ses élèves.
3) Le troupeau de moutons des alpages a été décimé par le froid cet hiver.
4) Arthur avait gagné ce lot par hasard.
5) Ces rumeurs de séparation furent répandues par la presse à scandale.
6) Le jardin du grand-père de Ninon était envahi de mauvaises herbes.

2 Recopiez les éléments en gras et dites si ce sont des compléments d'agent ou d'autres compléments.

1) Le parc d'attractions fut construit **par la suite**.
2) Le projet a été réalisé **par un groupe d'ingénieurs inventifs**.
3) Juliette avait les joues rougies **par le froid**.
4) Elle avait retrouvé ses amies au centre commercial **avec enthousiasme**.
5) C'est ce qui lui a été reproché **par l'ensemble de ses professeurs**.
6) Le car scolaire s'arrêta **par nécessité**.
7) Le petit garçon fut saisi **d'une soudaine inquiétude**.
8) **Par moments**, il est rongé **par l'envie de partir**.

3 Les phrases suivantes sont-elles à la voix active ou passive ? Précisez le complément d'agent des phrases qui sont à la voix passive, lorsqu'il est exprimé.

1) L'entrée est réservée aux artistes.
2) L'entrée du complexe est barrée par les forces de l'ordre.
3) La terre était asséchée par le soleil depuis longtemps.
4) La terre était asséchée au point de ne rien laisser pousser.
5) Le jeune homme était traqué sans relâche par la police.
6) Le jeune homme, traqué, cherchait un refuge où s'abriter.

4 Transformez ces phrases en les mettant à la voix passive et soulignez le complément d'agent.

1) Le froid de l'hiver glaçait le petit garçon.
2) La neige fraîche recouvrait sa casquette gelée.
3) Le sang n'irriguait plus le bout de ses doigts.
4) Le sombre destin accablait cet enfant des rues.
5) La faim le poussa finalement à voler un pain, posé sur un étal.

5 Transformez les phrases suivantes en les mettant à la voix active. Si le complément d'agent n'est pas exprimé dans la phrase passive, vous n'oublierez pas de mettre un sujet adéquat dans votre phrase active.

1) Le parc a été inondé par l'orage.
2) Les enfants seront punis pour leur bêtise.
3) Ma voiture a été volée devant ma maison.
4) Les arbres sont secoués dans tous les sens par le vent.
5) Cette actrice était appréciée de tous.

6 Recopiez les éléments en gras et dites si ce sont des compléments d'agent (CA), des compléments d'objet indirects (COI) ou des compléments d'objet seconds (COS).

1) Le petit garçon fut saisi **d'une soudaine inquiétude**.
2) Maëlle a pensé **à Jules** toute la soirée.
3) Camille espère que son cadeau de Noël sera livré **par la poste** en temps et en heure !
4) Maxime est très déçu **de ses résultats au brevet** : il n'a obtenu que 13/20 en maths !
5) Il a parlé à ses parents **de ses résultats** et ils l'ont rassuré.
6) En classe de neige, les enfants sont obligés **par la maîtresse** à écrire une lettre quotidienne **à leurs parents**.
7) Pour guérir, il est important de se conformer **aux prescriptions du médecin** !

7 Complétez les phrases suivantes avec un complément d'agent.

1) Héléna a été raccompagnée ...
2) Matteo est secoué ...
3) Le narrateur de la nouvelle est surpris ...
4) Il est réveillé ...
5) L'héroïne est inquiétée ... , affolée ...
6) Le mystère de cette incroyable aventure fut percé ...
7) Ce rêve inexplicable fut interprété ...
8) Les lecteurs de cette nouvelle fantastique sont impressionnés ...

8 Écriture : Rédigez, à la première personne, un texte d'une quinzaine de lignes relatant une histoire surprenante, difficile à expliquer par la raison. Vous êtes le narrateur et le personnage principal de cette histoire. Pour insister sur l'étrangeté des événements qui surviennent et sur le fait que vous ne les maîtrisez pas, vous emploierez des phrases à la voix passive, avec des compléments d'agent que vous soulignerez.

16 LES COMPLÉMENTS CIRCONSTANCIELS

Observons

« Elle vendit tout ce qu'elle avait, ce qui lui produisit deux cents francs ; **ses petites dettes payées,** elle n'eut plus que quatre-vingts francs environ. **À vingt-deux ans, par une belle matinée de printemps,** elle quittait Paris, **emportant son enfant sur son dos.** »

Victor Hugo, ***Les Misérables***, Livre quatrième

› Quelles informations nous donnent les groupes de mots en vert ? Peut-on les supprimer ? Les déplacer ?

Retenons

Définition

- Les compléments circonstanciels précisent les **circonstances** dans lesquelles s'est déroulée l'action (où ? quand ? comment ? dans quel but ?...). L'information qu'ils donnent complète l'ensemble de la phrase.

Repérer un complément circonstanciel

- Le complément circonstanciel n'est pas indispensable au sens de la phrase. On peut donc :
  - le **supprimer** : *~~À vingt-deux ans, par une belle matinée de printemps~~, elle quittait Paris, ~~emportant son enfant sur son dos~~.* › *Elle quittait Paris.*
  - le **déplacer** : ***Emportant son enfant sur son dos,*** *elle quittait Paris,* ***à vingt-deux ans, par une belle matinée de printemps.***
  - en **ajouter** : *À vingt-deux ans, par une belle matinée de printemps, elle quittait Paris* ***sans prévenir****, emportant son enfant sur son dos.*

  Si ces tests fonctionnent et si la phrase conserve un sens, alors le complément du verbe est un complément circonstanciel.
- Par ailleurs, le Complément Circonstanciel répond à différentes questions : ***Où ?*** (CC de lieu) ***Quand ?*** (CC de temps) ***Comment ?*** (CC de manière) ***Par quel moyen ?*** (CC de moyen) ***Dans quel but ?*** (CC de but) ***Pour quelle raison ?*** (CC de cause).

Les différentes nuances de compléments circonstanciels

- En plus des compléments circonstanciels de **temps**, de **lieu**, de **moyen** ou **de manière**, déjà étudiés en 6ᵉ ou en 5ᵉ, il existe des compléments circonstanciels plus délicats à repérer.
  - **Le complément circonstanciel de but** indique le résultat que l'on attend d'une action.
  Il répond à la question : Dans quel but ? En vue de quoi ?
    › *Jean Valjean lutte* ***pour la liberté****.*
  - **Le complément circonstanciel de cause** indique la cause (la raison ou le motif).
  Il répond à la question : Pour quelle raison ?
    › *Fantine quitta Paris,* ***à cause de sa grande pauvreté****.*
  - **Le complément circonstanciel de conséquence** indique le résultat obtenu à la suite d'un état ou d'une action.
  Il suit l'action exprimée par le verbe et peut prendre la forme d'une proposition *(voir leçon n° 28)*.
    › *Elle paya toutes ses dettes,* ***à la surprise générale****.*
    › *Elle paya toutes ses dettes,* ***si bien qu'elle n'eut plus que quatre-vingts francs environ****.*
- **Remarque** : Les compléments circonstanciels peuvent appartenir à des classes grammaticales très différentes : il peut s'agir d'un mot seul (un adverbe) ou d'un groupe de mots (un GN, un GN prépositionnel, un Groupe Infinitif prépositionnel), voire d'une proposition *(voir leçons nᵒˢ 27 à 29)*.

Les compléments essentiels de lieu, de temps...

- Certains compléments indiquant le temps ou le lieu ne sont pas à proprement parler circonstanciels. D'une part, ils n'indiquent pas une circonstance de l'action exprimée par le verbe. D'autre part, ils ne répondent pas aux trois tests décrits ci-dessus et ne complètent pas l'ensemble de la phrase.

- On parle alors de complément essentiel, qui est lié au verbe.
  › *Elle allait* ***vers l'inconnu****.* › ***vers l'inconnu*** ne peut être supprimé, c'est un complément essentiel de lieu.
- Un complément de temps ou de lieu n'est circonstanciel que s'il est facultatif à la phrase et indique une circonstance. Autrement, on parle plutôt de complément essentiel de lieu ou de temps.

Exercices

1 Dans les phrases suivantes, parmi les éléments en gras, soulignez en rouge les CC de temps, en vert les CC de lieu et en noir les CC de manière.

1) **Depuis la veille**, Manon espérait **avec impatience** que le téléphone sonne !
2) Le groupe d'élèves fit une halte **à la gare, en se faisant bruyamment remarquer**.
3) L'avion est, **depuis toujours**, le mode de transport le plus sûr !
4) **Évidemment**, le professeur remarqua **immédiatement** qu'Antoine avait un livre ouvert **sur ses genoux** !
5) **Depuis six ans**, elle pratique l'équitation **dans le même club** et **avec la même passion**.

2 Remplacez les éléments en gras par un adverbe de même sens.

1) Le professeur veut que ses élèves s'expriment **avec clarté**.
2) Les élèves, la plupart du temps, l'écoutent **avec beaucoup d'attention**.
3) Lorsqu'il fait froid **à l'extérieur**, il fait toujours meilleur dans la maison...
4) Hugo aime le cheval **avec passion** : il rêve de chevaucher un alezan **avec fougue** !
5) Le policier s'est adressé à nous **de façon cordiale**.
6) Ce dosage doit être réalisé **avec précision**.

3 Dans les phrases suivantes, parmi les éléments en gras, soulignez en rouge les CC de but, en vert les CC de cause, et en noir les CC de conséquence.

1) **Puisque son père les a quittés sa mère et lui**, il travaille le mieux possible à l'école **pour obtenir rapidement son diplôme**.
2) **En raison d'un grand nombre de connexions simultanées**, le serveur a coupé les communications **pour éviter une surchauffe**.
3) Les résultats au brevet blanc ont été très faibles, **au point qu'on fasse repasser certaines épreuves, afin d'améliorer la moyenne générale**.
4) **Le réseau GSM étant coupé**, aucun message ne parviendra sur l'île durant les vacances.
5) Il suffit qu'il arrive **pour que tout le monde se taise** !
6) **Pour rafraîchir les enfants** et **du fait de la canicule**, la maîtresse les a autorisés à s'asperger pendant la récréation.
7) **À cause de sa réunion de travail**, nous arriverons en retard **à la représentation**, **à tel point que je préfère ne pas y aller du tout** !
8) **Parce que je l'avais défié**, Kévin a fait sonner son téléphone en classe **pour se faire remarquer**, **si bien qu'il a été puni**.

4 Pour chacune des phrases, dites si le complément en gras est essentiel ou circonstanciel.

1) Hier, la classe est allée **à Paris**.
2) **À Paris**, il neige rarement.
3) **Dès qu'il rentre du collège**, il se connecte sur Internet !
4) Ils vivent **dans cette grande maison** depuis deux ans.
5) Nous avons rendez-vous **à 18 heures**.
6) La guerre a duré **quatre ans**.

5 Complétez chacune des phrases suivantes avec un complément circonstanciel dont la nuance est précisée entre parenthèses.

1) *(CC de cause)*, le chien l'a mordu.
2) Son train avait du retard, *(CC de conséquence)*.
3) *(CC de but)*, il a travaillé toute la nuit.
4) L'eau s'est engouffrée dans la grotte, *(CC de cause)*.
5) Il manque d'humilité, *(CC de conséquence)*.
6) L'équipe s'est entraînée en haute montagne *(CC de but)*.

6 Remplacez les groupes nominaux compléments circonstanciels en gras par une proposition subordonnée circonstancielle.

1) Lucas et Cécile envisagent d'emménager **dès l'achèvement du chantier**.
2) L'équipe doit rester soudée **pour la victoire du championnat**.
3) Il a été sanctionné par le CPE **du fait de ses absences**.
4) Il faut trier ses déchets **pour la préservation de l'environnement**.
5) **Lors de l'entraînement**, le cheval de Ninon s'est cabré.
6) **Avant le départ de Manon**, chacun souhaite se retrouver.

17 LES EXPANSIONS DU NOM : L'ÉPITHÈTE, LE COMPLÉMENT DU NOM, LE COMPLÉMENT DE L'ANTÉCÉDENT

Observons

« Cosette était laide. (...) Nous avons déjà présenté cette **petite** figure **sombre**. (...) Les coins **de sa bouche** avaient la courbe **de l'angoisse habituelle**, comme chez les condamnés à **mort**. »

Victor Hugo, ***Les Misérables***

› Observez les mots en vert : identifiez le mot qu'ils complètent. Pouvez-vous les éloigner de ce mot ?

Retenons

Le Groupe Nominal (rappel)

- Le GN est un groupe de mots dont le noyau est un nom. Ce dernier est enrichi par des éléments qui le précisent et qui sont placés autour de lui : ce sont les **expansions du nom**.
- Ces éléments appartenant au GN ne peuvent logiquement pas en sortir car ils ne font que l'étendre.
- Les expansions du nom sont donc des fonctions que l'on trouve exclusivement à l'intérieur du GN. Pour les identifier, il faut donc délimiter ce dernier.

Nous avons déjà présenté [*cette **petite** **figure** **sombre**.*]

- À l'intérieur de ce GN, les expansions sont supprimables.
  › *Nous avons déjà présenté cette figure.*

L'épithète

- **L'épithète liée** est un adjectif qualificatif qui qualifie le nom auquel il est collé ou dont il est séparé par un adverbe (puisqu'il appartient au GN). Elle est placée avant ou après ce nom, auquel elle est liée.

GN

Nous avons déjà présenté [*cette **petite** **figure** **sombre**.*]

- **L'épithète détachée** est un adjectif qualificatif séparé du nom auquel il se rapporte par une virgule, lorsqu'il se trouve en tête de phrase, ou en incise entre deux virgules dans les autres cas.
  › *Petite et sombre, cette figure nous était familière.*

Le Complément du Nom

- Le Complément du Nom est relié au nom par une **préposition**, le plus souvent *de* ou *à* *(voir leçon n° 10)* ; il complète le nom : il le précise en exprimant plusieurs nuances (appartenance, matière, origine...).
  › *Les coins **de sa bouche** avaient cette courbe **de l'angoisse habituelle**.* › *de sa bouche* est le complément du nom *coins*, et *de l'angoisse habituelle* est le complément du nom *courbe*.
- Le complément du nom peut appartenir à des classes grammaticales très variées (nom, GN, pronom, adverbe, verbe à l'infinitif) : une jupe *en cuir*, le chat *de la voisine*, la taille *de ceux-ci*, une machine *à laver*, une chanson *d'ailleurs*...

La proposition subordonnée relative et le complément de l'antécédent

- Lorsque le nom est complété par une proposition subordonnée relative *(voir leçon n° 23)*, cette dernière a pour fonction complément de l'antécédent. Ce nom est en effet l'antécédent du pronom relatif *(voir liste dans la leçon n° 1)*.

GN

Nous avons déjà présenté [*cette figure* [***qui était petite et sombre**.*]]

Complément de l'antécédent

Tableau récapitulatif des expansions du nom

Exemples d'expansions du nom du mot *maison*	Nature	Fonction
La maison rouge est à vendre.	Adjectif qualificatif	Épithète liée du nom *maison*
La maison des Thénardier est à vendre.	Groupe nominal introduit par la préposition *de*	Complément du nom *maison*
La maison en briques est à vendre.	Groupe nominal introduit par la préposition *en*	Complément du nom *maison*
La maison que tu vois là-bas est à vendre.	Proposition subordonnée relative	Complément de l'antécédent *maison*

Expansions du nom et niveaux d'analyse

Ces expansions peuvent **s'emboîter** les unes dans les autres, comme des poupées russes. Il existe donc différents niveaux d'analyse au sein du GN *(voir leçon n° 30)*.

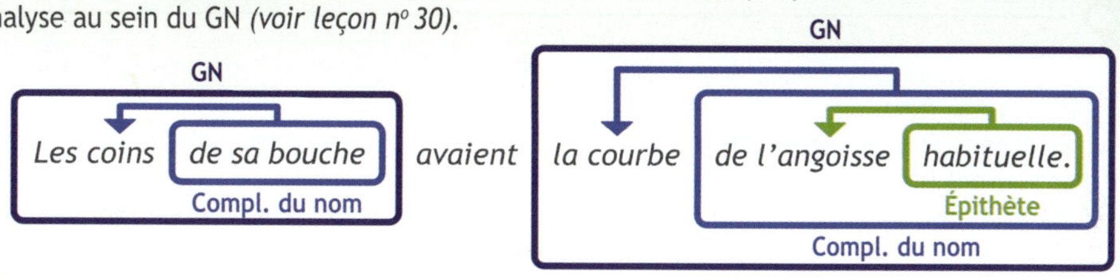

Exercices

1 Dans les phrases suivantes, recopiez les Groupes Nominaux et encadrez leur nom-noyau.

1) La violente chute du garçon a entraîné la panique.
2) L'équipe qui remportera le championnat sera respectée pendant longtemps.
3) Malgré la pluie, ils décidèrent d'organiser un grand pique-nique en forêt.
4) Le neveu de ma voisine cherche à devenir chanteur !
5) Lucas pense à la jeune Anglaise dont il est amoureux.

2 Remplacez les compléments du nom entre parenthèses par des adjectifs qualificatifs épithètes.

1) L'amour *(d'une mère)* est difficile à remplacer.
2) Elsa adore les sports *(de navigation maritime)* !
3) Ce couple aime parcourir les sentiers *(de forêt)*.
4) Cette erreur *(de justice)* a condamné un innocent.
5) Des désaccords *(sur les salaires)* aboutirent à une grève.
6) Les maladies *(de l'enfant)* sont bénignes.
7) Léa apprécie le monde *(du cheval)* en général.

3 Complétez les groupes nominaux des phrases suivantes par un complément du nom.

1) La famille est partie visiter un château ...
2) Tu as raison : c'est une idée ... !
3) Les devoirs ... intéressent souvent les élèves.
4) Un accord ... a été signé pour mettre fin à la guerre.
5) L'enquête ... a permis d'interpeller un suspect.
6) Le professeur ... oblige ses élèves à écrire au stylo plume.

4 Après avoir recopié les phrases suivantes, soulignez les propositions subordonnées relatives complément de l'antécédent et encadrez le pronom relatif introducteur.

1) Le livre qu'Anne a prêté à Simon l'intéresse.
2) Le voyage dont je t'ai parlé cet hiver a été annulé !
3) Un animal qui tire une lourde charge s'appelle un animal de trait. 4) Le jeune garçon pensait déjà à l'endroit où il irait en vacances l'été prochain. 5) La réponse qu'elle lui a soufflée est fausse.

5 Remplacez les compléments du nom en gras par des propositions subordonnées relatives.

1) Les locataires **de l'appartement voisin** sont bruyants.
2) Cette bâtisse **du XIVe siècle** appartient à un riche américain.
3) La sole est un poisson **des mers froides**, la truite un poisson **de rivière**.
4) Utilise l'échelle **en bois** : elle est plus stable.
5) Cet été, nous louons un appartement **avec vue sur mer**.

6 Écriture : Reprenez le texte suivant en ajoutant aux noms en gras les expansions demandées. L'abréviation PSR désigne une proposition subordonnée relative.

1) Gavroche avançait dans les **rues** *(complément du nom)*, sous les **balles** *(épithète)*. 2) Ce *(épithète)* **garçon** *(complément du nom)*, cherchait des **armes** *(complément du nom)* sur les **cadavres** *(PSR complément de l'antécédent)*. 3) La **chaleur** *(épithète)* lui faisait battre les tempes, mais cet **enfant** *(PSR complément de l'antécédent)* parvenait tout de même à conserver son sang-froid. 4) À aucun moment, le **risque** *(complément du nom)* ne l'inquiéta : il n'avait rien à perdre, de toute façon.

18 L'APPOSITION

Observons

Jeune femme usée par les épreuves, Fantine ne pouvait s'occuper de Cosette. Sa fille ne l'intéressait plus, **enfant condamnée avant l'heure**.

1) Observez les éléments en vert : identifiez le mot qu'ils complètent.
2) Appartiennent-ils au même groupe nominal que celui-ci ?

Retenons

Définition

L'**apposition** se rattache à un nom auquel elle apporte un complément d'information ; elle le caractérise.
Sa position, le plus souvent isolée du nom qu'elle caractérise, la met en valeur.

› ***Jeune femme usée par les épeuves****, Fantine ne pouvait s'occuper de Cosette.* › ***Jeune femme usée par les épreuves*** est le premier élément de la phrase : le narrateur insiste dessus.

Place et rôle dans la phrase

- L'apposition développe une qualité du GN, comme une équivalence : elle est facultative, on peut donc la supprimer sans que la phrase ne perde son sens.

Sa fille (GN) *ne l'intéressait plus, enfant condamnée avant l'heure.* (Apposition)

- L'apposition, qui ne fait pas corps avec le nom (*apposé* signifie *posé à côté*), est le plus souvent **mobile** dans la phrase.
- L'apposition est **isolée du nom** qu'elle caractérise de plusieurs manières :
  - par une virgule › *Sa **fille** ne l'intéressait plus, **enfant condamnée avant l'heure**.*
  - par deux points, notamment dans une énumération › *La Thénardier exigeait de nombreuses **tâches** de Cosette : **balayer, nettoyer, frotter, astiquer**.*
  - par un *de* explétif (qui n'a qu'une valeur de lien) › *La **ville** de **Chartres**, le **mois** de **juillet**.*
  - Il peut aussi n'y avoir aucune ponctuation › ***Fantine** s'occupait **elle-même** de sa fille.*
  - Remarque : certaines appositions, accolées au nom qu'elles complètent, ne sont pas mobiles.
    › *Le **romancier Victor Hugo**, le **Roi Louis** XIV.*

Les classe grammaticales de l'apposition

- L'apposition peut être :
  - un **nom** ou un **groupe nominal** › *Sa fille, **pauvre enfant malade**, ne suscitait que la pitié.*
  - un **pronom** › *Fantine devait s'occuper **elle-même** de sa fille.*
  Lorsque l'apposition est un pronom et est placée après le verbe, il faut faire attention à ne pas la confondre avec l'attribut du sujet : le pronom en fonction d'apposition ne peut suivre qu'un verbe d'action, jamais un verbe d'état.
  - un verbe à l'**infinitif** › *Elle cherchait à satisfaire le premier des besoins, **manger**.*
- **Remarque :** Dans le cas d'un adjectif qualificatif hors du GN, on parlera plutôt d'épithète détachée *(voir leçon n° 17)*.
  › ***Épuisée****, la jeune femme ne pouvait s'occuper de Cosette.*
- **ATTENTION :** Ne pas confondre apposition et complément du nom :
  › ***La ville** de **Chartres*** : *Chartres* est une apposition au nom *ville*.
  › ***La cathédrale** de Chartres* : *Chartres* et *cathédrale* désignent deux réalités différentes, la préposition *de* indique une relation d'appartenance. *Chartres* est complément du nom *cathédrale*.
  Ne pas confondre apposition et attribut, notamment lorsque l'apposition est un pronom situé après le verbe :
  › ***Fantine** s'occupait **elle-même** de sa fille.* › *Fantine* et *elle-même* désignent bien la même personne. L'apposition

elle-même peut être supprimée. Par ailleurs, *s'occuper* est un verbe d'action et non un verbe d'état : *de sa fille* est le COI de ce verbe.

› ***Fantine** était **une femme très maternelle**.* › *Fantine* et *une femme très maternelle* désignent bien la même personne, mais le verbe est un verbe d'état, et l'attribut du sujet *une femme très maternelle* ne peut être supprimé, il n'est pas non plus mobile dans la phrase.

Exercices

1 Relevez les appositions dans les phrases suivantes.

1) Cet homme, un promeneur du dimanche, sort souvent son chien par ici. 2) De plus en plus de jeunes pratiquent le judo, sport de combat et art martial à la fois. 3) Objets de haute technologie, les smartphones font de plus en plus d'adeptes. 4) Cette maison, une bâtisse entièrement rénovée, peut accueillir vingt personnes. 5) Musique venue des États-Unis, le blues s'écoute à tout âge. 6) En 1857, Baudelaire publie ***Les Fleurs du Mal***, son chef-d'œuvre.

2 Même consigne que pour l'exercice 1.

1) Gavroche, dans les rues, ne pensait qu'à un seul intérêt, le sien. 2) La rue était son royaume, véritable lieu de perdition. 3) La générosité, cette qualité humaine, n'avait pourtant pas quitté son cœur. 4) Gratuitement, il porta secours à des enfants qu'il recueillit dans un seul but : les aider.

3 Indiquez, dans les phrases suivantes, si les expansions du nom en gras sont des compléments du nom ou des appositions. Justifiez votre réponse en précisant le nom qu'elles complètent.

1) La maison **de mes voisins** a été abîmée par l'orage.
2) La ville **de Paris** est la capitale **de la France**.
3) Ce mur **en briques** a été construit par mon ancêtre.
4) Je passe souvent par le village **de Saint-Éloi** pour gagner mon lieu **de vacances**.

4 Indiquez, dans les phrases suivantes, si les expansions du nom en gras sont des attributs du sujet ou des appositions. Justifiez votre réponse.

1) Gavroche ne craignait pas l'affrontement, pourtant **seul enfant présent dans la rue**.
2) Les Thénardier étaient **deux personnes intéressées et sans cœur**.
3) Jean Valjean semblait **un homme droit et honnête**, pourtant son passé cachait un douloureux secret.
4) Les insurgés rêvaient de liberté, **hommes et femmes venus de tout Paris**.

5 Repérez si les noms en gras sont enrichis par une apposition. Si oui, vous préciserez de quel type d'apposition il s'agit (GN accolé, GN entre virgules, GN prépositionnel...). Si non, vous préciserez par quelle autre expansion du nom le GN est enrichi.

1) L'**empereur** Napoléon III fut aussi surnommé *Napoléon le Petit*. 2) De toutes parts, la **révolution** grondait, impressionnante vague d'indignation. 3) Le **peuple**, foule immaîtrisable, occupait les rues avec violence. 4) Bientôt, chaque **habitant** de Paris, épuisé ou blessé, regagna son lieu d'habitation. 5) La **ville** de Versailles n'était plus le théâtre d'affrontements, elle.

6 Ajoutez une apposition aux noms en gras dans le texte suivant.

Un jour, le ciel était pur comme si les **anges** l'eussent lavé le matin, les **mésanges** poussaient de petits cris dans les profondeurs des marronniers. **Marius** avait ouvert toute son âme à la nature, il ne pensait à rien, il vivait et il respirait. Il passa près de ce banc, la jeune **fille** leva les yeux sur lui, leurs deux **regards** se rencontrèrent.

D'après Victor Hugo, ***Les Misérables***

7 Dans le texte suivant, complétez les noms en gras par une apposition que vous placerez à l'endroit qui convient dans la phrase.

1) Et, le soir, lorsque **Denise** monta se coucher, elle s'appuyait aux cloisons de l'étroit corridor, sous le zinc de la toiture. Dans sa **chambre**, elle s'abandonna sur le lit, tellement les pieds lui faisaient du mal. Longtemps, elle regarda d'un air hébété la table de toilette, l'**armoire**. C'était donc là qu'elle allait vivre ; et sa première **journée** se creusait, abominable, sans fin. Jamais elle ne trouverait le courage de la recommencer.

2) Puis, elle s'aperçut qu'elle était vêtue de **soie** ; cet uniforme l'accablait, elle eut l'enfantillage, pour défaire sa **malle**, de vouloir remettre sa vieille robe de laine, restée au dossier d'une chaise. Mais quand elle fut rentrée dans ce pauvre **vêtement** à elle, une émotion l'étrangla, les **sanglots** qu'elle contenait depuis le matin crevèrent brusquement en un flot de larmes chaudes. Elle était retombée sur le lit, elle pleurait au souvenir de ses deux **enfants**, elle pleurait toujours sans avoir la force de se déchausser, ivre de fatigue et de tristesse.

D'après Emile Zola, ***Au Bonheur des Dames***

19 MÉMO-FICHE : DISTINCTION DES COMPLÉMENTS INTRODUITS PAR UNE PRÉPOSITION

Retenons

La préposition *(voir leçon n° 9)*

- Elle se trouve en tête du complément qu'elle introduit.
- **Rappel :** les principales prépositions sont : *à, dans, par, pour, en, vers, avec, de, sans, sous, sur* (Adam part pour Anvers avec deux cents sous sûrs).

Le complément

- **La fonction d'un complément dépend notamment du mot ou groupe de mots qu'il complète.**

Complément	Principales prépositions introductrices	Exemples	Élément complété
Complément d'Objet Indirect (COI)	à, de, pour	*Elle parle* *à/de/pour sa fille.*	**Complète le VERBE** *(est donc essentiel)*
Complément d'Agent	par, de	*Il est ébloui* *par sa beauté.*	**Complète le VERBE** *(est donc essentiel)*
⚠		*Il va* *à la plage.*	**Complète le VERBE** *(est donc essentiel)*
Complément Circonstanciel (CC)	dans, de, par, pour, vers, avec, sous…	*À la plage,* *on oublie ses problèmes.*	**Complète la PHRASE** *(est donc déplaçable)*
Complément du Nom (CdN)	de, à	*Il faut que je te présente* *l'ami* *de mon frère.*	**Complète le NOM** *(appartient donc au GN)*

- **ATTENTION :**
  - Une même fonction peut être introduite par plusieurs prépositions.
    › *Une jupe* ***en tissu****, le nez* ***de Cyrano****, un pot* ***à tabac*** › les compléments du nom en gras sont introduits par différentes prépositions (*en* pour la matière, *de* pour l'appartenance ou l'origine par exemple…).
  - Une même préposition peut introduire plusieurs fonctions.
    › *Il est ébloui* ***par sa beauté****.* › *par sa beauté* : complément d'agent du verbe *éblouir*.
    › *Il est triste* ***par moments****.* › *par moments* : CC de temps du verbe *être*.
    › *Il passe* ***par Paris****.* › *par Paris* : CC de lieu du verbe *passer*.

  La préposition n'est donc pas un indicateur suffisant pour déterminer une fonction.
- Pour déterminer la fonction d'un complément introduit par une préposition, il faut examiner différents cas et commencer par regarder si le mot complété est un verbe ou un nom.
  - **a) Le mot complété est un verbe, quatre solutions**
    › **le verbe est à la voix passive, une solution :**
      › Si le verbe est à la voix passive et s'il est introduit par *par* ou *de*, le complément qui le suit est un **complément d'agent**.

› **le verbe est à la voix active, trois solutions :**

› Si le verbe est à la voix active, et s'il est suivi d'un complément introduit par une préposition, répondant à la question *à qui / à quoi ?*, alors ce complément est un **COI** (ou un COS, s'il est précédé d'un premier COI ou d'un COD).

› Si le verbe actif est complété par un complément déplaçable, indiquant une circonstance qui concerne l'ensemble de la phrase, il s'agit d'un **complément circonstanciel.**

› si le verbe actif est complété par un complément non déplaçable, qui indique le lieu ou le temps (répondant aux questions *où ? quand ?)*, et qui ne concerne pas l'ensemble de la phrase, alors il s'agit d'un **complément essentiel** de lieu ou de temps.

b) le mot complété est un nom, une seule solution

› Une seule solution est possible : le **complément du nom.** Pour s'en assurer, il faut vérifier que ce complément du nom figure bien dans le groupe nominal.

Exercices

1 Relevez, dans les phrases suivantes, tous les compléments introduits par une préposition et indiquez s'ils complètent un nom ou un verbe.

1) Les oiseaux s'envolent dans le ciel avec vigueur.
2) La machine à coudre de ma grand-mère est une véritable antiquité.
3) Le gâteau d'anniversaire est attendu de tous les convives.
4) Cette armoire en chêne a été achetée en Bretagne.
5) Le détective à l'imperméable beige croit à l'innocence du suspect.

2 À l'aide du tableau synthétique, dans les phrases suivantes, classez les compléments en gras selon qu'ils sont :
› des compléments d'objet indirects (COI),
› des compléments d'objet seconds (COS),
› des compléments d'agent (CdA),
› des compléments circonstanciels (CC),
› des compléments du nom (CdN).

1) Inès, **vers le milieu de la journée**, pensa **à Raphaël.**
2) **Dans la vallée**, le bois **de chauffe** était coupé **par les bûcherons.**
3) Elle écrivait **de temps en temps** une lettre **à sa famille.**
4) Si l'on ne faisait rien, les fondations **de la maison** allaient être rongées **par les termites.**
5) **Pour le dessert**, Maëlle espère qu'il y aura des choux **à la crème** !
6) Il a décidé de partager son prix **avec le perdant** : il sera estimé **de tous** pour sa générosité.

3 Dans les phrases suivantes, donnez la fonction des compléments en gras introduits par une préposition (complément d'objet indirect, complément d'objet second, complément d'agent, complément circonstanciel ou complément du nom) en justifiant votre choix.

1) **Dans la vallée**, le clocher **de l'église** sonnait faiblement. 2) **Au bureau**, elle pensait souvent **aux vacances**, rarement au travail... 3) **En vacances**, elle ne pensait jamais **au travail** ! 4) Ne me remerciez pas : le travail a été accompli **par l'équipe entière.** 5) Les notes **d'Erwan** sont de plus en plus inquiétantes... 6) Les deux amies se sont brouillées **pour une broutille.** 7) Soyez gentils avec cet enfant à l'école : il est rejeté **de tous.** 8) Plus de la moitié **de la classe** a voté **pour Agathe** au premier tour : elle est élue **à la majorité absolue.**

4 Dans le texte suivant, relevez les compléments introduits par une préposition et classez-les (Aidez-vous des détails donnés dans l'exercice 3).

Dans les caresses de ta chevelure, je retrouve les langueurs des longues heures passées sur un divan, dans la chambre d'un beau navire, bercées* par le roulis imperceptible du port, entre les pots de fleurs et les gargoulettes rafraîchissantes.

Dans l'ardent foyer de ta chevelure, je respire l'odeur du tabac mêlé à l'opium et au sucre ; dans la nuit de ta chevelure, je vois resplendir l'infini de l'azur tropical ; sur les rivages duvetés de ta chevelure je m'enivre des odeurs combinées du goudron, du musc et de l'huile de coco.

*bercées : équivalent de « qui sont bercées ».

Charles Baudelaire, « Un hémisphère dans une chevelure », ***Petits poèmes en prose***

5 Écriture : Imaginez pour chacune des prépositions suivantes deux à trois phrases différentes comportant les compléments demandés entre parenthèses.

Exemple : « dans » (CC de Lieu) › ***J'ai plongé dans la piscine municipale.***

1) « en » (**a.** CdN ; **b.** CC de Lieu ; **c.** CC de Temps)
2) « par » (**a.** CdA ; **b.** CC de Lieu)
3) « de » (**a.** COI ; **b.** CdA ; **c.** CdN)
4) « à » (**a.** CC de Lieu ; **b.** COI ; **c.** CdN)

20 PHRASE SIMPLE ET PHRASE COMPLEXE

Observons

a) Je chante dans une chorale.
b) Paul apprend le solfège car il aime la musique.
c) Il pleut, je rentre.

1) Pour chaque phrase, relevez le nombre de verbes, le nombre de propositions.
2) Laquelle de ces trois phrases est une phrase simple ? Pourquoi ?
3) Relevez une conjonction de coordination.

Retenons

La proposition

- Une **proposition** est un **groupe de mots** placés autour d'un **verbe conjugué**, parfois autour d'un infinitif ou d'un participe *(voir leçon n° 29)*.
- Dans une phrase, il y a autant de propositions qu'il y a de verbes conjugués.
- Lorsqu'il n'y a qu'**un verbe conjugué** dans une phrase, on dit que c'est une **phrase simple**. Elle est constituée d'une seule proposition, appelée **proposition indépendante**.
  › *Victor Hugo **est** un grand poète.*
- Lorsqu'il y a **plusieurs verbes conjugués** dans une phrase, c'est une **phrase complexe**.

*Il **a** une nouvelle voiture*	*que j'**aime** beaucoup.*
Proposition 1	Proposition 2

Les manières d'ordonner les propositions dans la phrase complexe

- Dans une phrase complexe, plusieurs sortes de liens sont possibles entre les propositions : la **juxtaposition**, la **coordination** et la **subordination**.

La juxtaposition

Lorsque, dans une phrase, deux propositions de même nature sont **séparées par une virgule, un point virgule ou un double point**, on dit qu'elles sont juxtaposées (du latin *juxta*, à côté), c'est-à-dire placées l'une à côté de l'autre. Aucun lien entre elles n'est explicité.

› *Il neige, tout devient blanc, je vais chercher ma luge.* › phrase complexe constituée de trois propositions indépendantes juxtaposées.

› *Pierre est en retard : il n'a pas entendu son réveil.* › phrase complexe constituée de deux propositions indépendantes juxtaposées.

La coordination

Lorsque, dans une phrase complexe, deux propositions de même nature sont reliées par une **conjonction de coordination**, ou un **adverbe de liaison** (*puis, ensuite*...), on dit qu'elles sont coordonnées. La coordination peut indiquer une suite d'idées, l'opposition, l'alternative, etc. *(voir leçon n° 9)*.

› *Pierre est en retard mais Marie est en avance.* › phrase complexe constituée de deux propositions indépendantes coordonnées.

Rappel : Les principales conjonctions de subordination sont : *mais, ou, et, donc, or, ni, car. Mais, donc, or* et *car* ne coordonnent que des propositions.

Remarque : La conjonction de coordination est parfois précédée d'une virgule qui permet de marquer une pause.

La subordination

Lorsque deux propositions ne sont pas sur le même plan, elles sont reliées par un lien de **subordination** *(voir détails dans la leçon suivante)*.

Lorsque deux propositions subordonnées sont sur le même plan, elles peuvent elles aussi être coordonnées ou juxtaposées.

Exercices

1 Indiquez le nombre de propositions que comporte chacune des phrases suivantes.

1) Richard va à la piscine.
2) Martine aime beaucoup le ski mais elle n'y va pas cette année.
3) Victor Hugo est un poète français ; il a vécu au XIXe siècle.
4) Julien aime la musique classique ; ses parents se passionnent pour Vivaldi, lui préfère Mozart.
5) Elle rit tellement fort qu'elle en devient toute rouge.

2 Pour chaque phrase, indiquez s'il s'agit d'une phrase simple ou d'une phrase complexe.

1) Éric va à la plage tous les jours pendant les vacances.
2) Bien qu'il ait des problèmes de dos, Martin ne va pas à la piscine alors que la natation le soulagerait.
3) J'ai ri tellement fort que j'en ai mal aux côtes.
4) Comme tu es là, tu vas m'aider à porter les bagages.
5) Pendant les vacances, je vais au ski.

3 Les phrases suivantes sont coordonnées. Recopiez-les en entourant les conjonctions de coordination. Mettez les propositions entre crochets.

1) Les oiseaux chantent et le soleil brille.
2) Moi j'aime la musique, mais toi tu préfères la peinture.
3) J'adore dessiner, donc je me suis inscrit à un atelier de dessin.
4) Il n'est ni riche ni pauvre mais il a quelques économies de côté.
5) J'avais mal au cœur mais je me sens mieux car j'ai pris un peu l'air.

4 Transformez les propositions juxtaposées suivantes en propositions coordonnées. Vous préciserez entre parenthèses le type de lien exprimé (cause, conséquence…).

1) Je suis fatiguée, je vais me coucher.
2) Il est très pauvre, il rêve de pouvoir s'acheter de quoi manger.
3) J'ai besoin de vacances : j'ai beaucoup trop travaillé ces derniers temps.
4) Vous tournez à gauche, vous continuez tout droit, vous êtes arrivé !

5 Complétez les phrases suivantes en choisissant la conjonction de coordination qui convient.

1) Je voudrais venir à ton anniversaire … ma meilleure amie sera là.
2) Ludovic aime l'art … il ne va pas souvent au musée.
3) Je suis malade … je reste à la maison.
4) … bien elle est malade, … bien elle ne l'est pas.
5) Les enfants qui jouent … qui chantent sur la plage sont en colonie de vacances.

6 Complétez chaque proposition de la colonne de gauche par celle de la colonne de droite qui convient.

1) Ingrid va au théâtre	› mais Christine est éveillée.
2) Richard cherche son chat	› car il ne l'a pas apprise.
3) Christian n'aime pas les concerts	› mais il est obligé d'y aller.
4) Elle est fatiguée	› et il ne sait pas où il est.
5) Il ne sait pas sa leçon	› or elle a bien dormi cette nuit.
6) La ville dort	› car sa tante l'a invitée.

7 a) Recopiez les phrases suivantes en mettant chaque proposition entre crochets. b) Entourez les conjonctions de coordination et les adverbes de liaison. c) Encadrez les mots subordonnants.

1) Il est raisonnable de se coucher tôt quand on est jeune.
2) « Où vont tous ces enfants dont pas un seul ne rit ? » (Victor Hugo)
3) Simon est entré, alors Odile a téléphoné.
4) J'ai téléphoné au médecin et tu as un rendez-vous à dix-sept heures.
5) Maman a fait une lessive, ensuite elle a étendu le linge et après elle a pris un thé.
6) Je suis contente que tu aies réussi ton examen.
7) Les châteaux de la Loire sont de très beaux châteaux qui attirent de nombreux visiteurs l'été.

8 Recopiez ce poème. Pour chacun des verbes en gras, indiquez s'il se trouve dans une proposition indépendante, dans une proposition coordonnée ou dans une proposition juxtaposée. Vous pouvez vous aider en mettant ces propositions entre crochets.

1. Reproduire un document sans erreur et avec une présentation adaptée

1) Ainsi, toujours poussés vers de nouveaux rivages,
Dans la nuit éternelle emportés sans retour,
Ne **pourrons**-nous jamais sur l'océan des âges
Jeter l'ancre un seul jour ?

2) Ô lac ! l'année à peine **a fini** sa carrière,
Et près des flots chéris qu'elle devait revoir,
Regarde ! je **viens** seul m'asseoir sur cette pierre
Où tu la vis s'asseoir !

3) Tu **mugissais** ainsi sous ces roches profondes,
Ainsi tu te **brisais** sur leurs flancs déchirés,
Ainsi le vent **jetait** l'écume de tes ondes
Sur ses pieds adorés.

Lamartine, « Le Lac », ***Méditations poétiques***, vers 1 à 12

9 Écriture : Camille a mal à la tête. Écrivez trois phrases sur ce sujet en utilisant des propositions juxtaposées et coordonnées.

21 PROPOSITION PRINCIPALE ET PROPOSITION SUBORDONNÉE

Observons

a) Malgré son rhume, elle veut se baigner parce qu'il fait chaud.
b) J'aime quand la maison est propre.
c) Je dis qu'il a raison.

1) Combien y a-t-il de propositions dans chacune de ces trois phrases?
2) Est-ce que toutes les propositions sont introduites par un mot particulier?
3) Supprimez les groupes de mots qui n'empêchent pas les phrases d'avoir un sens.

Retenons

La subordination

- Une proposition subordonnée est une proposition qui dépend d'une autre proposition :
  › de la proposition principale (nom que prend la proposition indépendante lorsqu'une proposition subordonnée dépend d'elle),
  › d'une autre proposition subordonnée.
  Une proposition subordonnée ne peut donc jamais exister seule dans une phrase.
- La proposition subordonnée est introduite par un mot subordonnant : conjonction de subordination *(voir leçon n° 9)*, adverbe, déterminant ou pronom interrogatifs, pronom relatif... Ce mot subordonnant varie avec les types de proposition subordonnée.

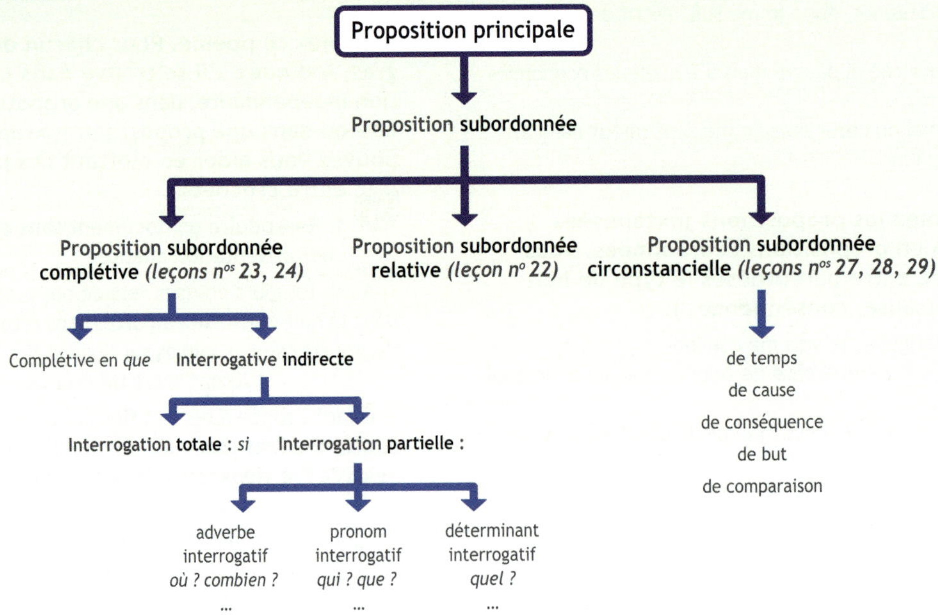

- **Liens entre la proposition principale et la proposition subordonnée**
  Une proposition subordonnée a besoin de la proposition dont elle dépend pour avoir un **sens**.
  › *Elle veut se baigner* ***parce qu'il fait chaud***. › *parce qu'il fait chaud* n'a pas de sens tout seul.
  Dans une phrase, il peut y avoir **plusieurs propositions subordonnées pour une proposition principale**.

Elle veut se baigner ***parce qu'elle a chaud*** *et* ***qu'il y a une piscine chez sa tante.***

Proposition subordonnée 1 — **Proposition subordonnée 2**

Il peut exister plusieurs niveaux de subordination : une principale commande une subordonnée, qui elle-même commande une autre subordonnée, etc.

Quand il se lève, / *qu'il est prêt,* → **Principale n° 1** : ***Pierre se souvient*** — *juxtaposition* — **Principale n° 2** : ***; il se dépêche tellement***

Pierre se souvient → ***qu'il*** *est l'heure de son* ***cours*** *de musique* → ***auquel*** *il* ***se rend*** *tous les jours* → ***parce qu'il*** *espère devenir pianiste.*

il se dépêche tellement → ***qu'il*** *n'a pas le temps de déjeuner avant son cours.*

- **Place de la subordonnée dans la phrase**
Souvent, la proposition principale est en début de phrase ; elle est suivie par la subordonnée.
Mais il arrive aussi que la proposition subordonnée précède la proposition principale.

Que tu aies de la fièvre *m'inquiète.*

Proposition subordonnée — **Proposition principale**

- **ATTENTION :**
Comme les indépendantes, les propositions subordonnées peuvent être coordonnées ou juxtaposées.

Je me suis acheté hier un pantalon ***qui est très joli*** *et* ***qui me va bien.***

Proposition principale — **Proposition subordonnée 1** — **Proposition subordonnée 2**

Exercices

1 Pour chaque phrase, donnez le nombre de propositions.

1) Les chiens aboient, la caravane passe.
2) Mickaël est allé au marché samedi matin.
3) Vu que tu as la grippe depuis le début de la semaine, je te téléphone pour te donner les devoirs.
4) Bien qu'il apprécie le ski alpin, il fera du surf cette année en février et il apprendra aussi à faire un peu de ski de fond.
5) Comme Eric, tu as commencé le piano à l'âge de six ans et tu as déjà donné des spectacles : je te dis bravo !
6) Quand il pleut, dans la forêt, je ramasse les escargots.

2 Recopiez les phrases suivantes et soulignez la proposition principale.

1) Comme tu es là, on va pouvoir jouer au ping-pong !
2) Je suis contente de passer quelques jours à la campagne parce que je vais pouvoir monter à cheval.
3) Je vais voir le voisin qui fait de délicieuses tartes aux pommes.
4) Amélie est enchantée parce qu'elle part pour Le Caire en juin.
5) Est-ce que tu vas lui dire que j'ai fait une bêtise ?

3 Pour chaque phrase, indiquez si les propositions en gras sont coordonnées ou subordonnées.

1) Les élèves ouvrent leurs cahiers et **recopient ce qui est au tableau.**
2) **Puisque tu lis un livre,** je ne te dérange pas.
3) Ma mère est allée chez le coiffeur et **elle s'est fait couper les cheveux.**
4) Je suis sûre **que ton gâteau au chocolat est excellent** !
5) Je suis là, donc **tu peux être tranquille.**

4 Recopiez les phrases suivantes et complétez-les en utilisant la conjonction de subordination qui convient.

1) Je suis contente ... j'ai gagné.
2) ... le chat n'est pas là, les souris dansent.
3) ... Lydia va voir sa tante, elle lui apporte des fleurs.
4) Je vais à la piscine ... j'aime nager.

5 Écriture : Rédigez trois phrases sur le sujet : *Sabine fait ses devoirs dans sa chambre*, en utilisant des phrases complexes.

22 LA PROPOSITION SUBORDONNÉE RELATIVE

Observons

a) J'ai mis sur la table le jeu que tu m'as offert.
b) J'ai vu Marie, qui est ma cousine.
c) Le livre auquel je pense est un roman.

1) Combien de propositions comptez-vous dans ces phrases ?
2) Quelles sont les propositions principales ?
3) Dans ces phrases, quel mot la proposition subordonnée complète-t-elle ?

Retenons

Définition

- La proposition subordonnée relative est introduite par un pronom relatif.
- Elle complète un nom, l'antécédent du pronom relatif, sur lequel elle apporte des précisions.
- Elle fait donc partie des expansions du nom.

Proposition principale : *J'ai mis sur la table le* ***jeu*** → **antécédent du pronom relatif**
Proposition subordonnée relative : ***que*** *tu m'as offert.* → **Pronom relatif,** *reprend le nom* ***jeu***

La proposition *que tu m'as offert* apporte des précisions sur le nom *jeu*.

Formes du pronom relatif

- Le pronom relatif peut être de **forme simple**. Il s'agit de : *qui, que, quoi, dont, où.*
  › *Je regarde* ***la fleur que*** *tu m'as offerte. / Je lis* ***le livre dont*** *tu m'as parlé. / C'est* ***l'endroit où*** *je t'ai rencontrée.*
- Le pronom relatif peut être de **forme composée**. Il s'agit de : *lequel, laquelle, lesquels, lesquelles, auquel, à laquelle, auxquels, auxquelles, duquel, de laquelle, desquels, desquelles* (*quel* et ses composés) en fonction du genre et du nombre du nom auquel ils se rapportent.
  › *Je parle à* ***la dame*** *à laquelle tu as offert une rose.*
  › *Tu me donneras* ***des pommes*** *auxquelles tu ajouteras des poires.*

La maison de mes grands-parents au bord de la mer est *l'endroit*
- ***qui*** *me plaît le plus au monde.*
- ***que*** *j'aime le plus au monde.*
- ***dont*** *je t'ai parlé.*
- ***où*** *je vois mes cousins,*

→ **Propositions subordonnées relatives**

lesquels ont mon âge. → **Proposition subordonnée relative dépendant d'une autre proposition subordonnée relative**

Fonction de la proposition subordonnée relative

- La proposition subordonnée relative **complète** un nom de la proposition principale. Ce nom est repris par le pronom relatif. On dit que ce nom est l'antécédent du pronom relatif, et que la relative a pour fonction d'être **complément de l'antécédent**.

Je préfère *le pull* → Antécédent
que tu m'as offert. → **Classe grammaticale : proposition subordonnée relative**
Fonction : complément de l'antécédent ***pull***

Rôle du pronom relatif dans la proposition subordonnée relative

- Le pronom relatif joue **deux rôles** dans la proposition subordonnée relative.
  - Il introduit la proposition subordonnée relative.
  - Il a lui aussi une fonction dans la proposition subordonnée relative. En tant que **pronom**, il remplace l'antécédent
  - et a la fonction qu'aurait l'antécédent dans la subordonnée.
    › *Je préfère le pull* ***que*** *tu m'as offert.* › *Tu m'as offert quoi? Le pull* › *que* est COD du verbe *offrir*
  - En règle générale, *qui* a la fonction de sujet, *que* a la fonction de COD, *dont* a la fonction de complément du nom, de COI ou de complément d'agent, *où* a la fonction de complément circonstanciel de lieu ou de temps.
- ATTENTION : Ne pas confondre les propositions subordonnées **relatives** et les propositions subordonnées **complétives en *que***.
  › *J'aime* ***le tableau*** *que je vois au mur.* Dans cette phrase, il y a un nom + *que* › c'est une proposition subordonnée relative ; *que* a pour antécédent *tableau.*
  › *Je veux que tu arrêtes.* Dans cette phrase, il y a un verbe + *que* › c'est une proposition subordonnée complétive, introduite par la conjonction de subordination *que*.

Exercices

1 Recopiez les phrases suivantes et soulignez la ou les propositions subordonnées relatives dans chaque phrase.

1) Ma chambre est une pièce qui est rectangulaire.
2) J'ai un nouveau pull que j'aime porter.
3) Tous les mercredis, je vais dans un parc qui est très grand, où il y a de nombreux jeux pour enfants et que ma petite sœur aime beaucoup.
4) Je parle avec la voisine dont la sœur vient d'avoir un enfant et avec laquelle je joue souvent au ping-pong.
5) Je ne connais pas l'album dont est tiré ce morceau dont tu me parles et que tu as rapporté d'Italie.

2 Soulignez la proposition subordonnée relative. Indiquez la fonction du pronom relatif dans la proposition subordonnée, la fonction de la proposition subordonnée relative, la fonction de l'antécédent.

1) Je voudrais une poupée qui parle. 2) J'aime les tableaux que tu peins. 3) Les chocolats que tu as achetés sont délicieux. 4) Le musicien auquel je pense, c'est Mozart.
5) Supervielle est un poète qui a vécu au XXe siècle.
6) La ville où tu vas en vacances est magnifique.

3 Complétez la proposition subordonnée relative.

1) Je voudrais une maison qui ...
2) Le livre que ... est intéressant.
3) L'auteur auquel ... a vécu au XIXe siècle.
4) La ville dont ... est en Andalousie.
5) Lydia à qui ... est ma voisine.
6) Mes cousins auxquels ... habitent à Nice.

4 Recopiez cet extrait d'un sonnet, et mettez les propositions subordonnées relatives entre crochets. Encadrez le pronom relatif et, à l'aide d'une flèche, reliez-le à son antécédent. Attention aux intrus !

S 1. Reproduire un document sans erreur et avec une présentation adaptée

[...] Moi, je buvais, crispé comme un extravagant,
Dans son œil, ciel livide où germe l'ouragan,
La douceur qui fascine et le plaisir qui tue.

Un éclair... puis la nuit ! – Fugitive beauté
Dont le regard m'a fait soudainement renaître,
Ne te verrai-je plus que dans l'éternité ?

Ailleurs, bien loin d'ici ! trop tard ! jamais peut-être !
Car j'ignore où tu fuis, tu ne sais où je vais,
Ô toi que j'eusse aimée, ô toi qui le savais !

Charles Baudelaire, « À une passante », *Les Fleurs du Mal*

5 Écriture : Trouvez cinq propositions subordonnées relatives pour compléter la proposition principale suivante : *Je lis un livre...* Utilisez au moins deux pronoms relatifs composés.

6 Boule de neige : Mettez-vous par groupes de cinq. À partir de la phrase *Voici l'ami que j'ai rencontré*, et en vous inspirant de l'exemple ci-dessous, faites une boule de neige en ajoutant chacun, successivement, une proposition subordonnée relative. Notez votre phrase finale, que vous pourrez partager avec le reste de la classe.

Exemple : ***Voici la maison que Pierre a bâtie*** donne : ***Voici la maison que Pierre a bâtie.*** › ***Voici la farine qui est dans le grenier de la maison que Pierre a bâtie.*** › ***Voici le rat qui a mangé la farine qui est dans le grenier de la maison que Pierre a bâtie.***

pour finir ainsi : ***Voici Pierre qui a semé le grain qui a été mangé par le coq qui a éveillé le gendarme qui a arrêté le méchant brigand qui a battu la servante qui a trait la vache qui a corné le chien qui a étranglé le chat qui a attrapé le rat qui a mangé la farine qui est dans le grenier de la maison que Pierre a bâtie.***

Conte populaire français

23 LES PROPOSITIONS SUBORDONNÉES COMPLÉTIVES : COMPLÉTIVE EN *QUE* ET INTERROGATIVE INDIRECTE

Observons

a) Je veux **que** tu viennes.
b) Elle dit **que** son anniversaire est le 5 décembre.
c) Je me demande **si** elle sera à l'heure.

› Quels sont les points communs des propositions subordonnées de ces trois phrases ?

Retenons

La proposition subordonnée complétive en *que*

- La proposition subordonnée complétive est une proposition qui complète, qui précise le sens du verbe dont elle dépend.
- Elle est introduite par la conjonction de subordination *que* et suit toujours un verbe.
  - de pensée › *Je pense* ***que*** ***tout se passera bien.***
  - de sentiment › *J'aime* ***que*** ***les jours soient longs en juin !***
  - de perception › *J'ai vu* ***que*** ***tu étais malade****, j'ai entendu* ***que*** ***tu toussais.***
- Elle permet également de passer du discours direct au discours indirect *(voir leçon suivante)*.
- Selon le sens du verbe introducteur, le mode de la proposition subordonnée complétive est soit l'indicatif, soit le subjonctif :
  › *Je sais qu'elle est malade.* › c'est un fait, on emploie l'indicatif.
  › *Je souhaite qu'elle guérisse.* › c'est un souhait, on emploie le subjonctif.

Fonctions de la subordonnée complétive

- La proposition subordonnée complétive occupe généralement la fonction de COD du verbe introducteur.
  › *Je veux* ***que tu partes.*** › *Je veux quoi ? Que tu partes* › *que tu partes* est COD du verbe *vouloir.*
- Elle peut aussi être :
  - sujet › ***Qu'il vienne*** *me surprendrait.*
  - apposition › *Je le vois bien,* ***que tu es malade.*** › *que tu es malade* est apposé à *le.*
  - complément du nom › *L'espoir* ***qu'il guérirait*** *nous habitait.* › *L'espoir* ***de sa guérison*** *nous habitait.*

La proposition subordonnée interrogative indirecte

- Comme la proposition subordonnée complétive en *que*, la proposition subordonnée interrogative indirecte complète un verbe dont elle est, le plus souvent, COD.
- Elle suit un verbe exprimant l'interrogation, l'ignorance et permet d'exprimer :
  - l'**interrogation totale**, introduite par l'adverbe interrogatif *si* › *Je me demande* ***si elle viendra.***
  - l'**interrogation partielle**, introduite par des adverbes interrogatifs de temps (*quand ?*), de lieu (*où ?*), un pronom interrogatif (*qui ?*), un déterminant interrogatif (*quel ?*) *(voir leçon nº 21).*
    › *Je me demandais* ***qui viendrait****,* ***quand*** *et* ***où****, je me demandais* ***quel homme oserait s'aventurer ici.***
- La proposition subordonnée interrogative indirecte s'utilise dans le discours indirect à la place de l'interrogation directe *(voir leçon suivante et leçon de conjugaison nº 18).*

Exercices

1 Recopiez les phrases suivantes et soulignez les propositions subordonnées complétives.

1) Je veux que tu viennes au théâtre avec moi ce soir; ce sera un beau spectacle.
2) Maman souhaite que Vincent, mon petit frère, fasse ses devoirs immédiatement, car il doit ensuite aller à son cours de solfège.
3) Quand tu es fâché, tu crois que tout le monde t'en veut: or ce n'est pas vrai.
4) Aurélie regrette que les gens qu'elle croise le matin dans le bus ne soient pas polis.
5) Veux-tu que je te soigne quand tu es malade?

2 Complétez la phrase en conjuguant le verbe entre parenthèses. Attention à utiliser un mode et un temps corrects.

1) Je voudrais que tu *(lire)* la pièce *Cyrano de Bergerac*.
2) Je crois que cette pièce *(écrire, voie passive)* par Edmond Rostand.
3) Je souhaite que nous *(aller)* la voir au théâtre.
4) Je trouve que l'intrigue *(être)* très riche.
5) Je voudrais que tu *(jouer)* le personnage de Cyrano dans notre pièce.

3 Indiquez si la proposition subordonnée en gras est une proposition subordonnée relative ou complétive. Souvenez-vous pour cela que la proposition subordonnée relative complète un nom (l'antécédent du pronom relatif) et que la proposition subordonnée complétive complète un verbe.

1) Il se réjouit **que tous le comprennent**.
2) Maman veut **que tu viennes ici tout de suite**.
3) Ma petite sœur voudrait une poupée **qu'elle a vue dans une boutique** pour Noël.
4) Pierre est enchanté du projet **que tu as eu**.
5) Richard souhaite **que je lui fasse un beau cadeau pour son anniversaire**.

4 Dans les phrases suivantes, la proposition subordonnée complétive est en gras. Dites de quel verbe elle est le COD, en mettant ce verbe à l'infinitif.

1) Christian veut **que Cyrano écrive une lettre d'amour en son nom**.
2) Christian souhaite **que Cyrano parle à sa place**.
3) Roxane aimerait **que son amant soit beau**.
4) Cyrano confie à Le Bret **qu'il aime Roxane**.
5) Cyrano voudrait **que Roxane l'aime en retour**.

5 Complétez les phrases suivantes avec une proposition subordonnée interrogative indirecte.

1) Je me demande si ...
2) Je t'interroge pour savoir quel ...
3) Dis-moi quand ...
4) Je te dirai comment ...
5) Il se renseigne pour savoir si ...
6) Il m'a demandé pourquoi ...

6 Recopiez les phrases suivantes en les complétant avec le mot interrogatif adéquat. Ensuite, mettez la proposition subordonnée interrogative indirecte entre crochets.

1) Cyrano sait ... aime Roxane.
2) Le Bret se demande ... femme Cyrano aime.
3) Cyrano se demande ... donner rendez-vous à Roxane et ... lui déclarer sa flamme.
4) Les cadets savent ... mot éviter de prononcer devant Cyrano.
5) Le public sait ... Cyrano ne se venge pas lorsque Christian le prononce.
6) Les cadets, eux, se demandent ... cela est possible!
7) On sait ... a lieu la scène du balcon: à la nuit tombée.
8) À la fin de la pièce, Roxane se demande ... Cyrano ne lui a jamais avoué son amour.

7 Transformez les phrases interrogatives en propositions subordonnées interrogatives indirectes. N'oubliez pas de varier le verbe dont elles dépendent !

Exemple: ***Où vas-tu? › Je ne sais pas où tu vas.***

1) Pourquoi est-ce que Cyrano tait son amour à Roxane?
2) À quoi le nez de Cyrano est-il comparé?
3) Est-ce que Christian de Neuvillette s'exprime avec élégance?
4) Quel secret unit Cyrano et Christian?
5) Que fait Roxane après la mort de Christian?
6) Quel objet révèle à Roxane qu'elle est aimée de Cyrano?

8 Écriture: Sur le modèle suivant, rédigez d'autres propositions subordonnées interrogatives indirectes pour compléter la proposition principale: « Maman se demande ».

Maman ne sait plus où elle a mis ses clefs de voiture. Elle se demande / si elle les a mises dans un tiroir / qui a pu les prendre / quel enfant a joué avec.

24 LES PROPOSITIONS SUBORDONNÉES ET LE DISCOURS INDIRECT

Observons

a) Elle lui demanda : « Où vas-tu ? » › Elle lui demanda où il allait.
b) Tu m'as répliqué que la musique était trop forte.
c) Il demanda à Estelle : « Quand fêteras-tu ton anniversaire ? »
› Il demanda à Estelle quand elle fêterait son anniversaire.

1) Quelles sont les phrases qui rapportent des paroles au discours direct ?
2) Quelles sont les phrases qui rapportent des paroles au discours indirect ?
3) Relevez les propositions subordonnées interrogatives indirectes.

Retenons

Le discours direct

- On peut rapporter des paroles prononcées directement, sans les changer : c'est le discours direct.
  › *Il répondit :* ***« Je viens demain. »***
- Le discours direct est reconnaissable à plusieurs éléments :
  - des guillemets qui encadrent le discours direct et qui sont introduits par deux points (:)
  - un verbe introducteur *(répondit)*
  - un sujet, *il*, qui permet de savoir qui prononce les paroles à la première personne du singulier.
- Quand on écrit un dialogue au discours direct, on introduit les paroles de la personne qui parle, puis on ouvre les guillemets. On met un tiret à chaque changement d'interlocuteur et, à la fin du dialogue, on referme les guillemets.
  › Il dit : « J'aimerais aller en Autriche.
  – J'y suis allée l'an dernier, répliqua Béatrice. C'est très beau.
  – Moi, je préfère l'Irlande, intervint Gaëlle. »
  La proposition *répliqua Béatrice* s'appelle une incise.
- Lorsque le verbe du discours direct est un impératif, il est remplacé dans le discours indirect par *de* + infinitif.
  › Exemple : « *Avance !* », *m'ordonna-t-il.* › *Il m'ordonna d'avancer.*

Le discours indirect

- On peut aussi rapporter des paroles prononcées indirectement, c'est-à-dire qu'on les rapporte après qu'elles ont été prononcées :
  - dans une proposition subordonnée complétive en *que*, lorsque les paroles rapportées sont **affirmatives**.
    › *Il répondit qu'il* ***viendrait*** *le lendemain.*
  - dans une proposition subordonnée interrogative indirecte, lorsque les paroles rapportées sont des **questions**.
    › *Je lui demandai* ***quand il viendrait****.*

Comment reconnaître le discours indirect

- Une proposition principale dont le verbe est un verbe de perception, de pensée, de sentiment, d'interrogation, de doute... introduit soit une proposition subordonnée complétive en *que* soit une proposition subordonnée interrogative indirecte.
- Les paroles sont rapportées dans la proposition, ce qui entraîne les changements suivants :
  - disparition des guillemets et des deux points ;
  - sujet des paroles rapportées à la 3e personne du singulier ;
  - modification du temps du verbe en fonction de la concordance des temps ;
  - des indices de temps et de lieu (*demain* › *le lendemain*).

Comment passer du discours direct au discours indirect

- Pour passer du discours direct au discours indirect, il faut :
  - conserver la première partie, le sujet et le verbe introducteur, ou les reprendre dans l'incise ;
  - remplacer les deux points par une conjonction de subordination, *que* (ou *qu'*), ou par un adverbe de temps, de lieu, de manière (*comment, combien, pourquoi, si...*), un pronom ou un déterminant interrogatifs ;
  - modifier la personne du sujet en tenant compte du sujet du verbe introducteur et du sujet des paroles rapportées ;

- **modifier les pronoms personnels COD, COI**, ainsi que les **déterminants possessifs**;
- **modifier le temps du verbe** en fonction de la concordance des temps *(voir plus bas)*;
- **procéder aux dernières modifications liées à la situation d'énonciation** *(voir leçon n° 26)*.
  › Exemple: *demain / le lendemain; hier / la veille...*

Remarques

- Il existe un grand nombre de verbes introducteurs: *dire, expliquer, raconter, rapporter, répliquer, répondre, affirmer, s'exclamer, s'interroger, se demander, divulguer, accuser, exprimer, suggérer, déclarer, murmurer, crier, hurler, proposer, insinuer, balbutier...* En expression écrite, pour écrire un dialogue ou rapporter des paroles, il faut veiller à varier les verbes introducteurs.

La concordance des temps au discours indirect

- Quand la proposition principale est au **présent**, la proposition subordonnée complétive en *que* ou l'interrogative indirecte reste au présent. Les temps ne changent pas ou restent les mêmes.
- Quand la proposition principale est au **passé**, la concordance des temps s'applique et chaque temps se transforme.

Temps dans le discours direct	Temps du discours indirect lorsque le verbe principal est au passé
Présent	Imparfait
Passé composé	Plus-que-parfait
Futur	Conditionnel

› *Au téléphone, ma mère me précise: «**J'arriverai demain à la gare**».*
› *Au téléphone, ma mère me précise **qu'elle arrivera demain à la gare**.*
› *Au téléphone, ma mère me précisa: «**J'arriverai demain à la gare**».*
› *Au téléphone, ma mère me précisa **qu'elle arriverait le lendemain à la gare**.*

Exercices

1 Indiquez si les phrases suivantes sont au discours direct ou au discours indirect.

1) Je t'ai dit que la fenêtre était ouverte.
2) Elisabeth répliqua: «Marche pendant trois cents mètres, puis tourne à droite.»
3) «As-tu demandé à la voisine si elle avait du sucre à nous prêter?», questionna Elisabeth.
4) Je lui ai répondu que je n'étais pas d'accord.
5) «Sylvie ne lui a pas laissé le choix», dit-elle.

2 Complétez les phrases suivantes, au discours indirect. Attention à la concordance des temps! Parfois, plusieurs réponses sont possibles. Quelle est la différence de sens selon le temps utilisé?

1) Je t'ai répété que Marie *(marcher)* dans ta direction.
2) Fabien a expliqué à Margot pourquoi il *(être)* là mardi prochain.
3) Mireille demande qui *(venir)* à son anniversaire samedi.
4) Elle répliqua qu'elle ne *(savoir)* pas.
5) Arnaud s'écria qu'il ne *(mentir)* jamais.

3 Ces phrases sont au discours direct. Mettez-les au discours indirect et faites la liste des modifications.

1) Le Bret demanda à Cyrano: «De qui es-tu amoureux?»
2) Cyrano dit: «J'aime Roxane et je souffre.»
3) Cyrano s'écria: «Roxane est la plus belle femme du monde.»
4) Cyrano s'inquiéta: «Je suis trop laid pour elle.»
5) Cyrano se dit: «J'ai peur de lui déplaire.»

4 Complétez les phrases suivantes au discours indirect. Attention à la concordance des temps et aux indices temporels.

1) Je te demande si ... 4) Frédéric répondit que ...
2) Marie répliqua que ... 5) Thibault s'écria que ...
3) Alexandra cria que ...

5 Toutes les phrases suivantes sont au discours indirect. Recopiez-les en variant le verbe introducteur (voir la liste dans la leçon).

1) Aurélien dit qu'il est tard.
2) Marie dit qu'elle était fatiguée.
3) Martin dit qu'il avait faim.
4) Christian dit qu'il aime Roxane.
5) Cyrano dit qu'il est prêt à parler pour Christian.

6 Écriture: Alexis va chez le dentiste. Vous êtes le narrateur. Inventez deux phrases au discours direct et deux phrases au discours indirect pour rapporter ce que se disent les personnages.

25 SYNTHÈSE : LE DISCOURS INDIRECT

Observons

a) Il répondit : « Je viens demain. » › Il répondit qu'il venait le lendemain.
b) « Avance ! », m'ordonna-t-il. › Il m'ordonna d'avancer.
c) Elle demanda : « Est-ce possible ? » › Elle demanda si c'était possible.

1) Observez le temps des verbes dans les propositions indépendantes, les propositions principales et dans les propositions subordonnées. Qu'en déduisez-vous ?
2) Phrase a : Qu'est-ce qui change entre les deux phrases ? Dressez une liste.

Retenons

	Discours direct	Discours indirect
Ponctuation	deux points, tirets, guillemets	ni tiret, ni guillemet
Insertion dans le récit	verbe de parole placé devant les deux points, en incise ou après les paroles rapportées derrière une virgule	verbe de parole suivi d'une proposition subordonnée complétive COD
Pronoms personnels et possessifs	1re et 2e personnes principalement	3e personne
Indications de temps et de lieu	› *y, ici, là, là-bas* › *avant-hier, hier, ce matin, ce soir, aujourd'hui, demain, après-demain*	› *y, là* › *l'avant-veille, la veille, ce matin-là, ce soir-là, le jour même, le lendemain, le surlendemain*
Temps des verbes	› présent › passé composé › futur	› imparfait › plus-que-parfait › conditionnel
Phrase injonctive	verbe à l'impératif	verbe à l'infinitif ou au subjonctif
Phrase interrogative	› point d'interrogation › inversion du sujet	› pas de point d'interrogation › pas d'inversion du sujet
Interrogation totale	*est-ce que* ou inversion du sujet	proposition subordonnée interrogative indirecte introduite par *si*
Interrogation partielle	› pronoms interrogatif *que* ou *qu'est-ce que* › pronoms interrogatifs › adverbes : *comment, pourquoi, où*	› pronom interrogatif *ce que* (locution conjonctive) › pronoms et adverbes interrogatifs conservés

Exercices

1 Recopiez les phrases suivantes en les mettant au discours indirect.

1) Marie s'écria : « Ce sont les meilleures vacances de ma vie. »
2) Sylvain se demanda : « Quand aurai-je de l'argent de poche ? »
3) Didier annonça : « Je vais bientôt déménager. »
4) Mamie dit : « Demain je viens t'apporter le pull que je t'ai tricoté. »
5) Paul cria à Sébastien : « Tu peux être fier de toi ! »

2 Recopiez les phrases suivantes en les mettant au discours direct.

1) Morgane dit qu'elle raffolait du théâtre.
2) Le metteur en scène annonça aux comédiens que la pièce avait beaucoup de succès.
3) Le comédien demanda s'il serait bientôt payé.
4) Les spectateurs dirent que le spectacle avait été très réussi.
5) La décoratrice s'étonna que les décors n'aient pas encore été livrés.
6) Le directeur du théâtre déclara qu'il voulait que la troupe revienne jouer dans son théâtre.

3 Transposez au discours indirect ce passage de *Cyrano de Bergerac*. (I, 5)

LE BRET
– Va, ne t'attriste pas ! L'amour n'est que hasard !

CYRANO (*secouant la tête*)
– Non ! J'aime Cléopâtre : ai-je l'air d'un César ?
J'adore Bérénice : ai-je l'aspect d'un Tite ?

LE BRET
– Mais ton courage ! ton esprit – Cette petite
Qui t'offrait là, tantôt, ce modeste repas,
Ses yeux, tu l'as bien vu, ne te détestaient pas !

CYRANO (*saisi*)
– C'est vrai !

4 Voici un dialogue entre Gwynplaine, héros généreux au visage défiguré, et Dea, jeune fille à la grande beauté mais aveugle. Transposez-le au discours indirect, en vous aidant des consignes de la leçon.

Une fois il dit à Dea :
– Tu sais que je suis très laid.
– Je sais que tu es sublime, répondit-elle.
Il reprit :
– Quand tu entends tout le monde rire, c'est de moi qu'on rit, parce que je suis horrible.
– Je t'aime, lui dit Dea.
Après un silence, elle ajouta :
– J'étais dans la mort ; tu m'as remise dans la vie. Toi là, c'est le ciel à côté de moi. Donne-moi ta main, que je touche Dieu !

Victor Hugo, ***L'Homme qui rit***

5 a) Lisez attentivement le texte suivant, qui décrit la rencontre de Madame Bovary, héroïne de roman, avec le jeune Léon, et la complicité immédiate qui s'établit entre eux.
b) À partir des phrases en gras, imaginez, au style direct, le dialogue de Madame Bovary et de Léon, en dix à quinze répliques. Vous pouvez utiliser des incises et insérer des phrases narratives entre les répliques.

Mme Bovary, quand elle fut dans la cuisine, s'approcha de la cheminée. Du bout de ses deux doigts, elle prit sa robe à la hauteur du genou, et, l'ayant ainsi remontée jusqu'aux chevilles, elle tendit à la flamme, par-dessus le gigot qui tournait, son pied chaussé d'une bottine noire. Le feu l'éclairait en entier, pénétrant d'une lumière crue la trame de sa robe, les pores égaux de sa peau blanche et même les paupières de ses yeux qu'elle clignait de temps à autre. Une grande couleur rouge passait sur elle, selon le souffle du vent qui venait par la porte entrouverte. De l'autre côté de la cheminée, un jeune homme à chevelure blonde la regardait silencieusement. [...]

Depuis deux heures et demie, on était à table ; car la servante Artémise, traînant nonchalamment sur les carreaux ses savates de lisière, apportait les assiettes les unes après les autres, oubliait tout, n'entendait à rien et sans cesse laissait entrebâillée la porte du billard, qui battait contre le mur du bout de sa clenche.

Sans qu'il s'en aperçût, tout en causant, Léon avait posé son pied sur un des barreaux de la chaise où Mme Bovary était assise. Elle portait une petite cravate de soie bleue, qui tenait droit comme une fraise un col de batiste tuyauté ; et, selon les mouvements de tête qu'elle faisait, le bas de son visage s'enfonçait dans le linge ou en sortait avec douceur. **C'est ainsi, l'un près de l'autre, pendant que Charles et le pharmacien devisaient, qu'ils entrèrent dans une de ces vagues conversations où le hasard des phrases vous ramène toujours au centre fixe d'une sympathie commune. Spectacles de Paris, titres de romans, quadrilles nouveaux, et le monde qu'ils ne connaissaient pas, Tostes où elle avait vécu, Yonville où ils étaient, ils examinèrent tout, parlèrent de tout jusqu'à la fin du dîner.**

Gustave Flaubert, ***Madame Bovary***

6 Dictée préparée ou copie. a) Révisez les marques du discours direct et la synthèse sur les temps *(leçon de conjugaison n° 17)* pour préparer la dictée. b) Transposez toutes les phrases du discours direct au discours indirect. c) Relevez les propositions incises.

S 1. Écrire lisiblement un texte, spontanément ou sous la dictée, en respectant l'orthographe et la grammaire

Ce texte raconte l'entrée en classe d'un « nouveau », le jeune Charles Bovary. Le ridicule du personnage, qui sera plus tard l'époux d'Emma Bovary, transparaît déjà dans cette scène.

– Levez-vous, dit le professeur.

Il se leva ; sa casquette tomba. Toute la classe se mit à rire.

Il se baissa pour la reprendre. Un voisin la fit tomber d'un coup de coude, il la ramassa encore une fois.

– Levez-vous, reprit le professeur, et dites-moi votre nom.

Le nouveau articula, d'une voix bredouillante, un nom inintelligible.

– Répétez !

Le même bredouillement de syllabes se fit entendre, couvert par les huées de la classe.

– Plus haut ! cria le maître, plus haut !

Le nouveau, prenant alors une résolution extrême, ouvrit une bouche démesurée et lança à pleins poumons, comme pour appeler quelqu'un, ce mot : Charbovari.

Gustave Flaubert, ***Madame Bovary***

Mot à écrire au tableau : Charbovari.

26 SYNTHÈSE : L'ÉNONCIATION

Observons

a) Je suis ici.
b) Il va là-bas demain.
c) Si tu y vas le mois prochain, ne t'attends pas à le rencontrer.

1) Quels sont les mots qui expriment l'idée de temps ?
2) Quels sont les mots qui expriment l'idée de lieu ?
3) Ces mots nous permettent-ils de connaître précisément les lieux et les dates dont il est question ? Pourquoi ?

Retenons

Définition

- **L'énonciation** est l'acte de production d'un énoncé (des paroles sont écrites ou dites par une personne) dans certaines circonstances.

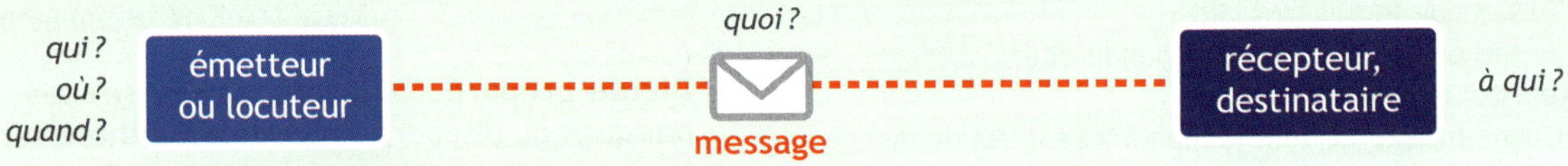

Énoncé : le message. **Énonciation :** le fait de produire un énoncé.
Situation d'énonciation : c'est l'ensemble des éléments présents sur le schéma et que l'on peut résumer en trois questions : Qui est l'auteur du message (qui est l'émetteur) ? À qui le message s'adresse-t-il (qui en est le récepteur) ? Dans quelles circonstances (où ? quand ? comment ?) ce message est-il transmis ?

Énoncé ancré et énoncé coupé

Un énoncé (un message) peut être soit **ancré** dans soit **coupé** de la situation d'énonciation.

- Il est **ancré** lorsque le moment de l'énonciation correspond au moment de l'action. C'est le cas notamment des lettres, des pièces de théâtre, des dialogues rapportés au discours direct...
- Il est **coupé** lorsque le moment de l'action est dissocié du moment de l'énonciation. C'est le cas notamment des récits, des proverbes...

	Énoncé ancré dans la situation d'énonciation	Énoncé coupé de la situation d'énonciation
Type d'énoncé	› Oral, tout ce qui est rapporté : conversations, dialogue inséré dans un récit, théâtre, lettres... › Discours direct	› Écrit, tout ce qui est raconté : récits, notamment romans, contes, proverbes... › Discours indirect
Pronoms personnels	Première et deuxième personne	Troisième personne
Adverbes de lieu et de temps	*Ici, maintenant, hier, aujourd'hui, demain...*	*Là, alors, la veille, ce jour-là, le lendemain...*
Temps	Temps du récit	Temps du discours

Précisions sur l'énoncé ancré dans la situation d'énonciation :

- La formule **moi-ici-maintenant** résume les éléments essentiels de l'énonciation. Pour définir la situation d'énonciation, il faut donc se poser d'abord ces trois questions, relatives à l'émetteur › **Qui parle ? Où ? Quand ?**, puis les questions relatives au message et au récepteur : **De quoi / de qui parle-t-on ? À qui ? Pour quoi faire ?**
  › « *Je suis **ici**, je **les** ai trouvées, elles sont **là** !* » Pouvez-vous dire quelle réalité désignent les mots en vert ? Pour le savoir, vous devez connaître la situation d'énonciation, c'est-à-dire le contexte dans lequel ce message est énoncé : mon frère cherche ses chaussures et je viens de les apercevoir dans la chambre de ma sœur, où je me trouve au moment où je parle.

- Les indices d'énonciation sont les éléments du récit qui permettent de répondre aux questions posées ci-dessus.

Type de question	Indices d'énonciation	Exemple
Qui?	Pronoms personnels sujets et compléments	*Je, tu, toi, moi, le, la...*
Où?	Adverbes de lieu, pronoms adverbiaux, CC de lieu	*Ici, là-bas, y...*
Quand?	Adverbes de temps, CC de temps	*Tout à l'heure, bientôt, la semaine prochaine, il y a un instant...*

Exercices

1 Lisez attentivement le texte suivant. L'énoncé est-il coupé ou ancré? Justifiez votre réponse en vous appuyant sur des éléments précis.

À quatre heures, le vendredi 25 novembre, il sortit de son appartement pour aller chercher une baguette de pain. La boulangerie habituelle étant fermée, il dut faire un détour et contourner le kiosque à journaux pour entrer dans une autre boulangerie. À Paris, les boulangeries sont nombreuses et il fut content d'en trouver facilement une autre.

2 Écriture: Rédigez une lettre dans laquelle vous raconterez ce que vous avez fait pendant vos dernières vacances. Vous donnerez toutes les indications liées à la situation d'énonciation.

3 Définissez la situation d'énonciation dans le texte suivant.

1. Dégager, par écrit ou oralement, l'essentiel d'un texte lu

S À Madame de Grignan
À Montélimar, jeudi 5 octobre [1673].

Voici un terrible jour, ma chère fille; je vous avoue que je n'en puis plus. Je vous ai quittée dans un état qui augmente ma douleur. Je songe à tous les pas que vous faites et à tous ceux que je fais, et combien il s'en faut qu'en marchant toujours de cette sorte, nous puissions jamais nous rencontrer. [...] Ce qui s'est passé ce matin me donne une douleur sensible, et me fait un déchirement dont votre philosophie sait les raisons: je les ai senties et les sentirai longtemps. J'ai le cœur et l'imagination tout remplis de vous; je n'y puis penser sans pleurer, et j'y pense toujours: de sorte que l'état où je suis n'est pas une chose soutenable; comme il est extrême, j'espère qu'il ne durera pas dans cette violence.

Madame de Sévigné, ***Lettres***

4 Définissez la situation d'énonciation dans le texte suivant en vous posant les questions *qui / à qui / de quoi?*

HARPAGON. – [...] Comment abuser ainsi de ma bonté, et s'introduire exprès chez moi pour me trahir? pour me jouer un tour de cette nature?

VALÈRE. – Monsieur, puisqu'on vous a découvert tout, je ne veux point chercher de détours, et vous nier la chose [...]. Non, Monsieur, ce ne sont point vos richesses qui m'ont tenté, ce n'est pas cela qui m'a ébloui, et je proteste de ne prétendre rien à tous vos biens, pourvu que vous me laissiez celui que j'ai.

HARPAGON. – Non ferai[1], de par tous les diables, je ne te le laisserai pas. Mais voyez quelle insolence, de vouloir retenir le vol qu'il m'a fait!

VALÈRE. – Appelez-vous cela un vol?

HARPAGON. – Si je l'appelle un vol? un trésor comme celui-là!

VALÈRE. – C'est un trésor, il est vrai, et le plus précieux que vous ayez sans doute; mais ce ne sera pas le perdre, que de me le laisser. Je vous le demande à genoux, ce trésor plein de charmes; et pour bien faire, il faut que vous me l'accordiez.

HARPAGON. – Je n'en ferai rien. Qu'est-ce à dire cela?

VALÈRE. – Nous nous sommes promis une foi mutuelle, et avons fait serment de ne nous point abandonner.

HARPAGON. – Le serment est admirable, et la promesse plaisante! [...] Mais je veux ravoir mon affaire, et que tu me confesses en quel endroit tu me l'as enlevée.

VALÈRE. – Moi? je ne l'ai point enlevée, et elle est encore chez vous.

HARPAGON, *à part*. – Ô ma chère cassette! Elle n'est point sortie de ma maison?

VALÈRE. – Non, Monsieur.

HARPAGON. – Hé, dis-moi donc un peu; tu n'y as point touché?

VALÈRE. – Moi, y toucher? Ah! vous lui faites tort, aussi bien qu'à moi; et c'est d'une ardeur toute pure et respectueuse, que j'ai brûlé pour elle.

HARPAGON, *à part*. – Brûlé pour ma cassette!

VALÈRE. – J'aimerais mieux mourir que de lui avoir fait paraître aucune pensée offensante. Elle est trop sage et trop honnête pour cela.

HARPAGON, *à part*. – Ma cassette trop honnête!

1. Je n'en ferai rien.

Molière, ***L'Avare***

27 LES PROPOSITIONS SUBORDONNÉES CIRCONSTANCIELLES DE TEMPS

Observons

a) À dix-sept heures, avant qu'il ne pleuve, je rentre le linge.
b) Ce soir, Elisa prend un thé pendant que Jean fait la vaisselle.
c) Après que tu auras fini tes devoirs, tu iras jouer avec ton petit frère.
d) Quand il est là, je ne suis plus triste.

1) Relevez les compléments circonstanciels de temps et donnez leur nature.
2) Quels sont les temps et les modes utilisés dans les quatre propositions subordonnées ?

Retenons

La proposition subordonnée circonstancielle

- **Définition :** Une **proposition subordonnée circonstancielle** est une proposition subordonnée dont la fonction est d'être **complément circonstanciel**.
- Les propositions subordonnées circonstancielles expriment les **circonstances d'une action** : le temps, la cause, la conséquence, le but, la comparaison...
- Lorsque que le sujet de la subordonnée est le même que celui de la principale, la proposition subordonnée est remplacée par un infinitif › *Je ferme la porte **avant de partir**.*

La proposition subordonnée circonstancielle de temps

- **Définition :** La proposition subordonnée circonstancielle de temps est une proposition subordonnée dont la fonction est **complément circonstanciel de temps**. Elle indique à quel moment se fait une action. Elle est introduite par une **conjonction de subordination** : ***quand, lorsque, avant que, après que...***

Proposition principale	Proposition subordonnée
Je chante dans la voiture	***quand*** *je pars en vacances.*

↓ Conjonction de subordination

La proposition subordonnée circonstancielle de temps précise si l'action exprimée par le verbe de la proposition principale dont elle dépend a lieu en même temps, ou avant, ou après l'action qu'elle exprime.

- **Les conjonctions de subordination qui introduisent une proposition subordonnée circonstancielle de temps**
  Les conjonctions les plus courantes sont : *avant que, après que, pendant que, quand,*
  - ***avant que*** indique l'antériorité de l'action exprimée dans la principale...
  - ***après que*** indique la postériorité de l'action exprimée dans la principale...
  - ***pendant que*** indique la simultanéité de l'action exprimée dans la principale...
  - ***quand*** et ***lorsque*** expriment la simultanéité, la répétition, la postériorité...

  ... par rapport à l'action exprimée dans la proposition subordonnée.
  › *Je joue de la guitare pendant que tu fais de la peinture.* › relation de simultanéité
  › *Je joue de la guitare avant que tu ne fasses de la peinture.* › relation d'antériorité
  › *Je joue de la guitare après que tu as fait de la peinture.* › relation de postériorité

L'antériorité

- Les propositions circonstancielles de temps exprimant l'antériorité de l'action de la principale peuvent être introduites par ***en attendant que***, ***avant que*** ou ***jusqu'à ce que***. On remarque que les deux verbes sont à **l'indicatif**.
- **ATTENTION :** Avec les conjonctions *avant que, en attendant que, jusqu'à ce que*, le verbe de la subordonnée est toujours au **subjonctif**. › *Je joue de la guitare **avant que tu ne fasses de la peinture**.*
  - le rapport entre les deux actions est exprimé par la conjonction de subordination *avant que* : c'est l'antériorité, l'action *jouer de la guitare* précède (vient avant) celle de *faire de la peinture*.

- *fasses* est au mode subjonctif
- *ne* est placé entre le sujet et le verbe : il n'exprime pas la négation mais renforce l'antériorité. On l'appelle le ***ne* explétif**.

La postériorité

- Les propositions circonstancielles de temps exprimant la postériorité de l'action de la principale peuvent être introduites par ***quand, après que, dès que, aussitôt que***. › *Quand / Après que / Dès que / Aussitôt que tu auras fini tes devoirs, tu iras jouer avec ton petit frère.*
- On voit que dans la proposition subordonnée circonstancielle de temps exprimant la postériorité, on a utilisé **l'indicatif** (ici le futur antérieur de l'indicatif).
- **On n'utilise jamais le subjonctif dans les propositions circonstancielles de temps exprimant la postériorité. On utilise l'indicatif : le futur antérieur, le passé antérieur, le passé composé.**

La simultanéité

- Les propositions circonstancielles de temps exprimant la simultanéité peuvent être introduites par *quand, pendant que, tandis que, tant que, aussi longtemps que, chaque fois que, toutes les fois que, comme, maintenant que.*
  › *Élisa prend un thé quand / pendant que / tandis que Jean fait la vaisselle.*
  › *Tant qu' / Aussi longtemps qu' / chaque fois qu' / toutes les fois qu' / maintenant qu' / comme il fait beau, je reste dehors.*
- On voit que dans la proposition subordonnée circonstancielle de temps exprimant la simultanéité, on a utilisé l'indicatif.

Exercices

1 Parmi les phrases suivantes, ne recopiez que les phrases comprenant des propositions subordonnées circonstancielles de temps que vous soulignerez.

1) Mon frère regardait la télévision quand le téléphone sonna. 2) Julien reste au collège parce qu'il y a cours jusqu'à dix-sept heures. 3) Avant qu'il ne fasse nuit, je vais faire un tour au magasin. 4) Très tôt le matin, à la plage, je cherche des moules. 5) Lorsque je joue de la guitare, je ne vois pas le temps passer.

2 Pour chaque phrase, indiquez si l'action de la principale est antérieure, postérieure ou simultanée par rapport à la proposition subordonnée. Précisez le mode employé dans la subordonnée.

1) Après que tu auras fait la vaisselle avec ton père, tu pourras aller jouer aux cartes avec tes amis.
2) Avant que tu ne sois vraiment en colère, je voudrais te présenter mes excuses pour ce que j'ai fait.
3) Pendant que tu étais en vacances, tes parents travaillaient.
4) Avant que son amie ne lui demande ce qui n'allait pas, Sandrine dit qu'elle était malade.
5) Pendant que Jérémy travaille sur son ordinateur, Aurélien va faire du vélo.

3 Recopiez les phrases suivantes en mettant le complément circonstanciel de temps sous la forme d'une proposition subordonnée circonstancielle de temps.

1) Après la pluie, les oiseaux chantent.
2) Pendant le contrôle, Pierre regarde sa montre.
3) Avant son mariage, Claire choisit sa robe de mariée.
4) Pendant le déménagement de sa famille, Élodie va dormir chez une amie.
5) Après sa fête d'anniversaire, Thomas range ses cadeaux.

4 Complétez les phrases suivantes.

1) Je vais au marché pendant que tu ...
2) Après que Marc ... , il va au cinéma.
3) Aurélie se prépare avant que ...
4) Le chat s'étire après que ...
5) Quand tu ... , je suis content.

5 Complétez les phrases suivantes en conjuguant le verbe entre parenthèses. Précisez le temps et le mode que vous utilisez.

1) Quand tu *(prendre)* le train la prochaine fois, tu penseras au texte de Zola. 2) Quand le curé *(monter)* sur la moto, il a ressenti une grande impression de vitesse. 3) Avant qu'il *(se rendre compte)* du danger, le tour de moto était terminé. 4) Pendant que Mary Shelley *(écrire) Frankenstein*, elle pensait au mythe de Prométhée. 5) Après que Boris Vian *(composer) La Complainte du progrès*, il a été heureux que le texte ait été mis en musique.

6 Écriture : Rédigez un petit texte disant ce que vous faites quand vous rentrez chez vous le soir après le collège. Utilisez au moins deux propositions subordonnées circonstancielles de temps exprimant l'antériorité, deux propositions subordonnées circonstancielles de temps exprimant la postériorité et une proposition subordonnée circonstancielle de temps exprimant la simultanéité.

28 LES PROPOSITIONS SUBORDONNÉES CIRCONSTANCIELLES DE CAUSE ET DE CONSÉQUENCE

Observons

a) Héloïse va à la piscine car elle aime la natation.
b) Elle a été tellement malade cette nuit qu'elle est arrivée en retard au collège ce matin.
c) Les enfants sont très fatigués, si bien qu'ils sont allés se coucher à sept heures du soir.

1) Phrases 1 et 2 : relevez les compléments circonstanciels et donnez leur nature. Comment appelle-t-on la proposition subordonnée en Phrase 2 ?
2) Relevez les propositions subordonnées circonstancielles de conséquence.
3) Quels mots les introduisent ?

Retenons

La proposition subordonnée circonstancielle de cause

- **Une proposition subordonnée circonstancielle de cause** est une proposition subordonnée dont la fonction est **complément circonstanciel de cause**.
- Elle explique **une action ou un état exprimé dans la proposition principale**.

Proposition principale : *Je suis en retard* — **Proposition subordonnée circonstancielle** : ***parce que*** *j'ai raté le bus.* → Fonction : complément circonstanciel de cause du verbe *être*

↓ **Conjonction de coordination** introduisant la proposition subordonnée

- Les propositions subordonnées circonstancielles de cause sont introduites par une **conjonction de subordination** : *parce que, puisque, comme,* ou une **locution conjonctive** : ***vu que, attendu que, étant donné que, sous prétexte que.***
  › ***Puisque j'ai déjà fait les exercices***, *je peux me détendre.*
  › ***Vu qu'il est déjà venu hier***, *ce n'est pas la peine qu'il revienne demain.*

La proposition subordonnée circonstancielle de conséquence

- Une proposition subordonnée circonstancielle de conséquence est une proposition subordonnée dont la fonction est **complément circonstanciel de conséquence**.
- Elle désigne la conséquence, le résultat d'une action.

Proposition principale : *Les enfants sont* ***tellement*** *fatigués* — **Proposition subordonnée circonstancielle** : ***qu'****ils sont allés se coucher à huit heures.* → Fonction : complément circonstanciel de conséquence du verbe *être*

↓ **adverbe corrélatif** (tellement) ; ↓ ***+ que*** introduisant la proposition subordonnée circonstancielle

- La proposition est **suppressible** › *Les enfants sont fatigués.*
- La proposition subordonnée circonstancielle de conséquence est introduite par :
  - **une locution conjonctive : *de sorte que, si bien que, au point que, de façon que, de manière que*** + **indicatif.**
    › *Il a parlé toute la journée* ***si bien qu'****il n'a plus de voix.*

- **la conjonction de subordination** ***que*** précédée d'un **adverbe** placé dans la proposition principale (***si, tant, tellement***) + **indicatif.**
  - › *Il a **tant** parlé aujourd'hui **qu'**il n'a plus de voix.*
- **la locution conjonctive** ***pour que*** précédée dans la principale par ***assez, trop, il suffit...*** + **subjonctif.**
  - › *Denis court beaucoup **trop** vite **pour que** Martin puisse le rattraper.*

- **ATTENTION:** il ne faut pas confondre les propositions subordonnées circonstancielles de cause et les propositions subordonnées circonstancielles de conséquence.
  - La cause précède l'action.
  - La conséquence suit l'action, elle en est une retombée.
- **Remarque:** *trop... pour* est suivi de l'infinitif lorsque le sujet de la proposition subordonnée circonstancielle est le même que celui de la proposition dont elle dépend.

Parce qu'il aime la moto... ... *qu'il ne lui reste plus d'argent de poche!*

*Pierre achète **tellement** de magazines de sport...*

Exercices

1 Recopiez les phrases suivantes en soulignant la ou les propositions subordonnées circonstancielles de cause et en encadrant la conjonction ou la locution conjonctive introductrice.

1) J'ai mal à la tête parce que je me suis couchée trop tard hier soir.
2) Étant donné que tu ne viens pas avec nous faire une promenade en forêt, tu n'auras pas de chocolat chaud.
3) Vu que je t'ai donné beaucoup d'argent de poche ce mois-ci, tu n'en auras pas le mois prochain.
4) Comme tu es disponible, tu veux bien venir m'aider?

2 Recopiez les phrases suivantes en soulignant les propositions subordonnées circonstancielles de conséquence et en encadrant les éléments qui les introduisent.

1) Il y a assez de biscuits pour nourrir tout un régiment.
2) Il y a tellement de monde dans les magasins à l'approche de Noël que je ne peux pas avancer.
3) Elle est trop occupée pour venir te voir.
4) La mer est si belle que j'ai envie de me baigner.
5) Léo a tellement chaud qu'il a retiré son pull.

3 Pour chaque phrase, indiquez si la proposition en gras est une proposition subordonnée circonstancielle de cause ou de conséquence. Justifiez et indiquez la conjonction ou la locution conjonctive utilisée.

1) Il l'aime tellement **qu'il lui a écrit une lettre d'amour.**
2) Elle est trop triste **pour que je croie que ce n'est pas à cause de moi.**
3) Il a tellement neigé **que l'on ne peut plus circuler.**
4) J'ai tant ri **que j'ai mal au ventre.**
5) J'ai trop dansé **pour que tu me ramènes sur la piste.**
6) **Comme tu habites loin de chez moi**, tu viens en vélo.

4 Complétez les phrases suivantes en employant une proposition subordonnée circonstancielle de cause.

1) Magali veut danser, vu que ...
2) Nadia espère devenir fleuriste, étant donné que ...
3) Comme ... , Martin part pour le Canada.
4) Puisque ... , je reste avec toi.
5) Je suis triste parce que ...
6) Attendu que ... , Julie a décidé de patienter.

5 Complétez les phrases suivantes par des propositions subordonnées circonstancielles de conséquence.

1) Julien est tellement heureux que ...
2) Aude a assez travaillé pour que ...
3) Prisca a tant ri que ...
4) Vincent a tant de fois entendu cette chanson que ...
5) Je suis si triste que ...
6) Louise a tellement parlé que ...

6 Écriture: Imaginez un petit texte sur le thème suivant: *Rébecca va au Kenya pendant les vacances*, et utilisez au moins deux propositions subordonnées circonstancielles de cause et deux de conséquence; identifiez-les et repérez les conjonctions ou les locutions conjonctives qui les introduisent.

29 LES PROPOSITIONS SUBORDONNÉES CIRCONSTANCIELLES DE BUT ET DE COMPARAISON

Observons

a) Il est aussi généreux qu'il est riche.
b) Il veut avoir son bac pour que ses parents le laissent faire du théâtre.
c) Regarde-moi, pour que je voie ton visage.

1) Phrase 1 : Par quels mots la comparaison est-elle exprimée?
2) Phrases 2 et 3 : à quel temps et à quel mode le but est-il exprimé dans les propositions?

Retenons

Les propositions subordonnées circonstancielles de but

- Le **but** désigne ce que l'on cherche à atteindre, un objectif fixé. Une **proposition subordonnée circonstancielle de but** est une proposition subordonnée dont la fonction est **complément circonstanciel de but**.
- Elle est introduite par les locutions conjonctives ***pour que, de façon que, de manière que, dans l'espoir que, afin que*** **+ subjonctif**.

Proposition principale : *Il travaille beaucoup*
Proposition subordonnée circonstancielle : *pour que ses parents soient fiers de lui.* → Fonction : complément circonstanciel de but du verbe *travailler*
Locution conjonctive (*pour que*) introduisant la proposition subordonnée

- **Remarque :** Lorsque le sujet est le même dans la proposition principale et la proposition subordonnée circonstancielle de but, le verbe de la subordonnée est à l'**infinitif**.
  › *Il a fait cela **pour lui prouver son amitié*** et non pas *Il a fait cela ~~pour qu'il lui prouve son amitié~~*.
- **ATTENTION :** Ne pas confondre les propositions subordonnées circonstancielles de but et les propositions subordonnées circonstancielles de conséquence, surtout lorsqu'elles sont introduites par ***pour que*** **+ subjonctif**.
  › *Il suffit d'un rien **pour que Paul soit heureux**.*
  Cette proposition ne répond pas à la question « Dans quel but ? » et le sujet est impersonnel : *il* ne peut être l'auteur d'une action menée dans un but. On a donc affaire à une proposition subordonnée de conséquence.
  › *Elle veut témoigner **pour qu'ils la croient**.*
  Cette proposition répond à la question « Dans quel but ? » et le sujet de la principale n'est pas impersonnel. Il s'agit donc bien d'une proposition subordonnée circonstancielle de but.

Les propositions subordonnées circonstancielles de comparaison

- Une proposition subordonnée circonstancielle de comparaison est une proposition subordonnée dont la fonction est **complément circonstanciel de comparaison**.
- Lorsqu'elle exprime une ressemblance, elle est introduite par les locutions conjonctives ***comme, ainsi que, de même que***.
  › ***De même que son frère**, elle aime dessiner.*
  › ***Ainsi que je l'ai dit**, je vais t'inviter au musée.*
  › *Il ment **comme il respire**.*
- Lorsqu'elle exprime d'autres nuances, elle est introduite par la conjonction *que*, introduite dans la principale par un corrélatif, adjectif qualificatif ou adverbe : ***même que / de même..., autant... que, d'autant... que..., aussi longtemps que...*** **+ indicatif ou conditionnel**.

Elle exprime notamment l'égalité, la différence, la proportion.

› *Elle parle de films* ***aussi bien que le ferait un réalisateur de cinéma.*** › égalité

› *Il travaille* ***moins que son frère.*** › différence

› *Elle est* ***d'autant plus*** *nerveuse* ***qu'elle a bien révisé.*** › proportion

- **Remarque :** Il arrive que le verbe de la proposition subordonnée ne soit pas exprimé.

› *Il travaille moins que son frère [ne travaille].*

Exercices

1 Recopiez les phrases suivantes, soulignez les compléments circonstanciels de but et donnez leur nature.

1) J'ai oublié d'éteindre la lumière pour dormir.
2) Je veux venir avec toi pour que tu ne te perdes pas seule dans la montagne.
3) Je relis ma leçon en vue de bien réussir le contrôle.
4) Je me suis caché dans le grenier pour que tu ne me trouves pas.

2 Recopiez et complétez les phrases suivantes.

1) J'ai participé à la chorale pour que ...
2) Je suis allé au marché ce matin, afin que ...
3) La maison est conçue de façon que ...
4) Aurélie a appris le piano, de manière que ...
5) Edouard a appris sa leçon dans l'espoir que ...

3 Recopiez et complétez les phrases suivantes.

1) De même que Sophie est venue me voir hier à l'hôpital, sa sœur ...
2) Elle est aussi grande que ...
3) Je suis restée aussi longtemps que ...
4) De la même façon que Mélissa ..., Mélanie a fait médecine.
5) Richard a fait autant de bêtises que ...

4 Pour chacune des phrases suivantes, indiquez si la proposition suivie de *pour que* est une proposition subordonnée circonstancielle de but ou de conséquence.

1) Je suis venu te voir au concert pour que tu ne sois pas déçu.
2) Il est trop tard pour que je puisse rester.
3) Je prends des cours de danse pour que tu puisses un jour m'admirer sur la scène.
3) Pour que sa sœur vienne le voir, il lui a menti et il lui a dit qu'il était malade.
4) Elle est trop bien habillée pour que je ne la complimente pas.
5) Boris Vian ou Aldous Huxley étaient trop en avance sur leur temps pour être parfaitement compris de leurs contemporains.

5 Dictée préparée

a) Lisez attentivement ce texte et identifiez les antécédents dont les propositions subordonnées relatives soulignées sont les compléments.

b) Recopiez ensuite deux propositions subordonnées circonstancielles de temps et une proposition subordonnée circonstancielle de comparaison et identifiez-les en indiquant comment elles sont introduites.

c) Révisez les terminaisons de la première personne du singulier à l'imparfait et au passé simple *(leçon de conjugaison n° 14).*

S 1. Écrire lisiblement un texte, spontanément ou sous la dictée, en respectant l'orthographe et la grammaire

Je fus tiré de mes réflexions par le gazouillement d'une grive perchée sur la plus haute branche d'un bouleau. A l'instant, ce son magique fit reparaître à mes yeux le domaine paternel. J'oubliai les catastrophes **dont je venais d'être le témoin**, et, transporté subitement dans le passé, je revis ces campagnes **où j'entendis si souvent siffler la grive**. Quand je l'écoutais alors, j'étais triste de même qu'aujourd'hui. Mais cette première tristesse était celle **qui naît d'un désir vague de bonheur**, lorsqu'on est sans expérience ; la tristesse **que j'éprouve actuellement** vient de la connaissance des choses appréciées et jugées. Le chant de l'oiseau dans les bois de Combourg m'entretenait d'une félicité **que je croyais atteindre** ; le même chant dans le parc de Montboissier me rappelait des jours perdus à la poursuite de cette félicité insaisissable. Je n'ai plus rien à apprendre, j'ai marché plus vite qu'un autre, et j'ai fait le tour de la vie.

À noter au tableau : Combourg, Montboissier

Chateaubriand, ***Les Mémoires d'outre-tombe***

6 Écriture : Imaginez un petit texte sur le thème : *Laure et sa sœur veulent chacune un vélo.* Utilisez au moins deux propositions subordonnées circonstancielles de but et deux de comparaison et identifiez-les clairement.

30 SYNTHÈSE ET RÉVISIONS : LES NIVEAUX D'ANALYSE GRAMMATICALE, OU COMMENT REPÉRER LES FONCTIONS DANS LA PHRASE

Retenons

La composition de la phrase

- Une phrase peut se décomposer en plusieurs mots ou groupes de mots qui, du point de vue de l'analyse grammaticale, assurent une fonction dans la phrase, à un niveau donné.
- On peut dire qu'une phrase est composée d'un ensemble de **mots ou groupes de mots** qui, en **fonctionnant** ensemble, produisent du sens. Ce mot ou groupe de mots s'appelle aussi un **syntagme**.
- Analyser une phrase (identifier les éléments qui la composent) revient à identifier les différents groupes qui la composent et les fonctions qu'ils occupent.

[*La forme de son visage*] [*lui*] [*donnait*] [*généralement*] [*un aspect étrange et inquiétant.*]

- Tout en groupant les mots, on réfléchit aux liens entre les groupes constitués : **qui commande qui ?**

Groupes de niveau 1 : [*La forme de son visage*] [*lui*] [*donnait*] [*généralement*] [*un aspect étrange et inquiétant.*]

- **Une phrase comporte plusieurs niveaux d'analyse.**
Ainsi, à l'intérieur d'un groupe de niveau 1 on pourra en trouver plusieurs de niveau 2.

Groupes de niveau 2 : [*La forme* [*de son visage*]] [*lui*] [*donnait*] [*généralement*] [*un aspect* [*étrange*] *et* [*inquiétant.*]]

- **À retenir : Lorsqu'on analyse une phrase, on part toujours du plus important (niveau 1) avant d'approfondir les recherches (niveaux 2, 3...).**

Les fonctions

(voir Mémo-fiche leçon n° 11 pour le détail des fonctions)
Une fois ce travail de découpage effectué, on peut déterminer les fonctions assurées par chaque groupe.
Le principe est simple : **1 mot ou groupe de mots = 1 fonction**

- **Les fonctions liées au verbe** organisent la phrase dans son ensemble.

	Sujet	COI	Verbe	C.C. de Temps	COD
niv. 1	*La forme de son visage*	*lui*	*donnait*	*généralement*	*un aspect étrange et inquiétant.*

Remarque : Les groupes dont la fonction n'est pas essentielle (les CC) sont facultatifs, déplaçables et supprimables.

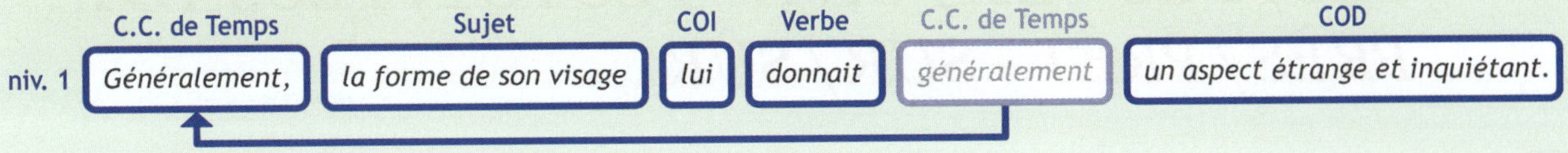

▸ **Les fonctions liées au nom** se repèrent au niveau du groupe nominal, qui a lui-même une fonction dans la phrase.

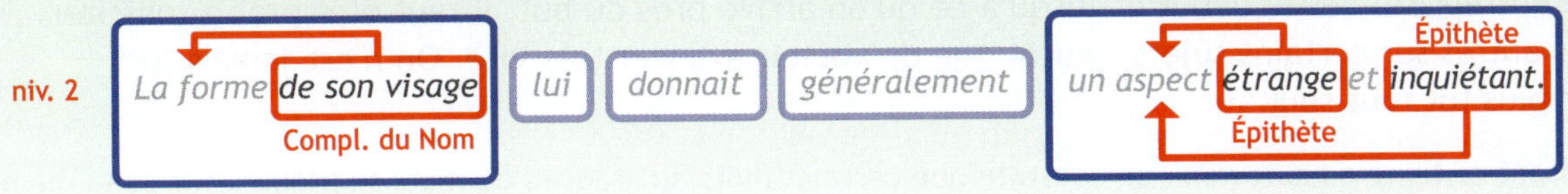

Remarque : Au niveau 2 ou 3, à l'intérieur d'un COD par exemple, on peut trouver un autre verbe avec son sujet et son COD. Il n'y a pas de limite…

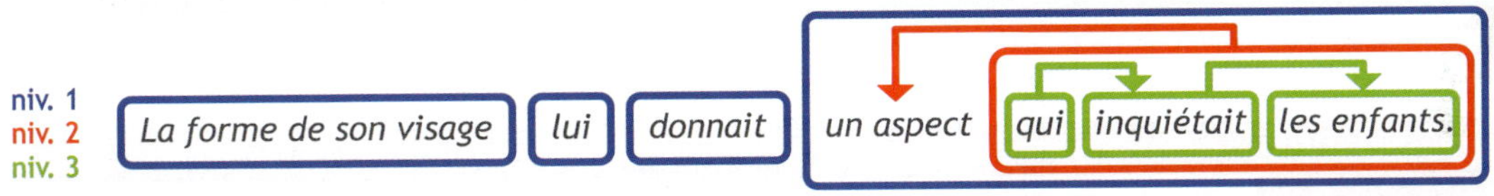

Exercices

1 Dans ces phrases, repérez les mots ou groupes de mots de niveau 1 et encadrez-les.

1) La veille, Clara avait essayé la robe de sa mère pour faire rire sa famille. 2) Ils construiront ici un immeuble de dix étages. 3) Le livre dont je t'ai parlé a été écrit par un homme qui a vécu en Afrique pendant quinze ans. 4) Ton rendez-vous chez le dentiste a été annulé en raison de la neige qui paralyse le trafic routier.
5) Au fond du gouffre, dans la montagne, les équipes de sauvetage ont découvert le corps congelé des alpinistes disparus. 6) L'oncle de Jules, un médecin réputé, a soigné le président d'un grand pays du Moyen-Orient.

2 Recopiez le texte suivant et encadrez tous les groupes de niveau 1 en employant une couleur différente par fonction. Ensuite, relevez un complément du nom, une proposition subordonnée relative, une apposition, un déterminant indéfini, une épithète liée.

Un ballon est toujours immobile par rapport à l'air qui l'environne ; ce n'est pas lui qui marche, c'est la masse de l'air elle-même ; aussi, allumez une bougie dans votre nacelle, et la flamme ne vacillera pas. Un aéronaute qui serait monté dans le ballon de Garnerin n'aurait aucunement souffert à cause de cette vitesse. D'ailleurs, je ne tiens pas à expérimenter une semblable rapidité, et si je puis m'accrocher pendant la nuit à quelque arbre ou quelque accident de terrain, je ne m'en priverai pas. Nous emportons d'ailleurs de nombreux vivres, et rien n'empêchera notre adroit chasseur de nous fournir du gibier en abondance quand nous prendrons terre.

D'après Jules Verne, ***Cinq semaines en ballon***

3 Dictée préparée : Lisez attentivement ce texte. a) Relevez les propositions subordonnées circonstancielles, les propositions subordonnées complétives et les propositions subordonnées relatives. b) À l'aide de la leçon de conjugaison n° 30, analysez les formes verbales et encadrez leur terminaison.

S **1. Écrire lisiblement un texte, spontanément ou sous la dictée, en respectant l'orthographe et la grammaire**

Il arriva que Toine eut une attaque et tomba paralysé. On coucha ce colosse dans la petite chambre derrière la cloison du café, afin qu'il pût entendre ce qu'on disait à côté, et causer avec les amis, car sa tête était demeurée libre, tandis que son corps, un corps énorme, impossible à remuer, à soulever, restait frappé d'immobilité. On espérait, dans les premiers temps, que ses grosses jambes reprendraient quelque énergie, mais cet espoir disparut bientôt, et Toine-ma-Fine passa ses jours et ses nuits dans son lit qu'on ne retapait qu'une fois par semaine, avec le secours de quatre voisins qui enlevaient le cabaretier par les quatre membres pendant qu'on retournait sa paillasse.

Guy de Maupassant, ***Toine***

1 HOMOPHONES (1/2)
DES / DÈS - ON / ON N'- PLUTÔT / PLUS TÔT - PRÈS / PRÊT - SUR / SÛR

Observons

En toute entreprise, dès le début et jusqu'à ce qu'on arrive près du but, il faut être prêt à solliciter l'avis des autres sur certains sujets, plutôt que de vouloir avancer très vite. On n'est jamais sûr d'arriver plus tôt tout seul.

1) En lisant ce texte à haute voix, on constate que certains mots ou groupes de mots se prononcent de la même manière. Quels sont-ils?
2) Remplacez-les par d'autres mots qui permettent de faire la différence entre eux.

Retenons

Homophones	Classe grammaticale	Pour ne pas confondre	Exemple
des	› article défini pluriel › *de+les* › article indéfini (pluriel) › article partitif	remplacer par *certain(e)s, de certain(e)s*	*les livres* ***des*** *enfants* › *les livres* ***de certains enfants***
dès	› employé seul › préposition › *dès que* › locution conjonctive	› remplacer par *depuis* › remplacer par *aussitôt que*	› ***dès*** *l'aube* › ***depuis*** *l'aube* › ***dès*** *qu'il fera beau* › ***aussitôt qu'****il fera beau*
on	pronom personnel indéfini (3e personne)	remplacer par *nous* ou *l'homme*	› ***On*** *est d'accord!* › ***Nous*** *sommes d'accord!* › ***On*** *a toujours besoin d'un plus petit que soi.* › ***L'homme*** *a toujours...*
on n'	pronom personnel indéfini (3e personne) + négation *ne* élidée	remplacer par *nous ne... jamais* ou *ils ne... jamais*	***On n'****est pas d'accord!* › ***Nous ne*** *sommes jamais d'accord!*
plus tôt	comparatif de l'adverbe *tôt*	remplacer par *plus tard*	*Il viendra* ***plus tôt****.* › *Il viendra* ***plus tard****.*
plutôt	adverbe de préférence	remplacer par *de préférence*	*Il viendra* ***plutôt*** *en train.* › *Il viendra* ***de préférence*** *en train.*
prêt	adjectif qualificatif	remplacer par *préparé* ou mettre au féminin	*Je suis* ***prêt****!* › *Elle est* ***prête****!*
près	adverbe	remplacer par *à côté*	*La voiture est tout* ***près****.* › *La voiture est (tout)* ***à côté****.*
sur	préposition	remplacer par *sous*	***sur*** *le pont* › ***sous*** *le pont*
sûr, sûre	adjectif qualificatif	remplacer par *certain / certaine*	*Je suis* ***sûr / sûre*** *de ne pas me tromper.* › *Je suis* ***certain / certaine****...*

Exercices

1 Phrases de dictée ou d'autodictée.

1. Écrire lisiblement un texte, spontanément ou sous la dictée, en respectant l'orthographe et la grammaire

1) Dès que tu auras terminé ton travail, nous irons nous acheter des crêpes.
2) Plutôt que de te plaindre d'être toujours en retard, pars plus tôt de chez toi.
3) On n'est jamais tranquille dans cette maison ! On est à peine arrivé qu'on a tout le monde autour de soi ! On est rarement seul et on n'a guère de temps pour soi...
4) Sonia, es-tu bien sûre d'avoir laissé les dominos sur la table samedi dernier ? Antoine est sûr de les avoir vus dans ta chambre. Olivia et Mélodie sont sûres, elles, de ne pas les avoir vus depuis trois jours.

2 a) Recopiez les phrases suivantes en choisissant la forme qui convient. b) Justifiez ensuite votre réponse en précisant la classe grammaticale de la forme choisie.

1) *Plus tôt / Plutôt* ton frère arrivera, plus vite nous partirons au stade.
2) Tu es *près / prêt* ? Je t'attends *près / prêt* du portail.
3) *Des / Dès* la sonnerie de la cloche, *des / dès* dizaines d'élèves se bousculent dans les couloirs.

3 Recopiez les phrases suivantes en les complétant avec les homophones étudiés, correctement orthographiés.

1) Denise habitait ... du nouveau grand magasin.
2) La nouvelle vendeuse n'était pas très ... d'elle-même.
3) ... que de les faire travailler le soir, le directeur du magasin leur demandait de venir ... le lendemain.
4) ... a jamais vu ici une personne si habile ! Jusqu'à présent, ... a toujours eu des vendeuses maladroites.

4 Dans les poèmes suivants, recopiez les vers en gras en ayant soin de choisir l'homophone adéquat.

1) Ainsi, toujours poussés vers de nouveaux rivages,
Dans la nuit éternelle emportés sans retour,
Ne pourrons-nous jamais *sur / sûr* l'océan des âges
Jeter l'ancre un seul jour ?
O lac ! l'année à peine a fini sa carrière,
Et *près / prêt* des flots chéris qu'elle devait revoir,
Regarde ! Je viens seul m'asseoir *sur / sûr* cette pierre
Où tu la vis s'asseoir !
Un soir, t'en souvient-il ? nous voguions en silence ;
***On n' / on* entendait au loin, *sur / sûr* l'onde et sous les [cieux,**
Que le bruit des rameurs qui frappaient en cadence
Tes flots harmonieux.

Alphonse de Lamartine, « Le Lac », *Méditations poétiques (v. 1 à 12)*

2) **Demain, *dès / des* l'aube, à l'heure où blanchit la [campagne,**
Je partirai. Vois-tu, je sais que tu m'attends.
J'irai par la forêt, j'irai par la montagne.
Je ne puis demeurer loin de toi plus longtemps.

Je marcherai les yeux fixés *sur / sûr* mes pensées
Sans rien voir au dehors, sans entendre aucun bruit,
Seul, inconnu, le dos courbé, les mains croisées,
Triste, et le jour pour moi sera comme la nuit.

Je ne regarderai ni l'or du soir qui tombe,
Ni les voiles au loin descendant vers Harfleur
Et quand j'arriverai, je mettrai *sur / sûr* ta tombe
Un bouquet de houx vert et de bruyère en fleur.

Victor Hugo, « Demain, dès l'aube », *Les Contemplations*

5 Même exercice que 4.

Caïn, ne dormant pas, songeait au pied *des / dès* [monts.
Ayant levé la tête, au fond des cieux funèbres,
Il vit un œil, tout grand ouvert dans les ténèbres,
Et qui le regardait dans l'ombre fixement.
« Je suis trop *près / prêt* » dit-il avec un tremblement.
Il réveilla ses fils dormant, sa femme lasse,
Et se remit à fuir sinistre dans l'espace.
Il marcha trente jours, il marcha trente nuits.
[...] Il atteignit la grève
Des mers dans le pays qui fut depuis Assur.
« Arrêtons-nous, dit-il, car cet asile est *sur / sûr* ».

Victor Hugo, « La Conscience », *La Légende des siècles*

6 Dans le poème suivant, quel est l'homonyme qui convient ? Justifiez votre réponse.

Plus tôt / Plutôt seront Rhône et Saône disjoints,
Que d'avec toi mon cœur se désassemble :
Plus tôt / Plutôt seront l'un et l'autre mont joints,
Qu'avecques nous aucun discord s'assemble :
Plus tôt / Plutôt verrons et toi et moi ensemble
Le Rhône aller contremont lentement,
Saône monter très violentement,
Que ce mien feu, tant soit peu, diminue,
Ni que ma foi décroisse aucunement.
Car ferme amour sans eux est plus que nue.

Maurice Scève,
« Plutôt seront Rhône et Saône disjoints », *Délie*

7 Écriture : Inventez cinq phrases utilisant chacune l'un des homophones étudiés.

8 Écriture : Rédigez un texte de cinq à dix lignes dans lequel vous ferez le portrait de votre héros préféré. Vous utiliserez au moins trois des homophones étudiés et vous les soulignerez.

2 HOMOPHONES (2/2) *L'AI / LAIT / LAID / LES - QUAND / QUANT / QU'EN - QU'IL A / QUI LA / QUI L'A - TANT / TEMPS / TEND(S) / T'EN*

Observons

Quant à moi, quand Pauline sera partie, j'aurai tant de choses à faire que je n'aurai plus le temps de m'occuper du club d'arts plastiques. Pourrais-tu t'en charger ? C'est Yasmina qui l'a créé et, depuis qu'il a commencé, son succès ne s'est pas démenti.

1) Lisez ce texte à haute voix.
2) Repérez les mots ou groupes de mots qui se prononcent de la même manière.
3) Remplacez-les par d'autres mots ou groupes de mots de sens proche.

Retenons

Homophones	Classe grammaticale	Pour ne pas confondre	Exemple
l'ai	pronom personnel *le* (3e pers. sg.) élidé + verbe *avoir* (indicatif présent, 1re pers.)	mettre le verbe à un autre temps	*Je l'ai retrouvé.* › *Je l'avais retrouvé.*
les	› article défini (pluriel)	› remplacer par le déterminant possessif	*les chaussettes* › *mes chaussettes*
	› pronom personnel (3e pers. pl.)	› remplacer par un autre pronom personnel	*Je les aime bien.* › *Je vous aime bien.*
laid	adjectif qualificatif	remplacer par un autre adjectif qualificatif	*Que cet homme est laid !* ›*... est repoussant !*
lait	nom commun	remplacer par un autre nom commun	*Il ne boit que du lait.* ›*... que du jus de pomme.*

Homophones	Classe grammaticale	Pour ne pas confondre	Exemple
quand	› conjonction de subordination	› remplacer par *lorsque*	*Quand il est d'accord...* › *Lorsqu'il est d'accord...*
	› pronom interrogatif	› remplacer par *à quel moment (?)*	
quant	(suivie de *à* + GN ou pronom) locution prépositive	remplacer par *pour ce qui est de*	*Quant à lui, il est d'accord.* › *Pour ce qui est de lui, il est d'accord.*
qu'en	pronom interrogatif *que* élidé + pronom adverbial *en*	remplacer par *que... de cela*	*Qu'en dira-t-on ?* › *Que dira-t-on de cela ?*

Homophones	Classe grammaticale	Pour ne pas confondre	Exemple
qu'il a	conjonction de subordination ou pronom relatif *que* élidé + pronom personnel *il* + verbe *avoir* (indicatif présent, 3e pers. sg.)	remplacer le pronom par un nom et mettre le verbe à un autre temps	*Voici le tableau qu'il a peint.* › *Voici le tableau que Paul avait peint.*
qu'il l'a	conjonction de subordination ou pronom relatif *que* élidé + pronom personnel *il* + pronom personnel *le* ou *la* élidé + verbe *avoir* (indicatif présent, 3e pers. sg.)	remplacer les deux pronoms par des noms et mettre le verbe à un autre temps	*Il y a tant de monde qu'il l'a perdu.* › *Il y avait tant de monde que Tom avait perdu Grégory.*
qui l'a	pronom relatif *qui* + pronom personnel *le* ou *la* élidé + verbe *avoir* (indicatif présent, 3e pers. sg.)	remplacer le pronom par un nom et mettre le verbe à un autre temps	*C'est Florian qui l'a reçu.* › *C'est Florian qui avait reçu le prix.*
qui la	pronom relatif *qui* + pronom personnel *la*	remplacer le pronom par un nom	*Le voisin, qui la connaît bien, te racontera son histoire.* › *Le voisin, qui connaît bien Joanna,...*

Homophones	Classe grammaticale	Pour ne pas confondre	Exemple
tant	adverbe d'intensité	remplacer par *tellement*	*Il a tant fait pour nous.* › *Il a tellement fait pour nous.*
tend(s)	verbe *tendre* (indicatif présent, 3e - 1re / 2e - pers. sg.)	mettre à un autre temps	*Il tend les mains vers elle.* › *Il tendait...*
temps	nom commun	remplacer par *heures*	*Il y a passé beaucoup de temps.* › *Il y a passé des heures.*
t'en	pronom personnel *te* élidé + pronom adverbial *en*	remplacer par *te... de cela*	*Je t'en donnerai.* › *Je te donnerai de mon goûter.*

Exercices

1 Phrases de dictée ou d'autodictée.

1) Où est ton vélo? – Je l'ai laissé chez les voisins.

2) Tant de temps passé à t'en aller partout! C'est autant de temps perdu, t'en rends-tu compte?

3) La chambre de Quentin est si agréable qu'il la préfère à celle de son frère, laquelle est pourtant plus grande. C'est lui qui l'a décorée, avec ses photos de vacances.

4) Les vaches par ici donnent un lait dont les fermiers disent qu'il est le meilleur de la région. Je l'ai goûté chez le laitier du village, un petit homme laid mais très drôle.

2 Recopiez les phrases suivantes en les complétant avec les homophones étudiés, correctement orthographiés.

1) Je n'ai plus de feuilles de brouillon. – Je ... donnerai.
2) Il paraît que ce film est excellent. ... déjà vu?
3) Le professeur nous a rendu nos rédactions. Il ... a trouvées très réussies.
4) Il est grand ... de partir!
5) Curieusement, le portrait d'un homme ... peut être beau.
6) Ses traits avaient ... de charme qu'on ne se lassait pas de ... contempler.

3 Pour chacune des phrases suivantes
a) Choisissez l'homophone qui convient.
b) Justifiez votre réponse en indiquant la classe grammaticale du mot choisi.

1) *Quand / Quant / Qu'en* Marjolaine sera revenue, j'irai faire les courses. *Quand / Quant / Qu'en* à toi, tu pourrais passer l'aspirateur. *Quand / Quant / Qu'en* penses-tu?

2) Ne *tant / t'en / tends* fais pas, tu as *tant / t'en / tends* d'amis; il y en a toujours un qui te *tant / t'en / tend* les bras quand tu es dans le besoin.

4 Recopiez et complétez les phrases avec *qu'il a / qu'il l'a / qui l'a / qui la*. Pour ne pas vous tromper, faites bien attention à la cohérence de chaque phrase.

1) Je cherche la liste de courses. ... vue?
2) La liste? Je crois ... perdue.
3) La liste ... perdue, je l'ai retrouvée!
4) La liste ... aidé à ne rien oublier en courses, la voici!

5 Recopiez et complétez les phrases suivantes. Chacune comporte des homonymes d'une même série.

1) Tout s'arrange avec le ...: ne ... fais pas ... que cela!
2) ... j'y pense, je me dis que je devrais me moquer du ... dira-t-on. ... à toi, tu devrais faire de même!
3) Dans ... romans de Victor Hugo, on rencontre des personnages très ...: Quasimodo, Gwynplaine ou Javert. Cet auteur, je ... lu avec passion; ses romans, je ... ai dévorés.

6 Recopiez ces phrases en choisissant l'homophone adéquat dans les leçons nos 1 et 2.

1) *Dès / Des* qu'il aura interrogé le suspect, le détective sera *prêt / près* à nous livrer le nom du vrai coupable.
2) S'il n'est pas encore *temps / tant* de parler, je préfère qu'il se taise *plus tôt / plutôt* que délivrer des informations qui ne sont pas *sûr / sûres / sur*.
3) *Qui l'a / qu'il a* vu mener l'enquête?
4) Ce *qui l'a / qu'il a* entendu lui permet-il de se prononcer?
5) *Quand / Quant* à moi, je *les / l'ai / laid* vu faire: *quant / quand* il tient une piste, il la serre de *prêt / près*.
6) Cette histoire, je ne suis pas *prêt / près* de l'oublier mais je ne suis pas encore *prêt / près* à la raconter. Et toi, *quand / quant / qu'en* dis-tu?

7 Écriture: Inventez cinq phrases utilisant chacune l'un des homophones étudiés.

8 Écriture: Rédigez un texte de cinq à dix lignes, dans lequel vous raconterez la rencontre la plus surprenante que vous ayez faite dans votre vie. Vous y emploierez au moins trois des homophones étudiés et vous les soulignerez.

3 QUELQUES PRÉFIXES : *AD-, BI(S) -, COM-, DÉ(S) -, SOUS-, TRANS-,...*

Observons

Depuis que mon grand-père m'a offert une **bicyclette**, je suis **infatigable**. Sur le chemin du collège, je dépasse fièrement tous mes camarades qui vont à pied. Ma mère trouve que je **commets** bien des imprudences. Mais elle **remarque** aussi que je ne suis plus **soumis** aux **incertitudes** des **transports** en commun.

› Observez la construction des mots en orange. Décomposez-les en différentes parties.

Retenons

▸ Un préfixe (*pre* = « avant ») est un élément qui a été placé avant un mot ou un radical pour construire un nouveau mot.

Préfixe	Sens	Exemple	Particularité orthographique	Exemple
ad- *ac-* *af-* …	(du latin *ad* : « vers »)		› Le *-d-* disparaît presque toujours.	› *adoucir, amener*
	« en plus de »	*admettre* : accepter en plus		
	« vers », « sur »	*accrocher* : mettre à un crochet	› Parfois, au contact d'une consonne, il se transforme en cette consonne, qui s'en trouve doublée.	› *accourir*, (*ad* + courir), *affaiblir, alléger, apporter, assoiffer, atterrir*
	parfois, simple renforcement du sens	*assombrir* : rendre (plus) sombre		
a- ou an-	le contraire, la privation	*analphabète, aphone*		
bi- *bis-*	qui a deux fois un certain élément (vocabulaire des sciences et techniques)	*bicyclette, bipède, bicolore*	mots de composition ancienne : *bis-*	*biscuit, biscornu*
com- *con-* *co-*	(du latin *cum* : avec)		› *col-* devant *-l-* › *cor-* devant *-r-* › *con-* devant *-n-*	› *collaborer* › *corriger* › *connaître* › *coéquipier, copain, coordination* › *commettre, combattre, comporter*
	idée d'accompagnement ou d'achèvement	› *codiriger* › *confirmer*		
	de nombreux mots anciennement composés ont perdu cette idée	› *conduire*	› mots de formation récente : *co-* › *-n-* devient *-m-* devant *-m-*, *-b-*, *-p-*	
dé- *dés-* *di-* *dis-*	idée première : mouvement de haut en bas, par extension, abandon	*descendre démissionner*	› *dés-* devant un mot commençant par une voyelle	› *intéresser* › *désintéressé*
	l'action (ou l'idée) inverse de celle exprimée par le mot de base	*défaire, décomposer*	› *dess-* devant un mot commençant par un *-s-* (pour conserver le même son. Pas d'accent aigu)	› *servir* › *desservir, seller* › *desseller*
	la négation, la perte	*désespoir, déséquilibre*	› exceptions (mots récents) *di-, dis-, dés-*	› *désensibiliser, désolidariser* › *digression, disloquer*
	l'éloignement, la dispersion	*dépasser, déporter*		
	renforcement du sens	*dessécher* : sécher complètement		

Préfixe	Sens	Exemple	Particularité orthographique	Exemple
sou- *sous-* *suc-* *suf-* *sug-* *sus-*	› la position	› *submersible*	› la forme latine *sub-* est parfois conservée	› *sublunaire*, *substance* › *succomber* › *suffoquer* › *suggérer* › *supporter*
	› la subdivision	› *sous-classe*	› *suc-* devant *-c-* › *suf-* devant *-f-* › *sug-* devant *-g-* › *sup-* devant *-p-*	
	› dans les mots de composition ancienne, le sens a disparu	› *souffrir*	› dans les mots de composition ancienne, le *-s-* final a parfois disparu…	› *souterrain*, *soucoupe*, *soumis*
trans-	› à travers	*transparence*	Dès le latin, *trans-* s'est parfois contracté en *tra-*	› *traverser* › *traduire*
	› au-delà	*transgresser* : aller au-delà des limites		
	› au-dessus	*transcendant* : au-dessus du niveau moyen		
	› d'un endroit à un autre en changeant	*transporter* *transformer*		

Exercices

1 **Recopiez chacun des mots suivants, qui comportent tous deux préfixes. Séparez-les puis encadrez le radical.**

redécouvrir – recommander – redécouper – insoumis – reconnaître – imprévoyant

2 **Recopiez les deux colonnes ci-dessous.**
a) Entourez les préfixes. b) Reliez chacun des mots de la première colonne à l'expression de la deuxième colonne qui correspond au sens du préfixe.

S **1. Utiliser ses capacités de raisonnement, ses connaissances sur la langue, savoir faire appel à des outils appropriés pour lire**

› accoudoir	› éloignement ou séparation
› concasser	› sur
› concourir	› ensemble
› déconnecter	› action contraire
› dénicher	› dans
› désacraliser	› en arrière
› empoigner	› avec
› retenir	› en-dessous
› retomber	› de nouveau
› sous-estimer	› insuffisamment
› sous-catégorie	› à travers
› sous-développé	› de l'un à l'autre
› transfusion	
› translucide	
› transpercer	

3 **Dans les phrases suivantes, reconstituez le mot en italiques en lui rendant son (ou ses) préfixe(s).**

1) Le gouvernement a été (*-fronté*) à une manifestation des pêcheurs de moules.
2) Un peu d'humour permet de (*-dramatiser*) toute cette histoire.
3) Boris s'est proposé pour (*-ordonner*) toutes les activités de l'(*-sociation*).
4) (*-gardez*)-moi ces trois (*-pères*), comme ils s'entendent bien !
5) Je, (*-signé*) Achille Delesprit, déclare sur l'honneur me charger de cette enquête et m'engage à essayer de (*-masquer*) le coupable.
6) Lorsqu'il fait chaud, il faut boire pour éviter la (*-hydratation*).
7) Pour avoir accès aux terrains de sport, il faut (*-scrire*) un abonnement.
8) Joëlle a (*-mandé*) la soirée parce que personne ne pouvait venir.
9) Je viens de me (*-necter*) d'Internet.

4 **Changez le préfixe de chacun des mots suivants pour obtenir le mot de sens contraire.**

déballer – accrocher – emporter – décroître – construire – amener

4 LES SUFFIXES EN *-ET / -ETTE* ; *-OT / -OTE / -OTTE* ; *-OIR / -OIRE*,...

Observons

Pierrot, l'homme assis devant le **lavoir**, qui porte toujours une **casquette** un peu **vieillotte**, est l'organisateur du concours de **fléchettes**. Sa fidélité, depuis des années, est tout à fait **méritoire**.

1) Pour chaque mot en orange, trouvez un autre mot de la même famille.
2) Comment passe-t-on de l'un à l'autre ?

Retenons

- Si le **pré**fixe **pré**cède le radical, le **su**ffixe, lui, **su**it le radical. C'est un élément placé à la fin d'un mot déjà existant (ou après son radical) pour construire un nouveau mot, le plus souvent d'une autre classe grammaticale.
  › *laver* › verbe
  › *lavoir* › nom
  Cet ajout entraîne parfois des modifications du radical.
- Le suffixe -et / -ette sert à former :
  - des noms, à partir de noms (*maison* › ***maisonnette***) ou de verbes (*jouer* › ***jouet***) ;
  - des adjectifs qualificatifs, à partir d'autres adjectifs qualificatifs : *maigre* › ***maigrelet*** ;
  - Le féminin de ces adjectifs qualificatifs est en -ette › ***maigrelet / maigrelette***.
  (ce suffixe signifie en général *petit* › une *maisonnette* est une petite maison)
- Le suffixe -ot / -otte sert à former :
  - des noms, à partir de noms (*chemin* › ***cheminot***) ou de verbes (*bouger* › ***bougeotte***) ;
  - des adjectifs, à partir d'adjectifs qualificatifs ;
  - Il permet de former des diminutifs, dont la connotation peut être péjorative.
    › *vieil* › *vieillot*
    › *pâle* › *pâlot*
    › *petit* › *petiot*
- **ATTENTION :**
  - Certains adjectifs qualificatifs doublent le ***-t-*** au féminin.
    › *vieillot* › *vieillotte*
    › *pâlot* › *pâlotte*
  Mais pas tous : *petiot* › *petiote*, etc.
  - dans les noms féminins, le suffixe s'écrit toujours -otte › *bougeotte*
- Le suffixe -oir / -oire / -atoire sert à former :
  - des noms, à partir de verbes,
    › *laver* › un ***lavoir***
    › *patiner* › une ***patinoire***
  - des adjectifs qualificatifs (à partir de différentes bases),
    › *le mérite* (nom) › ***méritoire***
    › *obliger* (verbe *obligare*, en latin) › ***obligatoire***
  Ces adjectifs qualificatifs s'écrivent toujours -oire.
- **Pour aller plus loin :** L'héritage du latin
  - Les noms et adjectifs qualificatifs en -atoire sont formés à partir de verbes latins : un *laboratoire* vient de *laborare*, « travailler » ; *obligatoire* vient de *obligare*, « obliger ».
  - Tous les noms féminins en -oire ne sont pas formés à l'aide d'un suffixe ; quelques-uns viennent eux aussi de mots latins : *mémoire* vient de *memoria*, *gloire* vient de *gloria*, etc.

Exercices

1 Indiquez de quel mot simple vient chacun des mots dérivés suivants.

bougeotte – tranchoir – balançoire – pâlot – écumoire – cageot – chevrette – Charlot – sonnette – chaufferette – parlote

2 Choisissez cinq mots dans la liste suivante.
a) Transformez-les à l'aide de l'un des suffixes étudiés.
b) Vérifiez votre suggestion dans le dictionnaire.

arroser – diffamer – percher – cache – bouillir – raser – dîner – gratter – abreuver – cuisine

3 Répartissez les mots suivants en deux colonnes, selon qu'ils sont formés à l'aide d'un suffixe ou non.

1) gloire – purgatoire – rôtissoire – interrogatoire – patinoire

2) mégot – ballot – compote – dévote – tremblote – frérot – Pierrot – carotte

3) wagonnet – amourette – tiret – secret – concrète – poussette – lunette

4 Complétez les phrases suivantes en orthographiant correctement la finale des mots en italiques.

1) Une *fill*... descendait la rue en *trottin*....

2) Il a fallu une année *compl*... pour achever la *conqu*... du pays.

3) Une *chou*... a élu domicile dans le grenier.

4) Mon plat préféré est la *tartifl*....

5) Le *po*... décrit les *amour*... de Pierrot et *Louis*..., la *coqu*... fille du boulanger.

5 Mettez les mots suivants au féminin. Au besoin, vérifiez dans un dictionnaire l'orthographe de la forme obtenue.

maigrelet – manchot – désuet – petiot – complet – pauvret – pâlot

6 a) Cherchez dans un dictionnaire l'origine des mots suivants.
b) Donnez un mot de la même famille.

cachot – compote – biscotte – dévot – maillot – marmot

7 a) Cherchez dans un dictionnaire le genre des noms suivants.
b) Expliquez comment ces mots ont été formés *(voir l'exemple)*.

Exemple : « égouttoir »
› verbe « égoutter » + suffixe *-oir*.

1) trottoir – bavoir – comptoir – interrogatoire – laboratoire

2) patinoire – balançoire – mémoire

8 Choisissez deux mots dans la liste suivante. Modifiez-les à l'aide de préfixes pour trouver le maximum de mots dérivés différents.
a) Expliquez le changement de sens obtenu à chaque fois (aidez-vous d'un dictionnaire).
b) Ensuite modifiez ces mêmes mots à l'aide de suffixes pour trouver un maximum de mots de la même famille.

figurer – former – mettre – ordonner – paraître – porter – poser – tenir

9 Choisissez cinq mots dans la liste suivante.
a) Soulignez leur radical, entourez leur préfixe et, s'ils en ont un, leur suffixe.
b) Expliquez leur sens en vous aidant d'un dictionnaire.

Exemple : inonder = remplir d'eau
(*onda* en latin › « onde » en français).

accorder – arrondi – assourdir – biscuit – commère – commémorer – confrère – consolider – coopération – correspondre – découvrir – enneiger – enfumer – enrobé – ensemencer – entaille – envenimer – illégal – indicible – infaillibilité – ingrat – injecter – innommable – réjouissance – soulever – transplanter

10 Écriture : En huit à dix lignes, racontez la journée de l'un de vos héros préférés. Vous utiliserez au moins six mots construits avec l'un des suffixes étudiés, et vous les soulignerez.

11 Écriture : a) À l'exemple de Ronsard (strophe ci-dessous), écrivez deux à quatre vers dans lesquels un préfixe de votre choix servira à la construction de plusieurs mots.
b) Faites le même exercice, cette fois avec un suffixe.

Je n'ai plus que les os, un squelette je semble,
Décharné, dénervé, démusclé, dépulpé.
Que le trait de la Mort sans pardon a frappé :
Je n'ose voir mes bras que de peur je ne tremble.

Pierre de Ronsard, ***Sonnets posthumes***

5 LE PLURIEL DES NOMS COMPOSÉS

Observons

Le salon de mes **grands-parents** donnait sur le jardin par deux **portes-fenêtres**. Dès que les **petits-enfants** étaient là, les **va-et-vient** étaient incessants. Mais Papi et Mamie n'étaient pas des **rabat-joie** : ils ne disaient jamais rien quand les **courses-poursuites** des petits endommageaient les **plates-bandes** et que leurs cris faisaient fuir les **rouges-gorges** du cerisier.

1) Pour chacun des mots en orange, précisez la classe grammaticale des mots qui les composent.
2) Quels sont les mots qui prennent la marque du pluriel ?
3) Quels sont ceux qui restent invariables ?

Retenons

- Les noms composés sont formés à partir du rapprochement de deux ou trois mots simples. Si le lien habituel se fait par un trait d'union, il existe des cas où il peut se réaliser par une préposition (*une lampe de chevet*) ou par un rapprochement simple (*des pommes vapeur* : des pommes cuites à la vapeur).
- Dans un nom composé, **seuls les noms et les adjectifs qualificatifs** prennent la marque du pluriel (lorsque le sens le permet).
  - › *une porte-fenêtre* › *des portes-fenêtres*
  - › *une plate-bande* › *des plates-bandes*
  - › *un rouge-gorge* › *des rouges-gorges*
  - › *un oiseau-mouche* › *des oiseaux-mouches*
  - › *un sourd-muet* › *des sourds-muets*...
  - **ATTENTION :** Lorsqu'un nom est complété par un autre nom, seul le premier prend la marque du pluriel :
    - › *un chef-d'œuvre, des chefs-d'œuvre*
    - › *un bouton-d'or, des boutons-d'or*
    - › *un timbre-poste, des timbres-poste*
  - **Astuce :** pour savoir si le nom se met au pluriel, on peut parfois reconstituer la phrase d'origine.
    - › *un rabat-joie* est *celui qui rabat la joie. Joie* ne se met donc pas au pluriel. › *des rabat-joie.*
    - › *un pur-sang* est *un cheval qui a le sang pur. Sang* ne se met donc pas au pluriel. › *des pur-sang.*
- Lorsque le nom composé est formé de deux noms unis par une préposition, seul le premier s'accorde.
  - › *Un arc-en-ciel* › *des arcs-en-ciel*
- Lorsque le mot composé comporte un (ou des) **verbe(s)**, celui-ci est invariable :
  - › *un va-et-vient* › *des va-et-vient*
  - › *un porte-plume* › *des porte-plume*
- **Remarque : Certains noms qui, à l'origine, ont été composés à partir de deux mots, s'écrivent en un seul mot.** Seul le dernier élément prend alors la marque du pluriel.
  - › *des bonheurs, des malheurs*
  - › *des portefeuilles*

  Mais quelques **exceptions** se mettent au pluriel en conservant la trace de leur formation de mot composé :
  - › *madame (= ma dame, la dame qui est mienne)* › *mesdames*
  - › *mademoiselle (= ma demoiselle, la demoiselle qui est mienne)* › *mesdemoiselles*
  - › *monsieur (= mon sire)* › *messieurs*
  - › *monseigneur* › *messeigneurs*
  - › *un bonhomme* › *des bonshommes*
  - › *un gentilhomme* › *des gentilshommes*

Exercices

1 Cherchez dans un dictionnaire le pluriel des mots composés suivants (lorsque le mot est invariable, le dictionnaire indique « inv. »)

un tohu-bohu – un tire-au-flanc – un méli-mélo – un pêle-mêle – un pot-de-vin – un rez-de-chaussée – une auto-école – un black-out – un pseudo-médecin – un néo-colonialiste – une eau-de-vie – un dessus-de-lit

2 a) Mettez les mots composés suivants au pluriel. b) Soulignez, à l'intérieur de chacun des mots composés, le(s) terme(s) qui ne porte(nt) pas la marque du pluriel. Vous devez être capable de justifier, oralement, votre réponse.

aller-retour – tire-bouchon – porte-fenêtre – porte-clés – mot-clé – pousse-pousse – pot-pourri – rouge-gorge – salle à manger – chauve-souris – pré-retraite

3 Complétez les phrases suivantes à l'aide des mots composés ci-dessous, mis au pluriel.

arc-en-ciel – laissez-passer – cerf-volant – croque-monsieur – serviette éponge – chasse-neige – auto tamponneuse – anti-inflammatoire – pense-bête

1) Vous avez là des ... de différentes couleurs. 2) Il y aura samedi un concours de ... 3) Ce matin les ... sont passés sur les pistes de ski. 4) Pendant la guerre il était difficile d'obtenir des ... 5) Lorsque le soleil paraît alors qu'il pleut, on peut observer des ... 6) J'ai beau mettre des ... partout, j'oublie toujours ce que j'ai à faire. 7) À la fête foraine, le circuit des ... connaît un franc succès. 8) Le médecin lui a prescrit des ... 9) La mère de Rémi nous fait souvent des ...

4 Quelques-uns des mots composés ci-dessous sont mal orthographiés : dans certains cas, en effet, le nom qui accompagne le verbe devrait se mettre au pluriel.
a) Imaginez l'action évoquée par chacun des mots suivants.
b) Réécrivez correctement les mots mal orthographiés.

un porte-avion – un protège-cahier – un pèse-lettre – un porte-bagage – un aide-mémoire – un sèche-cheveu – un porte-plume – un passe-partout – un vide-poche – un casse-croûte

5 Quel est le pluriel de ces mots composés ? Vous devez être capable de justifier votre réponse.

un faux-frère – une grand-mère – un garde-manger – un casse-tête – un château fort – une pause-café – un porte-bonheur – un pont-levis – une arrière-boutique – un pot à eau – une contre-attaque – une basse-cour – un gagne-pain – un procès-verbal – un tiroir-caisse – un poids-plume – un blanc-bec – un cul-de-sac – un poisson-chat – un petit-neveu – un court-bouillon – un portemanteau.

6 Écrivez ces noms au singulier.

1) des chiens-loups
2) des garde-robes
3) des compte-gouttes
4) des vide-ordures
5) des coupe-ongles
6) des casse-noisettes

7 Mettez les mots en gras au pluriel et opérez toutes les autres modifications nécessaires pour respecter les règles d'accord.

Ce bonhomme vivait reclus chez **lui** depuis des années. Parfois, **ce rabat-joie** du quartier sortait. **Il saluait** alors son voisin ou sa voisine : « Bonjour **Madame** ! Bonjour **Monsieur** ! » mais **il avait** vite fait de jouer **le trouble-fête** au milieu des conversations, si bien que chacun avait pris l'habitude de **l'**éviter, quitte à passer pour **un sans-cœur**.

8 Formez un maximum de noms composés à partir des mots suivants. Écrivez-les d'abord au singulier puis au pluriel.

› sous
› couvre
› pare
› essuie
› porte
› lance

› clé
› document
› manteau
› main
› verre
› chef
› pierre
› monnaie
› lit
› bonheur
› sol
› feu
› choc
› flamme

9 À vous de jouer ! Inventez cinq à dix mots composés à l'aide de verbes, d'adverbes et/ou de noms.

Exemple : un porte-cartable

10 Écriture : Choisissez trois mots composés autour d'un thème de votre choix. Écrivez un texte narratif de cinq à dix lignes dans lequel vous les emploierez au pluriel.

S 1. Rédiger un texte bref, cohérent et ponctué, en réponse à une question ou à partir de consignes données

6 L'ORTHOGRAPHE DES DÉTERMINANTS NUMÉRAUX

Observons

a) Le grand-père de Florian, qui est né en mille neuf cent trente et un, a aujourd'hui soixante-dix-neuf ans.
b) Ce costume coûte normalement quatre cents euros, mais il est soldé à deux cent cinquante euros.
c) Dans cette deuxième course, seuls trois chevaux paraissent susceptibles de gagner le prix.

1) Phrase a : Combien y a-t-il de nombres ? De quelle manière les mots qui servent à écrire ces nombres sont-ils liés ?
2) Phrase b : Le nombre *cent* est utilisé ici à deux reprises. Quelle différence observez-vous ?
3) Phrase c : Quelle est la classe grammaticale de *deuxième* ?

Retenons

- Les **déterminants numéraux cardinaux** expriment une **quantité** précise et chiffrée.
Les **déterminants numéraux ordinaux** expriment, eux, l'idée de **rang** ou d'**ordre**.

Les déterminants numéraux cardinaux

- **Les déterminants numéraux cardinaux, appelés aussi « nombres »,** se placent devant le nom. Ils sont **invariables**.
Le mot *un* en tant que déterminant reste également invariable. En revanche, en tant que pronom indéfini, il varie en genre et en nombre. › *les uns, quelques-uns*
- Les déterminants numéraux cardinaux se présentent :
  - soit sous une **forme simple** › *un, deux, trois, vingt… cent* et *mille* ;
  - soit sous une **forme composée** (complexe) › *dix-huit, quatre-vingts, deux cent seize…*

  Les formes composées restent invariables, à l'exception de ***vingt*** et ***cent***, qui s'accordent au pluriel, lorsqu'ils sont précédés d'un multiple et ne sont pas suivis d'un autre nombre. › *quatre-vingts ans / quatre-vingt-deux ans*
- Les termes des déterminants numéraux composés sont reliés par un **trait d'union** si le nombre indiqué est inférieur à cent. Le trait d'union doit être placé entre les termes des dizaines et ceux des unités › *dix-sept, soixante-quinze, quatre-vingt-neuf, deux cent vingt-trois, vingt-cinq mille quarante-sept, quatre-vingt-deuxième.*
- **Remarque :** Les termes des déterminants numéraux sont unis par **la coordination** dans deux cas :
  - Ajout du numéral *un* aux dizaines comprises entre *vingt* inclus et *quatre-vingts* exclu (ensuite le trait d'union s'impose) :
    › *vingt et un* mais *quatre-vingt-un*
  - Ajout du numéral *onze* à la dizaine *soixante*.
    › *soixante et onze*
- **ATTENTION :** Il ne faut pas confondre les déterminants numéraux cardinaux avec les noms tels que *dizaine, millier, million, milliard,* qui s'accordent comme tous les noms.
  › *six milliards d'habitants, deux douzaines d'œufs*

Les déterminants numéraux ordinaux

- Les déterminants numéraux ordinaux varient en genre et en nombre. Ils indiquent **l'ordre** ou **le rang**.
  › *les **premières** places, la **troisième** rangée, les **derniers** instants*
- Le suffixe ***-ième*** ajouté au déterminant cardinal correspondant sert à former ce déterminant ordinal.
  › *Il écrit son trois**ième** roman. Ce n'est qu'un deux**ième** couteau qui est jugé aujourd'hui.*
- Lorsque le déterminant cardinal se termine par *-e*, ce *-e* disparaît devant le suffixe ***-ième***.
  › *quatre* donne *quatr**ième***
- *Cinq* donne *cinqu**ième***, qui est **irrégulier**.

Exercices

1 Réécrivez, en lettres, chacun des nombres en gras.

1) Une année comprend **365** jours.
a. Trois cents soixante cinqs
b. Trois cent soixante-cinq
c. Trois-cents soixante cinq

2) Une journée compte **24** heures.
a. Vingt-quatre
b. Vingt et quatre
c. Vingt-quatres

3) La température du corps humain est de **37** degrés.
a. Trante-sept
b. Trentes sept
c. Trente-sept

4) Cette salle de concert compte **3500** places assises.
a. Trois mille cinq cents
b. Trois-mille-cinq-cents
c. Trois milles cinq cents

5) **9000** manifestants ont défilé dans toute la France.
a. Neuf mille
b. Neuf milles
c. Neuf-mille

2 Ajoutez le trait d'union s'il y a lieu.

1) Mille deux cent treize
2) Trois cent quarante et un
3) Cinquante trois mille six cents
4) Quatre vingt douze
5) Cent trois
6) Deux mille quatre vingts

3 Écrivez les nombres suivants en toutes lettres.

1) 212 pommiers
2) 48 heures
3) 3 671 élèves
4) 200 kilomètres à heure
5) 25 degrés
6) 93 ans

4 Écrivez ces phrases en les complétant avec les nombres, écrits en lettres, qui conviennent. Vous pouvez utiliser le dictionnaire ou Internet.

S 7. Être autonome dans son travail [...] rechercher et sélectionner les informations utiles

1) La France métropolitaine comprend ... régions et ... départements. 2) L'Union Européenne compte aujourd'hui ... États membres. 3) Louis XIV et sa cour se fixent définitivement à Versailles en ... 4) C'est en ... que la Révolution française éclate. 5) La première Exposition universelle a lieu à Londres en ...

5 Dans le texte suivant, réécrivez les nombres en toutes lettres.

1) La Révolution française éclate en 1789 ; la prise de la Bastille a lieu le 14 juillet tandis que la Déclaration Universelle des Droits de l'homme et du citoyen est votée le 26 août. 2) Le 26 février 1790, la France est divisée en 83 départements. 3) Jusqu'en 1792, la France est une monarchie constitutionnelle : la Convention proclame la République le 21 septembre de cette même année. 4) Louis XVI est guillotiné le 21 janvier 1793. 5) Les moments les plus sombres de la Révolution vont durer environ 2 ans, jusqu'en 1794 ; c'est la période appelée « la Terreur ». 6) La Révolution se termine le 9 novembre 1799, avec le Coup d'État du 18 brumaire, dont l'auteur est Napoléon Bonaparte.

6 Complétez les expressions suivantes par le chiffre adéquat écrit en toutes lettres. Attention à bien l'orthographier !

1) Ils sont comme les ... doigts de la main. 2) Le jeu des ... familles. 3) Dormir sur ses ... oreilles. 4) Blanche-Neige et les ... nains. 5) Pour vérifier une multiplication, on fait la preuve par ... 6) Au parc d'attractions, j'ai essayé le grand ... 7) Se mettre à ... contre ... 8) Notre équipe de rugby s'appelle le ... de France. 9) J'ai regardé les ... heures du Mans. 10) Elle s'est mise sur son ... .

7 Même consigne que pour l'exercice 6.

1) Voir ... chandelles. 2) Ali-Baba et les ... voleurs. 3) On joue à ce jeu de ... à ... ans. 4) Fogg et Passepartout ont fait le tour du monde en ... jours. 5) Les ... Dalmatiens. 6) J'en ai vu de toutes les couleurs : il a fait les ... coups ! 7) Je mangerais volontiers un ...-feuilles. 8) Les contes des ... nuits. 9) ... lieues sous les mers. 10) ... ... de ... sabords !

8 Écriture : À la manière de Jacques Prévert, vous dresserez une liste de thèmes, objets, sentiments... ayant trait à l'école. Pour réaliser votre texte, vous utiliserez des déterminants numéraux cardinaux de forme composée.

[...] Deux sœurs latines trois dimensions douze apôtres mille et une nuits trente-deux positions six parties du monde cinq points cardinaux [...].

Jacques Prévert, « Inventaire », ***Paroles***

7 NUL, TEL, QUEL, TEL QUEL, QUELQUE

Observons

Nul ne peut dire **quel** sera l'avenir : tandis que **telles** personnes le croient sombre, **telles** autres l'envisageront plus sereinement. Je prends le parti d'accepter mon sort **tel quel**.

› Observez les phrases puis lisez-les à voix haute.
Que remarquez-vous ?

Retenons

Les déterminants

- ***Nul* et *tel* déterminants indéfinis**
Ils s'accordent en genre avec le nom qu'ils déterminent. *Tel* s'accorde également en nombre tandis que *nul* est toujours singulier.
  › *N'aie **nulle** crainte, cela ne peut arriver.*
  › ***Nul** homme n'avait auparavant réussi cet exploit.*
  › *Je suis étonné qu'il tienne de **tels** propos.*
  › *J'ai besoin de **telle** longueur de fil pour coudre mes rideaux.*
ATTENTION : Lorsque *nul* est déterminant indéfini, il peut être accompagné d'une négation.
  › ***Nul*** homme ***n'***en sera exempté.

- ***Quel* déterminant interrogatif**
Lorsque *quel* est un déterminant interrogatif, il sert à questionner sur la nature ou l'identité d'une personne ou d'une chose.
  › ***Quelle** est ta matière préférée ?*

- ***Quel* déterminant exclamatif**
Lorsque *quel* est un déterminant exclamatif, il permet d'exprimer un sentiment très vif.
  › ***Quelle** belle surprise ! **Quel** gâchis !*

- **Remarque :** Les déterminants interrogatifs et exclamatifs s'accordent toujours en genre et en nombre avec le nom auquel ils se rapportent.

Les pronoms

- ***Nul* et *tel* pronoms indéfinis**
Lorsque *nul* et *tel* sont employés seuls (non suivis d'un nom) et qu'ils sont sujets, ce sont des pronoms indéfinis. Ils sont invariables.
  › ***Nul** n'est censé ignorer la loi.*
  › ***Tel** est pris qui croyait prendre.*

- **Remarque :** Il ne faut pas confondre l'expression *telle(s) quelle(s)* avec l'expression *telle(s) qu'elle(s)* qu'on peut remplacer par *tel qu'il*.
  › *Elle laissera la maison **telle qu'elle** l'a trouvée* (= dans l'état où elle l'a trouvée).
  › *Elle laissera la maison **telle quelle*** (= en l'état).

Quel(le) que + subjonctif

Devant le verbe *être* au subjonctif, ***quel(le) que*** s'accorde avec le nom qu'il détermine et qui est sujet inversé du verbe. Il ne faut pas le confondre avec le déterminant indéfini ***quelque(s)***, qui précède toujours un nom.
› *Quel que soit le travail à effectuer, il est toujours d'humeur égale.*
› *Il a caché quelques* (= plusieurs) *cerises dans sa poche.*

Exercices

1 Accordez correctement le déterminant ou le pronom entre parenthèses.

1) *(Quel)* émissions aimez-vous écouter à la radio?
2) *(Quel)* est cette amie qui vient te voir?
3) *(Nul)* autre personne que lui ne sait mieux *(quel)* choix faire pour son avenir.
4) *(Quel)* mouche t'a piqué?
5) Dans *(quel)* état ta maison était-elle après les inondations?
6) *(Nul)* ne peut attenter à la vie d'autrui.

2 Complétez les phrases suivantes avec *tel(s) quel(s)*, *telle(s) quelle(s)*, ou *telle(s) qu'elle(s)*.

1) … , ces filets ne permettront pas de prendre de gros poissons.
2) Entretenue … , cette voiture ne tiendra pas longtemps.
3) Nathalie a mauvais caractère et je l'ai toujours connue …
4) En dépit de sa longue absence, je la retrouve … a toujours été avec moi.
5) Cette maison ne peut être vendue … , elle doit être restaurée.
6) Il présentait à ses invités les plats … , sans véritable recherche de présentation.

3 Recopiez les phrases suivantes en les corrigeant si nécessaire.

1) Ce projet aboutira alors quelle n'est pas d'accord.
2) En dépit de sa condamnation en justice, il n'a exprimé nul regrets.
3) Quel que soit leur classe, tous les collégiens participeront au concours de lecture.
4) Son train arrivera dans quels que heures à Paris.
5) Il travaille avec un tel acharnement qu'il obtiendra son examen.
6) Ce quartier est particulièrement calme, on n'y entend nuls bruits.

4 Rétablissez l'orthographe correcte des mots en gras puis précisez leur classe grammaticale.

1) On sait très bien qu'à l'impossible, **nuls** n'est tenu.
2) Après un **telle** exploit sportif, il était légitime qu'il remporte la première place du podium.
3) Les braqueurs n'ont eu besoin que de **quelles que** minutes pour emporter avec eux un butin de plusieurs millions d'euros.
4) Le brouillard a rendu la visibilité quasi **nul** pour les automobilistes.
5) **Tel qu'elle**, je n'aurais pu le reconnaître.
6) Cet accord est **nulle** et non avenu.

5 Complétez ces phrases par *quelque(s)*, *quel(le) que*, *quel(le)s que*.

1) J'ai relu ta rédaction, il y a … erreurs d'orthographe. Relis-la attentivement … soit le temps que cela va te prendre.
2) … soient les livres que tu lis, à chaque fois ils t'emmènent ailleurs.
3) J'ai rencontré … problèmes durant mon voyage.
4) … soit l'aventure que tu nous proposes, nous partons sans aucune inquiétude.
5) … soient tes victoires, il faut que tu saches rester modeste.

6 Mettez les expressions en gras au pluriel et faites les modifications nécessaires.

1) Il a gagné une telle **fortune** qu'il a pu aider de nombreuses associations.
2) Je n'ai jamais vu de **couleur** de cheveux telle que celle-là!
3) **Le navire**, tel un cygne sur un lac, fendait les flots.
4) J'ai mangé **ce plat** tel quel, sans rien y ajouter.

7 Dans les proverbes suivants, accordez correctement le déterminant ou le pronom indéfini mis entre parenthèses.

1) *(Nul / nulle)* n'est prophète en son pays.
2) *(Tel / telle)* est pris qui croyait prendre.
3) *(Telle / telles)* mère, telle fille.
4) *(Tel / telles / tels)* qui rient vendredi, dimanche pleureront.
5) *(Tel / telle)* qu'on fait son lit, on se couche.
6) À *(quelque / quel que / quelle que)* chose, malheur est bon.
7) *(Nul / nulle)* flux sans reflux.

8 Écriture : En vous aidant au besoin des phrases de l'exercice précédent, inventez vous-même trois à cinq proverbes comportant chacun au moins un des déterminants ou pronoms indéfinis étudiés dans cette leçon.

9 Écriture : Inventez une phrase pour chacun des six homonymes suivants : *quel*, *quels*, *quelle*, *quelles*, *qu'elle* et *qu'elles*. Vous soulignerez ensuite l'homonyme employé dans la phrase obtenue.

8 ACCORD DU VERBE ET DU SUJET : CAS PARTICULIERS

Observons

Une foule de spectateurs se pressaient aux portes du théâtre. Vincent, Aurélie et Anne-Laure se sont faufilés pour retirer leurs places. C'est la mère de Vincent qui avait acheté les billets.

1) Relevez les verbes conjugués et indiquez leur sujet.
2) Remplacez ces sujets par le pronom personnel correspondant à la terminaison du verbe conjugué.

Retenons

Règle générale

Le verbe s'accorde en personne, en genre et en nombre avec son sujet. Néanmoins, il existe des cas particuliers.

Cas particuliers

- **Avec le pronom relatif *qui***
  Quand le sujet est le pronom relatif ***qui***, le verbe s'accorde en genre, en nombre et en personne avec l'antécédent de ce pronom.

  C'est nous qui l'avons emmené à l'hôpital.

- **Avec un nom collectif *(la foule, un grand nombre, une dizaine...)***
  - Quand le sujet est exprimé par un **nom collectif au singulier, non suivi d'un complément**, le verbe reste au singulier.
    › *La foule envahit peu à peu les grands boulevards parisiens.*
  - Quand le sujet est exprimé par un **nom collectif au singulier, suivi d'un complément au pluriel**, le verbe s'accorde selon le sens voulu par l'auteur, soit avec le collectif soit avec le complément.
    › *Un essaim d'abeilles vit au fond du jardin* › l'essaim est considéré comme une seule entité.
    › *Un essaim d'abeilles vivent au fond du jardin* › ce sont toutes les abeilles qui y vivent.

- **Avec plusieurs sujets**
  - En règle générale, le verbe qui a plusieurs sujets coordonnés ou juxtaposés se met au pluriel.
    › ***Ton frère et toi*** (= vous) *êtes mes meilleurs amis.*
  - Si tous les sujets sont au féminin, l'accord se fait au féminin pluriel.
    › ***Valérie, sa sœur et sa grand-mère*** (= elles) *sont arrivées ce matin.*
  - Si un des sujets est au masculin, l'accord se fait au masculin pluriel.
    › ***Valérie, sa sœur et son père*** (= ils) *sont arrivés ce matin.*
  - Si les sujets correspondent à différentes personnes, on remplace le groupe sujet par le pronom personnel correspondant pour accorder le verbe.
    › ***Elle et toi*** (= vous) *faites plus attention à vos cahiers.*
    › ***Elle, toi et moi*** (= nous) *faisons plus attention à nos cahiers.*

- **Avec un verbe impersonnel**
  - Dans une construction impersonnelle, le verbe s'accorde avec le pronom neutre *il*, troisième personne du singulier.
    › *Il pleut doucement sur la ville.* (Arthur Rimbaud)
  - Dans les constructions où apparaît un sujet réel, on appelle ce *il* « sujet impersonnel » ou « sujet grammatical ».
    › ***Il*** (= sujet impersonnel) *court* ***de drôles de bruits*** (= sujet réel).

Voir leçon n° 27 : La forme impersonnelle

Exercices

1 Dans les phrases suivantes, corrigez les erreurs d'accord du verbe avec son sujet.

1) Je crois que toi et moi ~~sont~~ d'accord pour aller au cinéma.
2) La Roumanie, ainsi que la Bulgarie, ~~appartient~~ désormais à l'Union Européenne.
3) La neige et le verglas ~~a~~ ralenti l'économie française pendant près d'une semaine.
4) Seulement quelques élèves de cette classe de troisième ~~partira~~ à New York chez leurs correspondants.
5) Ton frère et toi ~~est~~ bien imprudents de sortir en mer par un temps pareil.
6) Trop de déchets industriels ~~se retrouve~~ encore déversés illégalement dans les cours d'eau et les rivières.

2 Conjuguez les verbes au présent de l'indicatif.

1) De nombreux convives arrivés en avance *(aider)* à installer les tables et *(commencer)* à décorer la salle.
2) La troupe de danseurs russes *(se produire)* au Cirque d'hiver.
3) Les membres du club de bridge *(se rencontrer)* tous les jeudis.
4) Mes cousins et moi *(passer)* chaque année le réveillon ensemble.
5) Peu d'ordinateurs *(résoudre)* des équations si compliquées en peu de temps.
6) Ce ne *(être)* pas les cordonniers les mieux chaussés.

3 Accordez le verbe avec son sujet au temps demandé.

1) Le groupe *(se séparer, indicatif passé composé)* après avoir reçu des consignes.
2) Le soir, tous les membres du colloque *(dîner, indicatif présent)* à l'hôtel.
3) Qui *(savoir, indicatif futur)* vous départager, Cécilia et toi?
4) Est-ce toi qui *(conduire, indicatif présent)* après la soirée?
5) Les côtes landaises *(attirer, indicatif présent)* de plus en plus de touristes chaque année.
6) Mes camarades et moi-même *(prendre, indicatif passé composé)* l'habitude de nous réunir chaque mercredi soir.

4 Choisissez l'accord pour les phrases suivantes et justifiez votre choix.

1) Chacun *(savait / savaient)* ce qu'il avait à faire.
2) Nous savions que certains ne *(reviendrait / reviendraient)* pas indemnes.
3) Nul ne *(peut / peuvent)* être inquiété en raison de ses opinions politiques.
4) Ce *(n'est / ne sont)* pas toi qui me diras le contraire!
5) C'est moi qui *(a / ai)* essayé de t'appeler tout à l'heure.
6) Plus d'un millier de personnes *(a assisté / avons assisté)* à la cérémonie.

5 Dans les phrases suivantes, choisissez la forme verbale correspondant au sujet *qui*.

1) – J'aime...
– Hippolyte! Grands dieux!
– C'est toi qui l'*(a / as)* nommé. (Jean Racine, ***Phèdre***)

2) Songe, songe Céphise à cette nuit cruelle
Qui *(fut / furent)* pour tout un peuple une nuit éternelle.
(Jean Racine, ***Andromaque***)

3) Don Rodrigue surtout n'a trait en son visage
Qui d'un homme de cœur ne *(soit / soient)* la haute image. (Pierre Corneille, ***Le Cid***)

4) Vous montrez un chagrin qui *(va / allez)* jusqu'à l'excès. (Pierre Corneille, ***Le Cid***)

5) L'amour est un tyran qui *(n'épargne / épargnez)* personne. (Pierre Corneille, ***Le Cid***)

6) Fer, jadis tant à craindre, et qui, dans cette offense
M'*(a / as)* servi de parade, et non pas de défense,
Va, quitte désormais le dernier des humains.
(Pierre Corneille, ***Le Cid***)

7) Je me venge de vous,
Ingrat, qui n'*(aspire / aspirez)* qu'à vous voir son époux,
De vous, qui l'*(adore / adorez)* en dépit d'une mère
De vous, qui *(dédaigne / dédaignez)* de servir ma colère.
(Pierre Corneille, ***Rodogune***)

6 Réécrivez le texte, avec un sujet au pluriel: « Elles » au lieu de « Elle ». Vous veillerez à effectuer les modifications nécessaires.

S 1. Rédiger un texte bref, cohérent et ponctué, en réponse à une question ou à partir de consignes donnée

Elle connut les gros travaux du ménage, les odieuses besognes de la cuisine. Elle lava la vaisselle, usant ses ongles roses sur les poteries grasses et le fond des casseroles. Elle savonna le linge sale [...]; elle descendit à la rue, chaque matin, les ordures, et monta l'eau, s'arrêtant à chaque étage pour souffler [...].

Elle était devenue la femme forte, et dure, et rude, des ménages pauvres. Mal peignée, avec les jupes de travers et les mains rouges, elle parlait haut, lavait à grande eau les planchers. Mais parfois, lorsque son mari était au bureau, elle s'asseyait auprès de la fenêtre, et elle songeait à cette soirée d'autrefois, à ce bal où elle avait été si belle et si fêtée.

Guy de Maupassant, « La Parure »,
Contes du jour et de la nuit

9 RÉVISION GÉNÉRALE DES ACQUIS D'ORTHOGRAPHE

Retenons

Règle 1 : Les homophones *(leçons d'orthographe nºs 1 et 2)*

- Ne pas confondre : des et dès
  - *Il mange **des** fruits et **des** légumes.*
  - ***Dès** que le jour se lève, il part à la chasse.*
- Ne pas confondre : sur et sûr
  - *Le chat dort **sur** le lit.*
  - *Es-tu **sûr** de toi ?*
- Ne pas confondre : on et on n'
  - ***On** aperçoit la maison du gardien.*
  - ***On n'**aperçoit **pas** la maison du gardien.*
- Ne pas confondre : plus tôt et plutôt
  - *Il est arrivé **plus tôt** que prévu.*
  - *Dans cette ville de province, les gens sont **plutôt** sympathiques.*
- Ne pas confondre : prêt et près
  - *Elle est **prête** à partir.*
  - *Son cartable est **près** de l'entrée.*
- Ne pas confondre : l'ai, les, laid et lait
  - *Je **l'ai** vu.*
  - *Je **les** ai vus.*
  - *Cette homme est **laid**, cette femme est **laide**.*
  - *Il boit du **lait**.*
- Ne pas confondre : quand, quant et qu'en
  - ***Quand** je la regarde, je trouve qu'elle ressemble à ses parents.*
  - ***Quant** à toi, tu vas vite te coucher !*
  - *Je mangerais bien du poisson : **qu'en** dis-tu ?*
- Ne pas confondre : qu'il a, qu'il l'a, qui l'a et qui la
  - *Les pommes **qu'il a** achetées sont bien bonnes.*
  - *Depuis **qu'il l'a** vue, il est métamorphosé.*
  - *C'est Michel **qui l'a** vue.*
  - *C'est Michel **qui la** voit.*
- Ne pas confondre : tant, tend(s), temps et t'en
  - *Il a **tant** fait pour nous.*
  - *Il **tend** l'arc avant de décocher sa flèche.*
  - *Il a peu de **temps** libre.*
  - *Tu aimes ces gâteaux ? Je **t'en** apporterai.*

Règle 2 : Les suffixes et les préfixes *(leçons d'orthographe nºs 3 et 4)*

- Le préfixe se place au début d'un radical pour former un mot nouveau.
  - *Illimité, irréel*
- Le suffixe se place à la fin d'un radical pour former un mot nouveau.
  - *Superficiel, gracieux*

Règle 3 : Le pluriel des noms composés *(leçon d'orthographe nº 5)*

- Les noms composés sont formés à partir du rapprochement de deux ou trois mots simples. Si le lien habituel se fait par un trait d'union, il existe des cas où il peut se réaliser :
  - par une préposition › *Une lampe de chevet*

- par un rapprochement simple › *des pommes vapeur* (= cuites à la vapeur).
- Seuls les noms et les adjectifs qualificatifs se mettent au pluriel, si le sens le permet.
  › *une basse-cour* › *des basses-cours*

Règle 4 : Les déterminants numéraux *(leçon d'orthographe n° 6)*

- Les déterminants numéraux cardinaux se placent devant le nom pour indiquer une quantité précise. Ils sont invariables, sauf un, vingt et cent dans certains cas particuliers *(voir leçon n° 6)*.
  › *cinq bonbons, soixante et une maisons / quatre-vingts personnes*

Règle 5 : *Nul, tel, quel, tel quel, quelque (leçon d'orthographe n° 7)*

- On identifiera la classe grammaticale du mot pour connaître la possibilité ou non d'un accord.
  › ***Nul** ne peut le comprendre comme sa sœur.*
  › *De **telles** fêtes donnent l'occasion de réunir la famille.*
  › ***Quelle** robe portera-t-elle pour son mariage ?*
  › *Je ne peux le recevoir vêtu **tel quel**.*
  › *Sa mère m'a donné **quelques** bonbons.*

Règle 6 : Accord du verbe et du sujet, cas particuliers *(leçon d'orthographe n° 8)*

- Le verbe s'accorde en personne, en genre et en nombre avec son sujet mais il existe quelques cas particuliers.
  - Avec un nom collectif :
    › *La foule se rassemble pour se rendre à la manifestation.*
  - Avec plusieurs sujets :
    › *Nathalie, Wang et Éloi se sont précipités en étude afin de revoir leur leçon d'histoire.*
  - Avec un verbe impersonnel :
    › *Il neige depuis ce matin.*

Exercices

1 Corrigez les fautes d'orthographe dans les phrases suivantes. Cet exercice peut également donner lieu à une dictée préparée.

S 1. Utiliser ses capacités de raisonnement, ses connaissances sur la langue (...) pour améliorer son texte

1) Il s'est enfui des qu'il nous a aperçus. 2) J'ai fait septs fautes à ma dictée. 3) Il est près à partir pour son grand voyage annuel. 4) Je sais que je peux compter sûr son soutien indéfectible. 5) Il se comporte de tels sorte qu'on va le punir. 6) Marco et les filles sont allées se baigner dans la rivière. 7) Ce matin, sa mère a préparé quels que crêpes pour le petit-déjeuner. 8) Il serait préférable que ce mur soit plus tôt peint en blanc. 9) Ces pommes-vapeurs sont tout simplement délicieuses. 10) Pendant les vacances, on n'aime les longues promenades en famille.

2 Lisez attentivement le texte suivant, extrait des *Caractères* de La Bruyère, écrit au XVIIe siècle, quelques dizaines d'années après *Le Cid*, de Corneille. L'auteur se demande pourquoi le spectateur rit sans contrainte de la comédie alors qu'il a honte de pleurer en public lorsqu'il assiste à une tragédie.

Choisissez la forme adéquate parmi les formes en italiques. Leur orthographe fait appel à toutes les règles des leçons 1 à 8, mélangées. Bonne réflexion !

D'où vient que l'on *rit / rient* si librement au théâtre, et que l'*on / on n'*a honte d'y pleurer ? Est-il moins dans la nature de s'attendrir *sur / sûr* le pitoyable[1] que d'éclater [de rire] *sûr / sur* le ridicule ? Est-ce l'altération[2] *des / dès* traits qui nous retient ? Elle est plus grande dans un ris[3] *immodéré / imodéré* que dans la plus amère douleur, et l'on détourne son visage pour rire comme pour pleurer en la présence *des / dès* grands et de tous ceux que l'on respecte. [...] Mais sans citer *les / laid / l'ai* personnes graves ou *laid / lait / les* esprits forts qui trouvent du faible[4] dans un ris excessif comme dans les pleurs, et qui se *les / laid* défendent également, qu'*attend / atend-on* d'une scène tragique ? *qu'elle / quelle* fasse rire ? [...] Ce n'est point une chose bizarre d'entendre s'élever de tout un amphithéâtre un ris universel *sur / sûr quelque / quelle que* endroit d'une comédie.

1. *pitoyable : qui fait pitié.*
2. *altération : modification, changement. Le spectateur aurait peur de montrer un visage bouleversé.*
3. *ris : (vieux) rire.*
4. *du faible : (ici) de la faiblesse.*

10 SYNTHÈSE ET EXERCICES : ORTHOGRAPHE D'USAGE

Retenons

- **Règle 1 :** Devant « a », « o », « u », on met une cédille sous le « c » pour le faire siffler › *le maçon, le reçu, la façade.*
- **Règle 2 :** Entre deux voyelles, « s » se prononce « z ». Pour le faire siffler, on double le « s » › *la graisse, pousser.*
- **Règle 3 :** Le « g » se prononce [j] devant « e » et « i » ; on peut intercaler un « e » devant « a » et « o » pour maintenir le son [j].
- **Règle 4 :** Les mots commençant par le son [ji] s'écrivent avec un « g » › *le gigot.*
- **Règle 5 :** Le « g dur » s'écrit avec un « u » devant « e » et « i » › *la guenon, le guichet.*
- **Règle 6 :** Le son [euil] s'écrit : e-u-i-l. Mais, derrière un « c » ou un « g », il s'écrit u-e-i-l › *le recueil, l'orgueil.*
- **Règle 7 :** Devant « m », « b », « p », on met un « m » au lieu d'un « n » › *la lampe.*
  - Parmi les exceptions › ***bonbon***, ***bonbonne***, ***embonpoint***, ***néanmoins***.
- **Règle 8 :** On trouve souvent la dernière lettre d'un nom ou d'un adjectif qualificatif au masculin en le mettant au féminin ou en le rapprochant d'un mot de la même famille › *brûlant, brûlante – champ, champêtre.*
- **Règle 9 :** Les mots commençant par [ac], comme *accuser,* prennent deux « c ».
  - Parmi les exceptions › ***acajou***, ***acacia***, ***académie***, ***acompte***, ***acrobate***.
- **Règle 10 :** Les mots commençant par [ap], comme *appuyer,* prennent deux « p ».
  - Parmi les exceptions › ***apaiser***, ***apercevoir***, ***apéritif***, ***apitoyer***, ***aplanir***, ***aplatir***.
- **Règle 11 :** Les noms féminins en [ou], comme *la joue,* prennent un « e », sauf › ***la toux***.
- **Règle 12 :** Les noms féminins en [i], comme *la pie,* prennent un « e », sauf › ***la brebis***, ***la souris***, ***la fourmi***, ***la nuit***, ***la perdrix***.
- **Règle 13 :** Les noms féminins en [u], comme *la rue,* prennent un « e », sauf › ***la bru***, ***la glu***, ***une tribu***, ***la vertu***.
- **Règle 14 :** Les noms féminins en [té] ou [tié] ne prennent pas de « e », sauf › ***la dictée***, ***la jetée***, ***la montée***, ***la pâtée***, ***la portée*** et les noms qui indiquent un contenu › ***l'assiettée***.
- **Règle 15 :** Les noms féminins en [oir], comme *la mangeoire,* prennent un « e ». Les noms masculins en [oir], comme *le perchoir,* s'écrivent généralement : o-i-r, sauf › ***le laboratoire***, ***l'interrogatoire***, ***un ivoire***, ***le pourboire***, ***l'observatoire***, ***le réfectoire***, ***le territoire***.
- **Règle 16 :** Les noms en [eur], comme *la peur,* s'écrivent e-u-r, sauf › ***le beurre***, ***la demeure***, ***l'heure***, ***un leurre***, ***un heurt***.
- **Règle 17 :** Les noms terminés par [zon], comme *la saison,* s'écrivent s-o-n, sauf › ***le gazon***, ***l'horizon***.
- **Règle 18 :** Les noms en [ule], comme *pilule,* s'écrivent u-l-e, sauf › ***la bulle***, ***le calcul***, ***le consul***, ***le cumul***, ***le recul***, ***le tulle***.
- **Règle 19 :** Les adjectifs qualificatifs en [ile], comme *utile,* s'écrivent au masculin i-l-e, sauf › ***civil***, ***puéril***, ***subtil***, ***tranquille***, ***vil***, ***viril***, ***volatil***.
- **Règle 20 :** *toujours, le velours, le cours, le concours, le discours, le parcours, le recours, le secours,* se terminent par « s ».

Exercices

1 Complétez les lettres manquantes dans les mots en gras.

1) Veuillez apprendre vos **le**(...)**ons**.
2) Le chien s'est jeté sur sa **pât**(...)
3) Au cirque, **l'a**(...)**robate** m'a vraiment impressionné.
4) Dimanche dernier, nous avons vu un petit **écur**(...) en forêt de Fontainebleau.
5) J'ai vu un documentaire intéressant sur une **trib**(...) d'Amazonie.
6) Elle s'est fait violemment **pou**(...)**er** pendant la récréation.
7) Même si le commerce de **l'iv**(...) est aujourd'hui interdit, il persiste encore en Afrique.
8) Cesse de **t'a**(...)**itoyer** sur ton sort, tu n'es pas si malheureux.
9) Le **disc**(...) du Président de la République était très attendu des Français.
10) Ce **ga**(...)**on** est d'un vert éclatant.

2 Recopiez les mots suivants en remplaçant les points de suspension par -c- ou -ç-.

une re(...)ette de cuisine – aper(...)evoir – elle est dé(...)ue – un hame(...)on – un escalier en colima(...)on – la fa(...)on – un gla(...)on – un ma(...)on

3 Dans les mots suivants, remplacez les points de suspension par -s- ou -ss-.

des frai(...)es – un cou(...)in pour s'a(...)eoir – mon cou(...)in et ma cou(...)ine – un de(...)ert à la vanille – le dé(...)ert du Sahara – un poi(...)on d'eau douce – un poi(...)on mortel – poi(...)eux – pou(...)er – pa(...)er

4 Remplacez les points de suspension par -g-, -ge- ou -gu-.

ven(...)er – la ven(...)ance – une (...)enon – l'a(...)ilité – une a(...)ence – un escar(...)ot – du (...)i – un (...)igot – il man(...)a – il son(...)ait – une four(...)onnette – la rou(...)ole – (...)agner – a(...)acer – (...)ignol – navi(...)er – les ba(...)a(...)es – la lon(...)eur – la lar(...)eur

5 Remplacez les points de suspension par -euil- ou -ueil-.

un rec(...) de poèmes – l'org(...) – le s(...) de la porte – un chevr(...) – un faut(...) – c(...)lir – l'acc(...)

6 Dans les mots suivants, remplacez les points de suspension par -m- ou -n-.

le bo(...)bo(...) – les po(...)piers – une bo(...)bo(...)ne – e(...)barquer – néa(...)moins – i(...)possible – i(...)mangeable – i(...)croyable – co(...)pter – i(...)matériel – i(...)muable – le printe(...)ps

7 Donnez la terminaison des mots suivants en les complétant si besoin. Pour déceler des consonnes muettes, cherchez des mots de la même famille.

1) L'agriculteur est part(...) récolter la moisson dans son cham(...).
2) Je lui ai soumi... mon plan et il a trouvé que c'était du cous(...) main.
3) De par sa taille, on peut considérer que ce paren... est un vrai géan(...).
4) Cela peut s'avérer parfois gênan... pour lui, lorsqu'il lui faut se baisser pour passer certaines portes.
5) Il a pein(...) le portrait de notre mère et le résultat nous a beaucoup plu(...).
6) Martine a pri(...) connaissance des conditions générales du contrat et en a bien compri(...) la teneur.

8 Rétablissez le début de ces mots à la place des points de suspension en recourant aux règles 9 et 10.

(...)ercevoir – (...)adémie – (...)élérer – un (...)ent étranger – du bois d'(...)ajou – un (...)acia – un (...)ident – un (...)essoire – (...)rendre – un (...)éritif – (...)uyer

Remplacez la terminaison des noms féminins suivants par l'orthographe correcte.

la bon[té] – la t[ou] – la mon[té] – la prair[i] – la pass[oir] – la fourm[i] – la m[ou] – la véri[té] – une sai[zon] – une trib[u]

9 Écriture : Inventez un texte de quelques lignes utilisant le maximum de noms féminins en [u], [i], [ou], [té] et [oir] qui pourra débuter ainsi : *Dans la rue voisine, j'entendis des bruits provenant d'animaux que je n'arrivais pas à identifier : des souris ?*

10 Auto-évaluation : Parmi les règles des leçons 1 à 10, notez les cinq que vous maîtrisez le mieux et les cinq que vous maîtrisez le moins bien. Révisez les règles que vous maîtrisez le moins bien, puis refaites (ou faites, le cas échéant) un exercice sur chacune d'elles dans le manuel ou sur le site *lelivrescolaire.fr*. Ensuite, utilisez des exemples et des exceptions de ces règles dans un court texte dont vous choisirez le thème.

S **7. Savoir s'autoévaluer et être capable de décrire ses intérêts, ses compétences et ses acquis.**

11 SYNTHÈSE ET EXERCICES : LES ACCORDS À NE PAS OUBLIER

Observons

Une dizaine de laquais entourent d'Artagnan. Une troupe de cavaliers l'attaque(nt).
Les personnages des ***Misérables*** me touchent énormément.

1) Quels sont les sujets des verbes en orange ?
2) Quel est le lien entre le sujet et la terminaison du verbe ?

Retenons

Cinq règles d'accord à retenir

- Accord déterminant / nom : le déterminant s'accorde en genre (féminin ou masculin) et en nombre (singulier ou pluriel) avec le nom qu'il accompagne. › *le cuisinier / la cuisinière / les cuisiniers / les cuisinières*
- Accord nom / adjectif qualificatif : l'adjectif qualificatif s'accorde en genre et en nombre avec le nom qu'il qualifie.
  › *un cuisinier compétent / une cuisinière compétente / des cuisiniers compétents / des cuisinières compétentes*
  Quand l'adjectif qualifie plusieurs noms, il s'accorde en genre et en nombre avec tous les noms qu'il qualifie. L'adjectif qualificatif se met au masculin pluriel si au moins l'un des noms qu'il qualifie est masculin.
  › *J'ai mangé une pomme, une orange, une poire et un abricot délicieux.*
- Accord sujet / verbe :
  Quand le sujet est un pronom, le verbe se met à la forme voulue par la personne.
  › *je chante / tu chantes / nous chantons / vous chantez*
  Quand le sujet n'est pas un pronom, le verbe est à la troisième personne et s'accorde en nombre avec son sujet.
  › *Le patron **est** là. / La patronne **est** là. / Les patrons **sont** là.*
- Accord nom / participe passé utilisé comme adjectif qualificatif : le participe passé utilisé comme adjectif qualificatif s'accorde en genre et en nombre avec le nom qu'il accompagne. › *un problème résolu / des solutions trouvées*
- Accord sujet / participe passé employé avec un auxiliaire : deux cas à différencier
  Avec l'auxiliaire *être* : le participe passé s'accorde en genre et en nombre avec le sujet du verbe.
  › *il est arrivé / elles sont arrivées*
  Avec l'auxiliaire *avoir* : le participe passé ne s'accorde jamais avec le sujet ; en revanche, le participe passé s'accorde avec le COD placé avant lui *(voir leçons n° 22 et 23).*
  › *Il a acheté une pomme et il l'a mangée / il a mangé la pomme qu'il a achetée*
  ATTENTION : **Pour les verbes du premier groupe, ne pas confondre l'infinitif en *-er* et le participe passé en *-é*. En cas de doute, remplacer par un verbe d'un autre groupe.**
  › *Il va **laver** (**étendre**) son linge, puis le linge sera **séché** (**étendu**).*

Cinq règles pour former les pluriels irréguliers

- Pluriel des noms en -ou : les noms en -ou font leur pluriel en -ous › *un trou / des trous*
  › Exceptions : font leur pluriel en -oux les sept mots ***bijou, caillou, chou, genou, hibou, joujou, pou***
- Pluriel des noms en -al : les noms en -al font leur pluriel en -aux › *un cheval / des chevaux*
  › Exceptions : font leur pluriel en -als les sept noms ***bal, cal, chacal, régal, carnaval, festival, récital***
- Pluriel des adjectifs qualificatifs en -al : les adjectifs en -al font leur pluriel en -aux › *égal / égaux*
  › Exceptions : font leur pluriel en -als les quatre adjectifs qualificatifs ***bancal, naval, fatal, tonal***
- Pluriel des noms en -ail : les noms en -ail font leur pluriel en -ails › *un portail / des portails*
  › Exceptions : font leur pluriel en -aux les sept noms ***bail, corail, émail, soupirail, travail, vantail, vitrail***
- Pluriels identiques au singulier : les noms qui se terminent au singulier par -s, -x ou -z ont au pluriel une forme identique à celle du singulier › *un colis / des colis ; un prix / des prix ; un nez / des nez*

Cinq règles pour former les féminins irréguliers des adjectifs qualificatifs

- Les adjectifs qualificatifs en -eux et la plupart des adjectifs qualificatifs en -eur ont un féminin en -euse › *heureux / heureuse*; *trompeur / trompeuse.*
    › Exception: *vieux* › *vieille*
- Les adjectifs qualificatifs en -teur ont un féminin en -trice › *moteur* › *motrice / protecteur* › *protectrice.*
- Au féminin, on double la consonne finale de nombreux adjectifs qualificatifs qui se terminent par -l, -n, -t.
    › *cruel* › *cruelle / réel* › *réelle* (mais *amical* › *amicale*)
    › *bon* › *bonne / mignon* › *mignonne* (mais *fin* › *fine*)
    › *sot* › *sotte / muet* › *muette* (mais *complet* › *complète*)
- Les adjectifs qualificatifs en -er ont un féminin en -ère.
    › *fier* › *fière / léger* › *légère*
- Les adjectifs qualificatifs en -eau ont un féminin en -elle.
    › *beau* › *belle / nouveau* › *nouvelle*

Exercices

1 Écrivez les mots entre parenthèses à la forme appropriée. Veillez à respecter les règles d'accord.

Exemple: *Elle était* (joli). › *Elle était jolie.*

C'était une *(beau)* fille. Elle était *(grand)* et *(fier)*. Elle avait des cheveux *(clair)*. Elle avait *(grandi)* à la campagne. Ses amies, un peu *(sot)*, l'avaient *(surnommé)* «épi de blé». Elle portait des robes *(léger)* qui avaient été *(cousu)* par sa mère. Elle menait une vie *(heureux)* mais *(banal)*. Parfois elle était mélancolique à l'idée que *(tout)* ses actes *(être)* aussi *(banal)*. Alors elle se mit en tête d'organiser de beaux *(festival)* avec des *(concours)* où tous les villageois *(devoir)* présenter leurs *(cheval)*. Elle amena elle-même une jument toute *(mignon)* qui reçut plusieurs *(prix)*, dont trois gros *(matou)* et de magnifiques *(bijou) (incrusté)* de différents *(émail)*. Ils lui *(plaire)* parce qu'elle était *(coquet)*. C'est ainsi que sa *(nouveau)* vie a *(commencé)* et s'est *(poursuivi)*: avec des concours qu'elle a elle-même *(organisé)*.

2 Observez les passages suivants extraits des lettres de Mme de Sévigné à sa fille. Repérez les mots avec lesquels s'accordent les mots en gras et précisez pour chacun quel est le mot avec lequel il s'accorde et quelle est la règle d'accord qui s'applique.

1) Je **suis** encore plus **contente** du reste de vos lettres. Enfin, ma pauvre **bonne**, vous êtes **belle**! Comment! je vous **reconnaîtrais** donc entre huit ou dix femmes sans m'y tromper? Quoi! vous n'êtes point **pâle**, maigre, **abattue** comme la princesse Olympie! Quoi! vous n'êtes point malade à mourir comme je vous ai **vue**! Ah! ma bonne, je suis trop **heureuse**. (21 juin 1671)

2) Mme de Sully est **partie**; Paris devient fort **désert**. Je voudrais déjà en être dehors. Je dînai hier avec le Coadjuteur chez Monsieur le Cardinal; je le chargeai de vous faire l'histoire ecclésiastique. Monsieur Joly prêcha à l'ouverture, mais comme il ne se servit que d'une **vieille** évangile et qu'il ne dit que de **vieilles** vérités, son sermon parut **vieux**. Il y aurait de **belles** choses à dire sur cet article. (14 juin 1675)

3 Dictée préparée ou copie: Dans ce texte, étudiez tous les accords: sujet / verbe; adjectif qualificatif / nom; déterminant / nom...

S 1. Écrire lisiblement un texte, spontanément ou sous la dictée, en respectant l'orthographe et la grammaire

Ils étaient au bout du passage par lequel on gagnait la rue des Mathurins; ils s'y engagèrent. Au milieu des énormes mœllons[1] qui gisaient là et des constructions qui s'y élevaient, une seule maison restée debout sur sa base, sans voisines, étroite, laide, rechignée, tremblante, qui semblait avoir vu bien du vice et bien du crime à tous les étages de ses vieux murs ébranlés, et qui avait peut-être été laissée là pour en voir encore, se dressait, d'un noir plus sombre, dans un ciel déjà noir. Longue perche de maison aveugle, car aucune de ses fenêtres (et les fenêtres sont les yeux des maisons) n'était éclairée, et qui avait l'air de vous raccrocher en tâtonnant dans la nuit! Cette horrible maison avait la classique porte entrebâillée des mauvais lieux, et, au fond d'une ignoble allée, l'escalier dont on voit quelques marches éclairées d'en haut, par une lumière honteuse et sale... La femme entra dans cette allée étroite, qu'elle emplit de la largeur de ses épaules et de l'ampleur foisonnante et frissonnante de sa robe; et, d'un pied accoutumé à de pareilles ascensions, elle monta lestement l'escalier en colimaçon[2], – image juste, car cet escalier en avait la viscosité[3]...

1. *mœllon: pierre destinée à la construction.*
2. *colimaçon: escargot.*
3. *l'escalier était sale et poisseux, collant comme la bave d'un escargot.*

Jules Barbey D'Aurevilly, ***La Vengeance d'une femme***

12 ANALYSER UN VERBE

Observons

Je chanterais bien pour ton anniversaire.
Qu'il aille au marché ! j'achèterai du pain demain.

1) Le verbe a-t-il une forme différente en fonction de son sujet ?
2) Quand le sujet du verbe ne change pas, le verbe garde-t-il la même forme ?
Pourquoi ?

Retenons

Définition

- Un verbe est un mot variable qui se conjugue, c'est-à-dire qui change de forme :
  - en fonction de son sujet ***(voir leçon d'orthographe nº 8 et leçon de grammaire nº 12)***
    › *je chante*
    › *tu chantes*
    › *les enfants chantent*
  - en fonction du temps qu'il exprime ***(voir leçons de conjugaison nºs 13, 14, 15)***
    › *J'ai acheté du pain hier.*
    › *Que fais-tu ? J'achète du pain.*
    › *J'achèterai du pain demain.*
  - en fonction du mode (le mode représente la manière dont l'action exprimée par le verbe est conçue, ***voir leçon de conjugaison nº 13***)
    › *Il va au marché* › indicatif
    › *Il irait bien au marché* › conditionnel
    › *Qu'il aille au marché !* › subjonctif

Analyser un verbe

- Pour analyser un verbe dans une phrase, il faut d'abord donner son infinitif, qui permet de l'identifier et de connaître son groupe.
  › Dans *Qu'il aille au marché !* l'infinitif du verbe est **aller**.
  - Les verbes en -er sont des verbes du 1er groupe (sauf *aller*, qui est irrégulier).
  - Les verbes en -ir qui se terminent par *-issons* à la 1re personne du pluriel du présent de l'indicatif sont des verbes du 2e groupe.
  - Les autres verbes appartiennent au 3e groupe.

- Il faut ensuite donner toutes les informations qui permettent de rendre compte des différences par rapport à la forme de l'infinitif. Ces informations sont importantes car lorsque la forme verbale subit une variation, elle n'exprime plus la même chose. Ce sont :
  - la personne et le nombre, qui sont liés au sujet du verbe.
    › Dans *chantes* (indicatif présent), *-es* indique qu'il s'agit de la deuxième personne du singulier.
    › Dans *chantez* (indicatif présent), *-ez* indique qu'il s'agit de la deuxième personne du pluriel.
  - Le temps, le mode et la voix ***(voir leçon de conjugaison nº 26)***.
    › Dans la phrase *Il aime ses enfants*, ***aimer*** est au présent de l'indicatif à la voix active, mais dans *Il est aimé de ses enfants*, ***aimer*** est au présent de l'indicatif à la voix passive.
    › Dans la phrase *Je chanterai pour ton anniversaire*, ***chanter*** est au futur simple de l'indicatif, mais dans *Je chanterais bien pour ton anniversaire*, ***chanter*** est au conditionnel présent.

Exemple d'analyse complète d'une forme verbale

› Je *chanterais* › verbe *chanter*, premier groupe, première personne du singulier, conditionnel présent, voix active.

Exercices

1 **Les mots suivants se terminent, comme les infinitifs des verbes, en *-er, -oir, -oire, -tre*, mais tous ne sont pas des verbes. Identifiez les verbes dans chacune des paires qui vous sont proposées et justifiez vos choix.**

Exemple : dans la paire *abreuvoir / voir*, le verbe est *voir* parce qu'il se conjugue (on dit *je vois, tu vois, il voit*), alors qu'*abreuvoir* ne se conjugue pas (le verbe correspondant est *abreuver* : *j'abreuve, tu abreuves*...)

1) étranger / ranger
2) étranger / mélanger
3) mettre / ministre
4) encensoir / encenser
5) balancer / balançoire
6) arbitre / arbitrer

2 **Dans chacun des groupes ci-dessous, identifiez les différences entre les formes proposées et déterminez la cause de ces différences.**

Exemple : *je pense / tu penses / nous pensons*
› les formes *je pense, tu penses* et *nous pensons* ont des terminaisons différentes (*-e, -es* et *-ons*) ; elles sont différentes parce qu'elles ne sont pas conjuguées à la même personne alors que le temps, le mode et la voix sont restés les mêmes.

1) je pensais / je pensai / je penserai
2) sache ! / que tu saches / tu saurais
3) nous allons / nous irons
4) vous aviez / vous eussiez
5) vous êtes / nous sommes
6) je venais / je viendrais
7) je marcherai / je marcherais

3 **Donnez l'infinitif et le groupe des verbes conjugués dans les phrases ci-dessous.**

Exemple : *J'aime les dessins animés.*
› L'infinitif de *aime* est *aimer*.
C'est un verbe du premier groupe.

1) J'ai fini !
2) J'ai plaisir à travailler.
3) Ces chansons seront chantées à la fête du collège.
4) Il aurait été capable de faire cet exercice seul.
5) Ce gâteau aurait été mangé de toute façon.
6) J'irai là où vous êtes allés.
7) Je viens tout de suite !
8) J'approuve cette décision.
9) J'accueille mon correspondant cette semaine.

4 **Observez le texte ci-dessous extrait de la lettre de Mme de Sévigné à Pomponne. Analysez les verbes en gras suivant les consignes données dans la partie « Retenons ».**

Exemple : *Il faut que je vous conte.*
› *faut* : verbe *falloir*, troisième groupe, troisième personne du singulier, indicatif présent, forme impersonnelle.
› *conte* : verbe *conter*, premier groupe, première personne du singulier, subjonctif présent, voix active.

Il **faut** que je vous **conte** une petite historiette, qui est très vraie et qui vous divertira. Le Roi **se mêle** depuis peu de faire des vers ; MM. de Saint-Aignan et Dangeau lui **apprennent** comme il s'y faut **prendre**. Il **fit** l'autre jour un petit madrigal, que lui-même ne **trouva** pas trop joli. Un matin, il dit au maréchal de Gramont : « Monsieur le maréchal, je vous **prie**, **lisez** ce petit madrigal, et **voyez** si vous en avez jamais vu un si impertinent. Parce qu'on **sait** que depuis peu j'aime les vers, on m'en **apporte** de toutes les façons. » Le maréchal, après **avoir lu**, dit au Roi : « Sire, Votre Majesté juge divinement bien de toutes choses ; il est vrai que voilà le plus sot et le plus ridicule madrigal que j'**aie** jamais **lu**. » Le Roi se mit à rire, et lui dit : « N'est-il pas vrai que celui qui l'**a fait** est bien fat ? – Sire, il n'y a pas moyen de lui **donner** un autre nom. – Oh bien ! dit le Roi, je suis ravi que vous m'en **ayez parlé** si bonnement ; c'est moi qui l'**ai fait**. – Ah ! Sire, quelle trahison ! Que Votre Majesté me le **rende** ; je l'ai lu brusquement. – Non, monsieur le maréchal ; les premiers sentiments sont toujours les plus naturels. »

Le Roi a fort ri de cette folie, et tout le monde trouve que voilà la plus cruelle petite chose que l'on **puisse** faire à un vieux courtisan. Pour moi, qui aime toujours à faire des réflexions, je **voudrais** que le Roi en fît là-dessus, et qu'il **jugeât** par là combien il est loin de connaître jamais la vérité. (1er décembre 1664)

5 **Écriture : Choisissez un verbe, et construisez un texte autour de ce verbe en le conjuguant de différentes manières possibles. Échangez votre texte avec celui de votre voisin. Relevez toutes les formes d'un même verbe employées par votre camarade de classe et analysez-les.**

Exemple : *Hier j'ai chanté. Je chantais souvent quand j'étais plus jeune. Si je m'entraîne, je chanterai comme tu chantes. Nous chanterons ensemble. La chanson qui sera chantée par nous sera belle...*

13 MÉMO-FICHE : VALEUR DES MODES ET DES TEMPS

Observons

a) Pourvu que Jean Valjean **parvienne** à échapper à Javert !
b) Fantine **confie** Cosette aux Thénardier. Elle **espère** qu'avec eux, elle **sera** heureuse.
c) **Entrez**, monsieur, **répondit** la mère Jondrette.

1) Qu'exprime la phrase **a)** ? Peut-on dire si Jean Valjean parviendra à échapper à Javert ?
2) Quel temps est utilisé pour raconter l'histoire en **b)** ? Qu'exprime ici le futur ?
3) Quel mode est utilisé pour donner un ordre en **c)** ?

Retenons

Rôle des modes

- Les **modes** donnent des indications sur la manière dont le locuteur (celui qui parle) perçoit son énoncé (ce qu'il dit). Ils permettent d'évoquer une action ou un état **en donnant des indications sur son degré de réalité**.
  - *Il s'**est excusé*** › l'**indicatif** permet de présenter le fait comme étant certain.
  - *Alors il se **serait** vraiment **excusé** ? Je n'arrive pas à y croire.* › le **conditionnel** permet de présenter le fait comme une éventualité difficilement crédible.
  - *J'aimerais bien qu'il s'**excuse**.* › le **subjonctif** présente un fait envisagé par l'esprit, qui n'est donc pas considéré dans sa réalité.
  - *Mais **excuse**-toi enfin !* › l'**impératif** permet de présenter le fait comme une exigence.

Rôle des temps

- Les **temps** permettent de **situer l'événement dans le temps**, c'est-à-dire dans le passé, le présent ou l'avenir.
  - *Le mois dernier, il **venait** ici tous les jours.* › passé
  - *En ce moment, il **vient** ici tous les jours.* › présent
  - *Le mois prochain, il **viendra** ici tous les jours.* › futur
- Les temps nous donnent des indications sur le **déroulement d'un événement**. Ils peuvent évoquer :
  - une **action achevée** ou une **action inachevée**.
    - › *À midi il **a** beaucoup **mangé**.* › passé composé : action achevée
    - › *Il **mange** encore.* › présent : action en cours
  - une **action délimitée** ou une **action non délimitée**.
    - › *Il **peignit** un tableau pour la première fois en 1936.* › passé simple : action délimitée
    - › *Il **peignait** des tableaux : c'était son métier.* › imparfait : action non délimitée
  - Les temps peuvent avoir une **valeur modale**.
    - › *Ah ! si j'**étais** riche !* › l'imparfait permet ici d'évoquer un regret.

Classification des modes

- Parmi les modes, on distingue :
  - Les **modes personnels**, qui admettent une variation de la forme verbale en fonction de la personne. Ce sont :
    - › l'indicatif › 6 personnes à la conjugaison
    - › le conditionnel › 6 personnes à la conjugaison
    - › le subjonctif › 6 personnes à la conjugaison
    - › l'impératif › 3 personnes à la conjugaison
  - Les **modes impersonnels**, qui n'admettent pas de variation du verbe en fonction de la personne. Ce sont l'infinitif, le gérondif et le participe.
    - › Comparez « *je **chante*** », « ***ils chantent*** » avec « *je **m'**entends **chanter*** », « *je **les** entends **chanter*** ».

Classification des temps

- On distingue :
  - les temps simples et les temps composés

Temps simples de l'indicatif *(voir leçon n° 16)*	Temps composés de l'indicatif *(voir leçon n° 17)*
présent : je fais	passé composé : j'ai fait
imparfait : je faisais	plus-que-parfait : j'avais fait
passé simple : je fis	passé antérieur : j'eus fait
futur : je ferai	futur antérieur : j'aurai fait

  - les temps du discours et les temps du récit

	Présent	Passé composé	Futur	Futur antérieur	Imparfait	Plus-que-parfait	Passé simple	Passé antérieur
Temps du discours	X	X	X	X	X	X		
Temps du récit				X	X	X	X	X

Exercices

1 Identifiez les temps et les modes auxquels sont conjugués les verbes en gras puis classez ces verbes en deux catégories, en distinguant les verbes qui permettent d'exprimer la pensée du locuteur et les verbes qui situent une action dans le temps.

Exemple : *je* pense *qu'elle* viendrait *plutôt demain.*
› *pense* est à l'indicatif présent ; la forme verbale permet de dire que l'action se situe dans le présent.
› *viendrait* est au conditionnel présent ; la forme verbale permet au locuteur d'exprimer une supposition (il n'est pas sûr qu'elle viendra bien le lendemain).

1) Quand j'**étais** petit, je lui **disais** souvent que j'aimais le chocolat. 2) Elle **souhaite** qu'il **fasse** un bon voyage. 3) Qu'**espères**-tu ? Qu'il **puisse** acheter ton cadeau à temps ? 4) Je **prendrais** bien du thé, s'il vous plaît. 5) Jeudi dernier, j'**espérais** prendre le train vendredi matin. Mais trois jours **se sont écoulés** depuis et je ne **peux** toujours pas le prendre à cause des grèves. Je le **prendrai** peut-être demain, **épuisé** par tant d'attente. 6) **Relisez-vous**, que vos copies **soient** parfaites ! 7) Vous **chantiez** ? j'en suis fort aise. Eh bien ! **dansez** maintenant. (La Fontaine) 8) Vous **iriez** au bout du monde pour **trouver** ce trésor ! 9) **Étant** aussi peu habile pour cuisiner, tu **allais** vraiment faire un gâteau ? 10) Avant, quand j'**avais terminé** mes devoirs, je **regardais** la télévision.

2 Dites si les verbes en gras sont conjugués à un mode personnel ou impersonnel.

Exemple : Je *vais faire* les courses.
› *vais* est conjugué à un mode personnel (indicatif).
› *faire* est conjugué à un mode impersonnel (infinitif).

1) Je **voulais acheter** des chaussures. 2) Je **marche en écoutant** de la musique. 3) Je **préférerais** que les choses soient bien faites. 4) Je te **confirme** ma venue demain. 5) **Vas**-y ! 6) **Fatigué**, il **est allé se coucher** très tôt. 7) Elle **est rentrée** beaucoup plus **rassurée**. 8) Hier il **a gelé** et aujourd'hui **il pleut**.

3 Dans cet extrait de la lettre 30 des *Lettres persanes* de Montesquieu, relevez les formes verbales. Indiquez à quel temps et à quel mode les verbes sont conjugués.

Tant d'honneurs ne laissent pas d'être à charge[1] : je ne me croyais pas un homme si curieux et si rare ; et, quoique j'aie très bonne opinion de moi, je ne me serais jamais imaginé que je dusse troubler le repos d'une grande ville, où je n'étais point connu. Cela me fit résoudre à quitter l'habit persan, et à en endosser[2] un à l'européenne, pour voir s'il resterait encore, dans ma physionomie, quelque chose d'admirable. Cet essai me fit connaître ce que je valais réellement. Libre de tous les ornements étrangers, je me vis apprécié au plus juste. J'eus sujet de me plaindre de mon tailleur, qui m'avait fait perdre, en un instant, l'attention et l'estime publique ; car j'entrai tout à coup dans un néant affreux. Je demeurais quelquefois une heure dans une compagnie, sans qu'on m'eût regardé, et qu'on m'eût mis en occasion d'ouvrir la bouche : mais, si quelqu'un, par hasard, apprenait à la compagnie que j'étais Persan, j'entendais aussitôt autour de moi un bourdonnement : Ah ! ah ! monsieur est Persan ? C'est une chose bien extraordinaire ! Comment peut-on être Persan ?

1. ne laissent pas d'être à charge : pèsent comme un handicap, une charge.
2. endosser : (littéralement) porter sur son dos, ici le verbe signifie mettre un vêtement.

14 FORMATION ET VALEURS DES TEMPS SIMPLES DE L'INDICATIF

Observons

Il **marchait** depuis longtemps quand soudain un passant le **bouscula**.
Que **fais**-tu ? Je **fais** mes devoirs.
Nous **serons** bientôt en vacances.

1) Combien de temps peut-on identifier dans ces exemples ?
2) Placez les événements évoqués dans les exemples sur un axe temporel en fonction du moment où ils ont eu lieu.

Retenons

Les quatre temps simples de l'indicatif sont le présent, le passé simple, l'imparfait et le futur simple.
Ils permettent d'évoquer des actions en les situant dans le temps par rapport au moment où on en parle.

Valeurs des temps simples de l'indicatif

- Le présent de l'indicatif sert :
  - à évoquer une action qui **a lieu au moment où on en parle** › *Que* ***fais****-tu ? Je* ***fais*** *mes devoirs.*
  - à évoquer une situation qui **dure** › *J'****aime*** *les dessins animés.*
  - à évoquer une situation qui se **répète** dans le présent › *Je me* ***réveille*** *tous les matins à sept heures.*
  - à exprimer une **vérité générale** › *En été, il* ***fait*** *chaud.*
  - à raconter des faits qui ont eu lieu dans le passé (**présent de narration** ou **présent historique**)
    › *L'armistice* ***est signé*** *le 11 novembre 1918.*
  - à évoquer un **fait passé** qui a eu lieu peu de temps avant le moment de l'énonciation ou un **fait futur** qui aura lieu peu de temps après le moment de l'énonciation
    › *Je* ***sors*** *à l'instant du collège ; je* ***rentre*** *bientôt à la maison.*
- Le passé simple de l'indicatif s'emploie surtout à l'écrit. Il sert à évoquer :
  - une action **ponctuelle** qui a eu lieu dans le **passé** › *Ce jour-là, il lui* ***offrit*** *des fleurs.*
  - une action passée **terminée** › *Louis XIV* ***régna*** *soixante-douze ans.*
  - une action passée **répétée** › *Il* ***refit*** *le même chemin plusieurs fois.*
  - des actions qui se sont **succédé** dans le passé
    › *Il* ***ouvrit*** *la porte,* ***entra*** *rapidement, et* ***referma*** *la porte derrière lui.*
- L'imparfait de l'indicatif sert à évoquer :
  - une **habitude passée** › *Quand j'****étais*** *petit, je me* ***réveillais*** *tous les matins à huit heures.*
  - une situation qui **a duré** dans le passé ou une **description** relative au passé
    › *Quand j'****étais*** *petit, j'****aimais*** *me coucher tôt.* › *La maison de nos grands-parents* ***était*** *charmante.*
- L'imparfait et le passé simple sont utilisés ensemble pour montrer qu'une situation qui a duré dans le passé s'est trouvée brusquement interrompue.
  › *Il marchait* **(imparfait)** *depuis longtemps quand soudain un passant le bouscula* **(passé simple).**
- Le futur simple de l'indicatif a une valeur temporelle et des valeurs modales.
  - Valeur temporelle : le futur simple permet d'évoquer une action qui aura lieu **après** le moment où on en parle
    › *Nous* ***serons*** *bientôt en vacances.*
  - Valeurs modales :
    › il permet d'évoquer un ordre ou un conseil › *Tu me* ***copieras*** *cent fois cette phrase.*
    › il permet de formuler une promesse › *Je* ***reviendrai*** *– Vous voulez parvenir, je vous* ***aiderai****.* (Balzac)

Conjugaison des temps simples de l'indicatif

Conjugaison du présent de l'indicatif

		1er groupe	2e groupe	3e groupe
être	avoir	chanter	finir	devoir
je suis	j'ai	je chante	je finis	je dois
tu es	tu as	tu chantes	tu finis	tu dois
il est	il a	il chante	il finit	il doit
nous sommes	nous avons	nous chantons	nous finissons	nous devons
vous êtes	vous avez	vous chantez	vous finissez	vous devez
ils sont	ils ont	ils chantent	ils finissent	ils doivent

› Observez les différents verbes donnés dans le tableau : combien de radicaux différents chacun a-t-il ?
› Observez les terminaisons : sont-elles les mêmes pour les verbes appartenant aux trois différents groupes ? Que se passe-t-il au pluriel pour les verbes du deuxième groupe ?

Conjugaison de l'imparfait de l'indicatif

		1er groupe	2e groupe	3e groupe
être	avoir	chanter	finir	devoir
j'étais	j'avais	je chantais	je finissais	je devais
tu étais	tu avais	tu chantais	tu finissais	tu devais
il était	il avait	il chantait	il finissait	il devait
nous étions	nous avions	nous chantions	nous finissions	nous devions
vous étiez	vous aviez	vous chantiez	vous finissiez	vous deviez
ils étaient	ils avaient	ils chantaient	ils finissaient	ils devaient

› Observez le radical, que remarquez-vous par rapport au radical de la première personne du pluriel du présent de l'indicatif ? Change-t-il au cours de la conjugaison ?
› Observez les terminaisons : changent-elles en fonction du verbe ?

Conjugaison du passé simple de l'indicatif

		1er groupe	2e groupe	3e groupe
être	avoir	chanter	finir	devoir
je fus	j'eus	je chantai	je finis	je dus
tu fus	tu eus	tu chantas	tu finis	tu dus
il fut	il eut	il chanta	il finit	il dut
nous fûmes	nous eûmes	nous chantâmes	nous finîmes	nous dûmes
vous fûtes	vous eûtes	vous chantâtes	vous finîtes	vous dûtes
ils furent	ils eurent	ils chantèrent	ils finirent	ils durent

› Observez les radicaux des verbes : sont-ils différents au cours de la conjugaison ?
› Observez les terminaisons : sont-elles différentes pour les verbes appartenant aux différents groupes ? Que se passe-t-il aux première et deuxième personnes du pluriel ?
› Observez l'exemple donné pour les verbes du deuxième groupe : peut-on distinguer au singulier le présent de l'indicatif du passé simple de l'indicatif ?

Conjugaison du futur simple de l'indicatif

		1er groupe	2e groupe	3e groupe
être	avoir	chanter	finir	devoir
je serai	j'aurai	je chanterai	je finirai	je devrai
tu seras	tu auras	tu chanteras	tu finiras	tu devras
il sera	il aura	il chantera	il finira	il devra
nous serons	nous aurons	nous chanterons	nous finirons	nous devrons
vous serez	vous aurez	vous chanterez	vous finirez	vous devrez
ils seront	ils auront	ils chanteront	ils finiront	ils devront

› Observez les radicaux des verbes autres qu'*être* et *avoir* : que remarquez-vous par rapport à l'infinitif ?
› Observez le radical de chacun des verbes : change-t-il au cours de la conjugaison ?
› Observez les terminaisons : changent-elles d'un verbe à l'autre ?

ATTENTION : Ne pas confondre *je chanterai* (futur simple) et *je chanterais* (conditionnel présent). En cas de doute, il faut mettre à une autre personne › *tu chanteras* (futur simple) mais *tu chanterais* (conditionnel présent).

Exercices

1 Retrouvez pour chaque paire de verbes le temps de l'indicatif auquel ils sont conjugués (donnez toutes les lectures possibles quand il y en a plusieurs).

Exemple : dans la paire de verbes *dansais / dansai*, *dansais* est à l'imparfait, *dansai* est au passé simple

1) chantai / chantais
2) plions / pliions
3) accueillez / accueilliez
4) finîmes / finissons
5) jaillirai / jaillis

2 Observez ces phrases extraites de *La Morte* de Guy de Maupassant. Les verbes en gras sont à l'indicatif. Déterminez à quel temps chacun d'eux est conjugué et appuyez-vous sur le contexte pour préciser la valeur des temps choisis dans chaque phrase.

S 1. Utiliser ses capacités de raisonnement, ses connaissances sur la langue, savoir faire appel à des outils appropriés pour lire

Exemple : *Il me sembla qu'il l'insultait*.
› *sembla* est au passé simple et évoque une action ponctuelle dans le passé
› *insultait* est à l'imparfait et évoque une action en cours

1) Je **pleurai** quand il me parla d'elle.
2) Je **marchai** longtemps à travers des rues. Puis je **rentrai** chez moi.
3) Heureux les hommes dont le cœur, comme une glace où **glissent** et s'**effacent** les reflets, **oublie** tout ce qu'il a contenu, tout ce qui a passé devant lui, tout ce qui s'est contemplé, miré dans son affection, dans son amour ! Comme je **souffre** !
4) Elle **était** là, là-dessous, pourrie ! Quelle horreur ! Je **sanglotais**, le front sur le sol.
5) Je me **levai** et me **mis** à errer dans cette ville des disparus. J'**allais**, j'allais. Comme elle **est** petite cette ville à côté de l'autre, celle où l'on **vit** !
6) Au bout du cimetière habité, j'**aperçus** tout à coup le cimetière abandonné, celui où les vieux défunts **achèvent** de se mêler au sol, où les croix elles-mêmes pourrissent, où l'on **mettra** demain les derniers venus. Il **est** plein de roses libres, de cyprès vigoureux et noirs, un jardin triste et superbe, nourri de chair humaine.

3 Conjuguez les verbes entre parenthèses à l'imparfait ou au passé simple de l'indicatif en vous aidant du contexte pour choisir le temps approprié.

Exemple : Elle *(se promener)* tous les jours au même endroit mais ce jour-là elle ne *(venir)* pas.
› Elle *se promenait* tous les jours au même endroit mais ce jour-là, elle ne *vint* pas.

1) Il *(attendre)* depuis longtemps quand enfin son ami *(arriver)*.
2) Elle lui *(écrire)* tous les jours.
3) Elle ne *(danser)* qu'une fois par semaine.
4) Elle ne *(gravir)* cette montagne qu'une fois dans sa vie.
5) Nous *(discuter)* pendant de longues heures ce jour-là.
6) Nous *(discuter)* fréquemment pendant de longues heures.

4 **Remplacez les verbes en gras par un temps dont le sens serait juste dans le contexte de la phrase.**

Exemple : Il *fait* beau demain !
› Il *fera* beau demain !

1) Le 14 juillet 1789, les révolutionnaires **prennent** la Bastille. 2) Jusqu'en 1789, la France **est** une monarchie absolue où la royauté **se transmet** de père en fils. 3) Je sors à l'instant du collège, je **rentre** bientôt à la maison. 4) Demain, je **fais** du sport !

5 **Observez cet extrait du début de *La Morte* de Guy de Maupassant. Relevez les verbes conjugués à un temps simple de l'indicatif et précisez la valeur des temps choisis par l'auteur. Pour vous aider, tâchez de placer les actions évoquées sur un axe temporel.**

S **1. Utiliser ses capacités de raisonnement, ses connaissances sur la langue, savoir faire appel à des outils appropriés pour lire**

Exemple : dans la première phrase, *conter* est au futur simple et permet d'évoquer une action future

Je ne conterai point notre histoire. L'amour n'en a qu'une, toujours la même. [...]

Et voilà qu'elle mourut. Comment ? Je ne sais pas, je ne sais plus.

Elle rentra mouillée, un soir de pluie, et le lendemain, elle toussait. Elle toussa pendant une semaine environ et prit le lit.

Que s'est-il passé ? Je ne sais plus.

Des médecins venaient, écrivaient, s'en allaient. On apportait des remèdes ; une femme les lui faisait boire. Ses mains étaient chaudes, son front brûlant et humide, son regard brillant et triste. Je lui parlais, elle me répondait. Que nous sommes-nous dit ? Je ne sais plus. J'ai tout oublié, tout, tout ! Elle mourut, je me rappelle très bien son petit soupir, son petit soupir si faible, le dernier. La garde dit : « Ah ! » Je compris, je compris !

6 **Lisez cette description de la Vénus d'Ille, statue inquiétante de la déesse romaine de l'amour. Relevez les verbes conjugués à un temps simple de l'indicatif et indiquez leur valeur, notamment descriptive.**

1) La chevelure, relevée sur le front, paraissait avoir été dorée autrefois. La tête, petite comme celle de presque toutes les statues grecques, était légèrement inclinée en avant. Quant à la figure, jamais je ne parviendrai à exprimer son caractère étrange, et dont le type ne se rapprochait de celui d'aucune statue antique dont il me souvienne. Ce n'était point cette beauté calme et sévère des sculpteurs grecs, qui, par système, donnaient à tous les traits une majestueuse immobilité. Ici, au contraire, j'observais avec surprise l'intention marquée de l'artiste de rendre la malice arrivant jusqu'à la méchanceté. Tous les traits étaient contractés légèrement : les yeux un peu obliques, la bouche relevée des coins, les narines quelque peu gonflées. Dédain, ironie, cruauté, se lisaient sur ce visage d'une incroyable beauté cependant. En vérité, plus on regardait cette admirable statue, et plus on éprouvait le sentiment pénible qu'une si merveilleuse beauté pût s'allier à l'absence de toute sensibilité.

2) [...] Cette expression d'ironie infernale était augmentée peut-être par le contraste de ses yeux incrustés d'argent et très brillants avec la patine d'un vert noirâtre que le temps avait donnée à toute la statue. Ces yeux brillants produisaient une certaine illusion qui rappelait la réalité, la vie. Je me souvins de ce que m'avait dit mon guide, qu'elle faisait baisser les yeux à ceux qui la regardaient. Cela était presque vrai, et je ne pus me défendre d'un mouvement de colère contre moi-même en me sentant un peu mal à mon aise devant cette figure de bronze.

Prosper Mérimée, ***La Vénus d'Ille***

7 **Écriture : Rédigez un court texte pour raconter ce que vous avez fait la semaine dernière, ce que vous faites habituellement, ce que vous faites en ce moment, et ce que vous avez prévu de faire la semaine prochaine.**

8 **Dictée préparée ou copie : Dans ce texte, analysez les formes verbales en prêtant attention aux points difficiles : accord des participes, différence entre l'infinitif et le participe passé des verbes du premier groupe, distinction entre le futur de l'indicatif et le conditionnel présent.**

S **1. Écrire lisiblement un texte, spontanément ou sous la dictée, en respectant l'orthographe et la grammaire**

La marquise de R... n'était pas fort spirituelle, quoiqu'il soit reçu en littérature que toutes les vieilles femmes doivent pétiller d'esprit. Son ignorance était extrême sur toutes les choses que le frottement du monde ne lui avait point apprises. Elle n'avait pas non plus cette excessive délicatesse d'expression, cette pénétration exquise, ce tact merveilleux qui distinguent, à ce qu'on dit, les femmes qui ont beaucoup vécu. Elle était, au contraire, étourdie, brusque, franche, quelquefois même cynique. Elle détruisait absolument toutes les idées que je m'étais faites d'une marquise du bon temps. Et pourtant elle était bien marquise, et elle avait vu la cour de Louis XV ; mais, comme ç'avait été dès lors un caractère d'exception, je vous prie de ne pas chercher dans son histoire l'étude sérieuse des mœurs d'une époque. La société me semble si difficile à connaître bien et à bien peindre dans tous les temps, que je ne veux point m'en mêler. Je me bornerai à vous raconter de ces faits particuliers qui établissent des rapports de sympathie irrécusable entre les hommes de toutes les sociétés et de tous les siècles.

George Sand, ***La Marquise***, incipit

15 FORMATION ET VALEURS DES TEMPS COMPOSÉS DE L'INDICATIF

Observons

a) Je **suis parti**, mais trop tard !
b) Quand je **suis arrivé**, il s'est mis à pleuvoir.
c) J'**avais décidé** de ne pas y aller quand il me proposa de l'accompagner.
d) Si j'**avais eu** de l'argent, j'aurais acheté un avion.
e) Ils **auront obtenu** gain de cause avec une telle volonté de convaincre !

1) Quelle différence y a-t-il entre la phrase a) et une phrase comme « Je partis, mais trop tard » ?
2) Reconstituez la succession des événements évoqués dans les phrases b) et c).
3) Qu'exprime la phrase d) ? Est-ce que le verbe en bleu décrit la réalité ?
4) Le verbe en bleu de la phrase e) exprime-t-il une action future ? Quelle est sa valeur ?

Retenons

Formation et conjugaison des temps composés de l'indicatif

- Chacun des quatre temps composés de l'indicatif correspond à un temps simple :
  - **le passé composé** correspond au présent
  - **le plus-que-parfait** correspond à l'imparfait
  - **le passé antérieur** correspond au passé simple
  - **le futur antérieur** correspond au futur simple
- Chaque temps composé est formé de l'**auxiliaire *être* ou *avoir*** conjugué au temps simple qui lui correspond et du **participe passé** du verbe conjugué.

	Chanter	Venir
Présent	Je chante	Je viens
Passé composé	J'ai chanté	Je suis venu(e)
Imparfait	Je chantais	Je venais
Plus-que-parfait	J'avais chanté	J'étais venu(e)
Passé simple	Je chantai	Je vins
Passé antérieur	J'eus chanté	Je fus venu(e)
Futur simple	Je chanterai	Je viendrai
Futur antérieur	J'aurai chanté	Je serai venu(e)

- La majorité des verbes se conjuguent avec l'auxiliaire *avoir*, mais **quelques verbes prennent l'auxiliaire *être***. Ce sont :
  - les verbes de mouvement comme *aller* et *venir* › *Je **suis venu**, j'ai vu, j'ai vaincu* (Jules César).
  - les verbes qui indiquent un changement d'état comme *devenir* › *Il **est devenu** médecin.*
  - les verbes pronominaux *(voir leçon n° 28)* › *Elle **s'est lavée** ce matin.*
- Lorsqu'on conjugue des verbes aux temps composés, il faut faire attention aux **accords** :
  - avec l'auxiliaire ***être***, le participe passé du verbe conjugué s'accorde en genre et en nombre avec le sujet. › *Elles sont venu**es** ce matin.*
  - avec l'auxiliaire ***avoir***, le participe passé ne s'accorde jamais avec le sujet du verbe, mais il s'accorde avec le complément d'objet direct du verbe conjugué s'il est placé avant lui. › *J'ai acheté des fraises et je **les** ai mang**ées*** *(voir leçon n° 23).*

Valeur des temps composés de l'indicatif

De manière générale, les temps composés servent à évoquer une action qui a eu lieu avant l'action exprimée par le temps simple correspondant. Ils expriment l'**antériorité** par rapport à lui.

*et j'**ai** mal au dos ce matin.*

*Je **suis tombé** de mon lit cette nuit…*

- **Le passé composé** est la forme correspondant au présent. C'est un temps du discours.
  › Il permet d'évoquer une **action terminée** au moment où on parle › *J'**ai obéi**, mais trop tard.*
  › Le passé composé exprime l'**antériorité** par rapport au moment présent › *Je **suis venu** et maintenant je suis là.*
  › On l'utilise **à l'oral** à la place du passé simple ou du passé antérieur pour évoquer des actions passées.
    › *Il **s'est assis** brusquement* pour *Il **s'assit** brusquement.*
    › *Quand je **suis arrivé**, il **s'est mis** à pleuvoir* pour *Quand **j'arrivai** il **se mit** à pleuvoir.*

- **Le plus-que-parfait** est la forme correspondant à l'imparfait. C'est un temps du discours et du récit.
  › Il sert à évoquer une **action terminée** par rapport à un repère passé.
    › *Elle l'**avait attendu** la veille jusqu'à deux heures du matin.*
  › Quand il est utilisé avec un autre temps du passé, il exprime l'**antériorité** par rapport à une action passée. Il peut être utilisé à côté de n'importe quel temps évoquant le passé.
    › *J'**avais voulu** me lever tôt, mais mon réveil n'**a** pas **sonné**.*
    › *J'**avais décidé** de ne pas y aller quand il me **proposa** de l'accompagner.*
    › *Le visage que j'**avais** follement **craint** de ne jamais revoir se **trouvait** tourné vers moi.* (André Breton)
  › Comme l'imparfait, le temps simple qui lui correspond, le plus-que-parfait a des **valeurs modales**. On le trouve dans une phrase exclamative avec *si* pour exprimer un **regret**. › *Si j'**avais eu** de l'argent !*
  › Dans un **système hypothétique** avec *si*, il s'emploie en corrélation avec le conditionnel passé pour exprimer l'**irréel du passé**. › *Si j'**avais eu** de l'argent, j'aurais acheté un avion.*

- **Le passé antérieur** est la forme correspondant au passé simple. C'est un temps du récit. Il est très souvent remplacé par le passé composé. On le rencontre surtout à l'écrit.
  › Dans une principale, il sert à exprimer une **action terminée, qui s'est passée rapidement**.
    › *Et le drôle **eut lapé** le tout en un moment* (La Fontaine).
  › Dans les subordonnées introduites par *après que*, *dès que*, *lorsque*, *quand*, etc., il sert à exprimer une **action antérieure** à l'action du verbe principal au passé simple.
    › *Dès qu'ils **furent arrivés**, ils s'assirent.*

- **Le futur antérieur** est la forme correspondant au futur simple. C'est un temps du discours.
  › Il permet d'envisager une action à venir **par rapport à la fin** de celle-ci. › *Il **aura terminé** dans une heure.*
  › Il exprime l'**antériorité** par rapport au futur simple. Quand il est utilisé avec le futur simple, il sert à indiquer quelle action à venir aura lieu avant l'autre. › *Tu viendras me voir quand tu **auras terminé**.*

Exercices

1 Dans les paires de verbes suivantes, l'un est conjugué à un temps simple et l'autre à un temps composé de l'indicatif. Identifiez le verbe conjugué à un temps composé et justifiez brièvement votre réponse.

Exemple : *il est ravi / il a ravi* › seule la forme *il a ravi* est conjuguée à un temps composé : c'est le passé composé du verbe *ravir*. *Il est ravi* est l'indicatif présent passif du même verbe.

1) il est charmé / il est sorti
2) il est charmé / il a charmé
3) il a été ensorcelé / il fut ensorcelé
4) elle était instruite / elle avait instruit
5) il sera né / il sera donné
6) il sera donné / il aura été donné

2 Conjuguez les verbes entre parenthèses à la forme appropriée, vous devez vous aider des indicateurs temporels présents dans les phrases.

Exemple : *Elle (partir) il y a une heure pour éviter les embouteillages* › *Elle est partie il y a une heure pour éviter les embouteillages.*

1) Hier elle *(aller)* voir une pièce de théâtre, et aujourd'hui elle va au cinéma. 2) Quand ils *(s'apercevoir)* de leur erreur, il était trop tard. 3) J'*(arriver)* depuis longtemps quand à son tour, il arriva. 4) Il appréciait particulièrement le cadeau qu'elle lui *(donner)*. 5) Tu *(vouloir)* partir à l'heure, mais tu *(être)* retenu et maintenant tu es en retard. 6) Quand vous *(finir)* vos devoirs, vous pourrez aller jouer.

3 **Observez cet extrait de *La Morte* de Guy de Maupassant. Déterminez quelles actions ont eu lieu avant le moment où le narrateur rentre à Paris. Précisez leur lien avec ce moment en vous aidant de ces questions : ces actions sont-elles terminées ou se poursuivent-elles ? Ont-elles eu lieu longtemps avant ou peu de temps avant le moment où le narrateur rentre à Paris ? Ont-elles duré longtemps ?**

S **1. Utiliser ses capacités de raisonnement, ses connaissances sur la langue, savoir faire appel à des outils appropriés pour lire**

Hier, je suis rentré à Paris.

Quand je revis ma chambre, notre chambre, notre lit, nos meubles, toute cette maison où était resté tout ce qui reste de la vie d'un être après sa mort, je fus saisi par un retour de chagrin si violent que je faillis ouvrir la fenêtre et me jeter dans la rue. Ne pouvant plus demeurer au milieu de ces choses, de ces murs qui l'avaient enfermée, abritée, et qui devaient garder dans leurs imperceptibles fissures mille atomes d'elle, de sa chair et de son souffle, je pris mon chapeau, afin de me sauver. Tout à coup, au moment d'atteindre la porte, je passai devant la grande glace du vestibule qu'elle avait fait poser là pour se voir, des pieds à la tête, chaque jour, en sortant, pour voir si toute sa toilette allait bien, était correcte et jolie, des bottines à la coiffure.

Et je m'arrêtai net en face de ce miroir qui l'avait souvent reflétée. Si souvent, si souvent, qu'il avait dû garder aussi son image.

4 **Observez ces phrases extraites de *La Morte* de Guy de Maupassant. Relevez les verbes conjugués à un temps composé et précisez quelle est à chaque fois la valeur des temps composés employés.**

S **1. Utiliser ses capacités de raisonnement, ses connaissances sur la langue, savoir faire appel à des outils appropriés pour lire**

Exemple : Je l'avais aimée éperdument ! › *avais aimée* est un plus-que-parfait qui exprime l'antériorité.

1) Que s'est-il passé ? Je ne sais plus. 2) Je lui parlais, elle me répondait. Que nous sommes-nous dit ? Je ne sais plus. J'ai tout oublié, tout, tout ! 3) Elle fut enterrée ! Enterrée ! Elle ! dans ce trou ! Quelques personnes étaient venues, des amies. Je me sauvai. 4) Quand il eut achevé d'écrire, le mort immobile contempla son œuvre. Et je m'aperçus, en me retournant, que toutes les tombes étaient ouvertes, que tous les cadavres en étaient sortis, que tous avaient effacé les mensonges inscrits par les parents sur la pierre funéraire, pour y rétablir la vérité. 5) Je pensai qu'elle aussi avait dû la tracer sur sa tombe. 6) Et sur la croix de marbre où tout à l'heure j'avais lu : « Elle aima, fut aimée, et mourut. », j'aperçus : « Étant sortie un jour pour tromper son amant, elle eut froid sous la pluie, et mourut. »

5 **Écriture : Imaginez la suite du récit de Huck, le narrateur, en veillant à la cohérence des temps dans votre histoire.**

Une nuit, je venais de gagner ma chambre. Je n'étais pas de bonne humeur, car il m'avait fallu demeurer depuis six heures en compagnie de gens que je ne connaissais pas et qui s'obstinaient à me faire causer - ... pas pendant le dîner, par exemple ; à table, ils étaient trop occupés pour penser à moi. Plus tard, dans le salon, ils ne m'avaient pas laissé aussi tranquille. Huck, maintenant que tes moyens te permettent de choisir une profession, n'as-tu pas envie de devenir médecin ? me demanda un vieux monsieur.

Oh ! non, répliquai-je. Mon père disait toujours que les médecins ne servent qu'à tuer plus vite un malade. [...] Là-dessus, chacun se mit à m'accabler de questions, cherchant à me tirer les vers du nez. Les dames surtout se montraient curieuses. Je crus qu'elles ne s'en iraient jamais.

D'après Mark Twain,
Les Aventures de Huckleberry Finn

6 **Dictée préparée ou copie : relevez et analysez les formes verbales composées de ce texte.**

S **1. Écrire lisiblement un texte, spontanément ou sous la dictée, en respectant l'orthographe et la grammaire**

1) Les lettres dont j'offre aujourd'hui une nouvelle édition au public ont été écrites par mon père, Champollion le jeune, pendant le cours du voyage qu'il fit en Égypte et en Nubie, dans les années 1828 et 1829. Elles donnent ses impressions sur le vif, au jour le jour, et c'est encore, au dire des personnes compétentes, le meilleur et le plus sûr guide pour bien connaître les monuments et l'ancienne civilisation de la vallée du Nil. Elles furent successivement adressées à son frère et insérées en partie dans le *Moniteur universel*, pendant que mon père, poursuivant sa mission, rassemblait les richesses archéologiques qu'on admire au musée égyptien du Louvre, dont il fut le fondateur, et recueillait les documents précieux qu'il n'eut pas le temps de mettre en lumière, puisque tout jeune encore, en 1832, il fut enlevé à la science et au glorieux avenir qui lui était réservé.

2) En 1833, mon oncle, M. Champollion-Figeac, alors conservateur au département des manuscrits de la Bibliothèque royale, publia, chez Firmin Didot, une édition de ces lettres dont il possédait les originaux. C'est cette édition, épuisée depuis longtemps déjà, que je reproduis dans le présent volume.

Les savants qui ont marché dans la voie de Champollion le jeune m'ont attesté que, malgré les progrès obtenus depuis trente ans dans la science qu'il a fondée, ces lettres étaient encore d'une utilité sérieuse et d'un grand intérêt ; c'est cette conviction, unie à un vif sentiment de respect pour la mémoire de mon père, qui m'a engagée à faire cette nouvelle édition.

Zoraïde Chéronnet-Champollion
Paris, le 15 septembre 1867

16 FORMATION ET VALEURS DU CONDITIONNEL PRÉSENT ET PASSÉ

Observons

a) Les parents du Petit Poucet ne l'**auraient** certainement
b) pas **abandonné** s'ils avaient eu les moyens de le nourrir.
Nous **serions venus** si la date de l'invitation avait été précisée !

› Qu'expriment les verbes en bleu dans ces phrases ?

Retenons

Formation et conjugaison du conditionnel

- On forme le conditionnel présent en mettant après le « r » du radical du futur les terminaisons de l'imparfait de l'indicatif **-ais**, **-ais**, **-ait**, **-ions**, **-iez**, **-aient**.
  › Exemple : *Je chanterai* (futur) › *je chanterais* (conditionnel présent)
- Le conditionnel passé est la forme composée correspondant au conditionnel présent. Il est formé de l'auxiliaire *avoir* ou *être* au conditionnel présent et du participe passé du verbe conjugué.

	Chanter	Venir
Futur simple	Je chanterai	Je viendrai
Conditionnel présent	Je chanterais	Je viendrais
Conditionnel passé	J'aurais chanté	Je serais venu(e)

La valeur modale du conditionnel

- Lorsqu'il est employé dans le verbe principal de la phrase, le conditionnel a une valeur modale, c'est-à-dire qu'il est employé comme un mode. Dans ce cas-là, le conditionnel peut servir à :
  - exprimer un souhait ou un regret › *J'aurais voulu venir. / Je serais bien venu à ta fête.*
  - exprimer un doute ou une indignation › *Il serait déjà sorti ? / Il aurait fait ça ?*
  - donner une information en la présentant comme incertaine › *Il aurait été aperçu au parc ce matin.*
  - atténuer une affirmation › *Ce ne serait pas gentil.*
  - évoquer un monde imaginaire ou possible › *Avec lui nous irions au bout du monde !*
- Dans un système conditionnel, le conditionnel peut être employé avec l'imparfait ou avec le plus-que-parfait.
  - Employé avec l'imparfait, le conditionnel présent sert à exprimer :
    › le potentiel, un événement présenté comme étant possible dans le présent,
      › *Si j'étais en retard, tu ne serais pas content.*
    › l'irréel du présent, c'est-à-dire une hypothèse dont on est certain qu'elle ne peut se réaliser dans le présent.
      › *Si j'étais riche, je serais heureux.*
  - Employé avec le plus-que-parfait, le conditionnel passé sert à exprimer l'irréel du passé, c'est-à-dire une hypothèse qui ne s'est jamais réalisée.
      › *Si j'avais été riche, j'aurais été heureux.*

La valeur temporelle du conditionnel : l'expression du futur dans le passé

- Quand il est employé dans un récit au passé, **le conditionnel présent** sert à exprimer une action située dans l'avenir par rapport à un repère passé.
  › *Virginie pensait* (le 24 décembre) *que Paul* ***reviendrait*** *le lendemain* (le 25 décembre de la même année).
    › Cette phrase évoque le futur par rapport à un repère passé.

- **Le conditionnel passé** sert à exprimer une action à venir en fonction du moment où elle sera effectivement terminée.
  › *Virginie pensait* (hier, lundi) *que Paul* ***serait rentré*** *le lendemain* (aujourd'hui, mardi).

Exercices

1 Conjuguez les verbes suivants à la forme appropriée du conditionnel.

Exemple : *Si j'étais en vacances, je (pouvoir) me reposer.* › *Si j'étais en vacances, je pourrais me reposer.*

1) Si je ne te le disais pas maintenant, je ne *(être)* pas tranquille.
2) Il lui a promis il y a deux jours qu'il l'*(appeler)* le lendemain. Hier il ne l'a pas appelée. Il *(oublier)* ?
3) Je regrette que tu ne sois pas venu. J'*(vouloir)* que tu viennes. Tu *(pouvoir)* bien t'amuser. Nous *(danser)* ensemble si tu étais venu.
4) Si nous étions riches, voici ce que nous *(faire)* : nous *(acheter)* des cadeaux pour nos proches et nous *(accomplir)* de grands projets.

2 Dans les paires suivantes, identifiez les verbes conjugués au conditionnel.

Exemple : dans la paire *j'aimerais / j'aimerai*, le conditionnel est *j'aimerais*

1) je chanterai / je chanterais
2) nous chanterions / nous chanterons
3) nous finissions / nous finirions
4) vous aimerez / vous aimeriez
5) ils dansèrent / ils danseraient
6) ils auraient / ils avaient

3 Observez les extraits des contes fantastiques de Théophile Gautier et de Jules Barbey d'Aurevilly proposés ci-dessous. Identifiez les formes de conditionnel, précisez leur valeur et justifiez brièvement votre réponse.

Exemple : *L'on aurait pu se croire au temps de la Régence* (*La Cafetière*, T. Gautier).
› Le conditionnel est *aurait pu*. C'est un conditionnel passé qui exprime l'irréel du passé.

A) Extraits de *La Cafetière* de Théophile Gautier

1) Oh ! non, je n'ose pas dire ce qui arriva, personne ne me croirait, et l'on me prendrait pour un fou.
2) Les robes de soie des femmes, froissées dans ce tourbillon dansant, rendaient des sons d'une nature particulière ; on aurait dit le bruit d'ailes d'un vol de pigeons.
3) Et je sentis que, si jamais il m'arrivait d'aimer quelqu'un, ce serait elle.
4) J'étais inondé d'une joie ineffable et j'aurais toujours voulu demeurer ainsi.

B) Extraits de *L'Ensorcelée* de Jules Barbey d'Aurevilly

5) S'il ne l'avait pas eu, il lui aurait manqué quelque chose.
6) Il serait prudent peut-être de nous mettre en marche et de ne pas nous attarder plus longtemps.
7) Qu'est-ce que je deviendrais sans la Blanche, la meilleure jument de la presqu'île ?
8) Mais je l'assurai que je ne le laisserais pas ainsi tout seul dans l'embarras.
9) On parlait vaguement d'assassinats qui s'y étaient commis à d'autres époques. Et vraiment un tel lieu prêtait à de telles traditions. Il aurait été difficile de choisir une place plus commode pour détrousser un voyageur ou pour dépêcher un ennemi.

4 Conjuguez les verbes entre parenthèses au conditionnel présent puis au conditionnel passé.

Exemple : *je (chanter)* donne au conditionnel présent *je chanterais*

1) je (plier)	2) tu (s'établir)
3) il (accueillir)	4) nous (croire)
5) vous (devoir)	6) elles (aller)

5 Observez cet extrait de *La Morte amoureuse* de Théophile Gautier. Identifiez les conditionnels et précisez leur valeur.

Ah ! si je n'eusse pas été prêtre, j'aurais pu la voir tous les jours ; j'aurais été son amant, son époux, me disais-je dans mon aveuglement ; au lieu d'être enveloppé dans mon triste suaire, j'aurais des habits de soie et de velours, des chaînes d'or, une épée et des plumes comme les beaux jeunes cavaliers. Mes cheveux, au lieu d'être déshonorés par une large tonsure, se joueraient autour de mon cou en boucles ondoyantes. J'aurais une belle moustache cirée, je serais un vaillant. Mais une heure passée devant un autel, quelques paroles à peine articulées, me retranchaient à tout jamais du nombre des vivants, et j'avais scellé moi-même la pierre de mon tombeau, j'avais poussé de ma main le verrou de ma prison !

6 Écriture : Vous avez donné rendez-vous à un ami, il est très en retard et vous n'avez aucun moyen de le joindre. Écrivez une courte lettre où vous évoquez les doutes, les hypothèses, les souhaits… qui vous viennent à l'esprit pendant que vous l'attendez.

17 FORMATION ET VALEURS DU SUBJONCTIF ET DE L'IMPÉRATIF

Observons

a) **Vive** la mariée !
b) Qu'il **vienne** et nous verrons bien !
c) **Plût** au Ciel qu'il fût arrivé sain et sauf !
d) Il faudra bien que vous **finissiez** par me répondre. **Répondez**-moi !

› Ces phrases expriment-elles des événements qui ont déjà eu lieu ou qui sont en train d'avoir lieu ?

Retenons

- Le subjonctif est employé pour évoquer une incertitude ou un fait qui n'est pas réel, il est très souvent précédé de *que*.

Conjugaison du subjonctif

- Le subjonctif est, après l'indicatif, le mode qui comporte le plus de temps différentes. On a au subjonctif :
  - deux temps simples, le présent et l'imparfait du subjonctif
  - deux temps composés, le passé et le plus-que-parfait du subjonctif
- Conjugaison du **subjonctif présent**
  - Au subjonctif présent, tous les verbes prennent les mêmes terminaisons : **-e**, **-es**, **-e**, **-ions**, **-iez**, **-aient**.

	Chanter	Finir	Pouvoir
que je...	chante	finisse	puisse
que tu	chantes	finisses	puisses
qu'il	chante	finisse	puisse
que nous	chantions	finissions	puissions
que vous	chantiez	finissiez	puissiez
qu'ils	chantent	finissent	puissent

- **Le subjonctif passé** est la forme composée correspondant au subjonctif présent. Il se forme à partir de l'auxiliaire *être* ou *avoir* au subjonctif présent et du participe passé du verbe conjugué.
  - Le verbe ***chanter*** donne au subjonctif présent ***que je chante*** et au subjonctif passé ***que j'aie chanté***.
- Conjugaison du **subjonctif imparfait** :
  - On forme l'imparfait du subjonctif en reprenant la voyelle du passé simple de l'indicatif à laquelle on ajoute les terminaisons **-sse**, **-sses**, **-^t**, **-ssions**, **-ssiez**, **-ssent**.
    › Exemple : *tu fus* (passé simple de l'indicatif) › *que tu fusses* (subjonctif imparfait)

	Chanter	Finir	Pouvoir
que je...	chantasse	finisse	pusse
que tu	chantasses	finisses	pusses
qu'il	chantât	finît	pût
que nous	chantassions	finissions	pussions
que vous	chantassiez	finissiez	pussiez
qu'ils	chantassent	finissent	pussent

- **Le subjonctif plus-que-parfait** est la forme composée correspondant au subjonctif imparfait. Il se forme à partir de l'auxiliaire *être* ou *avoir* au subjonctif imparfait et du participe passé du verbe conjugué.
  › Exemple, le verbe ***chanter*** donne au subjonctif imparfait ***que je chantasse*** et au subjonctif plus-que-parfait ***que j'eusse chanté***.

- Les verbes du deuxième groupe ne se distinguent que par la 3e personne du singulier au subjonctif présent et au subjonctif imparfait.
- Le plus souvent, le radical du subjonctif présent est le même que celui de la troisième personne du pluriel du présent de l'indicatif.

	Finir	Venir	Asseoir
Indicatif présent	ils finissent	ils viennent	ils assoient
Subjonctif présent	que je finisse	que je vienne	que j'assoie

- Subjonctif présent et subjonctif imparfait des auxiliaires *être* et *avoir*

Subjonctif présent		Subjonctif imparfait	
Être	Avoir	Être	Avoir
que je sois	que j'aie	que je fusse	que j'eusse
que tu sois	que tu aies	que tu fusses	que tu eusses
qu'il soit	qu'il ait	qu'il fût	qu'il eût
que nous soyons	que nous ayons	que nous fussions	que nous eussions
que vous soyez	que vous ayez	que vous fussiez	que vous eussiez
qu'ils soient	qu'ils aient	qu'ils fussent	qu'ils eussent

Valeurs modales du subjonctif

- Le subjonctif marque la distance que le locuteur prend par rapport à son sujet. Il sert à évoquer un fait qui n'est pas vrai au moment où on parle mais qu'on présente comme étant possible. C'est donc le mode qui sert à exprimer :
  - une supposition › ***Soit*** *un triangle équilatéral... / Qu'il* ***vienne*** *me voir, je ne le recevrai pas.*
  - un souhait ou un regret › ***Que*** *le Ciel vous* ***garde*** *!*
  - une injonction ou une obligation › ***Qu'il reste*** *!*
- Les formes du subjonctif présent permettent de remplacer les formes qui manquent à l'impératif présent. › ***Qu'il reste*** *!*
- Le subjonctif passé permet de compléter l'impératif passé. Tout comme lui, il sert à exprimer une injonction, un ordre qui devra être suivi avant un moment donné. › ***Qu'il soit parti*** *pour neuf heures !*
- Le subjonctif imparfait et le subjonctif plus-que-parfait n'appartiennent plus à la langue courante. On les utilise surtout à l'écrit. On les rencontre dans des expressions figées où ils servent à exprimer un souhait ou un regret.
  › ***Plût*** *au ciel qu'il fût arrivé sain et sauf !*

L'impératif

- Conjugaison de l'impératif
  Il n'existe que **trois personnes** à l'impératif : la deuxième personne du singulier et les deux premières personnes du pluriel. Les formes de l'impératif ne sont **jamais précédées de leur sujet**.
  - Impératif présent
  Les formes de l'impératif présent sont généralement les mêmes que les formes de l'indicatif présent pour les personnes considérées.
  › Comparez : *Tu* ***finis*** *tes devoirs.* (indicatif présent) et ***Finis*** *tes devoirs !* (impératif présent)
  Cependant, les verbes du premier groupe, qui prennent la terminaison -es à la deuxième personne du singulier de l'indicatif présent *(voir leçon n° 14)*, perdent le -s final à la deuxième personne du singulier de l'impératif présent.
  › Comparez : *Tu* ***chantes***. (indicatif présent) et ***Chante*** *!* (impératif présent)
  Les formes de l'impératif présent des verbes comme *être*, *avoir*, *savoir* et *vouloir* sont construites avec le radical du subjonctif présent.
  › *que tu aies* (subjonctif) › *aie !* (impératif présent)
  › *que tu saches* (subjonctif) › *sache !* (impératif)

Chanter	Finir	Savoir	Être	Avoir
chante	finis	sache	sois	aie
chantons	finissons	sachons	soyons	ayons
chantez	finissez	sachez	soyez	ayez

- **Impératif passé**
L'impératif passé se forme à partir de l'auxiliaire *être* ou *avoir* à l'impératif présent suivi du participe passé du verbe conjugué. › *Chante* donne à l'impératif passé *aie chanté*.

- **Valeurs de l'impératif**
  - L'**impératif présent** sert à exprimer un ordre ou un conseil.
› *Va dans ta chambre! **Fais** cet exercice plutôt que celui-là.*
Avec une négation, il permet d'exprimer une défense. › *Ne vous approchez pas du feu!*
  - L'**impératif passé** permet de donner un ordre en envisageant le moment où l'action sera effectivement accomplie:
› *Soyez rentrés pour huit heures! Aie fini avant que je ne revienne!*

- **Remarque:** L'ordre et la défense sont exprimés au subjonctif pour les personnes qui n'existent pas à l'impératif:
› *Qu'il vienne! Qu'ils ne partent pas!*

Exercices

1 Exercice oral: Formulez des injonctions à partir des phrases ci-dessous.

Exemples: *Je dois partir* donne *Que je parte!* mais *Tu dois partir* donne *Pars!*

1) Je dois manger. 2) Tu dois être sage. 3) Il ne doit pas pâlir. 4) Elle doit apprendre ces poèmes. 5) Nous devons revenir vite. 6) Vous ne devez pas mentir. 7) Ils doivent faire leurs devoirs.

2 Exercice écrit: Mettez les verbes suivants au subjonctif et à l'impératif aux personnes demandées.

Exemple: *tu donnes* fait au subjonctif (que) *tu donnes* et à l'impératif *donne*.

1) Tu ranges
2) Tu accomplis
3) Tu écris
4) Tu sais
5) Nous choisissons
6) Tu aimes

3 Conjuguez les verbes entre parenthèses à la forme appropriée.

Exemple: *Je viens, mais toi, (être) à l'heure!*
› *Je viens, mais toi, sois à l'heure!*

1) *(Profiter)* bien de tes vacances, j'ai hâte que tu me les *(raconter)*.
2) Que le vent vous *(être)* favorable!
3) Elle souhaitait que le vent les *(porter)*.
4) Qu'ils ne *(s'entendre)* pas, je l'admets, mais qu'ils s'*(adresser)* la parole au moins!
5) Je te donne un conseil: *(rentrer)* avant 9 h si tu ne veux pas d'ennuis.
6) Il veut que je *(revenir)* avant 9 h.

4 Les phrases suivantes sont extraites de récits fantastiques de Théophile Gautier et de Jules Barbey d'Aurevilly. Identifiez dans ces phrases les verbes au subjonctif et à l'impératif: Qu'expriment-t-ils? Indiquez ce qui vous aide à identifier leur valeur.

S 1. Utiliser ses capacités de raisonnement, ses connaissances sur la langue, savoir faire appel à des outils appropriés pour lire

1) Allons, messieurs de l'orchestre, commencez! (Théophile Gautier)
2) Je me trouvai à ses genoux, une de ses mains dans les miennes, causant avec elle comme si je l'eusse connue depuis vingt ans. (Théophile Gautier)
3) Elle pesait sur mon épaule comme si les jambes lui eussent manqué. (Théophile Gautier)
4) Angéla, vous êtes lasse, lui dis-je, reposons-nous. (Théophile Gautier)
5) J'ai vu bien des casse-cou dans ma vie, mais, de ma vie, je n'en ai vu un qui ressemblât à celui-là! (Jules Barbey d'Aurevilly)
6) C'est bien certain qu'ils eussent pu me jouer quelque vilain tour s'ils m'avaient surpris ronflant sur ma selle comme au sermon de notre curé. (Jules Barbey d'Aurevilly)
7) Je trouvais qu'il avait doublement raison de vouloir que ses enfants ne fussent que ce qu'il était et rien de plus. (Jules Barbey d'Aurevilly)
8) Vraiment il y avait raison de craindre qu'elle ne pût continuer son chemin. (Jules Barbey d'Aurevilly)
9) Ce sont des événements si étranges, que je ne puis croire qu'ils me soient arrivés. J'ai été pendant plus de trois ans le jouet d'une illusion singulière et diabolique. Moi, pauvre prêtre de campagne, j'ai mené en rêve toutes les nuits (Dieu veuille que ce soit un rêve!) une vie de damné, une vie de mondain et de Sardanapale. (Théophile Gautier)

5 Écriture: Imaginez que vous êtes le capitaine d'un bateau. Vous êtes en mer et vous pensez qu'une tempête va bientôt arriver. Évoquez vos doutes, vos souhaits, vos regrets ainsi que les ordres que vous donnez à l'équipage et aux passagers pour qu'ils se préparent à affronter ce moment difficile.

18 SYNTHÈSE : LA CONCORDANCE DES TEMPS DANS LE DISCOURS INDIRECT

Observons

a) Elle **demanda** où il **était allé**, où il **allait**, où il **irait**.
b) Il **fallait** qu'il **revînt** au plus vite.

› Dans quel ordre se sont déroulées les actions évoquées par les verbes en bleu ?

Retenons

- Dans une phrase complexe *(voir leçon de grammaire n° 21)*, le temps de la proposition subordonnée dépend du temps de la proposition principale.

Règles de concordance des temps dans le discours indirect

- **Facteurs qui influencent le choix du temps dans la subordonnée**
  - Le discours indirect sert à rapporter des paroles prononcées dans le présent ou dans le passé. › « *Je t'**aime*** »
  Si ces paroles viennent d'être prononcées, on utilise un verbe au présent pour introduire les paroles rapportées au discours indirect › *Il **affirme** qu'il l'**aime**.*
  Si ces paroles ont été prononcées il y a longtemps, on utilise un verbe au passé › *Il **affirmait** / il **affirma** qu'il l'**aimait**.*
  Le temps du verbe de la subordonnée dépend donc du temps du verbe principal ; il faut toujours regarder s'il est au présent ou au passé.
  - Le fait évoqué dans les paroles rapportées peut avoir eu lieu avant, pendant ou après le moment où ces paroles ont été prononcées.
- **Tableau récapitulatif**

	Temps du verbe de la subordonnée		
	fait antérieur aux paroles prononcées au discours direct	fait contemporain des paroles prononcées au discours direct	fait postérieur aux paroles prononcées au discours direct
Verbe principal au présent › système présent	temps du passé	présent	futur simple
Verbe principal au passé › système passé	plus-que-parfait	imparfait	conditionnel présent

  - **Remarque :** si le verbe principal est au présent, on ne change pas les temps des verbes au moment de passer du discours direct au discours indirect.
    › *« J'étais heureux, je ne le suis plus, je le serai peut-être encore », affirme-t-il* › *Il affirme qu'il est heureux, qu'il ne l'est plus, mais qu'il le sera encore.*
    › *« J'étais heureux, je ne le suis plus, je le serai peut-être encore », affirma-t-il* › *Il affirma qu'il avait été heureux, qu'il ne l'était plus mais qu'il le serait peut-être encore.*

Cas particulier : les systèmes hypothétiques rapportés au discours indirect

- **Observez ces exemples :**
  - « *Si je **suis** riche, je **serai** heureux* » › éventuel
    › Il **affirme** que s'il **est** riche, il **sera** heureux. / Il **affirma** que s'il **était** riche, il **serait** heureux.
  - « *Si j'**étais** riche, je **serais** heureux* » › potentiel ou irréel du présent (le potentiel présente un fait comme possible, même s'il n'est pas réalisé ; l'irréel du présent le présente comme impossible, donc irréalisable. Néanmoins, ces deux valeurs hypothétiques se construisent de la même manière).
    › Il **affirme** que s'il **était** riche, il **serait** heureux. / Il **affirma** que s'il **était** riche, il **serait** heureux.

- « Si *j'**avais été** riche, j'**aurais été** heureux* » › irréel du passé
  › Il **affirme** que s'il **avait été** riche, il **aurait été** heureux. / Il **affirma** que s'il **avait été** riche, il **aurait été** heureux.

- Tableau récapitulatif

	Temps du verbe de la subordonnée			
	éventuel	potentiel	irréel du présent	irréel du passé
Système présent	*si* + indicatif présent ; futur	*si* + indicatif imparfait ; conditionnel présent		*si* + indicatif plus-que-parfait ; conditionnel passé
Système passé	*si* + indicatif imparfait ; conditionnel présent	*si* + indicatif imparfait ; conditionnel présent		*si* + indicatif plus-que-parfait ; conditionnel passé

Concordance des temps avec le subjonctif

Temps du verbe principal	Temps du verbe au subjonctif	
Système présent *je veux…*	subjonctif présent… *que tu fasses*	subjonctif passé… *que tu aies fait*
Système passé *je voulais…*	subjonctif imparfait… *que tu fisses (que tu fasses)*	subjonctif plus-que-parfait… *que tu eusses fait (que tu aies fait)*

Dans la langue courante, le subjonctif imparfait et le subjonctif plus-que-parfait ne sont plus vraiment employés, on préfère leur substituer le subjonctif présent et le subjonctif passé. Cela fait que dans la langue courante, en pratique, il n'y a plus vraiment de concordance des temps avec le subjonctif. Il est cependant utile de la connaître pour la lecture.

Exercices

1 Transposez les phrases suivantes au discours indirect en commençant par « j'affirme » puis par « j'affirmais ».

Exemple : *Tu me fais rire.*
› J'affirme que tu me fais rire.
› J'affirmais que tu me faisais rire.

1) Tu mens. 2) Il ment. 3) Elle n'a pas dit la vérité. 4) Elle était malade. 5) Vous pourrez venir demain. 6) Si tu me poses une question, je répondrai. 7) Si nous aimions le fromage, nous en achèterions. 8) S'ils l'avaient voulu, ils auraient pu le faire. 9) J'aimerais que tu sois là. 10) J'aimerais qu'il soit là.

2 Les phrases suivantes sont extraites d'un dialogue entre Jean Valjean et Fauchelevent dans *Les Misérables* de Victor Hugo. Transposez-les au discours indirect (système passé). Appuyez-vous sur la phrase d'exemple.

Exemple : *Je vous ai sauvé la vie.*
› Il disait qu'il lui avait sauvé la vie.

1) C'est moi qui m'en suis souvenu le premier. 2) Vous pouvez faire aujourd'hui pour moi ce que j'ai fait autrefois pour vous. 3) Ce serait une bénédiction du bon Dieu si je pouvais vous rendre un peu cela. 4) Que voulez-vous que je fasse ? (Attention, commencez votre phrase par « il demanda ce qu'il… ») 5) Je vous expliquerai cela. 6) Vous ne direz à personne ce que vous savez de moi.

3 Le texte ci-dessous est un extrait des *Misérables* de Victor Hugo évoquant les pensées de Jean Valjean sur la route d'Arras. Repérez dans ce texte les propositions au discours indirect. De quel(s) verbe(s) dépendent-elles ? Est-on au système présent ou au système passé ? À qui les pronoms font-ils référence ?

Il se répétait ce qu'il s'était déjà dit en retenant le cabriolet de Scaufflaire, – que, quel que dût être le résultat, il n'y avait aucun inconvénient à voir de ses yeux, à juger les choses par lui-même ; – que cela même était prudent, qu'il fallait savoir ce qui se passerait ; qu'on ne pouvait rien décider sans avoir observé et scruté ; – que de loin on se faisait des montagnes de tout ; qu'au bout du compte, lorsqu'il aurait vu ce Champmathieu, quelque misérable, sa conscience serait probablement fort soulagée de le laisser aller au bagne à sa place ; – qu'à la vérité il y aurait là Javert, et ce Brevet, ce Chenildieu, ce Cochepaille, anciens forçats qui l'avaient connu ; mais qu'à coup sûr ils ne le reconnaîtraient pas.

4 Conjuguez les verbes entre parenthèses au temps et au mode appropriés.

« Comment te sens-tu ? – Que dis-tu ? – Je te demande comment tu *(se sentir)*. – Très bien. T'ai-je dit que je *(aller)* chez le médecin la semaine dernière ? Il m'a confirmé que je *(être)* en parfaite santé. Il pense cependant qu'il *(falloir)* que je *(poursuivre)* mes activités sportives. Il m'a prévenu que si je ne *(continuer)* pas à faire du sport, je *(être)* moins en forme. – Mais moi j'affirme que si tu *(jouer)* au tennis tu ne *(se blesser)* pas ! »

5 Écriture : Racontez à votre meilleur ami votre dernière conversation avec vos parents au discours indirect.

19 LES PARTICULARITÉS DE CONJUGAISON DES VERBES DU 3e GROUPE

Observons

a) Tu ne peux réussir seul, mais nous pouvons réussir ensemble.
b) Si tu veux que j'y aille, j'irai, mais tu sais – et nous savons tous les deux – qu'ils ne le veulent pas.

› Donnez les infinitifs des formes verbales en bleu.
Que remarquez-vous ?

Retenons

- Les verbes du troisième groupe sont les verbes en -oir, en -re, les verbes en -ir qui ne font pas -issons à la première personne du pluriel et le verbe *aller*. Leur conjugaison présente certaines particularités qu'il faut connaître.

Particularités au présent de l'indicatif

- Les terminaisons pour les verbes du troisième groupe sont en général -s -s -t -ons -ez -ent.
- Certains verbes ont des terminaisons particulières au singulier.
  - Quelques verbes en -ir (*cueillir, ouvrir, souffrir, offrir*) se conjuguent comme des verbes du premier groupe.
  - *Vouloir* et *valoir* prennent -x, -x, -t au singulier.

Savoir	Cueillir	Valoir
je sais	je cueille	je vaux
tu sais	tu cueilles	tu vaux
il sait	il cueille	il vaut

- Les verbes en -dre gardent généralement le -d- du radical et font -ds -ds -d mais les verbes en -indre et -soudre perdent le -d- du radical devant la terminaison et font -s -s -t.

Prendre	Peindre	Résoudre
je prends	je peins	je résous
il prend	il peint	il résout

Remarques :
- À la troisième personne du singulier des verbes en -indre, le -t- est celui de la terminaison.
- Les verbes en -endre s'écrivent e, n, d, r, e, sauf *épandre* et *répandre*.
- Les verbes en -eindre s'écrivent : e, i, n, d, r, e, sauf *craindre, contraindre, plaindre*.

- Les verbes en -tir perdent le -t- du radical aux trois personnes du singulier, et le retrouvent au pluriel seulement.
  › *je sors, tu sors, il sort* mais *nous sortons, vous sortez, ils sortent*

Remarque : à la troisième personne du singulier, le -t- est celui de la terminaison.

- Les verbes en -tre perdent le -t- final du radical aux trois personnes du singulier.
  › *Mettre* fait au présent de l'indicatif *je mets, tu mets, il met* (le premier -t- du radical fait sauter le -t de la terminaison)
  - Les verbes qui se terminent par -ttre à l'infinitif présent retrouvent ce -t- au pluriel
    › *je mets* mais *nous mettons*
  - Les verbes en -aître
    › perdent le -t- du radical au pluriel comme au singulier
    › prennent un accent circonflexe sur le i qui précède le -t- de la terminaison à la troisième personne du singulier.

Connaître	je connais	il connaît	nous connaissons	ils connaissent

Remarque : cet accent circonflexe apparaît à chaque fois que le -i- du radical est suivi d'un -t-, par exemple à l'infinitif, *apparaître*. Il est la trace d'un -s- qui a disparu.

Particularités au passé simple de l'indicatif

- Les verbes du troisième groupe se répartissent en trois catégories :
  - les verbes qui ont un passé simple en **-i**, comme *couvrir* ;
  - les verbes qui ont un passé simple en **-u**, comme *courir* ;
  - les verbes ***venir***, ***tenir*** et leurs composés (*retenir, maintenir, survenir, se souvenir*...) qui ont un passé simple en **-in**.

Couvrir	Courir	Tenir
je couvris	je courus	je tins
tu couvris	tu courus	tu tins
il couvrit	il courut	il tint
nous couvrîmes	nous courûmes	nous tînmes
vous couvrîtes	vous courûtes	vous tîntes
ils couvrirent	ils coururent	ils tinrent

Remarque : pour conjuguer les composés des verbes *venir* et *tenir*, il suffit d'ajouter les préfixes (*re-, main-, sur-, dé-*...) au radical correctement conjugué.

Conjugaisons irrégulières du 3e groupe

Parmi les verbes du troisième groupe, plusieurs verbes sont **irréguliers**. Le radical de ces verbes change au cours de la conjugaison. À titre d'exemple, comparez les formes données pour les verbes *sortir, prendre* et *connaître* avec celles des verbes *pouvoir, vouloir* et *aller*.

Sortir	Prendre	Connaître	Pouvoir	Vouloir	Aller
indicatif présent					
je sors	je prends	je connais	je peux	je veux	je vais
tu sors	tu prends	tu connais	tu peux	tu veux	tu vas
il sort	il prend	il connaît	il peut	il veut	il va
nous sortons	nous prenons	nous connaissons	nous pouvons	nous voulons	nous allons
vous sortez	vous prenez	vous connaissez	vous pouvez	vous voulez	vous allez
ils sortent	ils prennent	ils connaissent	ils peuvent	ils veulent	ils vont
subjonctif présent					
que je sorte	que je prenne	que je connaisse	que je puisse	que je veuille	que j'aille
passé simple					
je sortis	je pris	je connus	je pus	je voulus	j'allai

Exercices

1 **Donnez les infinitifs des verbes suivants, indiquez lesquels sont bien des verbes du troisième groupe.**

Exemple : dans la paire *je dore / je dors* l'infinitif de *dore* est *dorer* tandis que l'infinitif de *dors* est *dormir* ; seul *dors* (infinitif *dormir*) est un verbe du troisième groupe.

1) je mange / je cueille *(présent de l'indicatif)*
2) tu finis / tu servis *(passé simple de l'indicatif)*
3) il haït / il vit *(passé simple de l'indicatif)*
4) nous nous sommes assis / nous avons grandi *(passé composé de l'indicatif)*
5) vous alliez / vous alliiez *(imparfait de l'indicatif)*
6) ils s'écrieront / ils s'écriront *(futur simple de l'indicatif)*

2 **Conjuguez les verbes suivants à la forme demandée.**

Exemple : *valoir* (1re p. du singulier du présent de l'indicatif) donne *je vaux*

1) vouloir *(1re p. du singulier du présent de l'indicatif)*
2) cueillir *(2e p. du singulier du présent de l'indicatif)*
3) prendre *(3e p. du singulier du passé simple de l'indicatif)*
4) plaindre *(3e p. du singulier du présent de l'indicatif)*
5) naître *(1re p. du pluriel du présent de l'indicatif)*
6) tenir *(2e p. du pluriel du passé simple de l'indicatif)*
7) faire *(2e p. du pluriel du présent de l'indicatif)*
8) lire *(2e p. du pluriel du passé simple de l'indicatif)*
9) dire *(2e p. du pluriel de l'imparfait de l'indicatif)*
10) vêtir *(3e p. du pluriel du passé simple de l'indicatif)*
11) mourir *(3e p. du pluriel du passé simple de l'indicatif)*

3 **Mettez les phrases suivantes, extraites des *Misérables* de Victor Hugo, au présent de l'indicatif.**

Exemple : *Elle venait de Montfermeil.*
› *Elle vient de Montfermeil.*

1) Jean Valjean, pas plus que Cosette, ne savait où il allait.
2) Il fallait faire vite.
3) Jean Valjean la saisit, la mit sur son dos, lui prit ses deux petites mains dans sa main gauche [...].
4) Il sortit de la ruine et se mit à longer le grand bâtiment.
5) Il s'assit auprès d'elle et se mit à la considérer.
6) Il s'attendait à tout, excepté à cela.
7) La secousse que reçut Jean Valjean en croyant reconnaître Javert, Javert la reçut en croyant reconnaître Jean Valjean.

4 **Relevez les verbes du troisième groupe ainsi que les formes des verbes *être* et *avoir* présents dans les textes ci-dessous, extraits des *Misérables* de Victor Hugo, et analysez-les.**

Exemple : dans la phrase 1, *pouvait* est la troisième personne du singulier de l'indicatif imparfait de *pouvoir*, voix active.

1) Quelques jours après, il pouvait être huit heures du soir, il était dans sa chambre et il faisait épeler Cosette à haute voix, il entendit ouvrir, puis refermer la porte de la masure. Cela lui parut singulier.

2) Il n'était même pas absolument sûr que ce fût Javert, et puis ce pouvait être Javert sans que Javert sût que c'était lui Jean Valjean. N'était-il pas déguisé ? ne le croyait-on pas mort ?

3) Ce personnage était, disait-on, un rentier dont personne ne savait au juste le nom et qui vivait seul avec une petite fille de huit ans, laquelle ne savait rien elle-même sinon qu'elle venait de Montfermeil. Montfermeil ! ce nom revenait toujours, et fit dresser l'oreille à Javert.

4) Son désappointement tint un moment du désespoir et de la fureur. Quoi qu'il en soit, au moment même où il s'aperçut que Jean Valjean lui échappait, Javert ne perdit pas la tête. Sûr que le forçat en rupture de ban ne pouvait être bien loin, il établit des guets, il organisa des souricières et des embuscades et battit le quartier toute la nuit. La première chose qu'il vit, ce fut le désordre du réverbère, dont la corde était coupée. Indice précieux, qui l'égara pourtant en ce qu'il fit dévier toutes ses recherches vers le cul-de-sac Genrot.

5 **Trouvez les réponses aux questions suivantes en vous aidant de documents et, dans une courte phrase, indiquez vos sources (dictionnaire, logiciel de correction, tableau de conjugaison...).**

S **1. Utiliser ses capacités de raisonnement, ses connaissances sur la langue, savoir faire appel à des outils appropriés pour lire**

1) Donnez la définition d'un verbe régulier.
2) Donnez la définition du verbe *enduire*.
3) À quel groupe appartiennent les verbes suivants : *faillir, émouvoir, rompre, repartir, tressaillir* ?
4) Faut-il un accent circonflexe sur ces mots : *nous vetons, il parait, tu mets, elles accroissent* ?
5) Trouvez un verbe du 3e groupe synonyme de *trouver une solution*.

6 **Écriture : Imaginez la suite de cette histoire en utilisant les verbes ci-dessous (les verbes doivent être conjugués).**

Quand j'étais petit(e) je faisais beaucoup de bêtises. Mes parents voulaient que j'en fasse moins...

dormir – écrire – cueillir – croire – peindre – taire – faire – plaire – conclure – coudre – suivre – lire – rire – cuire

20 AUTRES PARTICULARITÉS DE CONJUGAISON À CONNAÎTRE

Observons

a) Quand ils étaient petits, ils mangeaient beaucoup de sucreries, maintenant ils en mangent moins.
b) Appelle-le, il faut qu'il pèle des pommes.
c) Si je le hais et que tu le hais, alors nous le haïssons.

1) Le radical de l'imparfait est-il identique au radical du présent dans la phrase a)? Par quelle lettre commence la terminaison à l'imparfait et au présent?
2) Quel est l'infinitif de chacun des verbes en bleu dans la phrase b)?
3) Que se passe-t-il à la première personne du pluriel dans la phrase c)?

Retenons

Particularités des verbes du premier groupe

- Particularités dues aux exigences de la prononciation
  - **Verbes en -cer :** les verbes en -cer prennent une cédille sur le -c- final du radical quand la terminaison commence par -a- ou par -o-.
    › *je place / nous plaçons*
    › *je plaçais / nous placions*
  - **Verbes en -ger :** on ajoute un -e- après le -g- final du radical quand la terminaison commence par -a- ou par -o-.
    › *je mange / nous mangeons*
    › *je mangeais / nous mangions*

- Des modifications du radical apparaissent pour les verbes en -eler, -eter et -yer, pour les formes dans lesquelles le -l-, le -t- ou le -y- du radical sont suivis d'un « e » muet :
  › au présent de l'indicatif et du subjonctif aux trois personnes du singulier et à la troisième personne du pluriel
  › à l'impératif présent à la deuxième personne du singulier
  › et au futur simple et au conditionnel présent.

  - S'agissant des verbes en -eler ou en -eter il faut distinguer deux cas de figure :
    › les verbes qui doublent la consonne finale du radical aux personnes mentionnées :
      › *je jette / j'appelle* mais *nous jetons / nous appelons* › indicatif présent
      › *je jetterais / j'appellerais* et *nous jetterions / nous appellerions* › conditionnel présent
    › quelques verbes (*peler, geler, congeler, peler, acheter, haleter...*) qui ne doublent pas la consonne finale du radical, mais voient marquer d'un accent grave la voyelle -e- qui précède immédiatement la dernière consonne du radical.
      › *que j'achète / que je pèle* mais *que nous achetions / nous pelions* › (subjonctif présent)
      › *j'achèterai / je pèlerai* et *nous achèterons / nous pèlerons* › (futur simple)

  Astuce : il faut se baser sur la prononciation des formes verbales pour identifier cette difficulté : aux formes où l'on entend [è] à la place de [e], il convient de doubler la consonne ou de mettre un accent grave selon les verbes.

  - Verbes en -yer : le y des verbes en -yer se transforme en -i- aux personnes mentionnées ci-dessus.
    › *tu nettoies* mais *vous nettoyez* › indicatif présent

  Remarque : les verbes en -ayer peuvent garder le -y- aux formes où les autres verbes en -yer prennent un -i-.

  - Attention à la conjugaison du verbe *envoyer* au futur et au conditionnel présent

Futur simple	Conditionnel présent
j'enverrai	j'enverrais
tu enverras...	tu enverrais...

ATTENTION : **Les verbes en -ier ne perdent jamais le -i final du radical, même quand la terminaison commence par un -i- :**

› à l'imparfait de l'indicatif, on dit bien *nous appréciions / vous appréciiez* : le premier -i- fait partie du radical et le second, de la terminaison

› de même, au subjonctif présent, on a *que nous appréciions / que vous appréciiez*

Il en va de même pour les verbes en -eiller, -ouiller, -gner, etc. :

› *nous veillons* (présent) / *nous veillions* (imparfait) ; *nous nous débrouillons / nous nous débrouillions* ; *vous trépignez de colère / vous trépigniez de colère.*

Particularités des verbes du deuxième groupe

- Tous les verbes du deuxième groupe prennent -iss- entre le radical et la terminaison *(voir tableau p. 338)* :
  - à la première et à la deuxième personne du pluriel du présent de l'indicatif et de l'impératif présent
    › *Nous grandissons / Vous grandissez / Grandissons ! / Grandissez !*
  - à toutes les personnes de l'imparfait de l'indicatif
    › *Je grandissais*
  - au subjonctif présent et imparfait : *Que je grandisse*
  - Rappel : Les verbes du deuxième groupe ne se distinguent que par la 3e personne du singulier au subjonctif présent et au subjonctif imparfait.
- Le verbe ***haïr*** prend un tréma sur le -i- dans toute sa conjugaison excepté aux trois premières personnes du présent de l'indicatif et à la deuxième personne de l'impératif présent
  › *je hais, tu hais, il hait* mais *nous haïssons, vous haïssez, ils haïssent* (indicatif présent)
  › *hais* mais *haïssons, haïssez* (impératif présent)
  - Remarque : le tréma sur le -i- de *haïr* exclut l'accent circonflexe au passé simple et au subjonctif imparfait.
    › Comparez : *nous haïmes* et *nous finîmes* (passé simple) / *qu'il haït* et *qu'il finît* (subjonctif imparfait).

Exercices

1 Pour chaque paire de formes, indiquez laquelle est correcte.

Exemple : dans *nous chargeons / nous chargons*, la forme correcte est *nous chargeons*.

1) Nous placons / nous plaçons
2) Ils mangeaient / ils mangaient
3) Tu jetes / tu jettes
4) Il appelait / il appellait
5) Qu'il achete / qu'il achète
6) Nous pelions / nous pélions / nous pèlions
7) Nous paions / nous payons
8) Il nettoye / il nettoie
9) Vous finiez / vous finissez

2 Conjuguez les verbes ci-dessous au présent puis à l'imparfait de l'indicatif à la personne demandée.

Exemple : *je (charger)* donne
› *(présent) je charge*
› *(imparfait) je chargeais*

1) Je *(envoyer)*
2) Tu *(appeler)*
3) Il *(haïr)*
4) Il *(placer)*
5) Nous *(manger)*
6) Nous *(se débrouiller)*
7) Vous *(grandir)*
8) Vous *(relier)*

3 Conjuguez les verbes suivants à la première personne du pluriel du présent de l'indicatif.

renvoyer – remplacer – percer – bercer – plonger – négliger – diriger – décongeler – modeler – arranger – essuyer

4 Dans les phrases suivantes, complétez les pointillés si nécessaire.

Nous mang(...)ions – Cosette bala(...)ait – Le chien ab(...)e – Les enfants dérang(...)aient les affaires. – Il jet(...)e un regard derrière lui. – La tortue distan(...)ait le lièvre. – L'eau de pluie ruissel(...)e sur les passants. – L'eau de pluie ruissel(...)ait sur les passants. – Il faut appu(...)er fort sur la sonnette.

5 Conjuguez les verbes entre parenthèses à la forme appropriée.

Exemple : *Il faut que je (ranger) ma chambre* donne *Il faut que je range ma chambre.*

1) Il faut que je *(nettoyer)* ma chambre et que je *(payer)* le livreur.
2) Demain nous *(envoyer)* des cartes postales.
3) Vous me le *(rappeler)* si je l'oublie, n'est-ce pas ?

4) Je *(marteler)* cette phrase jusqu'à ce que vous la retenicz.
5) Il *(geler)* ce matin comme il *(geler)* hier.
6) Nous *(avancer)* ensemble depuis que nous nous connaissons.
7) L'année dernière, même si nous le *(haïr)*, nous *(veiller)* à le ménager, mais nous *(se réconcilier)* depuis.
8) Quand nous étions petits, nous *(trépigner)* d'impatience à l'idée de grandir.

6 Recopiez le texte suivant en conjuguant les verbes entre parenthèses à l'imparfait de l'indicatif.

Chez les Thénardier, Cosette ne *(manger)* pas à sa faim; souvent elle *(déplacer)* les meubles et *(balayer)* soigneusement le sol. Elle *(ployer)* sous le fardeau et, pourtant, ne *(rechigner)* pas à la tâche et ne *(haïr)* même pas ses bourreaux. Lorsque la Thénardier *(commencer)* à la gronder, elle *(crier)* très fort, elle *(aboyer)* même, et Cosette *(se réfugier)* où elle le pouvait.

7 Conjuguez les verbes de l'exercice 6 à la première personne du pluriel de l'imparfait de l'indicatif: *manger, déplacer, balayer, ployer, rechigner, haïr, commencer, se réfugier.*

8 Mettez les phrases suivantes, extraites des *Misérables* de Victor Hugo, au présent de l'indicatif.

Exemple: *Cosette tremblait.* › *Cosette tremble.*

1) Jean Valjean lui jeta un coup d'œil pénétrant, mais il ne l'interrogea pas.
2) Cosette appuyait sa tête sur l'épaule du bonhomme.
3) Il [...] ôta ses souliers et ses bas qu'il jeta par-dessus la muraille, monta sur le massif de maçonnerie, et commença à s'élever dans l'angle du mur.
4) Pendant que ces voix chantaient, Jean Valjean ne songeait plus à rien.
5) Il s'élança éperdu hors de la ruine.
6) Un moment après, Jean Valjean l'aborda et la pria d'aller lui changer ce billet de mille francs.
7) Il haïssait ces succès annoncés qu'on déflore en en parlant longtemps d'avance.

9 Analysez les verbes en gras dans les textes ci-dessous extraits des *Misérables* de Victor Hugo.

Exemple: *Cosette tremblait* (phrase 1)
› *tremblait* est la troisième personne de l'imparfait de l'indicatif de *trembler*, voix active.

1) Cosette **tremblait** et **se serrait** contre lui. On entendait le bruit tumultueux de la patrouille qui **fouillait** le cul-de-sac et la rue, les coups de crosse contre les pierres, les appels de Javert aux mouchards qu'il avait postés, et ses imprécations mêlées de paroles qu'on ne **distinguait** point. Au bout d'un quart d'heure, il **sembla** que cette espèce de grondement orageux **commençait** à s'éloigner. Jean Valjean ne **respirait** pas.
2) Il y a des moments où les suppositions hideuses nous **assiègent** comme une cohue de furies et **forcent** violemment les cloisons de notre cerveau. Quand il **s'agit** de ceux que nous aimons, notre prudence invente toutes les folies.
3) Javert **avança** lentement, sondant et fouillant sur son passage tous les recoins de la rue comme les poches d'un voleur.
Quand il arriva au centre de sa toile, il n'y trouva plus la mouche.
On imagine son exaspération.
Il **interrogea** sa vedette des rues Droit-Mur et Picpus.

10 Écriture: Rédigez un court texte en vous servant des verbes ci-dessous (les verbes devront être conjugués).

jeter – geler – appeler – crier – ranger – envoyer – menacer – finir – haïr

11 Dictée préparée ou copie: portrait de Félicité. Dans le texte suivant, relevez et analysez les formes verbales.

S 1. Écrire lisiblement un texte, spontanément ou sous la dictée, en respectant l'orthographe et la grammaire

Elle se levait dès l'aube, pour ne pas manquer la messe, et travaillait jusqu'au soir sans interruption; puis, le dîner étant fini, la vaisselle en ordre et la porte bien close, elle enfouissait la bûche sous les cendres et s'endormait devant l'âtre, son rosaire à la main. Personne, dans les marchandages, ne montrait plus d'entêtement. Quant à la propreté, le poli de ses casseroles faisait le désespoir des autres servantes. Économe, elle mangeait avec lenteur, et recueillait du doigt sur la table les miettes de son pain, – un pain de douze livres, cuit exprès pour elle, et qui durait vingt jours. En toute saison elle portait un mouchoir d'indienne fixé dans le dos par une épingle, un bonnet lui cachant les cheveux, des bas gris, un jupon rouge, et par-dessus sa camisole un tablier à bavette, comme les infirmières d'hôpital. Son visage était maigre et sa voix aiguë. À vingt-cinq ans, on lui en donnait quarante. Dès la cinquantaine, elle ne marqua plus aucun âge; et, toujours silencieuse, la taille droite et les gestes mesurés, semblait une femme en bois, fonctionnant d'une manière automatique.

Gustave Flaubert, ***Un cœur simple***

21 VERBES IRRÉGULIERS : *POUVOIR, DEVOIR, VALOIR, PARAÎTRE*

Observons

– Il paraît que je dois rendre mon article lundi. Ne pourrais-je pas bénéficier d'un délai supplémentaire ? Mieux vaut tard que jamais !
– Désolé, je ne peux accéder à votre demande, la mise en page devra être faite dans la journée. Il vaudrait mieux respecter les délais, si vous voulez que le magazine paraisse à temps.

1) Donnez l'infinitif des verbes en bleu.
2) Gardent-ils le même radical quand ils sont conjugués ?

Retenons

Remarque : les tableaux complets de ces verbes se trouvent à la fin du manuel, p. 341 et suivantes.

Pouvoir

Le verbe *pouvoir* a une conjugaison spécifique à cause des variations de son radical : *je peux – nous pouvons – je pourrai.*

Indicatif				Conditionnel
Présent	Imparfait	Passé simple	Futur simple	Conditionnel présent
je peux / je puis nous pouvons	je pouvais nous pouvions	je pus nous pûmes	je pourrai nous pourrons	je pourrais nous pourrions
Passé composé	Plus-que-parfait	Passé antérieur	Futur antérieur	Conditionnel passé
j'ai pu nous avons pu	j'avais pu nous avions pu	j'eus pu nous eûmes pu	j'aurai pu nous aurons pu	j'aurais pu nous aurions pu

Subjonctif		Impératif	Participe (mode impersonnel)	
Présent	Imparfait	Présent	Présent	Passé
que je puisse que tu puisses qu'il puisse que nous puissions que vous puissiez qu'ils puissent	que je pusse que tu pusses qu'il pût que nous pussions que vous pussiez qu'ils pussent	*non utilisé*	pouvant **Gérondif (mode impersonnel)** en pouvant	pu, ayant pu
			Infinitif (mode impersonnel)	
Passé	Plus-que-parfait	Passé	Infinitif présent	Infinitif passé
que j'aie pu	que nous ayons pu	*non utilisé*	pouvoir	avoir pu

Devoir

Le verbe *devoir* a une conjugaison spécifique à cause des variations de son radical : *je dois – nous devons – je devrai.*

Indicatif				Conditionnel
Présent	Imparfait	Passé simple	Futur simple	Conditionnel présent
je dois nous devons	je devais nous devions	je dus nous dûmes	je devrai nous devrons	je devrais nous devrions
Passé composé	Plus-que-parfait	Passé antérieur	Futur antérieur	Conditionnel passé
j'ai dû nous avons dû	j'avais dû nous avions dû	j'eus dû nous eûmes dû	j'aurai dû nous aurons dû	j'aurais dû nous aurions dû

Subjonctif		Impératif	Participe (mode impersonnel)	
Présent	Imparfait	Présent	Présent	Passé
que je doive que tu doives qu'il doive que nous devions que vous deviez qu'ils doivent	que je dusse que tu dusses qu'il dût que nous dussions que vous dussiez qu'ils dussent	dois devons devez	devant **Gérondif (mode impersonnel)** en devant	dû, ayant dû
			Infinitif (mode impersonnel)	
Passé	Plus-que-parfait	Passé	Infinitif présent	Infinitif passé
que j'aie dû que nous ayons dû	que j'eusse dû que nous eussions dû	aie dû ayons dû ayez dû	devoir	avoir dû

Valoir

Le verbe *valoir* a une conjugaison spécifique à cause des variations de son radical : *je vaux – nous valons – je vaudrai.*

Indicatif				Conditionnel
Présent	Imparfait	Passé simple	Futur simple	Conditionnel présent
je vaux nous valons	je valais nous valions	je valus nous valûmes	je vaudrai nous vaudrons	je vaudrais nous vaudrions
Passé composé	Plus-que-parfait	Passé antérieur	Futur antérieur	Conditionnel passé
j'ai valu nous avons valu	j'avais valu nous avions valu	j'eus valu nous eûmes valu	j'aurai valu nous aurons valu	j'aurais valu nous aurions valu
Subjonctif		**Impératif**	**Participe (mode impersonnel)**	
Présent	Imparfait	Présent	Présent	Passé
que je vaille que tu vailles qu'il vaille que nous valions que vous valiez qu'ils vaillent	que je valusse que tu valusses qu'il valût que nous valussions que vous valussiez qu'ils valussent	vaux valons valez	valant **Gérondif (mode impersonnel)** en valant	valu, ayant valu
			Infinitif (mode impersonnel)	
Passé	Plus-que-parfait	Passé	Infinitif présent	Infinitif passé
que j'aie valu que nous ayons valu	que j'eusse valu que nous eussions valu	aie valu ayons valu ayez valu	valoir	avoir valu

Paraître

Le verbe *paraître* a une conjugaison spécifique à cause des variations de son radical : *je parais – il paraît – nous paraissons*. Comme tous les verbes en -tre, *paraître* perd le -t- du radical aux trois personnes du présent du singulier et prend un accent circonflexe sur le -i- qui précède le -t- du radical.

Indicatif				Conditionnel
Présent	Imparfait	Passé simple	Futur simple	Conditionnel présent
je parais nous paraissons	je paraissais nous paraissions	je parus nous parûmes	je paraîtrai nous paraîtrons	je paraîtrais nous paraîtrions
Passé composé	Plus-que-parfait	Passé antérieur	Futur antérieur	Conditionnel passé
j'ai paru nous avons paru	j'avais paru nous avions paru	j'eus paru nous eûmes paru	j'aurai paru nous aurons paru	j'aurais paru nous aurions paru
Subjonctif		**Impératif**	**Participe (mode impersonnel)**	
Présent	Imparfait	Présent	Présent	Passé
que je paraisse que tu paraisses qu'il paraisse que nous paraissions que vous paraissiez qu'ils paraissent	que je parusse que tu parusses qu'il parût que nous parussions que vous parussiez qu'ils parussent	parais paraissons paraissez	paraissant **Gérondif (mode impersonnel)** en paraissant	paru, ayant paru
			Infinitif (mode impersonnel)	
Passé	Plus-que-parfait	Passé	Infinitif présent	Infinitif passé
que j'aie paru que nous eussions paru	que j'eusse paru que nous eussions paru	aie paru ayons paru ayez paru	paraître	avoir paru

Exercices

1 Conjuguez à toutes les personnes de l'indicatif présent les expressions ci-dessous.

1) Pouvoir faire l'exercice.
2) Paraître en pleine forme.
3) Prévaloir* sur les autres.
4) Devoir remporter ce défi.

* *prévaloir sur* signifie *avoir l'avantage sur.*

2 Conjuguez à la deuxième personne du pluriel des temps simples de l'indicatif et du subjonctif les groupes ci-dessous.

1) Devoir attendre longtemps.
2) Valoir beaucoup aux yeux du Roi.
3) Ne pas paraître son âge.
4) Ne rien y pouvoir.

3 Composez cinq phrases sur le modèle suivant : « Si j'étais..., je devrais... »

4 Pour chaque forme verbale proposée, donnez la personne du pluriel qui lui correspond.

1) Je peux.
2) Tu dois.
3) Il vaut.
4) Tu parais.
5) Je vaux.
6) Elle disparaît.
7) Tu prévaux.
8) Je disparais.

5 Composez cinq phrases sur le modèle suivant : « Si j'avais..., je pourrais... »

6 Conjuguez les verbes *pouvoir, devoir, valoir* et *paraître* à la 1re personne du singulier et à la 1re personne du pluriel.

1) Au présent de l'indicatif.
2) Au futur simple de l'indicatif.
3) À l'imparfait de l'indicatif.
4) Au passé simple de l'indicatif.

7 Conjuguez les verbes *pouvoir, devoir, valoir* et *paraître* à la 2e personne du singulier et à la 2e personne du pluriel aux quatre temps composés de l'indicatif :

1) Au passé composé.
2) Au plus-que-parfait.
3) Au passé antérieur.
4) Au futur antérieur.

8 Pour chaque forme verbale ci-dessous, indiquez l'infinitif, le mode, le temps et la personne.

tu aurais pu – paraissons – que je doive – en pouvant – j'eus dû – il aurait valu – vous aurez paru – valu

9 Conjuguez les verbes entre parenthèse au passé composé.

1) Elle *(disparaître)* depuis trois jours.
2) Les arguments de l'avocat *(prévaloir)* sur ceux du procureur.
3) La femme aimée *(apparaître)* en songe au poète.
4) J'*(devoir)* rattraper mon retard.
5) Mes fautes d'étourderie m'*(valoir)* une note médiocre.

10 Conjuguez les verbes entre parenthèses aux mode et temps indiqués.

1) Non, je ne *(vouloir, indicatif présent)* ni prose ni vers. (Molière)

2) La politesse fait paraître l'homme au dehors comme il *(devoir, conditionnel présent)* être intérieurement. (Jean de La Bruyère)

3) Sa voix tremblait, des larmes *(paraître, indicatif passé simple)* dans ses yeux. (Émile Zola)

4) Accusée, *(paraître, impératif présent)* devant le tribunal. (Prosper Mérimée)

5) Elle *(vouloir, conditionnel passé)* un garçon, parce que les garçons se débrouillent toujours. (Émile Zola)

6) Le comte *(pouvoir, indicatif imparfait)* tout sur l'esprit de son maître. (Stendhal)

7) Monsieur le président était âgé de trente-trois ans, possédait le domaine de Bonfons Boni Fontis, *(valoir, participe présent)* sept mille livres de rente. (Honoré de Balzac)

11 Écriture : Imaginez un court texte au présent de l'indicatif utilisant les verbes *pouvoir, devoir, valoir* et *paraître* (ou des composés de ces verbes) sur le thème de l'étrange. Attention à bien accorder chaque verbe avec son sujet.

Exemple : *Depuis ce matin, il me semble que beaucoup d'objets disparaissent de ma maison. Je ne peux plus mettre la main sur mon portefeuille, sur mes clés, encore moins sur ma voiture... Je dois tout retrouver mais des bruits étranges m'effraient. Cela ne vaut peut-être pas la peine de risquer sa vie !*

12 Écriture : Même exercice que l'exercice 11 mais en conjuguant les verbes au passé simple de l'indicatif sur le thème de la richesse.

22 LA FORMATION DU PARTICIPE PASSÉ

Observons

a) « Le vent qui vient à travers la montagne / M'a rendu fou ! » (Victor Hugo, « Guitare », ***Les Rayons et les Ombres***)
b) « Le bonheur passait, il a fui ! » (Gérard de Nerval, « Une allée du Luxembourg », ***Odelettes***)

› Donnez l'infinitif et le mode des mots en bleu. Pourquoi cette forme est-elle employée ici ?

Retenons

Définition

- Le participe passé est une forme verbale qui permet notamment de conjuguer un verbe à un temps composé et / ou à la voix passive. Dans ce cas, il est toujours accompagné de l'auxiliaire *être* ou *avoir*.
  › « *Le bonheur passait, il a* ***fui*** *!* » : *fui* est le participe passé du verbe *fuir*, conjugué au passé composé.
- Le participe passé peut aussi s'employer sans auxiliaire, comme un adjectif qualificatif. On l'appelle alors participe passé employé comme adjectif qualificatif. Comme lui, il s'accorde en genre et en nombre avec le nom qu'il qualifie.
  › *J'ai vu la porte* ***ouverte****. Ouverte* est le participe passé du verbe *ouvrir*, employé comme adjectif qualificatif.

Terminaisons du participe passé

- Tous les verbes en -er ont un participe passé en -é : chanter › chanté / parler › parlé
- Tous les verbes du 2e groupe en -ir ont un participe passé en -i : finir › fini / choisir › choisi
- Les verbes du 3e groupe ont des participes passés irréguliers. En voici quelques-uns :

Infinitif	Participe passé	Infinitif	Participe passé
perdre	perdu	ouvrir	ouvert
venir	venu	souffrir	souffert
vaincre	vaincu	cueillir	cueilli
paraître	paru	dormir	dormi
vivre	vécu	conquérir	conquis
savoir	su	asseoir	assis
atteindre	atteint	conduire	conduit
craindre	craint	construire	construit
joindre	joint	naître	né

- Les participes passés en -i peuvent avoir trois orthographes au masculin singulier : -i, -is, -it. Pour les différencier, il suffit de mettre le participe passé au féminin. *le couvert* ***mis*** › *la table* ***mise*** / *Un mot* ***écrit*** › *une lettre* ***écrite***
- Remarque : Lorsqu'un verbe est modifié par un adverbe, ce dernier se place entre l'auxiliaire et le participe passé aux formes composées. › *Le mur de la maison est* ***très*** *abîmé par le lierre.*

Exercices

1 Relevez tous les participes passés employés dans les phrases ci-dessous.

1) Lisa a conquis ses invités en leur servant un repas gastronomique.
2) Elle est née le 26 novembre.
3) Mathieu avait surpris son entourage, il avait offert une partie de son bénéfice à une association caritative.
4) Les alpinistes ont vite atteint le sommet.
5) Assise près de la fenêtre, Nadia songe aux merveilleux moments passés en famille au bord de la mer.
6) Ce problème résolu, je peux passer à la suite.
7) Vaincues par la fatigue, elles avaient rebroussé chemin et avaient rejoint le chalet.
8) Construite en 1887, la tour Eiffel accueille de nombreux visiteurs chaque année.
9) Les élèves de 4e ont été sollicités par M. le Principal.
10) Nous avons assisté à une représentation de ***l'Avare***, le spectacle nous a plu, nous avons beaucoup ri.

2 **Relevez tous les participes passés du texte ci-dessous.**

À Paris, mercredi 4 mars 1671

Ah ! ma bonne[1], quelle lettre ! quelle peinture de l'état où vous avez été ! et que je vous aurais mal tenu ma parole, si je vous avais promis de n'être point effrayée d'un si grand péril ! Je sais bien qu'il est passé. Mais il est impossible de se représenter votre vie si proche de sa fin, sans frémir d'horreur. Et quand M. de Grignan vous laisse conduire la barque, et quand vous êtes téméraire, il trouve plaisant de l'être encore plus que vous ; au lieu de vous faire attendre que l'orage fût passé, il veut bien vous exposer[2], et vogue la galère ! [...]

Mme de Sévigné

1. *Ma bonne : ma chère fille.*
2. *Vous exposer : vous mettre en danger.*

3 **a) Donnez l'infinitif présent des participes passés suivants.**

offert – écrit – couvert – assis

b) Donnez le participe passé des verbes suivants.

plaire – craindre – prendre – accepter – réunir – boire

4 **Donnez le participe passé des verbes suivants.**

Il naîtra – nous résolvons – elle vainquit – j'aperçois – vous concluez – ils transmettent – il peindra – vous réunirez – j'inscrivais – tu vivras

5 **Remplacez le nom en gras par le nom indiqué entre parenthèses et faites les accords nécessaires dans les groupes nominaux suivants.**

1) Un **camion** *(voiture)* conduit à toute allure.
2) Le **couvert** *(tables)* mis.
3) Un **garçon** *(fille)* né un 16 octobre.
4) Des **électeurs** *(électrices)* inscrits sur les listes.
5) Un **meuble** *(armoire)* couvert d'un drap.
6) Les **murs** *(pièces)* peints.
7) Un **joueur** *(équipe)* vaincu.
8) Un **contrat** *(affaire)* conclu.
9) Le **territoire** *(région)* conquis.
10) Des **enfants** *(filles)* endormis.

6 **Complétez les participes passés par la terminaison qui convient : -i, -it ou -is.**

1) Nous l'avons **condu**(...) à l'aéroport et nous lui avons **d**(...) au revoir dans le hall.
2) L'infirmière lui a **pr**(...) la main et lui a **appr**(...) la bonne nouvelle.
3) Les enfants ont beaucoup **grand**(...) .
4) Cette nouvelle nous a beaucoup **surpr**(...), heureusement que nous étions **ass**(...) !
5) Lilian s'est **inscr**(...) sur les listes électorales, il a **rempl**(...) son devoir de citoyen.
6) On a **m**(...) l'animal en cage.
7) Le match a été **retransm**(...) à la télévision.
8) Cet automobiliste a **comm**(...) une infraction, il va devoir payer une amende.
9) Le promeneur a **chois**(...) d'emprunter ce sentier qui l'a **condu**(...) jusqu'à l'orée de la forêt.
10) Le barrage **constru**(...) en travers du fleuve régule l'écoulement de l'eau.

7 **Conjuguez les verbes entre parenthèses au passé composé. Attention, l'adverbe se place entre l'auxiliaire et le participe passé.**

1) Il *(pleuvoir)* toute la matinée et les enfants *(ne pas pouvoir)* jouer dehors.
2) Nous *(rejoindre)* nos amis au restaurant et nous *(passer)* une excellente soirée.
3) La pièce *(plaire)* au public qui *(applaudir)* longuement les comédiens.
4) Grâce aux anesthésiants, le malade *(ne pas souffrir)* et il *(retrouver)* son domicile huit jours plus tard.
5) Le général *(vaincre)* ses ennemis qui *(être)* contraints de déposer les armes.
6) Les filles *(rire beaucoup)* quand elles *(voir)* les marques de bronzage de Gabriel.
7) Mes parents *(adopter)* un chien et l'*(appeler)* Bobby.
8) L'enfant *(comprendre)* la leçon, il ne recommencera pas.
9) Il *(falloir)* partir pour ne pas manquer le train.
10) Vous *(devoir)* déposer votre véhicule au garage et le mécanicien l'*(réviser entièrement)*.
11) Les alpinistes *(atteindre)* le sommet sans encombre.
12) Il *(conquérir)* le cœur de la jeune fille.

8 **Relevez tous les verbes conjugués dans ce texte et donnez leur participe passé.**

On attendit encore. Les invités partirent ; seuls, les parents les plus proches demeuraient. À minuit, on coucha la mariée toute secouée de sanglots. [...] Le père était parti chez le commissaire de police pour chercher des renseignements.

À cinq heures, un bruit léger glissa dans le corridor ; une porte s'ouvrit et se ferma doucement ; puis soudain un petit cri pareil à un miaulement de chat courut dans la maison silencieuse.

[...] Berthe, la première, s'élança malgré sa mère et ses tantes, enveloppée de son peignoir de nuit.

Guy de Maupassant, ***L'Enfant***

9 **Écriture : En dix à quinze lignes, racontez votre dernier week-end au passé composé. Vous prêterez particulièrement attention au participe passé des formes verbales.**

23 LE PARTICIPE PASSÉ : RÈGLES D'ACCORD ET CAS COMPLEXES

Observons

a) Impressionnée par le public, Léa n'ose pas lire son poème.
b) Ces textes ont été écrits par Victor Hugo.
c) Nous avons récité les poèmes devant un public enthousiaste.
d) Les poèmes, nous les avons récités devant un public enthousiaste.
e) La foule ne s'est pas fait prier pour nous applaudir.

1) Pour chaque participe passé en orange, repérez l'auxiliaire employé : que remarquez-vous ?
2) Quel est le sujet de la deuxième phrase ? Qu'en déduisez-vous ?
3) Quel est le COD employé dans les troisième et quatrième phrases ? Où est-il placé ? Que pouvez-vous en conclure ?
4) Quelle remarque faites-vous sur l'accord du participe passé dans la cinquième phrase ?

Retenons

Règles d'accord

- **Employé sans auxiliaire**, le participe passé, comme un adjectif qualificatif, s'accorde en genre et en nombre avec le mot auquel il se rapporte.

*Les poèmes **lus** au public remportent un vif succès.*

- **Employé avec l'auxiliaire *être***, le participe passé s'accorde en genre et en nombre avec le sujet du verbe.

*Les poèmes sont **récités** par les comédiens.*

- **Employé avec l'auxiliaire *avoir***, le participe passé s'accorde avec le COD du verbe lorsque ce dernier est placé avant le verbe. Il ne s'accorde jamais dans les autres cas.
  › *Le spectacle a **accueilli** de nombreux amoureux de la poésie.*
  › Ici, le COD *de nombreux amoureux de la poésie* est placé après le verbe, le participe passé ne s'accorde donc pas.

*Les spectacles que nous avons **vus** remportent un vif succès.*

  › Ici, le COD *que* (pronom reprenant *les spectacles*) est placé avant le verbe, le participe passé s'accorde donc avec le COD.

- **ATTENTION :** La plupart du temps, le COD placé avant le verbe est le pronom relatif *que* ou bien les pronoms personnels *le, la, les*.

Cas complexes

- Le participe passé des **verbes impersonnels** est invariable.
  › *La chaleur qu'il a **fait** cet été était intenable.*
- **Certains participes passés** sont invariables lorsqu'ils sont placés **en début de phrase** (*passé, attendu, vu, y compris, non compris, supposé, étant donné, ci-joint, ci-inclus...*)
  › ***Vu** la situation, il sera difficile de trouver une solution.*
- Quand le COD qui précède est le pronom adverbial *en*, le participe passé est invariable.
  › *Des poèmes, j'en ai **lu** beaucoup.*

- Quand le COD qui précède est le pronom neutre *le* **représentant une proposition entière**, le participe passé est invariable.
  › ***Le spectacle a séduit plus de gens*** *que nous ne* ***l'****avions* ***espéré****.* › *espérer* a pour COD *l'* (*le* élidé) qui reprend la proposition *le spectacle a séduit plus de gens*.
- Le participe passé du verbe ***faire*** **suivi d'un infinitif** est invariable.
  › *Les feuilles que j'ai* ***fait*** *tomber ne sont pas importantes.*
  En effet, *que* est le COD de *tomber* et non de *faire*.
- **Cas des verbes suivis d'un infinitif**
  - **Le participe passé s'accorde si le COD du verbe conjugué est sujet de l'infinitif.**
    › *Les personnes que j'ai* ***vues*** *entrer sont charmantes.*
  Qu'est-ce que j'ai vu? *les personnes* (COD de *voir*)
  Qui est entré? *les personnes* (sujet de *entrer*)
  - **Le participe passé ne s'accorde pas si le COD du verbe au participe passé n'est pas sujet de l'infinitif.**
    › *Les feuilles que j'ai* ***vu*** *prendre sont jaunes.*
  Les feuilles sont prises par quelqu'un, elles ne font pas l'action, donc on n'accorde pas le participe passé. *que* est le COD de *prendre* et non de *vu*.

Exercices

1 Complétez les terminaisons des participes passés employés avec l'auxiliaire *être*.

1) Vassili et Damien sont part(...) faire un stage de trois semaines en région parisienne.
2) Les randonneurs sont reven(...) au gîte plus tôt que prévu à cause des orages.
3) La factrice est pass(...) pour te déposer un colis mais tu n'étais pas là.
4) Les enfants ont été pun(...) par leur mère parce qu'ils sont rentr(...) en retard à la maison.
5) L'énigme avait vite été résol(...) par les candidats.
6) Nous sommes toutes déç(...) de ne pas l'avoir rencontré.
7) Ces magasins sont ouver(...) sept jours sur sept.
8) Moi qui suis d'ordinaire la dernière à chaque rendez-vous, j'ai été étonn(...) de les voir arriver en retard.
9) La salle des fêtes sera repein(...) en blanc.
10) La toiture vient d'être refai(...) à neuf, il n'y a plus de risque d'infiltration.

2 Complétez les terminaisons des participes passés employés comme adjectifs qualificatifs.

1) Enchant(...) de leur séjour en Angleterre, les élèves sont prêts à repartir.
2) Une fois l'aspirine dissou(...) dans l'eau, tu peux l'avaler.
3) Fâch(...), elles décident de quitter la salle envah(...) par les manifestants.
4) Le chat part..., les souris dansent.
5) Affol(...) par le bruit assourdissant du moteur, les animaux regagnent leur abri.
6) Join(...) par téléphone, nos amis nous confirmèrent leur arrivée par le train de 18 heures.
7) La réunion achev(...), le président de l'assemblée convie ses invités à un apéritif.
8) Les membres du comité signeront les accords recondui(...) pour un an.
9) Déchu(...) de leurs droits, ils décident de protester auprès de l'administration.
10) Contrain(...) de reconnaître sa défaite, la joueuse regagne rapidement le vestiaire.

3 Complétez les terminaisons des participes passés.

1) Nicolas a envoy(...) de nombreuses lettres de candidature mais elles sont rest(...) sans réponse.
2) Les routes ont été coup(...) à cause du verglas.
3) Les résultats de l'élection seront communiqu... dès que les bulletins auront été dépouill(...) .
4) La lettre ouverte qu'ils ont écri(...) a été envoy(...) à tous les journaux.
5) Mes efforts n'ont serv(...) à rien, puisque je dois tout recommencer.

4 Même exercice qu'en 3.

1) Employ(...) avec l'auxiliaire *être*, les participes passés s'accordent toujours.
2) Je te donne tous ces magazines que j'ai lu(...) et relu(...) .
3) Les maçons ont construi(...) un mur qu'ils ont ensuite été oblig(...) de démolir à cause d'une erreur.
4) Press(...) de rentrer, elle a oubli(...) d'emporter son dossier.
5) L'expert a examin(...) la voiture qui a été embout(...) par un chauffard.

5 Remplacez le(s) mot(s) en gras par celui (ceux) qui est (sont) indiqué(s) entre parenthèses et faites toutes les modifications nécessaires.

1) J'ai tenu compte de votre **commentaire** *(remarques)*, je l'ai inséré dans le document.
2) Apeuré, **l'enfant** *(la fillette)* a trouvé refuge auprès de sa mère.
3) J'ai acheté **le livre** *(les livres)* que le libraire m'a recommandé.
4) Ce jeune **homme** *(femmes)*, quand l'avez-vous vu pour la dernière fois?
5) **Il** *(Elles)* a été surpris d'apprendre cette nouvelle.
6) Ereinté par le voyage, **Ludovic** *(Sophie)* a passé la matinée à dormir.
7) Ce **tableau** *(toile)*, l'artiste l'a peint à ses débuts.
8) Un **itinéraire bis** *(déviation)* a été mis en place pour désengorger l'autoroute.
9) J'ai trouvé votre **comportement** *(attitude)* déplacé.
10) Nous avons visionné ce **film** *(films)* et nous ne l'avons pas apprécié.

6 Complétez les terminaisons des participes passés employés avec l'auxiliaire *avoir*. Au cas où le participe passé s'accorde, soulignez le mot avec lequel se fait l'accord.

1) La déclaration que tu as prononc(...) a fait l'unanimité.
2) Les enfants ont cueill(...) des cerises et les ont aussitôt dégust(...).
3) Sherlock Holmes a résol(...) l'affaire qui a pos(...) tant de soucis à l'inspecteur Lestrade.
4) Les policiers ont contrain(...) l'automobiliste à s'arrêter et ont contrôl(...) ses papiers.
5) J'ai accroch(...) les tableaux dans mon salon. Je les ai achet(...) dans une brocante à un prix imbattable.
6) Avez-vous réfléch(...) à la proposition que nous vous avons fai(...)?
7) Cette femme, je l'ai déjà crois(...) au supermarché hier.
8) Qu'avez-vous pens(...) de ce spectacle?
9) Ils ont parcour(...) des milliers de kilomètres.
10) Nous les avons dissuad(...) de partir par ce temps.

7 Remplacez le passé simple par le passé composé en considérant que *je* est une femme. Accordez si nécessaire les participes passés.

Je regagnai ma chambre et j'y restai jusqu'à midi. Alors je sortis et demandai des nouvelles de mes hôtes. Ils étaient un peu plus calmes. Mademoiselle de Puygarrig, je devrais dire la veuve de M. Alphonse, avait repris connaissance. Elle avait même parlé au procureur du roi de Perpignan, alors en tournée à Ille, et ce magistrat avait reçu sa déposition. Il me demanda la mienne. Je lui dis ce que je savais, et ne lui cachai pas mes soupçons contre le muletier aragonais.

Prosper Mérimée, ***La Vénus d'Ille***

8 Complétez, si nécessaire, les terminaisons des participes passés des phrases ci-dessous.

1) Les filles sont gaies, je ne les ai jamais vu(...) rire ainsi.
2) La robe que j'ai achet(...) sur catalogue est plus jolie que je ne l'avais espér(...) .
3) Les chandeliers, je les ai fai(...) briller avec un produit spécial.
4) Ils se sont fai(...) bâtir un nouveau garage.
5) Étant donn(...) la situation, il te faut envisager une autre orientation.
6) Les orages qu'il y a eu(...) ont tout dévast(...) .
7) Les raisins que j'ai vu... cueillir seront transform(...) en vin.
8) C'est le prix, taxes compri(...) .
9) Il a récupér(...) les morceaux de bois qu'il a regard(...) flotter.
10) Quelle patience il vous a fall(...) pour leur faire comprendre les règles!

9 Complétez, si nécessaire, les terminaisons des participes passés des phrases ci-dessous.

1) Ce sont les plans que j'ai vu(...) élaborer par l'architecte.
2) Des cerises, j'en ai achet(...) quelques-unes.
3) Passé(...) deux semaines, l'avantage que me propose le vendeur ne sera plus valable.
4) Les fils électriques passé(...) dans le conduit, tu pourras rebrancher l'appareil.
5) Veuillez accuser réception des documents ci-join(...) .
6) Ci-join(...) les documents que l'administration réclame.
7) Des bandes dessinées, j'en ai lu(...) quelques-unes, mais ce n'est pas ma lecture favorite.
8) Ce sont les hommes que j'ai vu(...) traverser la route pour venir en aide à l'automobiliste.
9) Je connais très bien les musiciens que nous avons entendu(...) jouer ce soir.
10) Ces cris, les avez-vous entendu(...)?

10 Dictée préparée ou copie: citez tous les participes passés et expliquez pourquoi ils s'accordent ou ne s'accordent pas.

S 1. Écrire lisiblement un texte, spontanément ou sous la dictée, en respectant l'orthographe et la grammaire

C'était dans une grange abandonnée qu'elle avait passé la nuit précédente [...] elle avait trouvé dans un champ désert quatre murs, une porte ouverte, un peu de paille sous un reste de toit, et elle s'était couchée sur cette paille et sous ce toit, sentant à travers la paille le glissement des rats et voyant à travers le toit le lever des astres. Elle avait dormi quelques heures; puis s'était réveillée au milieu de la nuit, et remise en route afin de faire le plus de chemin possible avant la grande chaleur du jour. [...] Tout en marchant, elle songeait. Elle pensait aux aventures qu'elle avait traversées; elle pensait à tout ce qu'elle avait souffert, à tout ce qu'elle avait accepté.

Victor Hugo, ***Quatrevingt-treize***

24 LES FORMES EN *-ANT* : PARTICIPE, GÉRONDIF ET ADJECTIF VERBAL

Observons

a) *Les lustres sont baissés au milieu du parterre,* ***attendant*** *d'être allumés.* (***Cyrano***, Acte I, scène 1, didascalie)
b) *En* ***rompant****, un des cavaliers le bouscule.* (***Cyrano***, Acte I, scène 1, didascalie)
c) Cyrano a un comportement extravagant qui choque tout le monde.

1) Quelle est la classe grammaticale (nature) de *attendant* et *en rompant* ?
2) Qu'est-ce qui permet de différencier la première forme en bleu de la deuxième ?
3) Par quel mot pouvez-vous remplacer *extravagant* ? Quelle est la nature de ce mot ?

Retenons

Les trois formes en *-ant*

- Il existe trois formes différentes en *-ant* :
  - le participe présent (mode impersonnel)
  - le gérondif (mode impersonnel)
  - l'adjectif verbal (formé à partir d'un verbe)

Le participe présent

- Il se forme avec le radical de la première personne du pluriel de l'impératif présent, suivi du suffixe *-ant*. › *aimer* : ***aimons*** + ***ant*** › *aimant*
  Attention, certains verbes comme le verbe *être* ont un participe irrégulier : *étant*.
- Lorsqu'il n'est pas exprimé, le sujet du participe présent est le même que celui de la proposition principale.
  › ***Trouvant*** *la pièce ennuyeuse,* ***les spectateurs*** (sujet) *décidèrent de quitter la salle.*
- Il est invariable.
- Il peut être mis à la forme négative. › *Ne* ***pouvant*** *plus tenir debout, il s'assit.*
- Il est souvent suivi d'un complément.

Cyrano, ***poussant*** *un cri comme lorsqu'on est saisi d'une crampe.* (***Cyrano***, Acte I, scène 4)

- Il présente l'action comme en train de se faire.
- Il peut être le noyau d'une proposition participiale, dont la fonction est complément circonstanciel.

Cyrano ***arrivant*** *subitement,* *tous lui font place.*
Proposition participiale

Le gérondif

- Il se forme comme le participe présent, mais il est précédé de la **préposition *en***. › *Il sort* ***en courant***.
- Le sujet du gérondif est le même que celui de la proposition principale.
- Il est invariable.
- Il a une ***fonction de*** complément circonstanciel.

Je fais, ***en traversant*** *les groupes et les ronds,*
sonner les vérités comme des éperons. (***Cyrano***, Acte I, scène 4)

Ici, le groupe encadré a la fonction de complément circonstanciel de manière du verbe *faire*.

L'adjectif verbal

- Comme l'adjectif qualificatif, il exprime un état ou une qualité.
- Comme l'adjectif qualificatif, il s'accorde en genre et en nombre avec le mot auquel il se rapporte.
  › *Nous avons choisi des chambres* ***communicantes***.

- Au masculin singulier, l'adjectif verbal a souvent la même forme que le participe présent correspondant.
- **ATTENTION : Il existe parfois des différences orthographiques entre l'adjectif verbal et le participe présent.**

Infinitif	Participe présent	Adjectif verbal
fatiguer	fatig**uant**	fatig**ant**
convaincre	convain**quant**	convain**cant**
exceller	excell**ant**	excell**ent**

- **Pour différencier l'adjectif verbal du participe présent, on peut mettre l'adjectif verbal au féminin.**
  › *L'orateur a prononcé un discours* ***surprenant****.* › *L'orateur a prononcé une phrase* ***surprenante****.*
- **L'adjectif verbal peut être remplacé par une proposition subordonnée relative de même sens.**
  › *L'orateur a prononcé un discours* ***surprenant****.* › *L'orateur a prononcé un discours* ***qui a surpris****.*

Exercices

1 Identifiez chaque forme en *-ant*. S'agit-il d'un participe présent, d'un gérondif ou d'un adjectif verbal ?

1) Il a éclaboussé ses chaussures en marchant dans une flaque d'eau.
2) Il a fait son entrée sur scène dans un costume éblouissant.
3) Chassant la poussière à coups de balai, elle chantonne.
4) En visitant la ville, nous avons découvert une charmante boutique.
5) Comme votre prédécesseur avait donné sa démission, le poste était vacant depuis deux semaines.
6) Précédant sa sœur de quelques minutes, elle entre dans la pièce.
7) Il est entré déguisé, surprenant ainsi toute l'assemblée.
8) En voulant le redresser, le jardinier a cassé le tuteur.

2 Classez dans un tableau à trois colonnes les participes présents, les adjectifs verbaux et les gérondifs employés dans les phrases ci-dessous.

1) Sans cesse en écrivant, variez vos discours. (Boileau)
2) Certes il écrit bien, sa lettre est excellente. (Corneille)
3) L'un et l'autre rival, s'arrêtant au passage, / Se menace des yeux, s'observe, s'envisage. (Boileau)
4) Source limpide et murmurante, / Qui de la fente du rocher / Jaillis en nappe transparente. (Lamartine)
5) Quelques années avant sa mort, il avait renoncé à la société, qui n'était plus que fatigante pour lui. (Condorcet)
6) Heureux celui qui, connaissant tout le prix d'une vie douce et tranquille, repose son cœur au milieu de sa famille ! (Montesquieu)
7) Les arbres et les plantes / Sont devenus chez moi créatures parlantes. (La Fontaine)
8) Tâchons de parler à la fois aux yeux, aux oreilles et à l'âme ; on critiquera, mais ce sera en pleurant. (Voltaire)

3 Participe présent ou adjectif verbal ? Choisissez la bonne orthographe.

1) *(Excellent / Excellant)* dans le domaine de l'architecture, il a posé sa candidature au poste de guide touristique.
2) Il nous a préparé un repas digne d'un restaurant gastronomique, c'est un *(excellent / excellant)* cuisinier.
3) Lucas et son associé ont décidé de s'installer dans des bureaux *(communicant / communiquant)* avec l'atelier.
4) Ce garçon est très renfermé, il est peu *(communicant / communiquant)*.
5) Un ministre *(influent / influant)* a visité l'usine voisine.
6) Cet événement *(influent / influant)* sur ses projets d'avenir, il a décidé de tout quitter pour partir à l'étranger.
7) Le traitement *(fatigant / fatiguant)* le malade, le médecin a décidé d'en changer.
8) Quel garçon *(fatigant / fatiguant)* ! Il n'a cessé de parler durant tout le trajet.
9) L'orateur a prononcé un discours vraiment *(convaincant / convainquant)*.
10) *(Convaincant / Convainquant)* l'assemblée de l'écouter, il expose son projet.

4 Remplacez l'adjectif verbal par une proposition subordonnée relative de même sens.

Exemple : ***Le ministre a prononcé un discours peu convaincant. › Le ministre a prononcé un discours qui a peu convaincu.***

1) Faites l'exercice **suivant** au brouillon.
2) Nous avons choisi des tenues **différentes** pour le bal costumé.
3) Ce garçon **provocant** subira bientôt les conséquences de ses actes.
4) Il a plongé ses doigts **tremblants** dans l'eau tiède.
5) L'odeur **suffocante** du gaz incommode les ouvriers.
6) Le personnel **navigant** de cette ligne se montre très serviable.

5 Le participe présent et l'adjectif verbal correspondant n'ont pas la même orthographe. Donnez les deux formes et employez-les chacune dans une phrase.

fatiguer – précéder – communiquer

6 Écriture : Sur le modèle du proverbe « C'est en forgeant qu'on devient forgeron », inventez six phrases construites avec un gérondif.

25 L'INFINITIF

Observons

a) « Vous, veuillez m'allonger cette sauce, elle est courte ! » (*Cyrano*, Acte II scène 1)
b) Il prend un sac et au moment d'y mettre les pâtés, il lit. (*Cyrano*, Acte II scène 2, didascalie)
c) Après avoir entendu les confidences de Christian, Cyrano lui propose son aide.
d) Pourquoi avoir avoué la vérité à Roxane ?

1) Quelle est la classe grammaticale (nature) des mots en bleu ?
2) Que remarquez-vous à propos des deux dernières formes ?

Retenons

- Comme le participe et le gérondif, l'infinitif est un mode impersonnel, il ne porte pas les marques de la personne.
- Il est important de connaître l'infinitif d'un verbe. C'est lui qu'on trouve dans le dictionnaire.
- L'infinitif est un mode qui compte deux temps :
  - le présent : temps simple
  - le passé : temps composé qui se forme à l'aide d'un auxiliaire et du participe passé du verbe.

Infinitif présent	Infinitif passé
être	avoir été
avoir	avoir eu
chanter	avoir chanté
finir	avoir fini
apercevoir	avoir aperçu
éteindre	avoir éteint
prendre	avoir pris
partir	être parti

- L'infinitif peut être le centre d'une proposition.
- On peut le rencontrer dans :
  - des phrases injonctives pour exprimer un ordre, un conseil.
    › *Bien **mélanger** les ingrédients.*
  - des phrases exclamatives.
    › ***Vivre** ensemble !*
  - des phrases interrogatives.
    › *Moi, **mentir** ?*
  - des propositions subordonnées.
    › *Je lui demande **où aller**.* › interrogative indirecte
    › *J'entends **les oiseaux chanter**.* › infinitive
    › *Je cherche un endroit **où me garer**.* › relative
- L'infinitif peut avoir toutes les fonctions d'un nom.
  › ***Souffler** n'est pas jouer.* › *Souffler* est sujet de *est*
  › *Il souhaiterait **voyager**.* › *voyager* est COD de *souhaiterait*
- Rappel : **Ne pas confondre l'infinitif des verbes du 1er groupe qui est toujours en -er et le participe passé des verbes du 1er groupe qui est toujours en -é.**
  Astuce : remplacez le verbe du 1er groupe par un verbe du 2e ou 3e groupe.
  › *Il devra **terminer** (finir) son travail à temps.*
  › *Il a **terminé** (fini) son travail à temps.*
- Lorsque deux verbes se suivent, le deuxième se met à l'infinitif.
- Après *à*, *de*, *par*, *pour*, *sans*, le verbe se met à l'infinitif.

Exercices

1 **Donnez l'infinitif présent puis l'infinitif passé des verbes ci-dessous :**

je suis resté – tu rejoindras – il concevait – nous surprenons – vous repartiez – elles résolurent

2 **Mettez les verbes suivants à l'infinitif passé.**

apprendre – battre – peindre – boire – connaître – conclure – partir – avoir – cueillir – atteindre

3 **Donnez l'infinitif présent des formes verbales suivantes.**

1) Tu pus – tu pues
2) Tu pais – tu paies
3) Tu sus – tu sues
4) Tu crois – tu croîs
5) Tu crus – tu crûs
6) Tu plais – tu plies

4 **Remplacez l'impératif par l'infinitif présent et faites toutes les modifications nécessaires.**

Exemple : ***Mettez votre plat au four.***
› ***Mettre son plat au four.***

1) N'oublie pas d'apporter ton livre de français.
2) Soyez plus appliqués dans votre travail.
3) Bois de l'eau pour te désaltérer.
4) Mélangez-les au reste de la préparation.
5) Sors immédiatement !
6) Poses-y les couverts.
7) Déposez votre parapluie à l'entrée du magasin.
8) Excuse-toi tout de suite.

5 **Imaginez les consignes de sécurité en cas d'évacuation de votre collège. Utilisez au moins six verbes à l'infinitif présent.**

6 **Recopiez la recette de cuisine suivante, en remplaçant les verbes à l'impératif par des infinitifs présents. Vous effectuerez toutes les modifications nécessaires.**

Gâteau au citron.

Cassez trois œufs dans un saladier. Mélangez les œufs avec 150 g de sucre en poudre. Fouettez le mélange et faites-le blanchir. Ajoutez ensuite 125 ml d'huile d'olive. Remuez bien, puis incorporez 200 g de farine et ajoutez-y un demi sachet de levure. Râpez le zeste d'un citron, pressez son jus. Assaisonnez le gâteau avec le jus et le zeste. Faites chauffer le four, puis ouvrez la porte et enfournez le gâteau. Cuisez-le à point, puis sortez-le et éteignez le four. Bon appétit !

7 **Complétez les pointillés par -é ou -er.**

1) Le portail était ferm(...), alors les élèves ont sonn(...) à la porte de l'établissement pour pouvoir entr(...).
2) Nous avons finalement décid(...) d'assist(...) au match de football pour support(...) notre équipe.
3) Vous feriez bien de vous dépêch(...) un peu, le magasin va bientôt ferm(...) et vous n'avez encore rien achet(...).
4) Si Franck est intéress(...), l'appartement de mes voisins est à lou(...), je peux les contact(...) pour leur demand(...) le montant du loyer.
5) Comme d'habitude, les filles ont bavard(...) et se sont fait remarqu(...) par le surveillant qui leur a donn(...) une punition.
6) Veillez à bien referm(...) la porte derrière vous, aucun intrus ne doit pénétr(...) dans l'enceinte de l'usine.
7) Pour facilit(...) l'accès des ambulances, il est interdit de gar(...) son véhicule devant l'hôpital.
8) Les enfants ont cré(...) un panneau qu'ils ont ensuite accroch(...) sous le préau de l'école.
9) Si tu lui avais donn(...) un peu d'argent, il aurait pu s'achet(...) ce qu'il voulait.
10) Il va falloir l'endormir et l'opér(...) pour nettoy(...) la plaie.
11) Où as-tu rang(...) la télécommande ? Je dois baiss(...) le son du téléviseur.
12) Avant que le match ne soit termin(...), l'arbitre a inflig(...) un carton rouge au capitaine de l'équipe.

8 **Dictée préparée : Recopiez ce texte en choisissant la bonne orthographe.**

S **1. Écrire lisiblement un texte, spontanément ou sous la dictée, en respectant l'orthographe et la grammaire**

La nouvelle s'était répandue. À sa sortie de la mairie, le vieux fut entour*(é / er)*, interrog*(é / er)* avec une curiosité sérieuse. Et il se mit à racont*(é / er)* l'histoire de la ficelle. On ne le crut pas. On riait.

Il allait, arrêt*(é / er)* par tous, arrêtant ses connaissances, recommençant sans fin son récit et ses protestations, montrant ses poches retourn*(ées / er)*, pour prouver qu'il n'avait rien.

Et il se fâchait, s'exaspérant, enfiévr*(é / er)*, désol*(é / er)* de n'être pas cru, ne sachant que faire, et contant toujours son histoire.

La nuit vint. Il fallait partir. Il se mit en route avec trois voisins à qui il montra la place où il avait ramass*(é / er)* le bout de corde ; et tout le long du chemin il parla de son aventure.

Le lendemain, vers une heure de l'après-midi, Marius Paumelle rendait le portefeuille et son contenu à maître Houlbrèque.

Cet homme prétendait avoir, en effet, trouv*(é / er)* l'objet sur la route ; mais, ne sachant pas lire, il l'avait rapport*(é / er)* à la maison et donn*(é / er)* à son patron.

D'après Guy de Maupassant, ***La Ficelle***

26 LA VOIX ACTIVE ET LA VOIX PASSIVE

Observons

a) Flore Misard* obstrue la voie. Elle provoque ainsi le déraillement du train.
b) La voie est obstruée par Flore Misard. Le déraillement du train est ainsi provoqué.
* personnage du roman d'Émile Zola ***La Bête humaine***.

1) Relevez les sujets dans la première phrase. Font-ils l'action exprimée par les verbes?
2) Relevez les sujets dans la deuxième phrase. Qui fait l'action exprimée par les verbes?

Retenons

Voix active et voix passive *(voir leçon de grammaire nº 15)*

À la voix active, le sujet est l'auteur de l'action exprimée par le verbe.
› *Le juge **a interrogé** les Roubaud.*
À la voix passive (du verbe latin *patior / passus*: *subir*), le sujet subit l'action exprimée par le verbe *(voir leçon nº 15)*.
› *Les Roubaud **ont été interrogés** par le juge.*

Conversion d'une phrase active en phrase passive

- Seuls les verbes transitifs directs, c'est-à-dire ceux qui admettent un COD, peuvent être mis à la voix passive. En effet, c'est le COD d'un verbe actif qui devient sujet si on emploie la voix passive.

(Sujet) (COD)
Jacques Lantier conduit la locomotive, la Lison.

La locomotive, la Lison, est conduite par Jacques Lantier.
(Sujet) (Complément d'agent)

- À tous les temps, les verbes passifs **se conjuguent avec l'auxiliaire *être***. Le temps de l'auxiliaire correspond à celui du verbe actif *(cf. tableau de conjugaison)*.
  › *Jacques Lantier **conduit** la Lison.*
  Le verbe *conduire* est conjugué au présent de l'indicatif, à la voix active.
  › *La Lison **est conduite** par Jacques Lantier.*
  Le verbe *conduire* est conjugué au présent de l'indicatif à la voix passive: auxiliaire *être* conjugué au présent de l'indicatif + participe passé du verbe *conduire* = présent passif du verbe *conduire*.
- Le complément d'agent peut être introduit par les **prépositions *par* ou *de***.
  › *L'homme a été arrêté **par** les gendarmes.*
  › *La voie ferrée est couverte **de** neige.*
  Le complément d'agent n'est pas exprimé si on ne s'intéresse pas à ce qui est à l'origine de l'action ou si on ne peut pas le nommer.
  › *Roubaud et Cabuche sont condamnés aux travaux forcés.*
  Si on fait subir à cette phrase la transformation active, le sujet devient le pronom indéfini *on*.
  › *On a condamné Roubaud et Cabuche aux travaux forcés.*
- ATTENTION: Il ne faut pas confondre un verbe conjugué à un temps composé de la voix active et un verbe conjugué à la voix passive:

› *Lantier conduit la locomotive.* › *La locomotive est conduite par Lantier.*
› *Lantier a conduit la locomotive.* › *La locomotive a été conduite par Lantier.*

Conjugaison à la voix passive

		Voix active	Voix passive
Temps simples	Présent	j'aime nous aimons	je suis aim**é(e)** nous sommes aim**é(e)s**
	Futur simple	j'aimerai nous aimerons	je serai aim**é(e)** nous serons aim**é(e)s**
	Imparfait	j'aimais nous aimions	j'étais aim**é(e)** nous étions aim**é(e)s**
	Passé simple	j'aimai nous aimâmes	je fus aim**é(e)** nous fûmes aim**é(e)s**
Temps composés	Passé composé	j'ai aimé nous avons aimé	j'ai été aim**é(e)** nous avons été aim**é(e)s**
	Futur antérieur	j'aurai aimé nous aurons aimé	j'aurai été aim**é(e)** nous aurons été aim**é(e)s**
	Plus-que-parfait	j'avais aimé nous avions aimé	j'avais été aim**é(e)** nous avions été aim**é(e)s**
	Passé antérieur	j'eus aimé nous eûmes aimé	j'eus été aim**é(e)** nous eûmes été aim**é(e)s**

Remarque : Lorsque le pronom personnel *vous* désigne une seule personne que l'on vouvoie, le participe passé ne porte pas la marque du pluriel.
› *Madame, vous êtes* ***aimée*** *de tout votre entourage.*

Exercices

1 Dites si les phrases suivantes sont à la voix active ou à la voix passive.

1) Le jeune homme a été contacté plusieurs fois.
2) Elle est partie depuis plusieurs jours.
3) Le médicament sera administré le matin.
4) Les animaux avaient fui à l'approche de l'orage.
5) Ce texte sera lu à voix haute.
6) Les plants ont été repiqués.
7) L'autoroute fut bloquée dès huit heures.
8) Vous nous aviez quittés très tôt.
9) Le directeur a annulé la réunion.
10) Nous avons été répartis en deux groupes.

2 Choisissez la phrase passive correcte.

1) Les agents ont placardé des affiches dans toute la ville.
a. Toute la ville a été placardée d'affiches par les agents.
b. Des affiches ont été placardées par les agents dans toute la ville.
c. Des affiches sont placardées dans toute la ville par les agents.

2) Tous les mois, on passe un nouveau film.
a. Un nouveau film passe tous les mois.
b. Un nouveau film est passé tous les mois.
c. Tous les mois, il passe un nouveau film.

3) Des feuilles jonchaient la cour de récréation.
a. La cour de récréation avait jonché des feuilles.
b. La cour de récréation était jonchée de feuilles.
c. On jonchait la cour de récréation de feuilles.

4) Elle croyait qu'on avait fouillé sa chambre.
a. Elle croyait que sa chambre avait été fouillée.
b. Elle croyait que sa chambre était fouillée.
c. Elle croyait qu'on fouillait sa chambre.

5) Une terrible tempête ravagea la ville en moins d'une heure.
a. La ville a été ravagée à cause d'une terrible tempête en moins d'une heure.
b. La ville a été ravagée par une terrible tempête en moins d'une heure.
c. La ville fut ravagée par une terrible tempête en moins d'une heure.

6) La police retrouvera les suspects grâce au signalement d'un voisin.
a. Les suspects seront retrouvés par la police grâce au signalement d'un voisin.
b. Les suspects auront été retrouvés par la police grâce au signalement d'un voisin.
c. La police aura retrouvé les suspects grâce au signalement d'un voisin.

7) Ta sœur t'a accompagné à l'école.
a. Ta sœur t'accompagne à l'école.
b. Tu as accompagné ta sœur à l'école.
c. Tu as été accompagné à l'école par ta sœur.

8) La crainte l'envahit quand elle entendit le plancher craquer.
a. Elle est envahie de crainte quand elle entendit le plancher craquer.
b. Elle fut envahie par la crainte quand elle entendit le plancher craquer.
c. Elle fut envahie de crainte quand elle entendit le plancher craquer.

9) On finira les valises demain.
a. Les valises seront finies par nous demain.
b. Les valises seront finies demain.
c. Demain, nous finirons les valises.

10) Le principal avait rapidement lu le rapport.
a. Le principal lisait rapidement le rapport.
b. Le rapport était rapidement lu par le principal.
c. Le rapport avait été rapidement lu par le principal.

3 Dites si les verbes ci-dessous sont conjugués au passé composé de la voix active ou au présent de la voix passive.

1) Elle est découverte.
2) Ils ont appris.
3) Tu as consulté.
4) Nous sommes consultés.
5) Je suis parti.
6) Vous êtes reconduits.
7) Je suis effrayé.
8) Il est reconduit.
9) Il est su.
10) Tu es refoulé.

4 Dites si les verbes ci-dessous sont conjugués à la voix active ou à la voix passive.

1) Il aura été décrit.
2) Tu avais été conquis.
3) Vous aviez atteint.
4) Nous aurons été terrassés.
5) J'eus appris.
6) Il a été compris.
7) Je suis arrivée.
8) Tu as compris.
9) Tu es compris.
10) Il aura été transmis.

5 Mettez les verbes des phrases suivantes à la voix passive au temps demandé.

1) Les hommes chassent le renard et les poules ... *(chasser, indicatif présent)* par le renard.
2) Mon colis ... *(ne pas encore livrer, indicatif plus-que-parfait)* par le facteur.
3) La nouvelle collection de prêt-à-porter ... *(présenter, indicatif futur simple)* demain.
4) Le serveur a servi les clients mais nous ... *(ne pas encore servir, indicatif passé composé)*.
5) Le tableau ... *(restaurer, indicatif passé composé)* avant d'être exposé au musée.
6) L'héritage ... *(partager, indicatif imparfait)* entre les enfants.
7) Cette leçon ... *(comprendre, indicatif présent)* par tous les élèves.
8) Après le concert, le groupe ... *(interviewer, indicatif passé simple)* par les journalistes.
9) Les acteurs ... *(applaudir, indicatif plus-que-parfait)* par un public enthousiaste.
10) Ces nouvelles fantastiques ... *(écrire, indicatif passé composé)* par Maupassant.

6 Mettez les phrases suivantes à la voix passive.

1) Le jardinier aura tondu la pelouse avant la pluie.
2) Les oiseaux avaient picoré les miettes laissées sur le banc public.
3) La rivière en crue inonda les champs et saccagea les récoltes.
4) On lui a offert un magnifique bouquet de roses blanches pour son anniversaire.
5) C'est au mois de mars que les agriculteurs ont labouré et ensemencé les champs.
6) L'architecte établira les plans de notre future maison.
7) Pour divertir les spectateurs, les choristes interprétaient des chansons populaires.
8) Au XVIIe siècle, Vauban élabora les plans de la citadelle pour protéger la ville.
9) Le propriétaire de l'appartement a réclamé un chèque de caution aux nouveaux locataires.
10) La cité médiévale accueillera de nombreux touristes à l'occasion de la fête annuelle.

7 Mettez les phrases suivantes à la voix active.

1) Une exposition de plus de sept cents chefs-d'œuvre a été proposée aux visiteurs du centre Pompidou de Metz.
2) Des myrtilles seront ramassées par les enfants pour confectionner des tartes.
3) Une visite guidée des forts de la ligne Maginot a été préparée par les guides du syndicat d'initiative.
4) Les routes détériorées par les rigueurs hivernales avaient été réparées par les services de l'équipement.
5) L'incendie qui ravageait l'immeuble fut éteint par les pompiers en moins de trois heures.
6) Il a été convaincu par son médecin de passer d'autres examens pour confirmer le diagnostic.
7) Les costumes du spectacle furent confectionnés par les bénévoles de l'association.
8) L'estuaire de la Seine est enjambé par un pont à haubans.
9) Cet été, les installations du site archéologique sont visitées par de nombreux touristes.
10) Le tapis de l'entrée aura été recouvert de pétales de roses pour accueillir les nouveaux époux.

27 LA FORME IMPERSONNELLE

Observons

a) Il pleut.
b) Il est arrivé une catastrophe.

1) Quel est le sujet de *pleut* dans la première phrase? Que représente-t-il?
2) Pouvez-vous formuler la deuxième phrase autrement? Quel est alors le sujet du verbe?

Retenons

Les verbes naturellement impersonnels

- Certains verbes n'existent qu'à la forme impersonnelle, c'est-à-dire que leur **sujet ne renvoie à aucun objet, aucune personne**.
  › *Il pleut.*
- Dans cette phrase, le pronom *il* ne représente rien, ni personne.
- Les verbes impersonnels ne se conjuguent qu'à la 3e personne du singulier.
- Ce sont principalement les verbes qui expriment des phénomènes météorologiques.
  › *Il pleut, il neige, il gèle...*
- Il existe d'autres verbes impersonnels comme : *il y a, il est, il faut, il semble, il importe, il manque, il convient...*
  › *Il faut que tu partes.*
- Dans ce cas, on distingue le sujet grammatical du sujet réel ou logique.
  › *Il est arrivé une catastrophe.*
  Il est le sujet grammatical, celui avec lequel s'accorde le verbe et *une catastrophe* est le sujet réel ou logique, celui qui donne le sens.
- Le sujet réel ou logique peut appartenir à plusieurs classes grammaticales. Il peut s'agir :
  - d'un nom ou d'un GN › *Il fait* ***un temps de chien****.*
  - d'un verbe à l'infinitif ou d'un groupe infinitif › *Il convient* ***de vérifier****.*
  - d'une proposition subordonnée complétive en *que* › *Il importe* ***qu'il arrive à l'heure****.*

La construction impersonnelle

- De nombreux verbes qui ne sont pas naturellement impersonnels peuvent être construits de manière impersonnelle.
  › ***Un parapluie*** *a été trouvé dans l'ascenseur.*
  Un parapluie est sujet de *a été trouvé* dans la tournure personnelle.
  Pour mettre le mot *parapluie* en évidence, on peut transformer la tournure personnelle en tournure impersonnelle, ce qui donne :
  › *Il a été trouvé* ***un parapluie*** *dans l'ascenseur.*
  Dans ce cas, *il* est le sujet grammatical et *un parapluie* est le sujet réel ou logique.

Exercices

1 Pour chacune des phrases, indiquez si le pronom *il* est sujet d'une forme personnelle ou impersonnelle.

1) Il a décidé de s'inscrire à l'examen du permis de conduire.
2) Il est interdit de courir dans les couloirs de l'établissement.
3) Il est important que vos parents assistent à la réunion.
4) Il oublie toujours ses lunettes.
5) Il faut que tu participes au tournoi de handball.
6) Il a encore écrit une lettre de réclamation.
7) Il tombe des cordes !
8) Il attend le bus depuis une heure.
9) Il est arrivé avec une demi-heure de retard.
10) Il est arrivé un accident sur l'autoroute A4.

2 a) Dans les phrases suivantes, indiquez le sujet réel (ou logique) et le sujet grammatical de chaque verbe.

Exemple : *Il est important de faire une demande de stage.* › Le sujet grammatical est *il*. Le sujet réel (ou logique) est *faire une demande de stage*.

b) Tournez la phrase de sorte que le verbe ait une construction personnelle. Attention à l'accord sujet-verbe.

Exemple : *Il est important de faire une demande de stage › Faire une demande de stage est important.*

1) Il paraît nécessaire de changer le pneu de ta voiture.
2) Il ne sert à rien de se dépêcher.
3) Il est improbable qu'il soit reçu à cet examen.
4) Il est impératif que les élèves apprennent leurs leçons.
5) Il suffit qu'il parte à l'heure.
6) Il devient urgent de l'emmener chez le médecin.
7) Il est évident que le facteur ne passera pas aujourd'hui.
8) Il existe des produits efficaces pour traiter les arbres.
9) Il va se produire un accident si l'on n'y prend pas garde.
10) Il est important de le signaler.

3 Indiquez le sujet réel (ou logique) des tournures impersonnelles suivantes et donnez sa classe grammaticale (ou nature).

1) Il est important d'acheter son billet à l'avance.
2) Il est évident qu'elle a oublié notre rendez-vous.
3) Il faut que nous allions faire les courses.
4) Il fait un froid de canard.
5) Il va y avoir un souci.
6) Il devient urgent de lui téléphoner.

4 Transformez ces phrases en ajoutant un sujet grammatical.

Exemple : *Arriver en retard est inadmissible.*
› Il est inadmissible d'arriver en retard.

1) Qu'elle l'interroge à ce sujet est important.
2) Changer d'air devient urgent.
3) Qu'il pleuve pour le pique-nique est improbable.
4) Franchir cet obstacle est impossible.
5) Qu'il réponde au téléphone suffit.
6) Qu'elle trouve la solution paraît essentiel.

5 Voici dix phrases : pour certaines une transformation impersonnelle est possible, pour d'autres non. Faites la transformation quand elle est possible.

1) Des vis manquent dans le carton d'emballage.
2) La voiture manque son virage et finit sa course sur le bas côté.
3) Nos amis arrivent pour le souper.
4) Faire des erreurs arrive.
5) Elle devient de plus en plus nerveuse à cause de cette histoire.
6) Tondre la pelouse devient nécessaire.
7) Des solutions existent pour remédier à ce problème.
8) Les solutions existent.
9) De nouveaux magazines d'actualité paraissent tous les mois.
10) Cette route paraît dangereuse.

6 Reformulez les phrases suivantes afin de supprimer l'expression *il y a* :

1) Il y a longtemps que nous habitons dans cette région.
2) Il y a trois enfants qui n'obéissent jamais dans cette classe.
3) Depuis quelques jours, il y a des ours autour de la maison.
4) Il y a de nombreux oiseaux dans le ciel.
5) Tous les ans, il y a des personnes seules pour les fêtes de Noël.

7 En vous inspirant éventuellement du chapitre 9, *Littérature et progrès technique*, décrivez, sous la forme d'un article de journal, un progrès technique historique (électricité, automobile, Internet…) ou imaginaire. Vous y insérerez, dans l'ordre que vous voulez, les tournures impersonnelles suivantes et les compléterez : *il est arrivé, il est incroyable, il faudrait, il m'a été raconté* ; vous ajouterez deux tournures impersonnelles de votre invention. Votre article fera 10 à 15 lignes.

28 LA FORME PRONOMINALE : VERBES ESSENTIELLEMENT PRONOMINAUX

Observons

a) Elle **s'est levée** de bonne heure ce matin.
b) Le problème **s'est** finalement très vite **réglé**.

1) Quel est l'infinitif des verbes en bleu ?
2) Quelle est leur particularité ?

Retenons

- Les **verbes à la forme pronominale** sont conjugués à l'aide d'un **pronom personnel réfléchi** : *me, te, se, nous, vous, se.* Ce pronom personnel renvoie au sujet du verbe.
  › *Je **me regarde** dans le miroir.* ***Me*** et ***je*** désignent la même personne.
  › *Tu **te lèves** de bonne heure.* ***Tu*** et ***te*** désignent la même personne.
- **À l'infinitif**, les verbes pronominaux se construisent avec le pronom *se* ou *s'*.
  › *se dépêcher, se retenir, s'envoler, s'écarter...*
- **Aux temps composés**, les verbes pronominaux se conjuguent avec l'**auxiliaire *être*** qui se place **entre le participe passé du verbe et le pronom réfléchi.**
  › *Il **s'est abstenu** de répondre à la question du journaliste.*
- **À l'impératif**, le pronom réfléchi se place après le verbe.
  › *Dépêche-**toi** de descendre.*

Accord des participes passés des verbes de forme pronominale

- Pour les **verbes essentiellement pronominaux** (c'est-à-dire les verbes qui n'existent qu'à la forme pronominale ou qui changent de sens en devenant pronominaux), le participe passé s'accorde en genre et en nombre avec le sujet.

*Ils se sont **efforcés** d'être à l'heure.* (L'infinitif du verbe est *s'efforcer*)

Exercices

1 Donnez l'infinitif présent des verbes employés dans ces phrases.

1) Nous nous arrêterons en cours de route.
2) Efforce-toi de finir ce travail à temps.
3) Les pirates s'aventurèrent dans la forêt à la recherche du trésor.
4) Elles se sont évanouies à l'annonce de la nouvelle.
5) Ne t'es-tu pas assoupie devant la télévision ?
6) Les enfants s'étaient encore chamaillés pour un rien.
7) Le mercredi après-midi, Inès s'adonne à son activité favorite : faire les vitrines.
8) Cessez donc de vous lamenter sans cesse !
9) Les ouvriers s'insurgent contre les décisions du directeur de l'entreprise.
10) Ne te méprends pas sur mes intentions.

2 Dans les phrases suivantes, repérez les verbes qui n'existent qu'à la forme pronominale.

1) Les enfants s'amusent beaucoup dans la piscine.
2) Franck et sa mère se téléphonent tous les jours.
3) « La mode, c'est ce qui se démode. » (Jean Cocteau)
4) Comme chaque matin, il se lève à 6 h pour préparer le petit-déjeuner.
5) Le général se pavanait devant ses soldats au garde-à-vous.

6) Tous les dimanches, nous allons nous promener autour du lac.
7) Edmond Dantès s'est évadé de la prison du château d'If.
8) En raison de cet incident, notre invité s'est désisté.
9) « Une juste fureur s'empare de mon âme » (Racine)
10) Le vétérinaire s'est agenouillé devant l'animal pour le soigner.

3 Pour chacun des verbes suivants, composez deux phrases : l'une dans laquelle le verbe sera de forme pronominale, l'autre dans laquelle le verbe ne sera pas à la forme pronominale.

couper – battre – laver – mettre

4 Conjuguez les verbes des phrases suivantes en tenant compte des consignes données entre parenthèses.

1) Affolé, le cheval *(se cabrer, passé composé de l'indicatif)* devant l'obstacle, puis il *(se calmer, passé composé de l'indicatif)* grâce à son dresseur.

2) Le maire *(se désister, passé simple de l'indicatif)* de sa candidature au poste de conseiller.

3) Tu *(s'abstenir, futur simple de l'indicatif)* de faire le moindre commentaire lors de la réunion.

4) Il *(se blottir, plus-que-parfait de l'indicatif)* dans les bras de sa mère et finalement *(s'endormir, plus-que-parfait de l'indicatif)*.

5) Les enfants qui *(se promener, passé composé de l'indicatif)* toute la journée dans la forêt à la recherche de champignons, *(s'avachir, passé composé de l'indicatif)* dans le canapé.

5 Même consigne que pour l'exercice 4.

1) Les hommes *(s'affairer, imparfait de l'indicatif)* à couper du bois tandis que les femmes *(s'occuper, imparfait de l'indicatif)* de préparer le repas.

2) Vous *(s'empresser, futur simple de l'indicatif)* de remettre ce dossier à l'agent comptable.

3) Tu *(se méfier, présent de l'indicatif)* toujours de moi sans raison.

4) Il *(s'écrier, passé composé de l'indicatif)* : « Quel beau match ! »

5) Je *(se souvenir, présent de l'indicatif)* que mes parents *(se soucier, imparfait de l'indicatif)* toujours de mon avenir.

6 Conjuguez les verbes suivants à l'impératif présent :
a) à la 2e personne du singulier ;
b) à la 2e personne du pluriel.

1) S'élancer du haut de la colline pour prendre de l'élan.
2) Ne pas s'endormir sur ses lauriers.
3) Se soucier du bien-être de ses invités.
4) Se fier à son instinct.
5) S'emparer du ballon pour marquer un but.

7 Même consigne que pour l'exercice 6.

1) S'enfuir devant le danger.
2) Se souvenir de son passé.
3) Ne pas se prélasser dans son fauteuil.
4) Se méfier de son pire ennemi.
5) Ne pas se moquer des gens.

8 Accordez si nécessaire les participes passés des verbes essentiellement pronominaux employés dans les phrases ci-dessous.

1) Les petites s'étaient réfugié(...) derrière leur mère.
2) Les moineaux se sont envolé(...) à l'approche du chat Finaud.
3) Elle se sera démené(...) pour mener à bien ce projet auquel elle tenait.
4) Les supporters ne se sont pas rebellé(...) en entendant le score final du match.
5) Les jeunes gens se sont plu(...) au premier regard.

9 Même consigne que pour l'exercice 8.

1) La servante s'est agenouillé(...) devant son maître.
2) Ils se sont tapi(...) sous des feuilles pour ne pas se faire remarquer.
3) Anaïs s'est rendu(...) compte de son erreur.
4) Vos professeurs s'étaient absenté(...) le temps de la réunion.
5) Je n'apprécie pas que cette personne se soit immiscé... dans mes affaires.
6) Ils se sont renfrogné(...) quand ils ont appris la mauvaise nouvelle.
7) Les filles se sont encore amouraché(...) d'un nouveau chanteur.

10 Voici des verbes à la forme simple.
a) Employez-les à la forme pronominale, à un temps simple, dans des phrases que vous inventerez. Le sujet des verbes sera au féminin.
b) Même exercice, avec un temps composé de votre choix.

lever – attendre – réveiller – regarder – apercevoir – endormir

11 Écriture : Myriam / Théo décrit une journée de sa vie de collégien(ne). Sur ce thème, imaginez un court texte utilisant au moins cinq verbes pronominaux que vous aurez conjugués à un temps composé de l'indicatif. Vous pourrez vous servir des verbes cités dans les exercices précédents.

29 LA FORME PRONOMINALE : VERBES MIS À LA FORME PRONOMINALE

Observons

a) Le train s'est arrêté en gare.
b) Le problème s'est finalement vite réglé.

1) Dans la première phrase, peut-on utiliser le verbe sans le pronom *se* ? Si tel est le cas, a-t-il toujours le même sens ?
2) Dans la deuxième phrase, le sujet fait-il l'action exprimée par le verbe ?

Retenons

Les différents verbes pronominaux

- Outre les verbes essentiellement pronominaux, il existe des verbes dont le sens change quand on les met à la forme pronominale.
  › *Elle aperçoit un ami.* › *apercevoir* signifie ici *voir*
  › *Elle s'aperçoit de son erreur.* › dans ce cas, *s'apercevoir* signifie *se rendre compte*
- Il existe différents types de verbes qui peuvent se mettre à la forme pronominale, à savoir :
  - les verbes pronominaux de sens réfléchi
  Ce sont des verbes dont le sujet agit sur lui-même. › *L'enfant* ***se lave***.
  Qu'est-ce que l'enfant lave ? Lui-même. › Le pronom *se* est alors COD du verbe *laver*.
  - les verbes pronominaux de sens réciproque : Ce sont des verbes qui indiquent que l'action est faite par plusieurs êtres ou choses agissant l'un sur l'autre. › *Les garçons* ***se battent***.
  - les verbes pronominaux de sens passif
  Ce sont des verbes qui se conjuguent à la 3e personne du singulier ou du pluriel. Le sujet du verbe ne fait pas l'action et il n'y a pas de complément d'agent. › *Les journaux* ***se vendent*** *mal*.
  Les journaux ne se vendent pas eux-mêmes, c'est quelqu'un qui les vend. › Le verbe *se vendre* a donc un sens passif.

Accord des participes passés

- Pour les verbes pronominaux de sens réfléchi, le participe passé s'accorde si le pronom *se* est COD.
  › *Elle s'est lavée.* › Qu'est-ce qu'elle a lavé ? elle-même › s' étant COD, le participe passé s'accorde.
  › *Elle s'est lavé les mains.* › Qu'est-ce qu'elle a lavé ? les mains › *les mains* étant COD, le participe passé ne s'accorde pas. *s'* est COS du verbe laver : elle a lavé les mains *à elle-même*.

  ATTENTION : **Si le COD est placé avant le verbe, le participe passé s'accorde avec ce COD.**

  L'orange ***qu'****elle s'est* ***pressée*** *était succulente.*

  qu' (mis à la place de *orange*) étant COD, le participe passé s'accorde.
- Pour les verbes pronominaux de sens réciproque, le participe passé s'accorde si le COD est placé avant le verbe.

  Les lettres ***qu'****elles se sont* ***écrites*** *ont été conservées.*

  qu' (mis à la place de *lettres*) étant COD, le participe passé s'accorde.
- Pour les verbes pronominaux de sens passif (le sujet du verbe pronominal ne faisant pas l'action exprimée par le verbe), le participe passé s'accorde en genre et en nombre avec le sujet.

  Les ***tableaux*** *se sont bien* ***vendus***.

  Les tableaux ne se sont pas vendus eux-mêmes, c'est quelqu'un qui les a vendus. › Le verbe *se vendre* a donc un sens passif, d'où l'accord avec le sujet.

Exercices

1 Dans les phrases suivantes, les verbes pronominaux ont-il un sens réfléchi ou réciproque ?

1) Il s'est blessé en voulant sauter l'obstacle.
2) L'incendie s'est très vite propagé malgré l'intervention des pompiers.
3) Les verres s'entrechoquent au moment du toast.
4) Dépêchez-vous, tout le monde vous attend !
5) T'es-tu regardé dans la glace ce matin ?
6) Les ministres s'entretiendront longuement à ce sujet.
7) En cas de problème, les amis s'entraident.
8) Elle s'est coupée en voulant aiguiser son couteau.
9) Les joueurs se sont échangé les maillots à l'issue du match.
10) Je m'habitue à ces nouvelles règles.

2 Dites si les verbes pronominaux employés dans les phrases ci-dessous sont de sens réfléchi, réciproque ou passif.

1) La cour de récréation s'est rapidement vidée de ses élèves.
2) Les deux amies s'étaient retrouvées à l'occasion d'une rencontre sportive.
3) Je me lave les mains avant de passer à table.
4) Ils se sont souri en voyant qu'ils portaient le même tee-shirt.
5) Ces magazines se sont vendus comme des petits pains.
6) Tu t'es levé de bonne heure !
7) L'auteur s'était engagé à venir nous parler de son dernier livre.
8) Ils se battent pour des broutilles.
9) Cette maison s'est construite en quelques mois.
10) Les places de concert se loueront rapidement.

3 Dites si les verbes pronominaux sont de sens passif.

1) Ce plat se mange froid.
2) Le sujet se place habituellement devant le verbe.
3) Elle s'est empressée de quitter les lieux.
4) La pie s'est envolée et s'est posée plus loin.
5) Les ouvriers menacent de se rebeller.
6) La bouteille de lait s'est vidée rapidement.
7) Arrête de vouloir t'immiscer dans ma vie privée.
8) Comment ce mot se prononce-t-il en allemand ?
9) Cette revue spécialisée ne s'est pas vendue.
10) L'eau s'est infiltrée dans les murs.

4 Complétez les participes passés des verbes pronominaux. a) phrases 1 à 10, b) phrases 11 à 20.

1) Les promeneurs se sont dépêch(...) de rentrer avant la pluie.
2) La citerne s'est rempl(...) d'eau en une heure.
3) Les amies se sont racont(...) leurs secrets.
4) Ces livres se sont vend(...) comme des petits pains.
5) Les cartes qu'elles se sont envoy(...) sont vraiment très jolies.
6) Nadia et Gaëlle se sont expliqu(...) la solution du problème.
7) Elles se sont expliqu(...) à propos de cette histoire.
8) Le menuisier s'est enfonc(...) une écharde dans le doigt.
9) Elles se sont donn(...) rendez-vous la semaine suivante.
10) Les bassins se sont vid(...) progressivement.
11) Tu t'es lav... les mains avant de passer à table.
12) Les canards se sont lav(...) dans la mare.
13) Vous vous êtes tous rend(...) compte de vos erreurs.
14) Les enfants se sont partag(...) les biens de leurs parents.
15) Cette histoire s'est répand(...) dans toute la ville.
16) Paris ne s'est pas fai(...) en un jour.
17) La pièce s'est jou(...) en province pendant un an.
18) Cette sculpture s'est vend(...) pour une bouchée de pain.
19) La maison qu'elle s'est achet(...) est située en bord de route.
20) Tous les appartements se sont lou(...) à un prix raisonnable.

5 Dites si le pronom réfléchi en gras est COD. Si ce n'est pas le cas, indiquez clairement le COD du verbe.

1) Il **s'**est choisi un cadeau pour son anniversaire.
2) Les blés **se** sont couchés après l'orage.
3) Les enfants **se** sont baignés dans la rivière.
4) Ce matin, je **me** suis pressé une orange.
5) Mon voisin **s'**est acheté une nouvelle voiture.
6) Après leur rude journée de travail, les hommes **se** sont bien reposés.
7) Nous **nous** sommes tous posé la question.
8) Elle **s'**est dépêchée de sortir pour ne pas manquer son taxi.
9) Les vêtements qu'elle **s'**est achetés sont faciles à porter.
10) Les spectateurs **se** sont ennuyés durant le spectacle.

6 Remplacez le pronom personnel *il* par le mot ou groupe de mots entre parenthèses et faites les modifications nécessaires.

1) Il s'est enfui à l'approche du chasseur. *(Les sangliers)*
2) Il s'est lavé les mains. *(Les fillettes)*
3) Il s'est donné deux jours pour agir. *(La jeune femme)*
4) Il s'est approché doucement pour ne pas la réveiller. *(La mère)*
5) Il s'est attribué tout le mérite. *(Les garçons)*
6) Il s'est construit une cabane dans l'arbre. *(Les amis)*
7) Il s'est accordé une pause après le déjeuner. *(Les ouvriers)*
8) Il s'est dépêché d'acheter un billet d'entrée. *(Les fans)*
9) Il s'est affolé pour un rien. *(Sa meilleure amie)*
10) Il s'est regardé dans la glace. *(Elle)*

30 MÉMO-FICHE : RÉVISION GÉNÉRALE : ANALYSER UN VERBE (GROUPE, MODE, TEMPS, VOIX, FORME, PERSONNE)

Observons

a) Je **pense** qu'il **est parti** pour de longs mois.
b) Faire le tour du monde **a** toujours **été** son rêve.
c) Pourvu qu'il ne lui **arrive** rien !
d) **Laissez**-le faire !

1) Donnez l'infinitif de tous les verbes employés.
2) Ces verbes sont-ils tous conjugués avec un pronom personnel ? Qu'en déduisez-vous ?
3) Sont-ils tous conjugués au même temps ?

Retenons

- **Analyser un verbe, c'est donner son infinitif, son mode, son temps, sa voix, sa forme, sa personne.**

L'infinitif

- C'est la forme sous laquelle on trouve le verbe dans le dictionnaire.
- L'infinitif d'un verbe nous permet de savoir à quel groupe il appartient, donc comment on le conjugue.
- Rappel :
  - Les verbes en -er sont des verbes du 1er groupe (sauf *aller*, qui est irrégulier).
  - Les verbes en -ir qui se terminent par -issons à la première personne du pluriel du présent de l'indicatif sont des verbes du 2e groupe.
  - Les autres verbes appartiennent au 3e groupe.

Les modes

Ils sont au nombre de sept :

- trois modes personnels : indicatif – subjonctif – conditionnel
- un mode semi-personnel : impératif
  Il n'existe qu'à trois personnes et les pronoms personnels sont absents de la conjugaison.
- trois modes impersonnels : infinitif – gérondif – participe

Les temps

- On distingue les **temps simples** des **temps composés**.
- On forme un temps composé en conjuguant l'auxiliaire au temps simple correspondant et en ajoutant le participe passé du verbe.

Voix active		
Indicatif	Présent › je pars	Passé composé › je suis parti(e)
	Imparfait › je partais	Plus-que-parfait › j'étais parti(e)
	Passé simple › je partis	Passé antérieur › je fus parti(e)
	Futur simple › je partirai	Futur antérieur › je serai parti(e)
Subjonctif	Présent › que je parte	Passé › que je sois parti(e)
	Imparfait › que je partisse	Plus-que-parfait › que je fusse parti(e)
Conditionnel	Présent › je partirais	Passé › je serais parti(e)
Impératif	Présent › pars	Passé › sois parti(e)
Infinitif	Présent › partir	Passé › être parti(e)
Gérondif	Présent › en partant	Passé › en étant parti(e)
Participe	Présent › partant	Passé › parti(e)

- Il existe deux systèmes de temps.
  - **le système du discours:** système ancré dans la situation d'énonciation.

Avant	Moment de l'énonciation	Après
Passé composé Imparfait Plus-que-parfait	Présent	Futur simple

  - **le système du récit:** système coupé de la situation d'énonciation.

Avant	Action de 1er plan	Action de 2nd plan	Après
Plus-que-parfait Passé antérieur	Passé simple	Imparfait	Conditionnel présent

ATTENTION: Pour rendre l'action plus vivante, on peut employer le présent et le futur de narration.

Les voix

Il existe deux voix: la **voix active** et la **voix passive** *(voir leçon n° 26)*.

- À la voix active, le sujet fait l'action exprimée par le verbe.
- À la voix passive (verbes transitifs directs uniquement), le sujet subit l'action exprimée par le verbe.

Les formes

Un verbe peut prendre deux formes particulières: la forme impersonnelle et la forme pronominale.

- **La forme impersonnelle**
  Il existe des verbes naturellement impersonnels (*il pleut, il faut...*) et des verbes occasionnellement impersonnels. *(voir leçon n° 27)*
- **La forme pronominale**
  Les **verbes à la forme pronominale** sont conjugués à l'aide d'un pronom personnel réfléchi: *me, te, se, nous, vous, se*.
  On distingue différents verbes pronominaux:
  - **les verbes essentiellement pronominaux**
  La construction de certains verbes se fait obligatoirement à l'aide des pronoms personnels réfléchis.
  - **les verbes qui peuvent prendre la forme pronominale**
    - **les verbes pronominaux de sens réfléchi**
    Ce sont des verbes dont le sujet agit sur lui-même.
    - **les verbes pronominaux de sens réciproque**
    Ce sont des verbes qui indiquent que l'action est faite par plusieurs êtres agissant l'un sur l'autre.
    - **les verbes pronominaux de sens passif**
    Ce sont des verbes qui se conjuguent à la 3e personne du singulier ou du pluriel. Le sujet du verbe ne fait pas l'action et il n'y a pas de complément d'agent *(voir leçons nos 28 et 29)*.

Exercices

1 Lisez l'extrait ci-dessous. Donnez l'infinitif présent, le groupe, le mode, le temps, la personne des verbes en gras.

L'Infante[1]

Il m'en souvient si bien que j'**épandrai** mon sang
Avant que je **m'abaisse** à démentir mon rang.
Je te **répondrais** bien que dans les belles âmes
Le seul mérite a droit de produire des flammes;
Et si ma passion **cherchait** à s'excuser
Mille exemples fameux pourraient l'autoriser:
Mais je n'en **veux** point suivre où ma gloire s'engage;
La surprise des sens n'abat point mon courage;
Et je me dis toujours qu'étant fille de roi
Tout autre qu'un monarque est indigne de moi.
Quand je **vis** que mon cœur ne se pouvait défendre,
Moi-même je donnai ce que je n'osais prendre.
Je mis, au lieu de moi, Chimène en ses liens,
Et j'**allumai** leurs feux pour éteindre les miens.
Ne t'**étonne** donc plus si mon âme gênée
Avec impatience attend leur hyménée;
Tu vois que mon repos en dépend aujourd'hui.

Pierre Corneille, ***Le Cid***, Acte I, scène 2

1. L'Infante est la fille du Roi d'Espagne. Elle aime Rodrigue mais ne peut s'unir qu'à un prince. Elle favorise donc l'amour du jeune homme et de Chimène.

2 **Lisez l'extrait ci-dessous puis suivez progressivement les consignes.**

Il est vraiment étonnant qu'un problème complexe et extraordinaire comme j'en ai rarement vu au cours de ma longue carrière active se soit présenté à moi après ma retraite, et presque à ma porte. Je venais de me retirer dans le Sussex et je m'étais entièrement adonné à cette vie apaisante de la nature à laquelle j'avais si fréquemment aspiré pendant les nombreuses années que j'avais passées dans les ténèbres londoniennes.

Conan Doyle, ***La Crinière du lion***

1) « Il est vraiment étonnant qu'un problème complexe et extraordinaire [...] se soit présenté à moi après ma retraite, et presque à ma porte. »

› Quel est le sujet grammatical de *est*? Quel est son sujet réel ou logique?

› Tournez la phrase de sorte que le verbe ait une construction personnelle. Attention à l'accord sujet-verbe.

2) « Je venais de me retirer dans le Sussex et je m'étais entièrement adonné à cette vie apaisante de la nature à laquelle j'avais si fréquemment aspiré pendant les nombreuses années que j'avais passées dans les ténèbres londoniennes. »

› Relevez tous les verbes de cette phrase.

› Les verbes *se retirer* et *s'adonner* sont des verbes pronominaux, mais sont-ils toujours pronominaux?

› Employez le verbe *retirer* dans une phrase de votre composition.

3 **Lisez l'extrait ci-dessous.**

a) Relevez tous les verbes pronominaux de ce passage.

b) Mettez la dernière phrase de l'extrait au passé composé. Attention à l'accord des participes passés.

c) Mettez les phrases suivantes à la voix passive:

« Une lueur blafarde illumina la chambre. »

« Une sueur froide inonda tout mon corps. »

« La pelle relevait les cendres. »

Tout à coup le feu prit un étrange degré d'activité; une lueur blafarde illumina la chambre, et je vis clairement que ce que j'avais pris pour de vaines peintures était la réalité; car les prunelles de ces êtres encadrés remuaient, scintillaient d'une façon singulière; leurs lèvres s'ouvraient et se fermaient comme des lèvres de gens qui parlent, mais je n'entendais rien que le tic-tac de la pendule et le sifflement de la bise d'automne.

Une terreur insurmontable s'empara de moi, mes cheveux se hérissèrent sur mon front, mes dents s'entrechoquèrent à se briser, une sueur froide inonda tout mon corps.

La pendule sonna onze heures. Le vibrement du dernier coup retentit longtemps, et, lorsqu'il fut éteint tout à fait...

Oh! non, je n'ose pas dire ce qui arriva, personne ne me croirait, et l'on me prendrait pour un fou.

Les bougies s'allumèrent toutes seules; le soufflet, sans qu'aucun être visible lui imprimât le mouvement, se prit à souffler le feu, en râlant comme un vieillard asthmatique, pendant que les pincettes fourgonnaient dans les tisons et que la pelle relevait les cendres.

Ensuite une cafetière se jeta en bas d'une table où elle était posée, et se dirigea, clopin-clopant, vers le foyer, où elle se plaça entre les tisons.

Théophile Gautier, ***La Cafetière***

4 **Relevez et analysez toutes les formes verbales du texte suivant.**

Au début du xxe siècle, un jeune garçon a l'émotion de voir un aéroplane pour la première fois.

J'étais prêt à pleurer du moment que j'avais reconnu que le bruit venait d'au-dessus de ma tête, – les aéroplanes étaient encore rares à cette époque – à la pensée que j'allais voir pour la première fois un aéroplane. Alors, comme quand on sent venir dans un journal une parole émouvante, je n'attendais que d'avoir aperçu l'avion pour fondre en larmes. Cependant l'aviateur sembla hésiter sur sa voie. Je sentais ouvertes devant lui – devant moi si l'habitude ne m'avait pas fait prisonnier – toutes les routes de l'espace, de la vie. Il poussa plus loin, plana quelques instants au-dessus de la mer, puis prenant brusquement son parti, semblant céder à quelque attraction inverse de celle de la pesanteur, comme retournant dans sa patrie, d'un léger mouvement de ses ailes d'or il piqua droit vers le ciel.

Marcel Proust, ***À la recherche du temps perdu***

5 **Dictée préparée ou copie: dans le texte ci-dessous, relevez tous les verbes conjugués à un mode personnel et donnez pour chacun d'eux l'infinitif, le mode et le temps.**

S **1. Écrire lisiblement un texte, spontanément ou sous la dictée, en respectant l'orthographe et la grammaire**

Elle dit, et m'a répété vingt fois, pauvre femme!... elle dit qu'elle a reconnu... devinez-vous? La Vénus de bronze, la statue de M. de Peyrehorade... Depuis qu'elle est dans le pays, tout le monde en rêve. Mais je reprends le récit de la malheureuse folle. À ce spectacle, elle perdit connaissance, et probablement depuis quelques instants elle avait perdu la raison. Elle ne peut en aucune façon dire combien de temps elle demeura évanouie. Revenue à elle, elle revit le fantôme, ou la statue, comme elle dit toujours, immobile, les jambes et le bas du corps dans le lit, le buste et les bras étendus en avant, et entre ses bras son mari, sans mouvement.

Prosper Mérimée, ***La Vénus d'Ille***

Fiche-méthode n° 1 : **Organiser un texte : les connecteurs**

Les connecteurs sont des mots qui permettent de relier des éléments de la phrase et de structurer le propos. On distingue plusieurs types de liens :

1. Les connecteurs spatiaux

Ce sont des mots qui permettent de structurer l'espace : *ici, là, là-bas, devant, derrière, en face, dedans, dehors, là-haut, en bas, au-dessus, en-dessous, tout autour, à côté, loin, près, au delà, en deçà, à droite, à gauche, le long de, au milieu de, au fond de...*
Ils sont utiles en particulier pour construire des textes descriptifs.

2. Les connecteurs temporels

Les connecteurs temporels marquent l'organisation d'événements d'un point de vue chronologique. Ils peuvent signaler :

- **la succession en différentes étapes :** *d'abord, au début, alors, ensuite, puis, enfin, finalement, au bout du compte, pour finir...*
- **la réitération :** *encore, à chaque fois...*
- **la fréquence :** *parfois, souvent, de temps en temps*
- **l'interruption :** *soudain, tout à coup...*
- **la durée :** *longtemps, pendant...*
- **la simultanéité :** *en même temps, au même moment, pendant ce temps-là...*
- **l'antériorité :** *avant, il fut un temps, hier, la veille...*
- **le moment de l'énonciation :** *actuellement, aujourd'hui, maintenant, à ce jour, à présent...*

Ils sont utiles en particulier pour construire des récits, ou des textes explicatifs (par exemple, la présentation d'une expérience scientifique, d'une recette de cuisine, d'un itinéraire à suivre, etc.).

3. Les connecteurs logiques

Ils permettent d'organiser les idées d'un texte et de structurer le raisonnement afin de le rendre plus compréhensible. Ils établissent, comme leur nom l'indique, un rapport logique entre deux idées :

- **L'addition** (pour regrouper des arguments ou des exemples semblables, qui servent à démontrer la même chose) : *à côté de cela, par ailleurs, de plus, en outre, mais aussi, ensuite, et...* ;
- **La progression :** *d'abord / premièrement / en premier lieu, ensuite / également / dans un deuxième temps / en second lieu / dans un troisième temps...* ;
- **La conclusion :** *Enfin, pour finir, finalement, ainsi, en dernier lieu, tout compte fait...*
- **La cause :** *parce que, puisque, en effet, comme, à cause de, en raison de, car, vu que, du fait que...* ;
- **La conséquence :** *par conséquent, donc, c'est pourquoi, si bien que, de sorte que, au point que...* ;
- **L'explication ou le recours à un exemple** (pour illustrer) : *par exemple, c'est-à-dire, effectivement, on peut penser à, on peut citer ici, ainsi...* ;
- **L'opposition et la concession** (passer d'un point de vue à un autre, pour opposer deux idées, ou en valoriser une par rapport à l'autre) :
  - *en revanche, au contraire, or, mais, néanmoins, cependant, pourtant, toutefois, malgré, en dépit de, tandis que, alors que, même si* + indicatif,
  - *bien que, quoique, sans que* + subjonctif ;
- **Le but :** *pour, afin de, en vue de, dans l'idée de, de façon que...* ;
- **L'hypothèse :** *si, à condition de...*

Ils sont utiles en particulier pour construire des textes argumentatifs.

Fiche-méthode n° 2 : **Savoir écrire un CV et une lettre de motivation**

Lorsque l'on candidate pour une école, un travail saisonnier, un stage ou un emploi, on constitue très souvent un dossier qui comporte un CV et une lettre de motivation.

Ces deux documents sont présentés sous une forme qui se rapproche de la lettre, surtout pour la lettre de motivation, et obéissent aussi à des codes de présentation précis.

Le CV

①
Camilla DUPUIS
14, Avenue de France
86000 POITIERS
Tél : 05 49 00 00 00
E-mail : camilla.dupuis@laposte.net

② **Emploi saisonnier à l'office du tourisme de POITIERS pour l'été 2009**

FORMATION :

③
2008-2009 : Terminale littéraire, option classes européennes au lycée Jean Marais de Poitiers
Année 2007-2008 : Première littéraire, option classes européennes au lycée Jean Marais de Poitiers
Année 2006-2007 : Seconde générale, au lycée Jean Marais de Poitiers

EXPERIENCES :

④
Juillet-Août 2008 : animatrice en colonie de vacances avec l'organisme AFGR, trois semaines en juillet à Luchon, et trois semaines en Août à Biarritz, pour des enfants de 10 à 12 ans.
Juillet 2007 : animatrice au centre aéré « Les abeilles » de la ville de Poitiers pour les petits de 4 à 6 ans.
Titulaire du BAFA depuis 2008.

COMPETENCES :

Informatique et bureautique : maîtrise des logiciels de base, traitement de texte word, open office, powerpoint.

LANGUES :

⑤
Anglais : bon niveau, lu, écrit, parlé.
Séjour d'échange scolaire de trois semaines à Londres en février 2008.
Allemand : notions à l'écrit et à l'oral.

DIVERS :

Permis BSR
Escalade et tennis

Lettre de motivation pour un stage

①
LAVOISIER Clara
8, rue du Faubourg Armand,
75014 PARIS
Tél : 01 45 00 00 00
E-mail : clara . lavoisier@laposte.net

Journal « La Voix libre »
Service des ressources humaines
43, Boulevard du Montparnasse
75014 PARIS
Tél : 01 34 00 00 00
E-mail : contacts@lavoixlibre.fr

Paris, le 12 décembre 2009.

② Objet : stage de découverte dans le secteur du journalisme de presse du 23 au 28 février 2010.

Madame, Monsieur,

③
Le collège Jules Ferry du 14e arrondissement de Paris organise pour ses élèves à partir de la 4e des stages de découverte d'une semaine pendant les vacances scolaires de février.

Elève en 4e au collège Jules Ferry, je souhaiterais poursuivre ma scolarité au lycée en filière économique et sociale ou littéraire, afin de me spécialiser plus tard dans le journalisme. Je me permets donc de vous solliciter afin d'effectuer un stage non conventionné dans le domaine du journalisme de presse, au sein du journal « La voix libre » pour la période du 23 au 28 février 2010.

J'ai déjà eu l'occasion de m'intéresser vivement au secteur du journalisme et aux outils qu'il utilise en participant au journal du collège depuis la sixième. J'ai notamment été responsable au sein de ce journal de la rédaction d'articles d'information sur l'environnement et la nature, et de la mise en page. J'ai déjà quelques notions solides de base concernant l'utilisation des logiciels de traitement de texte et de dessin. L'an dernier, j'ai également participé au concours « Jeunes reporters en herbe » organisé par la ville de Poitiers, où j'ai remporté le deuxième prix de l'originalité, par un documentaire sur le théâtre en plein air. Ces deux expériences m'ont permis d'acquérir de l'expérience et de développer un véritable sens de l'initiative, de l'observation et un excellent relationnel qui sont, je crois, les qualités requises pour tout professionnel dans le domaine du journalisme.

Je serais heureuse de pouvoir découvrir plus directement le fonctionnement d'un journal dans le cadre de ce stage et de vous apporter mon dynamisme et mes compétences pour les tâches que vous jugerez utiles de me confier. Je reste à votre disposition afin de vous rencontrer pour vous énoncer plus précisément les motivations qui m'animent.

④ Je vous prie de croire, Madame, Monsieur, à l'expression de mes salutations distinguées,

Clara Lavoisier

1. Remarques générales

Le CV et la lettre de motivation font rarement plus d'une page, le maximum absolu étant deux pages, car ils doivent rester précis et rapides à lire, en donnant seulement les éléments clés à la personne qui va les lire, et qui proposera ensuite un entretien ou un rendez-vous si le profil du candidat est intéressant et si elle veut avoir des informations complémentaires.

Les deux documents, CV et lettre de motivation, doivent être organisés, personnalisés et sont spécifiques à chaque annonce à laquelle on répond. Ils doivent être adaptés à l'annonce et au destinataire, et l'on ne peut pas faire un seul exemple type qui conviendrait pour toutes les annonces.

Selon les cas, on adoptera toujours la même présentation mais on choisira d'inverser ou de modifier un peu les rubriques et les contenus : inutile de parler de tout ce que l'on a fait dans tous les cas (l'appartenance à un club de tennis pour postuler à un stage dans l'administration n'est pas l'information la plus capitale).

2. Le CV

C'est l'abréviation de *Curriculum Vitæ*, une expression latine qui signifie littéralement « chemin de vie » et se présente sous la forme d'une synthèse rapide, organisée et claire du parcours scolaire, professionnel et personnel d'une personne, présentée sous différentes rubriques. On indique ses coordonnées (1) et on rappelle la nature de l'emploi pour lequel on postule (2).

Les rubriques « formation » (3) et « expérience » (4) sont obligatoires, les autres sont facultatives comme « compétences informatiques », « langues », « divers », « loisirs » (5) mais permettent de préciser son profil en notant des éléments originaux et plus personnels. Il est donc conseillé de les remplir, surtout lorsque l'on est jeune, car les deux premières ne sont alors pas très longues.

3. La lettre de motivation

Elle est, quant à elle, une lettre authentique, qui présente les motivations du candidat en expliquant pourquoi il a choisi de postuler ou de répondre à une offre de formation, d'emploi, de stage. C'est une forme de lettre administrative, il faut donc bien soigner la mise en page et l'écriture.

On y signale ses coordonnées et celles de son employeur potentiel (1), on mentionne le thème et le but de la lettre dans une ligne spéciale qui s'appelle objet (2). Pour chaque paragraphe, on retourne à la ligne et on laisse un alinéa (3). On termine par une formule de politesse (4) avant de signer.

Fiche-méthode nº 3 : **Savoir reconnaître et écrire une lettre personnelle / une lettre administrative**

La lettre est un document écrit qui obéit à des codes précis qu'il faut respecter :

- **dans sa forme :** la présentation et la mise en page sont codifiées ;
- **dans son contenu :** il faut observer les étapes et les formules obligatoires qui structurent la lettre.

La lettre est adaptée à son destinataire, et on ne la présente pas de la même manière selon la personne à qui l'on écrit. Il faut différencier deux grands types de lettres : le courrier personnel adressé à la famille ou aux amis, et le courrier administratif ou professionnel.

La lettre personnelle

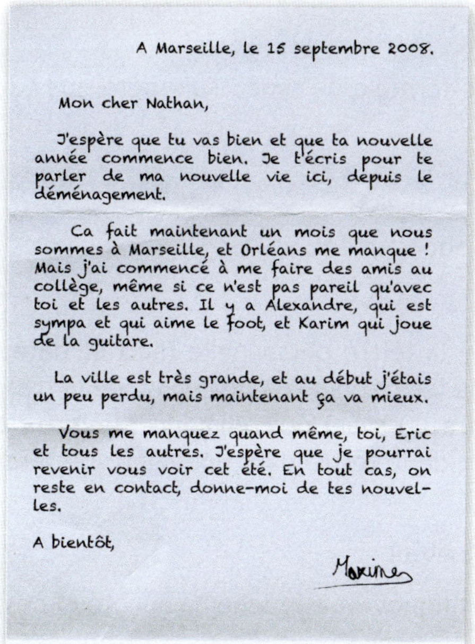

(1) A Marseille, le 15 septembre 2008.

(2) Mon cher Nathan,

(3) J'espère que tu vas bien et que ta nouvelle année commence bien. Je t'écris pour te parler de ma nouvelle vie ici, depuis le déménagement.

Ca fait maintenant un mois que nous sommes à Marseille, et Orléans me manque ! Mais j'ai commencé à me faire des amis au collège, même si ce n'est pas pareil qu'avec toi et les autres. Il y a Alexandre, qui est sympa et qui aime le foot, et Karim qui joue de la guitare.

La ville est très grande, et au début j'étais un peu perdu, mais maintenant ça va mieux.

Vous me manquez quand même, toi, Eric et tous les autres. J'espère que je pourrai revenir vous voir cet été. En tout cas, on reste en contact, donne-moi de tes nouvelles.

(4) A bientôt,

(5) Marine

La lettre administrative ou officielle

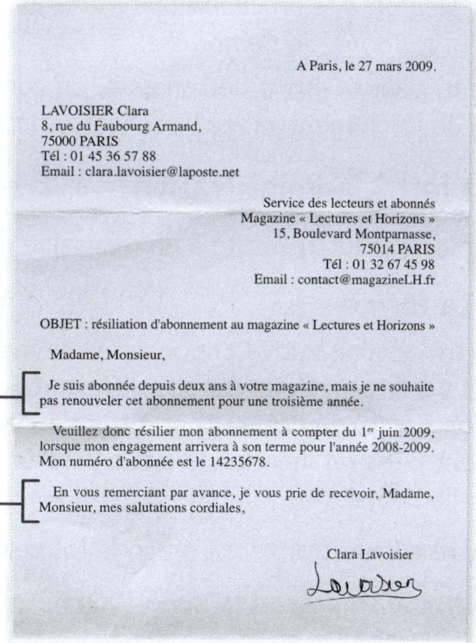

A Paris, le 27 mars 2009. (1)

(2) LAVOISIER Clara
8, rue du Faubourg Armand,
75000 PARIS
Tél : 01 45 36 57 88
Email : clara.lavoisier@laposte.net

Service des lecteurs et abonnés
Magazine « Lectures et Horizons »
15, Boulevard Montparnasse,
75014 PARIS
Tél : 01 32 67 45 98
Email : contact@magazineLH.fr (3)

(4) OBJET : résiliation d'abonnement au magazine « Lectures et Horizons »

(5) Madame, Monsieur,

(6) Je suis abonnée depuis deux ans à votre magazine, mais je ne souhaite pas renouveler cet abonnement pour une troisième année.

Veuillez donc résilier mon abonnement à compter du 1er juin 2009, lorsque mon engagement arrivera à son terme pour l'année 2008-2009. Mon numéro d'abonnée est le 14235678.

(7) En vous remerciant par avance, je vous prie de recevoir, Madame, Monsieur, mes salutations cordiales,

Clara Lavoisier

Lavoisier (8)

1. La lettre personnelle

Exemple : une lettre écrite à un ami après un déménagement

La forme :

La lettre doit contenir les éléments suivants : le **lieu** et la **date** d'écriture (1), un **en-tête** (2) (c'est une interpellation pour saluer le destinataire, avec une formule de courtoisie), le **corps de la lettre**, qui doit être composé de **paragraphes** et **centré** au milieu de la page, avec une **marge** de chaque côté (3) (pour chaque paragraphe, on **retourne à la ligne**, et on laisse un alinéa en début de première ligne, en passant des lignes pour aérer le texte), une formule **finale ou de congé** (4) (c'est aussi une formule de courtoisie, pour dire au revoir au destinataire), et une **signature** (5).

La lettre personnelle peut être tapée à l'ordinateur, mais elle est très souvent manuscrite. Dans tous les cas, la signature est manuscrite. Pour la mise en page, voir l'exemple annoté ci-dessus.

Le contenu :

Il faut adapter le ton et le registre au destinataire, selon le degré de parenté, d'amitié ou de familiarité qu'on a avec lui : on peut utiliser un registre de langage courant ou familier, en faisant attention aux formules de courtoisie (en-tête et formules de congé).

L'en-tête :

- On peut écrire simplement le nom ou le surnom de la personne : *Mamie, Rémi, Amélie* ;
- On peut rajouter un terme affectif ou complice quand on est très proche : *Ma petite Suzie, Mon cher Alexandre, Cher tonton.*

La formule de congé :

- *À bientôt, à la prochaine* ;
- *Bises, Bisous, Je t'embrasse.*

Souvent, dans la lettre personnelle, on commence par une formule du type : « J'espère que tu vas bien » ou « Comment vas-tu ? » qui sert d'introduction.

2. La lettre administrative

Exemple : une lettre écrite à un magazine pour arrêter un abonnement.

La forme :

La lettre administrative contient les mêmes éléments que la lettre personnelle **(lieu et date, 1)**, mais il y a en plus **deux étapes différentes** par rapport à la lettre personnelle : on rappelle d'abord **qui l'on est (expéditeur, 2)** et **à qui l'on écrit (destinataire, 4)** avant de commencer la lettre proprement dite ; on mentionne également le thème et le but de la lettre dans une ligne spéciale qui s'appelle l'**objet** (4).

La lettre administrative est presque toujours tapée à l'ordinateur.

Pour la mise en page et la disposition de ces éléments spécifiques, voir le schéma annoté ci-dessus.

Le contenu :

Il faut adapter son langage : à la différence de la lettre personnelle (où l'on peut être amical et familier, ou écrire avec humour), dans une lettre administrative, on choisit un ton et un vocabulaire neutres, en s'exprimant dans un registre de langue courant ou soutenu, et on emploie notamment le **vouvoiement**.

Il faut faire particulièrement attention aux formules de courtoisie : en-tête et formule de politesse, qui sont obligatoires et qui répondent à des codes très précis.

Il faut également soigner la signature qui se présente sous une forme double : **on donne une signature manuscrite, et on écrit son prénom et son nom en toutes lettres au-dessous.**

Dans la lettre administrative ou professionnelle, on commence souvent par une phrase qui précise qui l'on est et pourquoi l'on écrit. Ex : *Je suis lycéenne en terminale ES et je vous écris en réponse à votre offre d'emploi saisonnier pour l'été 2008.*

L'en-tête (5) **:**

- le plus neutre et le plus courant : *Madame, Monsieur* ;
- Si l'on connaît un peu la personne à qui l'on écrit : *Chère Madame, cher Monsieur.*

La formule de politesse (7) **:**

Il en existe beaucoup, mais les plus courantes sont :

- *Je vous prie de recevoir, Madame, Monsieur, l'expression de mes salutations les meilleures / cordiales*, qui est neutre ;
- *Veuillez agréer, Madame, Monsieur, l'expression de mes salutations les meilleures / cordiales*, qui est plus respectueuse et plus formelle.

3. L'adresse sur l'enveloppe

Comment présenter une enveloppe

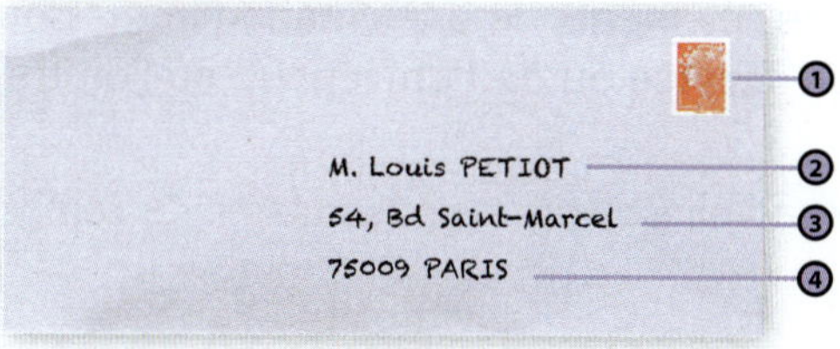

- (1) Timbre affranchi au tarif en vigueur ;
- (2) M. ou Mme + Prénom et NOM. Éventuellement, numéro de l'immeuble, nom de l'entreprise ou du service ;
- (3) Numéro et nom de la rue (appelée aussi voie) ;
- (4) Code postal (CP, numéro à 5 chiffres en France), nom de la ville ;
- Si nécessaire : département, région, pays.

On peut écrire l'adresse de l'expéditeur au dos de la lettre, en haut, et en petits caractères.

4. De la lettre à l'e-mail : ressemblances et différences

L'e-mail ou le courriel, comme son nom l'indique *(voir la fiche-lexique n° 4)*, est une forme moderne de lettre ou de courrier écrit, la différence étant qu'il se trouve sur un support informatique et numérique, et non plus sur un support papier (manuscrit ou imprimé).

Comme son envoi et sa réception sont plus rapides, on a tendance à penser que c'est une forme plus libre, qui n'a pas besoin de tous les codes de la lettre écrite sur un support papier.

Dans l'e-mail, il est cependant important de respecter des codes minimaux de politesse et de présentation, même s'ils sont moins développés que dans la lettre, surtout quand il s'agit d'un e-mail professionnel ou administratif, mais aussi dans le cadre d'e-mails personnels.

C'est aussi une forme de respect pour le destinataire.

Il faut donc faire attention aux détails suivants :

- Présenter un texte correct sur le plan de l'orthographe, de la grammaire et de la ponctuation ;
- Aller à la ligne à chaque nouveau paragraphe et aérer son texte en sautant des lignes quand il est long. C'est plus agréable à lire. (Pour les contenus : **inutile de mettre le lieu et la date**, à la différence de la lettre sur papier) ;
- En revanche, on peut mettre des formules de courtoisie, pour saluer son destinataire au début et à la fin du mail. Là encore, ce sont des formules plus courtes que dans une lettre écrite, mais il est important de les mettre, par respect pour le destinataire :

E-mail personnel :

- En-tête : ***Bonjour***, ***Salut***, ou le prénom de la personne : ***Sarah***, ***Chère Sarah***... ;
- Formule de congé : ***À bientôt***, ***À plus***, ***Bises***, ***Bisous***... ;
- Signature.

E-mail professionnel ou administratif :

- En-tête : du plus familier au plus neutre, selon qu'on connaît plus ou moins la personne et selon son statut : ***Bonjour Madame***, ***Bonjour Monsieur***, ou ***Chère Madame***, ***Cher Monsieur***, ou ***Madame, Monsieur*** ;

› Formule de politesse : du plus familier au plus neutre : ***Bien à vous***, ***Bien cordialement***, ***Cordialement***, ***Salutations***, ***Meilleures salutations***, ***Salutations cordiales***… ;

› Signature (accompagnée des éléments de présentation en dessous comme dans la lettre administrative : **adresse**, **nom du service ou de l'entreprise** où l'on travaille, **numéro de téléphone**, **e-mail**).

Pour l'e-mail professionnel ou administratif, ne pas oublier de remplir la case précisant l'objet de l'e-mail.

Pourquoi est-il important de respecter ces codes ?

On pense souvent que l'e-mail n'a pas la même valeur que la lettre écrite, ou que c'est une forme de correspondance informelle, libre et privée. Mais juridiquement, l'e-mail est en train de remplacer la lettre écrite (en particulier l'e-mail professionnel ou administratif), et il a la même valeur juridique en étant soumis aux mêmes codes. Par ailleurs, l'e-mail peut être imprimé et conservé comme une véritable lettre, et servir de preuve écrite. Il est donc important de faire attention à ce que l'on écrit, car l'e-mail a un statut très proche de la lettre sur papier.

Fiche-méthode n° 4 : **Repérer et utiliser des modalisateurs**

Ce que l'on appelle « modalisation » désigne la façon dont un locuteur dévoile son opinion dans ses propos à travers des mots ou des procédés d'écriture. Ces derniers sont ce qu'on appelle des « modalisateurs » : on les utilise pour nuancer son propos. Dans le texte fantastique, le narrateur présente souvent son énoncé comme incertain, dans d'autres textes, il peut insister sur son authenticité. Ainsi, on peut les utiliser dans différents contextes (récits fantastiques, transmission d'une information incertaine dans un article de journal, etc.).

On peut employer :

› des adverbes tels *peut-être*, *vraisemblablement*, *apparemment*, *probablement*, *certainement* qui expriment l'incertitude ;

› des verbes d'états comme *sembler*, *avoir l'air*, *paraître* ;

› ou des verbes exprimant le doute : *avoir l'impression*, *penser*, *estimer*, *ne pas être sûr*, *croire*, *craindre*, *soupçonner*, *se demander*, *douter*…

Mais la modalisation peut aussi porter sur un élément de la phrase :

› un verbe conjugué au conditionnel : *on aurait dit*… ;

› des verbes à la forme impersonnelle : *il semblerait* ;

› des expressions toutes faites (locutions) : *selon les uns*, *à ce qu'on dit*, *selon toute vraisemblance*, *sans aucun doute*, *on crut apercevoir*… ;

› des périphrases qui permettent de ne pas nommer clairement les choses : *une sorte de*, *un je ne sais quoi*, *quelque chose*, *une créature*…

Enfin, la mise en cause de ce que le narrateur raconte peut aussi passer par la phrase dans son intégralité notamment avec :

› des phrases interrogatives : *Serait-il possible que…?* ;

› des phrases inachevées : *Je n'ose dire ce que j'ai vu*…

Fiche-méthode n° 5 : **Écrire un résumé (1/2) : savoir repérer des informations / les idées essentielles**

Parmi toutes les informations contenues dans un texte, il est important de commencer par repérer les plus importantes.

On relève d'abord le nom de l'auteur et de l'œuvre, le genre, la date

On relit ensuite le texte et on en relève les informations dans un tableau (ou une liste). On se pose **six questions** (toutes en même temps ou séparément) :

QUESTION	INFORMATIONS ESSENTIELLES	INFORMATIONS SECONDAIRES
QUI ?	Personnage principal Nom Âge Profession Histoire État actuel ... Personnage principal n°2 : ...	Personnages secondaires (présents ou mentionnés par les autres personnages) : ...
QUAND ?	Année, saison, date...? Heure ?	Durée ? Conditions météorologiques ?
OÙ ?	Pays, région, nom de la localité... Ville ou campagne ? Décor ? Quelle pièce ? ...	Situation des personnages (les uns par rapport aux autres, sont-ils debout, assis...) ?
QUOI ?	Que se passe-t-il (scène de rencontre, affrontement, réconciliation, exploit...) ? Quelle est la situation initiale ? Qu'est-ce qui a changé à la fin du texte ? Quelles actions ont permis cette évolution ?	Quelles sont les phrases les plus importantes de chaque personnage ? Quels détails de leur action sont les plus importants ?
POURQUOI ?	Qu'est-ce qui dépend des personnages ? Qu'est-ce qui les pousse à agir ainsi (caractère, devoir, but...) ?	Qu'est-ce qui ne dépend pas des personnages ?
COMMENT ?	Les actions sont-elles difficiles ou aisées ? Les personnages sont-ils aidés par des personnes ou des objets ? gênés ? forcés ?	De quel(s) objet(s) les personnages se servent-ils ?

Où trouver les informations

> Les éléments peuvent être donnés **en toutes lettres** dans le texte. Relever la citation et le numéro de la ligne. Attention, il y en a parfois plusieurs ;
> Ils peuvent se trouver dans le **paratexte** (chapeau, notes…) ;
> Il faut parfois relever des **indices indirects** (par exemple, s'il y a des feuilles mortes, la scène se déroule probablement en automne ou en hiver ; s'il y a des cocotiers, on se trouve probablement dans un pays tropical…) ;
> Certaines informations ne sont pas données !
> Relire le texte plusieurs fois pour être sûr de n'avoir rien oublié.

Ce qui est évalué

> **La compréhension du texte :** si nécessaire, se servir d'un dictionnaire ou d'une encyclopédie ;
> **La sélection des informations :** il ne suffit pas de relever des informations, il faut aussi choisir les plus importantes. On garde toutes les informations essentielles (colonne de gauche), et on opère un tri parmi les informations secondaires (colonne de doite) : on ne garde que celles que l'on juge intéressantes ;
> **La validité des informations :** toujours se justifier en citant les indices du texte entre guillemets et en indiquant la ligne ;
> **L'organisation des informations :** à l'intérieur de chaque catégorie, aller du général au particulier et de l'essentiel au moins important.

Fiche-méthode n° 6 : **Écrire un résumé (2/2) : savoir reformuler**

Résumer un texte, c'est en rapporter brièvement le contenu **avec ses propres mots** pour montrer qu'on l'a compris.

Un résumé est…

> **bref :** beaucoup plus court que le texte original (attention aux consignes de longueur), le résumé ne contient que les idées essentielles, non les détails ;
> **complet et pertinent :** il contient toutes les informations importantes de l'ensemble du texte ;
> **neutre :** sans avis personnel, sans originalité, comme pour quelqu'un qui découvrirait le texte.

Méthode

Après avoir relevé les informations importantes *(voir fiche n° 5)*, on rédige suivant ce plan :

> Présentation du texte : **auteur**, **titre**, **date**, **genre** ;
> Situation du texte : **où** et **quand** ;
> Résumé du récit : **qui** fait **quoi**, **pourquoi** et **comment** ? On suit l'ordre du texte, en en dégageant les étapes. On peut s'aider du schéma actanciel.

On relit le texte pour vérifier qu'on n'a rien oublié. Puis on relit le résumé, de préférence à haute voix. On en améliore le style, on vérifie soigneusement l'orthographe et on recopie au propre.

Consignes de rédaction

> On rédige dans un **registre courant voire soutenu**, au **présent** (attention à ne pas être influencé par le texte, souvent écrit au passé) et à la **troisième personne**. On transforme le discours direct en discours indirect *(voir leçon de grammaire n° 25)*. On ne reprend pas les exclamations ou interjections.

› Ex : « *Il se mit à balbutier comme un homme fou : – Vrai ? quoi ? vous me gardez ?* »
Jean Valjean manifeste son étonnement d'être accueilli par Mgr Myriel.

On **reformule** les mots rares ou spécialisés. Les détails ne sont pas repris, mais on en donne le sens. Une astuce consiste à lire un passage puis le cacher avec sa main et redire à haute voix ce qu'on vient de lire.

› Ex : « *– Madame Magloire, dit l'évêque, vous mettrez des draps blancs au lit de l'alcôve.* »
L'évêque demande à sa servante de préparer un lit confortable pour Jean Valjean.

On est **concis** (on dit beaucoup en peu de mots) et on ne se répète pas. On remplace les périphrases par le mot précis. Pour présenter efficacement les personnages, on peut employer des appositions *(voir leçon de grammaire nº 18)*.

› Ex : *Madame Magloire, la servante de l'évêque, est effrayée par Jean Valjean.*

On compose des **phrases courtes et claires**, et on organise le résumé avec des **connecteurs** *(voir fiche nº 1)*.

Fiche-lexique nº 1 : **Repérer des figures de style simples et s'en inspirer pour enrichir un texte**

Allégorie

N.f. Figure de style qui permet de rendre concrète une idée abstraite. Dans un texte, on met une majuscule à un mot abstrait, comme au mot « Temps » dans « L'Horloge » de Baudelaire *(p. 49)*.

Antithèse

N.f. Figure de style de l'opposition. L'antithèse rapproche deux mots, deux expressions ou deux phrases opposés et en fait ressortir le contraste. L'usage rapproché d'antonymes (*beau / laid*) ainsi que les parallélismes permettent souvent d'exprimer une antithèse.

Ironie

N.f. Selon l'étymologie du mot, du grec *eirôneia*, l'ironie est « l'action d'interroger tout en feignant l'ignorance ». L'ironie est une forme d'expression qui affirme le contraire de ce l'on pense (antiphrase), ou bien feint d'approuver les thèses adverses, pour mieux les dénoncer.

Hyperbole

N.f. Figure de style de l'exagération qui permet de mettre en valeur une idée. L'hyperbole recourt à l'usage d'intensifs (*si*, *très*), de préfixes de grandeur (*hyper*, *super*), de superlatifs (en *-issime*), d'expressions excessives (*je meurs de froid*) ou d'accumulations.

Litote

N.f. Figure de style d'atténuation, qui consiste à en dire moins pour en faire entendre plus. Par exemple le fameux vers de Chimène adressé à Rodrigue dans ***Le Cid*** « Va, je ne te hais point » peut signifier qu'en fait elle l'aime toujours.

*Aller plus loin sur **www.lelivrescolaire.fr**, avec la fiche nº 13 du manuel de 5e.*

Fiche-lexique n° 2 : Connaître les principaux phénomènes de versification

Un vers est une ligne de poésie qui ne correspond pas à une phrase complète ni même à une proposition mais à un certain nombre de mètres ou syllabes. On revient donc à la ligne pour des raisons de contrainte métrique, une fois que le nombre de mètres a été atteint, et non à la fin du paragraphe comme en prose. On parle d'**enjambement** si une phrase court sur deux vers ou plus. On parle de **rejet** quand la dernière partie de la phrase se termine au début du vers suivant, et de contre-rejet si la première partie de la phrase commence au vers précédent. Les rejets et contre-rejets sont utilisés par le poète comme un moyen de faire varier le rythme ou mouvement du vers et de mettre en valeur un ensemble de mots : le poète donne toujours un sens aux procédés de style.

Un mètre correspond à une syllabe ; cependant, contrairement à la langue parlée, chaque *-e-* final se prononce et représente une syllabe si le mot suivant commence par une consonne ; il ne se prononce pas lorsque le mot suivant commence par une voyelle ou lorsque le *-e-* est placé en fin de vers.

Un vers peut être pair si son nombre de mètres est pair, ou impair dans le cas contraire. Les principaux mètres pairs sont l'**alexandrin** ou dodécasyllabe (12 syllabes), le **décasyllabe** (10 syllabes), l'**octosyllabe** (8 syllabes) et l'**hexamètre** (6 syllabes). Parmi les mètres impairs, plus rares, on retiendra l'ennéasyllabe (9 syllabes), l'heptamètre (7 syllabes) et le pentamètre (5 syllabes). Si le décasyllabe a été longtemps considéré comme le vers noble, notamment au XVIe siècle chez Ronsard, l'alexandrin est devenu au fil du temps le vers par excellence de la poésie française. On le reconnaît par sa **césure** qui le partage traditionnellement en deux **hémistiches** (moitiés de vers) de 6 syllabes et lui imprime sa cadence particulière. Toutefois, le tétramètre – qu'on trouve dans la tragédie classique aussi bien que dans le drame romantique – modifie le rythme de l'alexandrin en le partageant en trois temps de quatre syllabes, sans césure au milieu. La césure du décasyllabe intervient généralement après la quatrième syllabe. Quant au **vers libre**, qui apparaît à la fin du XIXe siècle, et au verset, qu'on trouve chez Aimé Césaire, ils n'ont pas de contrainte rythmique préétablie : le poète peut tout simplement revenir à la ligne quand il le désire en produisant un effet de sens.

Une rime est la répétition d'un son en fin de vers. Elle peut être **pauvre**, **moyenne** ou **riche**, selon qu'on fait rimer respectivement un élément (une voyelle ou une consonne), deux éléments (une consonne et une voyelle) ou trois éléments (deux consonnes et une voyelle ou deux voyelles et une consonne). La poésie française est traditionnellement rimée jusqu'à la deuxième moitié du XIXe siècle environ ; elle le sera de moins en moins au XXe siècle.

Une strophe est un groupe de vers, séparé par un blanc typographique du groupe qui le précède et de celui qui le suit, comme le paragraphe en prose, et qui s'organise suivant une disposition particulière des rimes. Quand un poète fait rimer des vers, il peut varier leur disposition dans la strophe. Une strophe monorime comporte la même rime à la fin de chaque vers : A - A - A - A. On parle de **rimes suivies** ou plates quand deux vers successifs riment l'un avec l'autre : A - A - B - B. C'est presque toujours le cas dans les tragédies classiques de Corneille et Racine. Les rimes sont **croisées** lorsqu'elles reviennent une fois tous les deux vers : A - B - A - B. Enfin, une strophe présente des rimes **embrassées** si elle repose sur le schéma suivant : A - B - B - A. De même qu'on distingue les vers selon leur nombre de mètres, on différencie les strophes en fonction de leur nombre de vers, de un à douze : monostiche (1 vers), distique (2 vers), tercet (3 vers), quatrain, quintil, sizain, septain, huitain, neuvain, dizain, onzain, douzain...

Dans la poésie médiévale, on ne parle pas de strophe mais de laisse : la laisse ne comprend pas de rimes mais des assonances ou répétitions d'un son vocalique (fondé sur une voyelle) en fin de vers. À côté de l'**assonance**, on trouve l'**allitération** ou répétition d'un son consonantique (fondé sur une consonne). Le poète peut recourir à l'assonance et à l'allitération à l'intérieur d'un vers pour créer un effet de sens particulier, comme à la fin de ce sonnet de Du Bellay :

*Ce qui est **f**erme est par le temps détr**ui**t,*
*Et ce qui **fui**t au temps **f**ait résistance.*

Le sonnet est sans doute la plus répandue des formes poétiques fixes. Il comporte quatorze vers répartis en quatre strophes – deux quatrains, deux tercets – le plus souvent en décasyllabes (au XVIe siècle) ou en alexandrins (au XIXe siècle). La disposition des rimes est libre même si le sonnet français a souvent deux quatrains de rimes embrassées et deux tercets de rimes suivies, puis croisées (AAB CBC) ou embrassées (AAB CCB).

Fiche-lexique nº 3 : **Connaître le vocabulaire spécifique du théâtre**

1. Quelques termes à maîtriser

Acte *(n.m.)* : Nom des parties majeures d'une pièce, fixées à l'origine en fonction de la durée de vie des bougies qui éclaraient la scène. *Ex : **Le Cid** et **Cyrano de Bergerac** sont des pièces en cinq actes.*

Aparté *(n.m.)* : parole qu'un ou plusieurs personnages prononcent à l'écart des autres personnages sur scène. Le public en est l'auditeur privilégié. *Ex : Cyrano,* à part – *Dire qu'il croit me faire énormément de peine. (Acte III, scène XIV)*

Coup de théâtre *(n.m.)* : brusque changement dans le déroulement de l'action, qui provoque un effet de surprise.

Didascalie *(n.f.)* : indication scénique donnée par l'auteur sur le décor, les déplacements, les gestes, les mimiques et les sentiments des personnages. *Ex : la longue didascalie initiale de l'Acte I de Cyrano.*

Dialogue *(n.m.)* : paroles qu'échangent deux personnages d'une pièce de théâtre.

Dramaturge *(n.m.)* : auteur d'une pièce de théâtre. *Ex : Pierre Corneille et Edmond Rostand.*

Gestuelle *(n.f.)* : ensemble des gestes, des mouvements de certaines parties du corps, visant à illustrer les sentiments ressentis et les actions jouées par les comédiens.

Mimique *(n.f.)* : mouvement du visage visant à illustrer les sentiments ressentis et les actions jouées par les comédiens.

Mise en abîme *(n.f.)* : procédé qui consiste à représenter, à l'intérieur d'un élément, un élément du même type. *Ex : Au début de la pièce **Cyrano de Bergerac**, une pièce de théâtre est représentée devant nos yeux, dans laquelle joue le comédien Montfleury.*

Mise en scène *(n.f.)* : art de donner vie au texte théâtral imaginé par le dramaturge en coordonnant tous les éléments nécessaires à sa création (décor, costumes, accessoires, lumière, bruitages, jeux des acteurs…)

Monologue *(n.m.)* : texte dit par un personnage seul sur scène (dont seul le public prend connaissance). *Ex : **Le Cid**, Acte I scène IV, monologue de Don Diègue.*

Quiproquo *(n.m.)* : malentendu, situation de méprise où un personnage va prendre un élément pour ce qu'il n'est pas.

Réplique *(n.f.)*: ensemble des phrases que dit un personnage avant que le suivant ne prenne la parole.

Scène *(n.f.)*: **1.** Terme désignant l'espace où se joue une pièce de théâtre. **2.** Sous-division d'une pièce de théâtre, à l'intérieur d'un acte, correspondant traditionnellement à l'entrée ou la sortie de scène d'un ou plusieurs personnages.

Stance *(n.f.)*: nombre déterminé de vers qui forment un sens complet et qui suivent le même ordre, adoptant une régularité dans la longueur des vers et les rimes choisies. Au théâtre, monologue qui adopte cette forme. *Ex: **Le Cid**, Acte I scène VI, stances de Rodrigue.*

Stichomythie *(n.f.)*: alternance rapide de répliques très courtes. *Ex: **Cyrano de Bergerac**, Acte II scène 9: échange vif opposant Christian et Cyrano.*

Théâtralité *(n.f.)*: conformité d'une situation, d'une scène ou d'une œuvre, aux règles de l'art théâtral.

Tirade *(n.f.)*: longue réplique d'un personnage. *Ex: **Le Cid**, Acte III scène IV, tirade de Chimène.*

2. Les règles du théâtre classique au XVIIe siècle

Bienséance *(n.f.)*: conformité aux conventions littéraires, artistiques et morales d'une époque. Dans le théâtre classique, on ne montre pas sur scène les combats ni la mort des personnages. Cela nous est rapporté par des récits.

Unités *(la règle des trois)*: règles classiques à respecter (au XVIIe siècle notamment) par les dramaturges lorsqu'ils écrivent une pièce de théâtre: unité d'action, de temps et de lieu. « Qu'en un jour, qu'en un lieu, un seul acte accompli / Tienne jusqu'à la fin le théâtre rempli. » (Boileau)

Vraisemblance *(n.f.)*: caractère de ce qui est crédible, ce qui semble vrai. À l'époque classique, la vraisemblance consistait à n'inclure dans l'intrigue que ce que la morale pouvait considérer comme envisageable.

3. Les différents genres théâtraux

Comédie *(n.f.)*: pièce de théâtre qui fait rire ou sourire les spectateurs par la situation des personnages ou la description des mœurs et des caractères et dont le dénouement est heureux. *Ex: **Le Mariage de Figaro** de Beaumarchais.*

Comédie héroïque *(n.f.)*: comédie qui représente des actions sérieuses entre des personnages de haut rang. *Ex: **Cyrano de Bergerac** d'Edmond Rostand.*

Drame (romantique) *(n.m.)*: genre théâtral qui apparaît au début du XIXe siècle, en réaction aux règles traditionnelles des comédies et tragédies classiques. On y mélange les tons et les personnages comiques et tragiques. Victor Hugo en est un des théoriciens. *Ex: **Hernani*** de Victor Hugo.

Farce *(n.f.)*: courte pièce de théâtre visant à faire rire le public, à partir de situations cocasses, où les personnages sont largement ridiculisés. *Ex: **La Farce du cuvier** de Molière.*

Tragédie *(n.f.)*: pièce de théâtre, mettant en scène des personnages illustres, dont l'issue est généralement funeste et dont les actions sont soumises à la fatalité. *Ex: **Phèdre** de Racine.*

Tragi-comédie *(n.f.)*: pièce de théâtre dont les personnages sont aux prises avec le malheur mais dont l'issue est positive. *Ex: **Le Cid** de Pierre Corneille.*

Fiche-lexique n° 4 : **Glossaire des différentes formes de correspondance écrite**

Accusé de réception ***(n.m.)*** **:** avis informant l'expéditeur qu'un envoi a bien été reçu par le destinataire (dans le cas de la lettre comme de l'e-mail)

Adresse ***(n.f.)*** **:** ensemble d'informations indiquant la demeure du destinataire de la correspondance. L'adresse peut être matérielle et physique, désignant le lieu où habite le destinataire (pour la lettre papier) ou immatérielle et informatique, désignant l'espace numérique où sont stockées des données envoyées par internet (pour l'e-mail).

Affranchissement ***(n.m.)*** **:** paiement d'une taxe pour acheminer un envoi, sous la forme de l'achat et de l'apposition d'un timbre.

Arobase ***(n.f.)*** **:** nom du symbole @ figurant sur les claviers d'ordinateur et utilisé pour composer une adresse e-mail, en reliant le nom de l'expéditeur ou du destinataire au nom du serveur ou du système de messagerie utilisé pour transmettre un courrier électronique.

Blog ***(n.m.)*** **:** site web constitué de billets agglomérés au fil du temps et souvent classés par ordre antéchronologique (les plus récents en premier). Chaque billet (appelé aussi « note » ou « article ») est – à l'image d'un journal de bord ou d'un journal intime – un ajout au blog. La blogueuse / le blogueur (i.e. : la personne s'occupant du blog) y délivre un contenu souvent textuel, enrichi de liens et d'éléments multimédias, sur lequel chaque lecteur peut généralement déposer des commentaires.

C ***(mis pour copie)*** **:** champ de l'e-mail destiné à recevoir la liste de tous les destinataires du mail lorsqu'ils sont plusieurs.

CC ***(copie conforme)*** **:** la liste des destinataires est visible par tous les destinataires. Ainsi un destinataire sait à quelles autres personnes l'e-mail a été envoyé.

CCI ***(copie conforme invisible)*** **:** la liste des destinataires est invisible pour tous les destinataires.

Chat **ou** ***tchat*** ***(n.m.)*** **:** discussion sur internet qui passe par l'utilisation d'un logiciel de messagerie instantanée permettant de s'envoyer et de recevoir en temps réel des messages. Le *chat* peut se faire entre deux ou plusieurs personnes. Ce mot vient de l'anglais *to chat*, « discuter ».

Code postal ***(n.m.)*** **:** système de symbole chiffré inventé par la poste pour trier, acheminer et distribuer plus rapidement le courrier : chaque ville ou chaque arrondissement de ville reçoit un numéro (composé de 5 chiffres en France) qui sert à l'identifier et qui figure dans l'adresse.

Courriel ***(n.m.)*** **:** nom français de l'e-mail, formé en contractant les deux mots « courrier électronique ».

Destinataire ***(n.m.)*** **:** personne à qui s'adresse un envoi (par la poste ou par internet, champ de l'e-mail précédé de « à »).

E-mail ou email ou mail ***(n.m.)*** **:** mot d'origine anglaise utilisé pour désigner le service de transmission de messages envoyés électroniquement via un réseau informatique (principalement Internet) dans la boîte aux lettres électronique d'un destinataire choisi par l'émetteur. Le mot est formé par contraction à partir des deux mots *electronic* et *mail*, « mail » signifiant au départ « courrier » ou « lettre postale ». Les deux formes de courrier, papier et électronique, sont donc désignées en réalité par le même mot en anglais : *mail*.

En-tête *(n.m.)* : ce qui est imprimé, écrit ou gravé en tête d'une lettre ou d'une feuille de papier. Souvent il s'agit de la formule d'adresse au destinataire.
Pour écrire une lettre, on peut aussi utiliser un papier à lettre spécial qui comporte déjà imprimé en haut à gauche le nom et les informations relatives à l'expéditeur : on parle alors de papier à en-tête (pour la lettre administrative souvent, le papier est un papier spécial pré-imprimé).

Enveloppe *(n.f.)* : morceau de papier plié de manière à former une pochette, et destiné à contenir une lettre, une carte, ou un document que l'on souhaite envoyer par la poste.

Envoi recommandé *(n.m.)* : lettre ou paquet pour lequel la poste s'engage à remettre l'envoi au destinataire en main propre moyennant le paiement d'une taxe spéciale par l'expéditeur. Celui-ci peut demander un accusé de réception qui lui confirme que son envoi est bien arrivé au destinataire.

Expéditeur *(n.m.)* : personne qui envoie un message (par la poste ou par internet, champ de l'e-mail précédé de « de »).

Faire suivre *(FWD)* : réacheminer un courrier reçu en le renvoyant à un autre destinataire, directement ou en pièce jointe, c'est-à-dire sous forme d'un document attaché au courrier principal. L'expression s'utilise surtout pour l'e-mail mais on peut aussi faire suivre un courrier papier. Les lettres FWD viennent de l'anglais *to forward*, réexpédier.

Formule de politesse *(n.f.)* : manière de s'exprimer envers quelqu'un conforme à l'usage en vigueur dans une société donnée, permettant de montrer que l'on respecte les codes de respect, de bienséance et de politesse vis-à-vis de lui.
Dans la correspondance, cela concerne spécifiquement les formules de début et de fin de lettre (en-tête et formule de congé).

Forum *(n.m.)* : à l'origine, *forum* est un mot latin qui désignait dans chaque ville romaine la place publique d'échanges, où les citoyens se réunissaient pour discuter des affaires de la ville.
Il a ensuite désigné toutes les réunions pour débattre autour d'un thème.
En informatique, il désigne un espace virtuel permettant de discuter plus ou moins librement (chaque forum pose au départ les règles de fonctionnement de la communauté) de plusieurs sujets divers et utilise le *chat*.

Poste *(n.f.)* : administration chargée du transport des lettres.
Bureau de cette administration où l'on peut effectuer des opérations postales.

Réseau social *(n.m.)* : ensemble d'individus ou d'organisations sociales (associations, entreprises) reliés par des liens ou des intérêts et activités communs.
Les réseaux sociaux sur Internet désignent de nouveaux espaces de communication où des individus ou des groupes d'individus qui collaborent créent ensemble du contenu Web, organisent le contenu, l'indexent, le modifient ou font des commentaires, le combinent avec des créations personnelles. Les médias sociaux utilisent beaucoup de techniques, et combinent les technologies du blog, du *chat*, du forum, de l'e-mail.

Fiche-lexique n° 5 : **Histoire de la langue : le français du XVIIe siècle**

Comme toute langue vivante, le français évolue constamment, et la langue du XVIIe siècle présente un certain nombre de différences avec celle d'aujourd'hui.

Cette fiche a pour but de souligner quelques unes de ces différences, afin de comprendre plus facilement (et mieux !) les textes littéraires du XVIIe siècle.

1. La négation

Au tout début, lorsque le français était encore très proche du latin, la négation se faisait uniquement avec l'adverbe *ne* (qui vient de *non* en latin). Au XVIIe s., on trouve encore cette forme de négation dans le registre soutenu, par exemple dans l'extrait 1 du ***Cid***, vers 5 : « Et si je **ne** m'abuse à lire dans son âme », ou vers 29-30 : « Don Rodrigue surtout **n'**a trait en son visage / Qui d'un homme de cœur **ne** soit la haute image ».

Mais assez rapidement, ce système a évolué, car à l'oral il était parfois difficile de comprendre si le verbe était nié ou pas (si l'on prononce rapidement, sans trop articuler, il n'est pas aisé de faire la distinction entre, par exemple, « Je viens » et « Je ne viens »). On a donc rajouté des noms communs après le verbe :

- *Je ne viens pas* › « je ne fais pas le moindre pas » ;
- *Je ne vois point* › « je ne vois pas le moindre petit point » ;
- *Je ne bois goutte* › « je ne bois pas la moindre goutte » ;
- *Je ne mange mie* › « je ne mange pas le moindre petit bout de mie (de pain) » ;
- *Jamais* avait alors un sens positif › « en un temps quelconque, un jour » ;
- etc.

Cependant, ce système avait l'inconvénient d'être très compliqué et il s'est donc naturellement simplifié. De plus en plus fréquemment, les noms communs *pas* et *point* se sont mis à remplacer les autres, en perdant leur sens d'origine et en devenant de simples adverbes de négation.

Au XVIIe s., c'est l'adverbe de négation *point* qui est le plus utilisé, et c'est donc lui que l'on trouve le plus souvent dans ***Le Cid*** (par exemple, dans l'extrait 2, v. 283 : « Ne réplique **point**, je connais ton amour »).

Mais la tendance s'est ensuite inversée, et l'adverbe de négation « point » a quasiment disparu de la langue française, au profit de *pas*.

Aujourd'hui, on remarque d'ailleurs que le système de négation continue d'évoluer ! En effet, à l'oral, il devient de plus en plus rare d'entendre le « ne » (qui est en train de devenir la marque d'un niveau de langue soutenu).

Remarque :

Il y a toujours un décalage entre l'oral et l'écrit. À l'écrit, au début du XXIe siècle, la négation se compose toujours de deux parties : il faut donc faire bien attention de ne pas oublier le *ne*.

2. L'ordre des mots

Au XVIIe s., l'ordre des mots dans la phrase est un peu moins rigide qu'aujourd'hui, notamment en ce qui concerne la place des mots courts, comme les pronoms.

Dans les extraits du *Cid* on trouve par exemple :

- « un si charmant discours ne se peut trop entendre » (p. 54, vers 10) plutôt que « ne peut trop s'entendre » ;
- « pour ne te point flatter » (p. 56, vers 275) plutôt que « pour ne point te flatter ».

3. L'orthographe

Au XVIIe s., les règles d'orthographe sont également un peu plus souples qu'aujourd'hui, et même si l'Académie française a été créée (entre autres) pour unifier la langue française en imposant des règles plus strictes, une certaine tolérance est accordée pour les textes littéraires, et notamment en poésie : c'est ce qu'on appelle la « licence poétique ».

Ainsi, on trouve par exemple dans ***Le Cid*** :

- « encore » écrit « encor », par exemple p. 62, vers 858 : « Quoi ! Du sang de mon père encor toute trempée ! »
- « jusque » écrit « jusques », par exemple p. 57, vers 291 : « Percé jusques au fond du cœur [...] »
- « avec » écrit « avecque », par exemple p. 62, vers 857 : « ne me réponds qu'avecque cette épée »

On peut alors se poser deux questions :

- pourquoi Corneille choisit-il à certains moments précis, d'écrire par exemple *encor* au lieu de *encore* ?
- pourquoi les éditions actuelles ne modernisent-elles pas l'orthographe de ces quelques mots, alors qu'elles le font pour de nombreux autres mots dont l'orthographe a évolué depuis le XVIIe s. ?

Pour le comprendre, il faut se rappeler que la pièce est écrite en vers, et que l'auteur doit respecter un nombre précis de syllabes pour chacun des vers (en l'occurrence 12, puisqu'il s'agit d'alexandrins, sauf pour la scène 6 de l'Acte I, qui est légèrement différente). Corneille se sert donc parfois de la licence poétique pour obtenir le bon nombre de syllabes sans avoir à changer toute sa phrase.

De même, les éditions actuelles sont obligées de garder l'orthographe choisie par Corneille pour ces quelques mots, car sinon les vers n'auraient plus le bon nombre de syllabes.

Fiche-lexique n° 6 : **Histoire de la langue : le vocabulaire du XVIIe siècle**

Il y a de nombreux mots dont le sens a évolué depuis le XVIIe siècle. Nous n'en étudierons que quelques-uns, qui reviennent très souvent dans les extraits du ***Cid*** du chapitre 3 et dont il est important de bien comprendre le sens de l'époque.

Le charme

Le mot vient du latin *carmen*, qui désignait à l'origine une formule magique, puis, de manière plus générale, un chant.

À l'époque de Corneille, le mot avait déjà le sens actuel de « attraits », « beauté », « qualité de quelque chose qui plait » (par exemple, quand on dit « avoir du charme », « faire du charme », « hôtel de charme ») ; mais il avait également un sens beaucoup plus fort qu'aujourd'hui : un charme était aussi une « puissance magique », un « pouvoir magique », un « envoûtement ».
Par exemple, quand au vers 3 *(p. 54)*, Elvire dit « Tous mes sens à moi-même en sont encor charmés », le mot est à prendre au sens fort et signifie « envoûtés », « ensorcelés ».

Aujourd'hui, ce sens se retrouve encore dans quelques expressions comme « être sous le charme de » (« être envouté par »), ou « se porter comme un charme » (comme si l'on était sous l'effet d'un pouvoir magique, d'un sort bienfaisant), ou encore « le charme est rompu » (la magie a disparu).

La flamme, les feux

Au XVIIe s., ces mots sont très souvent employés au sens figuré pour désigner l'amour, la passion amoureuse, comme en témoignent encore aujourd'hui de nombreuses expressions : « déclarer sa flamme à quelqu'un », « les feux de l'amour », « brûler d'amour pour quelqu'un », une passion « torride », ou « ardente ».

Par exemple, vers 6 (p. 54), Elvire dit à Chimène : « Il [le père de Chimène] vous commandera de répondre à sa flamme », c'est-à-dire « à son amour ».

La vertu

Aujourd'hui, le mot a un sens général de « qualité morale », « capacité à faire du bien parce qu'on en a pris l'habitude », ou encore « bienfaits » (les vertus d'une plante).

Mais *vertu* vient du latin *virtus* (le courage, l'énergie morale), qui lui-même vient du latin *vir*, signifiant « l'homme » par opposition à la femme (pensez aux mots français *viril*, *virilité*). Étymologiquement, *vertu* désigne donc le courage masculin, la vaillance, la force, la puissance virile (que l'homme montre en combattant) et de manière plus générale, les qualités masculines.

Ainsi, dans ***Le Cid***, la vertu ne désigne pas seulement la qualité morale, mais aussi le courage, la vaillance au combat.

Le cœur

Le mot *courage* vient du mot *cœur* (comme *ombrage* vient d'*ombre* et *coffrage* de *coffre*). Jusqu'à l'époque de Corneille, le mot *cœur* est très souvent employé au sens figuré pour désigner le courage. Ainsi, dans ***Le Cid***, le mot *cœur* désigne tantôt le siège des sentiments amoureux, tantôt le courage. C'est ce second sens que l'on a par exemple au début de l'extrait 2 lorsque Don Diègue demande à son fils : « Rodrigue, as-tu du cœur ? » (vers 261).

Fiche-lexique n° 7 : **Mots concrets, mots abstraits**

« Abstrait » s'oppose à « concret »

Le **concret** est ce que l'on peut percevoir avec nos sens, ce qui appartient au monde réel : par exemple *montagne*, *girafe*, *chaise*, *grand*, *bleu*, *épais*, mais aussi *parfum*, *coucher de soleil*, *acide*, *glacé*, *doux*, *picotement*, etc.

L'**abstrait** est ce qui est conçu par notre esprit, ce qui n'a pas de réalité dans le monde sensible mais appartient au monde des idées, des concepts, des sentiments, des émotions, de l'imagination : par exemple *liberté*, *honneur*, *amour*, *bonheur*, *intelligence*, *paix*, *réflexion*, *crainte*, etc.

Ainsi, dans un texte (ou extrait) narratif ou descriptif, on trouvera principalement des mots du vocabulaire concret, alors que dans un texte ou un passage argumentatif, dans un ouvrage de réflexion, dans un essai, on trouvera beaucoup de mots appartenant au vocabulaire abstrait.

Un cas particulier : le symbole

On peut parler de **symbole** lorsqu'un mot concret est pris pour exprimer une idée abstraite : par exemple la *colombe* est un symbole de la *paix*, la *balance* est un symbole de la *justice*.

Les écrivains, et notamment les poètes, aiment travailler sur les symboles.

Fiche-lexique n° 8 : **Exprimer un jugement**

« Jugement » est ici à prendre au sens d'opinion, de point de vue, de position, d'avis.

1. Le jugement peut être positif ou négatif

Pour **exprimer un jugement positif**, on emploie un vocabulaire **mélioratif**, **valorisant**, **laudatif**, **élogieux** (ces mots sont synonymes et signifient : « qui donne une image positive de quelqu'un ou de quelque chose »).

On peut par exemple utiliser :

> des **verbes** : *je vous félicite, je vous admire, vous m'impressionnez, je me prosterne devant vous, j'adore, j'apprécie, je suis satisfait, je trouve bien que..., je me réjouis que...* etc. ;
> des **adverbes** : *formidablement, exceptionnellement, magistralement, superbement, agréablement, bien*, etc. ;
> des **groupes nominaux** : *Toutes mes félicitations !, Mes compliments !, Toute mon admiration !*, etc. ;
> des **interjections** : *Bravo !, Oui !, Ah !* (dont le sens dépend du contexte) ;
> des **adjectifs** : *exceptionnel, formidable, convaincant, beau, parfait, passionnant, somptueux*, etc.

Remarque 1 :

> « super », au sens de « formidable », est un adjectif invariable (un type super, des super vacances) ;
> au sens de « très beau, magnifique », il s'agit de l'adjectif « superbe », qui s'accorde (un temps superbe, des superbes photos).

Remarque 2 :

L'adjectif « grand » change de sens selon s'il est placé avant ou après le nom auquel il se rapporte :

> *un homme grand* > *un homme de grande taille ;*
> *un grand homme* > *un homme admirable.*

Pour exprimer un jugement négatif, on emploie un vocabulaire péjoratif, dévalorisant, dépréciatif (ces mots sont synonymes et signifient : « qui donne une image négative de quelqu'un ou de quelque chose. »)
On peut par exemple utiliser :

> des **verbes** : *je blâme..., je méprise..., vous m'écœurez, vous me dégoûtez*, etc. ;
> des **adverbes** : *lamentablement, lâchement, ridiculement, dommage*, etc. ;
> des **groupes nominaux** : *Quelle honte !, Quelle médiocrité !, Quel scandale !, Quel désastre !*, etc. ;
> des **onomatopées**, **interjections** : *Pouah !, Pffff !, Tsss !, Non !, Ah !* (dont le sens dépend du contexte) ;
> des **adjectifs** : *médiocre, scandaleux, horrible, sinistre, laid, décevant, catastrophique, déplorable*, etc.

Remarque :

Certains suffixes, comme les suffixes *-ard* (*blafard, cagnard, bagnard, chauffard*, etc.) ou *-âtre* (*verdâtre, jaunâtre*, etc.) sont presque toujours péjoratifs.
Pour renforcer son jugement, on peut ajouter un adverbe : *très, vraiment, terriblement, carrément* (fam.).

2. On peut être plus ou moins certain de ce que l'on pense

- **quand on est sûr de son jugement :** *je suis (absolument, totalement, parfaitement,...) sûr / certain / persuadé que..., je suis (absolument, totalement, intimement) convaincu que..., il affirme que..., son opinion est que..., je suis d'avis que..., il pense que..., il défend (l'idée) que..., il est évident que...* ;
- **quand notre opinion a été remise en cause :** *je maintiens que..., il confirme que..., je reste sur mes positions, il campe sur ses positions* ;
- **quand on n'est pas sûr de son jugement**, on peut employer :
  - un verbe : *je suppose que..., il me semble que..., il me paraît..., je crois que..., je crains que..., je me demande si..., on dirait que..., j'imagine que...* ;
  - le conditionnel : *je dirais que..., je serais tenté de croire que..., il semblerait possible que..., on pourrait penser / croire que..., j'aurais tendance à penser que...* ;
  - un adverbe ou une locution adverbiale : *éventuellement, peut-être, plutôt, plus ou moins, vraisemblablement.*

Voir aussi fiche-méthode n° 4 sur les modalisateurs.

Remarque :

Le sens de la locution adverbiale « sans doute » a beaucoup évolué, au point qu'aujourd'hui, elle signifie exactement le contraire de ce qu'elle voulait dire à l'origine !

- Exemple : *Il sera là ce soir* : on en est sûr ;
- *Il sera sans doute là ce soir* : on pense qu'il sera là, mais on n'en est pas tout à fait sûr.

Pour utiliser cette expression dans son sens d'origine, on est donc obligé de la renforcer : « sans aucun doute ».

3. On peut être pour ou contre le jugement d'une autre personne

- **quand on est pour :** *je suis d'accord avec..., je confirme..., il approuve, il va dans le sens de..., il adhère à..., je vous suis tout à fait quand...* ;
- **quand on est contre :** *je ne suis pas d'accord avec..., il désapprouve..., il s'érige contre..., il s'oppose à..., il s'inscrit en faux contre..., l'expertise infirme...*

Fiche-lexique n° 9 : **Le vocabulaire des sentiments**

Un sentiment, qui est l'interprétation humaine d'une émotion ressentie, est un **état affectif complexe**, plus ou moins **stable** et **durable**, qui concerne soit le « moi » (joie, tristesse...) soit autrui (amour, envie, haine...). L'expression du sentiment ressenti est souvent lié à une manifestation physique.

- Exemple : *Apeuré, il recula, blême. Ému, il dut s'asseoir.*

Sentiment à exprimer	Nom commun	Adjectif Qualificatif	Verbe
L'amour	l'affection, l'amitié, l'ardeur, l'élan, l'engouement, la flamme, la passion	affectueux, aimé, ami, amoureux, ardent, avenant, chaleureux, charmant, exalté, passionné, séduisant	adorer, apprécier, brûler pour, chérir, être épris de, préférer, s'émouvoir, s'éprendre, tenir à, vénérer...
La joie	l'allégresse, le contentement, l'enchantement, l'enthousiasme, la gaieté, le ravissement, la satisfaction, le plaisir	content, enchanté, enthousiaste, gai, heureux, joyeux, ravi, satisfait	être content, être joyeux, prendre plaisir à, s'enthousiasmer pour, se satisfaire de...
Le désir	l'attirance, l'avidité, le besoin, la concupiscence, la convoitise, l'envie, la jalousie, le rêve, le souhait, la tentation	attiré, avide, concupiscent, envieux, jaloux, tenté	avoir envie, désirer, être jaloux, souhaiter...
La surprise	l'ébahissement, l'étonnement, le saisissement, la stupéfaction, la stupeur	ébahi, étonné, saisi, stupéfait, surpris	être ébahi, être stupéfait, s'étonner...
La haine	l' animosité, l'aversion, le dégoût, l' inimitié, le ressentiment	ennemi, hostile, haineux, haïssable, insupportable, repoussant, répugnant	abhorrer,détester, être antipathique, exécrer, haïr, repousser....
La tristesse	l'abattement, l'accablement, l'amertume, le chagrin, le désespoir, la douleur, la mélancolie, la nostalgie	abattu, accablé, affligé, attristé, déçu, désespéré, mélancolique, morose, nostalgique, pessimiste, triste	être abattu, être insupportable, souffrir...
La colère	l'agressivité, le courroux, l'emportement, la fureur, l'indignation, l'irritation, le mécontentement, la rage	agressif, courroucé, emporté, excédé, furieux, indigné, irrité, mécontent	être agressif, s'emporter, s'énerver, s'indigner, s'irriter...
La peur	l'angoisse, la crainte, l'effroi, l'épouvante, l'inquiétude, la terreur	angoissé, craintif, effrayé, épouvanté, froussard, inquiet, terrorisé	craindre, être angoissé, s'inquiéter, redouter...

Cherchez le nom des sentiments définis ci-dessous. De quels sentiments du tableau les rapprocheriez-vous ?

a. Absence de considération pour quelqu'un : **m...**
b. Contrariété de ne pas obtenir ce que l'on souhaite : **d...**
c. Colère vive causée par un sentiment d'injustice : **i...**
d. Sentiment de plénitude, d'apaisement : **s...**
e. Tristesse vague causée par le regret du pays natal : **n...**

TABLEAUX DE CONJUGAISON

ÊTRE

INDICATIF				SUBJONCTIF	
Présent je suis tu es il est nous sommes vous êtes ils sont	**Passé composé** j'ai été tu as été il a été nous avons été vous avez été ils ont été	**Passé simple** je fus tu fus il fut nous fûmes vous fûtes ils furent	**Passé antérieur** j'eus été tu eus été il eut été nous eûmes été vous eûtes été ils eurent été	**Présent** que je sois que tu sois qu'il soit que nous soyons que vous soyez qu'ils soient	**Passé** que j'aie été que tu aies été qu'il ait été que nous ayons été que vous ayez été qu'ils aient été
Imparfait j'étais tu étais il était nous étions vous étiez ils étaient	**Plus-que-parfait** j'avais été tu avais été il avait été nous avions été vous aviez été ils avaient été	**Futur simple** je serai tu seras il sera nous serons vous serez ils seront	**Futur antérieur** j'aurai été tu auras été il aura été nous aurons été vous aurez été ils auront été	**Imparfait** que je fusse que tu fusses qu'il fût que nous fussions que vous fussiez qu'ils fussent	**Plus-que-parfait** que j'eusse été que tu eusses été qu'il eût été que nous eussions été que vous eussiez été qu'ils eussent été

CONDITIONNEL		IMPÉRATIF		PARTICIPE (mode impersonnel)	
Présent je serais tu serais il serait nous serions vous seriez ils seraient	**Passé** j'aurais été tu aurais été il aurait été nous aurions été vous auriez été ils auraient été	**Présent** sois soyons soyez	**Passé** aie été ayons été ayez été	**Présent** étant	**Passé** été, ayant été
				INFINITIF (mode impersonnel)	
				Présent être	**Passé** avoir été
				GÉRONDIF (mode impersonnel)	
				en étant	

AVOIR

INDICATIF				SUBJONCTIF	
Présent j'ai tu as il a nous avons vous avez ils ont	**Passé composé** j'ai eu tu as eu il a eu nous avons eu vous avez eu ils ont eu	**Passé simple** j'eus tu eus il eut nous eûmes vous eûtes ils eurent	**Passé antérieur** j'eus eu tu eus eu il eut eu nous eûmes eu vous eûtes eu ils eurent eu	**Présent** que j'aie que tu aies qu'il ait que nous ayons que vous ayez qu'ils aient	**Passé** que j'aie eu que tu aies eu qu'il ait eu que nous ayons eu que vous ayez eu qu'ils aient eu
Imparfait j'avais tu avais il avait nous avions vous aviez ils avaient	**Plus-que-parfait** j'avais eu tu avais eu il avait eu nous avions eu vous aviez eu ils avaient eu	**Futur simple** j'aurai tu auras il aura nous aurons vous aurez ils auront	**Futur antérieur** j'aurai eu tu auras eu il aura eu nous aurons eu vous aurez eu ils auront eu	**Imparfait** que j'eusse que tu eusses qu'il eût que nous eussions que vous eussiez qu'ils eussent	**Plus-que-parfait** que j'eusse eu que tu eusses eu qu'il eût eu que nous eussions eu que vous eussiez eu qu'ils eussent eu

CONDITIONNEL		IMPÉRATIF		PARTICIPE (mode impersonnel)	
Présent j'aurais tu aurais il aurait nous aurions vous auriez ils auraient	**Passé** j'aurais eu tu aurais eu il aurait eu nous aurions eu vous auriez eu ils auraient eu	**Présent** aie ayons ayez	**Passé** aie eu ayons eu ayez eu	**Présent** ayant	**Passé** eu, ayant eu
				INFINITIF (mode impersonnel)	
				Présent avoir	**Passé** avoir eu
				GÉRONDIF (mode impersonnel)	
				en ayant	

1er groupe

CHANTER (1er groupe)

INDICATIF				SUBJONCTIF	
Présent je chante tu chantes il chante nous chantons vous chantez ils chantent	**Passé composé** j'ai chanté tu as chanté il a chanté nous avons chanté vous avez chanté ils ont chanté	**Passé simple** je chantai tu chantas il chanta nous chantâmes vous chantâtes ils chantèrent	**Passé antérieur** j'eus chanté tu eus chanté il eut chanté nous eûmes chanté vous eûtes chanté ils eurent chanté	**Présent** que je chante que tu chantes qu'il chante que nous chantions que vous chantiez qu'ils chantent	**Passé** que j'aie chanté que tu aies chanté qu'il ait chanté que nous ayons chanté que vous ayez chanté qu'ils aient chanté
Imparfait je chantais tu chantais il chantait nous chantions vous chantiez ils chantaient	**Plus-que-parfait** j'avais chanté tu avais chanté il avait chanté nous avions chanté vous aviez chanté ils avaient chanté	**Futur simple** je chanterai tu chanteras il chantera nous chanterons vous chanterez ils chanteront	**Futur antérieur** j'aurai chanté tu auras chanté il aura chanté nous aurons chanté vous aurez chanté ils auront chanté	**Imparfait** que je chantasse que tu chantasses qu'il chantât que nous chantassions que vous chantassiez qu'ils chantassent	**Plus-que-parfait** que j'eusse chanté que tu eusses chanté qu'il eût chanté que nous eussions chanté que vous eussiez chanté qu'ils eussent chanté
CONDITIONNEL		**IMPÉRATIF**		**PARTICIPE** (mode impersonnel)	
Présent je chanterais tu chanterais il chanterait nous chanterions vous chanteriez ils chanteraient	**Passé** j'aurais chanté tu aurais chanté il aurait chanté nous aurions chanté vous auriez chanté ils auraient chanté	**Présent** chante chantons chantez	**Passé** aie chanté ayons chanté ayez chanté	**Présent** chantant **INFINITIF** (mode impersonnel) **Présent** chanter **GÉRONDIF** (mode impersonnel) en chantant	**Passé** chanté, ayant chanté **Passé** avoir chanté

JETER (1er groupe)

INDICATIF				SUBJONCTIF	
Présent je jette tu jettes il jette nous jetons vous jetez ils jettent	**Passé composé** j'ai jeté tu as jeté il a jeté nous avons jeté vous avez jeté ils ont jeté	**Passé simple** je jetai tu jetas il jeta nous jetâmes vous jetâtes ils jetèrent	**Passé antérieur** j'eus jeté tu eus jeté il eut jeté nous eûmes jeté vous eûtes jeté ils eurent jeté	**Présent** que je jette que tu jettes qu'il jette que nous jetions que vous jetiez qu'ils jettent	**Passé** que j'aie jeté que tu aies jeté qu'il ait jeté que nous ayons jeté que vous ayez jeté qu'ils aient jeté
Imparfait je jetais tu jetais il jetait nous jetions vous jetiez ils jetaient	**Plus-que-parfait** j'avais jeté tu avais jeté il avait jeté nous avions jeté vous aviez jeté ils avaient jeté	**Futur simple** je jetterai tu jetteras il jettera nous jetterons vous jetterez ils jetteront	**Futur antérieur** j'aurai jeté tu auras jeté il aura jeté nous aurons jeté vous aurez jeté ils auront jeté	**Imparfait** que je jetasse que tu jetasses qu'il jetât que nous jetassions que vous jetassiez qu'ils jetassent	**Plus-que-parfait** que j'eusse jeté que tu eusses jeté qu'il eût jeté que nous eussions jeté que vous eussiez jeté qu'ils eussent jeté
CONDITIONNEL		**IMPÉRATIF**		**PARTICIPE** (mode impersonnel)	
Présent je jetterais tu jetterais il jetterait nous jetterions vous jetteriez ils jetteraient	**Passé** j'aurais jeté tu aurais jeté il aurait jeté nous aurions jeté vous auriez jeté ils auraient jeté	**Présent** jette jetons jetez	**Passé** aie jeté ayons jeté ayez jeté	**Présent** jetant **INFINITIF** (mode impersonnel) **Présent** jeter **GÉRONDIF** (mode impersonnel) en jetant	**Passé** jeté, ayant jeté **Passé** avoir jeté

APPELER (1er groupe)

INDICATIF				SUBJONCTIF	
Présent j'appelle tu appelles il appelle nous appelons vous appelez ils appellent	**Passé composé** j'ai appelé tu as appelé il a appelé nous avons appelé vous avez appelé ils ont appelé	**Passé simple** j'appelai tu appelas il appela nous appelâmes vous appelâtes ils appelèrent	**Passé antérieur** j'eus appelé tu eus appelé il eut appelé nous eûmes appelé vous eûtes appelé ils eurent appelé	**Présent** que j'appelle que tu appelles qu'il appelle que nous appelions que vous appeliez qu'ils appellent	**Passé** que j'aie appelé que tu aies appelé qu'il ait appelé que nous ayons appelé que vous ayez appelé qu'ils aient appelé
Imparfait j'appelais tu appelais il appelait nous appelions vous appeliez ils appelaient	**Plus-que-parfait** j'avais appelé tu avais appelé il avait appelé nous avions appelé vous aviez appelé ils avaient appelé	**Futur simple** j'appellerai tu appelleras il appellera nous appellerons vous appellerez ils appelleront	**Futur antérieur** j'aurai appelé tu auras appelé il aura appelé nous aurons appelé vous aurez appelé ils auront appelé	**Imparfait** que j'appelasse que tu appelasses qu'il appelât que nous appelassions que vous appelassiez qu'ils appelassent	**Plus-que-parfait** que j'eusse appelé que tu eusses appelé qu'il eût appelé que nous eussions appelé que vous eussiez appelé qu'ils eussent appelé

CONDITIONNEL		IMPÉRATIF		PARTICIPE (mode impersonnel)	
Présent j'appellerais tu appellerais il appellerait nous appellerions vous appelleriez ils appelleraient	**Passé** j'aurais appelé tu aurais appelé il aurait appelé nous aurions appelé vous auriez appelé ils auraient appelé	**Présent** appelle appelons appelez	**Passé** aie appelé ayons appelé ayez appelé	**Présent** appelant **INFINITIF** (mode impersonnel) **Présent** appeler **GÉRONDIF** (mode impersonnel) en appelant	**Passé** appelé, ayant appelé **Passé** avoir appelé

PLACER (1er groupe)

INDICATIF				SUBJONCTIF	
Présent je place tu places il place nous plaçons vous placez ils placent	**Passé composé** j'ai placé tu as placé il a placé nous avons placé vous avez placé ils ont placé	**Passé simple** je plaçai tu plaças il plaça nous plaçâmes vous plaçâtes ils placèrent	**Passé antérieur** j'eus placé tu eus placé il eut placé nous eûmes placé vous eûtes placé ils eurent placé	**Présent** que je place que tu places qu'il place que nous placions que vous placiez qu'ils placent	**Passé** que j'aie placé que tu aies placé qu'il ait placé que nous ayons placé que vous ayez placé qu'ils aient placé
Imparfait je plaçais tu plaçais il plaçait nous placions vous placiez ils plaçaient	**Plus-que-parfait** j'avais placé tu avais placé il avait placé nous avions placé vous aviez placé ils avaient placé	**Futur simple** je placerai tu placeras il placera nous placerons vous placerez ils placeront	**Futur antérieur** j'aurai placé tu auras placé il aura placé nous aurons placé vous aurez placé ils auront placé	**Imparfait** que je plaçasse que tu plaçasses qu'il plaçât que nous plaçassions que vous plaçassiez qu'ils plaçassent	**Plus-que-parfait** que j'eusse placé que tu eusses placé qu'il eût placé que nous eussions placé que vous eussiez placé qu'ils eussent placé

CONDITIONNEL		IMPÉRATIF		PARTICIPE (mode impersonnel)	
Présent je placerais tu placerais il placerait nous placerions vous placeriez ils placeraient	**Passé** j'aurais placé tu aurais placé il aurait placé nous aurions placé vous auriez placé ils auraient placé	**Présent** place plaçons placez	**Passé** aie placé ayons placé ayez placé	**Présent** plaçant **INFINITIF** (mode impersonnel) **Présent** placer **GÉRONDIF** (mode impersonnel) en plaçant	**Passé** placé, ayant placé **Passé** avoir placé

1er groupe et 2e groupe

MANGER (1er groupe)

INDICATIF				SUBJONCTIF	
Présent	**Passé composé**	**Passé simple**	**Passé antérieur**	**Présent**	**Passé**
je mange	j'ai mangé	je mangeai	j'eus mangé	que je mange	que j'aie mangé
tu manges	tu as mangé	tu mangeas	tu eus mangé	que tu manges	que tu aies mangé
il mange	il a mangé	il mangea	il eut mangé	qu'il mange	qu'il ait mangé
nous mangeons	nous avons mangé	nous mangeâmes	nous eûmes mangé	que nous mangions	que nous ayons mangé
vous mangez	vous avez mangé	vous mangeâtes	vous eûtes mangé	que vous mangiez	que vous ayez mangé
ils mangent	ils ont mangé	ils mangèrent	ils eurent mangé	qu'ils mangent	qu'ils aient mangé
Imparfait	**Plus-que-parfait**	**Futur simple**	**Futur antérieur**	**Imparfait**	**Plus-que-parfait**
je mangeais	j'avais mangé	je mangerai	j'aurai mangé	que je mangeasse	que j'eusse mangé
tu mangeais	tu avais mangé	tu mangeras	tu auras mangé	que tu mangeasses	que tu eusses mangé
il mangeait	il avait mangé	il mangera	il aura mangé	qu'il mangeât	qu'il eût mangé
nous mangions	nous avions mangé	nous mangerons	nous aurons mangé	que nous mangeassions	que nous eussions mangé
vous mangiez	vous aviez mangé	vous mangerez	vous aurez mangé	que vous mangeassiez	que vous eussiez mangé
ils mangeaient	ils avaient mangé	ils mangeront	ils auront mangé	qu'ils mangeassent	qu'ils eussent mangé

CONDITIONNEL		IMPÉRATIF	
Présent	**Passé**	**Présent**	**Passé**
je mangerais	j'aurais mangé	mange	aie mangé
tu mangerais	tu aurais mangé	mangeons	ayons mangé
il mangerait	il aurait mangé	mangez	ayez mangé
nous mangerions	nous aurions mangé		
vous mangeriez	vous auriez mangé		
ils mangeraient	ils auraient mangé		

PARTICIPE (mode impersonnel)	
Présent	**Passé**
mangeant	mangé, ayant mangé

INFINITIF (mode impersonnel)	
Présent	**Passé**
manger	avoir mangé

GÉRONDIF (mode impersonnel)
en mangeant

FINIR (2e groupe)

INDICATIF				SUBJONCTIF	
Présent	**Passé composé**	**Passé simple**	**Passé antérieur**	**Présent**	**Passé**
je finis	j'ai fini	je finis	j'eus fini	que je finisse	que j'aie fini
tu finis	tu as fini	tu finis	tu eus fini	que tu finisses	que tu aies fini
il finit	il a fini	il finit	il eut fini	qu'il finisse	qu'il ait fini
nous finissons	nous avons fini	nous finîmes	nous eûmes fini	que nous finissions	que nous ayons fini
vous finissez	vous avez fini	vous finîtes	vous eûtes fini	que vous finissiez	que vous ayez fini
ils finissent	ils ont fini	ils finirent	ils eurent fini	qu'ils finissent	qu'ils aient fini
Imparfait	**Plus-que-parfait**	**Futur simple**	**Futur antérieur**	**Imparfait**	**Plus-que-parfait**
je finissais	j'avais fini	je finirai	j'aurai fini	que je finisse	que j'eusse fini
tu finissais	tu avais fini	tu finiras	tu auras fini	que tu finisses	que tu eusses fini
il finissait	il avait fini	il finira	il aura fini	qu'il finît	qu'il eût fini
nous finissions	nous avions fini	nous finirons	nous aurons fini	que nous finissions	que nous eussions fini
vous finissiez	vous aviez fini	vous finirez	vous aurez fini	que vous finissiez	que vous eussiez fini
ils finissaient	ils avaient fini	ils finiront	ils auront fini	qu'ils finissent	qu'ils eussent fini

CONDITIONNEL		IMPÉRATIF	
Présent	**Passé**	**Présent**	**Passé**
je finirais	j'aurais fini	finis	aie fini
tu finirais	tu aurais fini	finissons	ayons fini
il finirait	il aurait fini	finissez	ayez fini
nous finirions	nous aurions fini		
vous finiriez	vous auriez fini		
ils finiraient	ils auraient fini		

PARTICIPE (mode impersonnel)	
Présent	**Passé**
finissant	fini, ayant fini

INFINITIF (mode impersonnel)	
Présent	**Passé**
finir	avoir fini

GÉRONDIF (mode impersonnel)
en finissant

3e groupe

ALLER (3e groupe)

INDICATIF				SUBJONCTIF	
Présent je vais tu vas il va nous allons vous allez ils vont	**Passé composé** je suis allé tu es allé il est allé nous sommes allés vous êtes allés ils sont allés	**Passé simple** j'allai tu allas il alla nous allâmes vous allâtes ils allèrent	**Passé antérieur** je fus allé tu fus allé il fut allé nous fûmes allés vous fûtes allés ils furent allés	**Présent** que j'aille que tu ailles qu'il aille que nous allions que vous alliez qu'ils aillent	**Passé** que je sois allé que tu sois allé qu'il soit allé que nous soyons allés que vous soyez allés qu'ils soient allés
Imparfait j'allais tu allais il allait nous allions vous alliez ils allaient	**Plus-que-parfait** j'étais allé tu étais allé il était allé nous étions allés vous étiez allés ils étaient allés	**Futur simple** j'irai tu iras il ira nous irons vous irez ils iront	**Futur antérieur** je serai allé tu seras allé il sera allé nous serons allés vous serez allés ils seront allés	**Imparfait** que j'allasse que tu allasses qu'il allât que nous allassions que vous allassiez qu'ils allassent	**Plus-que-parfait** que je fusse allé que tu fusses allé qu'il fût allé que nous fussions allés que vous fussiez allés qu'ils fussent allés

CONDITIONNEL		IMPÉRATIF	
Présent j'irais tu irais il irait nous irions vous iriez ils iraient	**Passé** je serais allé tu serais allé il serait allé nous serions allés vous seriez allés ils seraient allés	**Présent** va allons allez	**Passé** sois allé soyons allés soyez allés

PARTICIPE (mode impersonnel)	
Présent allant	**Passé** allé, étant allé

INFINITIF (mode impersonnel)	
Présent aller	**Passé** être allé

GÉRONDIF (mode impersonnel)
en allant

VENIR (3e groupe)

INDICATIF				SUBJONCTIF	
Présent je viens tu viens il vient nous venons vous venez ils viennent	**Passé composé** je suis venu tu es venu il est venu nous sommes venus vous êtes venus ils sont venus	**Passé simple** je vins tu vins il vint nous vînmes vous vîntes ils vinrent	**Passé antérieur** je fus venu tu fus venu il fut venu nous fûmes venus vous fûtes venus ils furent venus	**Présent** que je vienne que tu viennes qu'il vienne que nous venions que vous veniez qu'ils viennent	**Passé** que je sois venu que tu sois venu qu'il soit venu que nous soyons venus que vous soyez venus qu'ils soient venus
Imparfait je venais tu venais il venait nous venions vous veniez ils venaient	**Plus-que-parfait** j'étais venu tu étais venu il était venu nous étions venus vous étiez venus ils étaient venus	**Futur simple** je viendrai tu viendras il viendra nous viendrons vous viendrez ils viendront	**Futur antérieur** je serai venu tu seras venu il sera venu nous serons venus vous serez venus ils seront venus	**Imparfait** que je vinsse que tu vinsses qu'il vînt que nous vinssions que vous vinssiez qu'ils vinssent	**Plus-que-parfait** que je fusse venu que tu fusses venu qu'il fût venu que nous fussions venus que vous fussiez venus qu'ils fussent venus

CONDITIONNEL		IMPÉRATIF	
Présent je viendrais tu viendrais il viendrait nous viendrions vous viendriez ils viendraient	**Passé** je serais venu tu serais venu il serait venu nous serions venus vous seriez venus ils seraient venus	**Présent** viens venons venez	**Passé** sois venu soyons venus soyez venus

PARTICIPE (mode impersonnel)	
Présent venant	**Passé** venu, étant venu

INFINITIF (mode impersonnel)	
Présent venir	**Passé** être venu

GÉRONDIF (mode impersonnel)
en venant

3e groupe

FAIRE (3e groupe)

INDICATIF				SUBJONCTIF	
Présent je fais tu fais il fait nous faisons vous faites ils font	**Passé composé** j'ai fait tu as fait il a fait nous avons fait vous avez fait ils ont fait	**Passé simple** je fis tu fis il fit nous fîmes vous fîtes ils firent	**Passé antérieur** j'eus fait tu eus fait il eut fait nous eûmes fait vous eûtes fait ils eurent fait	**Présent** que je fasse que tu fasses qu'il fasse que nous fassions que vous fassiez qu'ils fassent	**Passé** que j'aie fait que tu aies fait qu'il ait fait que nous ayons fait que vous ayez fait qu'ils aient fait
Imparfait je faisais tu faisais il faisait nous faisions vous faisiez ils faisaient	**Plus-que-parfait** j'avais fait tu avais fait il avait fait nous avions fait vous aviez fait ils avaient fait	**Futur simple** je ferai tu feras il fera nous ferons vous ferez ils feront	**Futur antérieur** j'aurai fait tu auras fait il aura fait nous aurons fait vous aurez fait ils auront fait	**Imparfait** que je fisse que tu fisses qu'il fît que nous fissions que vous fissiez qu'ils fissent	**Plus-que-parfait** que j'eusse fait que tu eusses fait qu'il eût fait que nous eussions fait que vous eussiez fait qu'ils eussent fait

CONDITIONNEL		IMPÉRATIF		PARTICIPE (mode impersonnel)	
Présent je ferais tu ferais il ferait nous ferions vous feriez ils feraient	**Passé** j'aurais fait tu aurais fait il aurait fait nous aurions fait vous auriez fait ils auraient fait	**Présent** fais faisons faites	**Passé** aie fait ayons fait ayez fait	**Présent** faisant	**Passé** fait, ayant fait
				INFINITIF (mode impersonnel)	
				Présent faire	**Passé** avoir fait
				GÉRONDIF (mode impersonnel)	
				en faisant	

VOIR (3e groupe)

INDICATIF				SUBJONCTIF	
Présent je vois tu vois il voit nous voyons vous voyez ils voient	**Passé composé** j'ai vu tu as vu il a vu nous avons vu vous avez vu ils ont vu	**Passé simple** je vis tu vis il vit nous vîmes vous vîtes ils virent	**Passé antérieur** j'eus vu tu eus vu il eut vu nous eûmes vu vous eûtes vu ils eurent vu	**Présent** que je voie que tu voies qu'il voie que nous voyions que vous voyiez qu'ils voient	**Passé** que j'aie vu que tu aies vu qu'il ait vu que nous ayons vu que vous ayez vu qu'ils aient vu
Imparfait je voyais tu voyais il voyait nous voyions vous voyiez ils voyaient	**Plus-que-parfait** j'avais vu tu avais vu il avait vu nous avions vu vous aviez vu ils avaient vu	**Futur simple** je verrai tu verras il verra nous verrons vous verrez ils verront	**Futur antérieur** j'aurai vu tu auras vu il aura vu nous aurons vu vous aurez vu ils auront vu	**Imparfait** que je visse que tu visses qu'il vît que nous vissions que vous vissiez qu'ils vissent	**Plus-que-parfait** que j'eusse vu que tu eusses vu qu'il eût vu que nous eussions vu que vous eussiez vu qu'ils eussent vu

CONDITIONNEL		IMPÉRATIF		PARTICIPE (mode impersonnel)	
Présent je verrais tu verrais il verrait nous verrions vous verriez ils verraient	**Passé** j'aurais vu tu aurais vu il aurait vu nous aurions vu vous auriez vu ils auraient vu	**Présent** vois voyons voyez	**Passé** aie vu ayons vu ayez vu	**Présent** voyant	**Passé** vu, ayant vu
				INFINITIF (mode impersonnel)	
				Présent voir	**Passé** avoir vu
				GÉRONDIF (mode impersonnel)	
				en voyant	

3e groupe

SAVOIR (3e groupe)

INDICATIF				SUBJONCTIF	
Présent	**Passé composé**	**Passé simple**	**Passé antérieur**	**Présent**	**Passé**
je sais	j'ai su	je sus	j'eus su	que je sache	que j'aie su
tu sais	tu as su	tu sus	tu eus su	que tu saches	que tu aies su
il sait	il a su	il sut	il eut su	qu'il sache	qu'il ait su
nous savons	nous avons su	nous sûmes	nous eûmes su	que nous sachions	que nous ayons su
vous savez	vous avez su	vous sûtes	vous eûtes su	que vous sachiez	que vous ayez su
ils savent	ils ont su	ils surent	ils eurent su	qu'ils sachent	qu'ils aient su
Imparfait	**Plus-que-parfait**	**Futur simple**	**Futur antérieur**	**Imparfait**	**Plus-que-parfait**
je savais	j'avais su	je saurai	j'aurai su	que je susse	que j'eusse su
tu savais	tu avais su	tu sauras	tu auras su	que tu susses	que tu eusses su
il savait	il avait su	il saura	il aura su	qu'il sût	qu'il eût su
nous savions	nous avions su	nous saurons	nous aurons su	que nous sussions	que nous eussions su
vous saviez	vous aviez su	vous saurez	vous aurez su	que vous sussiez	que vous eussiez su
ils savaient	ils avaient su	ils sauront	ils auront su	qu'ils sussent	qu'ils eussent su

CONDITIONNEL		IMPÉRATIF		PARTICIPE (mode impersonnel)	
Présent	**Passé**	**Présent**	**Passé**	**Présent**	**Passé**
je saurais	j'aurais su	sache	aie su	sachant	su,
tu saurais	tu aurais su	sachons	ayons su		ayant su
il saurait	il aurait su	sachez	ayez su	**INFINITIF** (mode impersonnel)	
nous saurions	nous aurions su			**Présent**	**Passé**
vous sauriez	vous auriez su			savoir	avoir su
ils sauraient	ils auraient su			**GÉRONDIF** (mode impersonnel)	
				en sachant	

DEVOIR (3e groupe)

INDICATIF				SUBJONCTIF	
Présent	**Passé composé**	**Passé simple**	**Passé antérieur**	**Présent**	**Passé**
je dois	j'ai dû	je dus	j'eus dû	que je doive	que j'aie dû
tu dois	tu as dû	tu dus	tu eus dû	que tu doives	que tu aies dû
il doit	il a dû	il dut	il eut dû	qu'il doive	qu'il ait dû
nous devons	nous avons dû	nous dûmes	nous eûmes dû	que nous devions	que nous ayons dû
vous devez	vous avez dû	vous dûtes	vous eûtes dû	que vous deviez	que vous ayez dû
ils doivent	ils ont dû	ils durent	ils eurent dû	qu'ils doivent	qu'ils aient dû
Imparfait	**Plus-que-parfait**	**Futur simple**	**Futur antérieur**	**Imparfait**	**Plus-que-parfait**
je devais	j'avais dû	je devrai	j'aurai dû	que je dusse	que j'eusse dû
tu devais	tu avais dû	tu devras	tu auras dû	que tu dusses	que tu eusses dû
il devait	il avait dû	il devra	il aura dû	qu'il dût	qu'il eût dû
nous devions	nous avions dû	nous devrons	nous aurons dû	que nous dussions	que nous eussions dû
vous deviez	vous aviez dû	vous devrez	vous aurez dû	que vous dussiez	que vous eussiez dû
ils devaient	ils avaient dû	ils devront	ils auront dû	qu'ils dussent	qu'ils eussent dû

CONDITIONNEL		IMPÉRATIF		PARTICIPE (mode impersonnel)	
Présent	**Passé**	**Présent**	**Passé**	**Présent**	**Passé**
je devrais	j'aurais dû	dois	aie dû	devant	dû,
tu devrais	tu aurais dû	devons	ayons dû		ayant dû
il devrait	il aurait dû	devez	ayez dû	**INFINITIF** (mode impersonnel)	
nous devrions	nous aurions dû			**Présent**	**Passé**
vous devriez	vous auriez dû			devoir	avoir dû
ils devraient	ils auraient dû			**GÉRONDIF** (mode impersonnel)	
				en devant	

3e groupe

POUVOIR (3e groupe)

INDICATIF				SUBJONCTIF	
Présent	**Passé composé**	**Passé simple**	**Passé antérieur**	**Présent**	**Passé**
je peux	j'ai pu	je pus	j'eus pu	que je puisse	que j'aie pu
tu peux	tu as pu	tu pus	tu eus pu	que tu puisses	que tu aies pu
il peut	il a pu	il put	il eut pu	qu'il puisse	qu'il ait pu
nous pouvons	nous avons pu	nous pûmes	nous eûmes pu	que nous puissions	que nous ayons pu
vous pouvez	vous avez pu	vous pûtes	vous eûtes pu	que vous puissiez	que vous ayez pu
ils peuvent	ils ont pu	ils purent	ils eurent pu	qu'ils puissent	qu'ils aient pu
Imparfait	**Plus-que-parfait**	**Futur simple**	**Futur antérieur**	**Imparfait**	**Plus-que-parfait**
je pouvais	j'avais pu	je pourrai	j'aurai pu	que je pusse	que j'eusse pu
tu pouvais	tu avais pu	tu pourras	tu auras pu	que tu pusses	que tu eusses pu
il pouvait	il avait pu	il pourra	il aura pu	qu'il pût	qu'il eût pu
nous pouvions	nous avions pu	nous pourrons	nous aurons pu	que nous pussions	que nous eussions pu
vous pouviez	vous aviez pu	vous pourrez	vous aurez pu	que vous pussiez	que vous eussiez pu
ils pouvaient	ils avaient pu	ils pourront	ils auront pu	qu'ils pussent	qu'ils eussent pu

CONDITIONNEL		IMPÉRATIF		PARTICIPE (mode impersonnel)	
Présent	**Passé**	**Présent**	**Passé**	**Présent**	**Passé**
je pourrais	j'aurais pu	-	-	pouvant	pu,
tu pourrais	tu aurais pu	-	-		ayant pu
il pourrait	il aurait pu	-	-	**INFINITIF** (mode impersonnel)	
nous pourrions	nous aurions pu			**Présent**	**Passé**
vous pourriez	vous auriez pu			pouvoir	avoir pu
ils pourraient	ils auraient pu			**GÉRONDIF** (mode impersonnel)	
				en pouvant	

VALOIR (3e groupe)

INDICATIF				SUBJONCTIF	
Présent	**Passé composé**	**Passé simple**	**Passé antérieur**	**Présent**	**Passé**
je vaux	j'ai valu	je valus	j'eus valu	que je vaille	que j'aie valu
tu vaux	tu as valu	tu valus	tu eus valu	que tu vailles	que tu aies valu
il vaut	il a valu	il valut	il eut valu	qu'il vaille	qu'il ait valu
nous valons	nous avons valu	nous valûmes	nous eûmes valu	que nous valions	que nous ayons valu
vous valez	vous avez valu	vous valûtes	vous eûtes valu	que vous valiez	que vous ayez valu
ils valent	ils ont valu	ils valurent	ils eurent valu	qu'ils vaillent	qu'ils aient valu
Imparfait	**Plus-que-parfait**	**Futur simple**	**Futur antérieur**	**Imparfait**	**Plus-que-parfait**
je valais	j'avais valu	je vaudrai	j'aurai valu	que je valusse	que j'eusse valu
tu valais	tu avais valu	tu vaudras	tu auras valu	que tu valusses	que tu eusses valu
il valait	il avait valu	il vaudra	il aura valu	qu'il valût	qu'il eût valu
nous valions	nous avions valu	nous vaudrons	nous aurons valu	que nous valussions	que nous eussions valu
vous valiez	vous aviez valu	vous vaudrez	vous aurez valu	que vous valussiez	que vous eussiez valu
ils valaient	ils avaient valu	ils vaudront	ils auront valu	qu'ils valussent	qu'ils eussent valu

CONDITIONNEL		IMPÉRATIF		PARTICIPE (mode impersonnel)	
Présent	**Passé**	**Présent**	**Passé**	**Présent**	**Passé**
je vaudrais	j'aurais valu	vaux	aie valu	valant	valu,
tu vaudrais	tu aurais valu	valons	ayons valu		ayant valu
il vaudrait	il aurait valu	valez	ayez valu	**INFINITIF** (mode impersonnel)	
nous vaudrions	nous aurions valu			**Présent**	**Passé**
vous vaudriez	vous auriez valu			valoir	avoir valu
ils vaudraient	ils auraient valu			**GÉRONDIF** (mode impersonnel)	
				en valant	

3e groupe

VOULOIR (3e groupe)

INDICATIF				SUBJONCTIF	
Présent je veux tu veux il veut nous voulons vous voulez ils veulent	**Passé composé** j'ai voulu tu as voulu il a voulu nous avons voulu vous avez voulu ils ont voulu	**Passé simple** je voulus tu voulus il voulut nous voulûmes vous voulûtes ils voulurent	**Passé antérieur** j'eus voulu tu eus voulu il eut voulu nous eûmes voulu vous eûtes voulu ils eurent voulu	**Présent** que je veuille que tu veuilles qu'il veuille que nous voulions que vous vouliez qu'ils veuillent	**Passé** que j'aie voulu que tu aies voulu qu'il ait voulu que nous ayons voulu que vous ayez voulu qu'ils aient voulu
Imparfait je voulais tu voulais il voulait nous voulions vous vouliez ils voulaient	**Plus-que-parfait** j'avais voulu tu avais voulu il avait voulu nous avions voulu vous aviez voulu ils avaient voulu	**Futur simple** je voudrai tu voudras il voudra nous voudrons vous voudrez ils voudront	**Futur antérieur** j'aurai voulu tu auras voulu il aura voulu nous aurons voulu vous aurez voulu ils auront voulu	**Imparfait** que je voulusse que tu voulusses qu'il voulût que nous voulussions que vous voulussiez qu'ils voulussent	**Plus-que-parfait** que j'eusse voulu que tu eusses voulu qu'il eût voulu que nous eussions voulu que vous eussiez voulu qu'ils eussent voulu

CONDITIONNEL		IMPÉRATIF	
Présent je voudrais tu voudrais il voudrait nous voudrions vous voudriez ils voudraient	**Passé** j'aurais voulu tu aurais voulu il aurait voulu nous aurions voulu vous auriez voulu ils auraient voulu	**Présent** veuille voulons veuillez	**Passé** aie voulu ayons voulu ayez voulu

PARTICIPE (mode impersonnel)	
Présent voulant	**Passé** voulu, ayant voulu
INFINITIF (mode impersonnel)	
Présent vouloir	**Passé** avoir voulu
GÉRONDIF (mode impersonnel)	
en voulant	

DIRE (3e groupe)

INDICATIF				SUBJONCTIF	
Présent je dis tu dis il dit nous disons vous dites ils disent	**Passé composé** j'ai dit tu as dit il a dit nous avons dit vous avez dit ils ont dit	**Passé simple** je dis tu dis il dit nous dîmes vous dîtes ils dirent	**Passé antérieur** j'eus dit tu eus dit il eut dit nous eûmes dit vous eûtes dit ils eurent dit	**Présent** que je dise que tu dises qu'il dise que nous disions que vous disiez qu'ils disent	**Passé** que j'aie dit que tu aies dit qu'il ait dit que nous ayons dit que vous ayez dit qu'ils aient dit
Imparfait je disais tu disais il disait nous disions vous disiez ils disaient	**Plus-que-parfait** j'avais dit tu avais dit il avait dit nous avions dit vous aviez dit ils avaient dit	**Futur simple** je dirai tu diras il dira nous dirons vous direz ils diront	**Futur antérieur** j'aurai dit tu auras dit il aura dit nous aurons dit vous aurez dit ils auront dit	**Imparfait** que je disse que tu disses qu'il dît que nous dissions que vous dissiez qu'ils dissent	**Plus-que-parfait** que j'eusse dit que tu eusses dit qu'il eût dit que nous eussions dit que vous eussiez dit qu'ils eussent dit

CONDITIONNEL		IMPÉRATIF	
Présent je dirais tu dirais il dirait nous dirions vous diriez ils diraient	**Passé** j'aurais dit tu aurais dit il aurait dit nous aurions dit vous auriez dit ils auraient dit	**Présent** dis disons dites	**Passé** aie dit ayons dit ayez dit

PARTICIPE (mode impersonnel)	
Présent disant	**Passé** dit, ayant dit
INFINITIF (mode impersonnel)	
Présent dire	**Passé** avoir dit
GÉRONDIF (mode impersonnel)	
en disant	

3e groupe

PRENDRE (3e groupe)

INDICATIF				SUBJONCTIF	
Présent je prends tu prends il prend nous prenons vous prenez ils prennent	**Passé composé** j'ai pris tu as pris il a pris nous avons pris vous avez pris ils ont pris	**Passé simple** je pris tu pris il prit nous prîmes vous prîtes ils prirent	**Passé antérieur** j'eus pris tu eus pris il eut pris nous eûmes pris vous eûtes pris ils eurent pris	**Présent** que je prenne que tu prennes qu'il prenne que nous prenions que vous preniez qu'ils prennent	**Passé** que j'aie pris que tu aies pris qu'il ait pris que nous ayons pris que vous ayez pris qu'ils aient pris
Imparfait je prenais tu prenais il prenait nous prenions vous preniez ils prenaient	**Plus-que-parfait** j'avais pris tu avais pris il avait pris nous avions pris vous aviez pris ils avaient pris	**Futur simple** je prendrai tu prendras il prendra nous prendrons vous prendrez ils prendront	**Futur antérieur** j'aurai pris tu auras pris il aura pris nous aurons pris vous aurez pris ils auront pris	**Imparfait** que je prisse que tu prisses qu'il prît que nous prissions que vous prissiez qu'ils prissent	**Plus-que-parfait** que j'eusse pris que tu eusses pris qu'il eût pris que nous eussions pris que vous eussiez pris qu'ils eussent pris
CONDITIONNEL		**IMPÉRATIF**		**PARTICIPE** (mode impersonnel)	
Présent je prendrais tu prendrais il prendrait nous prendrions vous prendriez ils prendraient	**Passé** j'aurais pris tu aurais pris il aurait pris nous aurions pris vous auriez pris ils auraient pris	**Présent** prends prenons prenez	**Passé** aie pris ayons pris ayez pris	**Présent** prenant	**Passé** pris, ayant pris
				INFINITIF (mode impersonnel)	
				Présent prendre	**Passé** avoir pris
				GÉRONDIF (mode impersonnel)	
				en prenant	

METTRE (3e groupe)

INDICATIF				SUBJONCTIF	
Présent je mets tu mets il met nous mettons vous mettez ils mettent	**Passé composé** j'ai mis tu as mis il a mis nous avons mis vous avez mis ils ont mis	**Passé simple** je mis tu mis il mit nous mîmes vous mîtes ils mirent	**Passé antérieur** j'eus mis tu eus mis il eut mis nous eûmes mis vous eûtes mis ils eurent mis	**Présent** que je mette que tu mettes qu'il mette que nous mettions que vous mettiez qu'ils mettent	**Passé** que j'aie mis que tu aies mis qu'il ait mis que nous ayons mis que vous ayez mis qu'ils aient mis
Imparfait je mettais tu mettais il mettait nous mettions vous mettiez ils mettaient	**Plus-que-parfait** j'avais mis tu avais mis il avait mis nous avions mis vous aviez mis ils avaient mis	**Futur simple** je mettrai tu mettras il mettra nous mettrons vous mettrez ils mettront	**Futur antérieur** j'aurai mis tu auras mis il aura mis nous aurons mis vous aurez mis ils auront mis	**Imparfait** que je misse que tu misses qu'il mît que nous missions que vous missiez qu'ils missent	**Plus-que-parfait** que j'eusse mis que tu eusses mis qu'il eût mis que nous eussions mis que vous eussiez mis qu'ils eussent mis
CONDITIONNEL		**IMPÉRATIF**		**PARTICIPE** (mode impersonnel)	
Présent je mettrais tu mettrais il mettrait nous mettrions vous mettriez ils mettraient	**Passé** j'aurais mis tu aurais mis il aurait mis nous aurions mis vous auriez mis ils auraient mis	**Présent** mets mettons mettez	**Passé** aie mis ayons mis ayez mis	**Présent** mettant	**Passé** mis, ayant mis
				INFINITIF (mode impersonnel)	
				Présent mettre	**Passé** avoir mis
				GÉRONDIF (mode impersonnel)	
				en mettant	

3e groupe

PEINDRE (3e groupe)

INDICATIF				SUBJONCTIF	
Présent je peins tu peins il peint nous peignons vous peignez ils peignent	**Passé composé** j'ai peint tu as peint il a peint nous avons peint vous avez peint ils ont peint	**Passé simple** je peignis tu peignis il peignit nous peignîmes vous peignîtes ils peignirent	**Passé antérieur** j'eus peint tu eus peint il eut peint nous eûmes peint vous eûtes peint ils eurent peint	**Présent** que je peigne que tu peignes qu'il peigne que nous peignions que vous peigniez qu'ils peignent	**Passé** que j'aie peint que tu aies peint qu'il ait peint que nous ayons peint que vous ayez peint qu'ils aient peint
Imparfait je peignais tu peignais il peignait nous peignions vous peigniez ils peignaient	**Plus-que-parfait** j'avais peint tu avais peint il avait peint nous avions peint vous aviez peint ils avaient peint	**Futur simple** je peindrai tu peindras il peindra nous peindrons vous peindrez ils peindront	**Futur antérieur** j'aurai peint tu auras peint il aura peint nous aurons peint vous aurez peint ils auront peint	**Imparfait** que je peignisse que tu peignisses qu'il peignît que nous peignissions que vous peignissiez qu'ils peignissent	**Plus-que-parfait** que j'eusse peint que tu eusses peint qu'il eût peint que nous eussions peint que vous eussiez peint qu'ils eussent peint
CONDITIONNEL		**IMPÉRATIF**		**PARTICIPE** (mode impersonnel)	
Présent je peindrais tu peindrais il peindrait nous peindrions vous peindriez ils peindraient	**Passé** j'aurais peint tu aurais peint il aurait peint nous aurions peint vous auriez peint ils auraient peint	**Présent** peins peignons peignez	**Passé** aie peint ayons peint ayez peint	**Présent** peignant	**Passé** peint, ayant peint
				INFINITIF (mode impersonnel)	
				Présent peindre	**Passé** avoir peint
				GÉRONDIF (mode impersonnel)	
				en peignant	

PARAÎTRE (3e groupe)

INDICATIF				SUBJONCTIF	
Présent je parais tu parais il paraît nous paraissons vous paraissez ils paraissent	**Passé composé** j'ai paru tu as paru il a paru nous avons paru vous avez paru ils ont paru	**Passé simple** je parus tu parus il parut nous parûmes vous parûtes ils parurent	**Passé antérieur** j'eus paru tu eus paru il eut paru nous eûmes paru vous eûtes paru ils eurent paru	**Présent** que je paraisse que tu paraisses qu'il paraisse que nous paraissions que vous paraissiez qu'ils paraissent	**Passé** que j'aie paru que tu aies paru qu'il ait paru que nous ayons paru que vous ayez paru qu'ils aient paru
Imparfait je paraissais tu paraissais il paraissait nous paraissions vous paraissiez ils paraissaient	**Plus-que-parfait** j'avais paru tu avais paru il avait paru nous avions paru vous aviez paru ils avaient paru	**Futur simple** je paraîtrai tu paraîtras il paraîtra nous paraîtrons vous paraîtrez ils paraîtront	**Futur antérieur** j'aurai paru tu auras paru il aura paru nous aurons paru vous aurez paru ils auront paru	**Imparfait** que je parusse que tu parusses qu'il parût que nous parussions que vous parussiez qu'ils parussent	**Plus-que-parfait** que j'eusse paru que tu eusses paru qu'il eût paru que nous eussions paru que vous eussiez paru qu'ils eussent paru
CONDITIONNEL		**IMPÉRATIF**		**PARTICIPE** (mode impersonnel)	
Présent je paraîtrais tu paraîtrais il paraîtrait nous paraîtrions vous paraîtriez ils paraîtraient	**Passé** j'aurais paru tu aurais paru il aurait paru nous aurions paru vous auriez paru ils auraient paru	**Présent** parais paraissons paraissez	**Passé** aie paru ayons paru ayez paru	**Présent** paraissant	**Passé** paru, ayant paru
				INFINITIF (mode impersonnel)	
				Présent paraître	**Passé** avoir paru
				GÉRONDIF (mode impersonnel)	
				en paraissant	

3e groupe

PARTIR (3e groupe)

INDICATIF				SUBJONCTIF	
Présent je pars tu pars il part nous partons vous partez ils partent	**Passé composé** je suis parti tu es parti il est parti nous sommes partis vous êtes partis ils sont partis	**Passé simple** je partis tu partis il partit nous partîmes vous partîtes ils partirent	**Passé antérieur** je fus parti tu fus parti il fut parti nous fûmes partis vous fûtes partis ils furent partis	**Présent** que je parte que tu partes qu'il parte que nous partions que vous partiez qu'ils partent	**Passé** que je sois parti que tu sois parti qu'il soit parti que nous soyons partis que vous soyez partis qu'ils soient partis
Imparfait je partais tu partais il partait nous partions vous partiez ils partaient	**Plus-que-parfait** j'étais parti tu étais parti il était parti nous étions partis vous étiez partis ils étaient partis	**Futur simple** je partirai tu partiras il partira nous partirons vous partirez ils partiront	**Futur antérieur** je serai parti tu seras parti il sera parti nous serons partis vous serez partis ils seront partis	**Imparfait** que je partisse que tu partisses qu'il partît que nous partissions que vous partissiez qu'ils partissent	**Plus-que-parfait** que je fusse parti que tu fusses parti qu'il fût parti que nous fussions partis que vous fussiez partis qu'ils fussent partis
CONDITIONNEL		**IMPÉRATIF**		**PARTICIPE** (mode impersonnel)	
Présent je partirais tu partirais il partirait nous partirions vous partiriez ils partiraient	**Passé** je serais parti tu serais parti il serait parti nous serions partis vous seriez partis ils seraient partis	**Présent** pars partons partez	**Passé** sois parti soyons partis soyez partis	**Présent** partant	**Passé** parti, étant parti
				INFINITIF (mode impersonnel)	
				Présent partir	**Passé** être parti
				GÉRONDIF (mode impersonnel)	
				en partant	

OUVRIR (3e groupe)

INDICATIF				SUBJONCTIF	
Présent j'ouvre tu ouvres il ouvre nous ouvrons vous ouvrez ils ouvrent	**Passé composé** j'ai ouvert tu as ouvert il a ouvert nous avons ouvert vous avez ouvert ils ont ouvert	**Passé simple** j'ouvris tu ouvris il ouvrit nous ouvrîmes vous ouvrîtes ils ouvrirent	**Passé antérieur** j'eus ouvert tu eus ouvert il eut ouvert nous eûmes ouvert vous eûtes ouvert ils eurent ouvert	**Présent** que j'ouvre que tu ouvres qu'il ouvre que nous ouvrions que vous ouvriez qu'ils ouvrent	**Passé** que j'aie ouvert que tu aies ouvert qu'il ait ouvert que nous ayons ouvert que vous ayez ouvert qu'ils aient ouvert
Imparfait j'ouvrais tu ouvrais il ouvrait nous ouvrions vous ouvriez ils ouvraient	**Plus-que-parfait** j'avais ouvert tu avais ouvert il avait ouvert nous avions ouvert vous aviez ouvert ils avaient ouvert	**Futur simple** j'ouvrirai tu ouvriras il ouvrira nous ouvrirons vous ouvrirez ils ouvriront	**Futur antérieur** j'aurai ouvert tu auras ouvert il aura ouvert nous aurons ouvert vous aurez ouvert ils auront ouvert	**Imparfait** que j'ouvrisse que tu ouvrisses qu'il ouvrît que nous ouvrissions que vous ouvrissiez qu'ils ouvrissent	**Plus-que-parfait** que j'eusse ouvert que tu eusses ouvert qu'il eût ouvert que nous eussions ouvert que vous eussiez ouvert qu'ils eussent ouvert
CONDITIONNEL		**IMPÉRATIF**		**PARTICIPE** (mode impersonnel)	
Présent j'ouvrirais tu ouvrirais il ouvrirait nous ouvririons vous ouvririez ils ouvriraient	**Passé** j'aurais ouvert tu aurais ouvert il aurait ouvert nous aurions ouvert vous auriez ouvert ils auraient ouvert	**Présent** ouvre ouvrons ouvrez	**Passé** aie ouvert ayons ouvert ayez ouvert	**Présent** ouvrant	**Passé** ouvert, ayant ouvert
				INFINITIF (mode impersonnel)	
				Présent ouvrir	**Passé** avoir ouvert
				GÉRONDIF (mode impersonnel)	
				en ouvrant	

3e groupe

CROIRE (3e groupe)

INDICATIF				SUBJONCTIF	
Présent	**Passé composé**	**Passé simple**	**Passé antérieur**	**Présent**	**Passé**
je crois	j'ai cru	je crus	j'eus cru	que je croie	que j'aie cru
tu crois	tu as cru	tu crus	tu eus cru	que tu croies	que tu aies cru
il croit	il a cru	il crut	il eut cru	qu'il croie	qu'il ait cru
nous croyons	nous avons cru	nous crûmes	nous eûmes cru	que nous croyions	que nous ayons cru
vous croyez	vous avez cru	vous crûtes	vous eûtes cru	que vous croyiez	que vous ayez cru
ils croient	ils ont cru	ils crurent	ils eurent cru	qu'ils croient	qu'ils aient cru
Imparfait	**Plus-que-parfait**	**Futur simple**	**Futur antérieur**	**Imparfait**	**Plus-que-parfait**
je croyais	j'avais cru	je croirai	j'aurai cru	que je crusse	que j'eusse cru
tu croyais	tu avais cru	tu croiras	tu auras cru	que tu crusses	que tu eusses cru
il croyait	il avait cru	il croira	il aura cru	qu'il crût	qu'il eût cru
nous croyions	nous avions cru	nous croirons	nous aurons cru	que nous crussions	que nous eussions cru
vous croyiez	vous aviez cru	vous croirez	vous aurez cru	que vous crussiez	que vous eussiez cru
ils croyaient	ils avaient cru	ils croiront	ils auront cru	qu'ils crussent	qu'ils eussent cru

CONDITIONNEL		IMPÉRATIF	
Présent	**Passé**	**Présent**	**Passé**
je croirais	j'aurais cru	crois	aie cru
tu croirais	tu aurais cru	croyons	ayons cru
il croirait	il aurait cru	croyez	ayez cru
nous croirions	nous aurions cru		
vous croiriez	vous auriez cru		
ils croiraient	ils auraient cru		

PARTICIPE (mode impersonnel)	
Présent	**Passé**
croyant	cru, ayant cru

INFINITIF (mode impersonnel)	
Présent	**Passé**
croire	avoir cru

GÉRONDIF (mode impersonnel)
en croyant

RÉSOUDRE (3e groupe)

INDICATIF				SUBJONCTIF	
Présent	**Passé composé**	**Passé simple**	**Passé antérieur**	**Présent**	**Passé**
je résous	j'ai résolu	je résolus	j'eus résolu	que je résolve	que j'aie résolu
tu résous	tu as résolu	tu résolus	tu eus résolu	que tu résolves	que tu aies résolu
il résout	il a résolu	il résolut	il eut résolu	qu'il résolve	qu'il ait résolu
nous résolvons	nous avons résolu	nous résolûmes	nous eûmes résolu	que nous résolvions	que nous ayons résolu
vous résolvez	vous avez résolu	vous résolûtes	vous eûtes résolu	que vous résolviez	que vous ayez résolu
ils résolvent	ils ont résolu	ils résolurent	ils eurent résolu	qu'ils résolvent	qu'ils aient résolu
Imparfait	**Plus-que-parfait**	**Futur simple**	**Futur antérieur**	**Imparfait**	**Plus-que-parfait**
je résolvais	j'avais résolu	je résoudrai	j'aurai résolu	que je résolusse	que j'eusse résolu
tu résolvais	tu avais résolu	tu résoudras	tu auras résolu	que tu résolusses	que tu eusses résolu
il résolvait	il avait résolu	il résoudra	il aura résolu	qu'il résolût	qu'il eût résolu
nous résolvions	nous avions résolu	nous résoudrons	nous aurons résolu	que nous résolussions	que nous eussions résolu
vous résolviez	vous aviez résolu	vous résoudrez	vous aurez résolu	que vous résolussiez	que vous eussiez résolu
ils résolvaient	ils avaient résolu	ils résoudront	ils auront résolu	qu'ils résolussent	qu'ils eussent résolu

CONDITIONNEL		IMPÉRATIF	
Présent	**Passé**	**Présent**	**Passé**
je résoudrais	j'aurais résolu	résous	aie résolu
tu résoudrais	tu aurais résolu	résolvons	ayons résolu
il résoudrait	il aurait résolu	résolvez	ayez résolu
nous résoudrions	nous aurions résolu		
vous résoudriez	vous auriez résolu		
ils résoudraient	ils auraient résolu		

PARTICIPE (mode impersonnel)	
Présent	**Passé**
résolvant	résolu, ayant résolu

INFINITIF (mode impersonnel)	
Présent	**Passé**
résoudre	avoir résolu

GÉRONDIF (mode impersonnel)
en résolvant

3e groupe

RENDRE (3e groupe)

INDICATIF				SUBJONCTIF	
Présent je rends tu rends il rend nous rendons vous rendez ils rendent	**Passé composé** j'ai rendu tu as rendu il a rendu nous avons rendu vous avez rendu ils ont rendu	**Passé simple** je rendis tu rendis il rendit nous rendîmes vous rendîtes ils rendirent	**Passé antérieur** j'eus rendu tu eus rendu il eut rendu nous eûmes rendu vous eûtes rendu ils eurent rendu	**Présent** que je rende que tu rendes qu'il rende que nous rendions que vous rendiez qu'ils rendent	**Passé** que j'aie rendu que tu aies rendu qu'il ait rendu que nous ayons rendu que vous ayez rendu qu'ils aient rendu
Imparfait je rendais tu rendais il rendait nous rendions vous rendiez ils rendaient	**Plus-que-parfait** j'avais rendu tu avais rendu il avait rendu nous avions rendu vous aviez rendu ils avaient rendu	**Futur simple** je rendrai tu rendras il rendra nous rendrons vous rendrez ils rendront	**Futur antérieur** j'aurai rendu tu auras rendu il aura rendu nous aurons rendu vous aurez rendu ils auront rendu	**Imparfait** que je rendisse que tu rendisses qu'il rendît que nous rendissions que vous rendissiez qu'ils rendissent	**Plus-que-parfait** que j'eusse rendu que tu eusses rendu qu'il eût rendu que nous eussions rendu que vous eussiez rendu qu'ils eussent rendu
CONDITIONNEL		**IMPÉRATIF**		**PARTICIPE** (mode impersonnel)	
Présent je rendrais tu rendrais il rendrait nous rendrions vous rendriez ils rendraient	**Passé** j'aurais rendu tu aurais rendu il aurait rendu nous aurions rendu vous auriez rendu ils auraient rendu	**Présent** rends rendons rendez	**Passé** aie rendu ayons rendu ayez rendu	**Présent** rendant **INFINITIF** (mode impersonnel) **Présent** rendre **GÉRONDIF** (mode impersonnel) en rendant	**Passé** rendu ayant rendu **Passé** avoir rendu

SE RENDRE (3e groupe, forme pronominale)

INDICATIF				SUBJONCTIF	
Présent je me rends tu te rends il se rend nous nous rendons vous vous rendez ils se rendent	**Passé composé** je me suis rendu tu t'es rendu il s'est rendu nous nous sommes rendus vous vous êtes rendus ils se sont rendus	**Passé simple** je me rendis tu te rendis il se rendit nous nous rendîmes vous vous rendîtes ils se rendirent	**Passé antérieur** je me fus rendu tu te fus rendu il se fut rendu nous nous fûmes rendus vous vous fûtes rendus ils se furent rendus	**Présent** que je me rende que tu te rendes qu'il se rende que nous nous rendions que vous vous rendiez qu'ils se rendent	**Passé** que je me sois rendu que tu te sois rendu qu'il se soit rendu que nous nous soyons rendus que vous vous soyez rendus qu'ils se soient rendus
Imparfait je me rendais tu te rendais il se rendait nous nous rendions vous vous rendiez ils se rendaient	**Plus-que-parfait** je m'étais rendu tu t'étais rendu il s'était rendu nous nous étions rendus vous vous étiez rendus ils s'étaient rendus	**Futur simple** je me rendrai tu te rendras il se rendra nous nous rendrons vous vous rendrez ils se rendront	**Futur antérieur** je me serai rendu tu te seras rendu il se sera rendu nous nous serons rendus vous vous serez rendus ils se seront rendus	**Imparfait** que je me rendisse que tu te rendisses qu'il se rendît que nous nous rendissions que vous vous rendissiez qu'ils se rendissent	**Plus-que-parfait** que je me fusse rendu que tu te fusses rendu qu'il se fût rendu que nous nous fussions rendus que vous vous fussiez rendus qu'ils se fussent rendus
CONDITIONNEL		**IMPÉRATIF**		**PARTICIPE** (mode impersonnel)	
Présent je me rendrais tu te rendrais il se rendrait nous nous rendrions vous vous rendriez ils se rendraient	**Passé** je me serais rendu tu te serais rendu il se serait rendu nous nous serions rendus vous vous seriez rendus ils se seraient rendus	**Présent** rends-toi rendons-nous rendez-vous	**Passé** - - -	**Présent** se rendant **INFINITIF** (mode impersonnel) **Présent** se rendre **GÉRONDIF** (mode impersonnel) en se rendant	**Passé** rendu s'étant rendu **Passé** s'être rendu

Écrivains

Artistes

Chapitre 1 ▶ **17 :** The Art Archive / Alamy - **18 :** Interfoto / Alamy - **19 :** Photo12 / Marcel Dole - **20 :** 1. Wikimedia / AlMare ; 2. akg-images / Maurice Babey - **21 :** Interfoto / Alamy - **22 :** 1. akg-images ; 2. RMN (Musée d'Orsay) /Jean Schormans / Adagp, Paris, 2011 ; 4. Coll. Kharbine-Tapabor - **23 :** 5. RMN / Michèle Bellot / Adagp, Paris, 2011 ; 6. Ch. Baraja / Musée Rodin, Adagp Paris, 2011 ; 7. RMN / Michèle Bellot / Adagp, Paris, 2011 - **24 :** FPG - **25 :** Wikimedia / The Yorck Project - **26 :** Wikimedia / Rlbberlin - **27 :** Wikimedia / Van Nuytts - **28 :** The Art Gallery Coll./Alamy - **29 :** Coll. Lou / Kharbine-Tapabor - **30 :** 1. Wikimedia / H. Churchyard ; 2. BnF - **31 :** 3. Wikimedia / H. Churchyard ; 4. Mary Evans Picture / Alamy - **33 :** 1. Wikimedia / Roland Godefroy ; 2. Pierre Desproges, « Chroniques de la haine ordinaire », Éditions du Seuil, 1987, Points, 2011.
Chapitre 2 ▶ **35 :** akg-images - **36 :** Photo12 / Alamy - **38 :** Photo12 / ARJ - **40 :** 1. BnF ; 2. akg-images / Erich Lessing - **41 :** 3. The National Gallery, Londres, Dist. RMN / National Gallery Photographic Department ; 4. akg-images / Erich Lessing - **43 :** BnF - **44 :** akg-images - **45 :** akg-images - **46 :** Photo12 / ARJ - **47 :** Wikimedia / Phrood - **48 :** 1. Wikimedia / Marsyas ; 2. Photo12 / Hachedé ; 4. Wikimedia / Rama - **49 :** 5. Wikimedia / Marilan Borges ; 7. Wikimedia / Andreas Steinhoff - **51 :** Wikimedia / Phrood.
Chapitre 3 ▶ **53 :** 1. BnF ; 2. Brigitte Enguerand - **54 :** BnF - **55 :** Agnes Varda Agence Enguerand - **56 :** BnF - **57 :** Bernard Michel Palazon CDDS Enguerand - **58 :** 1. Photo12 / Alamy ; 2. Wikimedia / Mirabella ; 3. www.wga.hu - **59 :** 5. akg-images / Erich Lessing ; 6. Photo12 / Alamy ; 7. Photo12 / ARJ - **60 :** BnF - **61 :** Brigitte Enguerand - **62 :** BnF - **64 :** Brigitte Enguerand - **65 :** BnF - **67 :** Coll. Kharbine-Tapabor - **68 :** 1. Wikimedia / Fingalo ; 2. Photo12 / Alamy ; 3. Photo12 / Alamy - **69 :** Wikimedia / Saperavd - **71 :** 1. Bibliothèque de L'Arsenal, Paris, France / Bridgeman Giraudon ; 2. Éditions José Corti.
Chapitre 4 ▶ **73 :** akg-images / Erich Lessing - **74 :** Photo12 / Hachedé - **75 :** Wikimedia / Pascal3012 - **77 :** akg-images / Erich Lessing - **78 :** 1. akg-images / Erich Lessing ; 2. Photo12 / ARJ ; 3. Hervé Champollion / akg-images - **79 :** 5. akg / Bibl. Amiens Métropole ; 6. akg-images / Electa - **80 :** akg-images - **81 :** Photo12 / Oronoz - **82 :** The Art Gallery Coll./Alamy - **83 :** RMN / Thierry Le Mage - **84 :** Photo12 / Hachedé - **85 :** RMN / Hervé Lewandowski - **86 :** 1. The National Gallery, Londres, Dist. RMN / National Gallery Photographic Department ; 2. The National Gallery, Londres, Dist. RMN / National Gallery Photographic Department ; 3. Photo12 / Oronoz ; 4. Wikimedia / Phrood - **87 :** Photo12 / Oronoz - **89 :** Photo12 / Oronoz.
Chapitre 5 ▶ **91 :** 1. Wikimedia / Phrood ; 2. Getty Images / Arnold Böcklin - **92 :** Wikimedia / Augustin B - **93 :** MBA, Rennes, Dist. RMN / Adélaïde Beaudoin - **94 :** Wikimedia / Phrood - **95 :** Getty Images - **96 :** Wikimedia / Phrood - **97 :** akg-images / Erich Lessing - **98 :** Wikimedia / Phrood - **99 :** akg-images - **100 :** 1. Photo12 / Ann Ronan Picture Library ; 2. Wikimedia / Rainer Zenz ; 3. Wikimedia / Esby - **101 :** DEA / G. Dagli Orti - **102 :** Wikimedia / Phrood - **103 :** IAM / akg / World History Archive - **104 :** Archives du 7e Art / DR - **105 :** 3. Warner Bros / Album / akg - **107 :** Johann Heinrich Wihelm Tischbein.
Chapitre 6 ▶ **109 :** 1. Wikimedia / AlMare ; 2. Photo12 - **110 :** Wikimedia / AlMare - **111 :** Photo12 / ARJ - **112 :** Wikimedia / AlMare - **113 :** Wikimedia / The Yorck Project - **114 :** Wikimedia / AlMare - **115 :** BnF - **116 :** Photo12 / ARJ - **117 :** 3. BnF ; 4. Coll. Grob / Kharbine-Tapabor ; 5. BnF ; 6. Photo12 / Ann Ronan Picture Library - **118 :** 1. Wikimedia / AlMare ; 2. Coll. Kharbine-Tapabor - **120 :** Wikimedia / AlMare - **121 :** Photo12 / ARJ - **122 :** Wikimedia / AlMare - **123 :** Getty Images / Vincent van Gogh - **124 :** Wikimedia / AlMare - **125 :** Coll. Kharbine-Tapabor - **126 :** 1. Wikimedia / The Yorck Project ; 2. Photos12 / Ann Ronan Picture Library - **127 :** 4. RMN ; 5. Wikimedia / The Yorck Project - **129 :** Photo12 / Ann Ronan Picture Library.
Chapitre 7 ▶ **131 :** Agnes Cullen Arnold Endowment Fund - **132 :** 1. akg-images ; 2. Jules Supervielle, « Hommage à la vie », in 1935-1945, ***Poèmes***, Éditions Gallimard - **133 :** Hervé Champollion / Adagp, Paris, 2011-**134 :** Photo12 / Hachedé - **135 :** Wikimedia / Ottaviani - **136 :** Photo12 / ARJ - **138 :** The Metropolitain Museum of Art, Dist. RMN / image of the MNA - **139 :** 3. Photo12 / Alamy ; 4. Getty Images / Peter Willi ; 5. Wikimedia / The Yorck Project ; 6. Coll. Kharbine-Tapabor - **140 :** 1. Photo12 ; 2. Wikimedia / Touriste - **141 :** Coll. Kharbine-Tapabor - **142 :** akg-images - **143 :** RMN-Gestion de droits d'auteurs-Ministère de la Culture-Médiathèque du Patrimoine, Dist. Rmn / Denise Colomb - **144 :** Louis Aragon, « Il n'y a pas d'amour heureux », ***La Diane française***, Seghers, 1994 - **145 :** Photo12-Luc Fournol - **147 :** 1. Photo12-Carlos Freire ; 2. Poème de François Cheng extrait de François Cheng, Kim En Joong, ***Vraie lumière née de vraie nuit***, « Prière à la Transcendance », Éditions du Cerf, 2009.
Chapitre 8 ▶ **149 :** 1. Getty Images ; 2. Coll. Perrin / Kharbine-Tapabor - **150 :** Getty Images - **151 :** Coll. Perron / Kharbine-Tapabor - **152 :** Getty Images - **153 :** Bernard Michel Palazon CDDS Enguerand - **154 :** Agnes Courrault Agence Enguerand - **155 :** 3. Photo12 / ARJ ; 4. Photo12-Gilles Targat - **156 :** Getty Images - **157 :** Coll. Grob / Kharbine-Tapabor - **158 :** Getty Images - **159 :** Pascal Gely CDDS Enguerand - **160 :** BnF - **161 :** Getty Images - **163 :** Marc Enguerand - **164 :** Wikimedia / Robert. Allen - **165 :** Photo12 / Alamy - **167 :** Getty Images.
Chapitre 9 ▶ **169 :** Coll. Kharbine-Tapabor - **170 :** Time & Life Pictures / Getty Images - **171 :** 1. Coll. Kharbine-Tapabor ; 2. Wikimedia / Krzysztof Mizera - **172 :** 1. Gilles Bernanos ; 2. Georges Bernanos, ***Journal d'un curé de campagne***, Le Castor Astral, 2008-**173 :** Estate Russolo / Coll. Centre Pompidou, Dist. RMN / Jean-Claude Planchet - **174 :** 1. akg-images / Jean Dieuzaide ; 2. « La Complainte du progrès », Paroles de Boris Vian, Musique de Alain Goraguer, Warner Chappell Music France, 1956 - **175 :** Photo12 / Alamy - **176 :** Wikimedia / Kaldari - **177 :** Coll. Perrin / Kharbine-Tapabor - **178 :** Time & Life Pictures / Getty Images - **179 :** 1. Éditions Plon ; 2. Coll. Kharbine-Tapabor - **181 :** 1. Photos12 ; 2. « La perfection », extrait de « Contes glacés », Jacques Sternberg, 1974, édition intégrale parue aux éditions Mijade, 2009.
Langue ▶ Photo12 / Oronoz
Couverture ▶ Interphoto / Alamy ; RMN / Michèle Bellot / Adagp, Paris, 2011 ; Photo12 / Marcel Dole ; Photo12 / ARJ ; Marc Enguerand ; Agnes Cullen Arnold Endowment Fund ; Photo12.com - Ann Ronan Picture Library ; akg-images ; Photo12 / Hachedé ; Photo12 / Oronoz ; akg-images / Erich Lessing ; Brigitte Enguerand ; Wikimedia / Fingalo ; Getty Images / Arnold Böcklin.

Avec la participation de Déborah Picard et Delphine O.
Illustration : Soph'
Infographie : Pauline Clavel
Maquette : Frédéric Greuillet
Mise en page : Anne Catel

Dépôt légal : mai 2011 / ISBN : 978-2-9536455-3-8
Imprimé en France par Clerc - 18200 Saint-Amand-Montrond

lelivrescolaire.fr
9 rue Dareau, CS 31410
75993 Paris Cedex 14
www.lelivrescolaire.fr

Compétence	Rubrique où cette compétence est travaillée Exercices d'entraînement et méthodologie	Exercice de validation (suggestion)
Compétence 1 : La maîtrise de la langue française		
Lire		
Adapter son mode de lecture à la nature du texte proposé et à l'objectif poursuivi.	› Expression orale : Approche du texte en fonction de son contexte. › Lecture à voix haute *(fiches-méthode n°s 1 et 2 manuel de 5e).*	p. 19.
Repérer les informations dans un texte à partir des éléments explicites et des éléments implicites nécessaires.	« Questions sur le texte ».	p. 85.
Utiliser ses capacités de raisonnement, ses connaissances sur la langue, savoir faire appel à des outils appropriés pour lire.	› Exercices de langue, de lexique et de conjugaison. › Fiches-méthode n° 1 sur les connecteurs et n° 4 sur les modalisateurs.	p. 195, 249, 272-273, 276, 281, 286.
Dégager, par écrit ou oralement, l'essentiel d'un texte lu.	› Questions sur le texte. › Fiches-méthodes n°s 5 et 6 (repérage d'idées et résumé).	p. 235.
Manifester, par des moyens divers, sa compréhension de textes variés.	Exercices d'expression orale et écrite (lecture expressive, mise en scène, suite de texte, changements de points de vue, etc.).	p. 99.
Écrire		
Reproduire un document sans erreur et avec une présentation adaptée.	› Copie d'un texte. › Dictées prévues pour faire l'objet d'une copie *(voir aussi ci-dessous).*	p. 223, 227.
Écrire lisiblement un texte, spontanément ou sous la dictée, en respectant l'orthographe et la grammaire.	› Expression écrite. › Dictées.	p. 203, 233, 241, 243, 245, 265, 273, 276, 289, 297, 301.
Rédiger un texte bref, cohérent et ponctué, en réponse à une question ou à partir de consignes données.	› Réponses écrites aux questions sur les textes. › Expression écrite.	p. 253.
Utiliser ses capacités de raisonnement, ses connaissances sur la langue, savoir faire appel à des outils variés pour améliorer son texte.	› Se référer aux fiches de langue. › Exercices sur le lexique. › Expression écrite dans les exercices de langue.	p. 261, 263.
Dire		
Formuler clairement un propos simple.	› Réponses aux « Questions sur les textes ». › Expression orale.	p. 135.
Développer de façon suivie un propos en public sur un sujet déterminé.	› Expression orale (faire un exposé, etc.). › Fiches-méthode du manuel de 5e, n°s 4 et 5.	p. 21.
Adapter sa prise de parole à la situation de communication.	Expression orale : connaître les niveaux de langue.	p. 160.
Participer à un débat, à un échange verbal.	› Réponses en classe aux « Questions sur les textes ». › Expression orale.	p. 82.
Compétence 5 : La culture humaniste		
Avoir des connaissances et des repères		
Relevant du temps : les différentes périodes de l'histoire de l'humanité – Les grands traits de l'histoire (politique, sociale, économique, littéraire, artistique, culturelle) de la France et de l'Europe.	› Situer une œuvre dans son contexte, à l'aide du tableau chronologique. › Exercices d'expression orale ou écrite.	p. 81 *(Les Lumières).*
Relevant de la culture littéraire : œuvres littéraires du patrimoine.	› Lire l'ensemble des chapitres de littérature › Découvrir les textes d'auteurs cités en exercices de langue (dictées, etc.).	Apprendre les synthèses des chapitres.
Relevant de la culture artistique : œuvres picturales, musicales, scéniques, architecturales ou cinématographiques du patrimoine.	Découvrir les dossiers d'Histoire des Arts.	Apprendre les synthèses d'Histoire des arts.
Situer dans le temps, l'espace, les civilisations		
Situer des événements, des œuvres littéraires ou artistiques, des découvertes scientifiques ou techniques, des ensembles géographiques.	Se référer au tableau chronologique en début d'ouvrage et aux biographies des auteurs.	Être capable de situer un auteur dans son siècle.
Identifier la diversité des civilisations, des langues, des sociétés, des religions.	Textes d'origine étrangère et références antiques, exotisme et couleur locale.	p. 21, 24, 28, 47, 68, 82, 107, 143, 147, 176, 178.
Établir des liens entre les œuvres (littéraires, artistiques) pour mieux les comprendre.	Histoire des Arts.	p. 59.
Lire et pratiquer différents langages		
Lire et employer différents langages : textes, graphiques, cartes, images, musique.	Histoire des Arts.	p. 69.